Edition HMD

Reihe herausgegeben von

Hans-Peter Fröschle
i.t-consult GmbH
Stuttgart, Deutschland

Knut Hildebrand
Fakultät Wald und Forstwirtschaft
Hochschule Weihenstephan-Triesdorf
Freising, Deutschland

Josephine Hofmann
Fraunhofer IAO
Stuttgart, Deutschland

Matthias Knoll
FB Wirtschaft
Hochschule Darmstadt
Darmstadt, Deutschland

Andreas Meier
Department of Informatics
University of Fribourg
Fribourg, Schweiz

Stefan Meinhardt
SAP Deutschland SE & Co KG
Walldorf, Deutschland

Stefan Reinheimer
BIK GmbH
Nürnberg, Deutschland

Susanne Robra-Bissantz
Inst. Wirtschaftsinformatik
TU Braunschweig
Braunschweig, Deutschland

Susanne Strahringer
Fakultät Wirtschaftswissenschaften
TU Dresden
Dresden, Deutschland

EBOOK INSIDE

Die Zugangsinformationen zum eBook inside finden Sie am Ende des Buchs.

Die Fachbuchreihe „Edition HMD" wird herausgegeben von Hans-Peter Fröschle, Prof. Dr. Knut Hildebrand, Dr. Josephine Hofmann, Prof. Dr. Matthias Knoll, Prof. Dr. Andreas Meier, Stefan Meinhardt, Dr. Stefan Reinheimer, Prof. Dr. Susanne Robra-Bissantz und Prof. Dr. Susanne Strahringer.

Seit über 50 Jahren erscheint die Fachzeitschrift „HMD – Praxis der Wirtschaftsinformatik" mit Schwerpunktausgaben zu aktuellen Themen. Erhältlich sind diese Publikationen im elektronischen Einzelbezug über SpringerLink und Springer Professional sowie in gedruckter Form im Abonnement. Die Reihe „Edition HMD" greift ausgewählte Themen auf, bündelt passende Fachbeiträge aus den HMD-Schwerpunktausgaben und macht sie allen interessierten Lesern über online- und offline-Vertriebskanäle zugänglich. Jede Ausgabe eröffnet mit einem Geleitwort der Herausgeber, die eine Orientierung im Themenfeld geben und den Bogen über alle Beiträge spannen. Die ausgewählten Beiträge aus den HMD-Schwerpunktausgaben werden nach thematischen Gesichtspunkten neu zusammengestellt. Sie werden von den Autoren im Vorfeld überarbeitet, aktualisiert und bei Bedarf inhaltlich ergänzt, um den Anforderungen der rasanten fachlichen und technischen Entwicklung der Branche Rechnung zu tragen.

Weitere Bände in dieser Reihe: http://www.springer.com/series/13850.

Hans-Georg Fill · Andreas Meier
Hrsg.

Blockchain

Grundlagen, Anwendungsszenarien und Nutzungspotenziale

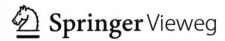

Hrsg.
Hans-Georg Fill
Universität Fribourg
Fribourg, Schweiz

Andreas Meier
Universität Fribourg
Fribourg, Schweiz

Das Herausgeberwerk basiert auf vollständig neuen Kapiteln und auf Beiträgen der Zeitschrift HMD – Praxis der Wirtschaftsinformatik, die entweder unverändert übernommen oder durch die Beitragsautoren überarbeitet wurden.

ISSN 2366-1127   ISSN 2366-1135 (electronic)
Edition HMD
ISBN 978-3-658-28005-5   ISBN 978-3-658-28006-2 (eBook)
https://doi.org/10.1007/978-3-658-28006-2

Die Deutsche Nationalbibliothek verzeichnet diese Publikation in der Deutschen Nationalbibliografie; detaillierte bibliografische Daten sind im Internet über http://dnb.d-nb.de abrufbar.

Springer Vieweg
© Springer Fachmedien Wiesbaden GmbH, ein Teil von Springer Nature 2020, korrigierte Publikation 2020
Das Werk einschließlich aller seiner Teile ist urheberrechtlich geschützt. Jede Verwertung, die nicht ausdrücklich vom Urheberrechtsgesetz zugelassen ist, bedarf der vorherigen Zustimmung des Verlags. Das gilt insbesondere für Vervielfältigungen, Bearbeitungen, Übersetzungen, Mikroverfilmungen und die Einspeicherung und Verarbeitung in elektronischen Systemen.
Die Wiedergabe von allgemein beschreibenden Bezeichnungen, Marken, Unternehmensnamen etc. in diesem Werk bedeutet nicht, dass diese frei durch jedermann benutzt werden dürfen. Die Berechtigung zur Benutzung unterliegt, auch ohne gesonderten Hinweis hierzu, den Regeln des Markenrechts. Die Rechte des jeweiligen Zeicheninhabers sind zu beachten.
Der Verlag, die Autoren und die Herausgeber gehen davon aus, dass die Angaben und Informationen in diesem Werk zum Zeitpunkt der Veröffentlichung vollständig und korrekt sind. Weder der Verlag, noch die Autoren oder die Herausgeber übernehmen, ausdrücklich oder implizit, Gewähr für den Inhalt des Werkes, etwaige Fehler oder Äußerungen. Der Verlag bleibt im Hinblick auf geografische Zuordnungen und Gebietsbezeichnungen in veröffentlichten Karten und Institutionsadressen neutral.

Springer Vieweg ist ein Imprint der eingetragenen Gesellschaft Springer Fachmedien Wiesbaden GmbH und ist ein Teil von Springer Nature.
Die Anschrift der Gesellschaft ist: Abraham-Lincoln-Str. 46, 65189 Wiesbaden, Germany

Geleitwort[1]

Kennen Sie den? Warum hat die Regierung Mühe damit, Bitcoins zu akzeptieren? Weil sie der Gedanken an ein Proof-of-Work schaudern lässt! – Für mich als anti-/transdisziplinären Forscher, welcher sich unter anderem mit dem Management von Smart Cities beschäftigt, zeigt dieser augenzwinkernd auf das Spiel des Beamtenmikados anspielende Scherz den Zusammenhang zwischen der Blockchain-Technologie und meinen Forschungen. Diese Technologie beschreibt eine Liste von Datensätzen (Blocks), welche verschlüsselt und miteinander verkettet ('gechaint') werden. Die Blockchain speichert also in einem Netz verteilte, kodierte Informationen. Niemand besitzt das dezentrale (Datenbank-)System, es kann aber von jedermann benutzt werden. Und das ist wichtig, denn es bedeutet, dass es für Sie, mich sowie Dritte schwierig ist, das ganze Netz zu hacken, zu beschädigen oder es zu zerstören. Wir alle setzen unsere PCs ein, um Bündel von Datensätzen, die von Dritten eingereicht wurden, in einer chronologischen Kette zu halten. Dabei dürfen wir allerdings die Blockchain nicht mit einer ‚gewöhnlichen', verteilten Datenbank verwechseln; denn sie kennzeichnet eher die Datenbank, welche durch sie verteilt wird.

Blockchains erobern die Welt im Sturm, und noch nie zuvor wurde bei einer Entwicklung respektive ihrer Umsetzung ein so hohes Tempo angeschlagen. Nur sehr wenige Technologien haben dieselbe Wirkung entfaltet wie die Distributed-Ledger-Technologie (DLT); wovon die angeführte Blockchain wohl die bekannteste Umsetzung darstellt. Das riesige Interesse an Kryptosystemen zeigt auf jeden Fall, dass die DLT eine Reihe von Märkten revolutionieren könnte. Doch wenn die Entwicklung und der Einsatz einer Technologie so dynamisch ist, kann es gefährlich werden, nur am Rande tatenlos zuzusehen. Wir beobachten gegenwärtig, wie sich die Blockchain in einem Bruchteil der Zeit, welche etwa PCs benötigten, um von der Masse akzeptiert zu werden, von einer Idee zu einer etablierten Technologie entwickelte. Experten schätzen freilich, dass wir noch rund zehn Jahre warten müssen bis die DLT so ausgereift ist, dass mit ihr eine breite Masse erreicht wird. Dann aber könnte die Technologie etwa für Ihre Regierung oder Stadt zu einer radikalen Veränderung führen. Aber wie?

---

[1] Überarbeiteter Beitrag basierend auf Portmann (2018) Wohin führen uns Distributed-Ledger-Technologien? HMD – Praxis der Wirtschaftsinformatik Heft 324, 55(6):1135–1138.

Beginnen wir erst einmal damit, wo die Technologie bereits eingesetzt wird. Vermutlich haben Sie schon von Bitcoins gehört, jenem Zahlungssystem, welches von einem gewissen (na, Sie wissen schon – wie viel hat die Erfindung von Bitcoins eigentlich gekostet? Einen Satoshi! – genau!) Satoshi Nakamoto bekanntgemacht wurde. Sein System benötigt keinen Intermediär mehr wie etwa eine Bank und unterscheidet sich damit stark von Kreditkarten, Paypal und anderen Formen der (digitalen) Geldüberweisung. Stattdessen ermöglichen wir alle im System, Geld sicher im Netzwerk zu übertragen, indem wir Transaktionen mit unseren PCs validieren. Hier schliesst sich auch der Kreis zum eingangs erwähnten Arbeitsnachweis (aka ‚Proof-of-Work'): Dieser baut auf Hashcash, durch welchen Blocks erzeugt werden; damit diese von uns Systemteilnehmern validiert werden können, müssen durch Mineure Arbeitsnachweise erbracht werden, die alle verketteten Daten eines Blocks umfassen.

Dazu wird, auch um zu verhindern, dass böswillige Bitcoin-Mineure (wissen Sie, wie viele von denen es braucht, um eine Glühbirne zu wechseln? – Eine Million; einen, um es zu tun, und den Rest, um zu bestätigen, dass er es getan hat) das System untergraben, ein Proof-of-Work verlangt. Sie demonstrieren ihr Engagement, indem sie sich darin messen, knifflige Aufgaben zu knacken, die zwar schwer lösbar, deren Lösungen jedoch leicht zu überprüfen sind. Nur der Gewinner eines solchen ‚Wettbewerbs' darf einen Block zur Chain hinzufügen. Da die Erzeugung eines Arbeitsnachweises oft zufällig ist, wird dazu häufig eine heuristische Methode eingesetzt. Anders gesagt, die Mineure experimentieren (allenfalls enegieverschwenderisch?) mit Versuch-und-Irrtum. Das Netzwerk strebt dazu eine durchschnittliche Generierungsrate von etwa einem Block alle zehn Minuten an; wenn Blöcke schneller eintreffen, werden die Aufgaben erschwert, und der Prozess verlangsamt sich. Dieser Mechanismus schützt vor einer Bitcoin-Inflation, denn ohne ihn würde gnadenlos das Moor'sche Gesetz zu wirken beginnen; und durch grössere Rechenleistung könnte dies zu einer Explosion von Bitcoins führen.

Das ursprüngliche Verkaufsargument von Bitcoin (nämlich unsere Befreiung von jeglicher Art von zentraler Kontrolle) ist für viele Menschen unattraktiv. Die Mehrheit von uns will ‚nur' ein Zahlungssystem, das sicher und einfach zu bedienen ist. Und genau da liegt die Krux! Mangelnder Verbraucherschutz, schwindelerregende Preisschwankungen, umständliche Software, langsamer Datendurchsatz sowie ein unersättlicher Appetit auf Strom sind die derzeitigen Mängel der Kryptowährung, an denen die Kundenzufriedenheit (noch) scheitert. Zudem macht das Fehlen einer zentralen Behörde das System zwar widerstandsfähig, es bedeutet aber eben auch, dass es, wenn etwas schief geht (und wir kennen ja Murphys Gesetz: wenn etwas schief gehen kann, wird es auch schief gehen!), niemanden gibt, der das Problem beheben kann. Hier könnten (den nonkonformistischen Wurzeln von Bitcoins zum Trotz) Regulierungsbehörden (der Schweizerische Bundesrat hat sich etwa mittlerweile dieser regulatorischen Diskrepanz angenommen) helfen, um die aufkommende Epidemie des Betrugs und die unsauberen Geschäftspraktiken in diesem Bereich zu bekämpfen.

Digitales Geld ist aber nur die Spitze des Eisbergs möglicher Anwendungen von DLT. Aus wirtschaftlicher Sicht kann diese nämlich auch als Art Optimierung gesehen werden, welche Prozesse zwischen Unternehmen, Staatsstellen sowie Konsumenten/Bürgern verbessern und dadurch die ‚Vertrauenskosten' senken will. Es wird vermutet, dass diese Senkung den Unternehmen und der öffentlichen Hand bald höhere Renditen bescheren wird als traditionelle Vertrauenssysteme unserer Zeit. Für viele ist Vertrauen nämlich ein Garant etwa für Produktivität, gutes Personal, Leumund, Kontakte, Kundentreue, Kreativität und Gewinn. Wer sich vertrauensvoll seinem Unternehmen oder Staat verbunden fühlt, ist motiviert und zu Topleistungen bereit, untermauert den guten Ruf seines Arbeitgebers und/oder hält seinem Land auch in turbulenten Zeiten die Stange. Dieses Vertrauen, welches dank DLT und Blockchain ins Internet übertragen werden kann, ist also vielfach bares Geld wert.

Auf jeden Fall forschen Finanzinstitute in Frankfurt, London und Zürich bereits intensiv daran, wie sie die DLT nutzen können, um damit eben alles (vom Clearing herkömmlicher Abrechnungen bis hin zu neuen, smarten Versicherungen) optimieren zu können. Dabei liebäugeln sie damit, die Blockchain oder andere DLT-Umsetzungen (IOTA kennzeichnen etwa eine neue Form von DLT ohne Blocks und Chains dafür mit Tangle – einem Distributed-Ledger fürs Peer-to-Peer-Netzwerk –, welche möglicherweise für smarte Internetsensoren mehr Sinn als Blockchains machen) auch auf unsere digitalen Identitäten sowie auf die Identitäten unserer digitalen Geräte, respektive der unserer Sensoren im Internet der Dinge, anzuwenden und so, etwa mit künstlicher Intelligenz gepaart, vollständig automatisierte Firmen zu erstellen. Dank DLT et al. wird das Internet der Dinge nämlich für intelligente Systeme (und ‚Smart Contracts') immer interessanter. Kryptosysteme könnten hier zu Drehscheiben werden, welche Daten, Informationen und Wissen mit Automatisierung verknüpfen und dadurch diese Konvergenz befeuern. Wie das?

In unserer Umwelt werden demnächst Milliarden von Dinge über das Internet vernetzt. Diese werden ganz ohne menschliche Intervention miteinander Kontakt aufnehmen, kommunizieren und sich austauschen – so à la: „Schatz, der Kühlschrank spricht nicht mehr mit dem Herd, wir müssen auswärts essen gehen". Einige Dinge werden Daten sammeln und übermitteln, andere handeln aufgrund dieser Daten und reagieren auf Veränderungen, und wieder andere vertreiben ihre Speicher- und Rechnerüberkapazität am öffentlichen Markt. Aktionen, die vom Internet der Dinge autonom durchgeführt werden können, könnten beispielsweise einfach wie eine automatische Schliessung eines Wasserventils nach einem Rohrbruch sein. Andere jedoch, wie Smart-Contracts, könnten das Potenzial einer neuartigen Regulierung (die Schweiz lässt grüssen) beinhalten, welches mit seiner vollständig überprüfbaren und automatisierten Durchsetzung besticht.

Eine noch zu konzeptualisierende Schnittstelle zu uns Menschen sollte die automatisierten Firmen befähigen, mit Wörtern und Wahrnehmungen umgehen zu können. Darin sieht der spanische Mathematiker Enric Trillas einen Weg, eine Intelligenz zu schaffen, die „für uns automatisch soziale, medizinische, wirtschaftliche oder technologische Handlungen ausführen kann". Die Weiterentwicklung des ‚Rechnens mit Zahlen' (welches messungsbasiert ist, wie etwa der exakt ermittelte Abstand parkierter Autos) zu einem ‚Rechnen mit Worten' (welches eher wahrnehmungsbasiert ist, wie der fliessende Abstand zwischen Autos im stockenden Verkehr) führt zu einer natürlicheren künstlichen Intelligenz.

Das unterliegende ‚Rechnen mit Wahrnehmungen' (einer Soft-Computing-Technik) ist von der Fähigkeit des Gehirns inspiriert, Aufgaben ohne Messungen und Berechnungen ausführen zu können – etwa in stockendem Verkehr zu manövrieren, einem Vortrag zu folgen oder diesen zusammenzufassen. Es baut auf Funktionen, wie etwa der Verarbeitung von Wahrnehmungen wie Entfernung, Grösse, Geschwindigkeit, Wahrheit sowie anderen Eigenschaften von physischen und mentalen Objekten, auf. Mit solchen Firmen werden Sie in Zukunft ganz natürlich interagieren, ohne zu merken, dass Sie es eigentlich mit Algorithmen zu tun haben. Das Zusammenspiel des DLT-basierten Internets der Dinge mit künstlicher Intelligenz könnte es uns also ermöglichen, direkt und sicher mit uns umgebenden Sensoren zu ‚sprechen'.

Wie auch immer, gemäss Mark Weiser sind die wesentlichsten Technologien diejenigen, die verschwinden: Sie verweben sich so sehr mit unserem Alltag, bis sie nicht mehr von diesem zu unterscheiden sind. Im Zusammenspiel mit emergenten Technologien, welche wir in diesem Geleitwort nur kurz streiften, bieten DLT, Blockchain, Bitcoin sowie IOTA das Potenzial, Mark Weisers Idee zur Realität werden zu lassen. Denn phenotrope Technologien, die sich unserer menschlichen Welt anpasst, anstatt uns Menschen zwingt, in ihre Welt zu treten, werden ihren Einsatz bald so erfrischend gestalten wie einen Waldspaziergang – „und", so ruft Ihnen Ihr smarter Kühlschrank beim Hinausgehen noch hinterher, „Vergiss bitte die Pilze für die Suppe nicht!"

Edy Portmann
HUMAN-IST Institute
Universität Fribourg
Fribourg, Schweiz

Vorwort

Sowohl in der Praxis als auch der wissenschaftlichen Forschung ist das Thema „Blockchain" aktuell von großem Interesse. War es ursprünglich nahezu ausschließlich im finanzwirtschaftlichen Bereich angesiedelt, wo durch den Erfolg von Kryptowährungen wie Bitcoin und anderen gezeigt werden konnte, dass der grundlegende Ansatz funktioniert, so beschäftigen sich heute eine Vielzahl von Domänen mit diesem Thema. Im Gegensatz zu anderen Technologien und Anwendungssystemen erfordern Blockchains nicht nur tief greifendes technisches Wissen, sondern bedingen ebenso ausgeprägte betriebswirtschaftliches und ökonomische Kenntnisse, um umfassend verstanden zu werden. Diese Kombination aus technischen Mechanismen und mit ihnen direkt in Zusammenhang stehenden wirtschaftlichen Verfahren macht Blockchains zu einem interessanten Forschungsgegenstand für die gestaltungsorientierte Wirtschaftsinformatik.

Betrachtet man den aktuellen Status des Phänomens Blockchain, so scheint sich die Technologie noch am Anfang ihrer Entwicklung zu befinden. Plattformen wie Bitcoin, Ethereum, Hyperledger Fabric, Libra, TradeLens oder andere weisen zwar bereits einen beeindruckenden Reifegrad in ihrer technischen Entwicklung auf. Dennoch befinden sich erst wenige von ihnen bzw. darauf aufbauende Applikationen im produktiven Einsatz bei Unternehmen. Aus Sicht der Forschung ist dies jedoch ideal, ja man könnte sogar von einer goldenen Zeit der Blockchain-Forschung sprechen. Jetzt, wo noch experimentiert wird, keine allgemein gültigen Standards vorhanden sind und eine Vielzahl an technologischen und wirtschaftlichen Freiheitsgraden bestehen, kann die Forschung optimal dazu beitragen, neue Ideen zu entwickeln, noch nicht betrachtete Anwendungsfälle und -domänen zu untersuchen und erste Prototypen für den konkreten Einsatz zu entwickeln. Die Beiträge der vorliegenden Edition HMD bieten dazu einen umfassenden Überblick und zeigen die große Bandbreite an möglichen Anwendungsfeldern für Blockchains.

Im ersten Teil wird ausgehend von einer kurzen Erläuterung der grundlegenden Funktionsweise von Blockchains in Kap. 1 ein Auswahlprozess für den Einsatz von Blockchains in Kap. 2 vorgestellt und Rechtsfragen bei der digitalen Transformation und speziell beim Einsatz von Blockchains in Kap. 3 aufgeworfen.

Im zweiten Teil wird der Fokus auf sogenannte Smart Contracts gelegt, die heute einen wesentlichen Bestandteil von Blockchain-Plattformen darstellen und eine mögliche Basis-Technologie für das dezentrale Web darstellen. Dazu werden in Kap. 4 Custom Tokens und Smart Contracts zur Steuerung von Projekten vorgestellt und in Kap. 5 die konzerninterne Verrechnung von IT-Dienstleistungen mit Hilfe von Smart Contracts erläutert.

Im dritten Teil wird die Domäne Finanzen und Steuern betrachtet. Dazu werden zuerst Bedrohungen von traditionellen Finanzdienstleistern durch FinTechs in Kap. 6 analysiert, gefolgt von einem Beitrag zu Handlungsempfehlungen für den Bankensektor in Kap. 7. Abschließend wird ein Ansatz zu Nutzung von Blockchains im Steuerbereich in Kap. 8 vorgestellt.

Die Integration von Blockchain-Ansätzen in bestehende Unternehmensarchitekturen wird im vierten Teil dieser Edition HMD in zwei Beiträgen untersucht. Dies betrifft einerseits die Integration in ERP-Systeme anhand eines Fallbeispiels der Daimler AG in Kap. 9 und die Nutzung der Plattform Hyperledger Fabric für Supply Chains in der Luftfahrtindustrie in Kap. 10.

Die Domäne der Logistik wird in Teil fünf aufgegriffen und durch einen Beitrag zu den Liefer- und Wertschöpfungsketten im Rahmen der neuen Seidenstraße in Kap. 11 sowie einen Beitrag zu Blockchains in der maritimen Logistik in Kap. 12 beleuchtet.

Auch im Energiebereich werden Blockchain-Ansätze erforscht. Darauf gehen in Teil sechs die Kap. 13 zur Transformation oder Disruption im Energiemarkt und Kap. 14 zum Peer-to-Peer Energiehandel ein.

Im letzten Teil der Edition werden weitere innovative Ansätze für Blockchains für Wirtschaft und Gesellschaft diskutiert. Dazu wird in Kap. 15 eine technische Methode zur Sicherung des intellektuellen Kapitals mit Blockchains anhand einer Fallstudie aus dem Bereich Compliance vorgestellt. Kap. 16 zeigt, wie Blockchains für den Bereich e-Voting eingesetzt werden können um neue Formen der Partizipation von Bürgern zu ermöglichen. Nicht zuletzt wird in Kap. 17 diskutiert, wie Blockchains dazu beitragen, den wissenschaftlichen Publikationsprozess neu zu gestalten.

Wir wünschen allen Leserinnen und Lesern viel Freude bei der Lektüre!

Fribourg, Schweiz, im September 2019   Hans-Georg Fill
                                                                        Andreas Meier

Inhaltsverzeichnis

Teil I Grundlagen

1 Wie funktioniert die Blockchain? 3
Hans-Georg Fill, Felix Härer und Andreas Meier
1.1 Motivation 4
1.2 Grundlegende Technologien 5
1.3 Aufbau und Funktionsweise von Blockchains 10
1.4 Smart Contracts 12
1.5 Limitationen und aktuelle Entwicklungen 17
Literatur 18

2 Auswahlprozess für den Blockchain-Einsatz 21
Johannes Werner, Peter Mandel und Rüdiger Zarnekow
2.1 Problemstellung 22
2.2 Entscheidungsmodelle für den Einsatz von Blockchain 23
2.3 Vorgehen im Fallbeispiel 26
2.4 Fallbeispiel 27
2.5 Handlungsempfehlungen 35
Literatur 36

3 Rechtsfragen der digitalen Transformation 39
Mark Fenwick und Stefan Wrbka
3.1 Die digitale Transformation 40
3.2 Von Unternehmen zu Plattformen 42
3.3 Blockchain, Smart Contracts & Experimente zur Dezentralisierung 48
3.4 Auswirkungen auf die Politik 55
3.5 Rechtliche Fragen & Entwicklungen 57
3.6 Schlussworte 59
Literatur 59

Teil II Smart Contracts

4 Custom Tokens und Smart Contracts zur Projektsteuerung 65
Johannes Lehner, Philipp Schützeneder und Johannes Sametinger
  4.1 Einführung... 66
  4.2 Custom Tokens und Smart Contracts........................ 67
  4.3 Projektsteuerung und Projektkoordination 71
  4.4 Technologieauswahl..................................... 80
  4.5 Diskussion und Zukunftsperspektive........................ 81
  Literatur 83

5 Konzerninterne Verrechnung von IT-Dienstleistungen............. 87
Stefan Tönnissen, Jan Heinrich Beinke und Frank Teuteberg
  5.1 Einleitung... 88
  5.2 Grundlagen.. 89
  5.3 Methodische Vorgehensweise 92
  5.4 Die Fallstudie.. 92
  5.5 Lessons Learned.. 103
  5.6 Diskussion und Implikationen für Wissenschaft und Praxis....... 104
  Literatur 105

Teil III Finanzen & Steuern

6 Bedrohung von Finanzdienstleistern durch FinTechs.............. 111
Sebastian Reinig, Katharina Ebner und Stefan Smolnik
  6.1 Bedrohung traditioneller Geschäftsmodelle durch FinTechs....... 112
  6.2 Konzeptionelle Grundlagen 113
  6.3 Kriterienkatalog und Bewertungsmethode.................... 117
  6.4 Markt- und Bedrohungsanalyse 119
  6.5 Diskussion der Bedrohungsklassen 122
  6.6 Fazit und Ausblick...................................... 127
  Anhang – Detaillierte Marktanalyse.............................. 129
  Literatur 133

7 Blockchain im Bankensektor – Chancen, Herausforderungen, Handlungsempfehlungen und Vorgehensmodell 135
Jan Heinrich Beinke, Stefan Tönnissen, Julia Samuel und Frank Teuteberg
  7.1 Einleitung... 136
  7.2 Vorgehensweise 136
  7.3 Status Quo der Blockchain-Technologie im Bankensektor 137
  7.4 Chancen und Herausforderungen der Blockchain-Technologie im Bankensektor... 138
  7.5 Handlungsempfehlungen und Vorgehensmodell für die Praxis..... 141
  7.6 Fazit 145
  Literatur 146

8 Blockchain-Nutzung im Steuerbereich 149
Filip Fatz, Philip Hake und Peter Fettke
- 8.1 Einleitung 150
- 8.2 Ausgangslage 151
- 8.3 Steuer-Compliance mittels Blockchain 158
- 8.4 Anwendungsbeispiel: Prüfung der USt-IdNr. 160
- 8.5 Evaluation 163
- 8.6 Diskussion und Fazit 166
- Literatur 167

Teil IV Organisation

9 Blockchain-Integration in ERP-Systeme – Fallbeispiel Daimler AG 173
Daniel Linke und Susanne Strahringer
- 9.1 Blockchain-Technologie im Rahmen von Procure-to-Pay-Prozessen 174
- 9.2 Stand der Forschung zur Blockchain-ERP-Integration 176
- 9.3 Ausgangslage und Umfeldanalyse: Der Fall Daimler AG 178
- 9.4 Anforderungen und Konzept für den Procure-to-Pay-Prozess mit Blockchain 179
- 9.5 Evaluation anhand eines Prototyps mit SAP S/4HANA und Hyperledger Fabric 186
- 9.6 Implikation für die Praxis und weiterer Forschungsbedarf 189
- Literatur 192

10 Hyperledger für Supply Chains in der Luftfahrtindustrie 195
Clemens Wickboldt
- 10.1 Einleitung und Problemumfeld 196
- 10.2 Technologieübersicht 197
- 10.3 Lösungsansatz mit Hyperledger Fabric 198
- 10.4 Blockchain-based Certification Storage System 205
- 10.5 Schlussfolgerungen 209
- Literatur 211

Teil V Logistik

11 Wertschöpfungs- und Lieferketten am Beispiel der New Silk Road 215
Steffen C. Eickemeyer, Christoph Lattemann, Tilo Halaszovich und Jan Busch
- 11.1 Einleitung 216
- 11.2 Anwendungen von BCT in der Supply Chain 217
- 11.3 Explorative Untersuchung zur Nutzung der BCT in der internationalen Logistik 226
- 11.4 Diskussion von BCT und Industrie 4.0 in Supply Chains 227
- 11.5 Fazit und Ausblick auf weitere Forschungsaktivitäten 229
- Literatur 231

12 Blockchain in der maritimen Logistik 235
Robert Stahlbock, Leonard Heilig, Philip Cammin und Stefan Voß
- 12.1 Einleitung 236
- 12.2 Anwendungsfälle der Blockchain-Technologie in der maritimen Logistik 237
- 12.3 Beurteilung eines Blockchain-Einsatzes in der maritimen Logistik 248
- 12.4 Ausblick 253
- Literatur 254

Teil VI Energie

13 Transformation oder Disruption im Energiemarkt? 259
Bernd Teufel, Anton Sentic, Tim Niemer und Kristina Hojcková
- 13.1 Wandel im Energiemarkt 260
- 13.2 Blockchain Applikabilität im Energiebereich 264
- 13.3 Einführung von Blockchain im Energiebereich – Herausforderungen auf der Systemebene 269
- 13.4 Überblick Blockchain-Projekte im Energie-Bereich 272
- 13.5 Fallstudien 275
- 13.6 Chancen und Risiken für Blockchain im Energiesektor – eine Zusammenfassung 279
- 13.7 Ausblick 280
- Literatur 281

14 P2P-Energiehandel 285
Stefan Wunderlich, David Saive, René Kessler, Marlon Beykirch, Lars Kölpin, Gerrit Schumann und Jorge Marx Gómez
- 14.1 Motivation 286
- 14.2 Ausgangssituation 287
- 14.3 Regulatorischer Rahmen 289
- 14.4 Peer-to-Peer-System 293
- 14.5 Erzeugungs- und Verbrauchsprognosen 299
- 14.6 Fazit 309
- Literatur 310

Teil VII Wirtschaft & Gesellschaft

15 Sicherung des intellektuellen Kapitals mit Knowledge Blockchains 317
Hans-Georg Fill und Felix Härer
- 15.1 Dokumentation von Informationen und Wissen in Modellen 318
- 15.2 Architektur einer Knowledge Blockchain 318
- 15.3 Anwendung des Konzepts anhand eines Compliance-Beispiels 326
- 15.4 Fazit: Integrität und Verbindlichkeit ohne zentrale Koordination 332
- Literatur 333

16 Blockchain-Voting für MyPolitics und OurPolitics 337
Andreas Meier
16.1 Anforderung an ein elektronisches Wahlsystem 338
16.2 Sicherheit elektronischer Wahlen. 339
16.3 Klassifikation Blockchain-basierter E-Voting-Systeme......... 341
16.4 Fallbeispiel BroncoVote................................. 342
16.5 E-Voting-Protokoll mit blinden Signaturen 344
16.6 Überwindung politischer Krisen durch Fuzzy Voting 346
16.7 Spannungsfeld zwischen MyPolitics und OurPolitics.......... 349
16.8 Chancen und Risiken 350
Literatur 352

17 Disruptives Publizieren mit der Blogchain..................... 355
Clemens H. Cap und Benjamin Leiding
17.1 Einleitung... 356
17.2 Die 3 Phasen digitaler Disruption 358
17.3 Wissenschaftliche Begutachtung und Publikation.............. 362
17.4 Blogchain als wissenschaftliche Publikationsform 364
17.5 Wege zur Umsetzung.................................... 367
17.6 Bewertung, vergleichbare Ansätze und Ausblick............... 370
Literatur 371

Erratum zu: Blockchain in der maritimen Logistik E1

Glossar... 373

Stichwortverzeichnis 377

Teil I
Grundlagen

Wie funktioniert die Blockchain?

Hans-Georg Fill, Felix Härer und Andreas Meier

Zusammenfassung

Blockchains sind eine Art verteiltes elektronisches Register um Informationen dauerhaft, transparent und vertrauenswürdig zu speichern und zugänglich zu machen, ohne dass auf eine zentrale Instanz zurückgegriffen werden muss. Im folgenden Kapitel wird die grundsätzliche Funktionsweise von Blockchains erläutert. Dazu werden zuerst grundlegende Technologien wie kryptografische Hash-Funktionen, kryptografische Puzzles, Merkle-Bäume und digitale Signaturen vorgestellt. Anschließend werden Datenstrukturen von Blockchains und das Vorgehen zum Hinzufügen von neuen Blöcken erläutert. Ebenso wird auf Smart Contracts eingegangen, die der Hinterlegung und verteilten Ausführung von Algorithmen in Blockchains dienen und die Grundlage für dezentrale Anwendungen (DApps) bilden. Als Ausblick werden Limitationen und aktuell in Entwicklung befindliche Ansätze im Bereich Blockchains vorgestellt, um eine Einschätzung der auf diesem Gebiet zu erwartenden Fortschritte zu geben.

Schlüsselwörter

Blockchain · Smart Contract · Hash-Funktion · Hash-Baum · Kryptografisches Puzzle · Konsensverfahren

---

Vollständig neuer Original-Beitrag

H.-G. Fill (✉) · F. Härer · A. Meier
University of Fribourg, Fribourg, Schweiz
E-Mail: hans-georg.fill@unifr.ch

1.1 Motivation

Mit dem Aufkommen von Bitcoin und der dadurch erfolgten Bestätigung der Machbarkeit von elektronischen Währungen, die ohne eine zentrale Kontrollinstanz auskommen, gelangte die dahinterstehende Blockchain-Technologie in den Fokus der Öffentlichkeit. Wenn auch die Basis-Technologien, die Blockchains zugrunde liegen, in der Informatik bereits seit einiger Zeit bekannt und gut erforscht sind, stellte deren Einsatz in dieser Form ein Novum dar. Dieses ergibt sich insbesondere durch finanzielle Mechanismen. Blockchains sind demnach nicht nur eine technologische Innovation, die es erlaubt, Transaktionen zwischen Parteien in vertrauenswürdiger Art und Weise dezentral zu speichern und nachvollziehbar zu machen. Ihr revolutionärer Charakter resultierte vielmehr aus den bei Bitcoin gegebenen finanziellen Anreizen, die sich durch die potenzielle Senkung von Transaktionskosten und die Möglichkeit, selbst Geld durch die Teilnahme an der Blockchain zu erwirtschaften, ergaben. War bei bisherigen Ansätzen zur Übermittlung von Geldeinheiten stets eine Zwischenstelle notwendig, der die beteiligten Parteien vertrauten und die für die korrekte Durchführung der Transaktionen garantierte, so ermöglichte es Bitcoin erstmalig auf solche Intermediäre bzw. sogenannte „Trusted-Third-Parties" zu verzichten. Stattdessen konnten Geld-Transaktionen im Sinne eines sog. Peer-to-Peer Ansatzes von allen am Blockchain-Netzwerk beteiligten Parteien validiert werden. Die in der Blockchain stattfindenden Transaktionen waren somit für alle Parteien transparent und nachvollziehbar. Gleichzeitig garantierten kryptografische, d. h. im Wesentlichen mathematische Verfahren, dass keine Partei unautorisiert Änderungen an dem in der Blockchain gespeicherten Zustand vornehmen konnte. Für die Teilnahme am Blockchain-Netzwerk und die Übernahme von konkreten Validierungstätigkeiten wurden den Teilnehmern monetäre Vergütungen in Form von neu erstellten Geldeinheiten bzw. Transaktionsgebühren geboten. Dies führte dazu, dass immer mehr Personen sich dem Bitcoin-Netzwerk anschlossen und begannen, Blockchain-Knoten zu betreiben. Der dabei auftretende Wettbewerb um Vergütungen zwischen den Teilnehmern führte so zu geringeren Transaktionsgebühren aus Sicht der Gesamtkosten als dies in traditionellen, zentralisierten Systemen der Fall war.

Wenn auch Bitcoin und andere virtuelle Währungen nach wie vor eine zentrale Anwendung von Blockchain darstellen, ist die anfängliche Euphorie inzwischen einer nüchternen Betrachtung gewichen. Ging man zu Beginn noch davon aus, mit Blockchains ganze Geschäftszweige revolutionieren zu können, kristallisieren sich zunehmend die für reale Unternehmensanwendungen adäquaten Eigenschaften dieser Technologie heraus. Beispiele wie die TradeLens Blockchain von IBM und Maersk zur Verfolgung von Logistikgütern oder Ansätze für Blockchains im Mobility-Bereich zur Fahrzeugidentifikation (Mobility Open Blockchain Initiative) sind einige jener Beispiele, die demonstrieren, wie Blockchains erfolgreich für andere Domänen eingesetzt werden können.

Im Folgenden geben wir einen kurzen Überblick über die Funktionsweise von Blockchains. Für eine detaillierte Einführung dürfen wir auf die kürzlich veröffentlichten Ausführungen in (Fill und Meier 2020; Meier und Stormer 2018) verweisen. Weitere Quellen, die noch detailliertere Einblicke geben sind unter anderem (Narayanan et al. 2016; Dannen 2017; Antonopoulos 2018). Da Blockchains auf einigen grundlegenden Technologien der Informatik beruhen, werden wir diese zuerst vorstellen. Anschließend erfolgt eine Beschreibung der Datenstruktur von Blockchains und der Mechanismen zum Hinzufügen von Blöcken in dezentralen Umgebungen. Danach wird die Funktionsweise von Smart Contracts erläutert, die es ermöglichen, Operationen in Form von Algorithmen in der Blockchain zu hinterlegen und dezentral auf Anforderung ausführen zu lassen. Den Abschluss des Kapitels bildet eine Diskussion der Limitationen von Blockchains in ihrer derzeitigen Form und aktuellen Entwicklungen, um diesen zu begegnen.

1.2 Grundlegende Technologien

Für die Realisierung von Blockchains wird auf einige grundlegende Konzepte aus der Informatik und im speziellen aus der Kryptografie zurückgegriffen. Diese dienen dazu, die Datenstrukturen in Blockchains zu erstellen und die Funktion von Blockchains zu ermöglichen. Konkret handelt es sich dabei um Hash-Funktionen bzw. kryptografische Hash-Funktionen (Abschn. 1.2.1), kryptografische Puzzles (1.2.2), Hash-Bäume (1.2.3) und digitale Signaturen (1.2.4) für Nachrichten.

1.2.1 Hash-Funktionen

Hash-Funktionen sind mathematische Funktionen, die dazu dienen, eine Menge von Informationen beliebiger Größe als Eingabemenge auf einen vorab definierten Bereich fixer Größe, den Zielbereich, abzubilden. Die Idee dabei ist, dass einerseits die Menge des Zielbereichs wesentlich kleiner ist als die potenzielle Eingabemenge und andererseits möglichst keine Kollisionen auftreten, d. h. dass zwei verschiedene Eingabewerte zu unterschiedlichen Zielwerten führen. Die Hash-Funktion muss daher so gestaltet sein, dass sie den Zielbereich möglichst gut ausnutzt, d. h. eine gute Streuung besitzt. Ändert sich auch nur ein geringer Teil des Eingabewertes, soll die Hash-Funktion einen gänzlich anderen Zielwert liefern. Aus dem Zielwert soll zudem nicht auf den Eingabewert geschlossen werden können und die Berechnung der Hash-Funktion soll rasch erfolgen. Eine Hash-Funktion $h : E \rightarrow Z$ bildet eine Menge von Eingabewerten E auf eine Menge von Zielwerten Z ab wobei gilt, dass $|E| \gg |Z|$ und $|Z|$ fix ist. Damit ist impliziert, dass es grundsätzlich möglich ist, für zwei Werte aus dem Eingabebereich einen gemeinsamen Wert im Zielbereich zu finden.

Diese Eigenschaften ermöglichen es unter anderem, mittels des von der Hash-Funktion generierten Zielwertes auf die Unversehrtheit des Eingabewertes zu schließen. Möchte man beispielsweise die Integrität eines Dokumentes überprüfen, das auf elektronischem Wege übermittelt wurde, reicht es aus, den Hash-Wert des Dokuments zu kennen um überprüfen zu können, ob das Dokument vollständig und ohne Änderungen übermittelt wurde. Dazu wird die Hash-Funktion auf das erhaltene Dokument angewandt und der daraus resultierende Wert mit dem bekannten Hash-Wert des

Tab. 1.1 Beispiele von Hash-Werten

Eingabewert	SHA-256-Hash-Wert
A bezahlt B 10 Bitcoin.	30AF6E0870081E16E20BEC0923DF8CB3A0D49EB29CFB772B2DD6377CCBCB71B4
A bezahlt B 11 Bitcoin.	4AEFD39DA0278DA3383D67AC30E8CD0E53ACD7114DCA6337750EBE58E0999789
A	559AEAD08264D5795D3909718CDD05ABD49572E84FE55590EEF31A88A08FDFFD
AB	38164FBD17603D73F696B8B4D72664D735BB6A7C88577687FD2AE33FD6964153

Dokuments verglichen. Stimmen diese überein, wurden keine Änderungen an dem Dokument seit der Berechnung des ursprünglichen Hash-Wertes vorgenommen.

Für sogenannte kryptografische Hash-Funktionen, wie sie für Blockchains eingesetzt werden, werden weitere Eigenschaften verlangt. Insbesondere müssen diese Funktionen über eine besonders starke Kollisionsresistenz verfügen und es muss praktisch unmöglich sein, aus dem Ergebnis der Hash-Funktion auf den Eingabewert zu schließen sowie durch eine Variation des Eingabewertes einen bestimmten Ausgabewert zu erzielen. Diese Eigenschaften treffen zum Beispiel auf den bei Blockchains häufig eingesetzten SHA-256-Hash-Algorithmus zu (NIST 2015). Dieser erzeugt aus einem beliebig großen Dokument als Eingabe eine Zahl mit der fixen Länge von 256 Bit. Dies entspricht einem Zielbereich von 2^{256} bzw. einer Dezimalzahl mit 78 Stellen. Im Vergleich dazu wird die Anzahl der Sterne im Universum von der European Space Agency auf 10^{22}–10^{24} geschätzt (https://bit.ly/2wwBjF8), also auf eine wesentlich geringere Zahl. Der zur Verfügung stehende Lösungsraum ist somit ausreichend groß um Kollisionen zu vermeiden, sofern die Hash-Funktion über gute Streueigenschaften verfügt. Tab. 1.1 illustriert die Funktionsweise der SHA-256 Hash-Funktion. Die Eingabewerte sind dabei als Zeichenfolgen ausgeführt, die resultierenden Hash-Werte sind als 64-stellige Hexadezimalzahlen angegeben.

Die Eingabewerte der ersten beiden Zeilen unterscheiden sich nur in einem einzigen Zeichen. Dennoch ändert sich der resultierende Hash-Wert nahezu vollständig. Es kann so alleine anhand des Hash-Wertes erkannt werden, dass die Eingabewerte unterschiedlich sein müssen. Gleichzeitig kann aus den Hash-Werten nicht auf die Eingabewerte geschlossen werden. In der dritten Zeile besteht der Eingabewert lediglich aus einem einzelnen Zeichen. Trotzdem erzeugt die Hash-Funktion eine 256-Bit-Zahl. Auch eine Variation von so kurzen Eingabewerten, wie in Zeile vier gezeigt, führt wiederum zu einem vollkommen anderen Hash-Wert von 256 Bit Länge.

1.2.2 Kryptografische Puzzles

Die für kryptografische Hash-Funktionen beschriebenen Eigenschaften lassen sich darüber hinaus noch für einen anderen Zweck einsetzen, der für Blockchains in ihrer aktuellen Form eine wichtige Rolle spielt. Dieser ergibt sich aus ihrer Eignung für

1 Wie funktioniert die Blockchain?

sogenannte „kryptografische Puzzles". Dabei handelt es sich um ein Rätsel, dessen Ausgangsbedingen wie folgt beschrieben werden: Mit Hilfe einer kryptografischen Hash-Funktion soll ein bestimmter Ausgabewert erzielt werden bzw. ein Wert aus einem definierten Wertebereich gefunden werden. Dabei soll durch die Variation eines vorgegebenen Wertes und der Berechnung des Hash-Wertes lediglich durch Durchprobieren (Brute Force) eine Lösung gefunden werden. Aufgrund der Eigenschaften der SHA-256-Funktion kann nicht vorbestimmt werden, wie ein bestimmter Ergebniswert der Hash-Funktion erzielt werden kann. Es müssen also mit Arbeitsaufwand (Proof-of-Work) zufällig Werte durchprobiert werden, bis eine Lösung gefunden ist.

Konkret könnte ein Puzzle wie folgt gestellt sein: Finde für die Eingabe „Peter bezahlt Anna 2 Bitcoin & X" einen SHA-256-Hash-Wert, der mit einer führenden Null beginnt, wobei für X ein beliebiger Wert eingesetzt werden darf, der an die erste Zeichenfolge angehängt wird. In der folgenden Tab. 1.2 sind mögliche Variationen ausgeführt, wobei immer ein fortlaufender Buchstabe aus dem Alphabet als Zeichen angehängt wurde.

Wie aus diesem Beispiel ersichtlich, wurde eine Lösung des Puzzles bereits im vierten Schritt gefunden. Dies ist auch nicht erstaunlich, da der Lösungsraum groß war und es somit leicht war, eine Lösung zu finden – vom gesamtem Zielbereich der SHA-256-Funktion von 2^{256} Werten hatten wir durch die Vorgabe einer führenden Null in der Hexadezimalschreibweise (d. h. der ersten 4 Bit) den Bereich auf eine Untermenge von 2^{252} eingeschränkt, womit sich ungefähr eine Wahrscheinlichkeit von 6 % dafür ergibt bei einem Versuch eine Lösung zu finden. Die Wahrscheinlichkeit bei vier Versuchen eine Lösung zu finden, liegt somit schon bei ca. 20 % – wenn wir unterstellen, dass es theoretisch möglich ist, den gleichen Wert zweimal zu ziehen und wir daher von einer binomialverteilten Zufallsvariable ausgehen können.[1]

Durch die Vorgabe des Zielbereichs für das Puzzle kann dessen Schwierigkeit angepasst werden. Würde beispielsweise der Lösungsraum eingeschränkt auf eine Zahl mit 5 führenden Nullen, d. h. dass die ersten 20 Bit gleich null sind, würde eine Lösung bei einem Versuch nur mehr mit einer Wahrscheinlichkeit von 1:1048576 gefunden werden. Das Puzzle wäre also wesentlich schwieriger zu lösen.

Tab. 1.2 Ein Beispiel für Proof-of-Work

Eingabewert	SHA-256 Hash-Wert
Peter bezahlt Anna 2 Bitcoin & A	92891BDACD6D323C8875C11A9981F0F25978BF1D9EDB59F766B49CC69F13B479
Peter bezahlt Anna 2 Bitcoin & B	6109FF96692DF6D2F8D21D7298A9ECDDC06859365D1A9B823EA4AFD1FE934A17
Peter bezahlt Anna 2 Bitcoin & C	B3A517B865A3CDE9EF9E2E31865AC00DE3FBA26BB4BE7AD5D7EFDB6DADC5AA25
Peter bezahlt Anna 2 Bitcoin & D	0C8F6243298FFE8F9E2724AF74279246EBB8BEB52E-6AE8FE2E88669E85E15892

---

[1] Die Wahrscheinlichkeit ergibt sich dann bei einem Erfolg bei vier Versuchen aus $P(X=1) = \binom{4}{1} \cdot p^1 \cdot (1-p)^3$ mit $p = \frac{2^{252}}{2^{256}}$.

Wie im folgenden Teilkapitel gezeigt werden wird, lassen sich solche kryptografischen Puzzles verwenden, um eine Zufallsauswahl unter einer Menge von Teilnehmern durchzuführen, ohne dass eine zentrale Stelle die Auswahl trifft. Dazu wird ein Puzzle öffentlich bekannt gemacht und derjenige Teilnehmer, der als erster eine Lösung findet, erhält den Zuschlag. Aufgrund der Eigenschaften der Hash-Funktion kann jeder Teilnehmer nur beliebige Werte durchprobieren. Wann eine Lösung gefunden wird, hängt somit rein vom Zufall bzw. von den verfügbaren Rechenkapazitäten ab, die bestimmen, wie viele Versuche in einer gegebenen Zeit durchprobiert werden können.

1.2.3 Hash-Bäume

Neben kryptografischen Puzzles werden Hash-Funktionen bei Blockchains auch für den Aufbau von bestimmten Datenstrukturen verwendet. Diese sogenannten „Hash-Bäume" oder nach ihrem Erfinder Ralph Merkle auch „Merkle-Bäume" genannten Strukturen bieten die Möglichkeit, das Vorhandensein von bestimmten Informationen in einer Ansammlung von Daten effizient zu prüfen (Merkle 1987).

Die Vorgehensweise zum Erstellen der Datenstruktur ist wie folgt – siehe auch die nachfolgende Grafik (Abb. 1.1): Von jedem Dokument, das Eingang in die Datenstruktur finden soll, wird ein Hash-Wert gebildet. In der Grafik beispielsweise zu sehen für die Dokument D_1, D_2, D_3 und D_4 mit den Hash-Werten H_{11}, H_{12}, H_{21}, H_{22}. Die Hash-Werte von je zwei Dokumenten werden darauf zu einer Zeichenfolge verknüpft (konkateniert) und aus der resultierenden Zeichenfolge wiederum ein Hash-Wert gebildet. Damit ergeben sich die Hash-Werte H_1 und H_2 im Beispiel. Der Vorgang wird wiederholt und aus der Verknüpfung der beiden Hash-Werte und der Bildung des Hash-Wertes ergibt sich ein einziger Hash-Wert, der sogenannte Root-Hash oder Merkle-Root.

Auf Basis dieser Datenstruktur kann nun leicht festgestellt werden, ob sich Änderungen in einem der zugrunde liegenden Dokumente ergeben haben. Dazu muss lediglich der Root-Hash betrachtet werden. Ändert sich dieser, hat auch eine Änderung in einem der darunter liegenden Zweige stattgefunden. Ebenso kann nur anhand der Hash-Werte festgestellt werden, ob ein bestimmtes Dokument bzw. die darin enthaltene Information Bestandteil der Datenstruktur ist. Dazu wird der Hash-Wert

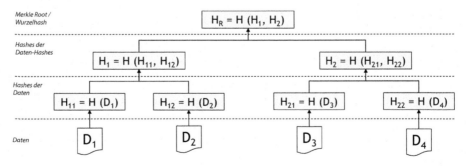

Abb. 1.1 Aufbau eines Hash-Baumes

1 Wie funktioniert die Blockchain?

des Dokumentes gebildet und versucht, mit diesem Hash-Wert und den übrigen Hash-Werten einen gegebenen Root-Hash zu erzeugen. Gelingt dies, ist bewiesen, dass das Dokument Teil der Datenstruktur ist. Die übrigen Dokumente müssen dazu nicht bekannt sein bzw. überprüft werden. Für die konkrete technische Implementierung von Hash-Verfahren müssen noch diverse technische Details beachtet werden um mögliche Sicherheitsattacken zu vermeiden – wir verweisen an dieser Stelle auf die einschlägige Literatur (Beutelspacher et al. 2015; Katz und Lindell 2018).

1.2.4 Digitale Signaturen für Nachrichten

Ein weiterer wichtiger Bestandteil der technologischen Grundlagen für Blockchains sind digitale Signaturen. Diese basieren auf Verfahren der asymmetrischen Kryptografie (Beutelspacher et al. 2015; Katz und Lindell 2018) und sind ein weit verbreiteter Ansatz, um die Authentizität von Nachrichten bzw. Information sicherzustellen.

Die grundlegenden Konzepte sind in Abb. 1.2 schematisch dargestellt. Ausgegangen wird dabei von zwei miteinander korrespondierenden Schlüsseln, die durch eine Schlüsselerzeugungsfunktion erstellt werden und einem Benutzer zur Verfügung stehen. Jeder Benutzer, in unserem Fall Alice genannt, besitzt einen öffentlichen Schlüssel, der beliebig verteilt werden darf – z. B. auf einer Website oder einem öffentlichen Verzeichnis – und einen privaten Schlüssel, der nur dem Benutzer bekannt und zugänglich ist. Der private Schlüssel wird üblicherweise in einer speziell gesicherten Umgebung oder sogar auf eigener Hardware – z. B. einer Smartcard oder einem speziell gesicherten Bereich eines Mikroprozessors – hinterlegt.

Wenn Alice eine Nachricht an Bob senden möchte und es Bob ermöglichen will, sie als Urheberin zu erkennen, signiert sie die Nachricht im ersten Schritt mit ihrem privaten Schlüssel. Im Beispiel oben ist dies anhand der Nachricht „Ich bezahle Bob 10 Bitcoins" dargestellt. Die Signatur ist nichts anderes als ein Verschlüsselungsverfahren, wobei der private Schlüssel des Absenders zum Einsatz kommt, der auf den Hash-Wert der Nachricht angewendet wird. Den entstehenden Code übermittelt Alice nun gemeinsam mit ihrer Nachricht im Klartext an Bob. Dieser kann auf den

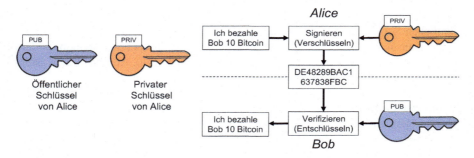

Abb. 1.2 Erstellung einer Signatur für die Nachricht von Alice

öffentlichen Schlüssel von Alice zugreifen, z. B. per Download von Alices Website, und damit den Code entschlüsseln. Sofern er sicher sein kann, dass er den tatsächlichen öffentlichen Schlüssel von Alice erhalten hat, kann er verifizieren, dass die Nachricht (hier eine Überweisung von Bitcoins) tatsächlich von Alice stammt. Dazu bildet er den Hash-Wert von der Klartext-Nachricht und vergleicht ihn mit dem entschlüsselten Wert. Stimmen diese überein, stammt die Nachricht von Alice.

Bei den heute verwendeten Blockchain-Plattformen werden meist ad-hoc erstellte Schlüssel verwendet, wodurch die Identifizierung der tatsächlichen Personen nicht direkt möglich ist. Im Gegensatz dazu werden digitale Signaturen z. B. im elektronischen Rechtsverkehr bzw. zur elektronischen, staatlich durchgeführten Identifikation zusätzlich durch offizielle Zertifikate von Regierungsstellen bzw. autorisierten Dienstanbietern abgesichert. Dabei wird der öffentliche Schlüssel eines Nutzers zusätzlich noch von der Regierungsstelle signiert und damit offiziell einer physischen Person zugeordnet – siehe in diesem Zusammenhang auch die eIDAS-Verordnung der europäischen Union (Europäische Union 2014).

1.3 Aufbau und Funktionsweise von Blockchains

Mit dem im vorigen Teilkapitel vorgestellten Grundlagen können wir nun den Aufbau und die grundlegende Funktionsweise von Blockchains erläutern. Da es noch keinen einheitlichen Standard für Blockchains gibt, muss im Prinzip jeder Blockchain-Ansatz separat beschrieben werden. Wir orientieren uns stark an den bei Bitcoin verwendeten Konzepten, vereinfachen diese jedoch an einigen Stellen. Einige der Konzepte, die bei Bitcoin erfolgreich angewendet wurden, finden sich in ähnlicher Form auch bei anderen Plattformen wie zum Beispiel Ethereum (Buterin 2013; Wood 2014).

Die Kernstruktur von Blockchains ist der „Block" als eine Datenstruktur, die die notwendigen Informationen beinhaltet. Wie in der folgenden Abb. 1.3 gezeigt, befinden sich auf der untersten Ebene des Blocks die Daten zu den Transaktionen in der Blockchain. Je nach Art der Blockchain-Plattform sind diese in einem eigenen Format kodiert, um nachvollziehen zu können, welche Informationen zwischen welchen Teilnehmern ausgetauscht wurden. Im Falle von Bitcoin handelt es sich zum Beispiel um Angaben zur Übertragung von Einheiten in der virtuellen Währung Bitcoin. Die Transaktionen werden dabei als Übertragungen zwischen Adressen in Form von öffentlichen Schlüsseln der Teilnehmer am Bitcoin-Netzwerk dargestellt. Jeder Input einer Transaktion ist mit dem privaten Schlüssel der Teilnehmer signiert, sodass keine unautorisierten Übertragungen stattfinden können (vgl. Abschn. 1.2.4). In jedem Block können ein oder mehrere Transaktionen beinhaltet sein.

Aus den Daten der Transaktionen eines Blocks wird im Folgenden ein Merkle-Baum erstellt. Der Root-Hash dieses Baums wird im Feld „Root-Hash" des Block-Header-Bereichs hinterlegt. Weiterhin werden im Block-Header ein „Zeitstempel", die aktuelle „Version" der Blockchain-Implementierung, ein „Target", ein „Nonce"-Wert und eine Referenz auf den Block-Header des vorigen Blocks in Form eines Hash-Wertes festgehalten. Der Target-Wert gibt die Schwierigkeit eines zu

1 Wie funktioniert die Blockchain?

Abb. 1.3 Komponenten eines Blocks

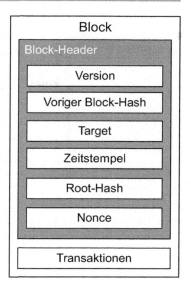

lösenden kryptografischen Puzzles an. Er wird nach einer vorgegebenen Formel automatisch im Zeitverlauf angepasst, um die aktuell verfügbare Rechenleistung im Blockchain-Netzwerk zu berücksichtigen. Bei Bitcoin erfolgt die Anpassung so, dass im Mittel alle 10 Minuten ein neuer Block hinzugefügt wird.

Das Hinzufügen des Blocks wird mit Hilfe des kryptografischen Puzzles realisiert. Dazu bildet sich der Hash-Wert aus den Bestandteilen des Block-Headers sowie einer beliebigen Zahl, der Nonce (Number used only once). Wie im Abschn. 1.2.2 erläutert, wird nach einer Lösung für das so entstehende Puzzle gesucht, die unterhalb des Wertes, der durch „Target" vorgegeben ist, liegt. Das Puzzle wird von allen am Blockchain-Netzwerk angeschlossenen Teilnehmern, die sich an der Lösungssuche beteiligen wollen, versucht zu lösen – dies wird als „Mining" bezeichnet. Dabei löst jeder Teilnehmer sein individuelles Puzzle anhand der bei ihm zu diesem Zeitpunkt vorliegenden Transaktionen, die er zudem an seine Nachbarknoten weiterleitet. Wird eine Lösung gefunden, darf dieser Teilnehmer den nächsten Block zur Blockchain hinzufügen. Als Beweis für die Lösung wird die Nonce präsentiert. Die neue Version der Blockchain wird dann alle anderen Teilnehmer weitergeleitet und jeder kann sofort die Korrektheit der Lösung verifizieren.

Die Aneinanderreihung der Blöcke zu einer Kette passiert durch das Feld mit der Referenz auf den vorigen Block-Hash. Dieser wird aus den Daten des Block-Headers des unmittelbar vorangehenden Blocks gebildet und in den nächsten Block-Header mitaufgenommen. Wie in der Abb. 1.4 gezeigt, ergibt sich dadurch eine Kette von Blöcken, bei der jeder Block auf den jeweils vorhergehenden verweist. Die Manipulationssicherheit ergibt sich dabei aus der Verkettung über die Hash-Werte, die sofort eine Änderung in den zugrunde liegenden Daten inkl. der Transaktionsdaten (über den Merkle-Baum) zeigen würden, sowie aus der Notwendigkeit, für jeden Block Arbeitsaufwand in Form der Berechnungen für die Lösung des kryptografischen Puzzles leisten zu müssen. Der Aufwand, potenziell Änderungen

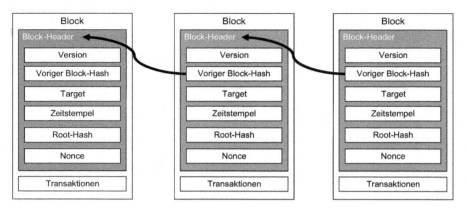

Abb. 1.4 Verkettung von Blöcken

in einem der zurückliegenden Blöcke durchzuführen, steigt somit mit jedem neu hinzugefügten Block und sichert damit die Blockchain immer besser ab.

Da das Hinzufügen von Blöcken vollkommen dezentral geschieht, besteht die Möglichkeit, dass zur gleichen Zeit zwei unterschiedliche Lösungen für ein kryptografisches Puzzle gefunden werden und es somit zu zwei verschiedenen, gültigen Versionen der Blockchain kommt. Dies würde die Blockchain als vertrauenswürdige Quelle ebenso wie eine Manipulation kompromittieren, da man sich nicht mehr auf die Gültigkeit der Informationen verlassen könnte. Es muss daher abgewartet werden, bis weitere Blöcke zur Blockchain hinzugefügt wurden. Jene Blockkette, die den höchsten Arbeitsaufwand beinhaltet – bestimmt durch die jeweils enthaltenen Blöcke als Aggregation ihrer Target-Werte – wird weiterverfolgt. Die anderen Versionen werden verworfen und die in ihnen enthaltenen Transaktionen müssen von neuem bearbeitet werden, damit sie Eingang in die Blockchain finden. Möchte man daher sichergehen, dass eine Transaktion in der Blockchain dauerhaft festgeschrieben ist, sollte man immer einige Blöcke abwarten bis klar ist, dass die jeweilige Blockkette als die einzig gültige weiterverfolgt wird.

1.4 Smart Contracts

Die in Blockchains enthaltenen Transaktionen können nicht nur Anweisungen zum Transfer von Beträgen in virtuellen Währungen beinhalten, sondern auch andere Informationen. Ursprünglich geht die Bezeichnung Smart Contract auf (Szabo 1994, 1997) zurück. Zunächst war v. a. die formale Erfassung von digitalisierten Vertragsbedingungen vorgesehen, deren algorithmische Ausführung ohne Einflussnahme Dritter zu determinierten Ergebnissen führt, z. B. dem Verkauf von virtuellen Gütern unter definierten Bedingungen. Sie können heute darüber hinaus Anweisungen definieren, die bei der Durchführung von weiteren Transaktionen ausgeführt bzw. überprüft werden. Je nach verwendeter Blockchain-Plattform können diese Anweisungen unterschiedlich komplex sein. So sind bei Bitcoin beispielsweise nur einfache Skripte spezifizierbar, während bei Ethereum Turing-vollständige Programme beschrieben werden können (Antonopoulos 2018). Für die Ausführung der Anweisungen in Smart Contracts werden - beispielsweise bei Ethereum – Gebühren berechnet, die zusammen mit den Entgelten für die Verarbeitung der Transaktionen an die das Mining durchführenden Knoten ausgezahlt werden. Durch die Kopplung der Ausführung der Operationen an die überwiesene Geldmenge wird zudem vermieden, dass Smart Contracts in Endlosschleifen festsitzen. Ist die für die Ausführung zur Verfügung stehende Geldmenge aufgebraucht, wird der Smart Contract zurückgesetzt und die Gebühren verfallen. Nicht ausgeschöpfte Gebühren verbleiben beim Absender der Transaktion.

Mit Hilfe von Smart Contracts können komplexe Abläufe, die auf Zustände in der Blockchain reagieren, beschrieben werden. Dies ermöglicht die Abbildung von dezentralen Geschäftstransaktionen und die Speicherung von Zuständen bzw. Daten in der Blockchain (Härer 2018). Ein häufiger Anwendungsfall ist die Realisierung von eigenen Coins und Tokens, d. h. virtuellen Werteinheiten, die mit Hilfe der Blockchain verwaltet werden. Dazu werden Smart Contracts definiert, die die Ausgabe und Verwaltung der Coins bzw. Tokens steuern und festhalten, wer im Besitz der Einheiten ist. Durch die Etablierung von Standards in diesem Bereich, wie z. B. ERC-20, lassen sich derartige virtuelle Objekte leicht erstellen und verwalten. Eine weitere Anwendung sind DApps als dezentrale Applikationen, deren Anwendungsfunktionen durch Smart Contracts ausgeführt werden. Nur die Benutzeroberfläche und die Auslösung von Funktionen gehen von einer Software außerhalb der Blockchain aus.

Smart Contracts erweitern die überprüfbare Ausführung einzelner Transaktionen. Während der Transaktionsbegriff bisher auf den Transfer von Datenobjekten bezogen war, z. B. Einheiten virtueller Währungen, wird er nun zur Ausführung von Algorithmen in Form von Instruktionen und Argumentwerten verallgemeinert. Eine Transaktion umfasst eine Folge von Instruktionen und Argumentwerten, welche die bestehende Datenbasis vorhergehender Transaktionen verändern. Sendet ein Teilnehmer einer Blockchain-Plattform eine Transaktion zur Aufnahme in einen Block an die Knoten des Netzwerks, so wird während der Erstellung des Blocks überprüft, ob die Instruktionsfolge fehlerfrei ausführbar ist. Ist dies nicht der Fall, wird die Transaktion nicht aufgenommen und verworfen.

Damit die Ausführung von Transaktionen und ggf. deren Abbruch bei allen Knoten des Netzwerks in gleicher Weise abläuft, umfasst die Node-Software der Knoten eine Laufzeitumgebung. Die gleichartige Ausführung in allen Knoten und die Regeln des Konsensverfahrens zur Auswahl von in Konflikt stehenden Blöcken bilden ein Protokoll, nach dem die Knoten aller Teilnehmer vorgehen.

1.4.1 Ausführung von Skripten

Im Falle des Transfers von Währungseinheiten beschreibt die Instruktionsfolge den Übergang der Einheiten von Absender-Adressen zu Empfänger-Adressen sowie die Autorisierung durch digitale Signaturen von einem oder mehreren Absendern. Die

Transaktion wird beispielsweise verworfen, wenn die Instruktion zur Überprüfung der digitalen Signatur eines Absenders fehlschlägt.

Beispielsweise enthält die Bitcoin-Software eine als Stack-Maschine ausgelegte Laufzeitumgebung, die als Opcodes bezeichnete Instruktionen ausführt. Hierfür ist ein entsprechender Befehlsvorrat definiert.[2] Zur Autorisierung einer Bitcoin-Zahlung durch eine Signatur S an den öffentlichen Schlüssel K_{PUB} eines Empfängers müssen diese Informationen zunächst in sequenzieller Abfolge in einem Speicher, d. h. in einen Stack, geladen werden:

Stack: K_{PUB}, S

Die Instruktionsfolge zur Autorisierung des Transfers kann lauten:[3]

```
OP_DUP OP_HASH160 OP_PUSHBYTES_20 H(K_PUB) OP_EQUALVERIFY OP_CHECKSIG
```

Die Ausführung wendet je eine Instruktion auf die Werte des Stacks an:

1. `OP_DUP`: Duplizieren des ersten Wertes.
   Stack: K_{PUB}, K_{PUB}, S
2. `OP_HASH160`: Hash-Funktion auf ersten Wert anwenden.
   Stack: $H(K_{PUB})$, K_{PUB}, S
3. `OP_PUSHBYTES_20`: den folgenden Wert dem Stack hinzufügen.
   Stack: $H(K_{PUB})$, $H(K_{PUB})$, K_{PUB}, S
4. `OP_EQUALVERIFY`: Gleichheitsprüfung der ersten beiden Werte.
   Stack: K_{PUB}, S
5. `CHECKSIG`: Signaturprüfung und Anfügen des Resultats.
   Stack: *TRUE*

Bei einem Scheitern der Gleichheits- oder Signaturprüfung bricht die Ausführung ab und die Transaktion wird verworfen. Dieser Weg zur Durchführung von Transaktionen wird in Bitcoin und weiteren Systemen gewählt, um Geldtransaktionen programmieren zu können. Hierfür sieht der Befehlsvorrat weitere Instruktionen wie z. B. `OP_CHECKLOCKTIMEVERIFY` vor, mit der Transaktionen erst in einem festgelegten zukünftigen Block ausgeführt werden.

1.4.2 Ausführung von Smart Contracts

Das bisher beschriebene System ist noch nicht in der Lage, über Instruktionen und deren Argumente hinausgehende beliebige Daten zu speichern. Enthält der Code beispielsweise eine Variable zur Verwaltung einer Menge zum Verkauf stehender Produkte, so wird deren Wert durch die Ausführung der Instruktion verringert, ohne aber

---

[2] Siehe z. B. https://en.bitcoin.it/wiki/Script.
[3] Das Beispiel zeigt die Transaktion 3381435c7507bf2e33a400d56066236b9670c60b7046e8ac-bfc8eb8c31fa0253. Siehe z. B. https://blockstream.info/tx/<Transaktion>.

1 Wie funktioniert die Blockchain?

das Ergebnis explizit zu speichern. Plattformen wie Bitcoin sind transaktionsbasiert, da sie die Ausführung aller Transaktionen erfordern, um den Systemzustand zu ermitteln.

Zustandsbasierte Plattformen wie Ethereum legen in einem Block neben transaktionalen Daten zusätzlich einen Zustandsspeicher (State Storage, siehe Abb. 1.5) ab (Wood 2014). Dieser enthält Smart Contracts mit deren Instruktionen und Argumentwerten, sowie die Daten von Zustandsvariablen. Die Datenstruktur des Zustandsspeichers kann als Hash-Baum ausgeführt sein, dessen Integrität über eine Wurzel überprüfbar ist. In Ethereum sind neben einer TransactionsRoot und einer StateRoot für Transaktionen bzw. Zustände weiterhin eine ReceiptsRoot für Transaktionsbelege in Blöcken enthalten (Wood 2014).

Mit diesem System entstehen zwei neue Möglichkeiten: (1) Ein Smart Contract kann nun unter einer festgelegten Adresse vollständig gespeichert werden, um dort später wiederholt aufgerufen zu werden und (2) die Ausführung eines Smart Contracts kann gespeicherte Variablenwerte vorhergehender Ausführungen einbeziehen.

Ein wesentliches Merkmal aufgrund von (1) ist die Autonomie der Ausführung. So stehen die Adressen von Smart Contracts im Gegensatz zu denen von virtuellen Währungen nicht unter der Kontrolle von menschlichen Akteuren. Letztere werden bei Ethereum als „Externally Owned Account" bezeichnet, während Smart Contracts in „Contract Accounts" hinterlegt sind.

Die Erstellung eines Smart Contracts geschieht dabei durch eine spezielle Transaktion ohne Zieladresse, mit der Instruktionen, Argumentwerte sowie ggf. initiale Daten in einer neuen Adresse im Zustandsspeicher eines nachfolgenden Blocks ablegt werden.

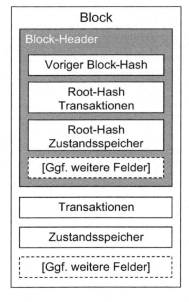

Abb. 1.5 Speicherung von Zuständen in einem Block

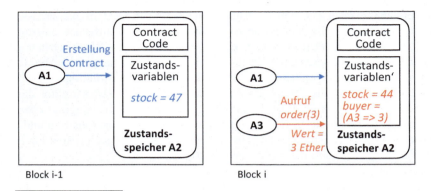

A1: Ursprungsadresse einer Transaktion zur Erstellung des Smart Contracts
A2: Adresse des Smart Contracts
A3: Ursprungsadresse einer Aufruf-Transaktion

Abb. 1.6 Erstellung und Aufruf eines Smart Contracts

Der Aufruf eines Smart Contracts erfolgt als Transaktion an die mit dem Anlegen vergebene Adresse (vgl. Abb. 1.6). Die von einem Nutzer oder einem anderen Smart Contract abgesendete Aufruf-Transaktion transportiert eine auszuführende Funktion sowie ggf. Argumentwerte. Einen Sonderfall stellen Funktionen dar, die lediglich lesend auf den Zustandsspeicher eines Smart Contracts zugreifen und diesen nicht verändern. In Ethereum werden diese Funktionen als *View* oder *Pure* bezeichnet, sofern sie Variablen des Smart Contracts lediglich lesen bzw. gar nicht zugreifen. In diesen Fällen kann die Ausführung ohne eine Transaktion allein durch den Zugriff auf die lokal vorliegenden Blockchain-Daten erfolgen.

Ethereum verwendet als Laufzeitumgebung die Ethereum Virtual Machine (EVM). Die als Bytecode vorliegenden Instruktionen können ausgehend von Quellcode verschiedener Programmiersprachen wie Solidity[4] übersetzt werden. Beispielsweise kann zur Erstellung eines Smart Contracts für den Verkauf von digitalen oder nicht-digitalen Objekten das folgende Solidity-Programm zugrunde liegen (Abb. 1.7).

Nach dem Übersetzen des Smart Contracts in Bytecode und der Ausführung einer Transaktion zur Hinterlegung in der Blockchain beginnt die Ausführung des Konstruktors. Dieser initialisiert die Zustandsvariable *stock* mit einer Anzahl verfügbarer Artikel. Der Aufruf der Funktion *order(uint quantity)* reduziert die *stock* um eine angegebene Menge und speichert die Adresse des Käufers in *buyer*, sofern die definierte Bedingung nicht einen Abbruch verursacht. Die Ausführung bricht vor einem bestimmten Zeitpunkt, bei Unterschreitung einer maximalen Menge und bei zu geringer Verfügbarkeit ab. Das vereinfachte Beispiel zeigt die Verknüpfung von Bedingungen mit der Ausführung von Funktionen und ggf. auch weiteren Transaktionen. Weitere Smart Contracts können hinzukommen, die selbst Aufrufe tätigen. Zur verbindlichen Bezugnahme auf Werte außerhalb der Blockchain kön-

---

[4] Siehe https://solidity.readthedocs.io/.

```
1   pragma solidity ^0.4.25;
2 ▼ contract SalesContract {
3       // Zustandsvariablen: stock, buyer
4       uint public stock; // verfügbare Menge
5       // Zuordnungen: erworbene Menge je Käufer
6       mapping (address => uint) public buyer;
7       // Konstruktor
8 ▼     constructor() public {
9           stock = 47; // initiale Menge
10      }
11      // Funktion, von Käufer aufzurufen
12 ▼    function order(uint quantity) public {
13          // Bedingungen: Verkaufszeitpunkt,
14          // max.-Menge 99, Prüfung Verfügbarkeit
15          if (block.timestamp > 1546038000 ||
16 ▼           quantity > 99 || stock < quantity) {
17              return;
18          }
19          // Preis: 1*10^18 Wei = 1 Ether
20          uint priceInWei = 1*10^18;
21          // Kauf, wenn Wert >= Menge*Preis
22 ▼        if (msg.value >= quantity*priceInWei) {
23              // Menge verfügbarer Artikel verringern
24              stock -= quantity;
25              // Kauf-Adresse mit Anzahl speichern
26              buyer[msg.sender] += quantity;
27          }
28      }
29 }
```

Abb. 1.7 Solidity Quellcode eines Smart Contracts

nen diese von sog. Oracles in speziellen Smart Contracts zur Verfügung gestellt werden.

1.5 Limitationen und aktuelle Entwicklungen

Die derzeit meist verwendeten öffentlichen Blockchain-Plattformen Bitcoin und Ethereum weisen einige Limitationen auf. Dazu zählen insbesondere die geringe Transaktionsrate und der hohe Energieverbrauch durch das Mining (Vranken 2017; Bach et al. 2018). Derzeit in Entwicklung befindliche Erweiterungen setzen auf eine zweite Schicht, die einzelne Transaktionen erfasst und deren Aggregation regelmäßig in einer darunter liegenden Blockchain absichern. Bitcoin etabliert mit dem Lightning-Netzwerk ein solches System auf der bestehenden Infrastruktur. Ethereum 2.0 entwickelt eine neue Plattform, die Side-Chains ausgehend von einer zentralen *Beacon Chain* zur Absicherung heranzieht.

Allgemein befindet sich die Blockchain-Technologie noch relativ am Anfang, wenn gleich durch Bitcoin und Ethereum erfolgreich deren Einsatz für reale Anwendungsfälle gezeigt werden konnte. Aus Sicht der Wirtschaftsinformatik fehlen aktuell noch Methoden um die strukturierte Entwicklung von neuen blockchain-basierten

Ansätzen voranzutreiben. Wenn auch erste Ansätze beispielsweise zur modell-basierten Entwicklung von Smart Contracts (Weber et al. 2016; Haarmann et al. 2018; Di Ciccio et al. 2019), der visuellen Analyse von Blockchain-Daten (Härer und Fill 2019a), zur kollaborativen Modellierung von Geschäftsprozessen (Härer 2018) und zur Hinterlegung bzw. Attestierung von konzeptuellen Modellen und Ontologien in Blockchains (Fill und Härer 2018; Fill 2019; Härer und Fill 2019b) verfügbar sind, existiert derzeit noch kein spezifischer Modellierungsansatz, um das Business-IT Alignment für Blockchains im Sinne der Wirtschaftsinformatik vorzunehmen. Insbesondere die speziellen Eigenschaften von Blockchains wie Transparenz, dezentrale Datenhaltung und -verarbeitung müssten hierbei explizit berücksichtigt werden um neue auf Blockchains basierende Geschäftsmodelle und dazu gehörige Anwendungssysteme in Abstimmung mit Fachanwendern entwickeln zu können.

Literatur

Antonopoulos AM (2018) Mastering Ethereum: building smart contracts and Dapps. O'Reilly Media, Sebastopol, California

Bach LM, Mihaljevic B, Zagar M (2018) Comparative analysis of blockchain consensus algorithms. In: 41st international convention on information and communication technology, electronics and microelectronics (MIPRO). IEEE, Opatija, S 1545–1550

Beutelspacher A, Schwenk J, Wolfenstetter K-D (2015) Moderne Verfahren der Kryptographie: Von RSA zu Zero-Knowledge, 8. Aufl. Springer Spektrum, Wiesbaden

Buterin V (2013) Ethereum: the ultimate smart contract and decentralized application platform. http://web.archive.org/web/20131228111141/http://vbuterin.com/ethereum.html. Zugegriffen am 11.12.2018

Dannen C (2017) Introducing Ethereum and solidity. Apress, Berkeley

Di Ciccio C, Cecconi A, Dumas M et al (2019) Blockchain support for collaborative business processes. Informatik Spektrum. https://doi.org/10.1007/s00287-019-01178-x

Europäische Union (2014) Verordnung (EU) Nr. 910/2014 des Europäischen Parlaments und des Rates vom 23. Juli 2014 über elektronische Identifizierung und Vertrauensdienste für elektronische Transaktionen im Binnenmarkt und zur Aufhebung der Richtlinie 1999/93/EG

Fill H-G (2019) Applying the concept of knowledge blockchains to ontologies. In: Proceedings of the AAAI 2019 spring symposium on combining machine learning with knowledge engineering (AAAI-MAKE 2019), Stanford University, Palo Alto, CA

Fill H-G, Härer F (2018) Knowledge blockchains: applying blockchain technologies to enterprise modeling. In: 51st Hawaii international conference on system sciences (HICSS-51), Waikoloa, S 4045–4054

Fill H-G, Meier A (2020) Blockchain kompakt – Grundlagen, Anwendungsoptionen und kritische Bewertung. Springer, Heidelberg

Haarmann S, Batoulis K, Nikaj A, Weske M (2018) DMN decision execution on the Ethereum blockchain. In: Krogstie J, Reijers HA (Hrsg) Advanced information systems engineering. Springer International Publishing, Cham, S 327–341

Härer F (2018) Decentralized business process modeling and instance tracking secured by a blockchain. In: Proceedings of the 26th European conference on information systems (ECIS), Portsmouth, UK

Härer F, Fill H-G (2019a) A comparison of approaches for visualizing blockchains and smart contracts. Jusletter IT Weblaw. ISSN 1664-848X 21 February 2019. https://doi.org/10.5281/zenodo.2585575

Härer F, Fill H-G (2019b) Decentralized attestation of conceptual models using the Ethereum blockchain. In: 21st IEEE international conference on business informatics (CBI 2019), Moscow, Russia

Katz J, Lindell Y (2018) Introduction to modern cryptography, 2. Aufl. CRC PRESS, Boca Raton

Meier A, Stormer H (2018) Blockchain = Distributed Ledger + Consensus. In: Kaufmann M, Meier A (Hrsg) Blockchain. HMD Zeitschrift der Wirtschaftsinformatik, Jhrg. 55, Heft 6, Dezember 2018. Springer, Heidelberg, S 1139–1154

Merkle RC (1987) A digital signature based on a conventional encryption function. In: Proceedings advances in cryptology – CRYPTO '87. Santa Barbara, CA, 16–20 August, S 369–378

Narayanan A, Bonneau J, Felten E et al (2016) Bitcoin and cryptocurrency technologies. Princeton University Press, Princeton

NIST (2015) Secure Hash Standard (SHS). U.S. Department of Commerce

Szabo N (1994) Smart contracts. http://www.fon.hum.uva.nl/rob/Courses/InformationInSpeech/CDROM/Literature/LOTwinterschool2006/szabo.best.vwh.net/smart.contracts.html. Zugegriffen am 30.08.2020

Szabo N (1997) Formalizing and securing relationships on public networks. First Monday 2. https://doi.org/10.5210/fm.v2i9.548

Vranken H (2017) Sustainability of bitcoin and blockchains. Curr Opin Environ Sustain 28:1–9. https://doi.org/10.1016/j.cosust.2017.04.011

Weber I, Xu X, Riveret R et al (2016) Untrusted business process monitoring and execution using blockchain. In: La Rosa M, Loos P, Pastor O (Hrsg) 14th international conference, business process management (BPM 2016). Rio de Janeiro, Brazil, S 329–347

Wood G (2014) Ethereum: a secure decentralised generalised transaction ledger. https://ethereum.github.io/yellowpaper/paper.pdf. Zugegriffen am 28.06.2019

Prof. Dr. Hans-Georg Fill ist ordentlicher Professor und Inhaber des Lehrstuhls für Digitalisierung und Informationssysteme am Departement für Informatik der Universität Fribourg, Schweiz. Nach seiner Promotion und Habilitation in Wirtschaftsinformatik an der Universität Wien und Auslandsaufenthalten u. a. an der Stanford University, USA, dem Karlsruher Institut für Technologie, Deutschland und der Ecole Nationale Supérieure des Mines in St. Etienne, Frankreich vertrat er Lehrstühle an der Universität Wien und der Otto-Friedrich-Universität Bamberg, bevor er 2018 einen Ruf in die Schweiz erhielt. Seine Forschungsgebiete umfassen Metamodellierung, Digitalisierung, Blockchains und Smart Contracts sowie Visualisierung.

Dr. Felix Härer ist Oberassistent am Lehrstuhl für Digitalisierung und Informationssysteme am Departement für Informatik der Universität Fribourg, Schweiz. Wirtschaftsinformatik studierte er an der Universität Bamberg, während einer Entwicklertätigkeit bei Siemens Healthcare. Lehre und Forschung beginnen für ihn in 2014 am Lehrstuhl für Systementwicklung und Datenbankanwendung in Bamberg. Seither beschäftigen ihn dezentrale Blockchains neben Themen der Modellierung, Software-Entwicklung und Datenbanken.

Prof. Dr. Andreas Meier war von 1999 bis 2018 Professor für Wirtschaftsinformatik an der wirtschafts- und sozialwissenschaftlichen Fakultät der Universität Fribourg, Schweiz. Seine Forschungsgebiete sind eBusiness, eGovernment und Informationsmanagement. Nach Musikstudien in Wien diplomierte er in Mathematik an der ETH in Zürich, wo er später doktorierte und habilitierte. Er forschte am IBM Research Lab in Kalifornien/USA, war Systemingenieur bei der IBM Schweiz, Direktor bei der Großbank UBS und Geschäftsleitungsmitglied bei der CSS Versicherung.

Auswahlprozess für den Blockchain-Einsatz

Johannes Werner, Peter Mandel und Rüdiger Zarnekow

Zusammenfassung

Die Blockchain-Technologie steht derzeit verstärkt im Fokus der Öffentlichkeit. Neben dem Einsatz als Kryptowährung wird der Einsatz dieser relativ jungen Technologie auch in Unternehmen betrachtet. Die dadurch entstehenden Angebote können etablierte Unternehmen herausfordern, bspw. durch Effizienzsteigerung oder neue Geschäftsmodelle. Daher stellt sich die Frage, ob der Einsatz von Blockchain-Technologie auch im eigenen Unternehmen sinnvoll ist um den technologischen Anschluss an Konkurrenten nicht zu verlieren. Dieser Frage vorgelagert müssen Einsatzszenarien für Blockchain-Technologie identifiziert und entsprechend bewertet werden. In diesem Artikel wird der Auswahlprozess für Einsatzszenarien am Praxisbeispiel eines Energienetzbetreibers betrachtet. Hierfür wird zunächst die Problemstellung konkretisiert und ein Überblick über Entscheidungsmodelle zum Einsatz von Blockchain gegeben. Anschließend wird das Beispielunternehmen und seine Ausgangssituation beschrieben sowie der durchgeführte Auswahlprozess dargestellt. Der dabei ausgewählte Anwendungsfall wird auf seine Verbesserungspotenziale durch Blockchain betrachtet, die Konzeption für den Einsatz wird vorgestellt und das Projekt wird bewertet. Abschließend werden Handlungsempfehlungen für den Umgang mit der Blockchain-Technologie in Unternehmen gegeben.

Überarbeiteter und erweiterter Beitrag basierend auf Werner et al. (2018) Auswahlprozess zur Identifikation von Einsatzmöglichkeiten für Blockchain-Technologie, HMD – Praxis der Wirtschaftsinformatik Heft 324 55(6):1244–1259.

J. Werner (✉) · R. Zarnekow
TU Berlin, Berlin, Deutschland
E-Mail: johannes.werner@tu-berlin.de

P. Mandel
Böcker Ziemen GmbH & Co. KG, Bonn, Deutschland

© Springer Fachmedien Wiesbaden GmbH, ein Teil von Springer Nature 2020
H.-G. Fill, A. Meier (Hrsg.), *Blockchain*, Edition HMD,
https://doi.org/10.1007/978-3-658-28006-2_2

Schlüsselwörter

Blockchain · Distributed-Ledger-Technology · Auswahlprozess · Fallstudie · Entscheidungsmodelle

2.1 Problemstellung

Die Blockchain-Technologie steht im Fokus der Öffentlichkeit, was zum einen auf den hoch volatilen Bitcoin-Kurs zurückzuführen ist, der seinen Höchststand mit einem Wechselkurs von 16.892 € am Ende des Jahres 2017 erreichte. Zum anderen nehmen Investitionen in junge Unternehmen zu, die ihre Geschäftsmodelle auf Basis von Blockchain-Technologie realisieren (KPMG 2018). Für etablierte Unternehmen stellt sich die Frage, ob die eigene Marktposition durch Konkurrenten, die Blockchain-Technologie einsetzen, herausgefordert wird und ob der Einsatz von Blockchain-Technologie auch für sie sinnvoll ist, um dieser Bedrohung zu begegnen. Nach einer Studie des Marktforschungsunternehmens Gartner sind Investitionen in Blockchain derzeit in einer Phase einer irrationalen Überschwänglichkeit, bei der die Technologieadaption durch Unternehmen noch gering ist. Es wird jedoch eine Steigerung des weltweiten Geschäftswertes durch Blockchain von 360 Mrd. USD in 2016 auf 3,1 Billionen USD in 2030 erwartet (Gartner 2018). Bereits jetzt finden sich vereinzelt Adaptionen der Blockchain-Technologie durch Unternehmen. So plant der Logistikdienstleister Maersk die Blockchain-Technologie in verschiedenen Anwendungsszenarien einzusetzen. Über die auf Blockchain basierende Plattform Insurwave von Ernst & Young und Guardtime sollen zukünftig Schifffahrtsversicherungen abgewickelt werden (Wallstreet Online 2018) und eine Plattform für die gesamte Logistikindustrie ist in Kooperation mit IBM geplant (Maersk 2018). Daneben gibt es weitere Initiativen und Konsortien, wie B3i aus der Versicherungsbranche oder R3 aus der Finanzbranche. Nach einer Studie des deutschen IT-Branchenverbandes BITKOM nutzen bislang nur sehr wenig Unternehmen Blockchain-Technologie oder denken über den Einsatz nach (BITKOM 2019). Zudem befanden sich 2018 nur ungefähr 25 % der Blockchain Projekte in Unternehmen in der Pilot- oder Live-Phase (PwC 2018). Wissenschaftliche Artikel zum Thema Blockchain fokussieren sich größtenteils auf technologische Aspekte oder sind konzeptuelle oder prototypische Arbeiten (Risius und Spohrer 2017), wobei die Vielfalt an wissenschaftlichen Untersuchungen fortlaufend steigt. Auch Beck und Müller-Bloch (2017), die die Wertschöpfung durch Blockchain-Technologie in einer Bank anhand eines realen Fallbeispiels betrachten, nutzen die theoretische Sichtweise einer radikalen Innovation. Demgegenüber kann mit verschiedenen konzeptionellen Entscheidungsframeworks ein spezieller Anwendungsfall auf seine Eignung für die Nutzung von Blockchain-Technologie geprüft werden. Wenn ein Unternehmen dieses Szenario jedoch erst noch identifizieren muss, sind die bestehenden Frameworks unzureichend. Ein gezielter und nutzenbringender Einsatz der Technologie setzt eine strukturierte Auswahl des Szenarios voraus. Ebenfalls fehlen in bestehenden Frameworks Hinweise zum weiterführenden Vorgehen, d. h. wie ein möglicher Anwendungsfall umzusetzen ist oder wie der Implementierungs- und Einführungsprozess gestaltet werden kann. Daher sollen in diesem Beitrag die folgenden Fragen beantwortet werden:

1. „Wie kann ein geeigneter Anwendungsfall für den Einsatz von Blockchain-Technologie in einem Unternehmen identifiziert werden?"
2. „Wie kann dieser Anwendungsfall mit Blockchain-Technologie umgesetzt werden?"
3. „Welche positiven Effekte und Hindernisse sehen die Stakeholder in dem Projekt?"

Diese Fragen werden am Fallbeispiel eines Energienetzbetreibers beantwortet. Entgegen dem etablierten Vorgehen, bei dem Geschäftsbedürfnisse stets der Treiber für die Technologieauswahl sind, ist die Herangehensweise in diesem Fall entgegengesetzt, d. h. der Anwendungsfall wird anhand der Technologie ausgewählt. Dies ist der Unternehmenspraxis geschuldet, in der explizit nach Einsatzmöglichkeiten der Blockchain-Technologie gesucht wird.

Im folgenden Kapitel werden zunächst bestehende Entscheidungsframeworks zusammengefasst, mit denen Anwendungsfälle bewertet werden können. Anschließend wird das Fallbeispiel vorgestellt und der beim Beispielunternehmen durchgeführte Auswahlprozess sowie das geplante Vorgehen zur Umsetzung beschrieben. Darauffolgend werden die Bewertungen verschiedener Stakeholder betrachtet. Abschließend werden Handlungsempfehlungen zur Konzeption und Umsetzung von Blockchain-Projekten abgeleitet.

2.2 Entscheidungsmodelle für den Einsatz von Blockchain

Mit Hilfe von verschiedenen Entscheidungsmodellen kann evaluiert werden, ob sich die Blockchain-Technologie für einen spezifischen Anwendungsfall eignet. Zudem kann durch die Modelle teilweise auch die Art der einzusetzenden Blockchain bestimmt werden; also ob Permissioned/Permissionless und Public/Private. In den Modellen werden unterschiedliche Fragen zum Einsatzzweck in Form eines Entscheidungsbaumes verwendet. Für diesen Beitrag wurden 12 Entscheidungsmodelle verglichen. Der Großteil dieser Modelle stammt aus der Beratungspraxis oder aus Internetblogs. In der wissenschaftlichen Literatur finden sich nur vereinzelte Beiträge, was der hohen Praxisrelevanz dieser Fragestellung geschuldet sein kann. Da die betrachteten Modelle starke Ähnlichkeiten untereinander aufweisen, wird zunächst exemplarisch das Modell von Wüst und Gervais (2017) beschrieben, dass in Abb. 2.1 dargestellt ist. Anschließend wird auf die gemeinsamen Faktoren aller Entscheidungsmodelle eingegangen.

Im Modell von Wüst und Gervais (2017) werden sequenziell fünf Ausschlusskriterien aufgeführt, nach denen die Tauglichkeit eines Szenarios für den Einsatz von Blockchain-Technologie evaluiert wird. Es wird zunächst der Bedarf an Datenhaltung und mehreren an dem System verifizierend teilnehmende Parteien geprüft.

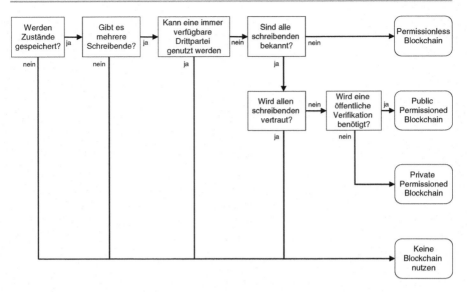

Abb. 2.1 Entscheidungsmodell von Wüst und Gervais (2017)

Trifft dies zu, wird die Verfügbarkeit einer vertrauenswürdigen Drittpartei untersucht. Abschließend wird anhand der gegenseitigen Bekanntheit und dem gegenseitigen Vertrauen der Teilnehmenden, sowie des Bedarfes an einem öffentlichen Zugriff die Art der Blockchain-Technologie ausgewählt. Das Ergebnis kann der Vorschlag zur Nutzung einer Permissionless, einer Public oder Private Permissioned oder keiner Blockchain sein.

Obwohl sich alle Modelle voneinander unterscheiden, ähneln sich die Entscheidungskriterien und können in die Kategorien *Teilnehmer, Drittparteien, Datenhaltung, Transaktionen* und *sonstige Kriterien* gegliedert werden. Diese Kategorien sind mit ihren Häufigkeiten in den einzelnen Modellen in Tab. 2.1 dargestellt. Zudem sind die Summen der Kriterien in den Kategorien angegeben, um einen Überblick über die Verteilung zu geben. Es wurden nur Kriterien betrachtet, mit denen der Einsatz von Blockchain-Technologie bewertet wird. In fast allen Modellen finden sich auch Entscheidungskriterien, die auf eine Art der zu verwendenden Blockchain hinweisen, welche jedoch an dieser Stelle nicht aufgeführt sind.

Der Bereich *Teilnehmer* ist in fast allen Modellen mit mehr als einem Kriterium vertreten. Die untersuchten Kriterien beziehen sich auf Eigenschaften der am System teilnehmenden Personen oder Organisationen. Dabei wird die Teilnehmeranzahl und ihr Verhältnis zueinander betrachtet, d. h. wie viele an dem System teilnehmen und dadurch miteinander interagieren. Das Verhältnis der Teilnehmer zueinander ist von Bedeutung, insbesondere in Form der gegenseitigen Bekanntheit und des Vertrauens untereinander. Weiterhin werden unterschiedliche Ansätze in der Governance betrachtet.

Tab. 2.1 Häufigkeiten der Entscheidungskriterien in den Kategorien

	Teilnehmer	Drittparteien	Datenhaltung	Transaktionen	Sonstige Kriterien
DHL/Accenture (DHL und Accenture 2018)	3	0	2	1	0
DHS (Meunier 2018)	2	0	3	0	1
Graham (Graham 2018)	2	1	1	1	0
IBM (Meunier 2018)	2	0	1	2	4
Kristof Verslype (Verslype 2017)	2	1	0	2	1
Maull et al. (Maull et al. 2017)	3	1	1	1	0
Morgen E. Peck (Peck 2017)	2	1	2	0	1
Pahl/El Ioini/Helmer (Pahl et al. 2018)	2	1	0	0	0
Pedersen/Risius/Beck (Pedersen et al. 2019)	3	1	2	1	0
Suichie (Suchie 2015)	3	1	1	0	0
WEF (Mulligan et al. 2018)	3	2	4	1	0
Wüst/Gervais (Wüst und Gervais 2017)	3	1	1	0	0
Summe	**30**	**10**	**18**	**9**	**7**

Bei *Drittparteien* wird untersucht, ob für die benötigte Datenhaltung und Abstimmungsfunktion eine vertrauenswürdige Drittpartei verwendet wird. Bedingt durch die Eigenschaften der Blockchain-Technologie ist eine solche theoretisch nicht mehr erforderlich. Wenn bislang eine Drittpartei genutzt wird, besteht die Möglichkeit diese durch den Einsatz von Blockchain-Technologie überflüssig zu machen.

Im Bereich *Datenhaltung* wird geprüft, ob überhaupt Daten gespeichert werden sollen, eine gemeinsame oder redundante Datenhaltung benötigt wird und dafür auch eine traditionelle Datenbank genutzt werden kann. Konkreter auf die statistische Fälschungssicherheit gehen Kriterien ein, mit denen eine nachträgliche Modifikation, bzw. Permanenz der Einträge, betrachtet wird. Durch die Art der Daten wird betrachtet, ob es sich um transaktionale Daten handelt und was diese Daten ausdrücken, bspw. digitale Besitztümer, Verträge oder Werte.

Die Kriterien zu *Transaktionen* betrachten die benötigte Geschwindigkeit, in der Transaktionen erfasst und gespeichert werden sollen. Auch der Zusammenhang zwischen den Transaktionen wird betrachtet, d. h. inwiefern sie aufeinander aufbauen oder getrennt voneinander betrachtet werden können. Ein weiteres Kriterium betrachtet die Geschwindigkeit, in der die Transaktionsregeln sich ändern.

Zu den *sonstigen Kriterien* gehört die Intention, die mit dem Einsatz von Blockchain erreicht werden soll, wie bspw. Kostenreduktion oder ein marktorientierter Ansatz. Ebenfalls kann der Einsatz zu öffentlichkeitswirksamen Zwecken verfolgt werden oder weil bestehende Technologien zu langsam oder zu komplex sind.

Die meisten Kriterien in den Entscheidungsmodellen resultieren aus dem technologischen Design von Blockchain-basierten Technologien, die Peer-to-Peer Netzwerke sind und über keine zentrale Instanz zur Verifikation verfügen. Gleiches gilt für das Verhältnis der am System teilnehmenden Parteien untereinander, da sie sich durch Konsensmechanismen nicht mehr zwangsläufig gegenseitig vertrauen müssen. Hieraus leiten sich auch Kriterien zu einer vertrauenswürdigen Instanz als Drittpartei und die Möglichkeit diese zu eliminieren ab. Ebenfalls aus dem technologischen Design sind Kriterien zur Datenhaltung abgeleitet, da Blockchain-Technologien Daten aneinandergereiht und fälschungssicher speichern. Zudem wird die begrenzte Transaktionsgeschwindigkeit im Vergleich zu traditionellen Datenbanken als Ausschlusskriterium genutzt. Die sonstigen Kriterien kommen nur in wenigen Modellen als Entscheidung für oder gegen den Einsatz von Blockchain-Technologien vor. Sie werden stattdessen größtenteils zum bestimmen der zu verwendenden Art der Blockchain-Technologie genutzt, was jedoch nicht Bestandteil dieses Beitrags ist.

Im folgenden Kapitel wird das Fallbeispiel eingeführt und gezeigt, wie die beschriebenen Entscheidungsmodelle in ein ganzheitliches Auswahl-Framework eingeordnet werden können.

2.3 Vorgehen im Fallbeispiel

Das im Fallbeispiel durchgeführte Vorgehen ist in Abb. 2.2 dargestellt und in die Phasen Auswahl und Umsetzung des Anwendungsfalls unterteilt. Die Durchführung des Verfahrens am Fallbeispiel wird in Abschn. 2.4 vorgestellt.

Im ersten Schritt des Verfahrens werden mögliche Anwendungsfälle im Unternehmen identifiziert. Es soll herausgefunden werden, welche Anwendungsfälle grundsätzlich für einen Einsatz in Frage kommen und eine möglichst große Breite

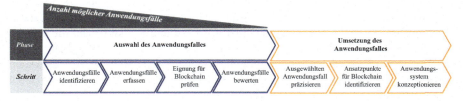

Abb. 2.2 Vorgehen im Fallbeispiel

an Anwendungsfällen aufgedeckt werden. Im nächsten Schritt werden diese konkretisiert, indem spezielle Charakteristiken und Prozesse der einzelnen Anwendungsfälle erfasst werden. Darauf aufbauend wird die Eignung der Anwendungsfälle auf eine Unterstützung durch ein Blockchain-basiertes System geprüft, wozu auf die Kriterien der in Abschn. 2.2 vorgestellten Entscheidungsmodelle zurückgegriffen wird. Nachdem die Anzahl der potenziellen Anwendungsfälle durch diese Schritte reduziert wurde, erfolgt eine Bewertung der Anwendungsfälle. Aus dem Ergebnis dieser Bewertung wird unter Zuhilfenahme von unternehmensspezifischen Besonderheiten ein Anwendungsfall ermittelt, der anschließend umgesetzt wird.

Zu Beginn der Umsetzungsphase wird der ausgewählte Anwendungsfall präzisiert, wofür die Strukturen und Prozesse des Anwendungsfalls detailliert erfasst werden. Darauf aufbauend werden mögliche Ansatzpunkte für den Einsatz von Blockchain-Technologie identifiziert. Der Fokus liegt auf Verbesserungspotenzialen durch den Einsatz von Blockchain-Technologien, die für einen Einsatz im Vergleich zu anderen Technologien sprechen. Abschließend erfolgt die Konzeption des geplanten Systems, wobei auf das gesamte System eingegangen wird und nicht nur auf den durch Blockchain-Technologien umgesetzten Teilbereich.

2.4 Fallbeispiel

Das Unternehmen im Fallbeispiel ist die terranets bw GmbH, ein Transportnetzbetreiber für Gas in Baden-Württemberg. Mit einem 2000 km langen Gashochdruckleitungsnetz wird der diskriminierungsfreie Transport von Gas sichergestellt und eine technisch zuverlässige Versorgung gewährleistet. Dazu wird Gas aus den vorgelagerten europäischen Gashochdruckleitungen übernommen und zu den an das Netz angeschlossenen Kunden, wie Verteilnetzbetreiber und Industriebetrieben, transportiert. Die Verteilnetzbetreiber beliefern wiederum Stadtwerke, Industrie, Gewerbe und Haushalte. Um erste Erfahrungen mit der Technologie zu sammeln sucht das Unternehmen nach möglichen Einsatzszenarien für Blockchain-Technologie. Der Aufbau eines neuen Geschäftsmodells ist zunächst explizit nicht anvisiert. Stattdessen soll ein bestehender Geschäftsprozess identifiziert werden, der sich bestmöglich für eine Überführung auf Blockchain-Technologie eignet. Ein entsprechendes Pilotprojekt wurde zeitnah umgesetzt, evaluiert und befindet sich jetzt im Produktiveinsatz.

2.4.1 Auswahlverfahren des Anwendungsfalls

Anwendungsfälle identifizieren
Der erste Schritt des Auswahlprozesses ist eine Ideengenerierung, in der potenzielle Anwendungsfälle in Form von Prozessen aus dem Unternehmen gesammelt wurden. Hierzu wurde ein Workshop mit Experten aus verschiedenen Fachbereichen des Unternehmens nach dem Ansatz des Design Thinking durchgeführt. Zunächst

wurden die Grundlagen der Technologie vermittelt und Use-Cases aus anderen Branchen vorgestellt, um alle Teilnehmer zu befähigen, die Einsatzmöglichkeiten der Blockchain-Technologie einzuschätzen. Anschließend haben die Teilnehmer mögliche Anwendungsfälle aus ihrem Unternehmensbereich eingebracht. Der Einbezug möglichst vieler Fachbereiche ist in diesem Schritt wichtig, um eine große Breite an Einsatzmöglichkeiten zu sammeln und verschiedene Blickwinkel zu erhalten. Es soll also eine möglichst große Auswahl an Anwendungsfällen gesammelt werden, ohne diese zu bewerten. Um die Ideengenerierung nicht einzuschränken, wurde daher keine feste Vorgabe oder Begrenzung für die Anzahl der möglichen Fälle definiert.

Nach der initialen Ideengenerierung folgte der zweite Schritt, die Beurteilung der Anwendungsfälle, wofür ein dreistufiges Vorgehen gewählt wurde:

Anwendungsfälle erfassen

Zunächst wurde ein tief greifendes Verständnis der identifizierten Anwendungsfälle sichergestellt. Hierzu wurden Interviews mit den verantwortlichen Mitarbeitern geführt, in denen der prozessuale Ablauf, Verbesserungspotenziale und die grundsätzliche Zufriedenheit mit dem Anwendungsfall ermittelt wurden.

Eignung für Blockchain prüfen

Anschließend wurde die grundsätzliche Eignung der ermittelten Fälle für eine Umsetzung durch Blockchain-Technologien geprüft. Hierzu wurden die Kriterien der in Abschn. 2.2 beschriebenen Entscheidungsmodelle zugrunde gelegt. Insbesondere die Faktoren Teilnehmer und Datenhaltung wurden berücksichtigt. Auf Basis dieser Vorabprüfung wurden drei von insgesamt sechs möglichen Anwendungsfällen wieder verworfen, da die potenzielle Umsetzbarkeit als zu schlecht eingestuft wurde.

Anwendungsfälle bewerten

Die verbleibenden drei Anwendungsfälle wurden für die weitere Evaluation übernommen. Ziel dieser vertiefenden Prüfung war es, die Charakteristika der Anwendungsfälle mit unternehmensspezifischen Zielen abzugleichen. Um eine objektive Grundlage für diesen Abgleich zu erhalten, wurde eine Bewertungsmatrix aufgestellt. Die Bewertungskriterien und deren Gewichtung wurden unter Einbezug des Top-Managements festgelegt. Insgesamt wurden acht Bewertungskriterien ermittelt, wozu u. a. die folgenden zählten: Ökonomische Kosten-Nutzen Abwägung, zeitlicher Aufwand der Implementierung, kommunikative Verwertbarkeit des Anwendungsfalles sowie Bedeutung des Anwendungsfalles für das Tagesgeschäft in Form einer Risikobetrachtung. Die Gewichtung der Kriterien erfolgte prozentual und die verbliebenen drei Anwendungsfälle wurden entlang der acht identifizierten Kriterien bewertet. Anschließend wurde das Summenprodukt aus Bewertung und Wichtigkeit ermittelt, woraus sich die abschließende Priorisierung der Anwendungsfälle ergeben hat.

2.4.2 Umsetzung des Anwendungsfalls

Der Prozess, mit dem der Anwendungsfall auf Blockchain-Technologie umgesetzt wurde, ist in Abb. 2.2 aufgeführt. Zunächst wird der ausgewählte Anwendungsfall noch einmal detailliert betrachtet. Anschließend werden Ansatzpunkte für Verbesserungen durch Blockchain-Technologie identifiziert und darauf aufbauend das Anwendungssystem konzeptioniert.

Ausgewählten Anwendungsfall präzisieren
Nach Beurteilung und Auswahl eines Anwendungsfalls erfolgte eine Präzisierung, wodurch detaillierte Informationen über den ausgewählten Anwendungsfall erhoben wurden. Dazu gehörten u. a. eine detaillierte Prozessbeschreibung, involvierte Parteien und zeitliche Einordnung, d. h. wann der Anwendungsfall auftritt und ob es sich um einen fortlaufenden oder periodischen Prozess handelt. Neben diesen Faktoren wurden auch Schnittstellen und Überschneidungen mit anderen Fachgebieten und Geschäftsprozessen betrachtet, um späteren Komplikationen vorzubeugen.

Der ausgewählte Anwendungsfall ist die „interne Bestellung", bei der die maximal vorzuhaltenden Gasnetzkapazitäten bei einem Gasnetzbetreiber bestellt werden. Dies basiert auf Grundlage von regulatorischen und rechtlichen Rahmenbedingungen, wie bspw. der Kooperationsvereinbarung der Gasnetzbetreiber (KoV), dem Energiewirtschaftsgesetz (EnWG) und der Gasnetzzugangsverordnung (GasNZV). Das deutsche Gastransportsystem ist in mehreren Ebenen aufgebaut. Bis das Gas beim Endkunden ankommt, wird es durch die Netze mehrerer Betreiber transportiert. Um einen reibungslosen und diskriminierungsfreien Gastransport zwischen den Netzbetreibern zu gewährleisten, bestellen alle Verteilnetzbetreiber (nachgelagerte Netzbetreiber) einmal jährlich ihre maximal benötigte Kapazität an den Ausspeisezonen zu den jeweiligen Fernleitungsnetzbetreibern (vorgelagerte Netzbetreiber) über den Prozess der „internen Bestellung". Innerhalb des zugrundeliegenden Fallbeispiels übernimmt die terranets bw als Fernleitungsnetzbetreiber die Rolle des vorgelagerten Netzbetreibers und der Prozess bezieht sich auf die Allokation von den Verteilnetzbetreibern bestellten Kapazitäten. Der vom Verteilnetzbetreiber beim Fernleitungsnetzbetreiber bestellen Kapazität steht das Angebot an Einspeisekapazitäten gegenüber, das zur Verfügung gestellt werden kann, wie in Abb. 2.3 dargestellt.

Zum Zeitpunkt der initialen Bestellung durch die Verteilnetzbetreiber ist dem Fernleitungsnetzbetreiber nur der Anteil an festen Einspeisekapazitäten aus dem Vorjahr bekannt. Die variablen Einspeisekapazitäten hingegen werden erst fortlaufend ermittelt. Daher kann den Verteilnetzbetreibern zunächst nur ein Teil der benötigten Kapazitäten als feste Kapazitäten zugesichert werden. Sobald die Verfügbarkeit von variablen Einspeisekapazitäten garantieren werden kann, wird die damit verfügbare variable Ausspeisekapazität über ein iteratives Vorgehen an die Verteilnetzbetreiber verteilt. Der dafür verwendete Prozess ist in Abb. 2.4 dargestellt.

Derzeit erfordert diese Abstimmung eine aufwändige papier-, fax- oder emailbasierte Kommunikation, die erheblich Zeit beansprucht und Kommunikationslatenzen verursacht.

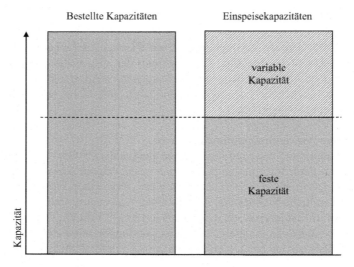

Abb. 2.3 Bestellte Kapazitäten und Einspeisekapazitäten

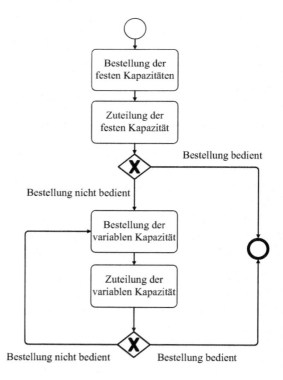

Abb. 2.4 Prozess der Kapazitätsvergabe

Ansatzpunkte für Blockchain identifizieren

Die Digitalisierung und Implementierung des Anwendungsfalls in ein neues IT-System ist auch ohne die Verwendung von Blockchain-Technologie möglich. Der Anwendungsfall besitzt jedoch eine Reihe Aspekte, bei denen diese Technologie wertbringend eingesetzt werden kann:

1. *Übertragung von Werten*

Die allokierte und damit zugesagte Kapazität ist ein begrenztes Gut. Dessen Nutzungsrechte werden im vorliegenden Fall transferiert, was sich über eine Blockchain adäquat abbilden lässt.

2. *Transparenz und Vertrauen*

Bei der Verhandlung von Kapazitäten kann durch die spezifischen Eigenschaften von Blockchain, insbesondere Dezentralität und kryptografische Verschlüsselung, Vertrauen, Transparenz und Sicherheit zwischen den einzelnen Teilnehmern geschaffen werden.

3. *Automatisierung*

Über Smart Contracts kann eine regelbasierte und automatische Validierung von Kapazitäten und deren Zuordnung erreicht werden. So dienen Smart Contracts beispielsweise dem Einhalten von Grenzwerten bei Zuordnungen und der Sicherstellung der Konsistenz des Gesamtsystems während einer Zuordnungstransaktion.

4. *Aufbau eines Geschäftsnetzwerkes*

Die Charakteristiken von Blockchain können ebenfalls perspektivisch einen Mehrwert generieren. So kann die Verteilung von Kapazitäten im gesamten Gasnetzsystem über alle Wertschöpfungsstufen hinweg auf Basis der Blockchain stattfinden. Perspektivisch kann ein auf Blockchain-Technologie abgebildetes Geschäftsnetzwerk zur Zuweisung von Kapazitätswerten und zur transparenten und vertrauensbildenden Dokumentation entsprechender Transaktionen innerhalb dieses Netzwerkes entstehen. Diese Vision bedeutet eine Ausweitung der Wertedigitalisierung in der Gasbranche – ein Paradigmenwechsel, durch den zentrale Geschäftsmechanismen hinterfragt und neu gedacht werden können.

5. *Lerneffekte*

Die Charakteristika von Blockchain-Technologien sind sehr abstrakt und damit für viele Anwender in Unternehmen schwer einzuordnen. Die Erarbeitung fundierter Use-Cases erfordert jedoch ein tiefergehendes Verständnis der Technologie. Durch den Einsatz im beschriebenen Pilotumfeld wird ein Erfahrungsgewinn in Bezug auf den Einsatz und Betrieb der Technologie erreicht. Dies kann das

Unternehmen befähigen, weiterführende Use-Cases zu erarbeiten und ggf. damit den Einsatz der Blockchain im Unternehmen zu skalieren.

Trotz eines zu erwartenden Erkenntnisgewinns soll der Einsatz von Blockchain Technologie keinen Selbstzweck darstellen. So soll nur der Teil des Systems durch Blockchain-Technologien umgesetzt werden, bei dem ein Mehrwert gegeben ist.

Anwendungssystem konzeptionieren
Die oben beschriebenen Blockchain-basierten Mehrwertszenarien wurden in konzeptionelle Anforderungen in der nachfolgenden Entwicklung durch einen IT-Dienstleister als Implementierungspartner umgesetzt. Es wurden u. a. die folgenden Parameter spezifiziert:

Funktionen des Systems: Das beschriebene System soll den in Abb. 2.4 dargestellten Prozess abbilden. Im Gegensatz zum bisherigen Prozess werden die Bestellungen und die anschließenden Ablehnungen oder Annahmen dieser auf dem Blockchain-basierten System abgebildet, wobei als Oberfläche ein Web-Frontend verwendet wird. Somit entfällt insbesondere bei der Zuteilung der variablen Kapazitäten die aufwändige Kommunikationsform, da alle Teilnehmer auf der gleichen Datenbasis arbeiten. Durch die Verwendung von Blockchain-Technologie können die oben genannten Ansatzpunkte verwirklicht werden.

Private vs. Public Blockchain: Obwohl mit vor- und nachgelagerten Netzbetreibern als Vertragspartner die Teilnehmer am System bekannt sind, wurde sich für die Nutzung der öffentlichen Blockchain Ethereum entschieden, da sich hiermit die gesetzlich geforderte und gewünschte Transparenz der Prozessdokumentation umsetzen lies.

Technologische Plattform: Die automatisierte Validierung von Transaktionen, im vorliegenden Fall die Bestellung von Ausspeisekapazität, erfordert eine Unterstützung durch Smart Contracts. Diese Anforderung kann auf verschiedenen Blockchain-Plattformen umgesetzt werden, wobei Ethereum und Hyperledger die prominentesten Beispiele einer anwendungsneutralen Plattform sind. Da die zugewiesenen Kapazitäten aufgrund von rechtlichen Regularien auch veröffentlicht werden müssen, wurde Ethereum aufgrund seiner Eigenschaften als Public Blockchain als die geeignetere Option gesehen, die auch einen vergleichsweise hohen Reifegrad und damit einhergehende Stabilität und Qualität aufweist.

Datenmodell: In der Blockchain sollen im wesentlichen Transaktionsdaten zur „Bestellung von Ausspeisekapazität" abgebildet werden, um die Anforderungen zur vertrauenswürdigen Validierung von Transaktionen und insbesondere zum Transfer des Kapazitätswertes zu adressieren. Diese Daten beinhalten unter anderem Kennungen der Ausspeisezonen, Kapazitätsmengen und Kapazitätszuordnungen. Zusätzlich werden Zeitstempel durch die Blockchain erzeugt, um Prozess-Schritte, wie „Kapazität angefragt", eindeutig, zeitlich nachvollziehbar und manipulationssicher zu dokumentieren.

Systemarchitektur: Die entwickelte Lösung ist in Abb. 2.5 dargestellt und kann in Blockchain-Komponenten, das Anwendungssystem und Drittsysteme unterteilt werden. Die Grundlage für die Transaktionen bildet die öffentliche Blockchain

Abb. 2.5 Systemarchitektur

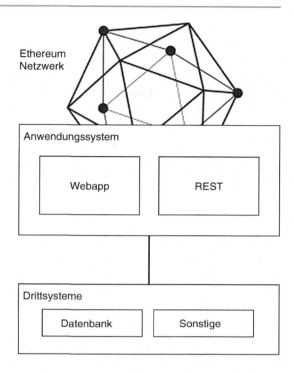

Ethereum. Die Abgabe von Bestellungen und die Zuweisung von Kapazitäten werden über Smart Contracts abgewickelt, womit den Anforderungen der rechtlichen Verbindlichkeit der Bestellung und Zuweisung von Ausspeisekapazitäten genüge getan wird. Im Frontend kommt eine Webapp zum Einsatz, über die verschiedene Nutzergruppen der nachgelagerten Netzbetreiber auf das System zugreifen können. Eine weitere Zugangsmöglichkeit besteht in einer REST-Schnittstelle, die eine generische Im- und Exportschnittstelle darstellt. Für Systemfunktionen, wie Identity and Access Management, wird auf eine bestehende klassische Datenbank zurückgegriffen. Ähnliches gilt für sonstige Systemfunktionen oder Drittsysteme.

2.4.3 Projektbewertung

Um eine vorläufige Bewertung des Projektes vorzunehmen wurden nach der ersten Bestellung und Zuweisung von Kapazitäten im produktiven Einsatz verschiedene Stakeholder am Projekt durch Interviews befragt, wobei die fachliche und technische Sichtweise abgebildet wurde. Aus der fachlichen Perspektive wurde vom Beispielunternehmen ein Mitarbeiter aus dem Management der Gasnetzsteuerung und von einem nachgelagerten Netzbetreiber ein Leiter der zuständigen Fachabteilung befragt. Die technische Perspektive wurde durch einen Mitarbeiter der IT-Abteilung des Beispielunternehmens und durch einen Geschäftsführer des Implementierungspartners erfasst.

Die größten Vorteile durch das Projekt werden in der Digitalisierung des bislang analogen Prozesses gesehen, d. h. die Ablösung des bestehenden auf papier-, fax- oder emailbasierten Prozesses hin zu einer digitalen Plattform. Damit verbunden sind die klassischen Vorteile von medienbruchfreien Prozessen, wie geringere Fehleranfälligkeit und dadurch ein geringerer Prüfaufwand, da manuelle Schritte entfallen. Die Prozesseffizienz und -geschwindigkeit hat sich erhöht und die Kundenzufriedenheit seitens der nachgelagerten Netzbetreiber verbessert. Weiterhin haben sich die internen Transaktionskosten vergünstigt, da die Daten bereits strukturiert vorliegen und nicht erst manuell transferiert werden müssen. Ebenfalls treten positive Effekte durch die Transparenz der Blockchain-Technologie auf. So haben die nachgelagerten Netzbetreiber vollständige Einsicht in die durchgeführten Transaktionen in Form der Bestellungen und zugewiesenen Kapazitäten, wohingegen bislang nur die final zugewiesenen Kapazitäten veröffentlicht wurden. Dadurch wiederum steigert sich das Vertrauen in die Plattform, da alles nachvollzogen und geprüft werden kann. Neben den direkten positiven Effekten wird auch mit positiven Image-Effekten gerechnet, da es sich um ein Leuchtturm-Projekt handelt, das eine der ersten Implementierungen bestehender Geschäftsprozesse auf der Ethereum-Blockchain darstellt. Dies betrifft sowohl den Netzbetreiber wie auch den Implementierungspartner. Auch der Lerneffekt durch den praktischen Einsatz der Blockchain-Technologie wurde von allen Beteiligten positiv hervorgehoben.

Weitere Vorteile können durch zukünftige Entwicklungsmöglichkeiten generiert werden. So sieht die fachliche Seite Möglichkeiten für eine horizontale Skalierung auf nachgelagerte Netzbetreiber oder eine vertikale Skalierung auf vergleichbare Netzbetreiber, die ähnliche Prozesse haben. Dabei wird von Seiten der nachgelagerten Netzbetreiber das größte Potenzial in einer Skalierung auf ihre Ebene gesehen, da sie wiederum nachgelagerte Netzbetreiber haben und bislang auch einen wie oben beschriebenen papier-, fax- oder emailbasierten Prozess der Kapazitätsbestellung. Da es sich bei diesen nachgelagerten Netzbetreibern oftmals um kleinere KMUs mit beschränkten Ressourcen handelt, wird jedoch bei einer solchen Skalierung auch mit Herausforderungen, wie einem erhöhten Schulungsaufwand gerechnet.

Die bislang im Projektverlauf aufgetretenen Herausforderungen lassen sich in organisatorische und technische Herausforderungen unterteilen. Im ersten Bereich wurden bspw. die Kapazitäten im bisherigen Prozess mit einer rechtsverbindlichen Unterschrift bestellt, was insbesondere bei den nachgelagerten Netzbetreibern intern für Rechtssicherheit sorgte, da dort bislang ein Entscheider final zustimmen musste. Somit mussten die nachgelagerten Netzbetreiber ihr Berechtigungskonzept überarbeiten, um einen erhöhten Aufwand zu vermeiden. Dies ist dem befragten Netzbetreiber gelungen. Eine weitere Herausforderung in diesem Bereich war die Motivation nachgelagerter Netzbetreiber an der Plattform teilzunehmen. Dieser Herausforderung konnte durch ein nutzerfreundliches Frontend und dem Image der Blockchain-Technologie begegnet werden, die als sehr sicher gilt. Obwohl mögliche sicherheitstechnische Schwachstellen auch in den konventionellen Bestandteilen des Systems auftreten können wird eher die Sicherheit der Blockchain-Technologie wahrgenommen. So haben alle nachgelagerten Netzbetreiber an der ersten Bestellrunde über diese Plattform teilgenommen. Verschiedene technologische Hindernisse werden eher im laufenden Betrieb erwartet als im Implementierungszeitraum. So kommt es zu einer längeren Transaktionszeit, bedingt durch den derzeit in der Ethereum-Blockchain verwendeten Konsensmechanismus Proof-of-Work. Dies hat jedoch keine Auswirkungen für die nachgelagerten Netzbetreiber, da diese nur ein Web-Frontend nutzen. Eine weitere Herausforderung besteht in den externen Transaktionskosten der Plattform, da für die Ausführung von Transaktionen auf der Ethereum-Blockchain Gebühren in Form von „Gas" anfallen. Dabei stellt sich auch die Frage, wie Unternehmen ihr Guthaben auf der Ethereum-Blockchain in ihre Buchführung und Bilanzierung integrieren können.

Die Erfolgsaussichten des Projektes werden weiterhin unverändert positiv gesehen, was sich insbesondere auf Kosteneinsparungen und Akzeptanz seitens der Teilnehmenden bezieht. Während indirekte Kosteneinsparungen durch verkürzte Prozesslaufzeiten auftreten, gibt es auf der anderen Seite gestiegene Kosten für Entwicklung und Wartung. Für die nachgelagerten Netzbetreiber ist insbesondere die Fehlerrate des Systems kritisch. Es wird aber voraussichtlich zu keiner erneuten Nutzung des alten Prozesses kommen, die Abwicklung der „internen Bestellung" im ersten Praxiseinsatz korrekt umgesetzt wurde. Die Akzeptanz übertrifft damit die Erwartungen, da alle nachgelagerten Netzbetreiber im ersten produktiven Einsatz ihre Kapazitätsbestellung über das neue System abgewickelt haben.

2.5 Handlungsempfehlungen

Unternehmen, deren Geschäftsmodell und Produkte auf Blockchain-Technologien basieren, werden in alle Industrien gegründet, wobei ein Fokus auf den Branchen Information und Kommunikation, Versicherungen und Finanzen zu erkennen ist (Friedlmaier et al. 2018). Daher sind Unternehmen jeglicher Industrien gezwungen zu reagieren, indem sie Blockchain-Technologien als essenziellen Bestandteil ihrer Digitalisierung und damit des zukünftigen Geschäftsmodells begreifen. Diese Anpassung erfordert jedoch einen Leitfaden mit dem Unternehmen befähigt sind, sich dem Einsatz von Blockchain-Technologien sukzessive anzunähern – von der Ideengenerierung bis hin zur Implementierung – um auch zukünftig wettbewerbsfähig zu bleiben.

Genau an dieser Stelle greifen bestehende Entscheidungsmodelle zum Einsatz von Blockchain zu kurz. Sie beantworten lediglich, ob der Einsatz in einem bekannten Szenario sinnvoll ist, vernachlässigen aber die Frage nach dem Anwendungsfall und der daraufffolgenden Implementierung. Das vorliegende Fallbeispiel zeigt daher einen umfassenden Ansatz, der bestehende Entscheidungsmodelle, sowie vor- und nachgelagerte Schritte zu einem ganzheitlichen Vorgehen integriert.

Dieses Vorgehen und die Erfahrungswerte aus dem Fallbeispiel legen folgenden Umgang mit der Blockchain-Technologie nahe:

Schrittweise und systematisch vorgehen: Sowohl in IT-Abteilungen als auch anderen Organisationseinheiten besteht Aufklärungsbedarf über die Funktionsweise und mögliche Einsatzszenarien von Blockchain-Technologie. Daher sollte ein Blockchain-Projekt stets mit der Vermittlung von Grundlagenwissen starten, um aufbauend auf dieser Basis den konkreten Anwendungsfall sukzessive zu schärfen.

Diese Schärfung bedarf systematischer Entscheidungsgrundlagen, um allen Stakeholdern ausreichend Orientierung im Prozess zu geben. Dieses Vorgehen wurde von den beteiligten Personen des beschriebenen Unternehmens explizit als positiver Aspekt des Projektes bewertet und belegt damit die Notwendigkeit einer inkrementellen und systematischen Herangehensweise.

Risiko im Blick behalten: Bei allen Überlegungen zum Einsatz von Blockchain sollte bedacht werden, dass es sich noch um eine relativ neue Technologie handelt, die nicht die technische Reife von langjährig etablierten Technologien aufweist. So wurde Ethereum erst 2015 und das Framework Hyperledger Fabric erst im Juli 2017 in der Version 1.0 veröffentlicht. Daher ist es aktuell zielführend, Erfahrungen mit der Blockchain-Technologie zu sammeln, indem Pilotprojekte durchgeführt werden. Bei geschäftskritischen Anwendungen sollte in jedem Fall zunächst ein paralleler Betrieb mit traditionellen IT-Technologien angestrebt werden, um die Gefahr eines Ausfalls und den damit verbundenen Konsequenzen zu minimieren. Dies gilt auch für den vorliegenden Anwendungsfall und wird durch die Möglichkeit zur papierbasierten Bestellung umgesetzt.

Erfahrungsgewinn und Anwendungsfall gleichrangig priorisieren: Um potenzielle, Blockchain-basierte Innovationen zu entwickeln, sollte vor allem auf Management-Ebene ein vorbehaltsfreies und tief greifendes Verständnis der Technologie vorherrschen. Um diese Zielsetzung zu erreichen, ist der frühzeitige Pilotbetrieb einer Blockchain-Anwendung ebenso wichtig wie die Identifikation eines passenden Anwendungsfalls. Das beschriebene Fallbeispiel bestätigt diese Empfehlung. Ungeachtet der theoretischen Einführung zur Blockchain-Technologie, wurde der gesamte Funktionsumfang der Technologie den beteiligten Personen erst im Laufe der Pilotierung deutlich. Ein laufendes Projekt trägt somit erheblich zur Verringerung des Abstraktionsgrades der Blockchain-Technologie bei. Dementsprechend könnte eine zu starke Fokussierung auf den passenden Anwendungsfall dazu führen, dass die beschriebenen Lerneffekte von vorneherein verhindert werden.

Abschließend ist festzuhalten, dass das hier vorgestellte Auswahlverfahren keinerlei Einfluss auf eine mögliche Entscheidung zur Adaption darstellt. Die Frage, welche Faktoren eine Adaption durch etablierte Unternehmen begünstigen oder hemmen, ist an anderer Stelle zu untersuchen, da sich das Unternehmen im vorliegenden Fallbeispiel bereits zum Umsetzen eines auf Blockchain-Technologie basierenden Projektes entschieden hat. Die positive Adaption im vorliegenden Fallbeispiel kann jedoch Hinweise auf mögliche Adaptionsfaktoren liefern.

Literatur

Beck R, Müller-Bloch C (2017) Blockchain as radical innovation: a framework for engaging with distributed ledgers. In: Proceedings of the 50st Hawaii international conference on system sciences, S 5390–5399

BITKOM (2019) Blockchain in Deutschland; Einsatz, Potenziale, Herausforderungen. https://www.bitkom.org/sites/default/files/2019-06/190613_bitkom_studie_blockchain_2019_0.pdf. Zugegriffen am 16.06.2019

DHL, Accenture (2018) Blockchain in logistics; perspectives on the upcoming impact of blockchain technology and use cases for the logistics industry. https://www.logistics.dhl/content/dam/dhl/global/core/documents/pdf/glo-core-blockchain-trend-report.pdf. Zugegriffen am 22.06.2018

Friedlmaier M, Tumasjan A, Welpe IM (2018) Disrupting industries with blockchain: the industry, venture capital funding, and regional distribution of blockchain ventures. In: Proceedings of the 51st Hawaii international conference on system sciences

Gartner (2018) Blockchain-based transformation: a gartner trend insight report. https://www.gartner.com/

Graham W (2018) Building it better; a simple guide to blockchain use cases. https://blockchainatberkeley.blog/building-it-better-a-simple-guide-to-blockchain-use-cases-de494a8f5b60. Zugegriffen am 22.06.2018

KPMG (2018) The pulse of Fintech Q4 2017. https://assets.kpmg.com/content/dam/kpmg/de/pdf/Themen/2018/kpmg-q4-2017-pulse-of-fintecht.pdf. Zugegriffen am 22.06.2018

Maersk (2018) Maersk and IBM to form joint venture applying blockchain to improve global trade and digitise supply chains. https://www.maersk.com/press/press-release-archive/maersk-and-ibm-to-form-joint-venture. Zugegriffen am 12.06.2018

Maull R, Godsiff P, Mulligan C, Brown A, Kewell B (2017) Distributed ledger technology: applications and implications. Strateg Chang 26:481–489. https://doi.org/10.1002/jsc.2148

Meunier S (2018) When do you need blockchain? Decision models. https://medium.com/@sbmeunier/when-do-you-need-blockchain-decision-models-a5c40e7c9ba1. Zugegriffen am 22.06.2018

Mulligan C, Scott JZ, Warren S, Rangaswami J (2018) Blockchain Beyond the Hype: A Practical Framework for Business Leaders. World Economic Forum. http://www3.weforum.org/docs/48423_Whether_Blockchain_WP.pdf. Zugegriffen am 10.12.2019

Pahl C, Ioini EL N, Helmer S (2018) A Decision Framework for Blockchain Platforms for IoT and Edge Computing.In Proceedings of the 3rd International Conference on Internet of Things. Big Data Secur 1:105–113 (IoTBDS, ISBN 978-989-758-296-7. DOI: 10.5220/0006688601050113)

Peck ME (2017) Do you need a blockchain? https://spectrum.ieee.org/computing/networks/do-you-need-a-blockchain. Zugegriffen am 22.06.2018

Pedersen AB, Risius M, Beck R (2019) A ten-step decision path to determine when to use blockchain technologies. MIS Q Exec 18:1–17

PwC (2018) PwC global blockchain survey 2018; executive summary. https://www.pwc.com/gx/en/issues/blockchain/blockchain-in-business.html

Risius M, Spohrer K (2017) A blockchain research framework. Bus Inf Syst Eng 59:385–409. https://doi.org/10.1007/s12599-017-0506-0

Suchie B (2015) Why blockchain must die in 2016. https://medium.com/@bsuichies/why-blockchain-must-die-in-2016-e992774c03b4. Zugegriffen am 22.06.2018

Verslype K (2017) Beslissingsmodel; Wanneer blockchain gebruiken? https://www.smalsresearch.be/beslissingsmodel-wanneer-blockchain-gebruiken/. Zugegriffen am 22.06.2018

Wallstreet Online (2018) Maersk startet Blockchain; Plattform für Versicherungsfälle. https://www.wallstreet-online.de/nachricht/10584498-crypto-report-maersk-blockchain-plattform-versicherungsfaelle. Zugegriffen am 12.06.2018

Wüst K, Gervais A (2017) Do you need a blockchain? IACR Cryptol ePr Arch 2017:375

Johannes Werner M. Sc. hat Wirtschaftsinformatik an der Georg-August-Universität in Göttingen und an der Universidad Rey Juan Carlos in Madrid studiert. Er ist wissenschaftlicher Mitarbeiter am Lehrstuhl für Informations- und Kommunikationsmanagement an der Technischen Universität Berlin und forscht dort zur Governance digitaler Plattformen.

Peter Mandel M. Sc. hat Wirtschaftswissenschaften an der Georg-Augst-Universität in Göttingen und an der Heinreich-Heine-Universität in Düsseldorf studiert. Er ist Managing Consultant bei BÖCKER ZIEMEN, einer Strategieberatung aus Bonn, und beschäftigt sich dort mit der digitalen Transformation von kleinen und mittleren Unternehmen.

Prof. Dr. Rüdiger Zarnekow ist Leiter des Fachgebiets Informations- und Kommunikationsmanagement an der Fakultät für Wirtschaft und Management der Technischen Universität Berlin. Seine Forschungsschwerpunkte liegen in den Bereichen IT Management und digitale Geschäftsmodelle. Dort beschäftigt er sich unter anderem mit dem Management von IT Services, digitalen Gesundheitsdiensten und Internet-Geschäftsmodellen.

Rechtsfragen der digitalen Transformation

3

Mark Fenwick und Stefan Wrbka

Zusammenfassung

Ein signifikanter Effekt digitaler Technologien besteht darin, dass sie traditionelle, unternehmerische Organisationsformen disruptieren. Neue digitale Technologien führen zu zunehmend flacheren, offeneren und dezentraleren Formen der Unternehmensorganisation. Dieser Wandel ist in der gesamten Wirtschaftswelt spürbar. Herkömmliche Regulierungsmethoden stoßen vermehrt an ihre Grenzen, zumal der technologische Fortschritt vergleichsweise rapide voranschreitet. Die Implikationen für Regulierungsbehörden und andere politische Entscheidungsträger scheinen offensichtlich. Zwischen traditionellen regulatorischen Modellen und moderneren Unternehmensorganisationen entsteht ein Spannungsverhältnis. Es erscheint angebracht, das Verständnis dieser neuen Organisationsformen als notwendige Voraussetzung für die Entwicklung passender(er) Regulierungsmodelle zu vertiefen. Der vorliegende Beitrag bietet eine Einführung in die Welt der digitalen Transformation aus rechtlicher Sicht.

Schlüsselwörter

Digitalisierung · Digitale Transformation · Blockchain Technologie · Smart Kontrasts · Regulatory Sandboxes

---

Vollständig neuer Original-Beitrag

M. Fenwick · S. Wrbka (✉)
Kyushu University, Fukuoka, Japan
E-Mail: stefan.wrbka@fh-wien.ac.at

© Springer Fachmedien Wiesbaden GmbH, ein Teil von Springer Nature 2020
H.-G. Fill, A. Meier (Hrsg.), *Blockchain*, Edition HMD,
https://doi.org/10.1007/978-3-658-28006-2_3

3.1 Die digitale Transformation

Geschlossene, hierarchisch aufgebaute Organisationen dominieren seit einigen Jahrhunderten das wirtschaftliche, politische und soziale Leben. Sie zeichnen sich durch eine klare, formale Hierarchie, funktional differenzierte Rollen und standardisierte, von der Hierarchie vorgegebene Verfahren bzw. Prozesse aus (Fenwick und Vermeulen 2019). Diese Organisationsart hatte großen Einfluss auf die gesellschaftliche und wirtschaftliche Entwicklung unserer Gesellschaft. In einem ökonomischen Kontext etwa waren geschlossene, hierarchische Organisationen zentral an der Entstehung und globalen Expansion des Kapitalismus beteiligt. Ein prominentes, klassisches Beispiel für diese Strukturen stellen Unternehmen und entsprechende Organisationsformen dar (Micklethwait und Wooldridge 2005). Die Entstehung und der Aufstieg von Gesellschaftsformen können als (mit-)bestimmendes Merkmal der modernen Wirtschaftsentwicklung gesehen werden. Man denke nur an ihre Bedeutung während des „Siegeszugs" der Massenproduktion im Zeitalter der industriellen Revolution des 19. Jahrhunderts. Darüber hinaus spielten auch andere Arten von zentralisierten, hierarchischen Organisationen (z. B. Banken und Finanzdienstleister im Allgemeinen) eine entscheidende Rolle als Facilitatoren, weil sie es Dritten ermöglichten, an der Geschäftswelt teilzunehmen. Schließlich sind auch hoch zentralisierte, hierarchisch organisierte „Nationalstaaten" hervorzuheben. Sie stellen Unternehmen sowohl aus rechtlicher als auch politischer Sicht eine unterstützende Infrastruktur zur Verfügung, um möglichst frei und effektiv am Markt zu (inter)agieren (Tilly 1975).

Zentralisierte, hierarchische Organisationsstrukturen, unterstützt von geeigneten Rahmenbedingungen und Verfahren, hatten in der modernen Welt somit einen großen Einfluss darauf, dass Aufgaben effizient erledigt und Herausforderungen bestmöglich bewältigt werden konnten. Unterstützt wurden der Aufstieg und die gesetzliche Verankerung dieser Organisationsformen von regulatorischen Modellen, welche als Antwort auf Bedenken hinsichtlich erster technologischer Revolutionen gesehen werden können. Akteure wollten mögliche Risiken minimieren und suchten nach Wegen, um die Klarheit und Vorhersehbarkeit potenzieller Folgen zu maximieren. Zu den ersten Maßnahmen zählten die Entstehung des Gesellschaftsrechts und (in weiterer Folge) die Entwicklung von Corporate Governance-Regeln, um einerseits geschlossene, hierarchische Unternehmensorganisationen zu unterstützen, andererseits aber auch Schutzmechanismen für von ihnen betroffene Dritte zu verankern.

In den letzten Jahrzehnten begannen eine Reihe von technologischen Innovationen das soziale und wirtschaftliche Leben neu zu gestalten und herkömmliche zentralisierte Organisationsformen, insbesondere im geschäftlichen Kontext, zu durchbrechen bzw. zu disruptieren (Mitchell 1996). Zentrale Entwicklungen betrafen dabei die Entwicklung neuer Technologien, wie etwa billigere, kleinere und leistungsfähigere digitale Hardware (zunächst PCs, danach Notebooks, in jüngerer Vergangenheit insbesondere auch Tablets und Smartphones), die Entstehung globaler Kommunikationsnetzwerke (Internet); das Phänomen der „Massenkonnektivität"; Cloud-basierte Speicherungsmöglichkeiten von Big Data und automatisierte Algorithmen; und schließlich auch noch weiterentwickelte Technologien (z. B. verschiedene Formen der Künstlichen Intelligenz, Nanotechnologien und Blockchains).

Diese sich teilweise überschneidenden technologischen Entwicklungen bilden die Grundlage und die notwendige Infrastruktur für einen kontinuierlichen Prozess der Digitalisierung, in welchem diese Technologien (beinahe) jeden Aspekt unseres Lebens durchkreuzen (Sassenberg und Faber 2017). Die wirtschaftlichen, kulturellen und sozialen Auswirkungen dieser Veränderungen sind so bedeutsam, dass Kommentatoren mitunter von einer „digitalen Transformation" oder sogar einer „digitalen Revolution" sprechen. Unabhängig davon, wie wir diese Entwicklung nennen, kann man feststellen, dass digitale Technologien vergleichsweise rasch, innerhalb einer Generation, tief greifende Auswirkungen auf die Welt zu zeigen begannen. Und dieser Trend hält weiterhin an.

In unserem Beitrag wollen wir uns mit der Überlegung beschäftigen, dass ein besonders signifikanter Effekt digitaler Technologien darin besteht, dass sie die „alte Welt" zentralisierter, hierarchischer Organisationen aufbrechen (Kaal 2019). Anders formuliert: Technologien scheinen derzeit zu einem Wandel in der Denkweise und der Praxis unserer Gesellschaft zu führen. Die zentralisierte, hierarchische und „prozeduralisierte" Welt stößt bei ihrer Reaktion auf diese neuen Technologien immer wieder und immer mehr an ihre Grenzen. Am offensichtlichsten wird dies, wenn man bedenkt, dass sich traditionelle Formen der Unternehmensorganisation oft nur langsam an eine sich schnell verändernde Realität exponentiell technologischer Entwicklungen anpassen (können). Neue digitale Technologien treiben dabei – als Gegenstrom zu den herkömmlichen Organisationsformen – die Entstehung von flacheren, offeneren und dezentraleren Formen der Unternehmensorganisation voran. Dieser Wandel ist in der gesamten Wirtschaft, vor allem jedoch im Technologiesektor spürbar.

Die Implikationen für Regulierungsbehörden und andere politische Entscheidungsträger scheinen offensichtlich. Zwischen traditionellen regulatorischen Modellen, die für eine bestimmte Art (herkömmlicher) hierarchischer Organisation konzipiert sind, und der Form von moderneren Unternehmensorganisationen entsteht eine Spannung oder auch „Trennung" (Fenwick et al. 2019). Es erscheint daher angebracht, unser Verständnis in Bezug auf diese neuen Organisationsformen des digitalen Zeitalters als notwendige Voraussetzung für die Entwicklung passender(er) Regulierungsmodelle zu vertiefen.

Unser Beitrag ist wie folgt aufgebaut: In Abschn. 2 untersuchen wir, wie die digitale Transformation bereits zur Entstehung neuer „Plattform"-Unternehmen geführt hat, die ihre Geschäftsaktivitäten anders organisieren als traditionelle Unternehmen. Da Blockchains und damit verwandte Technologien wohl als der „nächste Schritt" der digitalen Transformation angesehen werden können, stellt Abschn. 3 die Hauptmerkmale dieser gemeinhin als *Distributed-Ledger*-Technologie" bezeichneten Instrumente vor und beschreibt einige aktuelle Experimente von Blockchain-basierten Dezentralisierungsversuchen. Abschn. 4 schließt den Bogen mit einigen kurzen Überlegungen zu den regulatorischen Auswirkungen dieser Trends. Die zentralen Aussagen unseres Beitrages sind dabei dreifach: Wir werden zunächst zeigen, dass digitale Technologien zentralisierte, hierarchische Unternehmensorganisationen bereits auf- bzw. durchbrochen haben, indem sie zur Entstehung von „Plattformen" führten. Des Weiteren legen wir dar, dass dieser Prozess der Disruption anhält undintensiviert wird, weil neue Blockchain-basierte Technologien im Wirtschaftskontext immer stärker zum Einsatz kommen. Abschließend zeigen bzw. erklären wir, dass Regulierungsbehörden auf diese Veränderungen achten müssen, um eine(r) Trennung zwischen traditionellen Regulierungsmodellen und entsprechend neuen Geschäftsmethoden zu verhindern bzw. entgegenzuwirken.

3.2 Von Unternehmen zu Plattformen

Ein wichtiger Schritt hin zur digitalen Transformation waren die Entstehung und der Aufstieg sogenannter „Plattform"-Unternehmen (Galloway 2017; Moazed und Johnson 2016; Parker et al. 2016). Der Begriff „Plattform" wird in diesem Zusammenhang in der Regel mit verschiedensten Arten von Technologieunternehmen in Verbindung gebracht, etwa mit Unternehmen, die eine „soziale" Plattform (z. B. Facebook, Instagram), eine „Austausch"-Plattform (z. B. Amazon, Airbnb, Uber), eine „Content-Plattform" (z. B. YouTube, Medium, Netflix), eine „Software"-Plattform (z. B. GE's Predix) oder sogar eine „Blockchain"-Plattform (z. B. Ethereum, EOS) betreiben.

Die Entstehung dieser Plattformen und Dienste war eine der wichtigsten wirtschaftlichen und geschäftlichen Entwicklungen der letzten zwei Jahrzehnte wie ein Blick auf das Ranking der weltweit größten Unternehmen zeigt. So vergleicht unsere Tab. 3.1 die Daten aus den Jahren 2008 und 2018. Während 2008 keines der gelisteten Unternehmen eine Plattform im gerade beschriebenen Sinn betrieb, offenbart ein Blick auf das Ranking von 2018, dass nur zehn Jahre später bereits zumindest sechs der zehn weltweit führenden Unternehmen als Plattformen organisiert sind oder zumindest einen erheblichen Teil ihrer Einnahmen aus einem Plattformbetrieb lukrieren.

Tab. 3.1 Die zehn wertvollsten Unternehmen der Welt nach Marktwerten – basierend auf ihrer Marktkapitalisierung (Quelle: Bloomsberg und Google – vgl. https://milfordasset.com/insights/largest-companies-2008-vs-2018-lot-changed; Johnston 2018; Anm.: Unabhängig davon, welches Ranking man zu Rate zieht – je nach Parametern führen Untersuchungen zu unterschiedlichen Rankings – wird man feststellen, dass die überwiegende Mehrheit der heutzutage führenden Unternehmen in den Aufbau von Plattformen investiert.)

	2018		2008	
Rang	Unternehmen	Gründungsjahr	Unternehmen	Gründungsjahr
1	*Apple*	1976	*PetroChina*	1999
2	*Google*	1998	*Exxon*	1870
3	*Microsoft*	1975	*GE*	1892
4	*Amazon*	1994	*China Mobile*	1997
5	*Facebook*	2004	*ICBC*	1984
6	*Tencent*	1998	*Gazprom*	1989
7	*Berkshire*	1955	*Microsoft*	1975
8	*Alibaba*	1999	*Shell*	1907
9	*J&J*	1886	*Sinopec*	2000
10	*JP Morgan*	1871	*AT&T*	1885

In jedem der eingangs genannten Beispiele schafft die Plattform einen gewissen Mehrwert, sei es durch den Austausch verschiedener, aber voneinander „abhängiger" Gruppen bzw. Personen, (vgl. etwa den Fall von Freundesgruppen bei Facebook oder Instagram), von Inhaltsanbietern und Konsumenten (YouTube, Medium, Netflix) oder anderen Dienstleistern und Nutzern (Amazon, Airbnb, Uber). Die Plattformen nutzen dabei weit verbreitete und vernetzte digitale Technologien, um den wirtschaftlichen Austausch, den Informationstransfer oder die Vernetzung von Menschen zu fördern. Die jeweilige Plattform ermöglicht die Interaktion zwischen Wertschöpfern und „Wertsteigerern" und generiert im Zuge dessen Profite für sich selbst bzw. die „Eigentümer" der Plattform, entweder durch Werbung, eine Mitgliedschaft oder die Zahlung einer Provision.

Die Popularität des Plattform-Geschäftsmodells nahm in den letzten Jahren rapide zu, nicht zuletzt deshalb, weil eine Reihe miteinander verbundener Technologien – das Internet, codebasierte Algorithmen, PCs und Smartphones – einer zunehmenden Verbreitung quer durch alle Gesellschaftsschichten unterlagen. Diese Technologien entwickelten das Geschäftsmodell der jeweiligen Plattform weiter, indem sie den schnellen, großflächigen Austausch von Plattform-eigenen Produkten und Informationen über dezentrale Netzwerke ermöglichen. Dadurch entsteht eine Art globales Ökosystem, das registrierte Nutzer sowie Content-Konsumenten ermutigt, den Wert der Plattform zu steigern bzw. den Plattform-Wirkungskreis dadurch weiter auszubauen, dass sie zusätzlichen Inhalt erstellen, der wiederum weitere Content-Ersteller und Content-Konsumenten anzieht. Plattformen profitieren auf diese Art und Weise enorm von „Netzwerkeffekten". Dies wird durch die Verwendung von Algorithmen und vordefinierten Formeln unterstützt, die eingesetzt werden, um Einzelpersonen bzw. Verbraucher mit Dienstleistern, Produkten und Inhalten im Allgemeinen zusammenzubringen.

Von entscheidender Bedeutung ist, dass die Integration des Plattformmodells nunmehr auch über den Technologiesektor im engeren Sinn hinausgeht. Viele Nicht-Technologieunternehmen erkennen Plattform-Vorteile und versuchen, diese in ihre Prozesse einzubetten. So verlagern viele traditionelle Einzelhändler ihre Vertriebskanäle von herkömmlichen Geschäftslokalen auf Online-Plattformen, und auch andere Unternehmen sind danach bestrebt, plattformähnliche Abläufe in ihren Geschäftsalltag einzubauen. Während der Kapitalismus im zwanzigsten Jahrhundert um große, industrielle Unternehmen wie im eingangs beschriebenen Sinn herum organisiert war, basiert ein Großteil der heutigen Wirtschaft auf softwaregesteuerten Plattformen bzw. ist von diesen weitgehend abhängig. Innerhalb von nur einer Generation haben wir eine Rekonfiguration des globalen Kapitalismus erlebt. Plattformen und ihre „Gründer-Eigentümer" konnten auf diese Weise ein enormes Maß an wirtschaftlicher Macht und kulturellem Einfluss erwerben – man denke etwa nur an Jeff Bezos oder Mark Zuckerberg.

Plattformen und ihr Einsatz sind jedoch nicht unumstritten. Offensichtliche bzw. häufig geäußerte Bedenken betreffen etwa den Datenschutz (siehe etwa Facebook oder Google) und eine andere Akteure mitunter stark aus- bzw. einschränkende Marktbeherrschung (siehe etwa Amazon oder Google) (Galloway 2017; Zuboff 2019). Auch mangelnde „Langlebigkeit" zählt mancherorts zu den Herausforderungen. So hatten im Zuge ihres Wachstums Plattformen wiederholt Schwierigkeiten, ihr ursprüngliches Potenzial zu erfüllen und Marken, die einst herkömmliche Strukturen zerbrachen, verloren viel von ihrem Glanz und zerbrachen in der Folge selbst. Das Ergebnis ist, dass viele von uns ein ambivalentes Verhalten zu Plattformen zeigen. Einerseits nutzen wir sie oftmals täglich (manche von uns sogar stündlich), andererseits sind wir vorsichtiger bzw. empfindlicher in Bezug auf den Einfluss von Plattformen geworden und bezweifeln die Fähigkeit und Bereitschaft der Plattformunternehmen, ihre gewonnene Macht verantwortungsbewusst auszuüben.

Die zum Teil berechtigten Bedenken bezüglich Plattformen dürfen uns das Potenzial dieser Art der Unternehmensorganisation jedoch nicht verkennen lassen. So können die zentralen Elemente von Plattformen in Verbindungen und dem Verbinden zwischen Akteuren gesehen werden. Sie nutzen Technologien, um Verbindungen zwischen den Parteien herzustellen, die wiederum den freien Verkehr von Waren, Informationen und Dienstleistungen erleichtern. Auf diese Weise fördern sie effizientere und offenere Märkte und – idealerweise – eine offenere Gesellschaft. Wir sollten daher nach Wegen suchen, das Versprechen und das Potenzial dieser neuen Unternehmensform sowie die Werte der Offenheit und Inklusivität, die sie zu unterstützen im Stande sind, zu nutzen und zu maximieren. Wir müssen unsere Energien daher auf die Entwicklung eines Umfelds fokussieren, welches dazu beitragen kann, „bessere" Plattformen zu fördern (Fenwick und Vermeulen 2019).

Um die Besonderheit von Plattformen besser zu verstehen, sollten wir realisieren und anerkennen, dass Plattformunternehmen mehr sind als nur die Nutzung neuer Digital- und Netzwerktechnologien, die Transaktionen erleichtern, Informationen austauschen oder Menschen verbinden. Es gibt noch eine weitere wertvolle Lektion, die wir im Zusammenhang mit ihrer Entstehung und ihrem Erfolg lernen können. Ihnen allen ist gemein, dass sie ihre „internen" Abläufe so organisieren, dass eine offenere und dezentralere Zusammenarbeit zwischen mehreren Interessensgruppen ermöglicht wird, um eine ständige Innovation in Bezug auf ihre Funktionalität und der damit verbundenen Produkte und Dienstleistungen sicherzustellen. Zu diesen Interessens- bzw. Akteursgruppen zählen unter anderem Plattform-Manager, Mitarbeiter und Investoren, aber auch (und langfristig gesehen vor allem) Verbraucher, Entwickler, Inhaltsersteller, andere Unternehmen, gemeinnützige Organisationen, Bildungseinrichtungen, Regierungen usw.

Um effektiv zu arbeiten, muss eine Plattform Benutzer gewinnen und halten, und dazu muss sie offen für Benutzerfeedback sein. Ein charakteristisches Merkmal jeder (erfolgreichen) Plattform-Geschäftsstrategie ist ihre (relative) Abhängigkeit vom Einholen und der Nutzung von Beiträgen und Rückmeldungen der involvierten Interessengruppen, um die Benutzerfreundlichkeit zu verbessern und die Interaktion mit der Plattform zu optimieren. Eine erfolgreiche Plattform muss daher eine aktive, „gesunde" Gemeinschaft aufbauen und erhalten, um eine nachhaltige Beziehung zwischen der Plattform und ihren Teilnehmern zu gewährleisten. Sie muss darauf abzielen, Nutzer ständig dazu anzuhalten, die Plattform zu nutzen und sie zu einem routinemäßigen, festen Bestandteil ihres Alltags zu machen. Um dies zu erreichen, muss sie ihren Teilnehmern eine unkompliziert zugängliche, „ehrliche" und persönliche Erfahrung bieten. Teilnehmer müssen die Person anderer Teilnehmer verifizieren und (Mit-)Nutzern der Plattform vertrauen können bzw. dürfen. Plattformen müssen das Verbinden mit einer Gemeinschaft von jenen Nutzern erleichtern, die für relevante Nutzer „wichtig" bzw. von Interesse sind. Sie müssen die Kreativität und das Engagement der Benutzer „einladen" bzw. ermöglichen (etwa durch Social Media, Rezensionen, Blogs und – eventuell – „Treuemünzen"), und eine zuverlässige, personalisierte und nachhaltige Erfahrung garantieren.

Um erfolgreich zu sein, müssen Plattformen somit auch Feedback der Community sammeln und sicherstellen, dass die Interessen und Anliegen der Nutzer regelmäßig in den Operationsprozess der Plattform integriert werden. Die Plattform-Community muss Nutzerfeedback geben (können), woraus sich in der Folge eine Art „Plattformzyklus" des kontinuierlichen Selbstlernprozesses entwickeln kann. Erfolgreiche Plattformen müssen den Übergang von einem geschlossenen System zu einer offeneren Gemeinschaft bzw. einem offen(er)en Ökosystem vollziehen. Eine Auswirkung dieses Erfordernisses ist der zunehmende Abbau der Grenzen zwischen einem Innen und einem Außen der jeweiligen Organisation. Dies schafft und ermöglicht mittel- und langfristig gesehen einen starken Anreiz für Plattformen, einen offenen Dialog und die Kommunikation mit seinen Nutzern und anderen Interessengruppen zu suchen und schließlich zu institutionalisieren. Es ist interessant festzustellen, dass viele der Probleme, die zwischen einer Plattform und ihren Nutzern auftreten, oft (nur) das Ergebnis des „Versagens" einer Plattform sind, angemessen (d. h. offen und ehrlich) mit der Gemeinschaft ihrer Plattformnutzer zu kommunizieren. So sind etwa die „Konflikte" von YouTube mit seinen Content-Erstellern insbesondere auch auf eine mangelhafte Kommunikation bezüglich der Zukunftsstrategie(n) der Plattform zurückzuführen.

Jedenfalls entscheidend ist, dass „intelligentere" Plattformen verstehen, dass Kommunikation kein „einseitiger" Prozess der Informationsbeschaffung (*vom* Plattformbetreiber *zum* Plattformnutzer) ist, sondern vielmehr einen engagierteren, reaktionsschnelleren und offeneren Prozess erfordert, der einen gegenseitig produktiven Dialog fördert. Vor diesem Hintergrund erscheint die für (geschlossene) Unternehmen charakteristische strenge Informationskontrolle als eine besonders risikoreiche Strategie.

Plattformen agieren heutzutage in wettbewerbsintensiven, globalen Märkten vor dem Hintergrund eines exponentiell technologischen Wachstums, schnelllebiger Geschäftstrends und sich ständig ändernder Verbraucheransprüche. Dieses neue „Betriebsumfeld" erzeugt Druck auf Plattformen, ihre Geschäftsmodelle kontinuierlich weiterzuentwickeln. Einfache Justierungen bzw. Anpassungen bestehender Plattformdienste werden nicht ausreichen, um mittel- bis langfristig überleben zu können. Betrachtet man ein beliebiges der führenden Plattformunternehmen, so wird man feststellen, dass es konstanten Veränderungsprozessen und Fortentwicklungen unterliegt. Die langfristige Umsetzung von Innovationen verläuft jedoch so gut wie nie gänzlich reibungslos. Die Plattformevolution erfordert auch, dass unterschiedliche Hard- und Software-Elemente kontinuierlich zusammengeführt, aufeinander abgestimmt und in ein kohärentes Produkt integriert werden, um für Plattformnutzer von Relevanz sein zu können. Die damit zusammenhängende Aufgabe, verschiedene Elemente zu sammeln, zu identifizieren, zu koordinieren und schließlich zu kombinieren, erfordert ein erhöhtes Maß an Zusammenarbeit und Vertrauen zwischen mehreren Akteuren und „Partnern" innerhalb und außerhalb des Unternehmens. Demnach wir im Endeffekt die Fähigkeit einer Plattform, integrative Beziehungen aufbauen und aufrechterhalten zu können, in welchen unterschiedliche Akteure kooperativ zusammenarbeiten, für den Erfolg eines Plattformunternehmens entscheidend sein.

Unter diesem Gesichtspunkt erscheint die Existenz von Hierarchien bzw. „Silos" mit fest verwurzelten Interessen kontraproduktiv, weil sich Plattformen, welche die Möglichkeit eines umfassenderen oder ganzheitlicheren *Partnering*-Stils nicht wahrnehmen, schwertun werden, Innovationen zu realisieren. Innovations-orientierte Partnerschaft bedeutet auch, externe Plattform-Grenzen zu überdenken und Akteure einzubeziehen, die traditionell nicht als Teil der Organisation angesehen werden, aber dennoch einen wesentlichen Einfluss auf Entscheidungen und Handlungen haben können. In diesem Sinne sollte die Liste der „inneren" Akteure über die herkömmliche Gruppe der Führungskräfte, Manager und Mitarbeiter hinaus erweitert werden. Zu den wichtigsten Interessengruppen gehören heutzutage die Erstanwender (*Early Adopters*) und andere zentrale Meinungsbildner (*Opinion Makers* und *Opinion Leaders*) in der erweiterten Plattformgemeinschaft, aber auch Forschungszentren, Hochschulen und Start-up-Unternehmen. Traditionell wurden all diese Akteure exklusiv zum „Außenbereich" gerechnet bzw. nur in der Peripherie größerer Unternehmen gesehen. Jedoch bedeutet die Notwendigkeit einer integrativen Partnerschaft, dass solche Denkweisen angesichts der zunehmend zentralen Rolle, die diese Akteure spielen, nicht mehr angemessen bzw. zeitgemäß sind.

Natürlich können integrativere Organisationsformen gewisse Risiken bergen. So kann etwa die Einbindung zu vieler Akteure Entscheidungen verlangsamen oder zu suboptimalen Ergebnissen führen. Durch die Dezentralisierung der Autorität und den Entschluss, den am besten geeigneten bzw. am besten informierten Akteursgruppen weitgehende Autonomie zur Entscheidungsfindung einzuräumen, sollten diese Risiken jedoch gemildert werden können.

Darüber hinaus gibt es verschiedene *Partnering*-Strategien, um das Ziel der Innovations-Institutionalisierung zu erreichen. Diese Strategien umfassen direkte und indirekte Investitionen (traditionelle Corporate Venture Capital-Strategien), Gründerzentren, *Co-working*-Umgebungen, das Binden von Gründern übernommener Unternehmen an die Plattform sowie die Fortführung des übernommenen Unternehmens selbst sowie das Anwerben von „Innovationskreatoren". All diese Mittel vereinfachen den Umwandlungsprozess eines Unternehmens in ein Ökosystem mit „fließenden und verschwindenden Grenzen" zwischen der konventionellen, internen Sphäre und der externen Gemeinschaft. Bei der Akquisition mehrerer Startups durch ein Unternehmen verwandelt sich das traditionelle Organisationsmodell der hierarchischen Struktur mit einer leicht identifizierbaren, homogenen Unternehmenskultur, Zielsetzung und Praxis in eine flachere, dispergierte und flexiblere Struktur mit vielfältigen Zielen. Der Grundgedanke dabei ist, dass diese Unternehmen des neuen Stils nicht mehr durch eine traditionelle, „stabile" bzw. starre Organisation gekennzeichnet sind, in welcher die Aktivitäten von Akteuren ausgeführt, koordiniert und kontrolliert werden, die ihre Autorität von einer starr festgelegten, hierarchischen Ordnung ableiten.

Ein weiterer interessanter Punkt betrifft den Umstand, dass die am besten organisierten Plattformen zumeist nicht so sehr auf kurzfristige finanzielle Erträge ausgerichtet sind. Stattdessen versuchen sie, ihrem „Ökosystem", welches aus mehreren interagierenden Interessensgruppen – darunter Mitarbeiter, übernommene Start-ups und „Teilnehmer-*Communities*" – besteht, einen (auch zeitlichen) Raum zu geben, um mittel- und langfristig erfolgreich zu sein. Wichtig beim „Mischen" von Innen- und Außenwelten ist insbesondere das Streben nach einer perfekten Integration der Akteure. Wenn etwa ein neues Unternehmen in das Ökosystem integriert wird, wird häufig versucht, dass sie ihre eigene Identität bewahren kann, und die Akquisitionsplattform zugleich die Möglichkeit aufgreift, von solchen neuen Teilen des Ökosystems zu lernen. Die effektivsten Formen des „*Partnerings*" entstehen, wenn die Grenzen zwischen den verschiedenen Partnern auf diese Weise fließender werden und es zu einem ständigen, wechselseitigen *Give-and-Take* Prozess kommt. Das Ziel jeder erfolgreichen Plattform muss darin bestehen, sich kontinuierlich weiterzuentwickeln und ein dynamisches Ökosystem um ihre Kernaktivitäten herum zu schaffen. Bei erfolgreicher Umsetzung wird der Effekt dieses dynamischeren und inklusiveren Partnerschaftsstils das Erreichen einer neuen Fluidität bzw. Interaktion in sämtlichen Bereichen des Unternehmens sein.

Natürlich kann die Realisierung dieses Vorhabens in der Praxis mitunter schwierig sein, wie etwa Skandale um große Plattformen (z. B. Facebook oder Uber) zeigen. Bei der Anpassung von Plattformen – insbesondere, wenn sie einem schnellen Wachstum unterliegen und global werden – sind sie in einigen Bereichen zwangsläufig auf hierarchischere Organisationsstrukturen angewiesen. Solche Strukturen können dort hilfreich sein, wo sie der Bewältigung der Komplexität etwa in Bezug auf die Unternehmensgröße und den Umgang mit regulatorischen Anforderungen, die mit der Tätigkeit in mehreren Ländern in Zusammenhang stehen, dienen. Das Problem ist jedoch, dass eine hierarchische Organisation leicht zur (Über-)Bürokratisierung der Plattform führen kann, weil sie wiederum zunehmend geschlossen, hierarchisch und prozeduralisiert werden. Wie bereits ausgeführt, funktionierte diese Organisationsform in der Ära der Massenproduktion noch vergleichsweise gut, ist aber für die heutzutage immer wichtiger werdende dynamische, technologiegetriebene Geschäftsrealität weniger geeignet. Zwischen der nachhaltigen, zukunftsträchtigen Organisation einer Plattform und den Gründen und Praktiken, die sie überhaupt erst erfolgreich gemacht haben, kann es somit leicht zu Spannungen kommen. Ein Effekt dieser Spannung ist, dass etablierte Plattformen nicht in der Lage sind, angemessen oder schnell genug auf neue Herausforderungen zu reagieren, die durch die rasanten Veränderungen in den Märkten, auf Verbraucherseite und aus technologischer Sicht entstehen. Die jüngsten Anstrengungen von großen Akteuren wie etwa Facebook sowie die Imageprobleme anderer großer, bekannter Plattformen (z. B. Amazon, Google, Uber) verdeutlichen dieses Risiko, in einen bürokratisierteren Organisationsstil zurückzukehren.

Obwohl wir die Validität dieser Kritiken bzw. Gefahren anerkennen müssen, darf nicht vergessen werden, dass Plattformen für verschiedene Interessensgruppen (inklusive Verbraucher und Arbeitnehmer) als auch für die Weltwirtschaft im Allgemeinen weitreichende Innovationen geliefert haben. Die von uns genannten Plattformen konnten einen wesentlichen Beitrag zur Schaffung unserer neuen digitalen Welt leisten. Flache Hierarchien, offene Kommunikation, multidisziplinäre Teams und die Kraft dynamischer Ökosysteme sind die Prinzipien, die Wirtschaft, Kultur und Gesellschaft in dieser sich immer schneller verändernden Welt (vor-)antreiben. Diese Veränderungen sind auf die Plattformen zurückzuführen, die wesentlicher Bestandteil unseres Lebens geworden sind. Wir sollten unsere Aufmerksamkeit auf die Gestaltung von Geschäftsmodellen und regulatorischen Rahmenbedingungen richten, welche Plattformen nachhaltig fördern und das Potenzial dieser neuen Art der Unternehmensorganisation und -führung maximieren können.

In den größten und erfolgreichsten Plattformen geht es bei der Frage nach der „Governance" weniger um Hierarchie oder Kontrolle. Stattdessen geht es darum, ein flaches, offenes und integratives Unternehmensumfeld bzw. „Ökosystem" zu schaffen, welches die Talente aller Beteiligten im Netzwerk des Unternehmens bestmöglich nutzt und fördert. Wie in diesem Unterkapitel ausgeführt, basieren Plattformen dabei auf der Idee, ständige Innovationen durch einen offenen und integrativen Prozess der Zusammenarbeit zu ermöglichen. Durch diese Art der Innovations-basierten Organisation durchbrechen Plattformen das herkömmliche Organisationsmodell der klar definierten, festen Hierarchien, statischen Rollen und inflexiblen Verfahren. Natürlich bestehen gewisse Risiken, und eine stärkere Zusammenarbeit kann Innovationen mitunter auch verlangsamen. Aber der potenzielle Nutzen der ständigen Integration neuer Ideen und Technologien macht dies zu einem Risiko, das es wert ist, eingegangen zu werden.

Viele Akteure – die Wirtschaft, Regierungen, Investoren, Wohltätigkeitsorganisationen – experimentieren heutzutage mit dem Plattformdenken. Zur „Rechtfertigung" entsprechender Experimente werden oft verschiedene Argumente ins Treffen gebracht. Worin bestehen die Hauptvorteile? Kosteneinsparungen, die sich aus dem Wegfall von „Vermittlern" bzw. Mittelsmännern und der Schaffung von gesteigerter Transparenz ergeben, werden häufig genannt. Diese neuen Technologien „fördern" bzw. unterstützen Menschen auch direkter, weil sie ein einzigartiges Umfeld bieten, sich persönlich zu entfalten und kreativ zu werden. „Werde eine Plattform oder werde durch eine ersetzt" ist das Mantra der neuen technologiegetriebenen Wirtschaft.

3.3 Blockchain, Smart Contracts & Experimente zur Dezentralisierung

Neue digitale Technologien waren für die Entstehung von Plattformunternehmen von zentraler Bedeutung, weil sie die Verwendung von Plattformen signifikant erleichtern und neue Möglichkeiten bieten. Insbesondere Blockchain- und *Distributed-Ledger*-Technologien können heutzutage eine immer stärker werdende Vorreiterrolle einnehmen. In diesem Unterkapitel verfolgen wir den Gedanken, dass Blockchain- und *Distributed-Ledger*-Technologien einen wesentlichen Aspekt der „nächsten Phase" der digitalen Transformation darstellen. Diese Annahme erscheint auch angesichts der Aufmerksamkeit, welche Blockchain- und *Distributed-Ledger*-Technologien derzeit erfahren, sicherlich angemessen (Hein et al. 2019).

3 Rechtsfragen der digitalen Transformation

Für alle involvierten Akteure – allen voran für die Wirtschaft und Regulierungsbehörden – erscheint es ratsam, sich mit diesen Technologien vertraut zu machen und sich darüber Gedanken zu machen, wie sie ihr Einsatz in der Praxis optimiert werden kann. (Anm.: Die folgenden Ausführungen beschränken sich – im Sinne der vereinfachten Darstellung – auf die Blockchain-Technologie.)

Um die Blockchain-Technologie verstehen zu können, ist es sinnvoll, zunächst einen Blick auf das Thema Internet zu werfen. Das Internet ermöglicht einen weitgehend freien und unbeschränkten, schnellen und globalen Austausch von Informationen und Ideen. Die Blockchain-Technologie fügt diesem Konzept eine weitere Dimension hinzu, indem sie es ermöglicht, Vermögenswerte und Wirtschaftsgüter ohne die erforderliche Einbindung traditioneller (zentralisierter und teils autoritärer) Mittelsmänner auf andere Personen und Unternehmen zu übertragen und untereinander auszutauschen. Sie erreicht dies, indem sie (persönliche aber auch nicht-persönliche) Informationen in einer dezentralen, grundsätzlich frei zugänglichen und sicheren Online-Umgebung speichert. Vereinfacht formuliert kann man festhalten, dass eine Blockchain aus gemeinsamen, vernetzten digitalen Blöcken besteht und eine Art „Datenbank" darstellt, die durch die Aneinanderreihung von weiteren Blöcken zu einer ständig wachsenden Kette bzw. Datenliste führt. Einzelne Blöcke können dabei zur digitalen Aufzeichnung von Transaktionen und Verschiebung von Vermögenswerten genutzt werden. Sie können aber auch sonstige Informationen bzw. „Fakten" speichern. Sobald bzw. sofern ein neuer Datensatz verifiziert und validiert werden kann, wird ein entsprechender Block zu früheren Datensätzen in linearer und chronologischer Reihenfolge hinzugefügt.

Für den „Erfolg" der Blockchain-Technologie ist u. a. auch die Netzwerkkonnektivität von entscheidender Bedeutung. Sie ermöglicht es, dass mehrere identische Kopien der Blockchain gleichzeitig über das Netzwerk verfügbar gemacht werden, was es in weiterer Folge zur Sicherstellung der Richtigkeit der Angaben praktisch unmöglich macht, Informationen in der Blockchain zu ändern oder zu löschen. Die Verwendung von „kryptographischen *Hashes*" – komplexe Algorithmen – macht die Manipulation von Blockchain-Daten dabei noch schwieriger. Das Ergebnis dieser Technologiekombination ist, dass bereits eine winzige Änderung der Blockchain zu einem anderen *Hash*-Wert führt, so dass die Manipulation für andere Teilnehmer sofort und leicht erkennbar ist.

Digitale Signaturen kommen zur Anwendung, um die Identität und Authentizität der an der Transaktion beteiligten Parteien festzustellen. Diese Art von Sicherheitsmaßnahmen gestaltet Blockchain-Verifizierungs- und Validierungstechnologien transparenter und weniger anfällig für Fehler und Korruption. Auch wenn sie nicht absolut bzw. nicht zu 100 % sicher sind, sind sie in der Tat zuverlässiger als herkömmliche Methoden der Verifizierung und Validierung von Transaktionen.

Die Blockchain-Technologie schafft mit diesen Methoden somit eine unabhängige und transparente Plattform, um „Wahrheit zu kreieren" und Vertrauen aufzubauen. Mittelsmänner, Bürokratie und altmodische Verfahren werden durch die „vier digitalen Cs" bestehend aus *code* (Code), *connectivity* (Konnektivität), *crowd* (Menge) und *collaboration* (Zusammenarbeit) ersetzt. Die Blockchain-Technologie erhöht als Ergebnis die Erreich- und Abrufbarkeit von Daten und hilft – bei gleichzeitig deutlicher Kostensenkung – Zeit zu sparen.

Was die Blockchain-Technologie zu einer so revolutionären Technologie macht, ist der Umstand, dass die Blöcke und Datenbanken an eine Vielzahl von Teilnehmern („Knoten") auf der ganzen Welt in öffentlichen Peer-to-Peer-Netzwerken (ähnlich dem Internet) oder aber „privaten" bzw. „zugelassenen" Peer-to-Peer-Netzwerken (ähnlich einem Intranet) verteilt werden. Es ist der dezentrale Charakter der Blockchain, der sie aus Sicht herkömmlicher Technologien potenziell disruptiv machen lässt. Während in der Vergangenheit Blöcke und Datenbanken von ausgesuchten, (mehr oder weniger) vertrauenswürdigen Dritten eingerichtet und unterhalten wurden, sind nunmehr direkte „Peer-to-Peer"-Transaktionen möglich, weil die dahinterstehende Technologie ein „verteiltes Konsensmodell" (*„distributed consensus model"*) verwendet, bei welchem „Netzwerkknoten" Transaktionen vor und nach ihrer Ausführung verifizieren, validieren und auditieren. Die Befürworter dieser Technologie behaupten, dass die Blockchain-Technologie sicherer ist als traditionelle Vergleichsinstrumente, bei welchen Transaktionen nur von bzw. über einen dritten Mittelsmann, wie beispielsweise über eine Bank durchgeführt werden können. Und da die einzige Voraussetzung für das Erlangen und Besitzen einer Blockchain-Kopie darin besteht, dass die betreffende Person über ein(en) PC/Smartphone und eine Internetverbindung verfügt, kann prinzipiell jeder eine für den Zugang erforderliche digitale ID erstellen und so mit anderen Personen im Blockchain-Netzwerk kommunizieren. Die Befürworter dieser Technologien sind daher auch der Meinung, dass solche dezentralen Modelle ein demokratischeres und faireres Mittel zur Organisation der Gesellschaft darstellen.

Das vielleicht wichtigste Merkmal der Blockchain-Technologie ist jedoch, dass sie enorm anpassungsfähig ist (Hofert 2018). Sie kann in unterschiedlichsten, geschäftsrelevanten Szenarien zum Einsatz kommen. Zu den offensichtlichsten Beispielen zählt sicherlich die Abwicklung digitaler Transaktionen (z. B. E-Commerce oder Finanzdienstleistungen). Blockchain-Technologien können jedoch auch zunehmend im Rahmen von Kryptowährungen (z. B. Bitcoin), im Records Management (z. B. Immobilien, Unternehmens- oder Krankenakten), im „e-Voting" und im Identitätsmanagement (IdM) eingesetzt werden. Nicht zuletzt aufgrund ihrer Vielfältigkeit wird die Blockchain-Technologie als eine der bedeutendsten disruptiven Technologieinnovationen seit der Entstehung des Internets bezeichnet.

Im geschäftlichen und rechtlichen Kontext gewinnt die Blockchain-Technologie in Kombination mit sogenannten „Smart Contracts" an zusätzlicher Bedeutung (Corrales et al. 2019; Fries und Paal 2019; Molina-Jimenez et al. 2018). Der Terminus „Smart Contract" bezieht sich dabei auf einen Computerprogrammcode bzw. ein Computerprotokoll, das die Verifizierung, Ausführung und Durchsetzung spezifischer Bedingungen eines Vertrags automatisiert. Ein Smart Contract kann somit als Computercode definiert werden, der automatisch alle oder zumindest Teile einer Vereinbarung ausführt und auf einer Blockchain-basierten Plattform gespeichert wird. Einfache Beispiele finden sich im Zusammenhang mit Autokrediten. Wenn der Kreditnehmer eine Zahlung verpasst und dies über eine Blockchain-basierte Technologie festgestellt wird, würde der Code als „Hilfsmittel" des Vertrags die Nutzung und den Betrieb des Fahrzeugs nicht mehr zulassen, d. h. der Vertrag würde nicht über einen „menschlichen" Durchsetzer abgesichert bzw. durchgesetzt werden, sondern über vernetzte Technologien, welche das Auto bzw. seine (Be-)Nutzung deaktivieren können. Dieser Mechanismus kann – als Ergebnis der Automatisierung der Vertragsbedingungen – zu Effizienz-, Zeit- und Leistungssteigerungen führen.

Smart Contracts zeigen insbesondere wohl in folgenden zwei Szenarien großes Potenzial: die Absicherung von Zahlungsansprüchen durch die Bindung der Verwendbarkeit des Produkts an objektivierbare Ereignisse und die Verhängung von Geldstrafen, wenn bestimmte objektivierbare Bedingungen nicht erfüllt sind und die Nichterfüllung vom System erkannt wird. In beiden Fällen kann ein Computercode die jeweils gewollte Folge der Vereinbarungsverletzung sehr leicht in folgender Form darstellen: „Tritt X sein, soll Y ausgelöst werden." Die automatisierte Steuerung der Smart Contracts dürfte Ausführungs- und Durchsetzungskosten erheblich reduzieren und bedeutet daher ein enormes wirtschaftliches Potenzial, welches das Vertragswesen langfristig revolutionieren könnte (Levi und Lipton 2018; Mylnar 2016).

Dennoch betrachten einige Kommentatoren Blockchain-basierte Technologien und Smart Contracts nach wie vor als eine Modeerscheinung oder Hype, zumindest was ihren Nutzen für die „reale Welt" betrifft. Diese skeptisch(er)e Einschätzung erfuhr nicht zuletzt durch die Verwendung von Kryptowährungen (z. B. Bitcoin) einiges an „Auftrieb". Entsprechende Unternehmen hätten oft zu viel versprochen und zu wenig gehalten bzw. zu wenig geliefert, wodurch auch Zweifel an der zugrunde liegenden Blockchain-Technologie verstärkt aufkeimte. Herausforderungen sind natürlich nicht zu leugnen. Blockchain-Technologie zeigt immer noch erhebliche technische, betriebliche und Validierungsmängel. Traditionelle Transaktionsblock-Validierung- und Verifizierungsmechanismen (z. B. Bitcoins Proof of Work-Protokoll; PoW) etwa führte zu erheblichen „Mining-Pools" (vgl. etwa das Phänomen chinesischer „Supercomputer").

Weitere Bedenken in Bezug auf die Blockchain-Technologie bestehen hinsichtlich ihres Sicherheitsniveaus. In einem dezentralen System stellt der zugrunde liegende Code das „Gesetz" dar (De Filippi und Wright 2018). Schwachstellen dieses Codes oder mit ihm zusammenhängende Probleme (z. B. gestohlene/verlorene Passwörter, Programmierfehler usw.) können dazu führen, dass die jeweilige Blockchain signifikanten Sicherheitsrisiken ausgesetzt ist. Blockchain-Unterstützer behaupten zwar, dass Blockchains aufgrund ihres speziellen „Designs" sicher sind, aber die Technologie konnte bisher noch nicht gründlich genug getestet werden, um diese Aussage abschließend zu verifizieren. Mehrere Hackerangriffe auf digitale Währungen in den letzten Jahren unterstreichen jedenfalls entsprechende Sicherheitsbedenken. Darüber hinaus hat die Verwendung von Kryptowährungen durch kriminelle Organisationen die Glaubwürdigkeit der zugrunde liegenden Technologie „beschädigt" bzw. in Mitleidenschaft gezogen.

Zu bedenken sind auch die mitunter hohen Kosten für den Wechsel auf die neue Technologie, die einer ständigen Weiterentwicklung unterworfen ist und dadurch regelmäßige Update-Kosten verursacht. Dieser Umstand wird durch die technischen Herausforderungen bei der Integration von verfeinerten Blockchain-Datenbanken in bestehende Systeme weiter maximiert. Man denke nur an unser Autokreditvertrags-Beispiel und die Notwendigkeit einer ausgeklügelten und zuverlässigen Schnittstelle zwischen den die Rückzahlungen speichernden Blöcken und der im Fahrzeug integrierten Software, die unter bestimmten Umständen (Nichtzahlung) die Nutzung des Fahrzeugs verhindern können sollte.

Schließlich besteht insbesondere auch im Finanzdienstleistungssektor eine große allgemeine, regulatorische Unsicherheit in Bezug auf Blockchain-Technologien und Smart Contracts. Dies wird umso deutlicher, je mehr man bedenkt, dass insbesondere in diesem Segment Ländergrenzen oftmals überwunden werden müssen. Die rechtlichen Rahmenbedingungen müssen sich wohl weltweit ändern, um den durch den wachsenden Einsatz dieser neuen Technologien hervorgerufenen Anforderungen gerecht zu werden.

Trotz dieser Schwierigkeiten besteht heutzutage jedoch ein großes Interesse an der Blockchain-Technologie und geschäftsrelevanten Initiativen, die sich mit ihr befassen (Higgins 2016). Die Tatsache, dass so viele Organisationen der „alten Welt" und auch eine Vielzahl an jüngeren Start-ups nach Blockchain und Smart Kontrasts-Einsatzmöglichkeiten suchen, ist ein Zeichen dafür, dass nicht alles nur ein Hype sein kann. Eine Reihe von Projekten untersucht auch über die herkömmliche Blockchain-Technologie hinausgehende Möglichkeiten verwandter „Out-of-the-box"-Experimente um die unternehmensorganisatorische Dezentralisierung weiter voranzutreiben. Wir möchten kurz auf zwei Beispiele eingehen.

Betrachten wir zunächst das Phänomen der „dezentralen autonomen Organisation", gemeinhin auch als „(The) DAO" bezeichnet (Jentzsch 2016). Christoph Jentzsch, Mitbegründer des Internet of Things Unternehmens Slock.it, war einer ihrer Mitbegründer im Jahr 2016. Das ursprüngliche Konzept bestand darin, die Blockchain-Technologie und Smart Contracts zum Aufbau einer stark dezentralisierten Geschäftsorganisation zu nutzen. Das Ziel war es, eine neue Art von Organisation zu schaffen, die sämtliche Überreste von Hierarchie und Kontrolle aufgeben konnte. Die DAO beabsichtigte auch, ihre eigene Lenkung zu automatisieren, basierend auf der Idee, dass es besser wäre, einen Computercode zu verwenden, um die Organisation und alle betreffenden Entscheidungen innerhalb der Organisation automatisiert zu strukturieren und zu verwalten, weil Menschen nicht immer den Regeln folgen würden (auch wenn die Regeln gut gestaltet sind). Daher hatte die DAO weder eine physische Adresse noch Büros, keine Direktoren, Manager oder Mitarbeiter im herkömmlichen Sinn, sondern war lediglich ein Computercode. Ihre Führungsstruktur bestand aus einer Mischung von Software, Codes und Smart Contracts, die allesamt auf der öffentlichen zugänglichen, dezentralisierten Blockchain-Plattform Ethereum liefen. Die DAO wurde auf diese Weise als alternative Anlageplattform eingerichtet, die es den Anlegern ermöglichen sollte, direkt in Investitionsentscheidungen eingebunden zu werden, anstatt sie an „Agenten" oder „Investmentmanager" zu delegieren, wie es in einem herkömmlichen Unternehmen bzw. in einer herkömmlichen Geschäftsbeziehung üblich ist/war. Auf diese Weise sollte die automatisierte Struktur den an der DAO „teilnehmenden Investoren" eine direkte(re) und zeitnahe Kontrolle über die eingebrachten Mittel und Entscheidungsmöglichkeit darüber worin diese investiert werden sollen bieten.

Jeder konnte Teilnehmer werden indem er DAO-Token kaufte, die während einer Crowdfunding-Kampagne im Mai 2016 angeboten wurden. Die DAO sammelte dabei mehr als 150 Millionen Dollar von rund 10.000 „Investoren". Ähnlich wie Aktien einer traditionellen, börsennotierten Gesellschaft wurden die DAO-Token so konzipiert, dass sie vollständig übertragbar und an „Peer-to-Peer"-Börsen handelbar sein sollten. Eine Reihe von Smart Contracts gewährte den Inhabern dieser Token „Stimmrechte". Token-Inhaber konnten – wie bereits beschrieben – etwa darüber abstimmen, welche Unternehmen unterstützt werden sollten. Auf diese Weise ahmten die Blockchain-basierten Smart Contracts die Rolle der Statuten bzw. der Geschäftsordnung von Unternehmen der „alten Welt" nach. Da der Code der DAO quelloffen (*Open Source*) war, konnten die Inhaber der Token über jede Änderung des „Satzungscodes" mitbestimmen. Die Gründer der DAO verpflichteten sich „ideologisch" einer dezentraleren Welt und argumentierten, dass diese Art von Organisation mehr Transparenz und Freiheit für Investoren bietet, weil sie daran direkt beteiligt sind. Darüber hinaus wurde behauptet, dass es eine sicherere Unternehmensform sei, weil die verwendeten Lenkungs-Protokolle quelloffen waren, und alle Schwachstellen ständig getestet, offengelegt und schnell behoben werden könnten bzw. würden. Offen zugängliche und lesbare Blöcke sollten es jedem ermöglichen, die Integrität von Transaktionen und Entscheidungen zu überprüfen.

Die DAO erregte viel Aufmerksamkeit, und einige Kommentatoren behaupteten, dass entsprechende Organisationsformen langfristig bestehende Formen der Unternehmensgründung ablösen würden. Fehler im DAO-Code ermöglichten es Hackern jedoch, ein Drittel der insgesamt eingezahlten Gelder auf ein Unterkonto zu überweisen. Dieser Vorfall und andere technologische Einschränkungen bedeuteten das Ende der Initiative. Jentzsch blieb stur – um nicht zu sagen „trotzig". Er verglich die Entwicklung dezentraler autonomer Organisationen mit der Entwicklung von Flugzeugen, und meinte, dass der Wunsch, flache, unmittelbare und vollständig demokratisierte Unternehmen aufzubauen, nicht durch Rückschläge aufgehalten werden könne, egal wie schwerwiegend diese auch sein mögen. Bald darauf kündigte er sein nächstes Projekt an: Eine dezentrale autonome Organisation, die im Non-Profit und Wohltätigkeitsbereich tätig sein soll. Die Möglichkeit, ohne Einmischung von bürokratischen Behörden und Institutionen zu spenden und zu helfen, würde – so Jentzsch – die Voraussetzungen für weitere Entwicklungen der Blockchain-basierten Unternehmensorganisationsentwicklung schaffen.

Die DAO konzentrierte sich hauptsächlich auf die Stärkung und Anreizwirkung von Investoren. Aber Blockchain-Technologien besitzen auch das Potenzial, anderen Beteiligten, wie etwa Mitarbeitern, Verbrauchern oder Entwicklern mehr Macht und Kontrolle zu verleihen. Ein besonders interessantes zweites Beispiel eines Blockchain-Einsatzes betrifft daher die Entwicklung von „firmen-" oder „branchenspezifischen" Krypto-Münzen bzw. Token (Berentsen und Schär 2017; Kaal 2018; Senner und Sornette 2018; Sixt 2017). Man denke etwa an „Loyalitäts"-Münzen oder -Token. Die Grundidee solcher Mittel liegt darin, dass in einer Kryptoökonomie Unternehmen (oder Gruppen von Unternehmen) eigene Token als integralen Bestandteil ihres Geschäftsbetriebs ausgeben können. Unterstützer dieser Idee behaupten, dass Token verschiedene sinnvolle Funktionen erfüllen und sowohl ihren Inhabern als auch die sie ausgebenden Unternehmen vielfache Vorteile bringen können. So können sie insbesondere auch ein Mittel zur Loyalitätsbildung darstellen. Andrew Romans etwa vergleicht die Ausgabe solcher Token in einem gewissen Sinn mit herkömmlichen Unternehmens-Treueprogrammen (Romans 2019). Auch Loyalitäts-Token bieten einen (Sonder-)Zugang zu Produkten, Dienstleistungen, Rabatten und anderen Vergünstigungen. Dies hilft beim Aufbau einer nachhaltigen Partnerschaft zwischen Investoren, Mitarbeitern und Verbrauchern, welche auf diese Weise im eingangs dieses Beitrags beschriebenen Sinn Teil des Ökosystems des Unternehmens werden können.

Im Vergleich zu einem traditionellen Treueprogramm besitzen Blockchainbasierte Krypto-Token bzw. Loyalitäts-Token jedoch noch weitere Vorteile (FCA 2018). Vor allem können sie „Liquiditätsmittel" bieten: Plattformteilnehmer können sie verkaufen und an andere interessierte Personen auf Krypto-Börsen oder Sekundärmärkten übertragen. Auf diese Weise werden Token (und die Plattform) in die Mainstream-Wirtschaft integriert. Und weil die Inhaber der Token nicht an das Treueprogramm gebunden sind, sondern die Token losgelöst von ursprünglichen Transaktionen bzw. einer Mitgliedschaft transferieren können, kann die Ausgabe neuer Token als ein relativ einfaches Mittel gesehen werden, um „Finanzierungsmittel" für die Plattform zu gewinnen ohne weitere Unternehmensanteile ausgeben zu müssen. Dies kann von entscheidender Bedeutung sein – insbesondere für Unternehmen, die als Transaktionsplattform (d. h. als virtuelle Marktplätze für Waren und Dienstleistungen) agieren wollen. Untersuchungen zeigen, dass der Erfolg solcher Plattformen von der Liquidität abhängt, die oft eine „alternative" Subventionierung der Plattform erfordert. Schließlich verlieren auch größere Plattformen wie Uber oder Lyft Geldmittel und ob sie in Zukunft profitabel sein können, bleibt eine offene Frage.

Auf diese Weise können alle Beteiligten immer stärker interagieren und tragen somit langfristig zum Geschäftserfolg der Plattform bei. Von zentraler Bedeutung ist dabei, die Plattform nicht auf traditionellen Hierarchien zwischen den Plattformteilnehmern (d. h. zwischen den Gesellschaftern, Managern und Mitarbeitern) aufzubauen, sondern „im Eigentum" der Community zu etablieren. Im Idealfall könnten Krypto-Münzen und -Token auf diese Weise dazu beitragen, eine starke und offenere Unternehmenskultur, charakterisiert von einem „ganzheitlichen", vernetzten Engagement, aufzubauen.

Krypto-Token stellen somit eine Möglichkeit zur Integration digitaler Technologien der „nahen Zukunft" dar. Sie können auch mit Smart Contracts verbunden werden, um spezifische Operationen/Nutzungen zu ermöglichen, sollten vordefinierte Regeln und Anforderungen erfüllt sein. Diese auf Algorithmen der „künstlichen Intelligenz" (*artificial intelligence*) aufbauenden Smart Contracts sind in der Lage maßgeschneiderte Dienste, einen kontinuierliche Kommunikationsfluss sowie eine bessere Abstimmung der Interessen der Teilnehmer zu ermöglichen.

Blockchain-basierte DAOs und Krypto-Währungen können besonders wichtig für Unternehmen sein, die als Plattformen agieren wollen. Viele Plattformen produzieren nichts „Direktes". Uber, das weltweit größte Taxiunternehmen, etwa besitzt keine Fahrzeuge. Facebook, der weltweit führende Social Media Anbieter, erstellt keine Inhalte. Alibaba, der wertvollste Einzelhändler, hat keinen eigenen Bestand. Und Airbnb, der weltweit größte Anbieter von Unterkünften, besitzt keine Immobilien. Der Wert dieser Plattformen besteht darin, die Reibung von Transaktionen zwischen verschiedenen Parteien zu verringern, und die Vertrauensbildung ist ein wesentlicher Aspekt dieses Geschäftsmodells. Plattformen können somit auch als „Vertrauensmaschinen" angesehen werden. Sie stellen etwa sicher, dass ein Gast für seinen Aufenthalt bezahlt, ohne dass das Haus zerstört wird. Oder dass ein Fahrer in wenigen Minuten einen Fahrgast abholt und ihn nicht übervorteilt. Das ist es, was Plattformen bieten können: Sie schaffen Vertrauen zwischen Parteien, die – ansonsten – wenig oder gar keinen Grund haben, sich gegenseitig zu vertrauen.

Die Ermöglichung vertrauenswürdiger Transaktionen ist ein wichtiger Grundsatz von Krypto-Netzwerken. Durch Transparenz und „Selbst-Durchsetzung" können DAOs und Smart Contracts als Bausteine für die Peer-to-Peer-Wirtschaft fungieren, weil sie sicherstellen, dass Transaktionen fair durchgeführt werden. Wie bei jedem Unternehmen hängt das Vertrauen, das wir in sie haben, jedoch auch vom Verhalten ihrer Führungskräfte ab. So führte beispielsweise das datenschutzrechtliche Missmanagement in Bezug auf die Verwendung von Nutzerdaten bei Facebook zu einem erheblichen Verlust von Nutzern und Werbetreibenden. Diese Art der „Vertrauenslosigkeit" stellt – trotz starker Vorteile dezentralisierter Organisationen – diese Unternehmen vor sicherlich noch größere Herausforderungen.

3.4 Auswirkungen auf die Politik

Für viele von uns ist es abschreckend, in einer Welt zu leben, in der die Wirtschaft von globalen Großkonzernen kontrolliert wird, insbesondere wenn diese Unternehmen bereit sind, mit einem „Überwachungsstaat" zusammenzuarbeiten. Blockchainbasierte, dezentrale autonome Organisationen können – sofern die zuvor definierten technischen Probleme überwunden werden können – eine interessante Alternative darstellen, um die Interessen von Unternehmensgründern und Gesellschaftern mit jenen anderer Beteiligten in Einklang zu bringen.

Die oben beschriebenen Trends zeigen heutzutage signifikante Auswirkungen auf Regulierungsbehörden und andere politische Entscheidungsträger (Marchant und Wallach 2013; Moses 2013). In einem Zeitalter ständiger, komplexer(er) und disruptiver technologischer Innovationen (siehe unser Blockchain-Beispiel) ist es zunehmend schwieriger geworden, zu entscheiden, was, wann und wie regulatorische Eingriffe am sinnvollsten zu strukturieren sind (De Filippi und Wright 2018). Regulierungsbehörden können sich in einem Spannungsverhältnis zwischen „rücksichtslosem" Handeln (Regulierung ohne ausreichende Fakten) und Lähmung (Nichtstun) befinden. In den meisten Fällen triumphiert hier Vorsicht über Risiko (Callon et al. 2013; Black 2005). Dies führt in der Regel dazu, den Status quo zu stärken, und das Ergebnis ist, dass neue Technologien nur selten rechtzeitig bzw. kaum effizient auf den Markt kommen können.

Ein Ansatz, der in mehreren Ländern gewählt wurde, ist jener der „politischen Experimente" (Fenwick et al. 2018). So hat etwa die britische Financial Conduct Authority (FCA) im April 2016 mit der Ankündigung der Einführung eines sogenannten „Regulierungssandkastens" (*regulatory sandbox*) Neuland betreten. Damit soll es sowohl Start-ups als auch etablierten Unternehmen ermöglicht werden, neue

Ideen, Produkte und Geschäftsmodelle im Bereich der Finanztechnologie (Fintech) einzuführen und zu testen, d. h. neue Technologien, von denen viele Blockchainbasiert sind, einzusetzen, um verschiedenste Finanzdienstleistungen – von der Online-Kreditvergabe bis hin zu digitalen Währungen – effizienter zu gestalten (Zetzsche et al. 2017). Ziel der Initiative war es, einen „sicheren Raum" (*safe space*) zu schaffen, in welchem Unternehmen ihre (auch) neuen Produkte, Dienstleistungen, Geschäftsmodelle und Lieferprozesse testen können, ohne herkömmlichen (teils kontraproduktiven) regulatorischen Mechanismen ausgesetzt zu sein. Unternehmen besitzen die Möglichkeit, Ausnahmen von traditionellen Regulierungsinstrumenten zu beantragen. Die Regulierungsbehörde erhält im Gegenzug laufend Daten bzw. Informationen zur Kontrolle des vom Unternehmen gewählten Prozessmodells. Mit Hilfe des Regulierungssandkastens zielt die Regulierungsbehörde darauf ab, Innovationen zu fördern, indem sie Kosten und regulatorische Barrieren zur Erprobung disruptiver innovativer Technologien senkt und gleichzeitig durch einen Selektions- und „Monitoring"-Prozess sicherstellt, dass nicht negativ in berechtigte Interessen Dritter, insbesondere jener von Verbrauchern, eingegriffen wird.

Man könnte aber auch argumentieren, dass Regulierungssandkästen ein Zweiklassensystem an Start-ups und sonstigen Unternehmen schaffen, bei dem diejenigen, die in den Sandkasten ausgewählt werden, einen unfairen Vorteil gegenüber jenen erhalten, die es nicht hineinschaffen. So zählen zu den wohl größten, greifbaren Vorteilen für Sandkastenunternehmen Kontakte zur jeweiligen Regulierungsbehörde sowie die Reputation, welche die Teilnahme am Sandkastenprozess mit sich bringt. Diese Vorteile kommen Nicht-Sandkastenunternehmen zwangsläufig nicht zu. Ein weiterer möglicher Kritikpunkt liegt in der Frage, ob Regulierungsbehörden über die notwendigen Kapazitäten und Kenntnisse verfügen, um sachgerecht feststellen zu können, ob ein bzw. welches Geschäftskonzept innovativ genug für eine Aufnahme in den Sandkasten. Anstatt herkömmliche Gründerzentren-Modelle bloß zu kopieren oder willkürlich Unternehmen in den Sandkasten aufzunehmen, könnten Regulierungsbehörden auch in einen offeneren, proaktiven Dialog mit einer breiten Gruppe an Start-ups und sonstigen Unternehmen treten, sofern diese Unterstützung bei der Navigation durch das komplexe Geflecht an Regulationsmechanismen benötigen. Dies könnte durch spezielle „Innovationszentren" erreicht werden, bei denen es sich im Wesentlichen um Modelle handelt, die von den zuständigen Behörden mit spezialisierten Fachkräften eingerichtet werden, um Unternehmen im Fintech-Bereich in Bezug auf die Zusammenarbeit mit Behörden in Lizenzierungs- und Regulierungsfragen zu begleiten.

Das Modell der Regulierungssandkästen hat sich jedoch weitgehend als attraktiv erwiesen, und viele Jurisdiktionen sind dabei, diesen Ansatz zu adaptieren (Zetzsche et al. 2017). Da Länder miteinander um innovative Start-ups konkurrieren, wird die Frage des regulatorischen Umfelds immer wichtiger. Schließlich stellt die regulatorische Situation für jedes Unternehmen einen wichtigen Faktor bezüglich der Entscheidung über seinen Standort dar. In einer technologiegetriebenen, globalen Wirtschaft laufen somit diejenigen Jurisdiktionen Gefahr, die sich mit neuen Technologien nicht beschäftigen und keine Regeln bzw. Vorschriften einführen, die für Gründer-Innovatoren attraktiv (genug) sind.

3.5 Rechtliche Fragen & Entwicklungen

Distributed Ledger- und Blockchain-Technologien sowie Smart Contracts werfen mehrere komplexe rechtliche, derzeit noch weitgehend unbeantwortete bzw. ungeklärte Fragen auf (De Filippi und Wright 2018). Nicht zuletzt die Geschwindigkeit der technologischen Weiterentwicklungen stellt Gesetzgeber vor große Herausforderungen. Eine abschließende Auflistung der rechtlichen Probleme, die durch die genannten Technologien entstehen, würde den Rahmen dieses Kapitels sprengen. Folgende Beispiele sollen jedoch die Vielzahl der Themen veranschaulichen:

- Steuerrecht: Sollen Kryptowährungen zum Zwecke der Besteuerung als „herkömmliche Eigentumswerte" oder als „Zahlungsmittel" behandelt werden?
- Lizenzgesetze für Geldübermittler: Sollen Unternehmen, die an Kryptowährungsverkäufen beteiligt sind, von den herkömmlichen Lizenzbestimmungen für Geldübermittler ausgenommen sein?
- Insolvenzrecht: Sollen Kryptowährungen in einem Konkursverfahren als „Zahlungsmittel" oder „Handelsware" bewertet werden?
- Nachlassgesetzgebung: Bedarf die testamentarische Weitergabe von Kryptowährungen besonderer Anweisungen, um die Rechtssicherheit bei der Vererbung zu gewährleisten?

Im Folgenden konzentrieren wir uns kurz auf zwei zentrale Themen im Zusammenhang mit Kryptowährungen, die regulatorisch und medial derzeit große Aufmerksamkeit erfahren: Geldwäsche und die mögliche Einstufung als Wertpapiere.

Geldwäsche
Für das Betreiben eines Blockchain-basierten Kryptowährungsaustauschs sowie von Kryptowährungs-Automaten ist in den meisten Jurisdiktionen das Einhalten von Anti-Geldwäsche-Programmen („AML"-Programmen) eine Grundvoraussetzung (Masciandaro und Barone 2018). So müssen Kunden identifiziert, entsprechende Transaktionen überwacht und Berichte über verdächtige Aktivitäten oder Personen bei den relevanten Behörden eingereicht werden. In den USA etwa unterliegen Gelddienstleistungsunternehmen („*Money Service Businesses*; MSBs") den bundesweiten Geldwäscheregularien des Financial Crimes Enforcement Networks (FinCEN) iSd US Bank Secrecy Acts. Geldübermittler („*money transmitter*") gelten dabei als ein Prototyp regulierter Gelddienstleistungsunternehmen. FinCEN definiert sie als „Personen, welche Geldübermittlungsdienste anbieten" bzw. als „jede Person, welche an der Überweisung von Geldern mitwirkt". Am 18. März 2013 klärte FinCEN, dass diese Definition auch den virtuellen Währungsumtausch sowie das Administrieren zentralisierter Speichermedien für virtuelle Währungen beinhaltet, soweit das Administrieren die Befugnis umfasst, virtuelle Währungen auszugeben und einzulösen. MSBs, welche als Geldübermittler in diesem Sinn qualifiziert werden können, haben sich einer umfassenden Risikobewertung in Bezug auf mögliche Geldwäscheverstöße zu unterziehen und entsprechende Anti-Geldwäsche-Instrumente zu implementieren. So verlangen die FinCEN-Regularien

die Einführung schriftlicher Aufzeichnungen bzw. unterstützender Programme, welche die mögliche Förderung von Geldwäsche bzw. Unterstützung terroristischer Aktivitäten verhindern sollen. Des Weiteren müssen sie verdächtige Überweisungen ihrer Kunden melden, soweit sie einen Betrag von USD 2000 überschreiten.

Wertpapiere oder (herkömmliche) Handelsware?
Eine weitere Frage stellt sich in Hinblick darauf, ob (und unter welchen Bedingungen) Kryptovermögen als Wertpapiere behandeln werden kann bzw. soll. Stuft man es als Wertpapierform ein, dann sind entsprechende Wertpapiergesetze anzuwenden. Anderes gilt, wenn Kryptovermögen „lediglich" (herkömmliche) Handelsware darstellt. Ein besonders signifikantes Beispiel stellt die unternehmerische Kapitalaufbringung durch Blockchain-basierte Kryptovermögenswerte über *Initial Coin Offerings* (ICOs) dar (Kaal 2018). Eine Klassifizierung von ICOs als Ausgabe von Wertpapieren würde bedeuten, dass strenge Registrierungs- und Offenlegungspflichten einzuhalten wären und darüber hinaus Gesetze zur Vorbeugung von Wertpapierbetrug (insbesondere Insiderhandel) zur Anwendung kämen.

In jüngster Vergangenheit wurden vor allem in den USA mehrere Klagen erhoben, die einen Zusammenhang von Insiderhandel mit Kryptowährungen herzustellen versuchen. Eine im März 2018 gegen Bitcoin eingebrachte Klage etwa behauptete, dass Mitarbeiter einer populären virtuellen Börse – Coinbase – an Bitcoin-Insidergeschäften beteiligt seien (Zhao 2018). Die zentral zu klärende Frage ist hier, ob Bitcoin als Wertpapier einzustufen ist und bei Bitcoin-Transaktionen somit Gesetze gegen Wertpapierbetrug zu beachten sind.

Entsprechende Fragen zu beantworten ist kein einfaches Unterfangen und hängt wohl von den spezifischen Eigenschaften der jeweiligen Kryptowährung ab. Wenn beispielsweise Kryptovermögenswerte über ein ICO oder ähnliche Events ausgegeben werden, bei denen die Kryptowährungen gegen Geld „getauscht" werden, *bevor* das emittierende Unternehmen ein tatsächliche Produkt oder eine tatsächliche Dienstleistung anbietet und der Investor eine zukünftige Rendite erwartet, kann dies in vielen Jurisdiktionen durchaus mit der Ausgabe von Wertpapieren gleichgesetzt werden, was zur verpflichtende Beachtung entsprechender Wertpapiergesetze führen würde. Abgrenzungsfragen können jedoch dann entstehen, wenn die Kryptovermögenswerte nur einzelne dieser Teilaspekte erfüllen. Es ist daher schwierig, eine klare Aussage darüber zu treffen, ob Kryptowährungen notwendigerweise als Wertpapiere zu qualifizieren sind oder nicht.

Zusammenfassend lässt sich sagen, dass viele Jurisdiktionen großes wirtschaftliches Potenzial an der Teilhabe am ICO-Markt sehen. Allerdings müssen die politischen Entscheidungsträger besonders vorsichtig handeln, weil Kryptowährungen eine außergewöhnlich agile Kapitalform darstellen und die sie ausgebende Unternehmen schnell in andere „attraktivere" (weil weniger stark reglementierende) Jurisdiktionen ausweichen könnten. Dies birgt das Risiko eines globalen regulatorischen „*race to the bottom*", bei der die „*bad players*" zu viel Freiheit und Einfluss ausüben könnten.

3.6 Schlussworte

Wir leben derzeit in einem sich schnell entwickelnden Raum zwischen zwei koexistierenden und konkurrierenden „Welten": einer zentralisierten „alten Welt" und einer aufstrebenden „dezentralen Welt". Die zentralisierte Welt mit ihren hierarchischen Strukturen, Systemen und Verfahren hat nach wie vor die Oberhand, und es erscheint unwahrscheinlich, dass wir uns in naher Zukunft von zentralisierten Organisationen (gänzlich) verabschieden werden. Traditionelle Organisationen besitzen wie vor eine enorme Macht, und der „Erfolg" dezentraler Systeme und Organisationen hängt immer noch vom Veränderungswillen und der Begeisterungsfähigkeit der beteiligten Parteien ab. Dennoch hat sich bereits eine dezentralere Welt herausgebildet. Die von uns in diesem Beitrag behandelten Plattformen stellen ein gutes Beispiel dar. Die dynamischsten und am stärksten wachsenden Unternehmen streben danach, eine dezentralere, unmittelbarere und integrativere Unternehmenskultur für alle Beteiligten aufzubauen. Es bleibt mit Spannung abzuwarten, wohin uns die Reise weiter führen wird.

Literatur

Berentsen A, Schär F (2017) Bitcoin, Blockchain und Kryptoassets: eine umfassende Einführung. BoD, Norderstedt

Black J (2005) Proceduralisation & polycentric regulation. Especial 1:99–139

Callon M, Lascoumes P, Barthe Y (2013) Acting in an uncertain world. MIT Press, Cambridge MA

Corrales M, Fenwick M, Haapio H (Hrsg) (2019) Legal tech, smart contracts & blockchain. Springer, Singapore

De Filippi S, Wright A (Hrsg) (2018) Blockchain & the law: the rule of code. Harvard University Press, Cambridge MA

Fenwick M, Vermeulen ESM (2019) A sustainable platform economy & the future of corporate governance. European Corporate Governance Institute (ECGI) – law working paper no. 441/2019. https://doi.org/10.2139/ssrn.3331508. Zugegriffen am 30.06.2019

Fenwick M, Kaal WA, Vermeulen ESM (2018) Regulation tomorrow: what happens when technology is faster than the law. Am Univ Bus Law Rev 6:561–584

Fenwick M, McCahery JA, Vermeulen ESM (2019) The end of ‚corporate' governance: hello ‚platform' governance. Eur Bus Organ Law Rev 20:171–199

Financial Conduct Authority (2018) Crypto assets taskforce: final report. https://assets.publishing.service.gov.uk/government/uploads/system/uploads/attachment_data/file/752070/cryptoassets_taskforce_final_report_final_web.pdf. Zugegriffen am 30.06.2019

Fries M, Paal BS (Hrsg) (2019) Smart Contracts: Schlaue Verträge? Mohr Siebeck, Tübingen

Galloway S (2017) The four: the hidden DNA of Amazon, Apple, Facebook & Google. Random House, New York

Hein C, Wellbrock W, Hein C (2019) Rechtliche Herausforderungen von Blockchain-Anwendungen: Straf-, Datenschutz- und Zivilrecht. Springer Gabler, Wiesbaden

Higgins S (2016) $256 million filecoin breaks all records for ico funding. Coindesk. https://www.coindesk.com/257-million-filecoin-breaks-time-record-ico-funding. Zugegriffen am 30.06.2019

Hofert E (2018) Regulierung der Blockchains: Hoheitliche Steuerung der Netzwerke im Zahlungskontext. Mohr Siebeck, Tübingen

Jentzsch C (2016) Decentralized autonomous organization to automate governance. https://download.slock.it/public/DAO/WhitePaper.pdf. Zugegriffen am 30.06.2019

Johnston S (2018) Largest companies 2008 vs. 2018, a lot has changed. https://milfordasset.com/insights/largest-companies-2008-vs-2018-lot-changed. Zugegriffen am 30.06.2019

Kaal WA (2018) Initial coin offerings: the top 25 jurisdictions and their comparative regulatory responses. CodeX: Stanford Journal of Blockchain Law & Policy; U of St. Thomas (Minnesota) legal studies research paper no. 18-07. https://ssrn.com/abstract=3117224. Zugegriffen am 15.02.2019

Kaal WA (2019) Decentralization: a primer on the new economy. https://medium.com/@wulfkaal/decentralization-a-primer-on-the-new-economy-26d99e0bd74a. Zugegriffen am 30.06.2019

Levi SD, Lipton AB (2018) An introduction to smart contracts and their potential and inherent limitations. Harvard Law School Forum on Corporate Governance & Financial Regulation. https://corpgov.law.harvard.edu/2018/05/26/an-introduction-to-smart-contracts-and-their-potential-and-inherent-limitations/. Zugegriffen am 30.06.2019

Marchant M, Wallach W (2013) The governance of emerging technologies. In: Marchant G, Kenneth WA, Allenby B (Hrsg) Innovative governance models for emerging technologies. Edward Elgar, Cheltenham, S 136–152

Masciandaro D, Barone R (2018) Cryptocurrency or usury? Crime and alternative money laundering techniques (December 2018). BAFFI CAREFIN Centre research paper no. 2018-101. https://ssrn.com/abstract=3303871. Zugegriffen am 15.02.2019

Micklethwait J, Wooldridge A (2005) The company: a short history of a revolutionary idea. OUP, Oxford

Mitchell W (1996) City of bits, space, place and the infobahn. MIT Press, Cambridge, MA

Moazed A, Johnson NJ (2016) Modern monopolies: what it takes to dominate the twenty first century economy. St. Martin's Press, London

Molina-Jimenez C, Solaiman E, Sfyrakis I, Ng I, Crowcroft J (2018) On and off blockchain enforcement of smart contracts, ARXIV. https://arxiv.org/pdf/1805.00626.pdf. Zugegriffen am 30.06.2019

Moses LB (2013) How to think about law, regulation and technology: problems with ‚technology' as a regulatory target. Law Innov Technol 5:1–20

Mylnar T (2016) Smart contracts will need smart term sheets. Hogan Lovells Blockchain Blog. https://www.hoganlovells.com/blogs/blockchain-blog/smart-contracts-will-need-smart-term-sheets. Zugegriffen am 30.06.2019

Parker GG, Van Alsyne MW, Choudry SS (2016) Platform revolution: how networked markets are transforming the economy and how to make them work for you. Norton, New York

Romans A (2019) Masters of blockchain. CreateSpace, San Fransisco

Sassenberg T, Faber T (Hrsg) (2017) Rechtshandbuch Industrie 4.0 und Internet of Things: Praxisfragen und Perspektiven der digitalen Zukunft. C.H. Beck, München

Senner R, Sornette D (2018) The Holy Grail of Crypto Currencies: ready to replace fiat money? Forthcoming in the Journal of Economic Issues. https://ssrn.com/abstract=3192924. Zugegriffen am 30.06.2019

Sixt E (2017) Bitcoins und andere dezentrale Transaktionssysteme: Blockchains als Basis einer Kryptoökonomie. Springer Gabler, Wiesbaden

Tilly C (1975) The formation of nation states in Western Europe. Princeton University Press, Princeton

Zetzsche DA, Buckley RS, Arner DW, Barberis JN (2017) Regulating a revolution: from regulatory sandboxes to smart regulation. Fordham J Corp Financ Law 23:31–67

Zhao W (2018) Coinbase hit by lawsuit over alleged insider trading. Coindesk. https://www.coindesk.com/coinbase-hit-lawsuit-alleged-insider-trading. Zugegriffen am 15.02.2019

Zuboff S (2019) The age of surveillance capitalism. Public Affairs, New York

Prof. Dr. Mark Fenwick ist Professor für Internationales Wirtschaftsrecht an der Universität Kyushu in Fukuoka, Japan. Seine Forschungsschwerpunkte liegen in den Bereichen Wirtschaftskriminalität und Unternehmensregulierung im vernetzten Zeitalter. Jüngere Publikationen umfassen *New Technology, Big Data & the Law* (Springer, 2017) (Hrsg. mit M. Corrales und N. Forgo),

Robotics, AI and the Future of Law (Springer, 2018) (Hrsg. mit M. Corrales und N. Forgo), *The Shifting Meaning of Legal Certainty in Comparative & Transnational Law* (Hart/Bloomsbury, 2017) (Hrsg. mit S. Wrbka und M. Siems) sowie *International Business Law: Emerging Fields of Regulation* (Hart/Bloomsbury, 2018) (mit S. Wrbka).

Dr. Stefan Wrbka ist Fachbereichsleiter Recht an der FHWien der WKW in Wien, Österreich. Seine Forschungsschwerpunkte liegen in den Bereichen Obsoleszenzregulierung, Verbraucherrecht, Internationales Unternehmens- und Wirtschaftsrecht und Rechtsvergleichung. Jüngere Publikationen umfassen *International Business Law: Emerging Fields of Regulation* (Hart/Bloomsbury, 2018) (mit M. Fenwick), ‚Planned Obsolescence and Consumer Protection: The Unregulted Extended Warranty and Service Contract Industry' (2019) 28 *Cornell Journal of Law and Public Policy* 483–544 (mit L.A. DiMatteo), ‚Comparative Warranty Law: Case of Planned Obolescence' (2019) 21.4 of the *University of Pennsylvania Journal of Business Law* 1–70 (mit L.A. DiMatteo) sowie *Das Vertragsrecht von Japan* (Linde, 2019).

Teil II
Smart Contracts

Custom Tokens und Smart Contracts zur Projektsteuerung

4

Johannes Lehner, Philipp Schützeneder und Johannes Sametinger

Zusammenfassung

Blockchain-Anwendungen werden bisher primär für marktbezogene Transaktionen diskutiert. Wir ergänzen dies und fokussieren auf organisationsinterne Steuerungsprozesse. Dabei loten wir das Potenzial von Custom Tokens und Smart Contracts besonders für die Koordination und Steuerung von Projekten aus. Anwendungsversuche und Forschungen sind hier bisher noch spärlich. Das Projektmanagement bietet sich an, weil es sich durch eine hohe Standardisierung auszeichnet und bereits heute in hohem Masse durch IT unterstützt wird. Smart Contracts lassen sich mit entsprechenden Sprachen für die Implementierung von Projektaufträgen, von Meilensteinen sowie „Gates" und des Projektabschlusses anwenden. Custom Tokens bieten dazu die Möglichkeit der Anreizgestaltung. Wir beleuchten mögliche Effekte vor dem Hintergrund sozialpsychologischer und organisationsbezogener Forschungen.

Schlüsselwörter

Custom Tokens · Smart Contracts · Kryptowährungen · Projektsteuerung · Projektkoordination · Waves · Oracles

---

Überarbeiteter Beitrag basierend auf Schützender et al. (2018) Verwendung von Blockchain und Custom Tokens zur Projektkoordination – Ein Pilotversuch, HMD – Praxis der Wirtschaftsinformatik Heft 324, 55(6): 1285–1296.

J. Lehner · P. Schützeneder · J. Sametinger (✉)
Johannes Kepler Universität Linz, Linz, Österreich
E-Mail: johannes.sametinger@jku.at

4.1 Einführung

Dies ist ein aktualisierter und erweiterter Beitrag aus dem Heft HMD 324 über einen Pilotversuch zur Verwendung von Blockchain und Custom Tokens zur Projektkoordination, siehe (Schützeneder et al. 2018). Blockchain bietet eine Möglichkeit, ökonomisch und kollaborativ relevante Zustände innerhalb größerer Zusammenhänge in kondensierter Form als Tokens und über Smart Contracts digitalisiert darzustellen. In physischer Form hat die Verwendung von Tokens als Repräsentation wirtschaftlich relevanter Zustände eine lange Tradition. Schon im vierten Jahrtausend vor unserer Zeitrechnung verwendeten die Sumerer Tokens in Form von kleinen geometrischen Ton-Artefakten, um Güter oder Lebensmittel zahlenmäßig abzubilden (Provasi und Farag 2013). In der industriellen Produktion stellen Kanbans, Laufkarten oder Lieferscheine die modernen Äquivalente dar. Neben Planungsdokumenten haben sich im Projektmanagementstandard verschiedene Instrumente wie Statusberichte und Gantt-Charts etabliert, die jeweils den aktuellen Stand eines Projektes abbilden (Lehner 2001). Solche Objekte und Repräsentationen sind allgegenwärtige Instrumente der Koordination in Organisationen (Okhuysen und Bechky 2009).

Das Projektmanagement im speziellen zeichnet sich durch einen allgemein akzeptierten und breit bekannten Standard aus. Gleichzeitig wird dieser oft nachlässig eingesetzt. Planungs-, Steuerungs- und Koordinationsinstrumente repräsentieren nicht den aktuellen Stand des Projektes, wenn die Aktualisierung als unnötiger bürokratischer Aufwand betrachtet wird oder wenn der Zeitpunkt der Aktualisierung nicht eindeutig dokumentiert ist. Zudem sind die Dokumente nicht immer für alle relevanten Personen sichtbar und greifbar. Die Möglichkeiten der Digitalisierung werden zwar genutzt, dies hat jedoch mitunter dysfunktionale Nebenwirkungen, weil die Dynamik der damit verbundenen Entwicklungen die Nutzer zusätzlich überfrachtet. Eine Vielzahl verschiedener Standards und Plattformen hat sich etabliert, besonders unter dem Stichwort „agile project management", was eine Integration erschwert. Als Folge werden Verzögerungen in Projekten, Kostenüberschreitung (Olawale und Sun 2015), mangelnde Dokumentation, Diffusion der Verantwortung und mangelnde Reaktion auf frühe Warnsignale (Haji-Kazemi et al. 2015) berichtet. Dazu stellt gerade in länger dauernden Projekten die abnehmende Motivation der Teammitglieder ein regelmäßiges Problem dar.

Für all diese Probleme werden Blockchains, Custom Tokens und Smart Contracts potenziell als Lösung angeboten – bisher allerdings mit wenig konkreten Konzepten, meist nur mit im Internet publizierten groben Ideen. Die zentralen Merkmale der Blockchain könnten teilweise die oben genannten Probleme mindern: Transparenz, Unveränderbarkeit, Verschlüsselung. Darauf gehen wir in diesem Artikel insbesondere über die Nutzung von Smart Contracts ein. Hauptziel dieses Beitrages ist es aber die mögliche Verknüpfung mit Anreizen über Custom Tokens zur Motivationssteigerung zu diskutieren. Dies interagiert mit der besonderen Transparenz der Blockchain. Zunächst arbeiten wir dafür den Stand der Forschung zur Wirkung von Transparenz und der potenziellen Verdrängung intrinsischer

Motivation durch extrinsische Anreize auf. Zu letzterem ist insbesondere der weithin bekannte „Crowding Out Effekt" relevant. Jedoch verdrängen extrinsische Anreize keineswegs immer die intrinsische Motivation. Meta-Studien zeigen ein differenzierteres Bild, sowohl für individuelle Anreize (Cerasoli et al. 2014), als auch in Gegenüberstellung zu gruppenbasierten Anreizen (Garbers und Konradt 2014). Studien zeigen überwiegend Verdrängungseffekte besonders bei einmaligen Anreizen und berichten immerhin von einer Minderheit mit umgekehrten Effekten (Huffman und Bognanno 2017). Jedenfalls scheinen die Effekte durch viele Faktoren moderiert zu werden, etwa durch das Gefühl, über Anreize ausgebeutet zu werden (Carpenter und Dolifka 2017).

Diese Problematik wird konkreter in Abschn. 4.3 diskutiert. Zuvor beschreiben wir in Abschn. 4.2 den dafür relevanten Stand der Entwicklung zu Custom Tokens und Smart Contracts. In Abschn. 4.3 folgt eine Diskussion deren mögliche Rolle im Projektmanagement. Die Technologieauswahl diskutieren wir in Abschn. 4.4. Zusammenfassung und Diskussion beenden den Artikel in Abschn. 4.5.

4.2 Custom Tokens und Smart Contracts

Custom Tokens bzw. kurz Tokens sind Werte (assets) auf Basis einer Blockchain. Sie können für verschiedene Anwendungsfälle generiert und eingesetzt werden. Am bekanntesten sind Währungen wie zum Beispiel Bitcoin. Sie finden auch für Initial Coin Offerings (ICOs – Methode einer erstmaligen Kapitalaufnahme) und für öffentliche als auch für private Zwecke Anwendung (Waves 2019). Es ist Benutzern selbst überlassen, wie sie Custom Tokens nach der Erstellung auf einer Blockchain verwenden oder in Umlauf bringen. Auch ob ein Custom Token zukünftig einen echten Tauschwert erhalten oder für interne Zwecke vorbehalten sein soll, wird durch den jeweiligen Anwendungsfall entschieden.

Smart Contracts sind Programme, die dezentral und automatisch unter bestimmten Konditionen auf einer Blockchain ausgeführt werden. Sie werden je nach Blockchain-Plattform in unterschiedlichen Programmiersprachen geschrieben (z. B. Solidity bei Ethereum) und typischerweise in Bytecode umgewandelt und auf der Blockchain ausgerollt. Smart Contracts haben eine eindeutige Adresse in der entsprechenden Blockchain und können bestimmte Geschäftsprozesse oder Vertragssituationen für verschiedenste Anwendungsfälle abbilden. Smart Contracts können durch Benutzer oder durch andere Smart Contracts ausgelöst werden. Sobald ein Smart Contract auf der Blockchain aktiv ist, verfügt er selbst über sein Guthaben in der dazugehörigen Kryptowährung und kann von außen nicht mehr kontrolliert werden. Technisch gesehen erfolgt die Ausführung durch eine virtuelle Maschine, die direkt im Blockchain-Client implementiert ist. Eine Besonderheit bei der Entwicklung von Smart Contracts ist die Irreversibilität. Sobald ein Smart Contract ausgerollt wird, kann er nicht mehr von der Blockchain genommen werden. Aus diesem Grund ist höchste Sorgfalt in der Implementierungs- und Deployment-Phase geboten (Brent et al. 2018).

4.2.1 Ethereum

Ethereum erweiterte Grundfunktionalitäten einer Kryptowährung wie Bitcoin erstmals um sogenannte Smart Contracts, d. h. digitale, selbstdurchführende Verträge zwischen sich nicht vertrauenden Parteien, welche durch beliebige Ausführung von Programmcode auf der Blockchain ermöglicht werden (Wüst und Gervais 2017). Smart Contracts bieten eine umfangreiche Einsatzpalette, beispielsweise im Kontext des ‚Internet der Dinge' (Christidis und Devetsikiotis 2016).

Der von Ethereum etablierte ERC20 Token Standard beschreibt die Schnittstelle (interface), welche von einem Ethereum -Token implementiert werden muss (Buterin 2016). Die Entwicklung erfolgt durch einen Smart Contract in der Programmiersprache Solidity, welcher diese vorgeschriebenen Funktionen und Ereignisse (events) implementiert.

Das Problem der Skalierbarkeit existiert wie bei Bitcoin auch bei Ethereum. Es sind derzeit ca. 15 Transaktionen pro Sekunde möglich. Die Transaktionsgebühren können je nach aktueller Auslastung auch über einem Dollar betragen. Ethereum ist eine weit verbreitete Blockchain-Plattform. Mehr als 90 % aller gelisteten Tokens auf coinmarketcap.com basieren auf Ethereum. Mehr als drei Viertel aller ICOs fanden auf der Ethereum -Blockchain statt (Fenu et al. 2018).

4.2.2 Waves

Waves ist ähnlich zu Ethereum eine offene Blockchain-Plattform. Anders als bei Ethereum wird Leasing Proof-of-Stake (LPoS) als Konsensalgorithmus verwendet. LPoS erweitert PoS um die Möglichkeit Waves an Betreiber von Knoten (Nodes) zu leihen und dabei ebenfalls von den Transaktionsgebühren zu profitieren, ohne dabei selbst einen Knoten zu betreiben oder über technische Kenntnisse zu verfügen. Der geliehene Anteil bleibt vollständig in Kontrolle des Inhabers und das Leasing kann jederzeit abgebrochen werden (Waves 2019).

Im Vergleich zu offenen Blockchains wie Bitcoin bieten Plattformen nicht nur die Abwicklung von Transaktionen einer nativen Währung als einzigen Transaktionstyp, sondern ein komplettes Ökosystem von der Erstellung und Transaktion von Custom Tokens, einer dezentralen Handelsplattform, bis zum Umtausch von herkömmlichen Währungen wie Dollar oder Euro auf Kryptowährungen über Gateways an. Smart Contracts sind in Entwicklung und befinden sich in der Testphase. Es gibt noch weitere Typen von Transaktionen, z. B. die Erstellung von Aliases. Ein Alias erlaubt es, eine eigene und eindeutige Zeichenkette für eine Hash-Adresse zu vergeben. Alle Transaktionstypen in Waves haben eine festgesetzte Transaktionsgebühr.

Tokens können in kurzer Zeit und gegen eine Gebühr von 1 Waves erstellt werden. Ein Vorteil ist, dass Tokens sofort auf einer dezentralen Handelsplattform verfügbar sind. Ein Nachteil ist die geringere Anpassungsmöglichkeit der Tokens im Vergleich zu programmierbaren Ethereum Smart Contracts. Einstellbar sind der Name, die Beschreibung, die Anzahl der Tokens, die Anzahl der verwendeten Dezimalstellen und die Möglichkeit zur späteren Erhöhung der maximalen Anzahl an Tokens. Die Generierung wird durch eine Transaktion auf der Blockchain abgewickelt, wodurch der Absender der Transaktion die erzeugten Tokens auf seine Wallet (digitale Geldbörse) erhält und der Token eine eindeutige ID auf der Blockchain erhält.

Seit Anfang 2019 unterstützt Waves auch Smart Contracts. Zu diesem Zweck wurde eine eigene Programmiersprache namens „Ride" entwickelt. Diese Smart Contracts sind im Gegensatz zu Ethereum Smart Contracts jedoch weniger „mächtig", d. h. man ist in der Entwicklung etwas eingeschränkt und hat nicht die Möglichkeit, beliebige Abläufe damit abzubilden (z. B. Schleifen). Der Vorteil jedoch ist die höhere Kontrollierbarkeit und Bedienbarkeit der Programme (Contracts).

4.2.3 NEO

Die Blockchain-Plattform NEO bietet eine weitere Möglichkeit zur Erstellung von Custom Tokens und wird nach Ethereum und Waves derzeit am häufigsten verwendet (Fenu et al. 2018). Vorteile sind die hohe Skalierbarkeit (Abwicklung von 10.000 Transaktionen pro Sekunde) durch eine Proof-of-Stake Variante und die Verwendung der Programmiersprachen C#, C++ und Javascript für Smart Contracts. Die Einstiegshürde für Programmierer ist dadurch geringer. Ein Nachteil ist, dass es auf Grund seiner Wurzeln im nicht-englischsprachigen Bereich noch nicht viele Informationen über dieses Projekt gibt. Die Marktkapitalisierung zeigt, dass aus Investorensicht dieses Projekt als zukunftsträchtig gehandelt wird (coinmarketcap.com 2019).

4.2.4 Weitere Blockchains

EOS ist eine weitere Blockchain-Plattform mit Smart Contracts. Sie wurde im Juni 2018 gestartet. Der verwendete Konsensalgorithmus Delegated Proof-of-Stake (DPOS) ist eine Weiterentwicklung des einfachen Proof-of-Stake Algorithmus, wobei das System auf Wählern und Zeugen basiert. Eine eingeschränkte Anzahl von Zeugen ist für die Validierung der Blöcke verantwortlich. Die Wähler können ihre Stimme für einen Zeugen vergeben, wobei die Menge der gehaltenen EOS-Tokens eine Rolle spielt. Vorteile sind ein geringer Energieverbrauch, schnelle Transaktionen und eine hohe Anzahl von Transaktionen pro Sekunde (1000+). Ein Nachteil ist die geringere Dezentralität (Ramezan und Leung 2018; EOS.io 2018). EOS wird häufig als „besseres" oder „modernes" Ethereum gesehen und schneidet in vielen Rankings und Bewertungssystemen ausgezeichnet ab (siehe z. B. Garriga et al. 2018; CCID 2019).

Cardano ist eine auf funktionale Programmierung beruhende Blockchain-Plattform und unterstützt ebenfalls Smart Contracts. Im Mai 2019 ist der dazugehörige Token (ADA) auf Platz 11 nach Marktkapitalisierung (coinmarketcap.com 2019). Cardano fokussiert sich auf sichere Finanzapplikationen und verfolgt einen wissenschaftlichen Ansatz, d. h. das Entwicklerteam besteht aus führenden Akademikern, die wissenschaftliche Artikel publizieren und Peer Reviews durchführen. Ein Ziel der Entwickler ist die mathematische Verifizierbarkeit von Abläufen im Programmcode durch funktionale Programmierung. Dieser Ansatz ist aber auch gleichzeitig ein Nachteil, da viele Softwareentwickler die benötigten Kenntnisse nicht besitzen (Cardano 2019).

4.2.5 Permissioned Blockchains

Hyperleder Fabric von IBM basiert im Gegensatz zu öffentlichen Blockchains nicht auf ökonomischen Anreizsystemen, Kryptowährungen oder Tokens, wobei solche auch bei Bedarf verwendet werden können. Ein auf Hyperledger aufbauendes Softwaresystem ist nicht für alle öffentlich zugänglich, sondern beschränkt sich auf eine ausgewählte und bekannte Menge an Teilnehmern. Es kann dadurch eine Interaktion zwischen diesen Teilnehmern, die ein gemeinsames Interesse haben oder ein gemeinsames Ziel verfolgen, jedoch sich untereinander nicht grundsätzlich vertrauen, hergestellt werden. Da es keinen Wettbewerb zwischen den Teilnehmern im Sinne von Rechenleistung gibt, wird als Konsensmechanismus standardmäßig BFT (Byzantine-fault Tolerance) verwendet. Da das gesamte System jedoch offen und erweiterbar ist, können andere Algorithmen und Funktionalitäten eigenständig eingebaut werden. Vorteile von Hyperledger und Permissioned Blockchains im Allgemeinen sind die hohe Skalierbarkeit und ein niedriger Energieverbrauch eines gesamten darauf basierenden Netzwerkes (Androulaki et al. 2018).

Die Blockchain-Plattform R3 von Corda ist eine Alternative zu Hyperledger. Die Plattform wird aktiv von R3 und 200 Industriepartnern, darunter große Banken, seit 2016 entwickelt. Auf Grund der Partner liegt ein Fokus auf die Finanzindustrie. Technisch gesehen wird auf Funktionalitäten für Geheimhaltung und Zugangsbeschränkung großer Wert gelegt. Das Ziel ist eine breite Verwendung in der Finanzindustrie. Zu diesem Zweck müssen Teile des Systems offen und zugänglich sein. Dazu zählen der Source Code, der offene Entwicklungsprozess und offene Industriestandards. Des Weiteren soll eine höchstmögliche Kompatibilität mit Regulierungen hergestellt werden. Einzelne Teilnehmer innerhalb des Systems sollen untereinander Verträge abschließen können, wobei die Validierung nur von den entsprechenden Teilnehmern vorgenommen werden kann. Es sollen explizit reguläre Gesetze und Vorschriften mit Smart Contracts abgebildet werden (Sheth und Dattani 2019; Micobo 2018).

Quorum von JPMorgan wurde auf Basis von Ethereum zu einer Permissioned Blockchain umgebaut. Die Plattform unterstützt private bzw. vertrauliche Transaktionen und Smart Contracts, um so die Möglichkeit einer verschlüsselten Kommunikation zwischen einzelnen Teilnehmern zu schaffen. Als Konsensmechanismus können verschiedene Variationen von BFT verwendet werden. Ebenfalls wird wie bei Hyperledger und R3 kein energieaufwändiges Proof-of-Work Verfahren verwendet. Es gibt auch keine native Kryptowährung und somit entfallen auch Transaktionskosten, wie es bei Ethereum der Fall ist. Das Berechtigungssystem selbst läuft über Smart Contracts ab. Ein wesentlicher Vorteil ist die Ähnlichkeit zu Ethereum, was eine kurze Einarbeitungszeit für viele Entwickler bedeutet (Baliga et al. 2018; Quorum Github 2019).

4.2.6 Eigene Blockchain

Die Entwicklung einer eigenen Blockchain und der Betrieb auf eigenen Servern sind möglich. Dadurch können aber Robustheit und Ausfallsicherheit nicht in vollem Ausmaß gewährleistet werden. Öffentliche Blockchains sind ständig Angriffen ausgesetzt und somit umfangreich und jahrelang getestet. Robustheit und Ausfallsicherheit ergeben sich auch maßgeblich aus der Dezentralität, welche bei einer eigenentwickelten Blockchain nur in geringerem Umfang gegeben ist. Alle Vorteile, die sich aus den grundlegenden Eigenschaften einer Blockchain ergeben, können durch die Verwendung einer öffentlichen dezentralen Blockchain ebenso genutzt werden. Dazu zählen z. B. die Irreversibilität und die Transparenz von Transaktionen. Für die Entwicklung einer Blockchain-Lösung wie Ethereum oder Waves ist zudem hoher Aufwand und viel Knowhow nötig.

Eine weitere Möglichkeit besteht darin, Software bestehender Open-Source Blockchains wiederzuverwenden und um benötigte Funktionen zu erweitern. Der Vorteil dabei ist, dass man auf der Stabilität einer getesteten und verbreiteten Blockchain-Lösung aufbauen kann. Der Vorteil der Dezentralität geht jedoch auch hier verloren, da durch die Codeerweiterung und anschließender Verwendung ein eigenes Blockchain-Netzwerk entsteht. Zusätzlich ist ein Einlesen in den aktuellen, oftmals sehr komplexen, Programmcode der bestehenden Blockchain-Lösungen und zusätzlich Kenntnisse über das Gesamtsystem der jeweiligen bestehenden Blockchain notwendig.

4.3 Projektsteuerung und Projektkoordination

Professionelles Projektmanagement wird durch einen ausgefeilten Standard an Werkzeugen zur Planung und Steuerung auf Projektebene unterstützt (zusammengefasst etwa in PMBoK 2013), welches auch ein hohes Maß an Transparenz über die Leistung einzelner Projektteams garantiert. Für das Management und die Koordination innerhalb dieser Teams allerdings sind diese Werkzeuge schnell zu bürokratisch und schwerfällig. Vielmehr wird in der Regel auf eine Clan-Kultur (Ouchi 1980) vertraut, welche eine Gleichverteilung von Beiträgen und Leistungen innerhalb eines Teams sicherstellen soll. Aus einer ökonomischen Perspektive jedoch ist opportunistisches Verhalten in Organisationen (Williamson 1981), zwischen Auftraggebern und Agenten (Jensen und Meckling 1976) und zwischen Kollaborateuren in Innovationsprojekten (Fernandez et al. 2017) zu erwarten. Opportunismus beeinflusst den Erfolg der Projektarbeit bei Agilität, bei hoher Dynamik und Unsicherheit, etwa bei Entwicklungsprojekten negativ (Um und Kim 2018). Zunehmend virtuelle Zusammenarbeit, ohne direkte Clan-Kontrolle erhöht die

Gefahr für Anstrengungsvermeidung und „free riding" zusätzlich. Wegen hoher Bürokratiekosten ist „Performance-Monitoring" als klassische Gegenmaßnahme zu opportunistischem Verhalten in Kleingruppen und Teams nur beschränkt sinnvoll.

Rund um die Blockchain und damit auch im Untersegment der Projektmanagement-Anwendungen entsteht ein unüberblickbares Ökosystem an Apps und Konzepten. Viele davon werden primär durch Start-ups angetrieben, verschwinden nach kurzer Zeit wieder und werden durch andere abgelöst. Hier sollen die allen gemeinsamen Grundprinzipien an einigen Beispielen herausgearbeitet werden. Basierend auf dem weit etablierten Projektmanagement-Standard, besonders durch das Projektmanagement Institute (PMI) und in einer Unzahl an Lehrbüchern dokumentiert, lassen sich äquivalente Smart Contracts, also algorithmisch abgebildete Verträge gestalten. Dies wird im Folgenden nach einer allgemeinen Beschreibung der Steuerungsmodelle an den wichtigsten Instrumenten diskutiert.

4.3.1 Steuerungsmodelle und Motivation mit Tokens und Smart Contracts

Die Steuerung von Projekten umfasst die klassischen Managementaufgaben der Planung, Überprüfung, Berichterstattung und Analyse von Projektvorgängen und der Projektdynamik (z. B. Lehner 2001). Studien über die dabei auftretenden Probleme nennen immer wieder die inkonsequente und inkonsistente Verwendung formaler Methoden und das statt dessen überzogene Vertrauen in Erfahrung, in qualitative, vage und verzerrte Einschätzungen, welche auf ad-hoc Basis statt systematisch und regelmäßig eingesetzt werden (z. B. Olawale und Sun 2015). Überraschenderweise werden ähnliche Probleme, insbesondere der Rückfall in traditionelle Verhaltensweisen und Kommunikationsprobleme, auch bei neueren alternativen Projektmanagementzugängen wie „Scrum" berichtet (Azanha et al. 2017). Die Blockchain-Technologie bietet dazu und speziell zur „Governance" und Steuerung der Projektarbeiten Alternativen zu den klassischen Methoden aus mehreren Perspektiven. Erstens gestatten Blockchains vollständige Transparenz der einzelnen Beiträge der Teammitglieder und einmal getätigte Einträge können nicht verändert werden. Zwar kann dies auch mit traditionellen physischen wie digitalen Dokumenten erreicht werden, die gängige Praxis konzentriert den Zugang jedoch meist auf die Projektleitung. Andererseits weiß selbst der Projektleiter oder Auftraggeber im Normalfall nicht, welche Person wie viel Aufwand in das Projekt oder in spezifische Aufgaben investiert hat. Da die Blockchain öffentlich einsehbar ist und analysiert werden kann, werden diese Vorgänge und Transaktionen für Stakeholder sichtbar und können nicht revidiert werden. Transparenz ist also nicht nur möglich sondern unumgänglich, wovon alle drei Bedingungen für Koordination (Okhuysen und Bechky 2009) positiv betroffen sind: Verantwortlichkeit, Vorhersehbarkeit und gemeinsames Verständnis. Zweitens können mit dafür geschürften Kryptowährungen oder Tokens Beiträge schnell und individuell belohnt werden.

Motivation wird durch einen extrinsischen „Wert" der Tokens hergestellt. Dafür gibt es mehrere Möglichkeiten: (a) Es wird eine „Börse" eingerichtet, an der die Tokens später in Euros oder andere Gratifikationen umgewandelt werden. (b) Die Tokens dienen zur Darstellung des eigenen Status in der Firma und können allenfalls als Grundlage für Beförderungen oder Gehaltserhöhungen herangezogen werden. Auch dabei ergibt sich der wesentliche Vorteil gegenüber traditionellen Formen der Gratifikation aus der Transparenz und Unveränderbarkeit der Blockchain. Die Spieler kennen zwar ihre Auszahlungsmatrix nicht vor ihren Zügen, aber jedem ihrer Beiträge steht nachträglich eine eindeutige Auszahlung von Tokens gegenüber, welche von allen Beteiligten eingesehen werden kann. Damit kann opportunistisches Verhalten zwar nicht ausgeschlossen werden, aber es wird transparent und daher unwahrscheinlicher, weil es jenseits der Auszahlungsmatrix später negativ sanktioniert wird.

Die Auszahlung der Tokens und die Bedingungen dafür können in „Smart Contracts" geregelt werden. Diese sind in diesem Zusammenhang in Code gegossene Beschreibungen von Arbeitspaketen oder „Sprints", je nach Projektmanagementzugang. Dazu ist zunächst eine Sprache auszuwählen.

Die konkrete Umsetzung in Code ist von der Sprache und der gewählten Blockchain-Plattform abhängig (siehe den vorangegangenen Abschnitt und die Diskussion über deren Anwendbarkeit in Parizi et al. 2018). Zwar findet die an Ethereum gebundene Sprache „Solidity" die bisher breiteste Anwendung und ist relativ schnell zu implementieren, durch ihre Abhängigkeit von der öffentlichen und potenziellen teuren Ethereum Virtual Machine stellt sie für Projektmanagement kaum die erste Wahl dar. Für die Übersetzung der in Alltagssprache formulierten Vertragsvereinbarungen in prozeduralen Code schlagen Frantz und Nowostawski (2016) Crawford und Ostroms (1995) „grammar of institutions" vor, welche Regeln und Normen systematisch in maximal fünf Bestandteile zerlegen (in Klammern Beispiele) – abgekürzt mit dem Akronym „ADICO":

- Attribute („Die Projektleiterin"),
- Deontische Modi („muß"),
- Intendierte Ergebnisse („100 Tokens auszahlen"),
- Konditionen („wenn Arbeitspaket fertig"),
- Oder- Sonst Aussagen („nichts auszahlen").

Letzteres enthält oft weitere ADICO-Regeln in geschachtelter Form. Sowohl im Vergleich zu Alltagssprache als auch zu Code sind die solcherart formulierten Vertragsbestandteile leichter hinsichtlich ihrer Wirkung und auf mögliche Widersprüchlichkeit zu beurteilen. Zwar ist die Gefahr desaströsen Missbrauchs von Smart Contracts über die Ausnutzung von Lücken (siehe den sogenannten „DAO-Hack", vgl. Sirer 2016) bei privaten Blockchains und damit eingeschränkt handelbaren Tokens gering, dennoch sollten Konflikte und Diskussionen durch logische Konsistenz einzelner Verträge und Vertragsbestandteile vermieden werden.

4.3.2 Umsetzung für Projektmanagement-Instrumente

Zur Erweiterung des Projektmanagementstandards in diese Richtung ist eine Infrastruktur notwendig, welche auf einfache und nachvollziehbare Weise Steuerungsinstrumente mit Vertragscharakter in Smart Contracts übersetzt. Dies betrifft die folgenden Standardinstrumente mit entsprechenden Mindestbestandteilen und Eigenschaften, welche vorhanden sein müssen. Sind diese nicht gegeben, dann sollte man von einer Übersetzung in Smart Contracts absehen.

Projektauftrag: Dieser enthält die Ziele des Projektes in messbarer Form, an welche die Auszahlung einer bestimmten Zahl an Tokens geknüpft ist. Da die Messbarkeit der Zielerreichung in quantitativer Form in den meisten Projekten eingeschränkt ist, muss dies in der Regel über Oracles ausgeglichen werden (siehe unten). Als Repräsentanten der Organisation bzw. des Projektteams signieren Projektauftraggeberin und Projektleiter den Vertrag. Abgeleitet von den Projektzielen und allenfalls einem angehängten Pflichtenheft löst der Projektauftrag erste Planungsschritte aus, in denen in iterativer Form Arbeitspakete verfeinert werden.

Arbeitspakete/Sprints: Analog zum Projektauftrag, werden einzelne geplante Schritte zwischen Projektleiter und Paketverantwortlichen in Smart Contracts übersetzt. Soweit aufeinanderfolgende Arbeitspakete sequenziell abhängig sind (siehe Abb. 4.1), kann dies ebenfalls in der Blockchain abgebildet werden, in dem ein Smart Contract erst ausgelöst wird, wenn ein vorgelagerter erfüllt worden war. Die alternative Repräsentation noch abzuarbeitender Pakete als „Backlog" in „Scrum" lässt sich analog in Smart Contracts überführen. Da die „Sprints" in diesem Ansatz zeitlich fixiert sind, wird der Backlog nach den Sprints aktualisiert. Für die nicht veränderbare Blockchain bedeutet dies, dass alte Verträge nicht geändert werden können, sondern die Blockchain durch neue Verträge ergänzt werden muss. Dies mag als umständlich und unübersichtlich erscheinen, ermöglicht allerdings das Nachvollziehen des Änderungsverlaufes und fördert spätere Lernprozesse.

Je nach Planbarkeit der Projekte (Turner und Cochrane 1993) ist eine Spezifizierung in Smart Contracts mehr oder weniger sinnvoll. Während gut analysierbare und auf vielen Erfahrungswerten basierende Engineering-Projekte, inklusive Software-Entwicklungen, sich dafür gut eignen, stößt dies bei Organisationsprojekten, die sowohl von der Zielsetzung her als auch in Bezug auf deren Umsetzung oft im Vagen bleiben und ein „weiches Projektmanagement-Paradigma" (Pollack 2007)

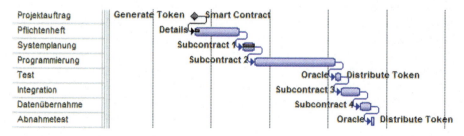

Abb. 4.1 Repräsentanten des Projektablaufs in der Blockchain

erfordern, an seine Grenzen. Integraler Bestandteil der Formulierung von Projektauftrag und Arbeitspaket ist in jedem Fall die Zielsetzung. Diese hat sich nicht nur im Projektzusammenhang auch als ein zentrales Management-Instrument etabliert und ist hinsichtlich dessen Wirkung bestens erforscht (Locke und Latham 1990), wobei sich insbesondere ein konsistenter Zusammenhang zwischen der Schwierigkeit der gesetzten Ziele und der Leistung zeigt. Ziele wirken indem sie eine direktive Funktion erfüllen. Im Alltag des Projektmanagements geht dies verloren, wenn die entsprechenden Dokumente nicht mehr sichtbar sind oder als nicht länger relevant wahrgenommen werden. Eine Abbildung in Smart Contracts und eine Verbindung mit Token-Auszahlungen verhindert dies auf natürliche Art und die direktive Funktion der Ziele bleibt erhalten. Ergänzend regeln die Verträge die den Aufgaben entsprechende Zuordnung von Ressourcen. Insbesondere beim Zugriff auf Ressourcen-Pools (Personal, Maschinen etc.) bietet die oben beschriebene strukturierte Formulierung von Smart Contracts die Möglichkeit, potenzielle Konflikte über Mehrfachzuordnungen automatisiert zu prüfen. Auch dafür existieren zwar traditionelle Datenbank-Lösungen, die jedoch meist losgelöst von der Projektsteuerung und von den Projektverantwortlichen administriert werden. Zudem sollte die erzwungene Transparenz und Nachvollziehbarkeit Konflikte reduzieren, wie sie besonders bei Kollaborationsprojekten jenseits der Grenze einer einzelnen Organisation vorkommen.

Statusbericht: Auch das regelmäßige Einpflegen der Informationen über Statusberichte kann in der Blockchain garantiert werden, indem weitere Tokenauszahlungen daran geknüpft werden. Die Transparenz für alle Projektteilnehmer fördert die Validität der darin gemachten Angaben zum Projektfortschritt und von möglichen auftretenden Schwierigkeiten. Daher sollte dies auch das häufig beobachte Phänomen mildern, dass frühe Warnsignale für das Fehlschlagen von Projekten gerne ignoriert werden (Haji-Kazemi et al. 2015). Zumindest drei der fünf in der Studie von Haji-Kazemi et al. identifizierten wichtigsten Gründe auf frühe Warnsignale nicht zu reagieren, kann eine systematische Abbildung in der Blockchain mildern: mangelnde Kommunikation der Teammitglieder, organisationspolitische Probleme und schwaches Management. Auch dies trägt zu einer transparenten Dokumentation des Projektes bei.

Tests. In durch schlechte Planbarkeit charakterisierten Kontexten, besonders bei Produktentwicklungsprojekten, haben sich Varianten einer Stage-Gate (Cooper 2006) Vorgangsweise etabliert. Das Prinzip schlechte Planbarkeit durch häufige Tests des Fortschritts zu ersetzen, hat sich aber auch in anderen Projektarten bewährt (Lehner 2009). In den aktuellen Ansätzen der „Agile Projects" bzw. des „Scrum" (Azanha et al. 2017) finden sich ähnliche Prinzipien in Form von Sprint Reviews und Sprint Retrospectives. Die Durchführung der Tests kann analog durch Smart Contracts sichergestellt und durch Tokens motiviert werden.

Damit die hier geschilderten Instrumente des Projektmanagements auf einfach handhabbare Weise in die Blockchain integriert werden können, benötigt es neben der genannten Übersetzung in eine codierbare Vertragssprache eine integrierende Infrastruktur, welche eine Kombination aus den bekannten Blockchain-Browsern und den etablierten, an Gantt-Charts orientierten Übersichten des Projektmanagements (siehe Abb. 4.1) darstellen. Jeder Eintrag in diesen Übersichten wird mit einem Menü verbunden sein, welches, je nach vergebenen Rechten, den Eintrag neuer Smart Contracts und Detailansichten über eben diese erlauben. Dem kryptographischen Prinzip der Blockchain entsprechend müssen die Zugriffs- und Administratoren-Rechte für jeden einzelnen Eintrag über entsprechende private und öffentliche Schlüssel geregelt werden.

Für all die genannten Instrumente bedeutet die Nichtveränderbarkeit der Blockchain eine Bindung an Smart Contracts. Kurzfristige Anpassungen an veränderte Bedingungen, wie sie eher die Regel als die Ausnahme in Projekten darstellen, werden unmöglich bzw. müssen über neue Verträge in der Blockchain transparent gemacht werden, wenn die alten nicht erfüllt werden konnten. Man wird daher solche Lösungen nur wählen, wenn die Überzeugung vorherrscht, dass ständige Anpassungen nur Ausdruck einer nachlässigen Kultur des Projektmanagements, statt Antwort auf rationale Notwendigkeiten sind.

Andererseits wird Improvisation, welche zur Erfüllung der Verträge dient, dadurch nicht nur nicht ausgeschlossen, sondern sogar gefördert, wenn mit den Smart Contracts eine „Semistruktur" (Brown und Eisenhardt 1998) etabliert wird, welche zwar die Eckpunkte des Projektes rigide festschreiben, jedoch die Implementierungsschritte völlig offen lässt. Die Notwendigkeit diese Eckpunkte in eine formalisierte, in Code übersetzbare Sprache zu bringen, schränkt wesentlich ein, vor allem im Hinblick auf Kommunikationsinhalte, welche schlecht formalisierbar sind. Gleichzeitig ist es ein Vorteil, weil die Kommunikation jedenfalls in diesem formalisierbaren Teil verschlankt und standardisiert wird. Im Zuge zunehmender Digitalisierung, überbordender Vielfalt an Projektmanagementportalen, Diskussionstools und „agilen" Methoden, mag dies zumindest in Teilbereichen eine Konsolidierung fördern.

4.3.3 Koordination und Teamarbeit

Basierend auf unseren eigenen Experimenten lassen sich Prinzipien der Steuerung der Teamarbeit im Projektkontext abgrenzen. In jedem Fall dienen Tokens als „boundary objects", welche sich zur Koordination von verteilter Arbeit als effektiv erwiesen haben. Solche Objekte, auch wenn sie nur „virtuell" existieren, bieten eine gemeinsame Referenz, erlauben die wechselseitige Anpassung der Teammitglieder und tragen zu einer geteilten Interpretation bei (Okhuysen und Bechky 2009, p. 474). Zur Motivation individueller Beiträge ist zudem für eine entsprechende Verteilung von Tokens zu sorgen, wofür Smart Contracts eine, jedoch nicht unabdingbare Option darstellen. Für die konkrete Ausgestaltung der Verteilung gibt es verschiedene Möglichkeiten, welche an den Projektkontext angepasst werden müssen:

(a) **Hierarchisch**: Für jedes Arbeitspaket (oder für jeden „Sprint") wird eine bestimmte Anzahl von Tokens ausgeschrieben. Die Teamleiterin verteilt diese Tokens während und am Ende unter den Teammitgliedern, je nach Qualität ihrer Beiträge. Dies entspricht einem traditionellen Führungsmodell, wie es auch im

Projektmanagement etabliert ist. Ein entsprechender Smart Contract wurde oben anhand der ADICO-Grammatik bereits skizziert und über die Fertigstellungsmeldung der Projektleiterin ausgelöst.

(b) **Symmetrisch**: Jedes Teammitglied bekommt am Beginn eine bestimmte Anzahl von Tokens zugewiesen, mit der Verpflichtung, diese vollständig zu verteilen. Jedes Teammitglied entscheidet, wem es seine Tokens gibt. Ein derartiges Modell erfordert eine breitere Beurteilungskultur, wie sie bisher weitgehend auf die Forschung als „peer-reviewing" beschränkt ist. Die Motivation sich an solchen Beurteilungen zu beteiligen, ist auch dort unterschiedlich (Zaharie und Osoian 2016). Ein Smart Contract lässt sich so gestalten, dass er die Beurteilung erzwingt, indem von dessen Erfüllung weitere Schritte abhängig gemacht werden.

Kann jedem Beitrag eines Teammitglieds eindeutig eine abgrenzbare Menge an Beiträgen der Teamleiter (oder der anderen Teammitglieder) gegenübergestellt werden, könnten beide Möglichkeiten als mehrstufige Spiele betrachtet werden. Im einfachsten Fall ist dies ein zweistufiges Stackelberg-Spiel (Fudenberg und Tirole 1991, S. 67 ff.), in welchem die Teammitglieder auf Stufe 1 ihr Ausmaß an Beiträgen wählen und auf Stufe 2 die Teamleiterin (Modell (a)) oder die anderen Teammitglieder (Modell (b)) ihre Tokenverteilung wählen. In realistischen Projekten ist wegen der Mehrdeutigkeit der Beiträge allerdings keine Auszahlungsmatrix aufstellbar. Statt spieltheoretischer Überlegungen werden die Teammitglieder motivationale und Gerechtigkeitskonzepte anwenden. Letzteres legt etwa rein reziproke (gibst Du mir, gebe ich Dir) Transaktionen im Modell (b) nahe, die negativ sanktioniert werden könnten. Dennoch wird eine Tendenz zur Gleichverteilung entstehen, besonders wenn sich die Teammitglieder wenig mit den Beiträgen der anderen beschäftigen. In jedem Fall sind erhöhte Transparenz und die Verknüpfung mit extrinsischen Anreizen für die Motivation der Teammitglieder nicht unumstritten (Deci 1972) und benötigen in diesem Zusammenhang mehr Forschung. Die beiden Modelle unterscheiden sich durch die Rolle der Führungsperson in der Verteilung der Tokens, welche je nach Projektart verschiedene Bezeichnungen hat, wie Teamleiterin, Projektleiter oder auch der „Product Owner" (beispielsweise in „Scrum"). Im Folgenden beschreiben wir erste Erfahrungen mit den beiden genannten Modellen der Token-Verteilung.

Im ersten Modell verteilten die Teammitglieder die Tokens, je nach individuellem Beitrag, selbstständig. Dazu mussten die Tokens zunächst – als Kredit – durch die übergeordnete Führungsebene an das Team verteilt wurden. In einem Pilotversuch erhielten 4er oder 5er-Teams (12 Teams) ein Arbeitspaket und einen für sie eingerichteten Chatroom. Jedes Team erhielt einen Kredit von 100K pro Teammitglied. K steht für Kepler und ist eine eigens dafür kreierter Custom Token. Nach Beendigung eines Arbeitspakets wurden je nach Qualität der Arbeit (siehe zur Beurteilung Abschn. 4.3.4 zu Oracles) noch einmal 0K bis 100K vom Projektleiter an den Teamleiter gesendet. In der ersten Online-Diskussion bestimmte die Gruppe über Zuordnung von Kepler eine Aufgabenstruktur und eine Zuordnung von Gruppenmitgliedern zu den einzelnen Teilen. Das Projekt konnte z. B. in 25 Aufgabenpakete eingeteilt werden, für die jeweils 4K veranschlagt werden. Die Art der Verteilung der Tokens im Team erfolgte ohne Vorgabe und nach Absprache im Gruppenchat. Der Projektleiter verhandelte, wie viele Keplers für die Pakete gezahlt werden. Um die Verhandlungsmacht nicht zu groß werden zu lassen, fordern die Gruppenmitglieder in der Regel eine Anzahlung, wozu der Anfangskredit eingesetzt werden kann. In virtuellen Umgebungen, wie in diesem Pilotversuch, ist die Anonymität der Teammitglieder nicht nur ein Nachteil. Wenn sie so lange wie möglich anonym bleiben, nimmt die Wahrscheinlichkeit für die übliche Gleichverteilung ab, wie es Mitarbeiter sonst von Gruppenarbeiten kennen. Die anonyme Online-Umgebung sollte auch das Experimentieren mit anderen Formen der Zusammenarbeit erleichtern.

Im zweiten Modell erhielt die Projektgruppe (5 Teilnehmer), ebenfalls über einen zuvor gewählten Projektleiter die Kepler im Laufe eines Softwareentwicklungsprojekts abhängig vom wöchentlichen Fortschritt und vom Endergebnis. Der Fortschritt wurde bei drei Meilensteinterminen bewertet. Ein solcher Entwicklungszyklus ist auch bei Softwareentwicklungsprojekten in der Praxis gängig. Die Projektleitung übernimmt zugleich die Rolle des Auftraggebers und die Rolle eines Consultants. Es wurden insgesamt maximal 100K an den Gruppenleiter verteilt. Für jeden Fortschrittstermin wurden maximal 15K vergeben. Die restlichen maximal 55K wurden je nach Erreichung der Anforderungen am Ende verteilt. Die Aufteilung erfolgte in verschiedenen Kategorien (Interne Qualität 15K, Externe Qualität 15K, Funktionale Anforderungen 15K, Dokumentation 15K), wobei diese vorher dem Projektteam bekannt waren. Die Beurteilung musste seitens der Projektleitung auf die gängige Art und Weise erfolgen, die Verteilung im Team erfolgte jedoch ohne Vorgabe. Somit wurde eine faire persönliche Beurteilung ermöglicht. Sowohl im ersten als auch im zweiten Modell wurden Waves -Wallets für alle Teilnehmer zentral angelegt, um im Notfall Backups zu besitzen. Diese Vorgehensweise widerspricht allerdings teilweise der Idee der Blockchain-Technologie, da Vertrauen in die Administratoren vorausgesetzt wird.

In unseren Pilotversuchen konnten die Teammitglieder mit den erhaltenen Tokens am Ende bestimmte Bonifikation nach einem vorher definierten Schlüssel „kaufen". Die Auswirkungen auf Motivation und andere Steuerungseffekte bleiben noch im Detail zu untersuchen. Hier können erste Erfahrung vor dem Hintergrund bekannter Probleme im Projektmanagement diskutiert werden. Erstens, um signifikante Effekte auf die Motivation zu erzielen, müssen die Tokens einen relevanten Wert erhalten. In unseren Pilotversuchen waren alle extrinsischen Anreize an die Tokens geknüpft und die Art des Projektes enthielten für die Teammitglieder wenig intrinsische Anreize, weswegen ein Verdrängungseffekt nicht zu erwarten war. Für diese Art von Projekten bieten Tokens eine attraktive Möglichkeit nicht nur zu steuern, sondern auch explizite Anreize zu setzen. Generell zeigen diverse sozialwissenschaftliche Studien dass extrinsische Anreize, primär Geld in irgendeiner Form, als motivationaler und als direktiver Mechanismus positive auf die Leistungsfähigkeit wirkt (Gerhart et al. 2009). Beides tritt im Projektmanagement an die Oberfläche. Zweitens, die Kombination mit der Steuerung über Smart Contracts erhöht Transparenz und Nachvollziehbarkeit, was sich ebenso positiv auf die Motivation auswirken sollte. Diese Transparenz fördert die Wahrnehmung gemeinsamer Ziele in einem Projektteam. Dies Erfahrung gemeinsam geteilter Ziele hat sich als förderlich für die implizite Koordination in Teams herausgestellt (Shteynberg und Galinsky 2011). Drittens, die Einführung extrinsischer Anreize und die erhöhte Transparenz der Beiträge wirken auch als Sortiermechanismen, indem dadurch etwa Mitarbeiter mit hoher Leistungsmotivation und geringerer Risikoaversion angezogen werden (Cadsby et al. 2007).

4.3.4 Oracles

Im Idealfall werden relevante Zustände eines Projektes über Smart Contracts und Tokens in der Blockchain abgebildet. In diesem Fall zieht sich die Projektleitung oder auch eine Steuerungsgruppe auf die Rolle eines „Oracles" zurück. Das Oracle stellt die Schnittstelle zwischen der digitalen Abbildung und der Realität ab. Während digitales Abbild immer Eindeutigkeit und Sicherheit suggeriert, ist der Alltag des Managements mit hoher Unsicherheit, Mehrdeutigkeit und Ambivalenz verbunden, was die Bindung an Smart Contracts substanziell in Frage stellt (Sklaroff 2017). Dies kristallisiert sich am deutlichsten an folgender Frage: ist ein Ziel oder ein Meilenstein im Projekt tatsächlich erreicht oder nicht? Die Zielsetzungstheorie fordert schon immer die Ziele in spezifischer Weise zu formulieren (Locke und Latham 1990) und vage „Gib-Dein-Bestes"-Ziele zu vermeiden. Soweit tatsächlich das Ziel mit eindeutig messbaren Kriterien operationalisiert ist, kann die obige Frage entsprechend leicht entschieden werden (z. B. Anzahl von Codezeilen). Dies ist aber die Ausnahme. Sobald Qualitätsbeurteilungen notwendig sind, werden „smart contracts" zu „dumb contracts". Menschliche Beurteilungen sind notwendig – die sogenannte Oracle-Instanz. Während für manche allgemeine Blockchain-Anwendungen sich dies auf eine Informationsschnittstelle beschränkt, wofür mittlerweile auch Crowd-basierte Dienste angeboten werden (z. B. verify.network oder Google's Chainlink Integration), ist dies im Projektmanagement ein keineswegs triviales, sondern ein Einschätzungsproblem, eine Führungsaufgabe und manchmal auch eine Schiedsrichterfunktion. Eine Führungsaufgabe bleibt diese Beurteilung auch, weil Ziele umso stärker wirken, je mehr sie mit intensivem Feedback verbunden sind. Insofern muss die Auszahlung von Tokens mit Mitarbeitergesprächen verbunden werden. Dies gilt umso mehr, je komplexer die Ziele werden, da die direkten Effekte der Zielsetzung mit zunehmender Komplexität der Aufgabe abnehmen (Locke und Latham 1990), was teilweise mit einer zunehmenden Häufigkeit von Statusberichten ausgeglichen wird.

Die Idee der Crowd-basierten Oracles lässt sich allerdings mit Einschränkungen auf eine Projektumgebung anwenden, welche sich auf eine breite und diverse Gruppe von Beteiligten (Teammitglieder, Stakeholder, Steuerungsgruppe etc.) stützt und wenn die Möglichkeiten der Blockchain hinsichtlich transparenter Verteilung der Informationen eingelöst werden. In solchen Fällen kann die Auslösung der Smart Contracts an das Erreichen eines vordefinierten Quorums in der Crowd geknüpft werden. Solche breite Beteiligung erfordert einerseits eine entsprechende Kultur im Unternehmen und kann, andererseits, über Tokens motiviert werden, in Analogie zu Mining-Erträgen für die Validierung von Transaktionen mit Kryptowährungen.

4.4 Technologieauswahl

Für Projektsteuerung und Projektkoordination gibt es eine Vielzahl an Softwarelösungen. Vorgefertigte Blockchain-Lösungen sind dafür derzeit noch nicht zu haben. Will man Custom Tokens und Smart Contracts zu diesem Zweck einsetzen, so stellt sich die Frage, ob und welche der Blockchain-Plattformen man einsetzen will, bzw. ob man eine eigene Blockchain entwickeln will. Die Entwicklung einer eigenen Blockchain wird in der Regel nicht notwendig sein, da meist nur Funktionen benötigt werden, die sich auch auf öffentlichen Blockchains abbilden lassen. Somit ist zu entscheiden, welche öffentliche Blockchain für den jeweiligen Anwendungsfall sinnvoll eingesetzt werden kann. Wichtige Kriterien dafür sind die Benutzerfreundlichkeit der Software, die Verfügbarkeit von mobilen Applikationen, die Kosten der Transaktionen sowie die Geschwindigkeit ihrer Durchführung. Stark schwankende Transaktionskosten sind für Mikrotransaktionen ungünstig. Dabei sind selbst 10 Cent schon zu viel.

Bitcoin kommt kaum in Frage, da keine eigenen Tokens erstellt werden können und die Transaktionsgebühren sehr hoch sind. Waves bietet eine übersichtliche und benutzerfreundliche grafische Benutzerschnittstelle für die Abwicklung von Transaktionen. Außerdem sind mobile Applikationen für Android und iOS verfügbar. Die Transaktionskosten bei Bitcoin und Ethereum schwanken stark. Bei Waves liegen die Transaktionsgebühren konstant bei 0,001 Waves, wobei der Wert von 1 Waves im März 2018 etwa bei 4 Dollar lag. Sowohl bei Ethereum als auch bei Waves liegt die sog. Block Time unter einer Minute. Bei Bitcoin wird im Durchschnitt alle 10 Minuten ein neuer Block generiert. Tab. 4.1 zeigt eine Zusammenfassung der Entscheidungskriterien, die wir bei der Auswahl einer Blockchain im

Tab. 4.1 Entscheidungskriterien bei der Blockchain-Auswahl

Blockchain-Lösung/ Kriterium	Bitcoin	Ethereum	Waves	NEO	EOS	Cardano	Eigene Blockchain
Custom Tokens	−	+	+	+	+	o	*
Smart Contracts	−	+	o	+	+	+	*
Flexibilität	−	+	o	o	+	o	+
Benutzerfreundlichkeit	o	o	+	o	o	−	*
Transaktionsdauer	−	+	+	+	+	+	*
Transaktionsgebühren	−	o	+	+	+	+	*
Robustheit	+	+	+	o	o	o	−
Ausfallsicherheit	+	+	+	o	o	+	−
Support/Community	+	+	+	−	+	o	−
Entwicklungsaufwand	−	o	+	o	o	−	−

+ positive Bewertung, o neutrale Bewertung, − negative Bewertung, * je nach Implementierung

Kontext der Projektsteuerung und Projektkoordination für wichtig erachten. Bei Cardano muss erwähnt werden, dass die Entwicklung auf Grund der funktionalen Programmierung komplizierter ist. EOS hat zwar einige Vorteile gegenüber Ethereum, hat jedoch in der Praxis das Problem der geringen Dezentralisierung, was wiederrum zu einem geringeren Vertrauen zwischen den Teilnehmern und höherer Ausfallswahrscheinlichkeit führt. Die Notwendigkeit für die Erstellung von komplexeren Smart Contracts muss je nach An-wendungsfall betrachtet werden. Die Möglichkeiten dafür sind bei Bitcoin, Waves und eigens entwickelten Blockchains eingeschränkt. Ethereum, NEO, EOS und Cardano hingegen bieten die Möglichkeit für Turing-complete Smart Contracts, d. h. damit können alle programmatischen Abläufe umgesetzt werden, die auch in traditionellen Programmiersprachen umgesetzt werden können.

Bei Permissioned Blockchains oder privaten Blockchains entsteht ein viel höherer Entwicklungs-, Konfigurations- und Betriebsaufwand. Durch die Verwendung einer öffentlichen Blockchain werden diese Aufwände bis auf die Implementierung von Smart Contracts vollständig ausgelagert. Ein weiterer Grund ist die im Gegensatz zu öffentlichen Blockchains niedrige Anzahl an Teilnehmern an einer privaten Blockchain. Ein Angriff auf das System bzw. eine Ausschaltung der wenigen Knoten ist unter diesen Gegebenheiten zu einfach.

Bei unserem Pilotprojekt (Schützeneder et al. 2018) haben wir Waves für einen Anwendungsfall aus der Projektorganisation verwendet. Dabei wurde der „Kepler"-Token erstellt. Die Bewertung des Tokens in Geld war vorerst nicht von vorrangigem Interesse und die Anzahl konnte auch beliebig erhöht werden. Im Zuge der Verwendung in mehreren Projektgruppen bekam der Token auch innerhalb des Systems unter den Teilnehmern keinen expliziten Wert in Dollar oder Euro. Die ID des Kepler-Tokens kann jederzeit auf der Waves -Blockchain überprüft werden (Schützeneder et al. 2018). Die geringen Transaktionsgebühren und Gebühren für die Erstellung des Tokens wurden auf einer Börse für Kryptowährungen gekauft.

4.5 Diskussion und Zukunftsperspektive

Dem neuen, sich in Entwicklung befindenden Feld der Blockchain allgemein und seines Einsatzes im Projektmanagement im Besonderen entsprechend, sind die Forschungen dazu noch rudimentär. Auch gehen Implementierungen einer für das Projektmanagement verwendbaren Blockchain- und Smart Contracts -Infrastruktur über Versuchsstadien noch nicht hinaus. Dieser Beitrag konnte nur erste Hinweise liefern, welche weiteren Forschungen wir benötigen. Diese betreffen insbesondere die Wirkungen der zentralen Bestandteile der Technologie.

Erstens, die Verknüpfung der Zielerreichung mit der über Smart Contracts möglichst automatisierter Auszahlung von Tokens kann positive wie negative Effekte zeigen. Eine in weiteren Studien zu überprüfende Hypothese wäre, dass bei einfachen, gut messbaren Aufgaben und Zielsetzungen die Motivation gefördert wird. Je komplexer die Aufgaben sind, je mehr die Individualleistung in den Hintergrund tritt und es stattdessen auf die Qualität der Zusammenarbeit ankommt, umso mehr sollten Auszahlungen an das Team erfolgen und umso mehr sind automatisierte Auszahlungen durch Gespräche zu ergänzen.

Zweitens, die mit der Blockchain verbundene erhöhte Transparenz kann nur in positiver Weise wirken, wenn diese mit einem entsprechenden Kulturwandel im Umgang mit Information verbunden ist, sollte diese traditionell durch negative Varianten des Neids geprägt sein (Fiske 2011). Weiters ist jeweils zu klären, wie weit Transparenz geht und welcher Nutzerkreis Zugang zu den Daten der Blockchain ermöglicht wird, was über entsprechende Keys geregelt werden kann, wofür es aber bisher wenige leicht handhabbare Konzepte gibt.

Drittens, die Nicht-Veränderbarkeit der Blockchain könnte bei unvermeidlichen Fehleinschätzungen in frühen Projektphasen die Wahrscheinlichkeit für eskalierendes Beibehalten fehlschlagender Kurse (Staw 1976) erhöhen. Einerseits sollte der Zwang zur Verbindlichkeit über Festlegungen in der Blockchain in vielen Organisationen einen Kulturwandel auslösen. Anderseits sind auch in an sich gut planbaren Kontexten spätere Anpassungen unvermeidlich (Turner 1999). Um dem gerecht zu werden und bei hoher Transparenz von Bindungen an Smart Contracts Änderungen zu erlauben, ist auch hier sowohl ein Kulturwandel als auch eine entsprechende technologische Infrastruktur vorzusehen, welche die Wirkungen überholter Smart Contracts durch neue Smart Contracts regelmäßig neutralisiert und durch aktualisierte Verträge ersetzt. In der „Scrum"-Methode ist dies ohnehin integraler Bestandteil. Gelingt dies nicht, wird die Notwendigkeit formale Instrumente zu bedienen schnell als Überbürokratisierung empfunden, besonders in Klein- und Mittelunternehmen (Turner et al. 2010). Jedoch bietet die entstehende Trajektorie an Smart Contracts die Chance für spätere Lernprozesse aus Projekten, welche wegen mangelnder Dokumentation der Projektverläufe traditionell selten möglich sind.

Viertens, die Abhängigkeit der Smart Contracts von eindeutig definierten Ergebnissen schränkt deren Anwendbarkeit im Projektmanagement auf gut formalisierte Zustände ein. Gleichzeitig bietet dies die Chance neue Formen der Beurteilung mehrdeutiger Ergebnisse auszutesten, was in diesem Beitrag anhand möglicher Formen von Oracles angedeutet wurde. Einerseits ist die Beurteilung der Erreichung von Zielen und Zwischenschritten im Projekt Führungsaufgabe andererseits verweisen die Ansätze zu Crowd-basierten Oracles an bisher ungenutzte Potenziale, zumindest für mittlere und größere Projekte.

Die Blockchain insgesamt und die Verwendung von Tokens und Smart Contracts im Projektmanagement im speziellen befinden sich noch weitgehend im Versuchsstadium. Die nächsten Entwicklungen werden daher insbesondere auch Gelegenheit geben, die hier skizzierten Prinzipien und Auswahlkriterien zu testen und weiterzuentwickeln.

Aus den vielen, zum Teil hier diskutierten Möglichkeiten Tokens und Smart Contracts zu implementieren werden sich in der näheren Zukunft Standards etablieren, welche auch eine stabilere Grundlage für eine breitere Anwendung in der Projektkoordination und Steuerung bilden können. Dafür ist jedoch eine explizite Diskussion der Vorteile und möglichen Probleme des Einsatzes von Blockchains in diesem Kontext nötig, die über die einschlägigen Spezialisten und ihre Foren hinaus geht und insbesondere Führungskräfte des Projektmanagements einschließt. Ein wesentlicher Teil davon wird den Umgang mit Transparenz betreffen, den einerseits die Blockchain mit sich bringt und der anderseits die Beurteilung von Leistungen über Oracles zur Auslösung der Smart Contracts erzwingt. Damit sind keineswegs nur technologische Fragen zu lösen, sondern ein Wandel der Projektmanagement-Kultur ist dafür in den meisten Organisationen unumgänglich. Dieser Beitrag soll auch dafür eine Basis schaffen.

Literatur

Androulaki E et al. (2018) Hyperledger fabric: a distributed operating system for permissioned blockchains. In: EuroSys '18 proceedings of the thirteenth EuroSys conference, Article No. 30, Porto, Portugal – April 23–26, 2018, ACM, New York

Azanha A, Tiradentes Terra Argoud AR, Junior B d C, Joao Domingos Antoniolli P (2017) Agile project management with Scrum: a case study of a Brazilian pharmaceutical company IT project. *Int J Manag Proj Bus* 10(1):121–142

Baliga A, Subhod I, Kamat P, Chatterjee S (2018) Performance evaluation of the quorum blockchain platform, arXiv:1809.03421. https://arxiv.org/abs/1809.03421. Zugegriffen am 03.12.2019

Brent L, Jurisevic A, Kong M, Liu E, Gauthier F, Gramoli V, Holz R, Scholz B (2018) Vandal: a scalable security analysis framework for smart contracts, arXiv:1809.03981. https://arxiv.org/abs/1809.03981. Zugegriffen am 03.12.2019

Brown SL, Eisenhardt KM (1998) Competing on the Edge. Strategy as Structured Chaos. Harvard Business School Press, Boston

Buterin V (2016) Standardized contract APIs. https://github.com/ethereum/wiki/wiki/Standardized_Contract_APIs. Zugegriffen am 03.12.2019

Cadsby CB, Song F, Tapon F (2007) Sorting and incentive effects of pay-for- performance: an experimental investigation. *Acad Manag J* 50:387–405

Cardano (2019) Homepage. https://www.cardano.org/en/what-is-cardano/. Zugegriffen am 03.12.2019

Carpenter J, Dolifka D (2017) Exploitation aversion: when financial incentives fail to motivate agents. *J Econ Psychol* 61:213–224

Cerasoli CP, Nicklin JM, Ford MT (2014) Intrinsic motivation and extrinsic incentives jointly predict performance: a 40-year meta-analysis. *Psychol Bull* 140(4):980–1008

China's Ministry of Industry and Information Technology Rankings (CCID) (2019). http://special.ccidnet.com/pub-bc-eval/index.shtml. Zugegriffen am 03.12.2019

Christidis K, Devetsikiotis M (2016) Blockchains and smart contracts for the internet of things. IEEE Access 4:2292–2303

Coinmarketcap (2019). http://www.coinmarketcap.com. Zugegriffen am 03.12.2019

Cooper RG (2006) Managing technology development projects. *Res Technol Manag* 1990:23–31

Crawford SES, Ostrom E (1995) A grammar of institutions. *Am Polit Sci Rev* 89(3):582–600

Deci EL (1972) The effects of contingent and noncontingent rewards and controls on intrinsic motivation. *Organ Behav Hum Perform* 8(2):217–229

EOS.IO (2018) EOS.IO technical white paper v2 (2018). https://github.com/EOSIO/Documentation/blob/master/TechnicalWhitePaper.md. Zugegriffen am 03.12.2019

Fenu G, Marchesi L, Marchesi M, Tonelli R (2018) The ICO phenomenon and its relationships with Ethereum smart contract environment. In: Blockchain oriented software engineering (IWBOSE), 2018 International Workshop on, Italy, 2018

Fernandez AS, Le Roy F, Chiambaretto P (2017) Implementing the right project structure to achieve coopetitive innovation projects. *Long Range Plan* 51:384–405

Fiske ST (2011) Envy Up, Scorn Down. Russell Sage Foundation, New York

Frantz CK, Nowostawski M (2016) From institutions to code: towards automated generation of smart contracts. In: Proceedings – IEEE 1st international workshops on foundations and applications of self-systems (FAS-W) 2016 (November 2017):210–215

Fudenberg D, Tirole J (1991) Game theory. MIT Press, Cambridge, MA

Garbers Y, Konradt U (2014) The effect of financial incentives on performance: a quantitative review of individual and team-based financial incentives. *J Occup Organ Psychol* 87(1):102–137

Garriga M, Arias M, De Renzis A (2018) Blockchain and cryptocurrency: a comparative framework of the main architectural drivers, arXiv:1812.08806. https://arxiv.org/abs/1812.08806. Zugegriffen am 03.12.2019

Gerhart B, Rynes SL, Fulmer IS (2009) Pay and performance: individuals, groups, and executives. *Acad Manag Ann* 3(1):251–315

Haji-Kazemi S, Andersen B, Klakegg OJ (2015) Barriers against effective responses to early warning signs in projects. *Int J Proj Manag* 33(5):1068–1083

Huffman D, Bognanno M (2017) High-powered performance pay and crowding out of nonmonetary motives. *Manag Sci* 64(10):4669–4680

Jensen MC, Meckling WH (1976) Theory of the firm: managerial behavior, agency costs and ownership structure. *J Financ Econ* 3(4):305–360

JPMorganChase, Quorum (2019). https://github.com/jpmorganchase/quorum. Zugegriffen am 03.12.2019

Lehner JM (2001) Praxisorientiertes Projektmanagement. Gabler, Wiesbaden

Lehner JM (2009) The staging model: the contribution of classical theatre directors to project management in development contexts. *Int J Proj Manag* 27(3):195–205

Locke EE, Latham G (1990) Goal setting. A motivational technique that works! Prentice-Hall, Englewood Cliffs

Micobo Gmbh (2018) Difference between Ethereum, Hyperledger Fabric and R3 corda. https://medium.com/@micobo/technical-difference-betweenethereum-hyperledger-fabric-and-r3-corda-5a58d0a6e347. Zugegriffen am 03.12.2019

Okhuysen GA, Bechky BA (2009) Coordination in organizations: an integrative perspective. *Acad Manag Ann* 3(1):463–502

Olawale Y, Sun M (2015) Construction project control in the UK: current practice, existing problems and recommendations for future improvement. *Int J Proj Manag* 33(3):623–637

Ouchi WG (1980) Markets, bureaucracies, and clans. *Adm Sci Q* 25:129–142

Parizi R.M., Amritraj, Dehghantanha A. (2018) Smart contract programming languages on blockchains: an empirical evaluation of usability and security. In: Chen S. et al. (eds) Blockchain – ICBC 2018. Lecture Notes in Computer Science, vol 10974. Springer, Cham. https://doi.org/10.1007/978-3-319-94478-4_6. Zugegriffen am 03.12.2019

PMBoK (2013) A guide to the project management body of knowledge (PMBOK Guide). Project Management Institute, Pennsylvania, USA. Zugegriffen am 03.12.2019

Pollack J (2007) The changing paradigms of project management. *Int J Proj Manag* 25:266–274

Provasi R, Farag S (2013) Accounting in ancient times: a review of classic references. *Account Financ Hist Res Journal* 5:68–87

Ramezan G, Leung C (2018) A blockchain-based contractual routing protocol for the internet of things using smart contracts. Wirel Commun Mob Com. 2018: Article ID 4029591, 14 pages. https://doi.org/10.1155/2018/4029591. Zugegriffen am 03.12.2019

Schützeneder P, Sametinger J, Lehner J (2018) Verwendung von Blockchain und Custom Tokens zur Projektkoordination – Ein Pilotversuch. HMD Praxis der Wirtschaftsinformatik 55:1285. https://doi.org/10.1365/s40702-018-00446-w. Zugegriffen am 03.12.2019

Sheth H, Dattani J (2019) Overview of blockchain technology. Asian journal for convergence in technology (AJCT). http://asianssr.org/index.php/ajct/article/view/728. Zugegriffen am 03.12.2019

Shteynberg G, Galinsky AD (2011) Implicit coordination: sharing goals with similar others intensifies goal pursuit. *J Exp Soc Psychol* 47(6):1291–1294

Sirer EG (2016) Thoughts on The DAO hack. http://hackingdistributed.com/2016/06/17/thoughts-on-the-dao-hack/. Zugegriffen am 03.12.2019

Sklaroff J (2017) Smart contracts and the cost of inflexibility. *Univ Pa Law Rev* 166(263):262–303

Staw BM (1976) Knee-deep in the big muddy: a study of escalating commitment to a chosen course of action. *Organ Behav Hum Perform* 16(1):27–44

Turner JR (1999) The handbook of project management. McGraw Hill, London

Turner JR, Cochrane RA (1993) The goals and methods matrix: coping with projects for which the goals and/or methods of achieving them are ill-defined. *Int J Proj Manag* 11(2):93–102

Turner R, Ledwith A, Kelly J (2010) Project management in small to medium-sized enterprises: matching processes to the nature of the firm. *Int J Proj Manag* 28(8):744–755

Um KH, Kim SM (2018) Collaboration and opportunism as mediators of the relationship between NPD project uncertainty and NPD project performance. Int J Proj Manag. Elsevier Ltd, APM and IPMA 36(4):659–672

Waves (2019), Waves platform documentation. https://docs.wavesplatform.com/en. Zugegriffen am 03.12.2019

Williamson OE (1981) The economics of organization: the transaction cost approach. *Am J Sociol* 87(3):548–577

Wüst K, Gervais A (2017) Do you need a blockchain? Department of Computer Science ETH, Zurich

Zaharie MA, Osoian CL (2016) Peer review motivation frames: a qualitative approach. *Eur Manag J* 34(1):69–79

Prof. Dr. Johannes Lehner ist Universitätsprofessor an der Johannes Kepler Universität Linz am Institut für Organisation. Er erforscht primär den Umgang mit Mehrdeutigkeit und Unsicherheit wie er sich in verschiedenen Zusammenhängen der Organisation, in Märkten und im Umgang mit neuen Technologien (z. B. Blockchain) zeigt. Johannes Lehner absolvierte mehrere Aufenthalte und Gastprofessuren in Nord- und Lateinamerika. Insbesondere im Austausch zwischen Europa und Lateinamerika betreute er auch zahlreiche universitäre und Praxisprojekte.

Philipp Schützeneder ist Doktoratsstudent und Forschungsmitarbeiter an der Johannes Kepler Universität Linz am Institut für Wirtschaftsinformatik – Software Engineering. Zu seinen Forschungsschwerpunkten gehört das Thema Blockchain, zu dem er auch seine Masterarbeit 2016 geschrieben hat. Philipp Schützeneder hat mehrere Jahre Erfahrung als Software Engineer und arbeitet auch als Senior IT-Berater. Mit der Blockchain-Technologie und speziell mit den Aspekten Blockchain-Applikationen, Mining, Spieltheorie und technischen Aspekten von Blockchain-Architekturen beschäftigt sich Philipp Schützeneder schon seit 2013.

Prof. Dr. Johannes Sametinger ist Universitätsprofessor an der Johannes Kepler Universität Linz am Institut für Wirtschaftsinformatik – Software Engineering. Zu seinen Forschungsinteressen gehören neben verschiedenen Aspekten des Software Engineering insbesondere Software Security und auch Blockchain. Johannes Sametinger war mehrere Jahre in den USA (Texas A&M University, Brown University, University of Arizona) und in Kanada (University of Toronto, Université de Montréal). Neben der JKU Linz war Sametinger auch als Software Entwickler bei Siemens München sowie an der Universität Regensburg tätig.

Konzerninterne Verrechnung von IT-Dienstleistungen

5

Stefan Tönnissen, Jan Heinrich Beinke und Frank Teuteberg

Zusammenfassung

Unternehmen sind bestrebt, ihre vorhandenen Prozesse aus der analogen Welt durch den Einsatz moderner Informationstechnologie (z. B. Industrie 4.0, Cloud Computing) in digitale Prozesse zu überführen oder bereits teilweise digitalisierte Prozesse innerhalb eines Konzerns zu integrieren. Mit dem somit vernetzten Unternehmen wird die Grundlage für „intelligente" Wertketten gelegt. Beispielsweise sind zwischen den verbundenen Gesellschaften in einem Konzern die Verrechnungen von Dienstleistungen, wie z. B. für die Leistungen einer zentralen IT-Abteilung, eine der häufigsten Leistungsbeziehungen. Die hierfür notwendigen Verrechnungspreise unterliegen besonderer Regelungen, u. a. sind alle konzerninternen Transaktionen im Vorfeld durch schriftliche Intercompany-Vereinbarungen zu regeln. Dies stellt für die Unternehmen einen hohen administrativen Aufwand dar. Dieser Beitrag greift die aktuellen Herausforderungen auf und entwirft in einer Fallstudie mit der Blockchain-Technologie und den Smart Contracts ein Lösungsszenario, welches sowohl die Prozesseffizienz einer intelligenten Wertkette im Blick hat als auch die Anforderungen aus dem Steuerrecht. Hierzu werden die Anforderungen aus der Fallstudie den Eigenschaften der Blockchain-Technologie gegenübergestellt. Aufgrund der hohen steuerlichen Relevanz wird das Lösungsszenario von Fachleuten aus dem Steuerrecht evaluiert.

Schlüsselwörter

Blockchain · Smart Contracts · Intercompany-Contracts · Fallstudie · Verrechnungspreise

---

Überarbeiteter Beitrag basierend auf Andrushevich et al. (2015) Abbildung von Intercompany-Verträgen auf der Blockchain durch Smart Contracts – eine Fallstudie am Beispiel von IT-Services, HMD – Praxis der Wirtschaftsinformatik Heft 324, 55(6): 1167–1184.

S. Tönnissen (✉) · J. H. Beinke · F. Teuteberg
Universität Osnabrück, Osnabrück, Deutschland
E-Mail: stoennissen@uni-osnabrueck.de

© Springer Fachmedien Wiesbaden GmbH, ein Teil von Springer Nature 2020
H.-G. Fill, A. Meier (Hrsg.), *Blockchain*, Edition HMD,
https://doi.org/10.1007/978-3-658-28006-2_5

5.1 Einleitung

Unternehmen sind bestrebt, ihre vorhandenen Prozesse aus der analogen Welt in die digitale Welt zu überführen oder bereits teilweise digitalisierte Prozesse innerhalb eines Konzerns zu integrieren (Groß und Pfennig 2019). Hierdurch wird die Grundlage für „intelligente Wertketten" innerhalb intraorganisationaler Prozesse geschaffen (Mitrakis 2019). Viele international und global agierende Unternehmen erbringen in zunehmenden Umfang Dienstleistungen in einer Konzernobergesellschaft für Tochtergesellschaften im Konzern. Diese grenzüberschreitenden Leistungen einer Gesellschaft in einem Konzern an eine andere Gesellschaft im Konzern ist in aller Regel entsprechend abzurechnen (Schoppe und Voltmer-Darmanyan 2012). Zwischen den verbundenen Gesellschaften in einem Konzern sind die Verrechnungen von Dienstleistungen, wie z. B. für die Leistungen einer zentralen IT-Abteilung, eine der häufigsten Leistungsbeziehungen. Die Preise für die Verrechnung der Leistungen innerhalb des Konzerns werden Verrechnungspreise genannt und sind in der Lage, eine Gewinnverlagerung von einem Konzernunternehmen zu einem anderen herbeizuführen. Daher unterliegen diese Verrechnungspreise hinsichtlich ihrer Gestaltung und Überprüfung besonderer Regeln (Wiesch 2013). Die Überprüfung der Angemessenheit der Transaktionen durch die Steuerbehörden startet üblicherweise mit den Verträgen zwischen den verbundenen Unternehmen. Die OECD hat in ihren BEPS-Regelungen die Bedeutung der sogenannten Intercompany-Verträge hervorgehoben. Demnach sind alle konzerninternen Transaktionen im Vorfeld durch schriftliche Intercompany-Vereinbarungen zu regeln (Henckens et al. 2017).

Darüber hinaus sind Leistungsverrechnungen immer auch verbunden mit der Frage, ob für den vermeintlichen Leistungsempfänger eine relevante Leistung erbracht wurde (Dorner 2013). Schriftliche konzerninterne Verträge sollten darüber hinaus regelmäßig überprüft und für alle konzerninternen Transaktionen angepasst werden (Henckens et al. 2017).

Ein Lösungsszenario für die zuvor genannten Herausforderungen ist eine Blockchain-basierte dezentrale Datenbank zur Speicherung der relevanten Informationen. Innerhalb der Blockchain werden die Daten in Datenblöcken in einer unveränderlichen sequenziellen Kette abgelegt. Aufgrund der vorhandenen kryptografischen Verschlüsselung kann sowohl die Vollständigkeit als auch die zeitliche Reihenfolge der Daten nachgewiesen werden (Brandt und Krupka 2018). Aufgrund dieser Eigenschaften könnte die Blockchain für die revisionssichere Archivierung von Vorgängen mit Bezug zu den Verrechnungspreisen als auch deren Verträge eingesetzt werden (Hinerarsky und Kurschildgen 2016). Die dynamische Anpassung der Intercompany-Verträge auf der Blockchain könnte mit Hilfe sog. Smart Contracts erfolgen (Zhang et al. 2017). Ein Smart Contract ist ein „intelligenter" Vertrag auf der Blockchain, der ereignisgesteuert eine oder mehrere Aktionen ausführt. Er setzt sich zusammen aus einer Vereinbarung zwischen zwei Parteien sowie dem Softwarecode (Clack et al. 2016). Mit diesen Smart Contracts könnte die Nutzung einer Leistung wie z. B. die Nutzung von SAP-R/3 bei einem Leistungsnehmer zu einer automatischen Transaktion auf der Blockchain über diese Leistung führen. Ein weiterer Smart Contract nimmt diese Transaktion auf und führt anhand definierter Regeln eine Verrechnung der Leistung durch, der Bezahlvorgang könnte zudem mit Bitcoins oder einer anderen Kryptowährung erfolgen.

Die Vorgänge der Erkennung der Leistungsnutzung, der Leistungsbewertung, der Erstellung einer vertraglichen Grundlage sowie die Leistungsabrechnung könnten vollständig auf der Blockchain ohne aktive menschliche Beteiligung automatisiert werden. Die Anforderungen durch ein Tax Compliance könnten gewährleistet als auch Zeit und Kosten eingespart werden. Die Blockchain stellt dabei die „single version of the truth" (Hwang und Reeves 2018). Ein Intercompany-Vertrag zwischen einem Leistungsgeber und einem Leistungsempfänger auf der Blockchain sowie deren Verrechnungen führt aufgrund der Unveränderlichkeit der Daten und der chronologischen Reihenfolge zudem zu einer deutlichen Zunahme der Transparenz und zur Beseitigung von Informationsasymmetrien. Aus dieser Ausgangssituation ergibt sich die folgende Forschungsfrage, die in diesem Beitrag adressiert wird:

Führt die Digitalisierung und Automatisierung von Intercompany-Verträgen auf der Blockchain mit der Integration in ein bestehendes ERP-System zu effizienten Prozessen bei gleichzeitiger Einhaltung der rechtlichen Herausforderungen?

Dieser überarbeitete und erweiterte Beitrag geht zurück auf einen Beitrag der Autoren aus der Zeitschrift HMD – Praxis der Wirtschaftsinformatik im Band 55 Heft 6 von Dezember 2018 zum Schwerpunkt Blockchain (Tönnissen und Teuteberg 2018).

5.2 Grundlagen

5.2.1 Konzerninterne Leistungen und Konzernumlagen

Bei der Verrechnung von konzerninternen Leistungen wird zwischen der direkten Verrechnung und der indirekten Verrechnung als Konzernumlage unterschieden. Die direkte Verrechnung behandelt jede einzelne Leistung im Rahmen einer schuldrechtlichen Vereinbarung separat und ermittelt dafür ein separates Entgelt. Daneben ist bei der indirekten Verrechnung bzw. Konzernumlage zunächst zu prüfen, ob zwischen den Gesellschaften ein schuldrechtlicher Leistungsaustausch stattgefunden hat. Bei Vorliegen eines Leistungsaustausches werden die Kosten für den Leistungsaustausch in der Weise ermittelt, dass der Leistungserbringer seine entstandenen Vollkosten zuzüglich eines Gewinnaufschlags kalkuliert und anhand eines Schlüssels auf die Leistungsnehmer verteilt (Schoppe und Voltmer-Darmanyan 2012). Eine verursachungsgerechte Verteilung anhand der erhaltenen Leistungen ist anhand einer Schlüsselung in der Regel nicht möglich, dennoch sollte der Schlüssel angemessen sein. Die einmal gewählte Schlüsselung muss entsprechend einer Veränderung der Rahmenbedingungen im Konzern angepasst werden. Eine konzerninterne Leistung muss eindeutig definierbar sowie abgrenzbar und mit den relevanten Kosten kalkulierbar sein. Die Leistungserbringung als auch die Leistungsverwendung muss messbar sein, des Weiteren ist ein tatsächlicher Leistungsnachweis notwendig. Die

Betriebsprüfung des Leistungsempfängers verlangt darüber hinaus den Nachweis der betrieblichen Veranlassung für die abgerechnete Leistung und akzeptiert die Betriebsausgabe nur, wenn ein echter Nutzen für den Leistungsempfänger sichtbar ist. Anhand der Schlüsselung der Kosten durch den Leistungserbringer ist eine Dokumentation des Nutzenumfangs aller Leistungsnehmer wichtig, um eine sachgerechte Kostenverteilung nachweisen zu können (Schoppe und Voltmer-Darmanyan 2012).

5.2.2 Transferpreise

Transferpreise oder auch Verrechnungspreise sind „... die Preise, die Nahestehende (meist verbundene Unternehmen) für Lieferungen und Leistungen jeglicher Art in Rechnung stellen und bezahlen" (Dorner 2013). Mit der Bestimmung der Verrechnungspreise wird der zu versteuernde Gewinn eines global tätigen Unternehmens auf die Tochtergesellschaften in den beteiligten Ländern aufgeteilt (Dorner 2013). Aufgrund der fehlenden Konkurrenzsituation in einem Konzern obliegt die Gestaltung der Verrechnungspreise häufig der Konzernzentrale, die damit theoretisch die Möglichkeit hat, eine zielgerichtete Verlagerung von Gewinnen durchzusetzen (Wehnert et al. 2014).

5.2.3 Intercompany-Verträge

Bei Leistungsbeziehungen zwischen Gesellschaften eines unter einheitlicher Führung stehenden Konzerns spricht man von Intercompany-Verträgen. Für die indirekte Verrechnung von konzerninternen Leistungen mittels Konzernumlage werden Umlageverträge zwischen den Gesellschaften abgeschlossen. Es wird aus zweierlei Sicht empfohlen, solche Umlageverträge schriftlich abzuschließen, zum einen aus steuerlicher Sicht, da die Vertragsinhalte zur Dokumentation in Betriebsprüfungen herangezogen werden (Schoppe und Voltmer-Darmanyan 2012) und zum anderen um die Anforderungen der OECD an die Wichtigkeit der Vertragsanalyse als Teil der Fremdvergleichsanalyse zu erfüllen. Trotz der fehlenden Schriftformerfordernisse in Deutschland wird durch den Anspruch der Rechtssicherheit die schriftliche Vereinbarung empfohlen (pwc 2016).

Für die Erstellung und Durchführung eines Vertrages werden in der Literatur verschiedene Phasen aufgeführt. Nick Szabo (1998) unterteilt den Prozess zunächst in Ex-Ante und Ex-Post. In der Ex-Ante Phase finden sich die Elemente search, negotiation und commitment, während die Ex-Post Phase aus den Elementen performance und adjudication besteht (siehe Abb. 5.1).

Aufgrund der Ausgangssituation unserer Fallstudie entfallen die Phasen search und negotiation, da die Konzernobergesellschaft aufgrund ihrer rechtlichen Stellung das Gestaltungsrecht beansprucht und somit eine Suche und Verhandlung ebenso wie eine Gerichtsbarkeit entfällt. Infolgedessen sind die Phasen commitment und performance relevant für die digitale Abbildung von Intercompany-Verträgen auf der Blockchain. Mit dem Commitment erfolgt die Abstimmung von

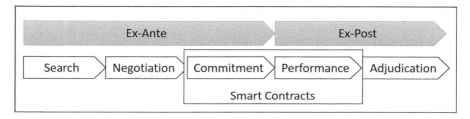

Abb 5.1 Vertragsphasen nach Nick Szabo (1998)

Antrag (§ 145 BGB) und Annahme (§ 147 BGB) auf der Grundlage von zwei Willenserklärungen zwischen den beiden Vertragsparteien. Diese Willenserklärungen werden auf der Blockchain durch die Signatur der eigenen Erklärung mit dem privaten Schlüssel abgegeben. Die Durchführung der vereinbarten Willenserklärungen erfolgt in der Performance, die mit Smart Contracts auf der Blockchain lediglich durch Realakte ausgeführt werden können (Heckelmann 2018).

5.2.4 Smart Contracts aus technischer und rechtlicher Sicht

Mit der zuvor beschriebenen Blockchain-Technologie ist das Konzept der Smart Contracts aus dem Jahre 1997 erneut in den Fokus gerückt. Ein Smart Contract ist ein Programm, das auf der Blockchain gespeichert ist (Risius und Spohrer 2017). Der Begriff „Smart Contract" wurde erstmalig 1997 von dem Informatiker Nick Szabo in einem wissenschaftlichen Artikel genutzt (Szabo 1997). Er stellt darin fest, dass trotz der Entwicklungen der weltweiten Computernetzwerke noch die Selbstverständlichkeit lebt, schriftliche Verträge auf Papier zu formulieren. Die wichtigste traditionelle Art, eine Geschäftsbeziehung zwischen zwei Geschäftspartnern zu formalisieren, ist der Vertrag. Nick Szabo sieht aufgrund der hohen Rechnerleistungen und der weltweiten Vernetzung die Möglichkeiten, alle Schritte im Verlauf eines Vertragsabschlusses technisch zu unterstützen und das Verhandeln, Abbilden, Abwickeln, Überprüfen sowie Durchsetzen vertraglicher Regelungen vollständig oder zumindest teilweise zu automatisieren (Szabo 1997). Diese Automatisierung von einzelnen Prozessschritten kann mit Hilfe des Smart Contracts auf der Blockchain erfolgen, daher wird der Smart Contract häufig als „intelligenter" Vertrag bezeichnet. Hierbei setzt sich ein Smart Contract aus einer Vereinbarung zwischen zwei Parteien sowie dem Softwarecode zusammen. Diese getroffene Vereinbarung muss sowohl durchsetzbar als auch in der Blockchain automatisierbar sein (Clack et al. 2016). Der Smart Contract bildet auf der Blockchain die Vereinbarung zwischen zwei Parteien ab und prüft dann laufend, ob eine vertraglich vereinbarte Situation oder ein Zustand eingetroffen ist und führt automatisch die zuvor im Programmcode festgelegte Aktion aus. Die Smart Contracts werden in einer Skriptsprache auf der Blockchain abgebildet und in einer virtuellen Maschine auf allen Rechnern des Peer-to-Peer-Netzwerks ausgeführt. Die Programmierung eines Smart Contracts kann in einer Ethereum Blockchain mit einer JavaScript ähnlichen Sprache mit

Namen Solidity erfolgen. Solidity ist eine objektorientierte höhere Programmiersprache, die von der virtuellen Maschine der Ethereum Blockchain in Bytecode kompiliert wird.

Aus rechtlicher Sicht sind Smart Contracts selbstvollziehende Verträge, die den Abschluss und die Vollziehung von Rechtsgeschäften durchführen. Mit den Smart Contracts soll eine höhere Vertragssicherheit gegenüber herkömmlichen Verträgen erreicht werden bei gleichzeitiger Reduzierung der anfallenden Transaktionskosten.

5.3 Methodische Vorgehensweise

Die Vorgehensweise in unserer Arbeit teilt sich in die nachfolgenden sechs Prozessschritte auf (siehe Abb. 5.2).

Für die Beantwortung unserer Forschungsfrage führen wir eine qualitative Forschung durch die Analyse einer Fallstudie durch. Die Fallstudienforschung ist in der Forschung von Informations- und Kommunikationssystemen weit verbreitet. Eine der Stärken der Fallstudienforschung ist, dass Informationssysteme in einer ihrer relevanten Umgebungen studiert werden können. Aus diesem Kontext der Praxis heraus können neue Theorien entwickelt werden (Recker 2013). Die Fallstudie basiert auf praktischen Erkenntnissen der Autoren und wird angereichert durch Erkenntnisse aus der aktuellen Fachliteratur. Die Evaluierung erfolgt durch Experten von Wirtschaftsprüfungsgesellschaften aus dem Steuerrecht mit Bezug zu Intercompany-Contracts und Kenntnissen der Blockchain-Technologie. Die Ergebnisse aus der Fallstudie und den Fragebögen werden analysiert und bewertet. Zum Schluss werden die Erkenntnisse diskutiert und Implikationen für die Zukunft abgeleitet.

5.4 Die Fallstudie

5.4.1 Ausgangssituation: Beschreibung des Umfeldes und der IT-Services

Eine in Deutschland ansässige Muttergesellschaft in einem europäischen Konzern hat eine IT-Abteilung, die grenzüberschreitende Leistungen für Tochtergesellschaften des Konzerns erbringt. In dieser zentralen IT-Abteilung werden die wesentlichen und konzernweit genutzten Anwendungen wie z. B. SAP-R/3, SAP-CRM, SAP-HCM, Navision, IBM Cognos etc. administriert und als Service vorgehalten. Neben der Bereitstellung der Hard- und Software kümmert sich die zentrale IT-Abteilung ebenfalls um das Anpassen der Systeme (Customizing), Durchführung von Schulungen bis hin zur kundenindividuellen Anwendungsprogrammierung.

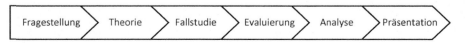

Abb 5.2 Methodische Vorgehensweise in Prozessschritten

Dieser Leistungserstellungsprozess führte vor einigen Jahren zu einem nachfolgenden Leistungsverrechnungsprozess, mit dem die Transparenz und Nachvollziehbarkeit der IT-Kosten durch die Fachabteilungen erreicht werden sollte (Mauch 2008). Die IT-Leistungsverrechnung umfasst die Festlegung der Preise, den Zahlvorgang sowie die Verrechnungsmethode zwischen der IT-Abteilung und den konzerninternen Kunden (Mauch 2008). Die IT-Abteilung verrechnet ihre IT-Leistungen bisher pauschal im Umlageverfahren, und erhält dafür regelmäßig Kritik von den konzerninternen Kunden, da auf dieser Basis keine verursachungsgerechte Kostenverrechnung erfolgt und damit das ursprüngliche Ziel, die Leistungsempfänger als Beeinflusser an der Senkung der IT-Kosten zu beteiligen, verfehlt wird. Für den IT-Service SAP-R/3 werden beispielhaft die für den Service relevanten Sachkosten (Energie, Hardware, Software, Miete, Versicherung etc.) sowie die Personalkosten der Mitarbeiter für diesen Service auf Basis einer Geschäftsjahresplanung kalkuliert. Mit der Division der Sach- und Personalkosten durch die Anzahl der benötigen und geplanten Lizenzen wird der Preis für eine IT-Leistung SAP-R/3 kalkuliert. Innerhalb des Geschäftsjahres werden diese Plankostenverrechnungen nur dann angepasst, wenn sich die Kosten in der Bandbreite +/−10 % verändern. Zwischen der Muttergesellschaft und den Tochtergesellschaften werden zum Beginn des Geschäftsjahres ein Rahmenvertrag, ein Einzelvertrag sowie Service-Level-Agreements für die Leistungsverrechnungen abgeschlossen. Der Rahmenvertrag enthält die grundlegenden schuldrechtlichen Bestimmungen zwischen Leistungserbringer und Leistungsempfänger mit allgemeinen Informationen zur Beziehung Leistungsgeber und Leistungsnehmer, Laufzeiten und Kündigungsfristen, Angaben zur Überprüfung der Kosten der Leistungen, Datenschutzklauseln, Salvatorische Klausel und Schiedsverfahren. In dem Einzelvertrag werden die konkreten Leistungen sowie deren Preise, die Vertragspartner als auch die Vertragslaufzeit beschrieben. Für jede bezogene Leistung gibt es darüber hinaus in den Service-Level-Agreements hinreichend genaue Regelungen. Die Verträge sind in Papierform vorhanden. Für eine typische Leistungsbeziehung zwischen der Mutter- und einer Tochtergesellschaft werden für den Rahmenvertrag zwei Seiten Papier, für den Einzelvertrag mit 12 Services drei Seiten Papier und für 12 Service Level Agreements 12 Seiten Papier notwendig. Das sind insgesamt 17 Seiten Papier. Die Rechtsabteilung, die Steuerabteilung, die IT-Abteilung als auch die Leistungsempfänger fertigen sich heute aus verschiedenen Gründen Kopien der Verträge an. Die Unzufriedenheit in diesen Fachbereichen über diese papiergebundene Abwicklung, deren umständlichen Abstimmungsprozessen als auch deren Ablagekosten sind groß. Hinzu kommen hohe manuelle Aufwendungen für die Bereitstellung von Unterlagen in Betriebsprüfungen und dem Nachweis der vertraglichen Grundlagen. Daher wurde die IT-Abteilung beauftrag, das Vertragsmanagement der Intercompany-Verträge zu digitalisieren.

Aufgrund der zunehmenden Kosten für den Betrieb von SAP-R/3 und der sich wandelnden Nutzung in den Fachbereichen besteht große Unzufriedenheit in den Fachbereichen und große Unsicherheit in der IT-Abteilung hinsichtlich der kalkulierten Kostenumlage. Das Management hat daher entschieden, die Leistungsverrechnung von SAP-R/3 im Konzern auf eine neue Grundlage zu stellen. Die neue Leistungsverrechnung soll auf Basis der CPU-Verbrauchswerte der Benutzer geschehen, um dadurch eine verursachungsgerechte Leistungsverrechnung durchführen zu können. Für die Ermittlung der CPU-Verbrauchswerte kommt der SAP-interne Verbrauchsdatenkollektor Computer Center Management System (CCMS) zum Einsatz (Uebernickel 2005). Dieser kann auf Tages-, Wochen- oder Monatsbasis die CPU-Verbrauchswerte der Benutzer erzeugen. Die IT-Abteilung verfolgt das Ziel der Implementierung einer automatisierten Abrechnung der IT-Leistungen. Im Rahmen der neuen Leistungsverrechnung sollen manuelle Tätigkeiten weitgehend vermieden und sowohl eine hohe Prozesssicherheit als auch hohe Prozessautomatisierung erreicht werden.

5.4.2 Aktuelle Herausforderungen, Anforderungen und Probleme

Aus der zuvor beschriebenen Fallstudie ergeben sich die in Tab. 5.1 aufgeführten Anforderungen an die Neugestaltung einer IT-Leistungsverrechnung:

Darüber hinaus stellen Henckens et al. (2017) die Herausforderungen im Kontext von Intercompany-Contracts dar. Zunächst führt die Erstellung einer beträchtlichen Anzahl von Verträgen, beispielsweise in Bezug auf global tätige Vertriebsgesellschaften, zu einem hohen Aufwand in den Funktionsbereichen wie Recht und Steuern. Hinzu kommt, dass für IT-Services zahlreiche Service-Level-Agreements als Nebenbestandteile der Verträge zu erstellen sind. Die Verträge werden heute in Papierform erstellt, daher ist die Verwaltung und Speicherung von Verträgen mit enormen Aufwendungen und Kosten verbunden. Für diese in Papierform hinterlegten Verträge ist die inhaltliche Überprüfung der Koexistenz zwischen tatsächlichem Verhalten und vertraglicher Vereinbarung eine große Herausforderung für die zentralen Bereiche in der Muttergesellschaft. Ein Vertrag

Tab 5.1 Anforderungen an eine IT-Lösung für das Vertragsmanagement

Anforderungen	Klassifizierung
Digitalisierung des Vertragsmanagements im Hinblick auf Reduzierung der Verträge in Papierform.	Digitalisierung
Digitalisierung des Vertragsmanagements im Hinblick auf eine workflow-basierte Abbildung des Vertragsprozesses.	Digitalisierung und Automatisierung
Reduzierung des Aufwandes für die Bereitstellung von Informationen in Betriebsprüfungen.	Digitalisierung und Single version of truth sowie Single point of record.
Transparenter Nachweis der verursachungsgerechten Leistungsverrechnung.	Leistungsverrechnung
Automatisierung der verursachungsgerechten Leistungsverrechnung.	Digitalisierung und Automatisierung

unterliegt einer zeitlichen Bindung, daher ist die Überprüfung der Vertragslaufzeit eine der kontinuierlichen Aufgaben der Rechtsabteilung. Bei einer Veränderung der Rechtslage sind die Verträge anzupassen und mit den Vertragspartnern erneut abzustimmen.

Die Relevanz der aus der Fachliteratur ersichtlichen Herausforderungen für die Praxis haben wir uns von Fachleuten für Steuerrecht und Transferpreisen bestätigen lassen. Hierzu haben wir einen Fragebogen entwickelt, der die aus der Literatur ermittelten Herausforderungen in ihrer Bedeutung für die betriebliche Praxis aufgrund einer Bewertung durch eine ungerade Likert-Skala von 1 für „stimme voll zu" bis 5 für „stimme gar nicht zu" ermittelt. Wir haben im April 2018 32 Fachleute mit dem Schwerpunkt Verrechnungspreise von den Big4 Wirtschaftsprüfungs- und Steuerberatungsgesellschaften angeschrieben und von 20 Fachleuten eine Rückmeldung erhalten. Das Ergebnis ist wie in Tab. 5.2 dargestellt:

Hervorzuheben möchten wir die Bedeutung der Koexistenz zwischen dem tatsächlichen Verhalten und den vertraglichen Vereinbarungen (arithmetisches Mittel 1,55, d. h. eine sehr hohe Zustimmung mit einer geringen Standardabweichung). Die Befragten äußerten die zunehmende Bedeutung von Substance-over-Form, d. h. der Berücksichtigung der tatsächlichen Verhältnisse anstelle von vertraglichen Vereinbarungen. Dem geht jedoch die Äußerung voran, dass in Betriebsprüfungen hohe Wahrscheinlichkeiten darin bestehen, die fehlenden schriftlichen Vereinbarungen festzustellen. Die Anerkennung von Intercompany-Transaktionen sei in hohem Maße auch von vorhandenen Intercompany-Verträgen abhängig.

Tab 5.2 Übersicht der Fragen und Antworten zu den Herausforderungen im Vertragsmanagement

Herausforderungen im Vertragsmanagement Mögliche Antworten: (1 = stimme voll zu bis 5 = stimme gar nicht zu)	Arithmetisches Mittel	Standard Abweichung
Eine Herausforderung für die Unternehmen ist die Erstellung einer beträchtlichen Anzahl von Verträgen mit verbundenen Unternehmen. „Für wie relevant halten Sie diese Aussage"?	2,09	0,7
Für IT-Services sind zahlreiche Service-Level-Agreements als Nebenbestandteile der Verträge zu erstellen und zu verwalten.	2,55	0,69
Die Verwaltung und Speicherung von Verträgen, die heute in Papierform gehalten werden, stellt für die Unternehmen eine große Herausforderung dar.	2,27	1,1
Die inhaltliche Überprüfung der Koexistenz zwischen dem tatsächlichen Verhalten und der vertraglichen Vereinbarung stellt eine große Herausforderung für die Unternehmen dar.	1,55	0,52
Eine weitere Herausforderung ist die regelmäßige Überprüfung der Vertragslaufzeit.	2,09	0,83
Die Anpassung der Verträge an aktuelle rechtliche Entwicklungen als permanente Herausforderung.	2,27	1,01

5.4.3 Lösung durch eine Blockchain-basierte Abbildung von Intercompany-Verträgen

Für die Überwindung der aus der Literatur abgeleiteten und durch den Fragebogen evaluierten Herausforderungen sowie der in der Fallstudie definierten Ziele und Anforderungen werden die Eigenschaften der Blockchain-Technologie herangezogen. Hierfür stellen wir in Tab. 5.3 die Anforderungen aus der Fallstudie den korrespondierenden Eigenschaften der Blockchain gegenüber.

Die Anforderungen an ein digitalisiertes Vertragsmanagement mit zahlreichen Vertragspartnern, über Landesgrenzen und Zeitzonen hinweg, können zunächst mit einem Peer-to-Peer Netzwerk erfüllt werden. Aufgrund einer fehlenden zentralen Instanz sind alle Vertragspartner in einem Peer-to-Peer-Netzwerk gleichberechtigt in der Ausführung als auch in der Sicht auf die Daten. Die Anforderung „Digitalisierung des Vertragsmanagements im Hinblick auf Reduzierung der Verträge in Papierform" erfordert zunächst eine einheitliche und konsistente Datengrundlage, auf die alle Vertragspartner in einem Peer-to-Peer-Netzwerk gleichberechtigt zugreifen können. Aufgrund der Unveränderlichkeit der Daten und der chronologischen Kette besteht für die Vertragspartner ein hohes Vertrauen in die Konsistenz der vertraglichen Vereinbarungen. Den Nachweis der Vertragspartner erbringen die digitalen Signaturen in einer geschlossenen Blockchain. Die in der Vertragsphase Commitment notwendigen Aktionen für Antrag und Annahme werden durch Smart Contracts ereignisgesteuert ausgeführt. Für die folgende Anforderung „Digitalisierung des Vertragsmanagements im Hinblick auf eine workflow-basierte Abbildung des Vertragsprozesses" ist ebenfalls die Funktion des Peer-to-Peer-Netzwerks notwendig, um alle Vertragspartner gleichberechtigt einbeziehen zu können. Die Funktion des ereignisgesteuerten Workflows erfolgt auf der Blockchain durch ereignisgesteuerte Smart Contracts. Für einen einheitlichen Zugriff auf die Daten hinsichtlich der dezentralen Betriebsprüfungen im Konzern und der damit einhergehenden Vereinfachung sind neben dem Peer-to-Peer-Netzwerk gerade die Unveränderlichkeit der Daten als auch deren Verschlüsselung in der chronologischen Kette relevant. In Deutschland legen die Grundsätze zur ordnungsgemäßen Führung und Aufbewahrung von Büchern, Aufzeichnungen und Unterlagen in elektronischer Form sowie zum Datenzugriff (GoBD) fest, dass die Führung von Büchern in elektronischer Form die Anforderungen an Nachvollziehbarkeit, Nachprüfbarkeit sowie der Unveränderbarkeit zu erfüllen hat.

In einem zweiten Schritt stellen wir in Tab. 5.4 die Herausforderungen an Intercompany-Contracts den Eigenschaften der Blockchain gegenüber.

Aus den 1:n Beziehungen zwischen der Muttergesellschaft und den Tochtergesellschaften wird bei blockchain-basierten Intercompany-Contracts eine 1:1 Beziehung, da die Muttergesellschaft einen Smart Contract auf der Blockchain installiert hat, der die sich wiederholenden schuldrechtlichen Beziehungen zu den Tochtergesellschaften abbildet. Dies ist aufgrund des Peer-to-Peer-Netzwerkes der Vertragspartner und der Digitalen Signatur eines jeden Leistungsempfängers im Konzern möglich. Die mehrfache Speicherung von Verträgen in den dezentralen Einheiten des Konzerns entfällt aufgrund des dezentralen Prinzips der Blockchain, in dem

Tab 5.3 Anforderungen und Eigenschaften der Blockchain

Anforderungen / Eigenschaften der Blockchain	Peer-to-Peer	Unveränderlichkeit	Verschlüsselung	Open Source	Konsens	Echtzeit	Verfügbarkeit	Signatur	Chronologie	Smart Contracts
Digitalisierung des Vertragsmanagements im Hinblick auf Reduzierung der Verträge in Papierform.	x	x						x	x	x
Digitalisierung des Vertragsmanagements im Hinblick auf eine workflow-basierte Abbildung des Vertragsprozesses.	x									x
Reduzierung des Aufwandes für die Bereitstellung von Informationen in Betriebsprüfungen.	x	x	x					x	x	
Transparenter Nachweis der verursachungsgerechten Leistungsverrechnung.	x					x		x	x	
Automatisierung der verursachungs-gerechten Leistungsverrechnung.	x					x	x	x	x	x

Tab. 5.4 Herausforderungen und Eigenschaften der Blockchain

Herausforderungen / Eigenschaften der Blockchain	Peer-to-Peer	Unveränderlichkeit	Verschlüsselung	Open Source	Konsens	Echtzeit	Verfügbarkeit	Signatur	Chronologie	Smart Contracts
Eine Herausforderung für die Unternehmen ist die Erstellung einer beträchtlichen Anzahl von Verträgen mit verbundenen Unternehmen.	x							x	x	
Für IT-Services sind zahlreiche Service-Level-Agreements als Nebenbestandteile der Verträge zu erstellen und zu verwalten.	x			x				x	x	
Die Verwaltung und Speicherung von Verträgen, die heute in Papierform gehalten werden, stellt für die Unternehmen eine große Herausforderung dar.	x	x	x					x	x	

5 Konzerninterne Verrechnung von IT-Dienstleistungen

Die inhaltliche Überprüfung der Koexistenz zwischen dem tatsächlichen Verhalten und der vertraglichen Vereinbarung stellt eine große Herausforderung für die Unternehmen dar.	x	x		x		x	x
Eine weitere Herausforderung ist die regelmäßige Überprüfung der Vertragslaufzeit.	x					x	x
Die Anpassung der Verträge an aktuelle rechtliche Entwicklungen als permanente Herausforderung.	x				x		x

Tab. 5.5 Häufigkeitsverteilung der Funktionen zu Anforderungen und Herausforderungen

Funktionen	Häufigkeit Anforderungen	Häufigkeit Herausforderungen	Summe
Peer-to-Peer Netzwerk (F1)	5	6	11
Unveränderlichkeit (F2)	2	1	3
Verschlüsselung (F3)	1	2	3
Open Source (F4)	0	1	1
Konsensmechanismus (F5)	0	0	0
Echtzeitverarbeitung (F6)	2	1	3
Keine Ausfallzeit (F7)	1	0	1
Digitale Signatur (F8)	4	4	8
Chronologische Kette (F9)	4	5	9
Smart Contracts (F10)	3	3	6

jeder Vertragspartner und Teilnehmer an der Blockchain eine Einsicht in die Daten erhält, die Unveränderlich als auch mit Hilfe einer Verschlüsselung zu einer chronologischen Kette verbunden sind. Die Herausforderung der inhaltlichen Überprüfung der Koexistenz zwischen dem tatsächlichen Verhalten und der vertraglichen Vereinbarung gleicht der Anforderung „Transparenter Nachweis der verursachungsgerechten Leistungsverrechnung". Hierbei werden die CPU-Verbrauchsdaten auf die Blockchain geschrieben und über einen Smart Contract abgerechnet. Für die Überwachung und Anpassung der Vertragslaufzeiten der Verträge sind Smart Contracts in einem Peer-to-Peer-Netzwerk zu nutzen. Für die Anpassung der Verträge an Gesetzesänderungen sind Smart Contracts einsetzbar, die die bestehenden Abrechnungsmechanismen an die neuen Anforderungen anpassen.

Die Funktion Peer-to-Peer Netzwerk der Blockchain-Technologie trifft am häufigsten die Anforderungen und Herausforderungen (siehe Tab. 5.5). Dies lässt sich damit begründen, dass die am Intercompany-Vertrag teilnehmenden Vertragspartner in gleichberechtigter Art und Weise sowohl an den Prozessen über die Smart Contracts als auch über die Transparenz der Abrechnungen partizipieren. Damit einhergehend die Bedeutung der chronologischen Kette der Blockchain, da damit innerhalb des Konzern ein „single source of truth" geschaffen wird. Die digitale Signatur der dezentralen Vertragspartner im Konzern ist unabdingbare Voraussetzung für die Abbildung von digitalen Verträgen.

5.4.4 Integration der Blockchain in eine bestehende ERP-Landschaft

Für international und global agierende Unternehmen ist ein Enterprise Resource Planning (ERP) System ein elementarer Bestandteil der IT-Architektur (Leyh und Wendt 2018). Mit dem ERP-System werden die Prozesse des Unternehmens aus den Funktionsbereichen wie Einkauf, Logistik, Produktion, Rechnungswesen etc. abgebildet sowie über eine einheitliche Datenbasis integriert (Chies 2016). Sie bilden damit eine Rückgrat-Funktion in den Unternehmen und übernehmen operative und dispositive Geschäftsprozesse (Jacob 2008). Durch eine Integration der Blockchain in bestehende ERP-Systeme ergeben sich Potenziale zur Verbesserung der bestehenden Prozesse (Linke und Strahringer 2018). Zu berücksichtigen ist jedoch, dass die Integration der Blockchain die bestehenden unternehmensinternen Prozesse als auch deren Abbildung in den ERP-Systemen möglichst unverändert lässt (Linke und Strahringer 2018). Aus diesem Grunde wird eine lose Kopplung der Blockchain über eine Schnittstelle empfohlen, um die Unabhängigkeit der ERP-Systeme als das zentrale Rückgrat des Unternehmens zu gewährleisten (Linke und Strahringer 2018).

Die Marktanteile der Anbieter von ERP Software in Deutschland von 2011 bis 2013 in Deutschland zeigen mit 58,2 % SAP als führenden Anbieter, gefolgt von Sage mit 7,2 % und Microsoft mit 6,8 % (statista 2019). Aufgrund der hohen Verbreitung von SAP in den Unternehmen in Deutschland zeigen wir nachfolgend eine Integration der Blockchain am Beispiel von SAP-R/3 auf.

Für die Integration wird ein Software Konnektor entwickelt, der die in SAP vorhandene Programmierschnittstelle zur Anbindung von externen Anwendungen auf der Grundlage von OData nutzt. OData ist ein als Open Data Protocol von der Organization for the Advancement of Structured Information Standards (OASIS) konzipierter Standard, der die gemeinsame Nutzung von Daten in der Cloud oder auf mobilen Endgeräten gewährleisten soll. SAP ist Mitglied des OASIS Konsortiums und hat das Open Data Protocol (OData) in die SAP eigene Programmiersprache ABAP integriert (Riemann 2017). Eine weitere Funktion des Software Konnektors ist die Transformation der Daten sowohl von SAP-R/3 an die Blockchain als auch von der Blockchain zu SAP-R/3 (Linke und Strahringer 2018). Die Blockchain Hyperledger Fabric bietet beispielsweise mit dem Tool Hyperledger Composer ein Anwendungsentwicklungs-Framework an, dass die Erstellung von Anwendungen vereinfacht und ebenfalls eine Programmierschnittstelle (REST API) anbietet (Linke und Strahringer 2018).

Neben der beschriebenen Lösung, die sowohl hinsichtlich der verwendeten Blockchain als auch des verwendeten ERP-Systems flexibel ist, gibt es für Unternehmen eine von SAP angebotene Blockchain Lösung. Diese SAP Cloud Platform Blockchain wird als Blockchain-as-a-Service angeboten mit der Option der Blockchain Technologien von Hyperledger Fabric und MultiChain (Zube und Perez 2018).

5.4.5 Die Blockchain-basierte Abrechnung von IT-Services im Zusammenspiel mit SAP-R/3

Die verursachungsgerechte und automatisierte Leistungsverrechnung geschieht in mehreren Schritten.

[1] Zunächst müssen die CPU-Verbrauchsdaten der Nutzer ermittelt und auf die Blockchain geschrieben werden. Hierzu wird der SAP Betriebssystemmonitor automatisiert die CPU-Verbrauchsdaten je Benutzer am Monatsende ermitteln und die Daten über eine Schnittstelle auf die Blockchain schreiben. Die SAP Transaktionen für die allgemeine technische Analyse des CPU-Verbrauchs sind beispielsweise ST06 für die Ermittlung der Auslastung der CPU sowie ST04 für die Analyse der Auslastung von Datenbankpuffern und – sperren. Die Analyse

der Verbrauchsdaten erfolgt mit der Transaktion ST03, diese zeigt die Lastverteilung im SAP System auf Benutzer und Reports an.

[2] Die Kosten für die Bereitstellung von SAP-R/3 werden in SAP im Modul Controlling auf einem Innenauftrag gesammelt. Die Rechnung von SAP für die Wartung und Lizenzen können von der Kreditorenbuchhaltung direkt auf diesen Innenauftrag kontiert werden bzw. sind über eine Bestellung in SAP-R/3 als Grundlage für eine bestellbezogene Rechnungsprüfung bereits hinterlegt. Die Kreditorenbuchhaltung würde die Rechnung mit Bezug zur Bestellung buchen und die relevanten Kontierungen aus der Bestellung übernehmen. Weitere Sachkosten wie Abschreibungen für die Server können über die Anlagenbuchhaltung ebenfalls direkt dem Innenauftrag zugeordnet werden. Die Personalkosten für die Bereitstellung von SAP-R/3 Services werden üblicherweise über das Personalwirtschaftssystem SAP-HCM über eine Schnittstelle auf die Stammkostenstelle des Mitarbeiters in SAP-R/3 abgerechnet. Diese Kosten werden im Rahmen des Monatsabschlusses über eine automatische Allokation über einen SAP Zyklus von der Kostenstelle auf den Innenauftrag gebucht. Den Zyklus für die Verteilung der Kosten wird über die Transaktion KSV1 in SAP-R/3 angelegt. Der Zyklus enthält Sender und Empfänger sowie die Regelungen für die Verteilung der Kosten, z. B. absolute und relative Werte, gebuchte Beträge oder feste Beträge etc.

[3] Auf der Blockchain sind nun die gesamten Verbrauchswerte als auch die hierfür entstandenen Kosten vorhanden und können im nächsten Schritt über einen Smart Contract abgerechnet werden. Der Smart Contract benötigt für die Ausführung ein entsprechendes Signal, das entweder zeitgesteuert oder aktionsgesteuert konzipiert werden kann. Ein zeitgesteuertes Signal könnte ein absolutes Datum sein, das angelehnt an die Monatsabschlusstermine des Unternehmens definiert wurde. Es könnte auch ein relatives Datum sein, in dem zum Beispiel festgelegt ist, dass ein Tag nach Übertragung der Verbrauchsdaten und Kosten die Abrechnung erfolgt. Eine weitere Möglichkeit ist, dass ein Signal von außen auf die Blockchain geschrieben wird und damit den Anstoß für die Verarbeitung gibt. Dieses Signal könnte nach Abschluss der Monatsabschlussbuchungen in SAP-R/3 aus SAP-R/3 auf die Blockchain geschrieben werden.

[4] Die Abrechnung über einen Smart Contract auf der Blockchain hat anhand der CPU-Verbrauchsdaten und der Kosten für den Service SAP-R/3 die Kosten je Gesellschaft des Konzerns ermittelt. Diese Kosten werden in einem nächsten Schritt an das SAP-R/3 System der Muttergesellschaft als Leistungserbringer übertragen und führen dort zu einer automatisierten Intercompany-Abwicklung mit einer internen Verrechnung zwischen den Gesellschaften des Konzerns. Aufgrund der Transferpreisrichtlinien ist in dem zugehörigen Konditionsschema in SAP-R/3 ein Gewinnaufschlag von beispielsweise 3 % zu berücksichtigen.

[5] Die internen Verrechnungen in SAP-R/3 führen zu Umsatzerlösen in der leistungserbringenden Gesellschaft. Diese Umsatzerlöse sind über die zugehörigen Kontierungsregelungen dem Innenauftrag für den Service SAP-R/3 zuzuordnen. Somit zeigt der Innenauftrag die angefallenen Kosten des Monats als auch die Erlöse aus den internen Verrechnungen an.

Die Echtzeitverarbeitung der Blockchain erlaubt eine verbrauchsgenaue Abrechnung, die anhand der chronologischen Kette jederzeit Transparenz über die durchgeführten Abrechnungen ermöglicht. Dieser Vorgang der Erfassung der Leistungsdaten, Kalkulation der Leistungsentgelte und Durchführung der Abrechnung erfolgt mit Hilfe von Smart Contracts auf der Blockchain und erfolgt somit vollständig automatisiert als auch transparent für alle Teilnehmer.

5.5 Lessons Learned

Die von uns vorgestellte Lösung für die Digitalisierung von Verrechnungen von IT-Services zwischen Konzerngesellschaften mit Hilfe der Blockchain und Smart Contracts ist auch durch vorhandene ERP-Systeme und deren Datenbanken möglich. Diese Datenbanken für die Abbildung von unternehmensinternen Prozessen sind hinsichtlich der Kriterien Stabilität, Datendurchsatz und Skalierbarkeit einer Blockchain vorzuziehen (Linke und Strahringer 2018). Jedoch können zentrale Datenbanken in der administrativen Hoheit eines Unternehmens die Anforderungen der Steuerbehörden an die Unveränderlichkeit und Transparenz der für steuerliche Zwecke relevanten Daten nicht gewährleisten. Gerade in einem globalen Konzern mit Tochtergesellschaften und Niederlassungen im Ausland bestehen hohe Anforderungen von ausländischen Steuerbehörden hinsichtlich des Nachweises von steuerlich relevanten Transaktionen. Diese Anforderungen an die Unveränderlichkeit der Daten kann die Blockchain aufgrund ihrer Architektur in hohem Maße erfüllen und eignet sich daher für den beschriebenen Sachverhalt unserer Fallstudie besser als eine zentrale Datenbank. Unklar ist bisher jedoch, ob die ausländischen Steuerbehörden die Blockchain Technologie akzeptieren und die Daten für steuerliche Zwecke anwenden würden.

Eine Ermittlung und Übertragung der CPU-Verbrauchswerte je Benutzer betrifft die im Mai 2018 in Kraft getretenen Datenschutzgrundverordnung (DSGVO). Denn über den SAP Benutzerstammsatz ist ein Rückschluss auf eine natürliche Person gegeben, damit handelt es sich nach Artikel 4 DSGVO um personenbezogene Daten, die damit in den sachlichen Anwendungsbereich nach Artikel 2 DSGVO fallen. Die Betroffenen haben aufgrund der DSGVO neben einem Auskunftsrecht nach Artikel 15 DSVGO ein Recht auf Berichtigung der gespeicherten personenbezogenen Daten nach Artikel 16 DSGVO sowie ein Recht auf Löschung der Daten nach Artikel 17 DSGVO, sollte zum Beispiel der Zweck der Erhebung der Daten nicht mehr gegeben sein (Artikel 17 Nr. 1a DSGVO). Diese Anforderungen auf Berichtigung und Löschung können jedoch für eine Blockchain aufgrund ihrer unveränderlichen chronologischen Kette der Daten nicht erfüllt werden. Aufgrund der hohen Bußgelder für Verstöße von bis zu 20.000.000 Euro oder bei Unternehmen von bis zu 4 % seines gesamten weltweiten Umsatzes nach Artikel 83 Abs. 5 DSGVO sind entsprechende technische oder organisatorische Lösungen zu berücksichtigen.

5.6 Diskussion und Implikationen für Wissenschaft und Praxis

Die Digitalisierung und Automatisierung von Intercompany-Verträgen sowie deren zugehörigen Prozesse für die Abwicklung kann mit Hilfe der Blockchain-Technologie sowohl die Anforderungen der Unternehmen an eine Verbesserung der Prozesseffizienz als auch die steuerrechtlichen Anforderungen erfüllen. Die lose Integration der Blockchain über einen Software-Konnektor in vorhandene ERP-Systeme schützt bestehende Investitionen bei einer gleichzeitigen hohen Integration und schafft damit die Grundlage für eine intelligente Wertkette im vernetzten Unternehmen. Die steuerrechtlichen Anforderungen sind gerade in den staatenübergreifenden Prozessen von Konzernen hinsichtlich der Nachweis- und Dokumentationspflichten von steuerrelevanten Vorgängen sehr hoch. Aufgrund des systemimmanenten Misstrauens von ausländischen Steuerbehörden gegenüber der Steuergestaltung von inländischen Konzern-Muttergesellschaften eignet sich eine Blockchain mit ihrer unveränderlichen und verschlüsselten chronologischen Kette von Daten hervorragend, um einen steuerlichen Sachverhalt manipulationsfrei und nachvollziehbar darstellen zu können. Obwohl der Vertrag einer Leistungsbeziehung zwischen den Gesellschaften in einem Konzern einen Einstieg in die Betriebsprüfung darstellt bleibt die Frage offen, ob Steuerbehörden im In- oder Ausland einen solchen Smart Contract als legal rechtlichen Vertrag akzeptieren würden. Die steuerrechtlichen Fachleute haben in ihrer Evaluierung diesen Aspekt deutlich hervorgehoben. In den USA hat die Chamber of Digital Commerce in Washington im Januar 2018 eine Verlautbarung herausgegeben, in dem die rechtliche Anerkennung von Smart Contracts durch Bundesgesetze bereits heute gegeben ist (Chamber of Digital Commerce 2018). Jedoch gilt zu bedenken, dass Smart Contracts programmierte Anweisungen in einer Skriptsprache auf der Blockchain sind, die – einmal aktiviert – nicht mehr veränderbar sind. Diese Sicherheit in der Ausführung einer vertraglichen Vereinbarung beinhaltet das Risiko einer fehlerhaften Programmierung. Diese kann zum einen darin bestehen, dass eine Lücke zwischen dem Programmcode des Smart Contracts und der tatsächlichen Vereinbarung besteht (Djazayeri 2016, S. 4), und zum anderen in einer fehlerhaften Nutzung der Skriptsprache durch den Programmierer. Welche Auswirkungen solche Fehler auf die Vertragsausführung haben, ist aus rechtlicher Sicht bisher nicht eindeutig geklärt, denn eine Blockchain kann über Staatengrenzen hinweg global genutzt werden, und somit können Vertragspartner in zwei Ländern mit unterschiedlichen Rechtssystemen bestehen. Es gibt bereits verschiedene Lösungsansätze für das Dilemma, dass die Ausführung einer vertraglichen Vereinbarung gestoppt werden müsste. Ein Vorschlag sieht eine dritte vertrauenswürdige Schiedsstelle vor, die in die Ausführung des Smart Contracts in der Form eingreifen könnte, dass der Wert einer durch den Smart Contracts geprüften Bedingung vor Ausführung dem gewünschten Verhalten angepasst wird. Dieser Wert wird von außen als Wert in die Blockchain eingegeben und führt somit zum gewünschten Verhalten. Daran schließt sich jedoch das nächste Problem an, denn ein von außen steuerbarer Smart Contracts hat nicht mehr das uneingeschränkte Vertrauen der Vertragspartner in die Ausführung des Vertrages.

Die hohen Anforderungen aus dem Steuerrecht an die Unveränderlichkeit der Daten können mit der Blockchain erfüllt werden. Die Evaluuierung unserer Fallstudie durch die Experten zeigt ein arithmetisches Mittel von 2,58 bei einer geringen Standardabweichung von 0,9. Mit der automatisierten Abwicklung von Prozessen mit Hilfe der Smart Contracts werden die Abläufe nicht nur effizienter, sondern erfüllen auch die hohen Anforderungen aus einem Tax Compliance Management System. Denn die Ergebnisse dieser automatisierten Abläufe sind vorhersehbar und erfüllen somit die Anforderungen an die Compliance von Prozessen. Den Unternehmen bietet sich darüber hinaus enormes Einsparpotenzial durch den Verzicht auf papiergebundene Verträge mit all den Folgeaktivitäten. Sollten die Steuerbehörden als gleichberechtigte Teilnehmer in einer geschlossenen Blockchain des Konzerns eingebunden sein, so können die Anforderungen an die Dokumentation aus der Abgabenordnung (AO) als auch aus der Gewinnabgrenzungsaufzeichnungsverordnung (GAufzV) in Echtzeit erfüllt werden.

Literatur

Brandt C, Krupka D (2018) Von Blockchain, Smart Contracts, Token und DAO – Erste Begriffsbestimmungen. In: VDI Technologiezentrum GmbH (Hrsg) Blockchain – Eine Technologie mit disruptivem Charakter. Potenziale und Herausforderungen. März 2018, Version 1.0. ISSN 1436-5928. https://www.vditz.de/meldung/blockchain-eine-technologie-mit-disruptivem-charakter/. Zugegriffen am 23.04.2018

Chamber of Digital Commerce (2018) „Smart Contracts" legal primer. Why smart contracts are valid under existing law and do not require additional authorization to be enforceable. https://digitalchamber.org/wp-content/uploads/2018/02/Smart-Contracts-Legal-Primer-02.01.2018.pdf. Zugegriffen am 11.07.2018

Chies S (2016) Change Management bei der Einführung neuer IT-Technologien. Mitarbeiter ins Boot holen – mit angewandter Psychologie. Springer Fachmedien, Wiesbaden

Clack CD, Bakshi VA, Braine L (2016) Smart contract templates: essential requirements and design options. arXiv:1612.04496 [cs.CY]

Djazayeri A (2016) Rechtliche Herausforderungen durch Smart Contracts. jurisPR-BKR 12/2016 Anm. 1. https://www.juris.de/jportal/prev/jpr-NLBAADG000916

Dorner K (2013) Einführung – Der Fremdvergleichsgrundsatz. In: Dawid R, Dorner K (Hrsg) Verrechnungspreise. Grundlagen und Praxis. Springer Fachmedien, Wiesbaden

Groß C, Pfennig R (2019) Digitalisierung in Industrie, Handel und Logistik. Leitfaden von der Prozessanalyse bis zur Einsatzoptimierung, 2. Aufl. Springer Fachmedien, Wiesbaden

Heckelmann M (2018) Zulässigkeit und Handhabung von Smart Contracts. Neu Jurist Wochenschr NJW 2018:504–513

Henckens W, Miranda D, Schmidtke R, Wilke S (2017) Intercompany contracts: BEPS and the increased importance of contractual documentation. The Dbriefs commercial law series. Deloitte Touche Tohmatsu Limited, New York

Hinerarsky A, Kurschildgen M (2016) Künstliche Intelligenz und Blockchain – neue Technologien in der Besteuerungspraxis (Beilage 04 vom 25.11.2016). Betrieb (47):35–39

Hwang A, Reeves G (2018) How blockchain can help reduce transfer pricing complexity. https://www.pwc.com/us/en/transfer-pricing/blockchain.html. Zugegriffen am 18.03.2017

Jacob O (2008) ERP Value. In: Jacob O (Hrsg) ERP Value. Signifikante Vorteile mit ERP-Systemen. Springer, Berlin/Heidelberg

Leyh C, Wendt T (2018) Enterprise Systems als Basis der Unternehmens-Digitalisierung. HMD 55:9–24

Linke D, Strahringer S (2018) Integration einer Blockchain in ein ERP-System für den Procure-to-Pay-Prozess: Prototypische Realisierung mit SAP S/4HANA und Hyperledger Fabric am Beispiel der Daimler AG. HMD 55:1341–1359

Mauch C (2008) Ungenutzte Potenziale in der IT-Leistungsverrechnung. HMD Praxis der Wirtschaftsinformatik 45(6):104–114

Mitrakis N (2019) Die Ausrichtung des IT-Service-Managements auf die Digitalisierung. Springer Fachmedien, Wiesbaden

pwc (2016) Herausforderungen und Lösungen im Vertragsmanagement. In: Transfer Pricing Perspective Deutschland November 2016, Ausgabe 32, Seite 14. https://www.pwc.de/de/newsletter/steuern-und-recht/assets/pwc-transfer-pricing-perspective-deutschland-ausgabe-32.pdf. Zugegriffen am 08.05.2018

Recker J (2013) Scientific research in information systems. A beginner's guide. Springer, Berlin

Riemann E (2017) So gelingt die Digitalisierung mit OData. https://www.computerwoche.de/a/so-gelingt-die-digitalisierung-mit-odata.3330502. Zugegriffen am 08.05.2019

Risius M, Spohrer K (2017) A blockchain research framework. What we (don't) know, where we go from here, and how we will get there. Bus Inf Syst Eng 59(6):385–409

Schoppe C, Voltmer-Darmanyan L (2012) Konzerndienstleistungsverträge in der (steuerlichen) Praxis. Betriebs-Berater 20:1251–1258

Statista (2019) Marktanteile der führenden Anbieter am Umsatz mit Enterprise-Resource-Planning-Anwendungen (ERP) weltweit im Jahr 2017. https://de.statista.com/statistik/daten/studie/262342/umfrage/marktanteile-der-anbieter-von-erpsoftware-weltweit/

Szabo N (1997) Formalizing and securing relationships on public networks. First Monday, Volume 2, Number 9 – 1 September 1997. https://journals.uic.edu/ojs/index.php/fm/article/view/548/469. Zugegriffen am 23.04.2018

Szabo N (1998) The phases of contracting. www.fon.hum.uva.nl/rob/Courses/InformationInSpeech/CDROM/Literature/LOTwinterschool2006/szabo.best.vwh.net/phases.html. Zugegriffen am 07.05.2018

Tönnissen S, Teuteberg F (2018) Abbildung von Intercompany-Verträgen auf der Blockchain durch Smart Contracts – eine Fallstudie am Beispiel von IT-Services. HMD 55:1167

Uebernickel F (2005) Untersuchung der Verursachungsgerechtigkeit von normierten CPU-Verbrauchswerten zur Leistungsverrechnung in Rechenzentren. Institut für Wirtschaftsinformatik St. Gallen. https://www.alexandria.unisg.ch/publications/214198. Zugegriffen am 24.04.2018

Wehnert O, Waldens S, Sprenger I (2014) Intercompany Effectivness – Operationalisierung von Verrechnungspreisen als ganzheitlicher Ansatz. Betrieb 67 (51–52):2901–2905

Wiesch N (2013) Bestimmung von Verrechnungspreisen und Folgen von Funktionsverlagerungen. Gesellschaften im Ausland. Steuer und Studium 9(2013):520–533

Zhang W, Sim S, Lee J, Godbole S, Yuan Y, Tam SY, Chopra A, Huang S (2017) Blockchain/DLT: a game-changer in managing multinational corporations' intercompany transactions. IBM Research Whitepaper. https://www.ibm.com/think/fintech/wp-content/uploads/2018/03/IBM_Research_MNC_ICA_Whitepaper.pdf. Zugegriffen am 18.03.2018

Zube T, Perez G (2018) Von der digitalen Plattform bis zu Branchen-Anwendungen: SAP macht Blockchain nutzbar. https://news.sap.com/germany/2018/07/blockchain-intelligentes-unternehmen/. Zugegriffen am 08.05.2019

Stefan Tönnissen hat neben einem Diplom in Wirtschaftsinformatik einen MBA und einen LL.M. Abschluss in Steuerwissenschaften. Er ist Doktorand bei Prof. Dr. Frank Teuteberg am Fachgebiet Unternehmensrechnung und Wirtschaftsinformatik an der Universität Osnabrück und forscht über die Auswirkungen der Blockchain-Technologie auf Geschäftsmodelle und Geschäftsprozesse in und von Unternehmen.

Jan Heinrich Beinke studierte Wirtschaftsinformatik und ist seit 2016 wissenschaftlicher Mitarbeiter am Fachgebiet Unternehmensrechnung und Wirtschaftsinformatik der Universität Osnabrück. Seine Forschungsschwerpunkte umfassen die Gestaltung der digitalen Transformation, Blockchain und digitale Geschäftsmodelle. Neben seiner wissenschaftlichen Tätigkeit berät er Start-ups u. a. zur Gestaltung von Service Ecosystemen, Security Token Offerings und Initial Coin Offerings sowie zu digitalen Plattformen.

Prof. Dr. Frank Teuteberg leitet seit 2007 das Fachgebiet Unternehmensrechnung und Wirtschaftsinformatik (www.uwi.uos.de) im Institut für Informationsmanagement und Unternehmensführung (IMU) an der Universität Osnabrück. Zudem ist er Sprecher der Profillinie „Digitale Gesellschaft – Innovation – Regulierung" (www.dg.uos.de) an der Universität Osnabrück. Erklärung und Gestaltung der digitalen Transformation in den Anwendungsbereichen eHealth, Mobilität, Mensch-Technik-Interaktion, (Agrar-)Logistik sowie Industrie 4.0 stehen im Fokus seiner Forschung.

Teil III

Finanzen & Steuern

Bedrohung von Finanzdienstleistern durch FinTechs

Sebastian Reinig, Katharina Ebner und Stefan Smolnik

Zusammenfassung

Kryptowährungen, die Blockchain-Technologie sowie verschiedene Neuerungen im Bereich der geltenden Richtlinien für Finanzdienstleister haben eine Vielzahl neuer Geschäftsmodelle und Unternehmen, sogenannte FinTechs, hervorgebracht. Ziel dieses Kapitels ist es, FinTechs hinsichtlich der Bedrohung für etablierte Finanzdienstleister zu analysieren. Aus der Literatur werden zu diesem Zweck Bewertungskriterien abgeleitet, die anhand eines festgelegten Bewertungsschemas auf die Ausprägungen von insgesamt 38 FinTechs angewendet werden. Die Ausprägungen der einzelnen Kriterien und des ermittelten Gesamtwerts lassen eine Bewertung der FinTechs hinsichtlich des potenziellen Risikos auf etablierte Finanzdienstleister zu. Die Ergebnisse zeigen, dass das größte Bedrohungspotenzial von der Kryptowährung Bitcoin und der Blockchain-Technologie ausgeht.

Schlüsselwörter

FinTech · Blockchain · Marktanalyse · Geschäftsbanken · Finanzdienstleister · Bedrohungsanalyse

---

Vollständig überarbeiteter und erweiterter Beitrag basierend auf Reinig, S., Ebner, K. und Smolnik, S. (2018) FinTechs – Eine Analyse des Marktes und seines Bedrohungspotenzials für etablierte Finanzdienstleister, HMD – Praxis der Wirtschaftsinformatik Heft 324 55(6): 1311–1325.

S. Reinig
ideenbringer Oehlbrecht & Reinig GbR / DB Netz AG, Rodgau, Deutschland

K. Ebner (✉) · S. Smolnik
FernUniversität in Hagen, Hagen, Deutschland
E-Mail: katharina.ebner@fernuni-hagen.de

6.1 Bedrohung traditioneller Geschäftsmodelle durch FinTechs

Kryptowährungen, die Blockchain-Technologie sowie verschiedene Neuerungen im Bereich der geltenden Richtlinien für Finanzdienstleister (insbesondere die Zahlungsdiensterichtlinien 1 und 2, die das Monopol der Banken beim Zugriff auf Kontodaten brechen) haben eine Vielzahl neuer Geschäftsmodelle und Unternehmen, sogenannte FinTechs, hervorgebracht. Diese FinTechs sind entlang der Wertschöpfungskette etablierter Finanzdienstleister unterschiedlich aufgestellt und werden von diesen als eine Bedrohung ihrer Geschäftsmodelle betrachtet (Walter 2016). Während aktuell das Einlagengeschäft der traditionellen Banken durch die anhaltende Niedrigzinsphase stark beeinträchtigt ist und die Kreditanstalten nach der Finanzkrise diverse kostenintensive Regulierungen befolgen müssen, ziehen FinTechs durch innovative, IT-basierte und auf den Kunden fokussierte Finanzdienstleistungen eine zunehmend große Zahl von Bankkunden an (Alt und Puschmann 2016). Nennenswerte Marktsegmente dieser FinTechs sind der Zahlungsverkehr, Infrastrukturangebote für Blockchains, Kryptowährungen und alternative Bezahlverfahren sowie das Vermögensmanagement.

Gerade Veränderungen, die auf die Blockchain zurückgehen, werden von vielen Banken als disruptive Gefahr gesehen, während andere eher die Potenziale in den Vordergrund stellen (Walter 2016). Grundsätzlich haben heute die meisten Banken erkannt, dass an der Blockchain kein Weg mehr vorbeiführt und daher entweder bereits Kooperationen begonnen oder sind auf dem Weg, derartige Kooperationen zu etablieren. Hier zeigt sich jedoch auch eine deutliche Zweiteilung des Bankensektors: Während Klein- und Mittelstandsbanken bislang noch überwiegend durch die Umsetzung des von der EZB verordneten Supervisory Review and Evaluation Process (kurz SREP)[1] aufgehalten werden, konnten vor allem Großbanken ihre Marktposition ausnutzen und bereits tief greifender Nutzungsszenarien im Rahmen der Blockchain evaluieren. Bis Anfang 2016 investierten jedoch dennoch vor allem Banken aus dem englischsprachigen Raum in die Blockchain-Technologie (Korschinowski 2016). Nennenswerte Beispiele, die im Abschn. 6.6 noch vertieft werden, sind hier die Utility Settlement Coin oder das R3-Konsortium. In allen Fällen stehen Einsparpotenziale als Treiber der Investitionen im Vordergrund, da z. B. mittels Smart Contracts Verträge auf völlig neue Weise verwaltet werden können und beim Austausch von z. B. Wertpapieren Intermediäre eliminiert werden können. Nicht überraschend stehen also jene Szenarien im Vordergrund, die nicht die Bank als Intermediär eliminieren, sondern deren Intermediäre, etwa Clearinghouses. Vor allem die am häufigsten beschriebenen Einsatzszenarien im Kreditwesen oder

---

[1] Im Rahmen dieses Prozesses sind die Reporting-Pflichten der Banken massiv gestiegen. Während Großbanken die meisten der geforderten KPIs aufgrund ihrer Größe schon vorliegen hatten, müssen Klein- und Mittelstandsbanken die geforderten KPIs nun aufwendig zusammentragen. Zwar hatte die Deutsche Zentralbank im Rahmen der „Small Banking Box" eine Erleichterung vorgeschlagen und umgesetzt; diese wurde zwischenzeitlich von der EZB jedoch aufgehoben.

Zahlungsverkehr werden nach wie vor als Bedrohung betrachtet, da sie grundlegend neue Geschäftsmodelle der Banken erfordern. Aufgrund ihrer gewachsenen Strukturen und der anhaltenden Nullzinspolitik der EZB sind jedoch viele Banken regelrecht gelähmt und die aktuell mehr denn je gefragte Innovationsfähigkeit massiv eingeschränkt, wie z. B. auch die jüngsten sich wieder verschärfenden Schwierigkeiten der Commerzbank belegen (Kröner 2019).

Ziel dieses Kapitels ist es, FinTechs hinsichtlich der Bedrohung für etablierte Finanzdienstleister aus dem Geschäftsbankenbereich zu analysieren. In der Literatur sind zwar bereits verschiedene Analysen des FinTech-Begriffs durchgeführt worden (z. B. Zavolokina et al. 2016), das mögliche Bedrohungspotenzial aus Sicht tradierter Geschäftsbanken wurde bislang jedoch nicht betrachtet. Aus der Literatur werden zu diesem Zweck Kriterien abgeleitet, die anhand eines festgelegten Bewertungsschemas auf die Ausprägungen von insgesamt 37 FinTechs im Bankbereich angewendet werden. Die Ausprägungen der einzelnen Kriterien und des ermittelten Gesamtwerts lassen eine Bewertung der FinTechs hinsichtlich des potenziellen Risikos für etablierte Geschäftsbanken zu, wobei die untersuchten Unternehmen in insgesamt vier Bedrohungsklassen gruppiert werden. Die Ergebnisse zeigen, dass das größte Bedrohungspotenzial von der Kryptowährung Bitcoin und der Blockchain ausgeht. Aber auch verschiedene Crowdlending-Modelle stellen aufgrund ihres Eingriffs in das klassische Kreditwesen große Bedrohungen für etablierte Finanzdienstleister dar. Da es erste (bislang noch überwiegend theoretische) Ansätze gibt, Crowdlending mithilfe der Blockchain umzusetzen, zeichnet sich hier eine sogar noch größere Bedrohung aus Sicht etablierter Finanzdienstleister ab, als dies bislang der Fall ist.

Nachfolgend werden zunächst die relevanten Begriffe und Hintergründe zu FinTechs eingeführt. In dem darauffolgenden Abschn. 6.3 wird der Kriterienkatalog erläutert und die Bewertungsmethode erklärt. Abschn. 6.4 wertet die Ergebnisse der Analyse aus. Außerdem wird die Bedrohungsanalyse auf Basis der gewonnenen Erkenntnisse durchgeführt. Das Kapitel endet mit einer Diskussion und Zusammenfassung.

6.2 Konzeptionelle Grundlagen

Das Wort FinTech setzt sich aus den Begriffen Finanzen und Technologie zusammen, jedoch ist die Definition in der Literatur nicht einheitlich (Zavolokina et al. 2016; Puschmann 2017). Einige Definitionen stellen den Einsatz von digitalen Technologien in den Vordergrund und weisen den Geschäftsmodellen selbst eine geringere Relevanz zu (Puschmann 2017; Alt und Puschmann 2016), während andere Definitionen vor allem auf die Veränderung des Geschäftsmodells abstellen und die digitalen Technologien als Auslöser sehen (Lerner und Tufano 2011; Zavolokina et al. 2016). In diesem Kapitel wird dem zweiten Verständnis folgend FinTech als ein Sammelbegriff für die Veränderung von Dienstleistungen im Finanzbereich durch den Einsatz digitaler Technologien verstanden.

6.2.1 Umwälzung des Dienstleistungsbetriebs Bank seit der Bankenkrise 2007

Grill und Perczynski (2011) beschreiben den Dienstleistungsbetrieb Bank als einen „Mittler bei Transaktionen im Geldkreislauf" (S. 15). Wirtschaftsteilnehmer können die verschiedenen Finanzdienstleistungen in Anspruch nehmen, die sich im Wesentlichen auf die Teilgebiete Zahlungsverkehrsleistungen, Geldanlageleistungen, Finanzierungsleistungen und sonstige Bankleistungen aufteilen lassen (vgl. Alt und Puschmann 2016, S. 12 f.). Zahlungsverkehrsleistungen beinhalten alle Leistungen, die zur Abwicklung des Zahlungsverkehrs notwendig sind, z. B. Überweisungen, Bargeldauszahlungen oder die Bereitstellung von Geldkarten. Geldanlageleistungen umfassen die Annahme von Geldeinlagen des Kunden und die Investition in Wertpapiere, Fonds o. ä. Die Vergabe von Krediten an Kunden durch die Bank wird in den Finanzierungsleistungen abgebildet. Sonstige Bankleistungen umfassen prinzipiell alle Leistungen, die keinem der drei anderen Teilgebiete zugeordnet werden können, z. B. Beratungsfunktionen, Vermögensverwaltung oder andere banknahe Dienstleistungen.

Finanzdienstleister bieten in der Regel dem Markt ein umfassendes Angebot an Finanzdienstleistungen an (sog. Allfinanz-Lösungen oder auch One-Stop-Shop genannt), um alle notwendigen Aktionen an einer Stelle abwickeln zu können (Grill und Perczynski 2011). Dabei unterliegen Finanzdienstleistungen Regulierungen, die insbesondere seit der Finanzkrise 2007 zugenommen haben, und die zur Überwachung gesetzlich festgelegter Rahmenbedingungen zur Sicherheit des Bankensystems dienen. Regulierungsvorschriften betreffen dabei alle relevanten Bereiche einer Bank, beispielsweise die Einlagensicherung, Eigenkapitalvorschriften, Risikovorgaben, den Zahlungsverkehr und das Anlagegeschäft. Erschwerend kommt hinzu, dass sich die Vorschriften Land zu Land, sogar innerhalb der EU, unterscheiden.

Besonders zentral für die Etablierung von FinTechs sind dabei die Zahlungsdienstleisterichtlinien 1 und 2 (engl. Payment Services Directives 1 und 2, PSD1 bzw. PSD2) der Europäischen Kommission aus den Jahren 2007 bzw. 2015.[2] Diese Richtlinien wollen einerseits den europaweiten Wettbewerb und die Teilnahme an der Zahlungsbranche von Nichtbanken erhöhen. Andererseits soll durch die Harmonisierung des Verbraucherschutzes sowie der Rechte und Pflichten von Zahlungsdienstleistern und Kunden gleichermaßen ausgeglichenere Wettbewerbsbedingungen geschaffen werden (Europäische Union 2015, Abs. 33). Die PSD1 und 2 bringen aus Sicht der FinTechs eine zentrale Änderung der Marktregeln: Organisationen, die keine Kreditinstitute sind, können eine Zulassung als Zahlungsinstitut beantragen, wenn sie bestimmte Kapital- und Risikomanagementanforderungen erfüllen. Diese Veränderung der Marktspielregeln war ausschlaggebend für die Möglichkeit der Gründung der ersten FinTechs. Mit dem Inkrafttreten der dritten Stufe der PSD2 am 14.09.2019, d. h. der Öffnung der Zahlungskonten für Dritte, kann davon ausgegangen werden, dass die Disruption der Finanzbranche durch

---

[2] Allerdings trat die PSD2 erst zum 13.01.2018 in Kraft.

FinTechs auf eine neue Stufe gehoben wird. Gerade mit Blick auf Blockchain-basierte FinTech-Geschäftsmodelle, die insbesondere neue Zahlungsverkehrsmodelle anbieten, ist in den nächsten Jahren eine massive Erschütterung des Marktes zu erwarten.

6.2.2 Veränderungsdimensionen von FinTechs

Die eingangs eingeführte FinTech-Definition betont den Veränderungscharakter von FinTechs. Für die nachfolgenden Analysen ist daher ein systematisches Verständnis der möglichen Veränderungsdimensionen essenziell. Abb. 6.1 strukturiert diese Dimensionen anhand der Wirkung der Veränderung (vgl. Puschmann 2017, S. 74 f.).

Das *Innovationsobjekt* beschreibt das mögliche Ergebnis der Veränderung (z. B. ist die Einführung einer Internetanwendung zur Ablösung papierbasierter Formulare eine Anpassung des Prozesses). Der *Innovationsgrad* unterteilt das Ausmaß der Veränderung in disruptiv und inkrementell. Eine disruptive Innovation zielt darauf ab, etablierte Produkte oder Dienstleistungen vom Markt zu verdrängen, während eine inkrementelle Innovation ein bestehendes Objekt hinsichtlich Qualität, Zeit und Kosten zu verbessern sucht. Die dritte Dimension *Innovationsreichweite* beschreibt die Reichweite der Innovation, z. B. nur innerhalb der bestehenden (internen) Strukturen oder auch übergeordnet (extern) auf andere Industrien oder die Gesellschaft (Puschmann 2017). Die Dimensionen *Innovationsobjekt* und *Innovationsgrad* werden in Abschn. 6.3 als wesentliche Strukturierungsmerkmale für die Marktanalyse herangezogen. Da im Rahmen dieses Kapitels nur die Auswirkungen auf Geschäftsbanken untersucht werden, wurde die Dimension Innovationsreichweite nicht in die Analyse eingeschlossen.

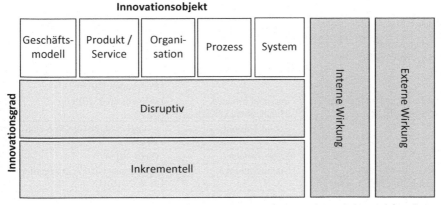

Abb. 6.1 Veränderungsdimensionen von FinTechs

6.2.3 Geschäftsmodelle von FinTechs

Grundsätzlich lassen sich FinTechs bzw. Geschäftsmodelle in vier Segmente unterteilen, die sich aus den klassischen Finanzdienstleistungen ableiten (Grill und Perczynski 2011; Alt und Puschmann 2016; Dorfleitner et al. 2016). In Tab. 6.1 werden die Segmente und die dazugehörigen Teilgebiete dargestellt. In dem Segment Zahlungsverkehr sind besonders Kryptowährungen und Blockchain hervorzuheben, da diese als disruptive Innovationen herausgestellt werden, die Auswirkungen über den Finanzsektor hinaus haben können (Beck und Müller-Bloch 2017). Aus dem Segment Finanzierung ist beispielsweise die Thematik der crowdbasierten Finanzierung herauszustellen, die eine Alternative zu Kreditinstituten darstellt (Alt und Puschmann 2016; Haas und Blohm 2017). Das Segment Vermögensmanagement hat Teilgebiete, die die automatisierte Anlageberatung betreffen, sog. Robo-Advice (Möwes et al. 2011) bzw. das Anlegen von Vermögen durch Social Trading unterstützen (Möwes et al. 2011; Avital et al. 2014; Puschmann 2017). FinTechs, die nicht den genannten Segmenten zugeordnet werden, fallen in das Segment Sonstige. Das Marktvolumen der FinTech-Segmente ist der Studie von Dorfleitner et al. (2016) entnommen und wird in Tab. 6.1 den Segmenten und Teilgebieten zugeordnet.

Tab. 6.1 FinTech-Segmente und zugehörige Teilgebiete

Segment (Marktvolumen)	Teilgebiet	Quelle(n)
Zahlungsverkehr (17 Mrd. EUR)	Kryptowährungen	(Dorfleitner et al. 2016)
	Blockchain	(Kazan et al. 2015; Nofer et al. 2017; Beck and Müller-Bloch 2017)
	Mobile Payment	(Dahlberg et al. 2008)
	E-Wallet	(Mallat 2007)
	Peer-To-Peer Überweisungen	(Merritt 2011)
	Alternative Bezahlverfahren	(Dorfleitner et al. 2016)
Finanzierung (18,4 Mrd. EUR)	Crowdfunding/-leding (5,4 Mrd. EUR)	(Haas and Blohm 2017)
	Factoring (13 Mrd. EUR)	(Dorfleitner et al. 2016; Alt und Puschmann 2016)
Vermögensmanagement (58 Mrd. EUR)	Personal Finance Management (PFM)	(Möwes et al. 2011)
	Social Trading	(Avital et al. 2014; Chen et al. 2013)
	Robo-Advice	(Fein 2015)
Sonstige FinTech (0,14 Mrd. EUR)	Suchmaschinen	(Puschmann 2017; Dorfleitner et al. 2016)
	Vergleichsportale	(Puschmann 2017; Dorfleitner et al. 2016)

6.3 Kriterienkatalog und Bewertungsmethode

6.3.1 Kriterienkatalog

Die Marktanalyse trägt Informationen über FinTechs zusammen, die im Wesentlichen folgende Bereiche umfassen: das *Geschäftsmodell*, d. h. die Positionierung des FinTechs entlang der Wertschöpfungskette, den *Innovationsgrad*, d. h. ob es etablierte Finanzdienstleistungen ergänzt, bündelt oder zu ersetzen versucht, das *Marktvolumen* (als Repräsentation für die Innovationsreichweite), das *Innovationsobjekt*, d. h. der betroffene Betrachtungsgegenstand, die *Kundengruppe* und die eingesetzte technische *Schlüsselressource* jeweils eingesetzt wird. Abb. 6.2 illustriert diese Dimensionen inklusive der angewandten Bewertungsausprägungen.

Die unterschiedlichen Kriterien wurden in einem Kriterienkatalog gewichtet, um eine abschließende Bedrohungseinschätzung abgeben zu können. Hierbei sind insbesondere die Positionierung der Unternehmen und der Umfang der Veränderung durch das FinTech relevant. Auf Basis der Kriterien und deren Gewichtung kann dargestellt werden, welche FinTechs aus Sicht der etablierten Finanzdienstleister eine Bedrohung darstellen. Das Marktvolumen und das Innovationsobjekt werden dazu kombiniert betrachtet, ansonsten erfolgt die Bewertung eines FinTechs in der Addition der genannten Kriterien. Das Marktvolumen eines FinTech-Sektors wird als Referenzwert für die gesamthafte Abbildung aller Innovationsobjekte angenommen (Tab. 6.2), daher erfolgt eine Aufschlüsselung des Marktvolumens anteilig auf die Innovationsobjekte. Die Gewichtung der Innovationsobjekte erfolgt dabei auf Basis des Umfangs der Veränderung im Vergleich mit den anderen Innovationsobjekten (eine Prozessveränderung hat einen geringeren Impact als eine Geschäftsmodellveränderung). Eine Systemveränderung (z. B. Veränderung der IT-Landschaft durch eine Blockchain) wird ebenfalls stärker gewichtet, als ein Produkt oder Prozess. In der dritten Spalte in Tab. 6.2 wurde diese Aufschlüsselung beispielhaft für das Segment Zahlungsverkehr dargestellt.

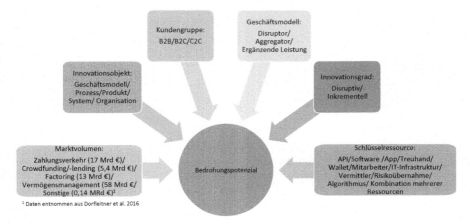

[1] Daten entnommen aus Dorfleitner et al. 2016

Abb. 6.2 Herangezogene Bewertungskriterien für die Marktanalyse

6.3.2 Bewertungsmethode

Die Bewertung der FinTechs wird anhand der nachfolgenden Matrix (Tab. 6.3) vorgenommen. Für diese Matrix wurden die zusammengetragenen Kriterien auf einer Skala von 1 bis 5 gewichtet. Neben dem Marktvolumen, dem Innovationsgrad und der Position in der Wertschöpfungskette enthalten diese noch die Kundengruppen (B2B, B2C, C2C) sowie die technische Schlüsselressource. Die technische Schlüsselressource wird anhand der Architektur von Cloud Computing gegliedert (Bhardwaj et al. 2010), da sich die von FinTechs abgegebenen Leistungen sehr gut für die Gliederung von FinTech-Services eignen (Puschmann 2017). Infrastruktur (IaaS) wird aufgrund der variableren Einsatzmöglichkeiten hier höher gewertet als Plattformen (PaaS) und Software (SaaS). Bei den Kundengruppen werden Kombinationen höher bewertet und C2C aufgrund der Neumarkterschließungspotenziale hervorgehoben (Alt und Puschmann 2016). Das Kriterium Wertschöpfungskette zeigt auf, welche Ausprägung das FinTech in dem jeweiligen Segment annimmt. Ein Disruptor bietet das volle Angebot der bestehenden Finanzdienstleister an, während

Tab. 6.2 Aufschlüsselung Marktvolumen zu Innovationsobjekt

Innovationsobjekt	Gewichtung	Bsp. für den Zahlungsverkehr (17 Mrd. Euro Marktvolumen)
Produkt (Prod)	20 %	3,4 Mrd. EUR
Prozess (Proz)	10 %	1,7 Mrd. EUR
System (Sys)	30 %	5,1 Mrd. EUR
Organisation (Orga)	20 %	3,4 Mrd. EUR
Geschäftsmodell (GM)	30 %	5,1 Mrd. EUR
Alle	100 %	17 Mrd. EUR

Tab. 6.3 Kriteriengewichtung für die Markt- und Bedrohungsanalyse

Kriterium/Bewertung	1 (niedrig)	2	3	4	5 (hoch)
Marktvolumen					
Zahlungsverkehr	10 %	20 %	30 %	40 %	60 %
Crowdfunding/-lending			30 %	50 %	60 %
Vermögensmanagement			30 %	50 %	60 %
Factoring		10 %		30 %	60 %
Sonstige FinTech	30 %	40 %			
Kundengruppe		B2B oder B2C	C2C oder B2B und B2C	B2C und C2C	B2B und B2C und C2C
Wertschöpfungskette	Ergänzende Leistung (ErgL)		Aggregator (Aggr)		Disruptor (Dis)
Technische Schlüsselressource	No Service	SaaS	PaaS	IaaS	XaaS
Innovationsgrad			inkrementell (inkr)		disruptiv (disr)

Aggregatoren Leistungen zusammenfassen; FinTechs mit ergänzenden Leistungen adressieren nur einen Ausschnitt in einem bestimmten Segment (Walter 2016). Der auf diese Weise errechnete Bedrohungsindex hat nach Abschluss der Bewertung einen Höchstwert von 25 und einen Tiefstwert von 9. Je höher der Risikowert ist, desto höher ist die potenzielle Gefahr des jeweiligen FinTech-Unternehmens für etablierte Finanzdienstleister.

Für die Einstufung des Marktvolumens wurde eine mehrstufige Codierung vorgenommen. Zunächst wurde für alle 37 analysierten Unternehmen (Abschn. 6.4) das Marktvolumen hinsichtlich aller adressierten Innovationsobjekte vorgenommen. Wenn ein Unternehmen beispielsweise mehrere Innovationsobjekte besetzt, ergibt sich das Marktvolumen aus Addition der Teilvolumina. Für das Beispiel Bitcoin ergibt sich daher folgende Berechnung: Bitcoin deckt die Innovationsobjekte Geschäftsmodell und System ab, woraus sich ein Anteil von 60 % für das Marktvolumen aus dem Zahlungsverkehr ergibt (Tab. 6.2). Nach Codierung aller Unternehmen ergaben sich auf diese Weise für den Zahlungsverkehr fünf verschiedene Ausprägungsklassen (10, 20, 30, 40 und 60 Prozent), die aufsteigend den Werten 1 bis 5 zugeordnet wurden. Die Vorgehensweise für die weiteren Segmente war analog. Die Ergebnisse sind der Tab. 6.3 zu entnehmen. Die unterschiedliche Eingruppierung der verschiedenen Marktvolumina hängt mit dem berechneten Wert des Marktvolumens zusammen. So sind z. B. die „Sonstigen FinTechs" geringer eingruppiert, da sie im Verhältnis ein geringeres Marktvolumen haben. Eine 4 in Crowdfunding/-leding mit 50 % hat z. B. als Wert 2,7 Mrd. EUR während Factoring mit 30 % bereits 3,7 Mrd. EUR hat. Die unterschiedliche Eingruppierung kann daher als Normierung gesehen werden, die den späteren Vergleich überhaupt erst ermöglicht.

6.4 Markt- und Bedrohungsanalyse

6.4.1 Selektionsprozess und Klassifizierung

Die 37 Unternehmen für die Marktanalyse (siehe Tab. 6.4) wurden über die folgenden FinTech-Portale ausgewählt: Fintech-hub.eu, Paymentandbanking.com, Fintech-portal.net, Venturescannerinsights.wordpress.com, Fintechmap.com, Crunchbase.com und Fintech-consult.com. Die Auswahl der Unternehmen erfolgte im Juli 2017 auf den genannten Portalen. Die FinTech-Definition aus Abschn. 6.2 musste dabei von einem Unternehmen erfüllt werden, um in die Liste aufgenommen zu werden, d. h. aus den angebotenen Produkten und der Unternehmensmission musste die Zuordnung als „FinTech" ersichtlich sein. Für die Ermittlung der Ausprägungen der Kriterien wurden die Unternehmenswebseiten ausgewertet sowie weitere öffentlich zugängliche Informationen zusammengetragen. Der Bedrohungsindex ergibt sich als Summe aus den Einzelkriterien. Die detaillierten Analyseergebnisse der selektierten Unternehmen können dem Anhang (Tab. 6.5) entnommen werden. Eine aggregierte Auflistung der Ergebnisse findet sich in Tab. 6.4.

Tab. 6.4 Ergebnisse der Marktanalyse

Bedrohungsklasse	Erklärung
A	Wertschöpfungskette: disruptiv Hohes Marktvolumen Innovationsgrad weitestgehend disruptiv Hohe Bewertung der Schlüsselressourcen **= höchstes Risiko** 11 klassifizierte FinTechs: Bitcoin, Etherum, gofundme, n26, kreditech, Barzahlen, Kickstarter, indiegogo, auxmoney, Zopa, Seedrs
B	Wertschöpfungskette: Aggregator Eine Kundengruppe Marktvolumen potenziell hoch Innovationsgrad weitestgehend disruptiv **= Potenziell hohes Risiko bezogen auf eine Kundengruppe** 5 klassifizierte FinTechs: Etoro, allpago, numbrs, Traxpay, Bitwala
C	Wertschöpfungskette: Ergänzende Leistung Eine Kundengruppe Schlüsselressource gleich Marktvolumen gleich **= Konkurrenten in einem Segment** 5 klassifizierte FinTechs: nutmeg, DeinAnlageberater, Easyfolio, Scalable Capital, betterment
D	Wertschöpfungskette: Ergänzende Leistung Vermindertes Marktvolumen Vermischte Kriterien Marktvolumen nimmt ab Ähnliche Geschäftsmodelle im Segment Zahlungsverkehr **= Unterschiedliche Segmente mit einer Leistung** 17 klassifizierte FinTechs: ayondo, SatoshiPay, Spendesk, wikifolio, Flex Payment, Lendstar GmbH, UMT AG, SUM UP, kesh, circle, Debitos Easy Car Pay, AcceptEmail, finanzcheck, PAY & RELAX GmbH (PAYLAX), GOCARDLESSS

Die FinTechs sind nach Bedrohungspotenzial sortiert und wurden in vier Bedrohungsklassen eingeteilt. Die *Gruppe A* umfasst FinTechs mit einer disruptiven Wertschöpfungskette, einem hohen Marktvolumen (größer oder gleich 4), einer hoch bewerteten Schlüsselressource sowie einer fast durchgängigen Ausprägung disruptiv im Kriterium Innovationsgrad. Diese Gruppe stellt somit das höchste Risiko für etablierte Finanzdienstleister dar, da sie die gesamte Wertschöpfungskette angreift. *Gruppe B* enthält FinTechs mit der Ausprägung Aggregator im Kriterium Wertschöpfungskette. Diese FinTechs fokussieren sich im Wesentlichen auf eine Ausprägung der Kundengruppen B2B oder B2C. Auch in dieser Gruppe ist das Marktvolumen eher hoch und der Innovationsgrad weitgehend disruptiv, was ein hohes Risiko für Finanzdienstleister darstellt, im Vergleich zur Gruppe A jedoch ein wenig geringer ausfällt. *Gruppe C* hat in dem Kriterium Wertschöpfungskette die Ausprägung ergänzende Leistung, d. h. die Angriffsfläche in Bezug auf etablierte Finanzdienstleister ist geringer als für die FinTechs der Gruppe A und B. Die Bewertung der Ausprägungen in den Kriterien Marktvolumen, Kundengruppe und Schlüsselressource ist ebenfalls gleich. Diese FinTechs sind alle dem Segment

Vermögensmanagement zugeordnet und gehören zum Bereich Robo Advice, was den Schluss zulässt, dass sie ggf. Konkurrenten sind. Auch aufgrund dieser Tatsche wird das Bedrohungspotenzial hier niedriger eingeschätzt als für die vorigen Gruppen. *Gruppe D* hat ebenfalls die Ausprägung ergänzende Leistung in dem Kriterium Wertschöpfungskette, jedoch sind die anderen Kriterien sehr unterschiedlich und wenig stark ausgeprägt, weshalb von dieser Gruppe das geringste Bedrohungspotenzial zu erwarten ist. Es ist lediglich erkennbar, dass es im Segment Zahlungsverkehr ähnliche FinTechs gibt, die auch ein vergleichbares Geschäftsmodell aus dem Bereich Mobile-Payment haben.

6.4.2 Analyse der Bedrohungsklassen

Durch die Klassifizierung wird ersichtlich, dass das Kriterium Wertschöpfungskette durchweg repräsentativ für die Klassifizierung ist. Klasse C und D haben dort die gleiche Ausprägung. Aufgrund der Gemeinsamkeiten in Klasse C, in der die Ausprägungen der Kriterien identisch sind, wurde diese von Klasse D separiert. Weiterhin ist ersichtlich, dass in Klasse D der Innovationsgrad durchweg inkrementell ist. Grundsätzlich lässt sich sagen, dass disruptive Geschäftsmodelle und ein breiterer Angriff (mindestens die Ausprägung Aggregator) auf die Wertschöpfungskette in der vorliegenden Analyse dazu führen, dass ein FinTech als mit hohem Risiko behaftet eingestuft wird. Bei steigendem Erfolg kann zudem die Ausgangslage von Aggregatoren sehr gut sein. Der etablierte Markt würde demnach bei einem Erfolg von Klasse-A- und B-Unternehmen massiv verändert werden und etablierten Finanzdienstleistern droht ein Markteinbruch. Dies zeigt sich beispielsweise daran, dass FinTech-Unternehmen aus dem Segment Crowdfunding/-lending, die weit oben in der Liste zu finden sind, bereits heute nachhaltig das klassische Kreditwesen verändern. Klasse C und D haben hier eine gesonderte Rolle, da sie potenziell nur eine einzelne Leistung angreifen. Zudem sind alle Klasse-C-Unternehmen mehr oder weniger direkte Konkurrenten und abhängig von einem etablierten Finanzdienstleister, über den die Leistung bezogen wird.

Das Marktvolumen oder die Schlüsselressource sind ebenfalls mit einer hohen Bewertung versehen, was zeigt, dass zur Umsetzung dieser Geschäftsmodelle viele Veränderungen des Innovationsobjektes notwendig sind und die Schlüsselressource hochwertig sein muss. Insbesondere die Blockchain-Technologie als Basis spiegelt einem sehr hohen Bedrohungswert wider. Die Kundengruppe kann entscheidend dafür sein, wie breit das Angebot und der spätere Marktanteil sind. Die Kundengruppe C2C kann jedoch völlig neue Interaktionsformen bedeuten und damit einen neuen Markt, was insbesondere für etablierte Finanzdienstleister gefährlich ist, weil sie auf dem Markt ggf. nicht aktiv sind.

Einige der analysierten FinTechs sind sehr breit aufgestellt. Das Segment Zahlungsverkehr hat zum Beispiel viele verschiedene Anbieter, die sich mit Kryptowährungen und der Blockchain beschäftigen. Diese Themen sind nicht nur in der Literatur sehr repräsentativ, sondern spiegeln sich auch in der Marktanalyse wider. Das Thema Blockchain scheint eine Veränderung zu sein, die nicht nur den Finanzmarkt, sondern auch andere Märkte betrifft, weshalb sich ein Wettbewerbsvorteil auf diesem Gebiet günstig auswirken kann. Die Bedrohung für Banken wird dann sichtbar, wenn Geldgeschäfte ohne Mitwirken von klassischen Finanzdienstleistern abgewickelt werden können. Der Bitcoin-Kurs zeigt, wie hoch die Nachfrage des Markts aktuell ist. Unterschiedlichste Kryptowährungen sind in dem Zusammenhang entstanden und der Trend scheint sich weiterhin fortzusetzen.

Im Rahmen der Marktanalyse wurde auch die Beziehung zu etablierten Finanzdienstleistern analysiert. Dieses Kriterium hatte keinen Einfluss auf die eigentliche Bewertung, jedoch soll es an dieser Stelle thematisiert werden. Es gibt verschiedene Arten der Kooperation zwischen FinTechs und etablierten Finanzdienstleistern. In der Gruppe A gibt es Schnittstellen zur Auskunft über die Kreditvergabe, die über Kooperationen funktionieren (bei *auxmoney* und *Zopa*). In Gruppe B sind viele Beziehungen vorhanden, was an der Klassifizierung eines Aggregators liegen mag. Die Unternehmen im Zahlungsverkehr sowie *centralway numbrs* stehen in diversen Beziehungen zu Finanzdienstleistern. Bei dem FinTech *centralway numbrs* ist dies besonders stark ausgeprägt, da ohne diese Beziehungen das Geschäftsmodell nicht möglich wäre. Die Gruppe C hat vergleichbare Beziehungen, da hier das Produkt beispielsweise in einem Depot bei einem etablierten Finanzdienstleister gekauft wird. Einige FinTechs bauen ihr gesamtes Geschäftsmodell auf diesen Schnittstellen auf, was zum einen vorteilhaft ist, da man sich an bestehenden Bereichen orientiert und diese erweitert, aber auch eine hohe Abhängigkeit generieren kann. Für etablierte Finanzdienstleister liegt insbesondere in den Gruppen C und D die Chance einer Kooperation. Diese FinTechs können zum Teil in die etablierte Wertschöpfungskette integriert werden, ohne dass diese als direkter Ansprechpartner zum Kunden fungieren.[3]

FinTech-Unternehmen haben insbesondere in Bezug auf etablierte Finanzdienstleister zwei relevante Schwächen, die in der Bewertung zwar keine Rolle spielen, aber nicht unerwähnt bleiben dürfen. Zum einen sind die vorgestellten FinTech-Unternehmen nur in einem Segment tätig und kein One-Stop-Shop (siehe Abschn. 2.1). Zudem beschränken sich die potenziellen Kunden möglicherweise nur auf Early-Adopter mit IT-Affinität.

6.5 Diskussion der Bedrohungsklassen

6.5.1 Implikationen der Bedrohungsklassen

Die Aggregation der FinTechs in die vier Bedrohungsklassen lässt eine Reihe von Schlussfolgerungen und weitergehenden Interpretationen zu, die nachfolgend diskutiert werden sollen. Eine hohe Gefahr besteht in der Gruppe A besonders durch FinTechs mit einer maximalen Ausprägung in dem Kriterium Kundengruppe, was besonders Unternehmen auf Basis der Blockchain-Technologie sowie Unternehmen aus dem Segment Crowdfunding/-lending betrifft. Auch viele Aussagen in der Literatur verweisen darauf, dass die Blockchain bzw. Crowdfunding/-lending nicht nur

---

[3] Siehe z. B. ING-DiBa AG und scalable capital: www.ing-diba.de/ING-Diba/Scalable.

für den Finanzsektor, sondern auch für andere Branchen ein hohes Bedrohungspotenzial erreichen können (Alt und Puschmann 2016; Nofer et al. 2017). Die Breite der Kundengruppe kann demnach entscheidend dafür sein, wie breit das Angebot und der spätere Marktanteil sind. Dennoch kann gerade die Kundengruppe C2C auch völlig neue Interaktionsformen hervorbringen und damit einen neuen Markt erschließen, was insbesondere für etablierte Finanzdienstleister gefährlich ist, weil sie auf dem Markt ggf. nicht aktiv sind. Hier zeigt neben der Risikogruppe A v. a. in der Gruppe D ein zukünftiges Bedrohungspotenzial, das aufgrund der sonst schwächeren Ausprägung der weiteren Bewertungskriterien aber als noch eher weniger bedrohlich eingestuft wird. Die zugehörigen Märkte sollten dennoch bereits jetzt von Finanzdienstleistern näher betrachtet werden.

Die Blockchain-Technologie erschüttert den klassischen Zahlungsverkehr
Insbesondere in der Risikogruppe A, aber auch B, sind das Marktvolumen oder die Schlüsselressource mit einer hohen Bewertung versehen, was zeigt, dass zur Umsetzung dieser Geschäftsmodelle viele Veränderungen des Innovationsobjektes notwendig sind und die Schlüsselressource hochwertig sein muss. Für etablierte Finanzdienstleister ist daher durch das Segment Zahlungsverkehr das größte Risiko vonseiten dieser Vertreter zu erwarten. Das sowieso schon bedrohte Einlagengeschäft der Banken wäre bei steigendem Interesse noch mehr gefährdet, wenn Unternehmen und Privatpersonen ihre aktuellen Einlagen in Kryptowährungen transferieren, welche mit der Blockchain eine starke Schlüsselressource beinhalten. Des Weiteren gibt es FinTechs, die ihr Geschäftsmodell auf eben diese Blockchain (bzw. Kryptowährungen) aufsetzen und damit zum einen die Verbreitung dieser Währungen steigern und zum anderen neue Möglichkeiten schaffen (z. B. *Bitwala* führt Bitcoin als Stammwährung und unterstützt den Transfer in andere Währungen).

Verlust des klassischen Filialgeschäfts(?)
Aus dem Segment Zahlungsverkehr ist außerdem das FinTech *Barzahlen* hervorzuheben, da dieses FinTech in erster Linie die Bankfiliale in den Einzelhandel transferiert – Finanzdienstleister könnten so den direkten Kontakt zu ihren Kunden verlieren. Eine Kooperation kann in dem Zusammenhang daher sinnvoll sein, da erwartungsgemäß immer mehr Finanztransaktionen digital durchgeführt werden und zudem teure Filialkosten reduziert werden können. Gleichzeitig könnten Vor-Ort-Dienstleistung sich auf – häufig zeitaufwendige – Spezialfälle konzentrieren und durch intensive Kundenbetreuung in diesen Fällen die Erfolgsrate von Abschlüssen und den Anteil rentabler Geschäfte erhöhen, da mögliche Probleme und Ausfallwahrscheinlichkeiten frühzeitig erkannt und entsprechend eingepreist werden können.

Crowdfunding und Crowdlending als neue Quelle für Venture-Kapital
Das Segment Crowdfunding/-lending ist durch den Eingriff in das klassische Kreditwesen für die etablierten Finanzdienstleister bedrohlich. Hierbei sind besonders Modelle zu erwähnen, die Investoren nicht auf Basis von Renditen anwerben, sondern mittels anderer Gegenleistungen, z. B. durch das dadurch finanzierte Produkt und die Möglichkeit, es früher zu erhalten. Die Marktanalyse hat gezeigt, dass diese FinTech-Unternehmen viele

Kundengruppen ansprechen und die unterschiedlichsten Ansätze bieten Geld von der Masse zu leihen, statt von einem einzelnen Institut. Die Zielgruppe, in die investiert wird, ist in der Regel ein Start-up-Unternehmen, was mit einer Idee überzeugen will und dafür Unterstützer sucht. Die Plattformen sind daher insbesondere für derartige Unternehmen interessant, die von einem etablierten Finanzdienstleister keinen Kredit bekommen würden oder zu nicht attraktiven Konditionen. Jedoch ist hier noch ein anderes Argument erwähnenswert. Die Start-up-Unternehmen, die auf diesen Plattformen Unterstützung suchen, erhalten zudem gleichzeitig eine Werbefläche für das Produkt oder die Dienstleistung. Hinzu kommt, dass viele dieser Unternehmen als Gegenleistung für die Unterstützer das Produkt oder die Dienstleistung anbieten für die finanzielle Unterstützung, dadurch erhöht sich die Verbreitung des Produkts.

Diese vielschichtige und komplexe Vorteilsstruktur können tradierte Kreditgeber nicht bieten, weshalb hier perspektivisch ein massives Abwandern von Kreditflüssen zu erwarten ist. Da Gründungskapital von Start-up-Unternehmen grundsätzlich immer stark risikobehaftet ist, könnte dies zunächst als positiv gewertet werden. Gleichzeitig werden sich zukünftig dann aber v. a. jene Start-up-Unternehmen an klassische Kreditgeber wenden, die über Crowdfunding-Plattformen nicht erfolgreich waren. Zwar ist mangelnder Erfolg einer Crowdfunding-Kampagne kein klares Zeichen für ein schlechtes Produkt, allerdings sind viele unerfolgreiche Kampagneninitiatoren häufig sehr unerfahren in Produktplatzierung und Marketing (Jährig et al. 2017) – ein Umstand, der generell dem Erfolg von Start-up-Unternehmen nicht zuträglich ist. Im schlimmsten Fall bleiben für klassische Kreditgeber dann nur eben jene weniger erfolgsträchtigen Start-up-Unternehmen, welche entsprechend risikobehaftet sind. Venture-Kapital-Vermittler und andere Kreditgeber könnten von dieser Gesamtsituation aber auch profitieren: Häufig erzielen Crowdfunding-Kampagnen nur ein sehr kleines Startkapital. Erfolgreiche Gründer werden mittelfristig immer auf professionalisierte Kreditgeber zurückgreifen müssen. Ein vorausgegangener Crowdfunding-Erfolg kann einem solchen Kreditgeber durchaus belastbare Indikatoren für die Erfolgswahrscheinlichkeit einer Gründungsidee liefern.

Grundsätzlich lässt sich sagen, dass insbesondere C2C-Geschäfte durch solche Plattformen ganz am Markt der etablierten Finanzdienstleister vorbeigehen. Bei einer erfolgreichen Kombination der FinTech-Segmente Zahlungsverkehr mittels Blockchain und Crowdfunding/-lending können diese Transaktionen ganz ohne Einbindung etablierter Finanzdienstleister stattfinden. Daher sollte insbesondere dieses Segment beobachtet werden, da es das Kreditgeschäft nachhaltig verändern kann.

Robo Advice und Social Trading verändert das Vermögensmanagement
Aus dem Segment Vermögensmanagement gibt es verschiedene Vertreter mit Ansätzen zur automatisierten Anlageberatung (Robo-Advisor) oder zum Social Trading. Die FinTech-Unternehmen dieses Segments greifen zum größten Teil nicht die gesamte Wertschöpfungskette an, bieten aber disruptive Ansätze zur Veränderung des Geschäftsmodells. Die Erkenntnisse zu diesem Segment zeigen, auch in der vorgestellten Gruppierung, dass für etablierte Finanzdienstleister die größte Chance besteht mit diesen Ansätzen das eigene Produktportfolio zu erweitern, um dem Kunden neue Ansätze zu bieten.

Dabei bilden die Robo-Advisory-Vertreter eine eigene Risikogruppe, was auf die Ähnlichkeit sämtlicher Ausprägungen zurückzuführen ist und auf einen hohen gruppeninternen Wettkampf hindeutet. Diese Anbieter sollten aufgrund ihrer Integrationsmöglichkeit von etablierten Finanzdienstleistern dennoch genauer betrachtet werden. Zudem besteht für etablierte Finanzdienstleister eine große Chance darin, aus dem Wettkampfverhalten der betroffenen FinTechs gezielte Schlüsse für die Erweiterung des eigenen Produktportfolios zu ziehen. Beispielsweise stellen viele Robo-Advisors die auf Basis der eigenen Parameter getroffenen Investitionsentscheidungen transparent hinsichtlich der resultierenden Effekte dar. Auch andere FinTech-Unternehmen in dem Segment Vermögensmanagement zeigen einen deutlichen Fokus auf die Prinzipien der Verschlankung und Transparenz.

Auf ähnlichen Prinzipien basiert Social Trading, das Vertrauen durch Transparenz hinsichtlich früherer Beratungen und Beratungserfolge schafft. Entscheidend ist dabei, dass die Beratung durch „Laien" erfolgt, die häufig besser als geschulte Berater die Sprache und Anliegen möglicher Anleger verstehen. Entsprechend hoch ist allerdings hier das Betrugspotenzial, weshalb der Markterfolg von Social-Trading-Ansätzen bislang noch eher überschaubar ist.

Die Bedrohung im Segment Factoring fällt derzeit noch eher gering aus
Das Segment Factoring kam in unserer Marktanalyse nur zweimal in zwei sehr verschiedenen Gruppen (A und D) vor. Dennoch sind die zugrunde liegenden Ansätze aufgrund des relativ hohen Marktvolumens und der grundsätzlichen Relevanz für etablierte Finanzdienstleister interessant. Das FinTech *kreditech* stellt beispielsweise neue Methoden zur Einstufung der Kreditfähigkeit von Personen bereit. Die potenzielle Reichweite dieses FinTechs ist daher besonders hoch. Objektiv betrachtet verfolgt das FinTech allerdings „lediglich" einen alternativen Kredit-Scoring-Ansatz als z. B. die Schufa. Der Erfolg des FinTechs ist damit maßgeblich von der Akzeptanz dieses Ansatzes abhängig. Wahrscheinlicher ist eine Nutzung des Angebots als „zweite Meinung", wenn Zweifel an anderen Scoring-Ergebnissen bestehen. Zudem beschränkt sich der Ansatz nur auf Privatpersonen. Ein alternatives Bewertungsverfahren für Unternehmen hingegen könnte weitreichende Implikationen bedeuten.

Andere FinTechs aus dem Segment Factoring beschäftigen sich mit dem Verkauf von Forderungen über Plattformen. Dieser Ansatz erlaubt es, eine Vielzahl von Interessenten zu finden, die Angebote transparent darzustellen und ggf. mehrere Interessenten ausfindig zu machen. Hierdurch wird der Markt transparenter und die Wettbewerbssituation für etablierte Anbieter entsprechend schwieriger.

6.5.2 Empfehlungen für tradierte Finanzdienstleister

Durch die detailliertere Analyse wird klar, dass in den unterschiedlichen FinTech-Segmenten Unterschiede im Risiko für etablierte Finanzdienstleister bestehen. Zum einen gibt es disruptive FinTech-Unternehmen, die völlig neue Ansätze etablieren wollen und die etablierten Finanzdienstleister in einem breiten Spektrum angreifen. Zum anderen bieten einige FinTech-Unternehmen eine große Chance für etablierte

Finanzdienstleister, obwohl der Risikowert dieser FinTech-Unternehmen ebenfalls hoch ist. Drei zentrale Empfehlungen für den Umgang mit FinTechs lassen sich aus Sicht der Autoren aus der Marktanalyse ableiten, welche nachfolgend vorgestellt werden.

Kooperationen aktiv suchen
Etablierte Finanzdienstleister müssen in den Einzelfällen unterscheiden, ob sich eine Kooperation lohnt und wo es sinnvoll ist, selbst zu agieren. Plattformen bieten die Chance, mehr Kunden zu erreichen, allerdings auch, nur noch als indirekter Ansprechpartner für den Kunden zu fungieren, während ergänzende Leistungen wiederum eine potenzielle Erweiterungsmöglichkeit für das bestehende Angebot darstellen können. Es wurden FinTech-Unternehmen identifiziert, die neue Märkte erschließen, die das bestehende Geschäftsmodell disruptiv verändern wollen, die die Produkte aggregieren möchten, die einzelne Leistungen und Produkte mit einer Plattform zur Vermittlung zwischen den Anbietern offerieren. Für etablierte Finanzdienstleister ist es deshalb besonders wichtig zu wissen, in welchem Bereich ein FinTech agiert. Zum einen sind die FinTech-Unternehmen nur ein Anbieter für eine Finanzdienstleistung und kein One-Stop-Shop, was sich durch eine schnelle Verbreitung aber schnell ändern kann. Zum anderen haben die etablierten Finanzdienstleister einen festen Kundenstamm, der durch neue Produkte gehalten und möglicherweise vergrößert werden kann. Disruptoren stellen für den Finanzdienstleistungs-Markt die größte Gefahr dar und sollten im Fokus der etablierten Finanzdienstleister sein.

Kein FinTech greift allein alle Geschäftsfelder an – Beobachtung schafft Transparenz
Jedes Segment ist nur auf eine spezielle Dienstleistung (Siehe Ausführung zur Bankleistung in Abschn. 2.1 und Abschn. 2.3) beschränkt und das ist pro FinTech im Segment noch sehr unterschiedlich. Fortan muss sich erst noch zeigen, welche FinTech-Unternehmen sich in dem Segment durchsetzen und welche Segmente perspektivisch die größte Gefahr darstellen. Die FinTech-Unternehmen agieren nur in einem Teil der bestehenden Finanzdienstleistungen und bieten nicht zwangsläufig alle Produkte über einen Kanal an. Etablierte Finanzdienstleister sind als One-Stop-Shop tätig und haben für ihre Kunden in der Regel das gesamte Spektrum von Finanzdienstleistungen im Angebot. Dies ist zwar ein guter Mechanismus, da es für Kunden einen Lock-In-Effekt gibt, indes wird sich zeigen, ob dies ausreicht, um sich auf dem Markt langfristig zu behaupten. FinTech-Unternehmen können durch den First-Mover-Vorteil den gleichen Effekt erzielen und Kunden binden, die dann schwer (teuer) zurückzuholen sind. Für etablierte Finanzdienstleister ist daher genau abzuwägen, in welche Segmente investiert werden kann und wo Kooperationen in Erwägung gezogen werden sollen.

Die von einem FinTech bediente Kundengruppe sollte genau beleuchtet werden
Die Ausprägungen der Kundengruppen sind ebenfalls detaillierter zu betrachten. Im Wesentlichen kann ein etablierter Finanzdienstleister hierdurch filtern, ob und in-

wieweit das FinTech eine direkte Bedrohung darstellt. Allerdings darf nicht vergessen werden, dass beispielsweise ein funktionierendes Geschäftsmodell im B2C-Markt auch für den B2B-Markt adaptiert werden kann. Grundsätzlich kann durch eine Selektion der relevanten Kundengruppen die Auswahl der direkten Konkurrenten verkleinert werden. Es wurden mehr FinTech-Unternehmen identifiziert, die nur für eine Kundengruppe aktiv sind. Es gab eine geringe Anzahl von Mehrfachnennungen, wobei die Mehrfachnennungen im Segment Zahlungsverkehr überwiegt. Eine klare Abgrenzung, dass eine Kundengruppe bevorzugt wird oder besonders oft vertreten ist, kann nicht festgestellt werden. Die Kundengruppe C2C ist auch vertreten und mehrfach im Segment Zahlungsverkehr zu finden. Wie bereits erwähnt, sind hier neue Szenarien und Geschäftsmodelle denkbar, die für etablierte Finanzdienstleister eine potenzielle Gefahr durch die fehlende Abdeckung des Marktes darstellen. Für etablierte Finanzdienstleister sollten besonders die FinTech-Unternehmen mit mehreren Kundengruppen im Fokus sein.

6.6 Fazit und Ausblick

Die Ergebnisse der Marktanalyse zeigen, dass es vier Gruppen von FinTechs gibt, die jeweils ein anderes Kernrisiko beinhalten. Für etablierte Finanzdienstleister geht deshalb von jeder Gruppe eine unterschiedliche Bedrohung aus und jede bedarf einer anderen Herangehensweise zur Problemlösung. Zum einen sind alle vorgestellten FinTechs nur in einem gut abgrenzbaren Segment tätig. Etablierte Finanzdienstleister können von dieser Erkenntnis profitieren, um auf diese Weise gezielt bestimmte, gut abgrenzbare Geschäftsbereiche zu modernisieren. Unsere Marktanalyse stellt dazu verschiedene FinTechs und deren Leistungsspektrum gegenüber. Viele FinTechs fangen z. B. mit einem eher kleinen Leistungsangebot an, das bei Erfolg schrittweise erweitert wird. Gerade diese Einfachheit ist für viele potenzielle Kunden interessant, da sie einen leichten Einstieg und die Möglichkeit des Probierens eröffnet. Demgegenüber bieten etablierte Finanzdienstleister häufig direkt eine große Lösung mit eingeschränkten Testmöglichkeiten an, was unerfahrene und unentschlossene Kunden eher abschreckt.

Während weiterhin viele etablierte Finanzdienstleister aktuell im Bereich der Bezahlverfahren aufschließen, so zeigen sich jedoch gerade im Bereich Kreditwesen und Finanzierung immer noch große Lücken zu FinTechs. Wie man der Risikogruppe A ansehen kann, ist das Potenzial im Bereich Crowdfunding und -lending besonders groß, jedoch nutzen bislang nur sehr wenige Banken die daraus entstehenden Vorteile. Durch Anbieten z. B. eigener Crowdfunding-Plattformen könnten Banken ihr eigenes Haftungsrisiko reduzieren und gleichzeitig beratende Services in den Vordergrund stellen, was im Anschluss die Vermittlung weiterer Finanzdienstlungen bei der Bank begünstigen kann. Ein aktuelles Beispiel hierfür ist Main Funders, die Crowdlending-Plattform der Commerzbank.[4] Werden derartige Angebot auf Basis

---

[4] https://www.crowdfunding.de/main-funders-crowdlending-plattform-der-commerzbank-interview-mit-helge-michael/.

der Blockchain-Technologie umgesetzt, können sich für die Banken zudem große Einsparpotenziale in der Abwicklung bieten bei gleichzeitiger Erschließung neuer Geschäftsfelder ergeben.

Gerade im Zusammenhang mit der Blockchain-Technologie ergeben sich eine Vielzahl möglicher zukünftiger Kooperationsmöglichkeiten mit FinTechs und Anwendungsfälle für Banken. Als Abschluss des Kapitels seien stellvertretend noch zwei interessante laufende Initiativen vorgestellt, der Utility Settlement Coin (USC) zur Abwicklung von Wertpapiergeschäften sowie das R3-Konsortium. Der USC, gestartet 2015 von UBS und dem FinTech Clearmatics, möchte Intermediäre im Clearing und Settlement-Prozess[5] zu beseitigen und diesen zu beschleunigen (De Meijer 2017). Die USC-Blockchain soll eine private Blockchain von Finanzinstituten sein, die auf ihr verschiedene Währungen untereinander austauschen können. Die Währungen werden auf der USC-Blockchain als digitale Token abgebildet und sind bei der jeweiligen Zentralbank wandelbar. Jeder Token ist also mit einem realen Währungswert gesichert – ein maßgeblicher Unterschied zu anderen Kryptowährungen. Der USC erlaubt es den angeschlossenen Finanzinstituten, Wertpapiergeschäfte abzuwickeln, ohne dass Clearing- und Settlement-Verzögerungen aus dem klassischen Prozess auftreten. Die UBS verspricht sich durch USC eine Reduktion des Settlement-, Kontrahenten- und Marktrisikos und sieht USC als Vorläufer für ein von Zentralbanken herausgegebenes digitales Geld als Ergänzung zum Fiat-Geld. Inzwischen umfasst das USC-Konsortium mehr als zwölf Finanzdienstleister, darunter auch die Deutsche Bank. Die Entwicklungsarbeiten sind bis Mitte 2019 jedoch noch nicht abgeschlossen (Khubbeeva 2019). Noch größer ist das R3-Konsortium, an dem Stand 2019 mehr als 300 Unternehmen (darunter viele FinTechs) beteiligt sind und das die Blockchain-basierte Open-Source-Plattform Corda initiiert hat. Corda stellt Basisdienste zum Datenaustausch und zur Vernetzung bereit, die auf dieser Infrastruktur basierende Lösungen miteinander kompatibel machen. Auf diese Weise sollen Markteinführungszeiten innovativer Finanzdienstleistungen verkürzt werden (Barkhausen 2019).

Ziel des Kapitels war ein allgemeiner Überblick, weshalb die betrachteten Kriterien limitiert wurden. Für eine endgültige und detaillierte Einschätzung bedarf es weiterer Kriterien, die einen stärker qualifizierten Bedrohungsindex wiedergeben. Zum einen ist der Innovationsgrad sehr hoch eingeordnet, da Disruptoren in diesem Kapitel als größtes Risiko eingeschätzt werden, und zum anderen ist die Ausprägung des Angriffes auf die Wertschöpfungskette sehr maßgebend für das Ergebnis im Bedrohungsindex gewesen. Künftig könnte die Bewertung auch Kriterien wie Kostenstruktur, aktuelle Investoren, Kapital o. Ä. einbeziehen. Die Akzeptanz und das Vertrauen in FinTechs sind ebenfalls nicht Teil der Marktanalyse gewesen. Dies ist wie bereits erwähnt ein denkbares Thema für künftige Untersuchungen, da die Akzeptanz von Kryptowährungen beispielsweise ein ausschlaggebendes Kriterium für den Erfolg sein kann.

---

[5] Clearing bezeichnet die Abstimmung und Bestätigung gegenseitiger Forderungen unter Kontrahenten, die als Basis für das Settlement gilt. Settlement ist die Erfüllung eines Geschäftes, d. h. die Zahlung durch den Käufer gegen die Lieferung des vereinbarten Basiswerts durch den Verkäufer.

Trotz dieser Einschränkungen bietet dieses Kapitel durch die herangezogenen Kriterien und deren Strukturierung einen Gliederungs- und Analyseansatz, der Finanzdienstleistern und Wissenschaftlern weitergehende Analysen erleichtern könnte. Die Wertigkeit der Schlüsselressource sollte beispielsweise im Fokus tiefergehender Analysen sein. Ein FinTech mit einer wertigen Schlüsselressource kann den First-Mover-Vorteil verstärken und die Marktetablierung stützen. Die Schlüsselressource ist in diesem Kapitel auf die Technologie beschränkt. In einer weiteren Analyse könnten zusätzliche Details herausarbeitet werden, um die gesamten Ressourcen und das Alleinstellungsmerkmal eines FinTech besser herauszuarbeiten und dadurch das Risiko besser abschätzen zu können. FinTechs sind innerhalb ihres Segments Konkurrenten. Dies kann für den Markt sehr positiv sein, dennoch ist es für einen etablierten Finanzdienstleister wichtig zu erkennen, welches FinTech das größte Potenzial hat. Die Schlüsselressourcen der FinTechs sind daher von großer Wichtigkeit.

Weiterhin wird das Marktvolumen eines FinTechs in diesem Kapitel im Zusammenhang mit dem Innovationsobjekt dargestellt. In einer detaillierteren Untersuchung können weitere Aspekte berücksichtigt und der Fokus kann auf ein Segment gelegt werden. Kundengruppen und etablierte Finanzdienstleister in dem Segment können hierzu zusätzlich herangezogen werden. Weitere Möglichkeiten bestehen in der detaillierten Recherche und Erfassung des Marktvolumens. Nicht Teil des Kapitels und der Zielstellung ist es gewesen, die Akzeptanz des Marktes für FinTechs zu untersuchen. Eine Verbreitung von FinTechs ist, da auch FinTechs als Finanzdienstleister wahrgenommen werden, davon abhängig wie hoch das Vertrauen vonseiten der Kunden ist. Auch hier könnten zukünftige Untersuchungen unsere Forschung weiterentwickeln.

Anhang – Detaillierte Marktanalyse

Tab. 6.5 Ergebnisse der Marktanalyse

FinTech	Teilgebiet	Marktvolumen x Innovationsobjekt	Kundengruppe	Wertschöpfungskette	Techn. Schlüsselressource	Innovationsgrad	Bedrohungsindex
Risikogruppe A – höchstes Risiko							
Bitcoin	Kryptowährung	GM u. Sys (60 %; 5)	B2B, B2C u. C2C (5)	Dis (5)	XaaS (5)	Disr (5)	25
Etherum	Kryptowährung	GM u. Sys (60 %; 5)	B2B, B2C u. C2C (5)	Dis (5)	XaaS (5)	Disr (5)	25
gofundme	Crowdlending	GM (30 %; 3)	B2B, B2C u. C2C (5)	Dis (5)	IaaS (4)	Disr (5)	22
n26	PFM	GM, Prod u. Proz (60 %; 5)	B2C (2)	Dis (5)	IaaS (4)	Disr (5)	21
kreditech	Factoring	GM u. Sys (60 %; 5)	B2C (2)	Dis (5)	IaaS (4)	Disr (5)	21
Barzahlen	Mobile Payment	Proz u. Sys (40 %; 4)	B2C u. B2B (3)	Aggr (3)	XaaS (5)	Disr (5)	20
Kickstarter	Crowdfunding	GM u. Prod (50 %; 4)	B2C (2)	Dis (5)	IaaS (4)	Disr (5)	20
indiegogo	Crowdfunding	GM u. Prod (50 %; 4)	B2C (2)	Dis (5)	IaaS (4)	Disr (5)	20
auxmoney	Crowdlending	GM, Prod u. Proz (60 %; 5)	C2C (3)	Dis (5)	IaaS (4)	Inkr (3)	20
Zopa	Crowdlending	GM, Prod u. Proz (60 %; 5)	C2C (3)	Dis (5)	IaaS (4)	Inkr (3)	20
Seedrs	Crowdfunding	GM (30 %; 3)	B2C (2)	Dis (5)	IaaS (4)	Disr (5)	19

Risikogruppe B – Potenziell hohes Risiko bezogen auf eine Kundengruppe						
Etoro	Social Trading	GM, Prod u. Proz (60 %; 5)	B2C (2)	Aggr (3)	IaaS (4)	Disr (5)	19
allpago	alternative Bezahlverfahren	Prod, Proz u. Sys (60 %; 5)	B2B (2)	Aggr (3)	SaaS (2)	Disr (5)	17
numbrs	Sonstige FinTech	GM u. Proz (40 %; 2)	B2C (2)	Aggr (3)	IaaS (4)	Disr (5)	16
Traxpay	alternative Bezahlverfahren	GM (30 %; 3)	B2B (2)	Aggr (3)	SaaS (2)	Disr (5)	15
Bitwala	E-Wallet	GM, Prod u. Proz (60 %; 5)	B2C (1)	Aggr (3)	PaaS (3)	Inkr (3)	15
Risikogruppe C – Konkurrenten in einem Segment						
nutmeg	Robo-Advice	Prod u. Proz (30 %; 3)	B2C (2)	ErgL (1)	IaaS (4)	Disr (5)	15
DeinAnlageberater	Robo-Advice	Prod u. Proz (30 %; 3)	B2C (2)	ErgL (1)	IaaS (4)	Disr (5)	15
Easyfolio	Robo-Advice	Prod u. Proz (30 %; 3)	B2C (2)	ErgL (1)	IaaS (4)	Disr (5)	15
Scalable Capital	Robo-Advice	Prod u. Proz (30 %; 3)	B2C (2)	ErgL (1)	IaaS (4)	Disr (5)	15
betterment	Robo-Advice	Prod u. Proz (30 %; 3)	B2C (2)	ErgL (1)	IaaS (4)	Disr (5)	15
Risikogruppe D – Unterschiedliche Segmente mit einer Leistung						
ayondo	Social Trading	GM, Prod u. Proz (60 %; 5)	B2C (2)	ErgL (1)	IaaS (4)	Inkr (3)	15
SatoshiPay	alternative Bezahlverfahren	GM (30 %; 3)	B2C u. C2C (4)	ErgL (1)	Saas (2)	Inkr (3)	13

(Fortsetzung)

Tab. 6.5 (Fortsetzung)

FinTech	Teilgebiet	Marktvolumen x Innovationsobjekt	Kundengruppe	Wertschöpfungskette	Techn. Schlüsselressource	Innovationsgrad	Bedrohungsindex
Spendesk	alternative Bezahlverfahren	Prod (20 %; 2)	B2B (2)	ErgL (1)	XaaS (5)	Inkr (3)	13
wikifolio	Social Trading	GM, Prod u. Proz (30 %; 3)	B2C (2)	ErgL (1)	IaaS (4)	Inkr (3)	13
Flex Payment	Factoring	Prod u. Proz (4)	B2B (2)	ErgL (1)	PaaS (3)	Inkr (3)	13
Lendstar GmbH	Peer-To-Peer	Prod u. Proz (30 %; 3)	C2C (3)	ErgL (1)	SaaS (2)	Inkr (3)	12
UMT AG	alternative Bezahlverfahren	Prod u. Proz (30 %; 3)	B2B (2)	ErgL (1)	PaaS (3)	Inkr (3)	12
SUM UP	Mobile Payment	Prod u. Proz (30 %; 3)	B2B (2)	ErgL (1)	PaaS (3)	Inkr (3)	12
kesh	E-Wallet	Prod u. Proz (30 %; 3)	C2C (3)	ErgL (1)	SaaS (2)	Inkr (3)	12
circle	Peer-To-Peer	Prod u. Proz (30 %; 3)	C2C (3)	ErgL (1)	SaaS (2)	Inkr (3)	12
Debitos	Factoring	Proz (10 %; 2)	B2B (2)	ErgL (1)	IaaS (4)	Inkr (3)	12
Easy Car Pay	alternative Bezahlverfahren	Prod u. Proz (30 %; 3)	C2C (3)	ErgL (1)	No Service (1)	Inkr (3)	11
AcceptEmail	alternative Bezahlverfahren	Prod u. Proz (30 %; 3)	B2C (2)	ErgL (1)	SaaS (2)	Inkr (3)	11
finanzcheck	Vergleichsportal	GM (30 %; 1)	B2C (2)	ErgL (1)	IaaS (4)	Inkr (3)	11
PAY & RELAX GmbH (PAYLAX)	alternative Bezahlverfahren	Proz (10 %; 1)	C2C u. B2C (4)	ErgL (1)	No Service (1)	Inkr (3)	10
GOCARDLESSS	alternative Bezahlverfahren	Proz (10 %; 1)	B2B (2)	ErgL (1)	SaaS (2)	Inkr (3)	9

Literatur

Alt R, Puschmann T (2016) Digitalisierung der Finanzindustrie. Springer Gabler, Heidelberg

Avital M, Andersson M, Nickerson J, Sundararajan A, Alstyne M, Verhoeven D (2014) The collaborative economy: a disruptive innovation or much ado about nothing? In: ICIS 2014 proceedings, Auckland

Barkhausen D (2019) R3-Konsortium: Startschuss für Blockchain-Plattform Corda Network. https://www.btc-echo.de/r3-konsortium-startschuss-fuer-blockchain-plattform-corda-network/. Zugegriffen am 29.08.2019

Beck R, Müller-Bloch C (2017) Blockchain as Radical Innovation: A Framework for Engaging with Distributed Ledgers as Incumbent Organization. In: HICSS 2017 proceedings, Hawaii

Bhardwaj S, Jain L, Jain S (2010) Cloud computing: a study of infrastructure as a service (IAAS). Intern J Eng Inf Technol 2:60–63

Chen Z, Li X, Li X (2013) Incentive strategies in user community of online trading platform – bilateral market uncertainty perspective. Intern J Netw Virtual Organ 12:14–26

Dahlberg T, Mallat N, Ondrus J (2008) Mobile payment market and research – past, present and future. Electron Commer Res Appl 7:165–181

De Meijer CRW (2017) UBS and the utility settlement coin. https://www.finextra.com/blogposting/14459/ubs-and-the-utility-settlement-coin. Zugegriffen am 29.08.2019

Dorfleitner G, Hornuf L, Schmitt M, Weber M (2016) FinTech-Markt in Deutschland. Bundesfinanzministerium, Berlin

Europäische Union (2015) Payment services directive 2: EU 2015/2366

Fein ML (2015) Robo-advisors: a closer look. Verfügbar auf SSRN: https://ssrn.com/abstract=2658701 oder http://dx.doi.org/10.2139/ssrn.2658701

Grill W, Perczynski H (2011) Wirtschaftslehre des Kreditwesens. Gehlen, Bad Homburg

Haas P, Blohm I (2017) Blueprinting crowdfunding – designing a crowdfunding service configuration framework. In: Wirtschaftsinformatik 2017 proceedings, St. Gallen

Jährig, E, Ebner, K, Hornung, O, Smolnik, S (2017) Guerilla marketing using social media as a success strategy in crowdfunding campaigns: towards a research model. In: AMCIS 2017 proceedings, Boston

Kazan E, Tan CW, Lim ETK (2015) Value creation in cryptocurrency networks: towards a taxonomy of digital business models for bitcoin companies. In: PACIS 2015 proceedings, Marine Bay Sands

Khubbeeva P (2019) Banken investieren 50 Millionen US-Dollar in Utility Settlement Coin. https://www.btc-echo.de/banken-investieren-in-50-millionen-us-dollar-in-utility-settlement-coin/. Zugegriffen am 29.08.2019

Korschinowski S (2016) Blockchain – Quo vadis? https://www.der-bank-blog.de/blockchain-quo-vadis/digital-banking/21183/. Zugegriffen am 29.08.2019

Kröner A (2019) Keine Tabus mehr: Commerzbank prüft Schließung von Filialen. https://www.handelsblatt.com/finanzen/banken-versicherungen/umbauplaene-keine-tabus-mehr-commerzbank-prueft-schliessung-von-filialen/24922206.html. Zugegriffen am 29.08.2019

Lerner J, Tufano P (2011) The consequences of financial innovation: a counterfactual research agenda. National Bureau of Economic Research, Cambridge

Mallat N (2007) Exploring consumer adoption of mobile payments – a qualitative study. J Strateg Inf Syst 16:413–432

Merritt C (2011) Mobile money transfer services: the next phase in the evolution of person-to-person payments. J Paym Strateg Syst 5:143–160

Möwes T, Puschmann T, Alt R (2011) Service-based Integration of IT-Innovations in customer-bank-interaction. In: Wirtschaftsinformatik 2011 proceedings, Zurich

Nofer M, Gomber P, Hinz O, Schiereck D (2017) Blockchain. Bus Inf Syst Eng 59:183–187

Puschmann T (2017) Fintech. Bus Inf Syst Eng 59:69–76

Walter GF (2016) Geschäftsmodelle von Banken in Zeiten fundamentalen Wandels. In: Seidel M (Hrsg) Banking & innovation. Springer, Wiesbaden, S 29–40

Zavolokina L, Dolata M, Schwabe G (2016) FinTech – what's in a name? In: ICIS 2016 proceedings, Dublin

Sebastian Reinig ist Co-Founder und Ideencoach der ideenbringer Oehlbrecht & Reinig GbR und zudem im Angestelltenverhältnis mit der #Einfachbahn (DB Netz AG). Sein akademischer Werdegang begann mit dem Bachelor of Science in Wirtschaftsinformatik an der Berufsakademie Rhein-Main, gefolgt vom Master of Science in Wirtschaftsinformatik an der FernUniversität in Hagen, den er 2018 abschloss. Aktuell befindet sich Herr Reinig im Studium Bachelor of Science in Psychologie, ebenfalls an der FernUniversität in Hagen. Seine Masterarbeit am Lehrstuhl für Betriebswirtschaftslehre, insbesondere Betriebliche Anwendungssysteme, beschäftigte sich mit dem Thema FinTech, was zudem die in diesem Kapitel präsentierte Analyse nach sich zog.

Dr. Katharina Ebner ist Habilitandin an der FernUniversität in Hagen am Lehrstuhl von Prof. Dr. Stefan Smolnik. Ihre Promotion in der Wirtschaftsinformatik hat sie 2014 an der EBS Business School in Oestrich-Winkel/Wiesbaden abgeschlossen. Sie besitzt zudem ein Diplom in Informatik von der Friedrich-Schiller-Universität Jena. Sie forscht in den Bereichen digitale Transformation von Gesellschaft und Unternehmen, fortschrittliche Datenanalytik und künstliche Intelligenz sowie Nutzung und Erfolg von Informationssystemen. Dr. Ebner hat ihre Forschung in hochrangigen internationalen Fachzeitschriften veröffentlicht, u. a. IEEE Transactions on Engineering Management, Information & Management sowie u. a. in den Konferenzbänden der International/European Conference on Information Systems.

Prof. Dr. Stefan Smolnik ist Inhaber des Lehrstuhls für BWL, insb. Betriebliche Anwendungssysteme an der FernUniversität in Hagen. Vorher war er als Juniorprofessor an der EBS Business School in Oestrich-Winkel/Wiesbaden tätig. Er forscht zur digitalen Transformation, Erfolgs- und Leistungsmessung im Bereich des Informations- und Wissensmanagements sowie zur organisatorischen Nutzung von Social Software. Prof. Smolnik hat seine Forschung in hochrangigen internationalen Fachzeitschriften veröffentlicht, u. a. Journal of Strategic Information Systems, Business & Information Systems Engineering, International Journal of Knowledge Management, Business Process Management Journal sowie in den Konferenzbänden u. a. der International/European Conference on Information Systems.

Blockchain im Bankensektor – Chancen, Herausforderungen, Handlungsempfehlungen und Vorgehensmodell

Jan Heinrich Beinke, Stefan Tönnissen, Julia Samuel und Frank Teuteberg

Zusammenfassung

Aktuell wird in diversen Branchen der Einsatz der Blockchain-Technologie diskutiert, erprobt und evaluiert. Insbesondere im Bankensektor zeigt sich ein enormes Potenzial, das durch den Einsatz der Blockchain-Technologie erschlossen werden kann. Um Praxisakteure beim Einsatz der Blockchain-Technologie zu unterstützen, wird in diesem Beitrag zunächst eine Übersicht über mögliche Einsatzbereiche der Blockchain im Bankensektor präsentiert. Außerdem werden Chancen und Herausforderungen, die mit der Blockchain-Technologie im Bankensektor verbunden sind, zusammengefasst und diskutiert. Darauf aufbauend werden Handlungsempfehlungen ausgesprochen und ein Vorgehensmodell vorgestellt, das für die Einführung der Blockchain-Technologie in Banken genutzt werden kann, um (IT-)Entscheidern zu unterstützen.

Schlüsselwörter

Blockchain · Vorgehensmodell · Handlungsempfehlungen · Chancen und Herausforderungen · Bankensektor

---

Überarbeiteter Beitrag basierend auf Beinke et al. (2018) Diffusion der Blockchain-Technologie im Bankensektor – Revolution oder Evolution? HMD – Praxis der Wirtschaftsinformatik Heft 324, 55(6): 1220–1230.

J. H. Beinke (✉) · S. Tönnissen · J. Samuel · F. Teuteberg
Universität Osnabrück, Osnabrück, Deutschland
E-Mail: jan.beinke@uni-osnabrueck.de

7.1 Einleitung

Nachdem unter dem Pseudonym Satoshi Nakamoto 2008 das White Paper „Bitcoin: A Peer-to-Peer Electronic Cash System" (Nakamoto 2008) veröffentlicht wurde, haben sowohl Kryptowährungen als auch die ihr zugrunde liegende Technologie, die Blockchain, große Aufmerksamkeit erlangt. Derweil werden zahlreiche Anwendungs- und Umsetzungsmöglichkeiten der Blockchain-Technologie diskutiert und umgesetzt (Schütte et al. 2017, S. 4; Jentzsch 2016, S. 656). Sowohl Wissenschaftler als auch Praktiker aus unterschiedlichen Disziplinen und Branchen sind der Überzeugung, dass die Blockchain-Technologie das Potenzial hat, unterschiedliche Bereiche der Gesellschaft, die weit über das Gebiet der digitalen Währungen hinausgehen, zu verändern (Schlatt et al. 2016, S. 3; Burgwinkel 2016, S. 4). Hervorzuheben ist vor allem das Potenzial im Finanzsektor, in welchem zahlreiche Start-Ups die Blockchain-Technologie nutzen, um neue Geschäftsmodelle zu entwickeln bzw. bereits existierender Geschäftsmodelle zu transformieren (Beinke et al. 2018a).

Starke Auswirkungen der Blockchain-Technologe werden insbesondere auf die Geschäftsprozesse von Banken erwartet (Schönfeld 2017a). Immer mehr Unternehmen, darunter zahlreiche Banken, bilden Konsortien oder initiieren Projekte, um entsprechende Anwendungsfälle und Lösungen zu erarbeiten sowie Herausforderungen und Potenziale der Blockchain-Technologie zu identifizieren (Korschinowski et al. 2018, S. 279; Fridgen et al. 2017; Beinke et al. 2018b). Mittlerweile setzen sich nahezu alle Banken, Notenbanken sowie Regulierer aber auch eine Vielzahl an Start-ups aus dem Gebiet Finanztechnologie (FinTechs) mit der Blockchain-Technologie auseinander (Schönfeld 2017b). Laut einer Umfrage unter Führungskräften deutscher Banken, die von der Wirtschafts- und Beratungsgesellschaft PWC durchgeführt wurde, erwartet über die Hälfte der befragten Akteure, dass das Thema in den kommenden Jahren das Geschäftsmodell der Banken beeinflussen wird (Schönfeld 2017a,c).

Um (IT-)Entscheidungsträger zu unterstützten, wird in diesem Beitrag der Status Quo der Blockchain-Technologie im Bankensektor dargestellt. Dazu wird unter anderem eine Übersicht über aktuelle Einsatzmöglichkeiten der Blockchain im Bankensektor präsentiert. Des Weiteren werden Chancen und Herausforderungen, die mit der Blockchain-Technologie einhergehen, diskutiert und schließlich konkrete Handlungsempfehlungen für Banken abgeleitet. Zudem wird ein Vorgehensmodell vorgestellt, das Banken bei der Einführung der Blockchain-Technologie unterstützen kann.

7.2 Vorgehensweise

Neben einer systematischen Literaturrecherche nach Webster und Watson (2002), wurden sechs Experteninterviews durchgeführt. Bei der Literaturrecherche wurden die Datenbanken EBSCOhost, Google Scholar, SpringerLink, AISel, und IEEE durchsucht (Suchstring: „blockchain" OR „distributed ledger" AND („bank*" OR „financ*")). Zusätzlich wurde eine Google-Suche mit denselben Begriffe durchgeführt, um weitere relevante Praxisarbeiten zu berücksichtigen. Für die Experteninterviews wurden vier Experten aus unterschiedlichen internationalen Beratungsunternehmen, die in ihrer Arbeitszeit primär Digitalisierungsprojekte im Finanzsektor betreuen, sowie zwei IT-Mitarbeiter, die bei international agierender Banken tätig sind, befragt.

7.3 Status Quo der Blockchain-Technologie im Bankensektor

Im Allgemeinen werden vier grundlegende Kriterien für den Einsatz der Blockchain-Technologie angeführt: das Vorhandensein von Intermediären, hohe Anforderungen an Daten- und Prozessintegrität, dezentrale Netzwerke oder die Übermittlung von Werten und Wahrung von Rechten. Sofern bei einem Anwendungsfall zumindest eine dieser Anforderungen erfüllt ist, kann der Einsatz der Blockchain-Technologie grundsätzlich in Erwägung gezogen werden (Schütte et al. 2017). Die Professorin Katarina Adam der Hochschule für Technik und Wirtschaft Berlin warnt davor, „[…] aus purem Aktionismus Blockchain-Technologie zu implementieren". Zunächst sollte überlegt werden, bei welchen Prozessen der Einsatz sinnvoll erscheint: „[…] das ist vor allem bei Prozessen der Fall, bei denen die Nicht-Manipulierbarkeit von Daten von zentraler Bedeutung ist" (Hunziker 2017). Aktuell ist die Technologie vor allem durch ihren Einsatz bei virtuellen Währungen wie Bitcoin bekannt, jedoch ergeben sich in der Finanzbranche weitere Einsatzmöglichkeiten. Insbesondere für Banken weist die Blockchain-Technologie zahlreiche Vorteile auf (Schönfeld 2017b). Zunehmend beschäftigen sich daher etablierte Institutionen der Finanzbranche damit, wie sie das Potenzial der Blockchain-Technologie für sich nutzbar machen können (Glaser und Bezzenberger 2015). Dabei wird versucht, die bestehenden Finanzsysteme und -dienstleistungen durch die Blockchain-Technologie zu verbessern bzw. zu ersetzen. Tab. 7.1 zeigt eine Auswahl an bestehenden Geschäftsmodellen in der Finanzindustrie, auf welche die Blockhain-Technologie Einfluss nehmen kann.

Durch die Blockchain-Technologie kann die Transparenz der Märkte gesteigert und auch anderen Teilnehmern am Markt die Chance von Gewinnen mit Arbitragegeschäften ermöglicht werden. Langfristig würden durch die gesteigerte Transparenz jedoch die möglichen Arbitragegewinne gesenkt werden. Weiterhin können sich

Tab 7.1 Ausgewählte Geschäftsmodelle in der Finanzindustrie angelehnt an Ploom (2016)

Geschäftsmodell	Erläuterung
Arbitrage	Ausnutzen von Zins-, Kurs- oder Preisunterschieden innerhalb eines bestimmten Zeitpunkts
Transaktionskosten	Gebühren durch Zahlungsverkehr, Handel und Abwicklung von z. B. Aktiengeschäften
Asset Management	Vermögensverwaltung
Portfolio und Risk Management	Zusammenstellung und Verwaltung sowie Analyse, Bewertung, Überwachung und Steuerung von Risiken eines Bestandes an Investitionen

Geschäftsmodelle, die auf Transaktionskosten beruhen, verändern, da mit Hilfe der Blockchain-Technologie effizientere Abwicklungsprozesse möglich sind (Deubel et al. 2017). Banken verdienen pro Jahr mehrere Milliarden Dollar mit internationalen Zahlungen oder durch die Abwicklung von Wertschriften. Effizientere Abwicklungen führen dementsprechend zur Reduktion dieser Einnahmequellen und der Kunde kann seine Kosten verringern. Ein weiteres Geschäftsmodell von Finanzintermediären besteht im Management von elektronischen und physischen Assets (Swan 2015). Die Blockchain-Technologie könnte die Kontroll- und Aufbewahrungsprozesse bei der Verwaltung physischer und elektronischer Assets einfacher gestalten. Die Verwaltung der Kundeninvestitionen, wie z. B. Aktien, in einem Depot ist für Banken ebenso eine relevante Einnahmequelle. Die Blockchain-Technologie besitzt außerdem das Potenzial, Verwaltungskosten beispielsweise für die Verwaltung von Bankdepots zu senken (Ploom 2016). Dies generiert einen erheblichen Vorteil für den Kunden, da durch den Wettbewerbsdruck auch eine Reduktion der Verwaltungsgebühren für den Kunden zu erwarten ist. Ein weiterer wichtiger Bestandteil des Geschäftsmodells von Banken stellen Einnahmen durch Portfoliomanagement und Risikoreduzierung dar. Auch hier lassen sich Prozesse durch den Einsatz der Blockchain-Technologie und Smart Contracts verbessern, da das Portfolio Management auf mathematischen Modellen beruht. Neben der erhöhten Transparenz könnten auch die Kosten für das Risikomanagement gemindert werden. Das Bestreben aktueller Blockchain Projekte im Finanzsektor ist es, zu verdeutlichen, dass Ineffizienzen durch Verwendung der Blockchain-Technologie im heutigen Bankensystem reduziert werden können (Ploom 2016).

7.4 Chancen und Herausforderungen der Blockchain-Technologie im Bankensektor

Die Blockchain-Technologie besitzt, wie in Abschn. 7.3 dargestellt, ein hohes Disruptionspotenzial für unterschiedliche Bereiche des Bankensektors. In Tab. 7.2 sind die Chancen und Herausforderungen der Blockchain-Technologie, die mit den Experten diskutiert wurden, zusammenfassend dargestellt.

Die Blockchain-Technologie besitzt das Potenzial, auf Clearing-Stellen, bspw. bei länderübergreifenden Transaktionen, zu verzichten zu können und so zur Disintermediation beizutragen. Des Weiteren könnten sich die sog. „Know-Your-Customer"-Verfahren einfacher umsetzen lassen; gleiches gilt für Umsetzung und Kontrolle von „Anti-Geldwäsche"-Gesetzen und Maßnahmen. Insgesamt sehen die befragten Experten das Potenzial, die Transparenz und Nachvollziehbarkeit von Finanztransaktionen nachhaltig zu erhöhen. Das wäre nach Meinung der Experten sowohl von Vorteil für Banken, Firmen- und Privatkunden als auch für staatliche Akteure (bspw. Aufsichtsbehörden). Zudem würde sich ebenfalls die Manipulationsgefahr durch einzelne Akteure reduzieren. Die Automatisierung von Transaktionen durch Smart Contracts sowie die damit (teilweise) verbundene Erhöhung der Transaktionsgeschwindigkeit bietet für den Bankensektor ebenfalls großes Potenzial. So ist die Zeitdauer aktuell bspw. im internationalen Zahlungsverkehr

Tab. 7.2 Chancen und Herausforderungen für den Bankensektor durch die Blockchain-Technologie

Chancen	Herausforderungen
Verzicht auf zentrale Clearing-Stellen (Disintermediation)	Fehlende Standardisierung
Vereinfachung von „Know-Your-Customer"-Verfahren	Fehlende gesetzliche Rahmenbedingungen
Verbesserung von „Anti-Geldwäsche"-Gesetzen und Maßnahmen	Institutionelle Barrieren
Höhere Transparenz und Nachvollziehbarkeit von Transaktionen sowie Reduktion der Manipulationsgefahr	Hohe Diversität der betroffenen Stakeholder
Erhöhte Transaktionsgeschwindigkeit	Gestaltung nachhaltiger (digitaler) Geschäftsmodelle
Automatisierung durch Smart Contracts	Kundenkommunikation – Nachvollziehbare Reputationssysteme zur Steigerung des Vertrauens in die Technologie
Hohe Prozessintegrität	Korrektur fehlerhafte Transaktionen
Verbesserung der Ausfallsicherheit	Sichere Speicherung der Private Keys
Effizienz durch dezentrale Verwaltung	Skalierung, insbesondere in bez. auf begrenzte Speicherkapazität
Hohe Datenintegrität	Entwicklung und Evaluation neuer Konsensmechanismen
Reduktion von notwendigem Vertrauen zwischen Geschäftspartnern	Mögliche Angriffsvektoren aufgrund des frühen Entwicklungsstadiums und geringen Reifegrads
Langfristig sinkende Kosten für die IT-Infrastruktur aufgrund der Dezentralisierung	Usability sowohl bankenintern, als auch im B2B- und C2C-Bereich
Detaillierte Zugangskontrolle und Rechtevergabe für diverse Stakeholder	

relativ hoch. Durch Smart Contracts wird weiterhin eine Reduktion des notwendigen Vertrauens zwischen Geschäftspartnern als Vorteil der Blockchain-Technologie angeführt. In diesem Zusammenhang wird von den Experten ebenfalls erwartet, dass die dezentrale Verwaltung zur einer Erhöhung der Effizienz führen könnte, da alle Prozesse in den Banken grundlegend überprüft und Automatisierungspotenziale gehoben werden könnten. Die Möglichkeit, bei Blockchain-basierten Anwendungen die Zugangskontrolle und Rechtevergabe für unterschiedliche Stakeholder zu definieren und klar abgrenzen zu können, wird als weiterer Vorteil genannt. Insbesondere wird in diesem Bereich Potenzial für weitere Automatisierungsansätze bspw. in den Bereichen Continuous-Auditing und Steuerprüfungen gesehen.

Zusätzlich wurden Technologie-immanente Faktoren der Blockchain genannt, wie bspw. die hohe Daten- und Prozessintegrität sowie die Verbesserung der Ausfallsicherheit der Systeme aufgrund des dezentralen Charakters der Blockchain, die in der Literatur bereits häufig aufgegriffen und diskutiert wurden (Schlatt et al. 2016; Beinke et al. 2019). Diese Faktoren sind für Banken von besonderer Bedeutung, da das Produktportfolio der im Wettbewerb stehenden Banken von einer relativ (im Vergleich zu anderen Branchen) hohen Homogenität geprägt ist und insbesondere Geschwindigkeitsaspekte sowie niedrige Kosten von elementarer Bedeutung sind. In diesem Kontext nennen die Experten als weitere Chance die Reduktion der Kosten im Bereich der vorzuhaltenden IT-Infrastruktur aufgrund der Dezentralisierung.

Neben den Chancen wurden von den Experten ebenfalls Herausforderungen benannt, die in Zukunft adressiert werden müssen, um die Diffusion der Technologie voranzutreiben und so die Potenziale zu nutzen. Fehlende Standardisierung sowie fehlende gesetzliche Rahmenbedingungen wurden von den Experten am häufigsten angeführt. Es wurde deutlich, dass der Einsatz neuer Technologien im stark regulierten Bankensektor immer ausführlich durch die zuständigen Behörden geprüft wird. In diesem Zusammenhang wurden auch institutionelle Barrieren genannt, die sich negativ auf die Diffusion der Blockchain-Technologie auswirken. Des Weiteren wurden weitere technologische Aspekte wie die hohe Energieintensität, die sichere Speicherung der Private-Keys, die Korrektur fehlerhafter Transaktionen sowie das Skalierungspotenzial als aktuelle Herausforderungen identifiziert. Zumindest der Energieverbrauch kann relativ leicht durch die Verwendung eines anderen wie Konsensmechanismus als Proof-of-Work (bspw. Proof-of-Stake) behoben werden, ohne dabei relevante Einschnitte hinsichtlich der Systemsicherheit zu befürchten. Außerdem sei zu erwarten, dass neue Konsensmechanismen entwickelt werden, die den speziellen Anforderungen im Bankensektor entgegenkommen. Grundsätzlich ist an dieser Stelle zu betonen, dass die Blockchain-Technologie noch sehr jung ist, was von den Befragten ebenfalls hervorgehoben wurde, und sich diese technischen Herausforderungen daher mit relativ hoher Wahrscheinlichkeit und steigendem Reifegrad der Technologie lösen lassen werden.

Außerdem wurden die zahlreichen betroffenen Stakeholder, die jeweils unterschiedliche Anforderungen an einer möglichen Anwendung haben, als Herausforderung genannt, da dies die Komplexität stark erhöhen kann. Firmenintern und Kunden betreffend, wurden vor allem Usability-Aspekte kritisch gesehen, die – laut Meinung der Experten – bei bisherigen Blockchain-Anwendungen noch ausbaufähig sind. Darüber hinaus stellt sich die Frage, inwiefern die Blockchain-Technologie in der Lage ist, neue und insbesondere nachhaltige Geschäftsmodelle zu etablieren. Im Bereich der Kundenkommunikation sollte der Mehrwert der Technologie hervorgehoben werden. Ein Experte schlägt hierzu vor, dass Reputationssysteme, analog wie im E-Commerce, ebenfalls dazu beitragen könnten, das Vertrauen in diese Technologie zu fördern und mittelfristig die Akzeptanz zu steigen.

Für den Bankensektor wäre der Einsatz der Blockchain-Technologie, laut mehrheitlicher Meinung der Experten, jedoch auch mit einigen Risiken verbunden. So stellt ein Experte heraus, dass insbesondere bei „unreifen Technologien" Fehler auftreten können, die massive Auswirkungen auf die IT-Sicherheit des jeweiligen Unternehmens haben können. Zusätzlich führt ein Experte an, dass Meta-Analysen mit den in der Blockchain verschlüsselten Daten Angriffsvektoren für Kriminelle bieten können und Probleme im Bereich des Datenschutzes auftreten können. Alle Experten sehen die grundsätzliche Möglichkeit, dass die oben bereits skizzierte Disintermediation auch die Banken selbst treffen könnte und Banken (zumindest teilweise) obsolet werden könnten. Es ist festzuhalten, dass im aktuellen Entwicklungsstadium der Blockchain-Technologie den zahlreichen Chancen eine nahezu identische Anzahl an Herausforderungen gegenübersteht. Dennoch wird das Disruptionspotenzial sowohl von Wissenschaftlern als auch von Experten aus der Praxis als hoch eingeschätzt. Aktuell stehen technische Herausforderungen im Fokus und werden vermutlich mit steigendem Reifegrad (u. a. geplante ISO-Standardisierung)[1] entsprechend adressiert werden können. Damit einhergehend ist es wahrscheinlich, dass die notwendigen rechtlichen Rahmenbedingungen geschaffen werden, da sich Banken weltweit in einem Wettbewerb befinden und vor allem asiatische Staaten bereits erste Maßnahmen getroffen haben. Deshalb ist es essenziell, dass sich Banken mit der Blockchain-Technologie auseinandersetzen und im Zeitalter der digitalisierten Finanzindustrie nicht das Nachsehen im Wettbewerb mit agilen und innovativen Start-Ups haben bzw. mit etablierten Konkurrenzunternehmen, bei denen das Thema bereits auf der Agenda steht.

7.5 Handlungsempfehlungen und Vorgehensmodell für die Praxis

Die Analyse der Chancen und Herausforderungen der Blockchain-Technologie im Bankensektor zeigt das hohe Disruptionspotenzial auf und bietet eine fundierte Grundlage für (IT-)Entscheidungsträger im Bankensektor. Nachfolgend ist zu diskutieren, welche konkreten Maßnahmen Unternehmen durchführen können, um sich im Wettbewerb zu behaupten. Zusammen mit den Experten wurden acht Handlungsempfehlungen (HE) erarbeitet, um die Akteure aus der Praxis im zukünftigen Umgang mit der Blockchain-Technologie zu unterstützen. Zunächst einmal ist das grundsätzliche Disruptionspotenzial der Blockchain zu verstehen und ganzheitlich auf unterschiedlichen Ebenen zu diskutieren (HE1). Darauf aufbauend sollten abteilungsübergreifend konkrete Einsatzmöglichkeiten erarbeitet werden (HE2) und prototypisch implementiert werden (HE3a). Das dadurch erworbene Know-how kann sowohl dazu beitragen, erste „Quick Wins" zu realisieren als auch sich selbst gegenüber Kunden als innovatives Unternehmen zu positionieren um so die eigene Wettbewerbsfähigkeit zu stärken. Dabei sollten zunächst „einfache" Anwendungsfälle adressiert werden (HE4). Alternativ bzw. unterstützend zur eigenen Entwicklung bietet sich laut Expertenmeinung die aktive Beteiligung in Kooperationen oder mit bereits spezialisierten FinTechs an (HE3b). Auf den Ergebnissen von HE3a bzw. HE3b aufbauend, sollten strategisch wichtige Themen aufgegriffen und erarbeitet werden (HE5). Dabei sind kontinuierliche Evaluationszyklen mit den beteiligten Stakeholdern von besonderer Bedeutung. Des Weiteren sollte durch aktive Verbandsarbeit die Weiterentwicklung der gesetzlichen Rahmenbedingungen vorangetrieben werden (HE6), um die internationale Wettbewerbsfähigkeit zu verbessern, so die mehrheitliche Meinung der Experten. Außerdem ist die Durchführung projektbegleitender Kosten-Nutzen-Analysen sinnvoll, bei denen jedoch beachtet

---
[1] https://www.iso.org/committee/6266604.html. Zugegriffen am 15.06.2019.

werden muss, dass bei Technologien in einem frühen Entwicklungsstadium die initialen Kosten für relativ lange Zeit überwiegen, bevor Nutzen in Form von Gewinnsteigerungen bzw. Effizienzverbesserungen auftreten können (HE7). Abschließend wird die aktive Kundenkommunikation empfohlen, um (a) Akzeptanzbarrieren im Umgang mit der Technologie abzubauen und (b) um das eigene Unternehmen als innovativ und technologieaffin präsentieren zu können (HE8).

Die Erkenntnisse der jeweiligen Einzelinterviews wurden zudem synthetisiert und in ein Vorgehensmodell überführt, das dann in einem iterativem Verfahren zusammen mit zwei Experten weiterentwickelt wurde. Insgesamt besteht das Vorgehensmodell aus acht aufeinanderfolgenden Phasen (Abb. 7.1).

Verständnis für die Blockchain-Technologie aufbauen
Nach Ansichten der befragten Experten fehlt den Banken bzw. den Mitarbeitern sehr oft ein umfassendes Verständnis der Blockchain-Technologie. Ein entsprechendes Know-how über die Blockchain-Technologie ist relevant, damit das komplette Potenzial der Blockchain-Technologie erfasst und die Auswirkungen der Blockchain-Technologie auf die Geschäftsmodelle der Banken erkannt werden können. Des Weiteren ist es sinnvoll, ein Verständnis davon zu erlangen, welche Vorteile die Blockchain-Technologie gegenüber den bisherigen Lösungen bietet, gleichzeitig aber auch, welche Herausforderungen mit Blockchain-Technologie einhergehen. Grundsätzlich besteht laut Aussage der Experten die Gefahr, dass Banken sich zu spät mit der Blockchain-Technologie auseinandersetzen und die sich ergebenden Chancen nicht wahrnehmen.

Reifegrad der Technologie analysieren
Empfehlenswert ist es, den Markt zu sondieren, um bereits existierende erfolgreiche Anwendungen und vorhandene Projekte zu begutachten. Zudem können so weitere Trends und Treiber der Blockchain-Technologie erkannt werden. Dabei ist es sinnvoll auf bestehendes Wissen am Markt zurückzugreifen und sich mit Partnern, Kooperationsnetzwerken und Mitbewerbern auszutauschen.

Zielbild definieren
Nach Erarbeitung der Grundlagen und wesentlichen Kerneigenschaften der Blockchain-Technologie sowie der Analyse bereits bestehender Anwendungsfälle ist es sinnvoll, ein Zielbild zu definieren. Festgelegt werden sollte laute einem Experten, „[…] ob zum Beispiel eine öffentliche, private oder Konsortium-Blockchain angewendet werden soll, welche Komplexität die Verschlüsselungstechnologie haben soll, ob private und vertrauliche Transaktionen zugelassen werden sollen, wer die Informationen validieren soll und wie der Validierungsprozess ablaufen soll". Um relevante Geschäftsprozesse und -bereiche in das Zielbild zu integrieren, sollten zunächst die existierenden Geschäftsprozesse untersucht werden. Die Banken sollten bei ihren einzelnen Prozessen und Produkten analysieren, ob die Blockchain-Technologie Mehrwerte bietet. Falls eine Anwendung möglich ist, stellt sich die Frage, in welcher Weise und in welchem Blockchain-Ökosystem.

7 Blockchain im Bankensektor – Chancen, Herausforderungen …

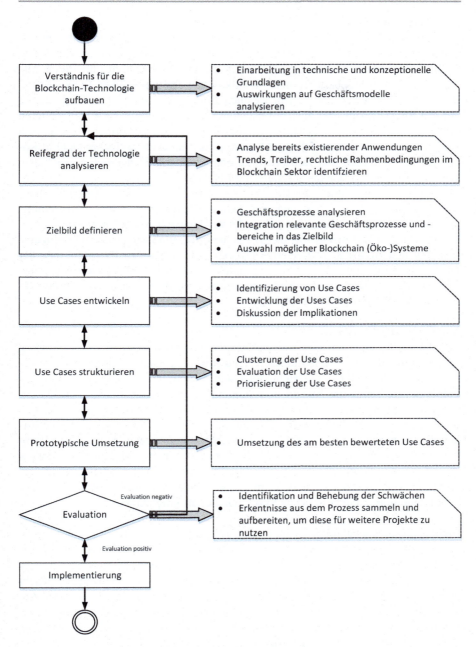

Abb. 7.1 Vorgehensmodell für die Einführung der Blockchain-Technologie in Banken

Use Cases entwickeln

Mithilfe der vorangegangenen Phase sollten nun mögliche Blockchain-Anwendungsszenarien entwickelt werden. Die beiden Experten empfehlen dafür sog. Technology Labs bzw. Blockchain Labs in die Unternehmen zu integrieren. Die Technology Labs beschäftigen sich mit aufkommenden, innovativen Technologien, bauen Prototypen und erforschen, welchen Einfluss die Blockchain-Technologie auf den Bankensektor aber auch auf einzelne Prozesse haben kann. Einen weiteren wichtigen Punkt umfasst das Thema Kooperationsnetzwerke. Oftmals bietet es sich an, geeignete Anwendungsfälle und Lösungen der Blockchain-Technologie in Kooperationsnetzwerken und Konsortien zu erarbeiten. Als Konsortialpartner bieten sich für daher neben Banken spezialisierte FinTechs an.

Da die Implementierung der Blockchain-Technologie mit hohen Kosten verbunden sein kann, sollte ein Vergleich mit traditionellen Architekturen und Bestandssystemen angestellt werden. Bei jedem Anwendungsfall ist zu untersuchen, ob es sinnvoll ist, den Ist-Prozess über die Blockchain zu digitalisieren oder aber Prozesse komplett neu zu gestalten. Bisherige Projekte zeigen laut den Experten, dass der Einsatz der Blockchain-Technologie schnellere, risikoreduzierte sowie kostengünstigere Prozessen führen kann. Allerdings müssen die Banken insbesondere regulatorische Anforderungen berücksichtigen.

Use Cases strukturieren

Um die vorher identifizierten Anwendungsfälle zu clustern, zu evaluieren und zu priorisieren, müssen zuvor Kriterien festgelegt werden. Diese Kriterien können dabei je nach Unternehmen unterschiedlich sein. Grundsätzlich bieten sich bewährte Faktoren wie bspw. die Anzahl potenzieller Kunden, Entwicklungskosten, Zeitdauer bis zur Marktreife und Personalaufwand an. Ein Experte formuliert es so, dass die Banken „[…]die Technologie nicht um ihrer selbst willen einführen […]" werden. Ein zu beachtender und nicht zu unterschätzender Aspekt ist, dass in den Banken zahlreiche IT-Systeme vorhanden sind, die „sich nicht von heute auf morgen ändern lassen". Es müssen eine große Anzahl an Schnittstellen adressiert werden, damit die Blockchain-Technologie im großen Umfang genutzt werden kann und eine Integration in die bestehende Systemlandschaft möglich wird.

Prototypische Umsetzung

Die vorher ausgewählten Use Cases werden umgesetzt und bspw. in Form von Pilotprojekten implementiert. Zu empfehlen ist laut den Experten ein „Fail Fast Approach, d. h., dass man Applikationen baut und aus Fehlern, die man dabei gemacht hat, lernt und nicht die Angst bzw. den Anspruch hat, dass sofort eine perfekte Applikation herauskommen muss". Dabei steht nicht das Ziel, unmittelbar eine marktfähige Lösung bereitzustellen, im Vordergrund, sondern Erfahrungen zu sammeln, die für den weiteren Entwicklungsprozess hilfreich sind.

Evaluation

In der Evaluation werden die entwickelten Anwendungen kritisch geprüft, Schwachstellen identifiziert und verbessert. Des Weiteren sollten die gesammelten Erkenntnisse in der Bank gesammelt werden, um umfangreiches Know-how aufzubauen sowie auf zukünftige Fortschritte und Veränderungen entsprechend reagieren zu können. Bei der Evaluation sollten neben technischen und ökonomischen Faktoren insbesondere rechtliche Rahmenbedingungen berücksichtigt werden. Je nach Erfolg Evaluation des Prototypens entscheidet sich, ob es zur Implementierung kommt oder, ob weitere Verbesserungen notwendig sind. Gegebenenfalls ist es nach Meinung der Experten sogar sinnvoll bei einer negativen Evaluation erneut den sich schnell verändernden Blockchain-Markt erneut zu sondieren.

Implementierung
Im Rahmen der Implementierung lassen sich verschiedene Risikobereiche der Blockchain-Technologie identifizieren, die von besonderer Bedeutung sind. Unter anderem ist das Zugangs- und Benutzermanagement, Autorisierungsmanagement und Berechtigungsvergabe, Datenmanagement, Kompatibilitätsmanagement, Skalierbarkeit und Leistung, Change-Management, Datenschutz und Sicherheit anzuführen (Nöbauer 2018). Für einen langfristigen Erfolg ist es entscheidend, diese Risiken sowohl zu kennen, als auch beurteilen zu können.

Schließlich kann die Adoption der Blockchain-Technologie im Bankensektor die bankinternen Prozesse und die Art und Weise, wie Bankgeschäfte geführt werden, signifikant ändern. Den Experten zufolge wird die Blockchain-Technologie in den nächsten drei bis fünf Jahren weiter an Bedeutung gewinnen, sodass die Banken, die frühzeitig in diese Technologie investieren bzw. investiert haben, Wettbewerbsvorteile erzielen können.

7.6 Fazit

Die Blockchain-Technologie besitzt hohes Disruptionspotenzial und bietet innerhalb des Bankensektors zahlreiche Chancen für neue Geschäftsmodelle bzw. für die Verbesserung bestehender Geschäftsmodelle.

Dennoch sind der aktuelle Reifegrad der Technologie sowie die damit einhergehenden Herausforderungen ebenfalls kritisch zu betrachten. In diesem Beitrag wurde ein Vorgehensmodell entwickelt, das darstellt, wie sich Unternehmen im Bankensektor den Möglichkeiten der Blockchain-Technologie nähern können, um die Einführung neuer Anwendungen und Systeme, die auf der Blockchain-Technologie basieren, aktiv zu gestalten. Banken sollten versuchen zur richtigen Zeit die Potenziale, welche die Blockchain-Technologie für den Bankensektor bietet, zu erkennen und für sich zu nutzen. Einer der wichtigsten Punkte ist es, sich frühzeitig Know-how über die Blockchain-Technologie anzueignen, um Chancen und Risiken besser einschätzen zu können. Die Blockchain-Technologie sollte eine außerordentliche Beachtung im Bankensektor finden, da zumindest der mittelfristige Einfluss nicht zu unterschätzen ist und Unternehmen Wettbewerbsvorteile erzielen können, wenn diese sich früh mit neuen Technologien auseinandergesetzt und bereits Know-how erworben haben.

Kooperationsstrategien können dabei hilfreich sein, um mit Partnern oder im Rahmen von Konsortien Anwendungsszenarien zu entwickeln und Standards zu etablieren.

Zudem bietet dieser Beitrag bietet eine Grundlage für weitere Forschungsmöglichkeiten. Aufbauend auf den vorgestellten Erkenntnissen könnten rechtliche, ethische und soziale Fragen diskutiert, Interdepenzmodelle zwischen unterschiedlichen Akteuren in einem Blockchain-basierten Bankensystem analysiert oder das wirtschaftliche Potenzial in Form von Kosten-Nutzen-Analysen betrachtet werden.

Literatur

Beinke JH, Nguyen D, Teuteberg F (2018a) Towards a business model taxonomy of startups in the finance sector using blockchain. In: 39th international conference on information systems, San Francisco, USA

Beinke JH, Samuel J, Teuteberg F (2018b) Diffusion der Blockchain-Technologie im Bankensektor – Revolution oder Evolution? HMD Praxis der Wirtschaftsinformatik 55:1220–1230. https://doi.org/10.1365/s40702-018-00461-x H

Beinke JH, Tönnissen S, Teuteberg F (2019) HMD Praxis der Wirtschaftsinformatik 56(3):660–676. https://doi.org/10.1365/s40702-018-0430-x H. https://link.springer.com/article/10.1365/s40702-018-0430-x

Burgwinkel D (2016) Blockchain Technology. Einführung für Business und IT-Manager. de Gruyter, Oldenbourg

Deubel M, Moormann J, Holotiuk F (2017) Nutzung der Blockchain-Technologie in Geschäftsprozessen: Analyse am Beispiel des Zahlungsverkehrs. In: Eibl M, Gaedke M (Hrsg) Informatik 2017, Lecture Notes in Informatics (LNI). Gesellschaft für Informatik, Bonn, S 829–842

Fridgen G, Radszuwill S, Schweizer A, Urbach N (2017) Entwicklung disruptiver Innovationen mit Blockchain: Der Weg zum richtigen Anwendungsfall. Wirtschaftsinformatik & Management 9(5):52–59

Glaser F, Bezzenberger L (2015) Beyond cryptocurrencies. A taxonomy of decentralized consensus. In: Proceedings of the 23rd European conference on information systems in münster, Germany 2015, S. 26–29

Hunziker C (2017) Die Blockchain vor dem Durchbruch. Raum & mehr. Immobilienmagazin von Union Investment 2:28–31

Jentzsch N (2016) Blockchain: Revolution der Finanzwelt? DIW- Wochenbericht, Deutsches Institut für Wirtschaftsforschung (DIW), Berlin 83(29):656

Korschinowski S, Forster M, Reulecke L (2018) Blockchain – Wie Banken die Technologie aus Prozess- und Produkt-Sicht nutzen können. In: Brühl V, Dorschel J (Hrsg) Praxishandbuch digital banking. Springer Fachmedien, Wiesbaden, S 278–290

Nakamoto S (2008) „Bitcoin: A Peer-to-Peer Electronic Cash System". https://bitcoin.org/bitcoin.pdf

Nöbauer K (2018) Bereit für die Blockchain? Worauf kommt es bei der Technologie hinter Bitcoin, Ether oder Ripple an? https://home.kpmg.com/at/de/home/insights/2018/04/dimensionen-digitalisierung-blockchain.html. Zugegriffen am 30.05.2019

Ploom M (2016) Blockchain Technology. Einführung für Business- und IT Manager. Burgwinkel, Berlin, S 99–123

Schlatt V, Schweizer A, Urbach N, Fridgen G (2016) Blockchain: Grundlagen, Anwendungen und Potenziale (Discussion Paper)

Schönfeld T (2017a) PwC-Umfrage: Banken in Deutschland noch zurückhaltend bei der Etablierung von Blockchain-Technologie. https://www.pwc.de/de/finanzdienstleistungen/pwc-umfrage-banken-in-deutschland-noch-zurueckhaltend-bei-der-etablierung-von-blockchain-technologie.html. Zugegriffen am 11.06.2019

Schönfeld T (2017b) Blockchain elektrisiert die Finanzbranche. https://www.pwc.de/de/finanzdienstleistungen/digital/blockchain-elektrisiert-die-finanzbranche.html. Zugegriffen am 11.06.2019

Schönfeld T (2017c) Blockchain: Deutsche Banken noch am Anfang der Entwicklung. https://www.pwc.de/de/finanzdienstleistungen/digital/blockchain-deutsche-banken-noch-am-anfang-der-entwicklung.html. Zugegriffen am 11.06.2019

Schütte J, Fridgen G, Prinz W, Tose T, Urbach N (2017) Blockchain – Technologien, Forschungsfragen und Anwendungen. Blockchain Positionspapier. Fraunhofer, München, S 1–39

Swan M (2015) Blockchain: blueprint for a new economy. O'Reilly Media, Sebastopol

Webster J, Watson RT (2002) Analyzing the past to prepare for the future: writing a literature review. MIS Q 26(2):xiii–xxiii

Jan Heinrich Beinke studierte Wirtschaftsinformatik und ist seit 2016 wissenschaftlicher Mitarbeiter am Fachgebiet Unternehmensrechnung und Wirtschaftsinformatik der Universität Osnabrück. Seine Forschungsschwerpunkte umfassen die Gestaltung der digitalen Transformation, Blockchain und digitale Geschäftsmodelle. Neben seiner wissenschaftlichen Tätigkeit berät er Start-ups u. a. zur Gestaltung von Service Ecosystemen, Security Token Offerings und Initial Coin Offerings sowie zu digitalen Plattformen.

Stefan Tönnissen hat neben einem Diplom in Wirtschaftsinformatik einen MBA und einen LL.M. Abschluss in Steuerwissenschaften. Er ist Doktorand bei Prof. Dr. Frank Teuteberg am Fachgebiet Unternehmensrechnung und Wirtschaftsinformatik an der Universität Osnabrück und forscht über die Auswirkungen der Blockchain-Technologie auf Geschäftsmodelle und Geschäftsprozesse in und von Unternehmen.

Julia Samuel studierte an den Universitäten Bremen und Osnabrück Betriebswirtschaftslehre mit den Schwerpunkten Marketing und Management. Aktuell ist sie im strategischen Zentraleinkauf bei einem großen Baustoffhändler tätig.

Prof. Dr. Frank Teuteberg leitet seit 2007 das Fachgebiet Unternehmensrechnung und Wirtschaftsinformatik (www.uwi.uos.de) im Institut für Informationsmanagement und Unternehmensführung (IMU) an der Universität Osnabrück. Zudem ist er Sprecher der Profillinie „Digitale Gesellschaft – Innovation – Regulierung" (www.dg.uos.de) an der Universität Osnabrück. Erklärung und Gestaltung der digitalen Transformation in den Anwendungsbereichen eHealth, Mobilität, Mensch-Technik-Interaktion, (Agrar-)Logistik sowie Industrie 4.0 stehen im Fokus seiner Forschung.

Blockchain-Nutzung im Steuerbereich

Filip Fatz, Philip Hake und Peter Fettke

Zusammenfassung

Seit der ersten Anwendung in der Kryptowährung Bitcoin wurden die Potenziale der Blockchain in vielfältigen Anwendungen untersucht. Auch in Anwendungen des Steuerbereichs lassen sich erste Potenzialanalysen und technische Implementierungen identifizieren. Diese Arbeiten motivieren den Einsatz der Blockchain unter anderem mit der Schaffung von Transparenz in Steuerfragen und der Vermeidung der Manipulation steuerrelevanter Daten. Die Anwendungsfelder im Steuerbereich reichen von der Unterstützung der Abgabeprozesse (Zölle und Steuern), über Dokumentations- und Auskunftspflichten (Verrechnungspreise, Umsatzsteuer und Kapitalerträge) bis hin zur Betriebsprüfung. Während diese Arbeiten vereinzelte Problemstellungen adressieren, bleibt die anwendungsübergreifende Evaluation der Blockchain für den Steuerbereich aus. In diesem Beitrag wird daher untersucht, inwiefern sich die Blockchain eignet, eine Steuer-Compliance zu unterstützen.

Schlüsselwörter

Blockchain · Compliance · Geschäftsprozesse · Tax-Technology · Nachweispflichten · Tax-Compliance

---

Vollständig überarbeiteter und erweiterter Beitrag basierend auf Fatz et al. (2018) Potenziale von Blockchain-Anwendungen im Steuerbereich, HMD – Praxis der Wirtschaftsinformatik Heft 324 55(6):1231–1243.

F. Fatz (✉) · P. Hake · P. Fettke
Deutsches Forschungszentrum für Künstliche Intelligenz GmbH,
Saarbrücken, Deutschland
E-Mail: filip.fatz@dfki.de

8.1 Einleitung

Steuern und Zölle stellen wichtige Mittel zur Finanzierung staatlicher Investitionen dar. Die Abgaben der Unternehmen sind nicht zuletzt durch die Bereitstellung und Aufrechterhaltung der von den Unternehmen genutzten und staatlich finanzierten Infrastruktur begründet. Die mit den Abgaben verknüpften Prozesse und Dokumentationspflichten verursachen sowohl aus staatlicher Sicht als auch aus Sicht der Unternehmen administrative Kosten. Darunter fallen für Unternehmen einerseits planbare Aufwände zur Umsetzung von Dokumentationspflichten oder der vorschriftsmäßigen Durchführung von Prozessen, andererseits aber auch Aufwände, die im Risikomanagement zu verorten sind. Unternehmen besitzen ein besonderes Interesse, unvorhergesehene Aufwände zu vermeiden, die sich aus Compliance-Verstößen ergeben können.

Gleichzeitig müssen Staaten im internationalen Wettbewerb attraktive Steuersysteme gestalten, die Steuer-Compliance-Aufwände minimieren. Die Stellschrauben in der Ausgestaltung sind rechtliche Rahmenbedingungen, zugehörige Prozesse und nicht zuletzt eine Prozessdigitalisierung, die es staatlichen Institutionen ermöglicht, effiziente Steuerdienstleistungen zur Verfügung zu stellen.

Die Studie zum „Digital Economy and Society Index" (DESI) (Europäische Kommission 2019) thematisiert unter anderem aktuelle Entwicklungen in der Bereitstellung von digitalen Dienstleistungen durch die europäischen Staaten. Zwar verzeichnet der Index im Beobachtungszeitraum 2013–2018 einen Zuwachs von 25 %, bestätigt darüber hinaus aber weitere Digitalisierungspotenziale. Laut Studie bewegt sich Deutschland sowohl in der Gesamtbetrachtung als auch in Hinblick auf die Bereitstellung digitaler Dienstleistungen für Unternehmen im EU-Durchschnitt.

Während neuartige Techniken und digitale Geschäftsmodelle Staaten einerseits vor eine rechtlich-konzeptuelle Herausforderung in der Steuergestaltung stellen (Europäische Kommission 2018; OECD 2018), bergen neue Techniken andererseits großes Potenzial für digitale Steuerdienstleistungen. Aufgrund der charakteristischen Eigenschaften der Transparenz und Unveränderlichkeit erfährt die Blockchain im Steuerbereich vermehrt Aufmerksamkeit.

In einer Vorarbeit wurden Potenziale von Blockchain-Anwendungen in einzelnen Disziplinen des Steuerbereichs identifiziert und eine konkrete Anwendung der Blockchain im Bereich der Umsatzsteuer-Compliance konzipiert und prototypisch erprobt (Fatz et al. 2018). Während sich generelle Anwendungspotenziale und konkrete technische Umsetzungen in einzelnen Steuerdisziplinen in der Literatur identifizieren lassen, mangelt es jedoch an weiterführenden Analysen, die das Zusammenspiel von technischen Herausforderungen der Blockchain und fachlichen Anforderungen des Steuer-Ökosystems adressieren.

Ziel dieses Beitrags ist es daher zu untersuchen, inwiefern sich Blockchain eignet, Steuer-Compliance in unterschiedlichen Steuerszenarien zu unterstützen. Um dieses Ziel zu erreichen, betrachten wir die Steuer-Compliance im Kontext der Geschäftsprozess-Compliance. Aus der Betrachtung einer integrierten Geschäftsprozess-Compliance heraus leiten wir Anforderungen ab und stellen diese den technischen Eigenschaften und

Rahmenbedingungen der Blockchain gegenüber. Darüber hinaus präsentieren wir eine konkrete Implementierung und Evaluierung eines Compliance-Prozesses mittels Blockchain. Gemäß des Blockchain-Research-Frameworks (Risius und Spohrer 2017) trägt diese Arbeit zur anwendungsorientierten Forschung im Untersuchungskontext *firms and industries* durch die Analyse des Mehrwerts der Blockchain in Business-to-Government Steuerprozessen bei.

Der Beitrag ist wie folgt strukturiert. Abschn. 8.2 beschreibt Blockchain-Anwendungen im Steuerbereich sowie steuerrechtliche Anforderungen an eine informationssystemische Unterstützung einer Steuer-Compliance. Im darauffolgenden Abschnitt wird ein Lösungskonzept für eine blockchain-basierte Architektur zur Unterstützung der Compliance im Steuerbereich vorgestellt. Anschließend wird in Abschn. 8.4 eine konkrete Anwendung der Steuer-Compliance vorgestellt und prototypisch mittels der vorgestellten Lösungsarchitektur umgesetzt. Abschn. 8.5 bewertet die beschriebene Lösungsarchitektur und stellt sie alternativen Ansätzen gegenüber. Abschließend erfolgt eine Diskussion der erzielten Ergebnisse sowie ein Ausblick auf offene Forschungsfragen.

8.2 Ausgangslage

8.2.1 Überblick über Blockchain-Anwendungen im Steuerbereich

Der Begriff Steuerbereich beschreibt die betriebswirtschaftliche Steuerfunktion, staatliche Verwaltungsaufgaben im Kontext von Steuern, als auch die klassischen Fächer der Steuerwissenschaft (betriebswirtschaftliche Steuerlehre, Finanzwissenschaft und Steuerrecht) (Fatz et al. 2018). Anwendungen der Blockchain im Steuerbereich werden in der Literatur bereits in ersten Potenzialanalysen und technischen Implementierungen beschrieben. Pischel (2019) beschreibt in seinem Überblick, wie Blockchain im Gegensatz zu herkömmlichen, zentralen Datenbanken den Steuersektor verändern kann. Konkrete Anwendungsfelder ergeben sich aus den unterschiedlichen Steuerarten (Kapitalertragsteuer, Umsatzsteuer, Verrechnungspreise, Zoll) sowie der Sicherstellung von Compliance bei Betriebsprüfungen (siehe Tab. 8.1).

Hyvärinen et al. (2017) schlagen ein blockchain-basiertes System zur Vermeidung der Doppelerstattung von nur einmal abgeführter *Kapitalertragsteuer* vor. Mit der Schaffung von Transparenz hinsichtlich bereits erstatteter Kapitalertragsteuer soll Steuerbetrug durch Cum/Ex- und Cum/Cum-Geschäfte verhindert werden. In dem beschriebenen Anwendungsfall stellt die Blockchain die Authentizität von Dokumenten, die einen Anspruch auf Steuerrückzahlung belegen, sicher und verhindert deren Fälschung.

Für den Bereich der *Umsatzsteuer* skizziert das Government Office for Science (2016) allgemeine Potenziale von Blockchain-Anwendungen. Mithilfe der Blockchain können Echtzeit-Steuertransaktionen realisiert und folglich die Transparenz und Effizienz im Steuerbereich gesteigert werden. Groß (2017) schlägt einen blockchain-getriebenen Rechnungsstellungsprozess vor, der Umsatzsteuerbetrug durch

Tab. 8.1 Blockchain Anwendungsfälle

Anwendung	Beschreibung	Quelle
Kapitalertragsteuer	Vermeidung mehrfacher Steuerbescheinigungen auf Kapitalerträgen, insbesondere in der internationalen Besteuerung	(Hyvärinen et al. 2017)
Umsatzsteuer	Digitalisierung von Rechnungen, Abführen der Vorsteuer in Echtzeit, Vermeidung von Steuerbetrug	(Government Office for Science 2016; Groß 2017; Wijaya et al. 2017; Fatz et al. 2018; Fatz et al. 2019; Loy 2018; Ainsworth und Shact 2016)
Verrechnungspreise	Nachweis, dass Spannbreite bei allen Transaktionen eingehalten wurde	(Hinerasky und Kurschildgen 2016; Kowallik 2018)
Zoll	Dokumentation der Warenströme, Abliefernachweis („proof of delivery")	(Botton 2018)
Compliance und Betriebsprüfung	Existenznachweis von steuerlich relevanten Transaktionen und deren richtigen Abwicklung, Echtzeit-Betriebsprüfung	(Hinerasky und Kurschildgen 2016; Loitz 2016; Owens und de Jong 2017; Fettke und Risse 2018; Groß 2019)

Überarbeitung und Erweiterung der Übersicht aus (Fatz et al. 2018)

Karussellgeschäfte verhindert. Auch Loy (2018) beschreibt, wie mithilfe von Blockchain Karussellgeschäfte unterbunden werden können. Darüber hinaus sieht Loy das Potenzial für eine effizientere Abwicklung der Umsatzsteuer durch die Automatisierung von Prüfschritten. Ainsworth und Shact (2016) argumentieren, dass der Austausch von Rechnungsdaten in einer Blockchain Umsatzsteuerbetrug erschweren und durch Smart-Contracts automatisch aufdecken kann. Die hohen zeitlichen und finanziellen Aufwände der Steuerbehörden für das Bekämpfen von Karussellgeschäften ließen sich durch einen automatisierten Audit-Prozess erheblich reduzieren.

In Wijaya et al. (2017) wird ein blockchain-basiertes Umsatzsteuersystem vorgestellt, das für die indonesische Regierung entwickelt wurde. Die Zahlung und Erstattung von Umsatzsteuer erfolgt mittels einer eigenen Kryptowährung, die von Banken in reale Währung umgetauscht werden kann. Gültige Rechnungen müssen digital über das System ausgestellt werden. Die Rechnungsstellung kann nur dann erfolgen, wenn der fällige Steuerbetrag zuvor über das integrierte Zahlungssystem an die staatliche Behörde entrichtet wurde. In einer vorangegangen Arbeit schlagen Fatz et al. (2018) den Einsatz von Blockchain zur automatisierten Verifikation von Umsatzsteuer-Identifikationsnummern (USt-IdNrn) bei der Rechnungsstellung vor. Im Kontext von innergemeinschaftlichen Lieferungen beschreibt Fatz et al. (2019) ein Konzept sowie eine prototypische Implementierung zum nachvollziehbaren Austausch von Gelangensbestätigungen mittels Blockchain. Der Ansatz ermöglicht die automatisierte Überwachung des

Austauschprozesses über Smart Contracts und stellt Schnittstellen für Auditoren sowie Finanzverwaltungen zur Verfügung.

Im Rahmen von *Verrechnungspreisen* diskutieren Hinerasky und Kurschildgen (2016) Potenziale, die sich aus der blockchain-basierten Digitalisierung und Automatisierung der bisher manuellen Revisionsprozesse ergeben. Der Blockchain-Einsatz ermöglicht eine lückenlose Dokumentation der Einhaltung von Spannbreiten von Verrechnungspreisen für Intercompany-Forderungen und Verbindlichkeiten. Kowallik (2018) stellt ebenfalls dar, dass mit Smart Contracts die Einhaltung definierter Bandbreiten von Verrechnungspreisen für Transaktionen automatisiert überprüft und dokumentiert werden kann.

Im Kontext des *Zolls* beschreibt Botton (2018) die Anwendung von Blockchain zur Abwicklung der Zollabfertigung. Die Potenziale des Blockchain Einsatzes ergeben sich aus der Digitalisierung der Zollprozesse und der damit einhergehenden Effizienzsteigerung. Der Autor erläutert außerdem Herausforderungen und Limitationen, die sich aus dem rechtlichen Rahmen sowie den Transparenzeigenschaften der Technik ergeben.

Im Bereich der *Compliance und Betriebsprüfung* prognostiziert Loitz (2016) eine vollständige Veränderung der Abschlussprüfung durch den Einsatz von Blockchain. Der Autor stellt dar, dass durch eine umfassende blockchain-basierte Dokumentation und Finanzberichterstattung Intermediäre überflüssig werden. Die Aufgabe von Wirtschaftsprüfern liegt nach Loitz zukünftig in der Überwachung des korrekten Betriebs der Blockchain. Hinerasky und Kurschildgen (2016) sehen im Rahmen der Abschlussprüfung das Potenzial, Belege und Dokumente unveränderlich zu speichern. Durch das Referenzieren von Dokumenten auf der Blockchain kann eine Compliance zweifelsfrei belegt werden. Darüber hinaus sehen die Autoren im Einsatz der Blockchain die Möglichkeit, Steuerdeklarationen zu automatisieren. Die daraus resultierende Echtzeit-Prüfung von Konzernen ermöglicht erstmals eine Echtzeit-Compliance (Fettke und Risse 2018). Ebenso diskutieren Owens und de Jong (2017) die unveränderliche Echtzeitablage von Steuertransaktionen in der Blockchain und die damit einhergehende Senkung von Auditkosten als zentrales Potenzial. Dies wird unter anderem möglich, da staatliche Institutionen zusammen mit den Unternehmen über die Blockchain steuerliche Entscheidungen validieren (Groß 2019).

Auch wenn die beschriebenen Anwendungsfelder von Blockchain im Steuerbereich ein hohes Maß an Diversität aufweisen, so lassen sich einige Gemeinsamkeiten identifizieren. Die beschriebenen Anwendungen zielen darauf ab, die Einhaltung von Steuergesetzen in Unternehmen sicherzustellen. Zudem ergeben sich für alle Anwendungen gemeinsame rechtliche Anforderungen (vgl. Tab. 8.2) an die Buchführung unabhängig von der konkreten Steuerart. Dies schließt unter anderem ein, dass Dokumente und Belege unveränderlich in einen Datenbestand geschrieben werden und zu Nachweiszwecken mit den Finanzbehörden geteilt werden. Darüber hinaus lassen sich in den verschiedenen Anwendungsgebieten ähnliche Herausforderungen des Blockchain-Einsatzes erkennen. So ist die Frage der Skalierbarkeit von Blockchain-Anwendungen noch weitestgehend ungeklärt. Eine Ursache hierfür ist der eingesetzte Konsensmechanismus, der entweder den Durchsatz der Transaktionen oder

Tab. 8.2 Anforderungen an eine Steuer-Compliance Lösung

Anforderung	Beschreibung
Anforderung 1 (A1): digitale Schnittstellen	Die digitale Übermittlung von Steuerdaten sollte aus Effizienzgründen den papierbasierten Austausch ablösen.
Anforderung 2 (A2): Verfügbarkeit	Die Daten sind zu jeder Zeit verfügbar und können den Steuerbehörden zugänglich gemacht werden.
Anforderung 3 (A3): Nachvollziehbarkeit	Die Datenverarbeitung von Geschäftsvorfällen muss einfach nachvollziehbar und prüfbar sein.
Anforderung 4a (A4a): Unveränderlichkeit	Einmal in das System eingebrachte Daten (z. B. Belege) sind unabänderbar gespeichert.
Anforderung 4b (A4b): Protokollierung	Alle Änderungen am Datenbestand sind so vorzunehmen, dass das ursprüngliche Datum sowie die Änderung selbst erkennbar sind.
Anforderung 5 (A5): Berechtigungskonzepte	Berechtigungskonzepte sollten die Datenverarbeitung einschränken und nur Nutzern mit berechtigtem Interesse einen Zugang zur Verarbeitung ermöglichen.
Anforderung 6 (A6): Wirtschaftlichkeit	Das zu entwickelnde System sollte eine wirtschaftliche Umsetzung von Steuer-Compliance auf Seite der Unternehmen sowie Finanzbehörden ermöglichen.
Anforderung 7 (A7): Compliance by Design	Durch *Compliance by Design* sollen nicht planbare Aufwände minimiert werden, die sich aus Compliance-Verstößen ergeben können.

die Anzahl der validierenden Teilnehmer limitiert. Auch bleibt unklar, wie sich die Effekte der Konsensfindung (Latenz, Rückabwicklung von Transaktionen, fehlende Transaktionsfinalität) systemisch lösen lassen (Evermann und Kim 2019).

8.2.2 Compliance im Steuerbereich

Im Allgemeinen ist mit Compliance „regelgerechtes, vorschriftsgemäßes, [beziehungsweise] ethisch korrektes Verhalten" (Dudenredaktion o. J.) gemeint. Im engeren Sinne umschreibt der aus dem angloamerikanischen Sprachraum stammende Rechtsbegriff die unternehmerische Pflicht, Regeln und Gesetzte einzuhalten (Vetter 2013). Im Vordergrund der Compliance steht jedoch nicht ausschließlich die Regelkonformität selbst, sondern vielmehr die Gesamtheit der organisatorischen Maßnahmen, mit denen eine gesetzmäßige Ausführung der Unternehmensprozesse gewährleistet werden soll (Vetter 2013). Compliance im Steuerbereich beschreibt somit die organisatorischen Maßnahmen, um Geschäftsprozesse hinsichtlich steuerrechtlicher Anforderungen im Unternehmen zu implementieren und auszuführen.

Die Nichtbefolgung steuerrechtlicher Gesetze und Verordnungen birgt für Unternehmen ein erhebliches Risiko. Neben finanziellen Risiken wie beispielsweise Strafzahlungen oder Schadensersatzleistungen, kann der Verstoß gegen steuerliche Vorgaben auch strafrechtliche Konsequenzen oder Reputationsschäden nach sich ziehen (Kromer et al. 2013a). Aufgrund dieser hohen Risiken und der Komplexität des Steuerbereichs hat sich „Tax-Compliance" beziehungsweise „Steuer-Compliance" als Unterdisziplin der allgemeinen „Corporate-Compliance" herausgebildet (Besch und Starck 2016; Idler und Erl 2018). Ziel der Steuer-Compliance ist die Einhaltung

Abb. 8.1 Akteure im Steuerbereich. (Abbildung in Anlehnung an Fettke (2018))

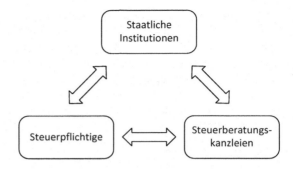

der für ein Unternehmen relevanten Steuergesetze und folglich die Minimierung von Haftungs- und Strafrisiken (Streck und Binnewies 2009).

Im Steuerbereich interagieren eine Vielzahl heterogener Akteure (Steuerpflichtige, staatliche Institutionen, Steuerberatungskanzleien) zur Erreichung ihrer individuellen Ziele (siehe Abb. 8.1). Während staatliche Institutionen primär ein Interesse an Steuereinnahmen zur Aufrechterhaltung und Gestaltung der staatlichen Infrastruktur besitzen, zielen Steuerpflichtige (z. B. Unternehmen) darauf ab, die Steuerlast gering zu halten, um insbesondere im internationalen Wettbewerb bestehen zu können. Steuerberatungskanzleien dienen als Bindeglied zwischen Steuerpflichtigen und staatlichen Institutionen und verfolgen das Ziel, steuerliche Risiken für den Steuerpflichtigen zu minimieren.

Steuer-Compliance ist jedoch nicht auf die Einhaltung gesetzlicher Anforderungen zu beschränken, sondern umfasst explizit die Handlungsspielräume, die sich aus dem gesetzlichen Rahmen ergeben. So spielt aus der Sicht des Steuerpflichtigen die Optimierung der Umsetzung von Vorgaben und Pflichten (als Teil des steuerlichen Managements) eine entscheidende Rolle (Künstler und Seidel 2013; Risse 2015). Aus der Perspektive des Gesetzgebers und der Finanzverwaltung (staatliche Institutionen) können durch Anreizsysteme, die auf eine freiwillige Steuerehrlichkeit abzielen sowie durch einen konsequenten Umgang mit unkooperativen Steuerpflichtigen explizit Handlungsspielräume für Unternehmen eröffnet oder eingeschränkt werden (Kromer et al. 2013b). Nach Hartl (2014) ist eine kooperative Vorgehensweise beider Seiten für eine umfassende Steuer-Compliance unabdingbar. Eine entscheidende Rolle spielt die Schaffung geeigneter Instrumente und Schnittstellen. Steuerberatungskanzleien bedienen im Auftrag des Steuerpflichtigen diese Schnittstellen und gestalten innerhalb der Handlungsspielräume dessen steuerliche Compliance.

Bereits heute existieren digitale Schnittstellen, die von Steuerpflichtigen bedient werden müssen. So hat die deutsche Steuerverwaltung im Zuge der Modernisierung mit der elektronischen Steuererklärung (ELSTER) eine Schnittstelle zur teilweisen Abwicklung des Besteuerungsverfahrens geschaffen. Durch sie sollen Aufwände seitens der Unternehmen und Steuerberatungskanzleien reduziert und die Effizienz des Besteuerungsverfahrens gesteigert werden (Bundesministerium der Finanzen 2016). Ein ähnlicher Ansatz wird mit der Massendatenschnittstelle ELMA5 des Bundeszentralamts für Steuern verfolgt. Sie ermöglicht Unternehmen beispielsweise die Übermittlung zusammenfassender

Meldungen im Massenverfahren (Bundeszentralamt für Steuern o. J.). Weitere Beispiele für Schnittstellen sind das Bestätigungsverfahren ausländischer Umsatzsteuer-Identifikationsnummern sowie auf europäischer Ebene das Mehrwertsteuer-Informationsaustauschsystem (MIAS) (Europäische Kommission o. J.). Die vorgestellten Systeme ermöglichen zwar einen Datenaustausch zwischen Unternehmen und Behörden, stellen jedoch nur teilweise Bestätigungen für den Erhalt von Daten und Anfragen aus. Über den reinen Datenaustausch hinaus erfolgt bisher keine softwaretechnische Unterstützung, die bereitgestellte Daten bewertet und Unternehmen unmittelbar die Konformität eines Geschäftsfalls bestätigt.

8.2.3 Anforderungen an die informationstechnische Unterstützung

Immer umfassendere Dokumentations- und Berichtspflichten machen eine informationstechnische Unterstützung der Steuerprozesse unumgänglich. Für Unternehmen stellt dies eine Herausforderung dar. Die Berichte und steuerrelevanten Dokumente ergeben sich aus den Informationen einzelner Geschäftsvorfälle, die sich wiederum auf einzelne Prozesse im Unternehmen runterbrechen lassen. Grundsätzlich haben Unternehmen daher das Ziel, die Konformität der Geschäftsprozesse, auch Prozess-Compliance genannt, sicherzustellen.

Prozess-Compliance kann zu unterschiedlichen Zeitpunkten in der Prozessausführung sichergestellt werden (Hashmi et al. 2018). Unter optimalen Voraussetzungen werden Steuerprozesse so gestaltet und implementiert, dass sie ausschließlich gesetzeskonform ausgeführt werden können. In diesem Fall wird von *Compliance by Design* (Konformität zum Gestaltungszeitpunkt) gesprochen (Lohmann 2013). Wenn laufende Prozesse überwacht werden um Compliance-Verstöße zu verhindern bevor sie auftreten, so wird eine *Runtime-Compliance* (Konformität zur Ausführungszeit) erzielt (Ly et al. 2015). Wird eine retrospektive Analyse der ausgeführten Prozesse durchgeführt, so erfolgt ein *Compliance Auditing* (Konformitätsrevision) (Adriansyah et al. 2011). Während die ersten beiden Compliance-Ansätze sich dazu eignen, Compliance-Verstöße zu verhindern, eignet sich letzterer zum Aufdecken von bereits aufgetretenen Verstößen.

Grundsätzlich ist es für Unternehmen erstrebenswert *Compliance by Design* zu realisieren, da per Definition Konformität garantiert wird und keine unerwarteten Risiken verwaltet werden müssen. Eine systemische Umsetzung von *Compliance by Design* stellt jedoch eine Herausforderung dar, da die Bewertung der Konformität von den Angaben zu realen Sachverhalten außerhalb des Informationssystems abhängt. Falls der durch den Nutzer eingegebene Sachverhalt (willentlich oder unwillentlich) nicht den realen Gegebenheiten entspricht, kann es zu Compliance-Verstößen kommen, da das System nicht den realen Sachverhalt bewertet. Zur Minimierung von Verstößen dieser Art sollten reale Sachverhalte, sofern möglich, unmittelbar an die digitalen Sachverhalte im Informationssystem geknüpft sein. Eine informationssystemische Unterstützung ist vor allem durch die gesetzlichen Vorgaben geprägt. Tab. 8.2 gibt eine Übersicht über die abgeleiteten Anforderungen.

Durch das Gesetz zur Modernisierung des Besteuerungsverfahrens wird die Grundlage für einen verstärkten IT-Einsatz in der Steuerverwaltung geschaffen (Bundesministerium der Finanzen 2016). Dabei stehen explizit die Erhöhung der Wirtschaftlichkeit, die Vereinfachung und die Serviceorientierung des Besteuerungsverfahrens im Vordergrund. Eine wichtige Rolle spielen neben der Prozessautomatisierung auch die Schnittstellen zwischen der Finanzverwaltung, den Steuerpflichtigen und den Steuerberatungskanzleien (Anforderung 1).

Damit Steuerdaten digital übermittelt werden können, muss die Aufzeichnung von Geschäftsvorfällen (z. B. Rechnungen, Buchungsbelege, Buchungen) elektronisch erfolgen. Mit den „Grundsätze[n] zur ordnungsmäßigen Führung und Aufbewahrung von Büchern, Aufzeichnungen und Unterlagen in elektronischer Form sowie zum Datenzugriff (GoBD)" (Bundesministerium der Finanzen 2014) hat der Gesetzgeber seine Sicht auf die digitale Speicherung von Steuerinformationen dargelegt. Neben der Bereitstellung der Aufzeichnungen zu Prüfzwecken (Anforderung 2), ist die Datensicherheit ein zentraler Punkt. Auch deshalb schreibt die GoBD vor, dass geeignete Maßnahmen bei der Datenverarbeitung ergriffen werden müssen, um Aufzeichnungen gegen Verlust, unberechtigte Eingaben sowie Veränderungen zu schützen.

Die Aufzeichnung steuerrelevanter Dokumente und Belege hat das Ziel, Geschäftsvorfälle nachprüfbar zu machen. Einzelne Geschäftsvorfälle müssen anhand der Daten selbst (z. B. Belege, Dokumente, …) und der damit verknüpften Metadaten (z. B. Sachbearbeiter, Vorgangsnummern, …) einfach nachvollzogen werden können (Anforderung 3). Die Umsetzung dieser Anforderung ist nicht nur aus Sicht der Finanzbehörden zur Aufdeckung von Steuerbetrug im Rahmen von Audits erstrebenswert, sondern auch für Unternehmen zum Nachweis eines gesetzeskonformen Handelns.

Gemäß der Vorgabe in der Abgabenordnung (§ 146 Absatz 4 AO) kommt der Unveränderlichkeit der Aufzeichnungen und Buchungen eine besondere Bedeutung zu. Im Rahmen der Datenverarbeitung muss gewährleistet werden, dass einmal in das Informationssystem eingebrachte Informationen wie beispielsweise Buchungen oder Belege nicht mehr verändert, gelöscht oder verfälscht werden können (Anforderung 4a). Entsprechende Datenverarbeitungskonzepte können zum einen hardwareseitig durch unveränderliche Datenträger diese Anforderungen adressieren. Zum anderen können Softwarelösungen durch Sicherung, Protokollierung und Versionierung Veränderungen dokumentieren (Anforderung 4b). Gemäß GoBD sollten aus organisatorischer Sicht Berechtigungskonzepte die Veränderung von Daten einschränken (Anforderung 5).

Weiterhin muss die Wirtschaftlichkeit des Besteuerungsverfahrens und aller damit in Verbindung stehenden Prozesse erhöht werden (Bundesministerium der Finanzen 2016). Die zu entwickelnde Lösung soll deshalb die Aufwände für die Sicherstellung von Compliance senken. Hierbei spielt im Besonderen die Wirtschaftlichkeit der Prozesse auf Unternehmensseite eine entscheidende Rolle (Anforderung 6). Außerdem soll die Lösung die Risiken der Steuer-Compliance auf

Seiten der Unternehmen minimieren. Daher erfordert die Lösung Methoden und Techniken, die *Compliance by Design* ermöglichen (Anforderung 7).

8.3 Steuer-Compliance mittels Blockchain

Gemäß State of the DApps (o. J.) existieren aktuell mehr als 1000 aktiv genutzte dezentrale Applikationen (DApps). Die Anwendungen reichen von Cloudspeicher über die Verwaltung und den Transfer von Eigentum bis hin zu Versicherungen und digitalen Wahlurnen. Aktuelle Forschungsarbeiten aus dem Bereich des Geschäftsprozessmanagements diskutieren darüber hinaus die blockchain-basierte Ausführung generischer Prozesse (Weber et al. 2016; Mendling et al. 2018) und präsentieren erste prototypische Umsetzungen (López-Pintado et al. 2017). Auch unternehmensübergreifende Geschäftsprozesse werden in der Literatur adressiert (Di Ciccio et al. 2018). Zusätzlich sind am Markt frei zugängliche Entwicklungs-Frameworks, wie Corda, Hyperledger oder Ethereum verfügbar. Die Voraussetzungen zur Gestaltung von blockchain-basierten Unternehmensinformationssystemen sind damit aus technischer Sicht gegeben.

Die folgenden Abschnitte präsentieren ein generisches blockchain-basiertes Konzept, das die Anforderungen (A1–A7) an eine Steuer-Compliance-Lösung umsetzt und gleichzeitig das Ziel von *Compliance by Design* adressiert. Um der Anforderung 1 zu entsprechen, integriert das Konzept die Anwender „Steuerpflichtige", „Staatliche Institutionen" und „Steuerberatungskanzleien" in einer Plattform mit spezifischen Schnittstellen zu den Informationssystemen der einzelnen Akteure. Abb. 8.2 gibt einen Überblick über die Lösungsarchitektur.

Im Lösungsansatz werden steuerrelevante Informationen im Rahmen von Steuerprozessen zwischen den Akteuren ausgetauscht. Der Austausch erfolgt implizit, da die Informationen dezentral in der Blockchain abgelegt werden. Dies ermöglicht den Zugriff durch staatliche Institutionen sowie Steuerberatungskanzleien gleichermaßen. Die Strukturierung der Informationen wird durch staatliche Institutionen in entsprechenden Templates festgelegt. Grundsätzlich wird zwischen Dokumenten- und Prozesstemplates unterschieden. Die Templates werden in Form von Smart Contracts angelegt.

Dokumententemplates beinhalten Datenfelder, die sich aus Feldbezeichner und Datentyp zusammensetzen. Die Datenfelder lassen sich über Funktionen im Smart Contract und somit über Blockchain-Transaktionen befüllen. Jedes Dokument stellt einen Authentifizierungsmechanismus bereit, der es nur dem Ersteller des Dokuments erlaubt dieses zu verändern. Dokumente können darüber hinaus für Veränderung gesperrt werden. Zum Referenzieren von Dokumenten innerhalb der Blockchain wird ihnen bei der Erstellung ein eindeutiger Bezeichner zugewiesen.

Prozesstemplates definieren eine Abfolge von Prozessaktivitäten, die mit Dokumenten sowie ausführenden Organisationseinheiten verknüpft werden können. Der Übergang von einer zur nächsten Prozessaktivität wird durch Funktionen im Smart Contract und somit durch Transaktionen auf der Blockchain ermöglicht. Analog zum Dokument werden Authentifizierungsmechanismen bereitgestellt, die es nur

8 Blockchain-Nutzung im Steuerbereich

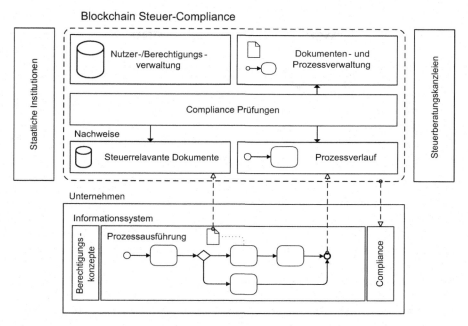

Abb. 8.2 Generische Blockchain Architektur

den involvierten Unternehmen erlauben entsprechende Transaktionen auszuführen. Um weitere Compliance-Richtlinien wie beispielsweise Funktionstrennung zu realisieren, können innerhalb von Unternehmen wiederum Restriktionen für einzelne Organisationen eingerichtet werden. Bei der Instanziierung des Prozesstemplates werden die entsprechenden Aktivitäten mit dem jeweiligen Unternehmen verknüpft. Besteht die Anforderung, dass die Ausführung einer Aktivität an eine bestimmte Organisationseinheit im Unternehmen geknüpft ist, so müssen diese Aktivitäten nach der Instanziierung mit unternehmensinternen Authentifizierungsschlüsseln verknüpft werden. Erst nach erfolgreicher Zuweisung der Organisationseinheiten kann der Prozess in den Anfangszustand übergehen. Die Logik des Smart Contracts stellt sicher, dass Aktivitäten nur in der vom Prozess vorgegebenen Reihenfolge und von der assoziierten Organisationseinheit ausgeführt werden können.

Darüber hinaus beinhaltet der Lösungsansatz eine Komponente zur Formulierung von Compliance-Regeln für Dokumenten- und Prozesstemplates. Für Dokumententemplates können Voraussetzungen definiert werden, die bei einer Dokumentenoperation (Erstellung, Aktualisierung) erfüllt sein müssen. Wird eine Compliance-Regel verletzt, so schlägt die Dokumentenoperation fehl. Gleichermaßen können innerhalb von Prozesstemplates für Aktivitäten Regeln definiert werden, die zur Ausführung der Aktivität erfüllt sein müssen. Compliance Regeln können im Allgemeinen sämtliche durch Programmcode abbildbare Regeln sein. Zu berücksichtigen ist, dass zur Überprüfung von Daten (z. B. Werten) diese in der Blockchain als Dokument abgespeichert sein müssen.

Datengetriebene Compliance-Regeln überprüfen den Inhalt von Dokumenten unter anderem in Hinblick auf

- Übereinstimmung (z. B. die Mengenangabe eines Rechnungsdokuments stimmt mit der Mengenangabe in der dazugehörigen Gelangensbestätigung des Rechnungsempfängers überein),
- Integrität (z. B. die Summe der Einzelpositionen einer Rechnung stimmt mit der Gesamtsumme überein) oder
- Einhaltung von Spannbreiten (z. B. der Verrechnungspreis liegt zwischen 500 und 550 Euro).

Organisatorische Compliance-Regeln schränken die Ausführung von Aktivitäten auf eine oder mehrere Organisationseinheiten ein. *Temporale Compliance-Regeln* sind implizit durch das Prozesstemplate gegeben. Sie schränken die Ausführung von Aktivitäten dahingehend ein, dass die Ausführungsreihenfolge der Aktivitäten dem definierten Prozess entsprechen muss (z. B. die Aktivität „Einspruch erheben" kann erst nach der Aktivität „Steuerbescheid ausgestellt" ausgeführt werden). Mittels Model-Checkings kann basierend auf dem Prozessmodell die Einhaltung dieser Art von Regeln zur Designzeit überprüft werden (Awad et al. 2008).

Zur Sicherstellung einer authentifizierten Übermittlung steuerrelevanter Dokumente an die Finanzbehörden (vgl. § 87a Abs. 6 AO), beinhaltet unsere Lösungsarchitektur eine Nutzer- und Berechtigungsverwaltung auf Ebene der Akteure. Staatliche Institutionen verifizieren Steuerberatungskanzleien und Steuerpflichtige und ermöglichen Ihnen einen authentifizierten Zugang zur Blockchain. Transaktionen innerhalb der Blockchain müssen grundsätzlich signiert werden, sodass ihre Authentizität automatisch überprüft werden kann.

8.4 Anwendungsbeispiel: Prüfung der USt-IdNr.

8.4.1 Ausgangslage

Gemäß § 4 Nr. 1 Buchstabe b UStG sind grenzüberschreitende Lieferungen innerhalb der EU unter bestimmten Voraussetzungen (§ 6a UstG) umsatzsteuerbefreit. Unternehmer sind dazu verpflichtet, diese Voraussetzungen zu prüfen und zu belegen (§ 17a UStDV). Eine Verletzung dieser Pflicht führt dazu, dass die Steuerbefreiung einer Lieferung entfällt und Umsatzsteuer entrichtet werden muss. Der Lieferant trägt folglich das Risiko von unzureichender Steuer-Compliance in Form einer potenziellen nachträglichen Steuerlast (Sölch et al. 2018). Eine Voraussetzung ist die Gültigkeit der Umsatzsteuer-Identifikationsnummer (USt-IdNr.) des Warenempfängers. Daraus ergibt sich für Unternehmen die Notwendigkeit, die Gültigkeit zu prüfen und den Prüfvorgang sowie das Prüfergebnis zu dokumentieren. Aktuell besteht keine Möglichkeit die Gültigkeit einer USt-IdNr. rückwirkend zu prüfen.

Abb. 8.3 stellt einen vereinfachten Prozess der USt-IdNrn.-Verifikation und -Dokumentation im Rahmen der Vertriebsaktivitäten dar. Der skizzierte Prozess ist

8 Blockchain-Nutzung im Steuerbereich

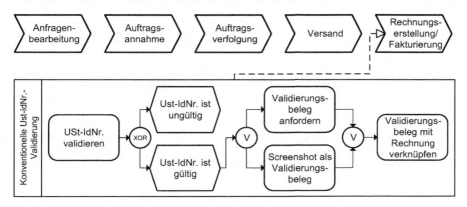

Abb. 8.3 Prüfung der USt-IdNr. im Rahmen der Vertriebsaktivitäten (Fatz et al. 2018)

den Aktivitäten der Rechnungserstellung und Fakturierung untergeordnet. Zunächst wird die USt-IdNr. über eine Anfrage bei der verantwortlichen Steuerbehörde validiert. Dies erfolgt aktuell über eine zentrale Web-Applikation der EU, die die Validierungsanfragen an die Datenbanken lokaler Steuerbehörden weiterleitet. Im Fall der erfolgreichen Prüfung werden die Validierungsbelege angefordert oder in Form eines Screenshots erfasst. Die Belege werden abschließend unternehmensintern mit der Rechnung verknüpft. Ein negatives Prüfergebnis erfordert weitere manuelle Untersuchungen durch den Rechnungsaussteller.

Abb. 8.4 beschreibt die Umsetzung der USt-IdNrn.-Validierung mithilfe der zuvor eingeführten generischen Steuer-Compliance-Architektur. Ein Kernelement ist das staatlich verwaltete USt-IdNrn.-Register, welches über einen Smart Contract abgebildet wird. Der Smart Contract besitzt Funktionen zur Ausstellung und zum Widerruf von USt-IdNrn., die über Blockchain-Transaktionen aufgerufen werden. Dadurch ergibt sich ein zeitlicher Verlauf über die Gültigkeit einer USt-IdNr. Zusätzlich erfolgt eine Einschränkung des Nutzerkreises, der die Registerfunktionen aufrufen darf. Über Authentifizierungsmechanismen werden ausschließlich entsprechende staatliche Institutionen dazu befähigt, das Register zu verändern.

Weiterhin wird das Dokument *Rechnung* in Form eines Smart Contracts angelegt. Dieser dient als Template für Rechnungsdaten, die von Unternehmen in der Blockchain abgespeichert werden können. Der Smart Contract bildet die steuerrelevanten Rechnungsinformationen ab. Im Anwendungsfall ist insbesondere das Datenfeld USt-IdNr. für die Compliance-Prüfung von Interesse. In der Nutzerverwaltung werden Unternehmen dazu berechtigt, das Template *Rechnung* entsprechend zu befüllen und in der Blockchain zu speichern.

Zusätzlich wird durch eine staatliche Institution eine *Compliance-Prüfung* auf der Blockchain angelegt, die im Rahmen des Validierungsvorgangs einer auf der Blockchain eingehenden Rechnung ausgeführt wird. Die Compliance-Prüfung stellt ebenfalls einen Smart Contract dar, der die USt-IdNr. aus der auf der Blockchain

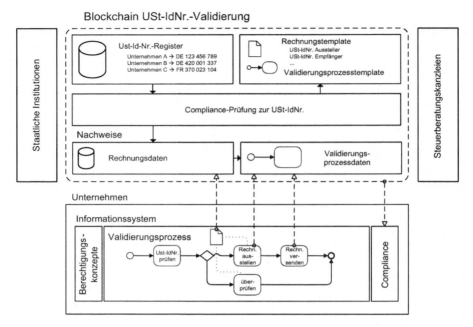

Abb. 8.4 USt-IdNrn.-Validierungs-Blockchain

eingehenden Rechnung ausliest und mit dem USt-IdNrn.-Register abgleicht. Um die Validierung zu ermöglichen, wird die Compliance-Prüfung im Smart Contract des Rechnungstemplates aufgerufen. Falls die USt-IdNr. gültig ist, wird die Rechnung auf der Blockchain gespeichert, andernfalls wird die Rechnung zurückgewiesen.

Da für das Rechnungsdokument keine Zustandsübergänge vorhanden sind und der einzige Speicherzustand das positiv geprüfte Dokument ist, ist die Erstellung eines Prozesstemplates nicht zwingend erforderlich. Die Erstellung eines Prozesstemplates wird dann erforderlich, wenn Unternehmen weiteren Berichtspflichten in Abhängigkeit zur ausgestellten Rechnung nachkommen müssen. Dies ist beispielsweise dann der Fall, wenn das ausstellende Unternehmen zu den Rechnungspositionen eine Bestätigung bereitstellen muss, die den Empfang der Ware belegt (Fatz et al. 2019).

Durch die beschriebene Lösung wird hinsichtlich der USt-IdNrn.-Prüfung eine *Compliance by Design* ermöglicht. Unternehmen ist es nicht mehr möglich, Rechnungen mit ungültiger USt-IdNr. auszustellen, da diese im Rahmen der Validierung von der Blockchain zurückgewiesen werden. Sobald eine Rechnung in der Blockchain gespeichert wurde, bezieht das Unternehmen den zugehörigen Block-Hash und verknüpft diesen mit den Rechnungsinformationen im unternehmensinternen Informationssystem.

8.4.2 Implementierung

Im Rahmen einer prototypischen Implementierung wurde die skizzierte Anwendung der USt-IdNrn.-Prüfung mittels Blockchain umgesetzt. Auf Basis von Solidity wurden die entsprechenden Smart Contracts in einer lokal betriebenen Ethereum-Blockchain (Wood 2014) implementiert. Die Smart Contracts sowie eine separate Nutzerverwaltung wurden zur Entwicklungszeit angelegt. In der Implementierung werden unterschiedliche Arten von Nutzerrollen definiert.

Nutzer können sich in die Konsensbildung einbringen und dadurch die Konsistenz des Datenbestandes sicherstellen. Diese Nutzer können als *Betreiber* der Blockchain verstanden werden. In unserer Steuer-Compliance-Architektur nehmen sowohl staatliche Institutionen, Unternehmen sowie Steuerberatungskanzleien diese Nutzerrolle ein. Weiterhin gibt es Nutzerrollen, die berechtig sind durch Transaktionen neue Daten zur Blockchain hinzuzufügen. Dies sind Unternehmen, die Rechnungen speichern und staatliche Institutionen, die USt-IdNrn. ausgeben oder widerrufen. Die jeweiligen Funktionen sind an die Nutzerrolle Unternehmen und staatliche Institution gebunden. Die dritte Nutzerrolle besitzt Lesezugriff. Sie kann den Datenbestand auslesen und auswerten. Diese Nutzerrolle kann von Unternehmen, staatlichen Institutionen, Steuerberatungskanzleien und weiteren unbestimmten Nutzern eingenommen werden. Da staatliche Institutionen den Zugang zur Blockchain regulieren, stellt die vorgestellte Anwendung eine zugangsbeschränkte Blockchain dar.

Zur Festlegung der Blockreihenfolge wird ein *Proof-of-Work*-Konsensmechanismus verwendet. Aufgrund der Vielzahl an Akteuren im System, ermöglicht dieser allen Akteure an der Konsensbildung teilzunehmen. Der Zugriff auf die Blockchain-Daten erfolgt über die offene Blockchain-Schnittstelle web3js (o. J.). Die beschriebene Lösung kann auf diese Weise in das unternehmenseigene Informationssystem integriert werden. So kann beispielsweise bei der Rechnungsstellung automatisiert eine Überprüfung der USt-IdNrn. erfolgen. Gleichzeitig können Informationen aus der Blockchain bezogen werden, die den Block bestimmen, in dem eine Prüfungstransaktion abgelegt wurde. Diese Information kann nach Bedarf mit unternehmensinternen Rechnungsinformationen verknüpft werden.

8.5 Evaluation

Da bestimmte Ausprägungen von Blockchains nachteilige Eigenschaften wie einen geringen Datendurchsatz, hohen Energiebedarf oder eine begrenzte Teilnehmerzahl aufweisen, ist der sinnhafte Einsatz zu prüfen. Im Anwendungskontext des Steuerbereichs muss daher die Frage gestellt werden, ob die Anforderungen an eine Steuer-Compliance durch Blockchain effektiver und effizienter umgesetzt werden können als mit herkömmlichen Informationssystemen. Die vorgeschlagene Lösungsarchitektur wird daher mit den in der Europäischen Union vorherrschenden zentralen, staatlichen Lösungen verglichen. Unterschieden wird dabei zwischen Lösungen, die Geschäftsfälle in Kennzahlen aggregieren und Lösungen, die Daten einzelner Geschäftsfälle erheben und verarbeiten. Tab. 8.3 gibt einen Überblick über die zu vergleichenden Steuer-Compliance-Lösungen.

In den untersuchten Ansätzen können steuerrelevante Daten mittels einer digitalen Schnittstelle übermittelt werden (A1). Berechtigungskonzepte für die Einschränkung der Datenverarbeitung steuerrelevanter Daten lassen sich in allen Lösungsansätzen umsetzen (A5). Eine entsprechende Rechteverwaltung muss in den lokalen Systemen der Akteure implementiert werden und wird daher in der Evaluation nicht gesondert betrachtet.

Aktuell erfolgt in der EU für unterschiedliche Steuerarten der Austausch steuerrelevanter Daten zwischen Steuerpflichtigen und Finanzbehörden rückwirkend für Berichtszeiträume in der Form von Erklärungen. Die aggregierten Erklärungen (z. B. zusammenfassende Meldung, Umsatzsteuervoranmeldung) werden mittels einer bereitgestellten Schnittstelle (z. B. ELSTER) digital an ein zentrales System übermittelt (A1). Durch die Aggregation der Daten lassen sich jedoch einzelne Geschäftsvorfälle nicht mehr identifizieren und nachvollziehen (A3). Die umfassende steuerliche Compliance wird nur durch eine regelmäßige, retrospektive Prüfung erzielt, bei der Auditoren explizit Zugriff auf die Aufzeichnungen einzelner Geschäftsvorfälle (z. B. Rechnungen und ERP Daten) gewährt werden muss (A2). Die Strukturierung des Prüfprozesses kann Compliance-Verstöße nicht verhindern, sondern lediglich aufdecken (A7). Aufgrund der geringen Effektivität (Steuerausfälle) und Wirtschaftlichkeit (Prozessdurchlaufzeiten) von aggregierten Übermittlungen (A6) wird diskutiert, wie diese durch eine fallbasierte Echtzeit-Dokumentation ersetzt werden können (Putz 2019).

Ein zentrales, staatlich betriebenes Informationssystem, dass die Übermittlung von Einzelfalldaten zulässt, ermöglicht eine automatisierte, umfassende Prüfung der Geschäftsvorfälle (A3). Im Gegensatz zu den aggregierenden Lösungen sind alle relevanten Falldaten für die Steuerbehörden in Echtzeit und ohne Nachfrage verfügbar (A2). Beispielsweise verpflichtet Italien zur Verhinderung von Umsatzsteuerbetrug Unternehmen, Rechnungen digital über eine zentrale Clearing-Stelle auszustellen, die die Rechnungsdaten hinsichtlich Compliance-Anforderungen prüft (Putz 2019). Durch den Wegfall von Audits profitieren Unternehmen von einer erhöhten Wirtschaftlichkeit (A6) sowie von dem reduzierten steuerlichen Risiko, das sich aus einer automatisierten Compliance-Prüfung ergibt (A7).

Eine unveränderliche Speicherung der Steuerdaten ist in den beiden beschriebenen Ansätzen (aggregierende und fallbasierte Lösung) nicht möglich. Zwar können Maßnahmen wie Zugriffskontrollen, Protokollierung (A4b) und die Ar-

Tab. 8.3 Vergleich von Steuer-Compliance-Lösungen

	A1	A2	A3	A4a	A4b	A5	A6	A7
Zentrale, staatliche Lösung (aggregierend)	●	◐	○	○	●	●	○	○
Zentrale, staatliche Lösung (fallbasiert)	●	●	●	○	●	●	●	●
Blockchain Lösung (fallbasiert)	●	●	●	◐	●	●	●	●

Legende: ● voll erfüllt, ◐ teilweise erfüllt, ○ wenig bis gar nicht erfüllt

chivierung auf unveränderlichen Speichermedien ergriffen werden, eine Manipulation lässt sich jedoch nicht grundsätzlich verhindern (A4a). Dies ist vor allem darin begründet, dass die Daten sich im Einflussbereich einer einzelnen Organisationseinheit (staatliche Institution oder Unternehmen) befinden. Zusätzlich können Unternehmen im Fall der aggregierenden Lösung Daten zwischen den Zeitpunkten des Geschäftsvorfalls, der aggregierten Erklärung von Geschäftsvorfällen und dem abschließenden Audit verändern, ohne dass das aggregierte Ergebnis sich ändert. Gleichermaßen kann eine nicht einsehbare Speicherung und nicht nachvollziehbare Verarbeitung von Steuerdaten durch eine staatliche Institution das Vertrauen von Unternehmen in eine zentrale Compliance-Lösung reduzieren (A7).

Zur Schaffung eines transparenten und unveränderlichen (A4a) Datenspeichers schlagen wir daher in unserer fallbasierten Lösung den Einsatz von Blockchain vor. Die Eigenschaften der vorgeschlagenen Blockchain-Lösung (Unveränderlichkeit, Transaktionsdurchsatz, Grad der Dezentralisierung) sind insbesondere von dem eingesetzten Konsensmechanismus abhängig. Die vorgeschlagene generische Lösungsarchitektur stellt eine zugangsbeschränkte Blockchain dar, die durch die Akteure im Steuerbereich betrieben wird. Die dezentrale Speicherung der Daten kann ein hohes Maß an Datenverfügbarkeit gewährleisten (A2). Durch den eingesetzten *Proof-of-Work*-Konsensmechanismus und die Verkettung der Blöcke mittels ihres Hashwerts, lässt sich eine Unveränderlichkeit von Steuerdaten realisieren (A4a). Gleichzeitig ermöglicht die Transaktionshistorie der Blockchain Änderungen nachzuvollziehen (A4b). Die Korrektheit der durch einen Systemnutzer eingegebenen Informationen muss sichergestellt werden, um Compliance-Verstöße zu verhindern. Unsere Lösungsarchitektur ermöglicht daher eine inhaltlich neutrale Prüfung von Informationen über Compliance-Smart-Contracts. Dies verhindert Compliance-Verstöße bevor sie entstehen können (A7). Im Vergleich zu zentral betriebenen Lösungen, erfolgt die Überprüfung der Steuer-Compliance dezentral durch alle Akteure. Die Prüfvorgänge sind standardisiert und über den Programm-Code der Smart-Contracts öffentlich einsehbar festgelegt. Dies ermöglicht eine objektive, für alle Akteure nachvollziehbare Steuer-Compliance.

Am vorgestellten Anwendungsbeispiel der USt-IdNrn.-Prüfung zeigt sich, dass die inhaltliche Korrektheit der Rechnung bezüglich der ausgewiesenen USt-IdNr. durch einen Smart Contract verifiziert werden kann und das Prüfergnis für die betroffenen Unternehmen und Steuerkanzleien einsehbar ist. So ist es Unternehmen nicht möglich, eine Rechnung mit unkorrekter USt-IdNr. auf der Blockchain zu speichern. Eine derartige Prüfung lässt sich zwar auch in zentralen Unternehmensinformationssystemen implementieren, allerdings fehlt dort die Integration in eine staatlich zugesicherten Compliance. Aktuell kann im europäischen System MIAS die Validität einer USt-IdNr. geprüft werden. Unternehmen erhalten jedoch keine staatliche Zusicherung der korrekten Prüfung.

8.6 Diskussion und Fazit

Durch die vorgeschlagene Lösungsarchitektur lassen sich Compliance-Prüfungen einschließlich einer staatlichen Bestätigung der Prüfung umsetzen. Dadurch wird für Unternehmen im Hinblick auf die geprüften Informationen eine *Compliance by Design* möglich. Auch wenn sich in unsere Architektur sogar manuelle Prüfungsschritte von Steuerbehörden oder Steuerberatungskanzleien in Form von Smart Contracts integrieren lassen, so ist in Anbetracht der Vielzahl von steuerrelevanten Geschäftsvorfällen eine Automatisierung geboten. Allerdings lassen sich automatisierte Compliance-Prüfungen, wie sie in der beschriebenen Umsatzsteueranwendung realisiert wurden, bisher nicht für jede Anwendung umsetzen. Der ausgewiesene Steuerbetrag einer Rechnungsposition ist beispielsweise nicht ausreichend, um festzustellen, ob der korrekte Mehrwertsteuersatz angewandt wurde. Eine Überprüfung der Compliance bedarf an dieser Stelle einer kognitiven Leistung in Form der Interpretation der Rechnungsposition unter Berücksichtigung der Steuergesetze.

Aufgrund der Fortschritte auf dem Forschungsgebiet der Künstlichen Intelligenz (KI) ist es denkbar, dass zukünftig diese Interpretationstätigkeit maschinell und dezentral in der Blockchain durchgeführt wird (Ainsworth und Shact 2016). Dadurch ergeben sich konsistente Bewertungen von Steuerfällen durch die unabhängigen Knoten innerhalb der Blockchain. Zusätzlich ermöglicht dies eine objektive und faire Besteuerung von Unternehmen. Im skizzierten Szenario müssen jedoch alle relevanten Informationen für eine Interpretation und eine zuverlässige Einschätzung der Compliance vorliegen. Innerhalb eines Smart Contracts könnte die Rechnungsposition durch einen intelligenten Algorithmus korrekt als Lebensmittel identifiziert und der ausgewiesene Steuersatz mit dem reduzierten Steuersatz für Lebensmittel verglichen werden. Dies ist jedoch für eine umfassende Compliance-Prüfung nicht ausreichend, da Lebensmittel auch im Rahmen von Dienstleistungen verkauft werden können und somit die volle Umsatzsteuer auszuweisen ist. Die für die Prüfung relevante Information über den realen Sachverhalt lässt sich der Rechnung nicht entnehmen. Dasselbe Problem ergibt sich jedoch auch bei einer Interpretation durch einen menschlichen Prüfer. Es existieren in der Literatur bereits erste Ansätze, Steuer-Compliance-Verstöße über eine Betrachtung von Anomalien in einer Menge von Geschäftsfällen zu identifizieren (Lahann et al. 2019).

Die durchgeführte Bewertung der Lösungsarchitektur zeigt, dass auch ein zentrales System die identifizierten Anforderungen weitestgehend erfüllen kann. Allerdings müssen im zentralen System die Unternehmen der staatlichen Institution vertrauen, dass die übermittelten Daten nicht manipuliert, sondern korrekt verarbeitet werden. Die vorgeschlagene blockchain-basierte Lösung ist der zentralen Lösung aber nicht nur in Ländern mit staatlichem Korruptionsrisiko vorzuziehen. Auf Grund der verstärkten Kooperation von Staaten zur Vermeidung von Doppelbesteuerung oder Steuerflucht, kann der Lösungsansatz über dezentralisierte, automatisierte Compliance-Prüfungen Vertrauen zwischen staatlichen Institutionen unterschiedlicher Länder schaffen.

Unabhängig von einer zentralen oder dezentralen Lösung erfordert die exakte Bestimmung der unternehmerischen Steuer-Compliance eine umfassende Akquise,

Speicherung und Analyse von Unternehmensdaten. In Italien durchläuft jede einzelne Rechnungen bereits eine staatliche Clearing-Stelle (Putz 2019). Im Vergleich zur deutschen Lösung, die nur aggregierte Daten verarbeitet (Bundeszentralamt für Steuern o. J.), entstehen auf dieser Granularität andere Anforderungen an den Datenschutz und die Anonymisierung von sensiblen, unter Umständen auch personenbezogenen Daten. Folglich stellt sich die allgemeine Frage, welche Informationen ein Staat zum Zweck der Steuererhebung von Unternehmen einfordern, speichern und verarbeiten darf. Um das Steuersystem aus informationstechnischer Sicht zukünftig adäquat gestalten zu können, sind daher auch Aspekte der Verhältnismäßigkeit der Datenerhebung, des Datenschutzes und der Anonymisierung von Daten zu berücksichtigen.

Offen bleibt, inwiefern die Blockchain eine rechtswirksame Abgabe von Erklärungen und Mitteilungen ermöglicht. Grundsätzlich ist die elektronische Übermittlung von Dokumenten an die Finanzbehörden der Schriftform gleichzusetzen, sofern das Dokument mit einer qualifizierten Signatur versehen ist (§ 87a Abs. 3 AO). Die Anforderungen an die sogenannte „qualifizierte Signatur", wie sie von der eIDAS-Verordnung vorgegeben werden, können mit dem Einsatz gängiger Blockchain-Frameworks nicht ad hoc erzielt werden. Hierzu müssten qualifizierte Vertrauensdiensteanbieter (Art. 24 eIDAS-VO) in die Blockchain-Lösung integriert werden sowie die besonderen technischen Anforderungen an die Erstellung der Signatur (z. B. Einsatz qualifizierter Signaturstellungseinheiten nach Art. 29 eIDAS-VO) berücksichtigt werden. Ähnlich zu den Sonderregelungen, die im Zuge der Einführung des ELSTER-Verfahrens getroffen wurden,[1] könnte die Einführung eine Steuer-Blockchain jedoch auch durch gesondert getroffene Ausnahmen erleichtert werden.

Danksagung Diese Arbeit wurde in Teilen finanziert durch das BMBF (Bundesministerium für Bildung und Forschung), Forschungsprojekt ProcessChain (FKZ: 01IS17086B).

Literatur

Adriansyah A, van Dongen BF, van der Aalst WMP (2011) Towards robust conformance checking. Business process management workshops. Springer, Berlin/Heidelberg, S 122–133

Ainsworth RT, Shact A (2016) Blockchain (distributed ledger technology) solves VAT fraud. Law & economics working paper. Boston University School of Law 16–41:1–24

Awad A, Decker G, Weske M (2008) Efficient compliance checking using BPMN-Q and temporal logic. Business process management. Springer, Berlin/Heidelberg, S 326–341

Besch C, Starck A (2016) § 33 Tax Compliance. In: Hauschka CE, Moosmayer K, Lösler T (Hrsg) Corporate Compliance, 3. Aufl. C.H. Beck, München, Rn. 3–12

Botton N (2018) Blockchain and trade: not a fix for brexit, but could revolutionise global value chains (if governments let it). http://ecipe.org/publications/blockchain-and-trade/. Zugegriffen am 25.06.2019

---

[1] Verordnung zur elektronischen Übermittlung von Steuererklärungen und sonstiger für das Besteuerungsverfahren erforderlichen Daten vom 28.01.2003, BGBl. Teil I S. 139 ff.

Bundesministerium der Finanzen (2014) BMF-Schreiben vom 14.11.2014, IV A 4 – S 0316/13/10003: Grundsätze zur ordnungsmäßigen Führung und Aufbewahrung von Büchern. Aufzeichnungen und Unterlagen in elektronischer Form sowie zum Datenzugriff (GoBD), BStBl. 2014 I:1450

Bundesministerium der Finanzen (2016) Gesetz zur Modernisierung des Besteuerungsverfahrens. https://www.bundesfinanzministerium.de/Content/DE/Gesetzestexte/Gesetze_Gesetzesvorhaben/Abteilungen/Abteilung_IV/18_Legislaturperiode/Gesetze_Verordnungen/2016-07-22-Steuermodernisierungsgesetz/0-Gesetz.html. Zugegriffen am 25.06.2019

Bundeszentralamt für Steuern (o. J.) Zusammenfassende Meldungen. http://www.bzst.de/DE/Unternehmen/Umsatzsteuer/ZusammenfassendeMeldung/zusammenfassendemeldung_node.html. Zugegriffen am 20.06.2019

Di Ciccio C, Cecconi A, Mendling J et al (2018) Blockchain-based traceability of inter-organisational business processes. Business modeling and software design. Springer, Cham, S 56–68

Dudenredaktion (o. J.) Compliance. https://www.duden.de/node/29151/revision/29180. Zugegriffen am 12.06.2019

Europäische Kommission (2018) Empfehlung der Kommission vom 21.03.2018 bezüglich der Unternehmensbesteuerung einer signifikanten digitalen Präsenz. https://ec.europa.eu/taxation_customs/sites/taxation/files/commission_recommendation_taxation_significant_digital_presence_21032018_de.pdf. Zugegriffen am 26.06.2019

Europäische Kommission (2019) The digital economy and society index (DESI). https://ec.europa.eu/digital-single-market/en/desi. Zugegriffen am 24.06.2019

Europäische Kommission (o. J.) MIAS (MwSt-Informationsaustauschsystem). https://ec.europa.eu/taxation_customs/business/vat/eu-vat-rules-topic/vies-vat-information-exchange-system-enquiries_de. Zugegriffen am 18.06.2019

Evermann J, Kim HM (2019) Workflow management on the blockchain – implications and recommendations. arXiv:1904.01004

Fatz F, Fettke P, Hake P, Risse R (2018) Potenziale von Blockchain-Anwendungen im Steuerbereich. HMD Praxis der Wirtschaftsinformatik 55:1231–1243

Fatz F, Hake P, Fettke P (2019) Towards tax compliance by design: a decentralized validation of tax processes using blockchain technology. In: Proceedings of the IEEE 21st conference on business informatics (CBI 2019), S 559–568

Fettke P (2018) TaxTech – Die vierte Disziplin der Steuerwissenschaft. Sonderausgabe Betrieb 1:19–24

Fettke P, Risse R (2018) Blockchain: Wird eine sog. „real time" Tax Compliance möglich? Betrieb 30:1748–1755

Government Office for Science (2016) Distributed ledger technology: beyond block chain. https://www.gov.uk/government/news/distributed-ledger-technology-beyond-block-chain. Zugegriffen am 25.06.2019

Groß S (2017) Mit der „Blockchain" aus dem Umsatzsteuer-Dilemma. Umsatzsteuer-Rundschau 66:501–502

Groß S (2019) Per Anhalter durch die Steuer-Galaxis. Rethink Tax 1:50–55

Hartl R (2014) 3–50 Tax Compliance. In: Wolffgang H-M, Makowicz B (Hrsg) Rechtsmanagement im Unternehmen. Bundesanzeiger, Köln

Hashmi M, Governatori G, Lam HP, Wynn MT (2018) Are we done with business process compliance: state of the art and challenges ahead. Knowl Inf Syst 1:79–133

Hinerasky A, Kurschildgen M (2016) Künstliche Intelligenz und Blockchain – neue Technologien in der Besteuerungspraxis. Betrieb 69:35–39

Hyvärinen H, Risius M, Friis G (2017) A Blockchain-Based Approach Towards Overcoming Financial Fraud in Public Sector Services. Bus Inf Syst Eng 59:441–456

Idler J, Erl V (2018) Tax compliance: Definition und Begriffserklärung (Rn. 29–30). Tax Compliance. C.F. Müller, Heidelberg

Kowallik A (2018) Zukunftstechnologien im Steuerbereich. Betrieb 1:4–11

Kromer C, Pumpler R, Henschel K (2013a) Tax compliance. Betriebs-Berater 14:791–803

Kromer C, Pumpler R, Henschel K (2013b) Beurteilung der Effektivität eines Tax-Compliance-Systems – Teil 1. Compliance Berater 4:156–162

Künstler T, Seidel F (2013) Tax Compliance. Compliance in der Unternehmerpraxis: Grundlagen, Organisation und Umsetzung. Springer Fachmedien, Wiesbaden, S 231–268

Lahann J, Scheid M, Fettke P (2019) Utilizing Machine Learning techniques to reveal VAT compliance violations in accounting data. In: Proceedings of the IEEE 21st Conference on Business Informatics (CBI 2019), S 1–10

Lohmann N (2013) Compliance by Design for Artifact-centric Business Processes. Information Systems 38:606–618

Loitz R (2016) Löst sich die Abschlussprüfung durch die Blockchain im Netz auf? Betrieb 69:M5

López-Pintado O, García-Bañuelos L, Dumas M, Weber I (2017) Caterpillar: a blockchain-based business process management system. Demonstration track of the 15th international conference on business process management (BPM Demos), CEUR workshop proceedings

Loy T (2018) Umsatzsteuerbetrug im innergemeinschaftlichen Erwerb: Konzept eines Blockchain-basierten Lösungsansatzes. Deutsches Steuerrecht 56:1097–1104

Ly LT, Maggi FM, Montali M et al (2015) Compliance monitoring in business processes: Functionalities, application, and tool-support. Information Systems 54:209–234

Mendling J, Weber I, van der Aalst WMP et al (2018) Blockchains for business process management – challenges and opportunities. ACM Trans Manag Inf Syst 9(1):41–416

OECD (2018) Steuerliche Herausforderungen der Digitalisierung – Zwischenbericht 2018: Inclusive Framework on BEPS, OECD/G20 Projekt Gewinnverkürzung und Gewinnverlagerung. OECD Publishing, Paris

Owens J, de Jong J (2017) Taxation on the Blockchain: Opportunities and Challenges. Tax Notes Int Aug 7:601–612

Pischel F (2019) Benötigt der Steuerbereich Blockchain-Technologie? – Einsatzmöglichkeiten der Blockchain zur Sicherstellung der Tax Compliance. Steuer- und WirtschaftsKartei 6:312–321

Putz R (2019) Italien als digitaler Vorreiter: Flächendeckende Verpflichtung zur E-Rechnung B2B und B2C eingeführt. Rethink Tax 1:62–67

Risius M, Spohrer K (2017) A Blockchain Research Framework. Bus Inf Syst Eng 59:385–409

Risse R (2015) Steuercontrolling und Reporting. Steuercontrolling und -Reporting, 2. Aufl. Springer Gabler, Wiesbaden, S 1–13

Sölch O, Ringleb K, Treiber A (2018) Umsatzsteuergesetz (82: Rn. 80–89). Kommentar. C.H. Beck, München

State of the DApps (o. J.) DApp Statistiken. https://www.stateofthedapps.com/stats. Zugegriffen am 10.06.2019

Streck M, Binnewies B (2009) Tax Compliance. DStR-Deutsches Steuerrecht 5:229–230

Vetter E (2013) Compliance im Unternehmen. Compliance in der Unternehmerpraxis: Grundlagen, Organisation und Umsetzung, Springer Fachmedien, Wiesbaden S 1–18

web3.js (o. J.) Ethereum JavaScript API. https://github.com/ethereum/web3.js/. Zugegriffen am 10.06.2019

Weber I, Xu X, Riveret R, Governatori G, Ponomarev A, Mendling J (2016) Untrusted business process monitoring and execution using blockchain. Business process management. Springer, Berlin/Heidelberg, S 329–347

Wijaya DA, Liu JK, Suwarsono DA, Zhang P (2017) A new blockchain-based value-added tax system. In: Okamoto T, Yu Y, Au MH, Li Y (Hrsg) Provable security. Springer International Publishing, Cham, S 471–486

Wood G (2014) Ethereum: a secure decentralised generalised transaction ledger. Ethereum Project Yellow Paper. http://gavwood.com/paper.pdf. Zugegriffen am 25.06.2019

Filip Fatz ist Researcher am Institut für Wirtschaftsinformatik im Deutschen Forschungszentrum für Künstliche Intelligenz (DFKI) GmbH. Der Schwerpunkt seiner Arbeit ist die praxisnahe Anwendung neuartiger Datenbank- und Sicherheitskonzepte. Im Rahmen seiner Forschung untersucht er insbesondere die IT-gestützte Sicherstellung von Compliance sowie die Automatisierung von Geschäftsprozessen.

Philip Hake ist Researcher am Institut für Wirtschaftsinformatik im Deutschen Forschungszentrum für Künstliche Intelligenz (DFKI) GmbH. Seine Forschungsinteressen liegen im Bereich der Schnittstelle von Künstlicher Intelligenz (KI) und Geschäftsprozessmanagement. Im Rahmen seiner Forschungstätigkeit untersucht er insbesondere KI-Techniken in der Prozessmodellierung, der Prozessanalyse und der Prozessautomatisierung.

Prof. Dr. Peter Fettke ist Professor für Wirtschaftsinformatik an der Universität des Saarlandes und Principal Researcher, Research Fellow und Forschungsgruppenleiter am Deutschen Forschungszentrum für Künstliche Intelligenz (DFKI) in Saarbrücken. In seiner Forschung befasst sich Professor Fettke zusammen mit seiner rund 30-köpfigen Forschungsgruppe insbesondere mit der Schnittstelle der Themenkomplexe Prozessmanagement und Künstlicher Intelligenz (KI). Neben der Untersuchung der Einsatzmöglichkeiten von KI-Technologien wie beispielsweise Deep Learning und Process Mining im betrieblichen Kontext zählen darüber hinaus die Erforschung von Auswirkungen der Digitalisierung auf Geschäftsmodellinnovationen und die Modellierung betrieblicher Abläufe zu den Schwerpunkten seiner Arbeit. Professor Fettke ist Autor von mehr als 100 Fachpublikationen. Seine Arbeiten zählen zu den meistzitierten Artikeln international führender Zeitschriften zur Wirtschaftsinformatik und er gehört zu den Top 10 der meistzitierten Wissenschaftler am DFKI. Ebenso ist er gefragter Gutachter renommierter Konferenzen, Journale und Forschungsorganisationen.

Teil IV

Organisation

Blockchain-Integration in ERP-Systeme – Fallbeispiel Daimler AG

Daniel Linke und Susanne Strahringer

Zusammenfassung

Durch eine Integration von Blockchain in bereits bestehende IT-Unternehmenslandschaften können neue Potenziale und Geschäftsideen entstehen. Beispielsweise ergeben sich durch die Kombination von Blockchain-Technologien mit betrieblichen Anwendungen wie Enterprise-Resource-Planning-Systemen, Synergieeffekte zur Verbesserung und Abwicklung neuer und bestehender Geschäftsprozesse im Bereich Supply-Chain-Management. Insbesondere durch die Integration einer Blockchain in den Procure-to-Pay-Prozess als unternehmensübergreifende Datenbasis kann eine sogenannte Single-Source-of-Truth für das Zuliefernetzwerk geschaffen werden. Damit können das Vertrauen zwischen den einzelnen Handelspartnern erhöht sowie die Prozesse schneller, transparenter und kostengünstiger abgewickelt werden. Die derzeitige Forschung auf diesem Gebiet steht dabei aber erst am Anfang, so dass es noch erheblich an Erfahrung bei der Integration von Blockchain in bestehende Unternehmenslandschaften mangelt. Für einen produktiven Einsatz der Technologie im Procure-to-Pay-Prozess müssen beispielsweise in Zukunft noch einige integrative und technologische Herausforderungen bewältigt und weitere Erfahrungen gesammelt werden. Im Rahmen des Forschungsbeitrages werden daher die Anforderungen und Herausforderungen bei der Integration anhand eines praxisorientierten Anwendungsszenarios der Daimler AG ermittelt. Auf Basis von Experteninterviews wird ein konzeptionelles Architekturmodell vorgestellt und die Realisierbarkeit anhand einer prototypischen Implementierung evaluiert.

Überarbeiteter Beitrag basierend auf Linke und Strahringer (2018) Integration einer Blockchain in ein ERP-System für den Procure-to-Pay Prozess: Prototypische Realisierung mit SAP S/4HANA und Hyperledger Fabric am Beispiel der Daimler AG, HMD – Praxis der Wirtschaftsinformatik Heft 324, 55(6):1341–1359.

D. Linke (✉) · S. Strahringer
Technische Universität Dresden, Dresden, Deutschland
E-Mail: linke.daniel@gmail.com

© Springer Fachmedien Wiesbaden GmbH, ein Teil von Springer Nature 2020
H.-G. Fill, A. Meier (Hrsg.), *Blockchain*, Edition HMD,
https://doi.org/10.1007/978-3-658-28006-2_9

Schlüsselwörter

Blockchain · Distributed-Ledger-Technologie · ERP-Systeme · Procure-to-Pay · Supply-Chain-Management · Interorganisationale Informationssysteme

9.1 Blockchain-Technologie im Rahmen von Procure-to-Pay-Prozessen

Eine Person oder Personengruppe veröffentlichte am 31. Oktober 2008 unter dem Pseudonym Satoshi Nakamoto ein Whitepaper mit dem Namen *Bitcoin: A Peer-to-Peer Electronic Cash System* (2008). Das Whitepaper gilt als Gründungsdokument der virtuellen und dezentralen Währung Bitcoin und beschreibt auf gerade mal acht Seiten die technischen Grundlagen und Konzepte der Kryptowährung Bitcoin. In den vergangenen Jahren sind seitdem das öffentliche Interesse, die Größe der Community und die Kursentwicklung der digitalen Währung geradewegs explodiert. Die Technologie Blockchain verbindet mehrere kryptographische Konzepte zur Realisierung eines dezentralen Transaktionssystems und bildet die Basis für die Kryptowährung Bitcoin. Für viele Experten ist eher die dahinterstehende Technologie die eigentliche Innovation weniger die Kryptowährung (Schlatt et al. 2016). Durch sein verteiltes und transaktionsorientiertes Konzept besitzt die Technologie das Potenzial neben der Grundlage für die digitale Währung auch weitere Bereiche unserer Gesellschaft grundlegend zu verändern (Lindman et al. 2017; Notheisen et al. 2017).

Huertas et al. (2018) sehen in der Technologie unter anderem enorme Potenziale und verschiedene Einsatzmöglichkeiten im Bereich des Supply-Chain-Managements (SCM). Auf interorganisationalen Informationssystemen basierende Prozesse, wie der in diesem Beitrag exemplarisch betrachtete Einkaufs- bzw. Procure-to-Pay-(P2P)-Prozess zwischen Unternehmen, können durch den Einsatz der Technologie erheblich verbessert werden (Morabito 2017; Casino et al. 2019). Aktuelle Probleme lassen sich exemplarisch und stellvertretend für viele interorganisationale Prozesse am P2P-Prozess wie folgt veranschaulichen. Durch das fehlende Vertrauen zwischen den Geschäftspartnern, den teils manuellen Prozessschritten und Medienbrüchen kommt es oft zu administrativem Mehraufwand und langen Prozessdurchlaufzeiten innerhalb der Lieferkette. Die Teilnehmer eines Zuliefernetzwerkes arbeiten in der Regel mit unternehmensinternen Enterprise-Resource-Planning-(ERP)-Systemen, deren Datenbasis größtenteils zentralisierte und isolierte Datenbanksysteme in den jeweiligen Unternehmen sind. Die Blockchain kann im Rahmen des P2P-Prozesses als eine Art unternehmensübergreifende Datenbasis bzw. eine sogenannte Single-Source-of-Truth zwischen den verschiedenen Unternehmen im Zuliefernetzwerk eingesetzt werden. Dadurch wird das Vertrauen zwischen den einzelnen Handelspartnern erhöht sowie die überbetrieblichen Prozesse schneller, transparenter und kostengünstiger abgewickelt (Hofmann et al. 2017).

Andrews et al. (2017) nennen weiterhin die erhöhte Transparenz und Flexibilität sowie die geringeren Markteintrittsbarrieren als wesentliche Vorteile der Technologie. Nach Petersen et al. (2016) ist die vollständige Selbststeuerung von Ladungen im SCM zwar die Zukunftsvision, aber mit einer zentralen Architektur und bei Einsatz von Intermediären nicht erreichbar. Aus diesem Grund stellt die Blockchain mit ihrem verteilten Architekturkonzept eine potenzielle Lösung dar (Petersen et al. 2016). Ein dezentraler Konsensmechanismus ermöglicht hierbei den sicheren Austausch von digitalen Assets und Dokumenten zwischen den Teilnehmern, die sich gegenseitig nicht vertrauen oder kennen müssen. Transaktionen werden so ohne Intermediär-Einsatz realisiert und können dadurch schneller, kosteneffizienter und transparenter bearbeitet werden (Backofen und Klingenburg 2017). In diesem Zusammenhang sollte insbesondere das Datenvolumen und die Frequenz der Datenaktualisierung berücksichtigt werden, weil diese einen signifikanten Einfluss auf die operativen Kosten der Blockchain besitzen (García-Bañuelos et al. 2017).

Die derzeitige Forschung im Bereich der Integration einer Blockchain in den P2P-Prozess steht aber erst am Anfang. Momentan bestehen daher noch Forschungslücken und mangelnde Erfahrungen in diesem Bereich. Für einen produktiven Einsatz der Technologie im P2P-Prozess müssen in Zukunft noch einige integrative und technologische Herausforderungen bewältigt und Erfahrungen mit diesen gesammelt werden (Andrews et al. 2017). Beispielsweise besteht momentan ein großer Bedarf an spezifischen Anforderungen, konzeptionellen Modellen, Vorgehensweisen, Fallstudien und technischen Lösungen für die erfolgreiche Integration in die Systemlandschaft großer Unternehmen und in das Zuliefernetzwerk. Ein wesentlicher Aspekt hierbei ist die Integration der Blockchain in die bestehenden Systemlandschaften. Insbesondere durch die Anbindung der Blockchain in die vorhandenen ERP-Systeme ergeben sich Synergieeffekte zur Verbesserung und effizienten Abwicklung der gegenwärtigen Prozessschritte. Bei der Integration sollte beispielsweise darauf geachtet werden, dass die unterschiedlichen Konzepte der beiden Systeme miteinander harmonisieren und aufeinander abgestimmt werden. Nur so können die Vorteile und Potenziale beider Technologien optimal ausgenutzt werden. Der Artikel befasst sich daher insbesondere mit den folgenden beiden Forschungsfragen (FF):

- Welche Aspekte müssen bei der Integration einer Blockchain in ein ERP-System im Rahmen des Procure-to-Pay-Prozesses berücksichtigt werden?
- Wie kann der Procure-to-Pay-Prozess für einen Automobilhersteller durch den Einsatz von Blockchain verbessert werden?

Für ein systematisches Vorgehen zur Beantwortung der Forschungsfragen eignet sich aufgrund ihres gestaltungsorientierten Charakters ein Design-Science-Research-Ansatz unterteilt in die Teilschritte Problemidentifizierung und Motivation, Zieldefinition, Entwurf, Demonstration und Evaluation (Peffers et al. 2007). Der Aufbau und die Vorgehensweise des Artikels orientieren sich ebenfalls an diesem Ansatz. In Abschn. 9.2 wird zunächst der aktuelle Stand der Forschung vorgestellt. Dies beinhaltet insbesondere die Synthese der Ergebnisse einer systematischen Literaturanalyse zur Thematik und stellt somit die Wissensbasis und Motivation der Arbeit dar. Anschließend werden die wesentlichen Aspekte und Probleme bei der Integration einer Blockchain in ein ERP-System identifiziert und untersucht. Konkret werden diese am Beispiel des P2P-Prozesses des Automobilherstellers Daimler erarbeitet. Der bestehende P2P-Prozess wird hierfür in Abschn. 9.3 vorgestellt, gefolgt von den fachlichen und technischen Anforderungen für eine erfolgreiche Blockchain-Integration in Abschn. 9.4. Diese Anforderungen werden anhand von Experteninterviews ermittelt. Weiterhin wird ein konzeptionelles Modell für einen P2P-Prozess mittels Blockchain für die Automobilindustrie entworfen und das Konzept anschließend in Abschn. 9.5 anhand der zuvor ermittelten Anforderungen evaluiert. Dazu soll die Realisierbarkeit für eine erfolgreiche Integration anhand eines Prototypen demonstriert und nachgewiesen werden. In Abschn. 9.6 werden abschließend Implikationen für die Praxis dargestellt.

9.2 Stand der Forschung zur Blockchain-ERP-Integration

Mit Hilfe einer systematischen Literaturanalyse wird der Stand der Forschung (Forschung bis einschließlich 2017) abgebildet. Hierbei werden die Potenziale und Anwendungsbereiche bei der Integration von Blockchain-Technologien in ERP-Systeme ermittelt. Anhand der Forschungsziele konnten für die Literaturrecherche die Schlüsselbegriffe *Blockchain* und *Enterprise Resource Planning* identifiziert werden. Zusätzlich zu den identifizierten Schlüsselbegriffen wurden die Begriffe *Distributed Ledger* und *SAP* für die Datenbanksuche einbezogen und miteinander kombiniert. Nach Konsolidierung der Ergebnistreffer und Duplikat-Entfernung wurde nach Kriterien wie Veröffentlichungsjahr, Verfügbarkeit und Umfang gefiltert. Nach Abstract-Sichtung wurden weitere irrelevante Suchtreffer aussortiert. Innerhalb eines zweiten Screenings wurden die Ergebnisse inhaltlich untersucht und relevante Paper für eine detailliertere Analyse ausgewählt. Die vorgestellten Prozessschritte wurden für verschiedene Datenbanken iterativ durchlaufen, Im ersten Iterationsschritt wurden die Datenbanken Business Source Complete (EBSCO), Academic Search Complete (EBSCO), Science Direct, IEEE Xplore Digital Library, ACM Digital Library, Emerald Insights, Social Science Research Network und AIS Electronic Library durchsucht. Weiterhin wurden in weiteren Iterationsschritten die Datenbanken SpringerLink und Google Scholar durchsucht sowie praxisorientierte White Papers von Unternehmen in die Ergebnisse einbezogen. Abschließend erfolgte eine Vorwärtssuche (Citation Tracking).

Im ersten Iterationsschritt konnten bei der Suche in den Fachdatenbanken 2 relevante Artikel aus 35 Treffern gefunden werden. Nachfolgend konnten während der Suche in den Datenbanken SpringerLink und Google Scholar weitere 12 relevante Treffer ermittelt werden. Bei der Suche in der Datenbank Google Scholar wurden nur Ergebnisse berücksichtigt, die seit dem Jahr 2016 veröffentlicht wurden, in der Annahme, dass Veröffentlichungen vor 2016 bei wissenschaftlicher Relevanz bereits selbst oder durch fortführende Forschungsaktivitäten in den ausgewählten und etablierten Datenbanken verfügbar sein sollten. Im letzten Iterationsschritt wurden zusätzlich zwei praxisorientierte Whitepapers ergänzt sowie eine Vorwärtssuche für die relevante Literatur durchgeführt, die allerdings keine weiteren Paper mit Relevanz lieferte. Insgesamt wurden 16 relevante Artikel identifiziert. Die Resultate der systematischen Literaturanalyse befinden sich in Tab. 9.1. Hierbei werden

Tab. 9.1 Potenziale und Herausforderungen bei der Integration einer Blockchain in ERP-Systeme

	Abul-zahab (2017)	An-drews et al. (2017)	Baner-jee (2017)	Hof-mann et al. (2017)	Hull (2017)	Ka-cina et al. (2017)	Kor-pela et al. (2017)	Li et al. (2017)	Li (2017)	Mora-bito (2017)	Peter-sen et al. (2016)	Schmidt et al. (2017)	Schulz (2017)	Witt-haut et al. (2017)	Wu (2017)	Wu et al. (2017)
Potenziale																
Automatisierung		•		•	•					•	•		•	•	•	
Transparenz		•	•							•	•	•		•	•	•
Vertrauensgewinn	•	•		•			•			•	•	•	•	•	•	•
Kollaboration	•	•			•	•	•	•	•		•		•			•
Manipulationssicherheit		•	•					•		•	•	•		•		
Nachvollziehbarkeit	•						•						•			•
Prozessdurchlaufzeit		•		•	•	•	•	•	•	•	•	•	•		•	
Kosteneffizienz		•		•	•		•			•	•		•		•	
Herausforderungen																
Fehlerkorrekturen		•			•											
Integration	•	•	•	•	•	•				•		•				
Sicherheit		•	•	•	•	•	•			•	•					
Regulierungen	•	•	•			•	•				•					
Transaktionsdurchsatz	•		•			•					•					

sämtliche Potenziale und Herausforderungen für den P2P-Prozess nachfolgend zusammengefasst aufgelistet.

9.3 Ausgangslage und Umfeldanalyse: Der Fall Daimler AG

Im nächsten Schritt wird als Voraussetzung der Anforderungsermittlung und Problemidentifikation ein exemplarischer P2P-Prozess für die Automobilindustrie vorgestellt und analysiert. Dieser wird in Anlehnung an die interne Verfahrensanweisung für die Beschaffung von Nichtproduktionsmaterialien (NPM), Dienstleistungen und Investitionsgütern der Daimler AG erstellt. Die entsprechenden unternehmensinternen Richtlinien gelten für alle Mitarbeiter des Unternehmens in Deutschland. Der unternehmensinterne Prozessablauf und die Stakeholder des P2P-Prozesses der Daimler AG sind in der Abb. 9.1 ersichtlich. Neben der anfordernden Fachabteilung werden auch die Einkaufsorganisation, das Management, die Qualitätskontrolle, das Rechnungswesen, die Logistik und die Finanzbuchhaltung in den Einkaufsprozess integriert.

Der zuvor beschriebene P2P-Prozess der Daimler AG wird durch verschiedene betriebliche Anwendungssysteme unterstützt. Eine Übersicht über die Systemlandschaft ist in Abb. 9.2 dargestellt. Der P2P-Prozess wird durch Einsatz von Anwendungssystemen und deren Kommunikation untereinander teilweise automatisiert abgewickelt. Dadurch werden die Durchlaufzeiten des Prozesses stark verkürzt. Innerhalb der Daimler AG werden unter anderem SAP S/4HANA Systeme zur Abwicklung des P2P-Prozesses eingesetzt. Für die Datenübertragung und Kommunikation mit den Lieferanten und Dienstleistern wird das Daimler Supplier Portal als Intermediär verwendet. Das Portal wird durch das kanadische Softwareunternehmen OpenText Corporation betrieben. Neben dem

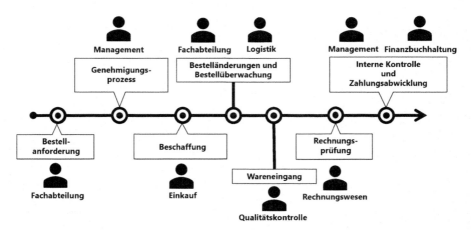

Abb. 9.1 Ablauf und Stakeholder des Procure-to-Pay-Prozesses der Daimler AG

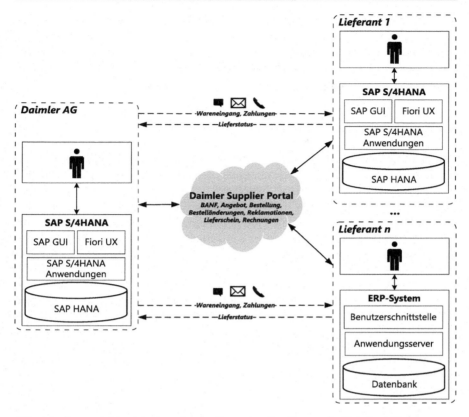

Abb. 9.2 Systemsicht auf den bestehenden Procure-to-Pay-Prozess der Daimler AG

Portal werden sämtliche Wareneingänge, Zahlungen und Lieferinformationen direkt zwischen den Lieferanten und der Daimler AG abgewickelt. Die Kommunikation erfolgt dabei meist über Telefon, E-Mail oder per Post. Auf Seiten der Lieferanten bzw. der Dienstleister wird angenommen, dass ebenfalls ERP-Systeme zur Abwicklung der internen P2P-Prozessschritte verwendet werden. Dabei werden neben der Software SAP S/4HANA auch andere ERP-Systeme von verschiedenen Softwareherstellern eingesetzt.

9.4 Anforderungen und Konzept für den Procure-to-Pay-Prozess mit Blockchain

In diesem Kapitel werden die fachlichen und technischen Anforderungen für eine erfolgreiche Integration einer Blockchain in den Prozess ermittelt. Zusätzlich wird ein konzeptionelles Modell auf Grundlage der abgeleiteten fachlichen und technischen

Anforderungen entwickelt. Das Modell beinhaltet den zuvor beschriebenen P2P-Prozess der Daimler AG mit einer integrierten Blockchain. Ziel ist die Weiterentwicklung und Verbesserung des gegenwärtigen Prozesses der Daimler AG. Zusätzlich soll das allgemeingültige Modell auch universell für die gesamte Automobilindustrie einsetzbar sein.

9.4.1 Fachliche und Technische Anforderungen

Für die Ermittlungen der fachlichen und technischen Anforderungen werden Experteninterviews verwendet. Mit den relevanten Interessengruppen und Fachexperten wurden hierzu semi-strukturierte Interviews auf Basis eines Interviewleitfadens durchgeführt. Der verwendete Interviewleitfaden für die Expertengespräche unterteilt sich nach Weßel (2010) in die Phasen Einleitung, Exploration der gegenwärtigen Situation, Exploration zukünftiger Situationen und Abschluss. Die Einleitung der Gespräche beinhaltet die Vorstellung des Forschungsgegenstandes sowie bei Bedarf eine kurze Erklärung der wesentlichen Begriffe und Technologien. Den Teilnehmern wird innerhalb der Einleitung der Procure-to-Pay-Prozess der Daimler AG vorgestellt. Im Anschluss erfolgt die explorative Untersuchung der gegenwärtigen Situation. Dabei werden innerhalb eines offenen Gesprächs verschiedene Fragen zur Relevanz, zum Arbeitskontext sowie den Problemen und Einschränkungen des P2P-Prozesses gestellt. Ziele sind die Identifikation der verschiedenen Tätigkeiten, Schnittstellen und Probleme innerhalb des Prozesses. In der nächsten Phase werden explorativ die fachlichen und technischen Anforderungen an einen zukünftigen Prozess mit Blockchain ermittelt. Die Interviewpartner werden dafür nach ihren prozessbezogenen Erwartungen, Wünschen und Verbesserungsvorschlägen gefragt. Zum Abschluss des Interviews werden die Ergebnisse zusammengefasst und Feldnotizen zu den individuellen Gesprächen erstellt.

In diesem Rahmen wurden insgesamt 16 Angestellte der Daimler AG sowie jeweils 3 Mitarbeiter externer Unternehmen interviewt. Die Experteninterviews werden über einen Zeitraum von 4 Monaten von Dezember 2017 bis März 2018 durchgeführt. Im Durchschnitt dauerte ein Gespräch 50 Minuten mit einer Standardabweichung von 23 Minuten. Bei den Interviewpartnern handelt es sich um verschiedene Stakeholder des Procure-to-Pay-Prozesses und Fachexperten aus den Bereichen Blockchain und ERP-Systeme. Insgesamt wurden Gespräche mit 8 Vertretern aus den Bereichen Einkauf, Logistik, Rechnungswesen und Finanzbuchhaltung durchgeführt. Zur Ermittlung der technischen Anforderungen wurden weiterhin 7 Experten aus dem Bereich Blockchain und 4 Personen mit Kenntnissen in ERP-Systemen befragt. Die ermittelten fachlichen und technischen Anforderungen aus den Experteninterviews sind nachfolgend aufgelistet.

Fachliche Anforderungen (FA)

- FA1 – Prozessautomatisierung
- FA2 – Nachvollziehbarkeit von Transaktionen
- FA3 – Einheitliche Datenrepräsentation

- FA4 – Vertrauenswürdigkeit der Transaktionsdaten
- FA5 – Einsatz der Blockchain als Single-Source-of-Truth

Technische Anforderungen (TA)

- TA1 – Interoperabilität
- TA2 – Integration in bestehen Systeme und Prozesse
- TA3 – Lose Kopplung
- TA4 – Skalierbarkeit
- TA5 – Hoher Transaktionsdurchsatz
- TA6 – Vereinbarung der unterschiedlichen Transaktionsprinzipien der Blockchain und ERP-Systeme
- TA7 – Datensynchronisation zwischen der Blockchain und den ERP-Systemen
- TA8 – Ausgereiftes Identitäts- und Zugriffsmanagement

9.4.2 Konzeptionelles Architekturmodell

Nachfolgend wird ein Konzept für die Integration einer Blockchain in ein ERP-System entwickelt. Ziel ist durch die Blockchain den P2P-Prozess innerhalb der Automobilindustrie zu verbessern. Das vorgestellte Konzept basiert auf einer Umfeld – und Anforderungsanalyse innerhalb der Daimler AG. Zunächst werden dazu die grundlegenden Voraussetzungen und Entwurfsentscheidungen auf Basis der zuvor ermittelten fachlichen und technischen Anforderungen getroffen. Anschließend werden das Architekturmodell und die Systemsicht auf das Konzept dargestellt. Dabei wird auf eine universelle Verwendbarkeit in der Automobilindustrie geachtet.

ERP-Systeme Die unternehmensinternen Aufgaben innerhalb des gegenwärtigen P2P-Prozesses werden mit Hilfe von ERP-Systemen realisiert. Eine ERP-Software ist ausgelegt für die Verarbeitung von operativen Geschäftsprozessen und umfasst durch den modularen Aufbau sämtliche unternehmensinterne Funktionsbereiche auf Basis einer gemeinsam verwendeten Datenbank als Single-Source-of-Truth. Die Daten stehen den verschiedenen Abteilungen, Geschäftsbereichen und Standorten eines Unternehmens nahezu in Echtzeit zur Verfügung. Das Datenbankmanagementsystem bietet durch Funktionen wie Stored Procedures und Datenbanktrigger eine Möglichkeit für die Prozessautomatisierung und damit eine ausgereifte Alternative zu Smart Contracts einer Blockchain. Weiterhin ist der Einsatz einer Datenbank hinsichtlich Stabilität, Datendurchsatz, Performanz, Latenzzeiten und Nachhaltigkeit einer Blockchain zu bevorzugen (TA4, TA5). Unternehmensintern, wo das Vertrauen zwischen den einzelnen Teilnehmern vorausgesetzt wird und die Datenhoheit nur eine untergeordnete Rolle spielt, sollten daher weiterhin die einzelnen Arbeitsschritte des P2P-Prozesses durch ein ERP-System unterstützt werden. Durch den Einsatz einer Blockchain innerhalb der Unternehmen würden keine wesentlichen Vorteile entstehen. Die Blockchain besitzt insbesondere in der unternehmensübergreifenden Kollaboration Potenziale und sollte daher möglichst in diesem Bereich genutzt werden (FA5). Die unternehmensinternen Prozessschritte sollten somit nicht verändert werden und auch das verwendete ERP-System sollte möglichst wenig für den Einsatz einer Blockchain angepasst werden (TA2). Die Interview-Partner haben empfohlen die Blockchain als eine separate Lösung bereitzustellen und mittels einer Schnittstelle an das ERP-System anzubinden. Durch eine lose Kopplung der Blockchain über eine Schnittstelle kann die Unabhängigkeit der verschiedenen Systeme und die Veränderbarkeit der einzelnen Softwarekomponenten gewährleistet werden (TA1, TA3).

Blockchain Ziel der Blockchain ist es, als eigenständige Softwarelösung die Kollaboration zwischen den verschiedenen Unternehmen im P2P-Prozess zu unterstützen. Gegenwärtig werden die Zusammenarbeit und der Datenaustausch zwischen den Parteien überwiegend über einen unabhängigen Intermediär abgewickelt. Die Herstellerabhängigkeit, das Ausfallrisiko und die hohen Betriebskosten für den Intermediär werden an der Lösung bemängelt. Durch die verteilte Datenhaltung, hohe Verfügbarkeit, Manipulationssicherheit und Transparenz kann eine Blockchain als Single-Source-of-Truth innerhalb des Zulieferernetzwerks einen Intermediär für die überbetriebliche Kollaboration ersetzen (FA2, FA4, FA5). Überbetriebliche Transaktionen und Prozessschritte wie Bestellanforderungen, Angebote, Bestellungen, Wareneingänge, Bestelländerungen, Reklamationen, Lieferscheine, Rechnungen und Zahlungen werden über die Blockchain abgewickelt. Durch die Technologie werden das Vertrauen und die Manipulationssicherheit der Daten gewährleistet. Zusätzlich werden die einzelnen Prozessschritte durch die Verwendung eines einheitlichen Datenformats und den Einsatz von Smart Contracts automatisiert (FA1, FA3).

Für eine eindeutige Identifikation und der Vergabe von Zugriffsberechtigungen der einzelnen Teilnehmer im Zuliefernetzwerk sollte eine geschlossene gemeinschaftliche Blockchain verwendet werden (TA8). Dabei wird die Blockchain von einer Gemeinschaft verschiedener Institutionen von Automobilherstellern und Zulieferern betrieben und die Teilnahme am Netzwerk nur für ausgewählte und autorisierte Mitglieder erlaubt. Die verschiedenen Betreiber der Blockchain sind gemeinschaftlich für die Verwaltung der Technologie verantwortlich und legen die Regeln im Netzwerk fest. Durch einen gemeinschaftlichen und verteilten Betrieb kann die Manipulation durch die einzelnen Netzwerkteilnehmer verhindert werden. Der Einsatz von Kryptowährungen für die Zahlungsabwicklung im Rahmen des P2P-Prozesses wird gegenwärtig auf Grund der hohen Volatilität nicht empfohlen. Eine native Kryptowährung muss somit kein fester Bestandteil der ausgewählten Blockchain-Technologie sein. Durch die Blockchain sollte es aber möglich sein, eindeutige und identifizierbare Transaktionsdaten wie Bestellanforderungen, Bestellungen oder Rechnungen zu verwalten. Es ist nicht notwendig, sämtliche Daten innerhalb der Blockchain zu sichern. Insbesondere große Datenmengen wie Anhänge mit Bezug auf Transaktionen können ebenfalls optional auf externe Datenbanken ausgelagert werden. Nur die Referenz bzw. der Hashwert der Datei wird zur Sicherung der Manipulationssicherheit in der Blockchain gespeichert. Durch die Anbindung einer externen Datenbank für große Datenmengen können die gegenwärtigen Probleme hinsichtlich des zu geringen Datendurchsatzes und der Performanz der Blockchain gelöst werden (TA5). Für das konzeptionelle Modell wird aber aus Komplexitätsgründen bewusst auf die Integration einer externen Datenbank verzichtet.

Um die Erweiterbarkeit und Veränderbarkeit der Blockchain zu gewährleisten, sollte die Anbindung der Technologie an externe Systeme mittels einer Schnittstelle realisiert werden. Eine direkte Integration der Technologie in ein ERP-System wird aufgrund der starken Abhängigkeit zwischen den Softwarekomponenten von den Experten nicht empfohlen. Um die Interoperabilität zwischen den Systemen zu sichern, sollte die Blockchain daher über einen gesonderten Softwarekonnektor mit einem ERP-System verbunden werden (TA1, TA3).

Softwarekonnektor Für die Interoperabilität und der losen Kopplung zwischen den verschiedenen Systemen müssen die ERP-Systeme und die Blockchain-Technologie mittels eines unabhängigen Konnektors verbunden werden (TA1, TA3). Der Softwarekonnektor wird mittels einer Programmierschnittstelle an die jeweiligen Systeme eingebunden und sollte vorzugsweise leicht erweiterbar sein. Zusätzlich sollten die bestehenden ERP-Systeme und die eingesetzte Blockchain-Technologie so wenig wie möglich angepasst werden (TA2). Hierzu muss die Übermittlung, Verarbeitung und Transformation der Transaktionsdaten durch den Softwarekonnektor durchgeführt werden (FA3). Speziell die unterschiedlichen Transaktionsprinzipien der beiden Systeme müssen mit Hilfe des Konnektors vereint werden. Dabei spielt insbesondere die asynchrone Kommunikation, das Fehlermanagement und die Stornierung von Transaktionen eine essenzielle Rolle (TA6, TA7). Außerdem muss der Konnektor möglichst robust, zuverlässig, ausfallsicher, performant und skalierbar sein. Auch ein Identitäts-, Sicherheits- und Zugriffsmanagement sollte durch den Softwarekonnektor unterstützt werden (TA4, TA5, TA8).

Der Konnektor sollte über eine Schnittstelle mit einem ERP-System verbunden werden können. Etablierte ERP-Systeme wie beispielsweise die Business Suite SAP S/4HANA bieten eine Programmierschnittstelle zur Anbindungen externen Anwendungen auf Basis von OData. Hierüber können Transaktionsdaten wie Bestellanforderungen, Angebote, Bestellungen, Wareneingänge, Bestelländerungen, Reklamationen, Lieferscheine, Rechnungen und Zahlungen abgerufen, erstellt oder bearbeitet werden (FA5). Zusätzlich können die Daten auch direkt über die standardisierten Datenbankschnittstellen Open Database Connectivity (ODBC) oder Java Database Connectivity (JDBC) aus der Datenbank SAP HANA abgerufen werden. Die ausgelesenen Transaktionsdaten werden im Anschluss durch den Softwarekonnektor verarbeitet und gegebenenfalls in ein einheitliches Datenformat transformiert (FA3). Auch die Erstellung und Bearbeitung von Transaktionen innerhalb der ERP-Software sollten durch den Konnektor möglich sein. Die Kommunikation zwischen den beiden Systemen wird mittels des eingesetzten Softwarekonnektors asynchron ausgeführt. Aus diesem Grund werden auch spezifische Systemnachrichten, wie das erfolgreiche Anlegen einer neuen Transaktion, mittels Konnektor versendet oder empfangen, um eine Fehlerbehandlung und die Stornierung von Transaktionen zu ermöglichen (TA7).

Die Anbindung des Softwarekonnektors an eine Blockchain sollte ebenfalls über eine standardisierte Schnittstelle realisiert werden. Durch die Kommunikation über eine Schnittstelle wird die Abhängigkeit der ausgewählten Blockchain-Technologie reduziert. Für eine hohe Flexibilität sollte optimalerweise die Blockchain ohne großen Aufwand und Anpassung des Konnektors ausgewechselt werden können

(TA1, TA3). Der Konnektor muss Transaktionen aus der Blockchain auslesen und neue Transaktionen innerhalb der Blockchain generieren können. Hierfür muss ein ausgeprägtes Ressourcen-, Verbindungs-, Transaktions-, Berechtigungs- und Validierungsmanagement innerhalb des Konnektors implementiert werden. Zusätzlich müssen auch die Transaktionsdaten aus der Blockchain oder den ERP-Systemen verarbeitet und transformiert sowie Systemnachrichten versendet, empfangen und ausgewertet können. Eine detailliertere Aufgabenbeschreibung der Servicekomponenten des Softwarekonnektors befindet sich in Tab. 9.2.

Tab. 9.2 Servicekomponenten des Softwarekonnektors

Service	Aufgabenbeschreibung
Ressourcen-management	Steuerung, Verwaltung und Überwachung der verteilten Hardware- und Softwareressourcen sowie der verschiedenen Services. Speziell die Organisation der Kommunikation, Nebenläufigkeit und Lastverteilung der einzelnen Komponenten und verschiedenen Services. Das Ressourcenmanagement ist verantwortlich für die Verfügbarkeit, Zuverlässigkeit, Skalierbarkeit und Performanz des Softwarekonnektors.
Verbindungs-management	Anbindung der ERP-Systeme und der Blockchain-Technologie an den Softwarekonnektor. Zusätzliche Aufgabe ist die Verwaltung und Abwicklung der Kommunikation zwischen den einzelnen externen Komponenten.
Berechtigungs-management	Verwaltung von Identitäten und Zugriffsberechtigungen zwischen den verschiedenen Systemen. Koordiniert zum einen die Zugangs- und Benutzerberechtigungen für das Lesen, Schreiben und Validieren für die Blockchain sowie die Benutzerberechtigungen und den Datenzugriff für die verschiedenen ERP-Systeme. Der interne Datenzugriff innerhalb des Konnektors wird ebenso durch das Berechtigungsmanagement geregelt.
Transaktions-management	Vereinbarung und Harmonisierung der unterschiedlichen Transaktionsprinzipien zwischen den ERP-Systemen und der Blockchain-Technologie. Dabei spielt die asynchrone Kommunikation, die Zwischenspeicherung von Transaktionsdaten, das Fehlermanagement und die Stornierung von Transaktionen eine essenzielle Rolle. Die Synchronisation und Fehlerbehandlung der Transaktionen bzw. Daten zwischen den Systemen erfolgt auf Basis von Systembenachrichtigungen. Die Systemnachrichten werden mit Hilfe des Transaktionsmanagements übermittelt, verwaltet und interpretiert.
Validierungs-management	Spezifikation und Verwaltung der erforderlichen Teilnehmer zur Verifikation von Transaktionen. Die Validierung neuer Transaktionen wird kontrolliert von einer vordefinierten Gruppe von vertrauenswürdigen Teilnehmern unter Berücksichtigung des Datenschutzes. Bei der Erzeugung einer neuen Transaktion durch einen Netzwerkteilnehmer werden die entsprechenden Prüfer zur Validierung der Transaktionen durch den Service identifiziert und zugeordnet. Zusätzlich wird der Validierungsprozess auch für Transaktion, welche auf Basis von Smart Contracts initiiert werden durch den Service organisiert und ausgeführt.
Daten-management	Die unterschiedlichen Datenrepräsentationen werden zwischen den Systemen verarbeitet, gefiltert, bereinigt, transformiert, angereichert, zugeordnet und übermittelt. Insbesondere die Bereinigung, Transformation, Anreicherung und Zuordnung der Daten aus den externen Quellsystem zu dem jeweiligen Zielsystem ist eine essenzielle Aufgabe des Datenmanagements. Zusätzlich sollten über den Service die unterschiedlichen Daten nach Typ, Format oder Thematik kategorisiert werden können.

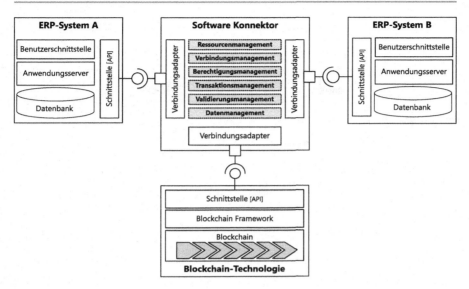

Abb. 9.3 Konzeptionelles Architekturmodell

Architekturmodell Auf Basis der zuvor getroffenen Entwurfsentscheidungen wird nachfolgend ein Architekturmodell für die Integration einer Blockchain in ein ERP-System vorgestellt. Die Systemkomponenten und ihre Relationen untereinander sind in der Abb. 9.3 ersichtlich. Die ERP-Systeme der verschiedenen Unternehmen werden über eine Schnittstelle mit dem Softwarekonnektor verbunden. Außerdem wird die eingesetzte Blockchain-Technologie über eine bereitgestellte Schnittstelle mit dem Konnektor verbunden. Für das Vertrauen zwischen den jeweiligen Unternehmen sollte die Blockchain dezentral durch ein Konsortium verschiedener Unternehmen betrieben werden. Der Betrieb und die Verwaltung der jeweiligen ERP-Systeme liegt in der Hand der einzelnen Unternehmen.

Systemsicht Zukünftig kann ein zentraler und vertrauensvoller Intermediär, wie das Daimler Supplier Portal, im Procure-to-Pay-Prozess durch die Integration einer dezentral betriebenen Blockchain ersetzt werden. Die Kommunikation und der Datenaustausch im Zuliefernetzwerk zwischen den verschiedenen Dienstleistern und Lieferanten mit den Automobilherstellern wird demzufolge nicht mehr über einen externen Intermediär abgewickelt, sondern über die eingesetzte Blockchain-Technologie. Mit Hilfe einer Blockchain als Single-Source-of-Truth können die einzelnen Unternehmen im Zuliefernetzwerk zusammenarbeiten. Die Technologie ermöglicht einen vertrauensvollen, manipulationssicheren und transparenten Datenaustausch von Transaktionen wie Bestellanforderungen, Angeboten, Bestellungen, Bestelländerungen, Reklamationen, Lieferscheinen, Wareneingängen, Rechnungen, Zahlungen und Lieferinformationen. Zusätzlich können einzelne Prozessschritte zwischen den verschiedenen Unternehmen mit Hilfe von Smart Contracts automatisiert werden. Die Automobilhersteller, Dienstleister und Lieferanten werden durch die einzelnen Knoten innerhalb des Blockchain-Netzwerks abgebildet.

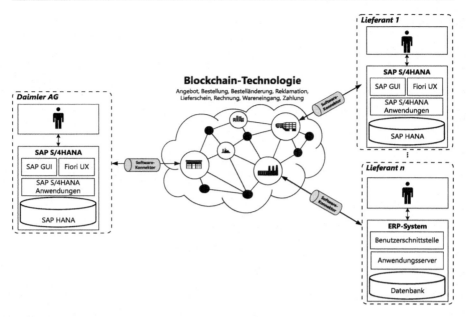

Abb. 9.4 Systemsicht auf den Procure-to-Pay-Prozess mit Blockchain

Die jeweiligen Knoten werden über den Softwarekonnektor individuell mit den jeweiligen unternehmensinternen ERP-Systemen verbunden. Der Betrieb, die Konfiguration und Verwaltung des Softwarekonnektors liegt dabei in der Hand des jeweiligen Unternehmens. Der zukünftige P2P-Prozess wird aus Systemsicht in Abb. 9.4 dargestellt. Mit dem Ersatz des externen Intermediärs durch eine Blockchain werden das Ausfallrisiko, die Herstellerabhängigkeit und die Betriebskosten erheblich reduziert.

9.5 Evaluation anhand eines Prototyps mit SAP S/4HANA und Hyperledger Fabric

Durch die Konstruktion eines Prototyps kann eine generelle Umsetzbarkeit des vorgestellten Konzepts demonstriert werden. Das konzeptionelle Architekturmodell und der realisierte Prototyp beziehen sich dabei auf die Integration einer Blockchain in ein ERP-System für den P2P-Prozess der Daimler AG. Da die definierten Anforderungen an den Prototyp unter einer reinen Testumgebung überprüft werden, kann eine Evaluation gegen die Forschungslücke durchgeführt werden. Aufgrund des technischen Realisierungsrisikos kann dies als valide Evaluationsstrategie angesehen werden (Venable et al. 2016). Eine Evaluation gegen die Realwelt würde die Anwendung des Prototyps unter realen Geschäftsbedingungen voraussetzen. Diese würde jedoch eine deutlich über eine die Machbarkeit demonstrierende Umsetzung hinausgehende Implementierung erfordern.

9 Blockchain-Integration in ERP-Systeme – Fallbeispiel Daimler AG

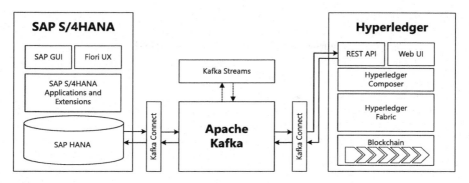

Abb. 9.5 Systemkomponenten des Softwareprototypen

Aus zeitlichen, rechtlichen und organisatorischen Gründen wird daher auf eine Anwendung des Prototyps unter Realbedingungen verzichtet.

Der Aufbau und die Relationen der einzelnen Komponenten des Software-Prototyps werden in der Abb. 9.5 dargestellt. Als ERP-System wird die Software SAP S/4HANA Version 1709 verwendet. Die Business Suite basiert auf der In-Memory Datenbanktechnologie SAP HANA. Über die einheitliche Datenbankschnittstelle Java Database Connectivity (JDBC) kann direkt auf die Datenbank SAP HANA zugegriffen werden. Für die Konfiguration einer Blockchain wird das Open-Source-Framework Hyperledger Fabric verwendet. Mit Hilfe der Tools vom Hyperledger Composer wird die Blockchain auf das eigene Unternehmensnetzwerk individuell angepasst. Hierfür werden die jeweiligen Teilnehmer und Assets für den Prototypen modelliert. Für die Erzeugung und Abfrage von Transaktionen bietet das Tool Hyperledger Composer neben einer Weboberfläche auch eine Programmierschnittstelle (REST API) für externe Anwendungen. Der Datenaustausch zwischen den beiden Systemen wird unter Verwendung der Software Apache Kafka abgewickelt. Die Anbindung der Systeme SAP S/4HANA und Hyperledger Fabric an die Software Apache Kafka wird über das integrierte Framework Apache Kafka Connect realisiert. Eine Verbindung zwischen der Datenbank SAP HANA und Apache Kafka wurde bereits durch das Unternehmen SAP entwickelt und steht unter der Apache Software License zur freien Anwendung bereit (SAP SE 2017). Eine Verbindung zwischen der Blockchain-Technologie Hyperledger und Apache Kafka existiert gegenwärtig noch nicht. Diese Software wurde im Rahmen der vorliegenden Arbeit entwickelt und implementiert. Die Verknüpfung der beiden Systeme mittels Apache Kafka ermöglicht einen robusten, hochverfügbaren und leicht skalierbaren Datenaustausch zwischen dem ERP-System SAP S/4HANA und der Blockchain-Technologie Hyperledger Fabric. Um die Abhängigkeit der beiden Softwarekomponenten so gering wie möglich zu halten, wird darauf geachtet die Systeme über die bereitgestellten Schnittstellen miteinander zu verbinden.

Mit Hilfe des interaktiven Prototyps können Mitarbeiter der Daimler AG eine neue Bestellanforderung innerhalb des unternehmensinternen SAP-Systems anlegen. Die Bestellanforderung wird anschließend automatisiert und unveränderbar als eine neue Transaktion innerhalb der unternehmensübergreifenden Blockchain generiert und gespeichert. Die Transaktionsdaten der Bestellanforderungen aus dem SAP-System müssen dafür mit Hilfe des Softwarekonnektors Apache Kafka an die Blockchain übertragen werden. Anschließend wird aus den übermittelten Daten des ERP-Systems SAP S/4HANA eine neue Transaktion innerhalb der Blockchain generiert. Durch die automatisierte Generierung der Bestellanforderung innerhalb der unternehmensübergreifenden Blockchain können die Zulieferer bzw. Dienstleister die Daten abrufen. Durch die Blockchain kann die Unveränderlichkeit der Transaktionsdaten ohne Einsatz eines Intermediärs garantiert werden. Die Technologie stellt damit eine Single-Source-of-Truth für Bestellungen zwischen verschiedenen Unternehmen dar. Zusätzlich können die Zulieferer bzw. Dienstleister die erhaltene Bestellanforderung bearbeiten und diese als neue Transaktion innerhalb der Blockchain anlegen. Das eingesetzte SAP-System kann anschließend mit Hilfe des Softwarekonnektors die neu erstellten Bestellanforderungen innerhalb der Blockchain automatisiert auslesen und verarbeiten.

Mit Bezug auf die Anforderungsanalyse aus Abschn. 9.4.1 kann die Umsetzbarkeit folgender fachlicher und technischer Anforderungen beispielhaft demonstriert werden:

- FA1 – Prozessautomatisierung
- FA2 – Nachvollziehbarkeit von Transaktionen
- FA3 – Einheitliche Datenrepräsentation
- FA5 – Einsatz der Blockchain als Single-Source-of-Truth
- TA2 – Integration in bestehen Systeme und Prozesse
- TA3 – Lose Kopplung

Limitierend ist jedoch einzuräumen, dass einige der identifizierten Anforderungen mittels der prototypischen Implementierung noch nicht demonstriert werden können. Innerhalb der Testumgebung wird die Blockchain-Technologie Hyperledger auf einem einzelnen lokalen Netzwerkknoten betreiben. Das Testnetzwerk besteht damit lediglich aus einem Netzwerkteilnehmer. Transaktionen können nur durch einen Teilnehmer der Daimler AG validiert werden. Die *Vertrauenswürdigkeit der Transaktionsdaten (FA4)* kann aus diesem Grund nicht nachgewiesen werden. Prinzipiell kann durch eine Erweiterung des Netzwerks auf weitere Netzwerkteilnehmer und Institutionen die Vertrauenswürdigkeit der Transaktionsdaten aber sichergestellt werden. Dazu muss der Betrieb der Netzwerknoten und die Governance der Blockchain auf die verschiedenen Unternehmen des Zuliefernetzwerks gerecht verteilt werden. Empfehlenswert wäre hierfür die Einrichtung eines überbetrieblichen demokratischen Gremiums der verschiedenen juristischen Institutionen. Dadurch wird sichergestellt, dass die Transaktionsdaten nicht durch einen einzelnen Netzwerkbetreiber manipuliert werden. Zusätzlich kann durch den Betrieb der Blockchain-Technologie Hyperledger und dem Softwarekonnektor Apache Kafka auf einer lokalen Instanz auch die *Skalierbarkeit (TA4)* des Prototyps nicht demonstriert werden. Auch der *Transaktionsdurchsatz (TA5)* der Anwendung wird aus zeitlichen Beschränkungen nicht validiert. Weiterhin wird die *Vereinbarung der unterschiedlichen Transaktionsprinzipen*

(TA6), die *Datensynchronisation (TA7)* sowie das *Identitäts- und Zugriffsmanagement (TA8)* bei der Realisierung des Prototyps nicht implementiert bzw. berücksichtigt.

9.6 Implikation für die Praxis und weiterer Forschungsbedarf

Im Beitrag wurde ein Konzept entworfen, um einen P2P-Prozess in dem Kontext der Daimler AG mit Hilfe einer Blockchain zu verbessern. In einem konzeptionellen Architekturmodell wird dabei der Intermediär des Zuliefernetzwerks, das Daimler Supplier Portal, durch eine Blockchain als Single-Source-of-Truth ersetzt. Durch diesen Ansatz können beispielsweise die Herstellerabhängigkeit, die Betriebskosten und das Ausfallrisiko gesenkt werden. Zusätzlich kann durch die Anwendung der Blockchain die Nachvollziehbarkeit und die Vertrauenswürdigkeit in die Transaktionsdaten erhöht werden. Anhand des entwickelten Prototyps wird zusätzlich die Machbarkeit und Zweckmäßigkeit des konzeptionellen Modells beispielhaft nachgewiesen. Der Prototyp demonstriert die Datenübertragung einer Bestellanforderung zwischen einem Automobilhersteller und einem Zulieferer mit Hilfe einer Blockchain-Technologie als Single-Source-of-Truth.

Der vorgestellte P2P-Prozess sollte jedoch kritisch betrachtet werden. Bei dem dargestellten Prozess handelt es sich lediglich um eine vereinfachte Abbildung des real existierenden P2P-Prozesses der Daimler AG. Zum einen werden innerhalb des Prozesses lediglich der Einkauf von Nichtproduktionsmaterialien, Dienstleistungen und Investitionsgütern abgebildet. Der Einkauf von Produktionsmaterialien wird nicht berücksichtigt. Zum anderen wird auf eine detaillierte Darstellung und Ausführung der einzelnen internen Anwendungssysteme verzichtet. In der Darstellung werden die Prozesse innerhalb der Daimler AG in einem einzigen ERP-System realisiert. In der realen Welt wird der P2P-Prozess jedoch durch das Zusammenspiel mehrerer unterschiedlicher Anwendungssysteme unterstützt. Aus Komplexitätsgründen wird aber auf die Betrachtung dieser Systeme verzichtet. Durch die vereinfachte Darstellung des P2P-Prozesses kann die Realwelt daher nur teilweise abgebildet werden.

Weiterhin werden durch das vorgestellte Modell nicht alle relevanten Aspekte berücksichtigt. Zukünftig sollte die noch fehlende Sicht auf ein Governance-Konzept ergänzt werden. Beispielsweise sollten offene Fragen, wie welche Institutionen im Netzwerk für den Betrieb und die Verwaltung der Blockchain verantwortlich sind, in Zukunft adressiert werden. Ebenfalls ist die kollaborative Konzeption, Vereinbarung und Verwaltung der Geschäftsprozesse zwischen den verschiedenen Institutionen ein relevantes Thema (Härer 2018). Auch die Frage, welche Institutionen die Möglichkeit zur Veränderung bestehender Smart Contracts besitzen, bleibt zu beantworten. Diese grundlegenden Punkte müssen vor dem Einsatz einer Blockchain im Zulieferernetzwerk berücksichtigt werden. Auch weitere organisatorische Fragestellungen, wie beispielsweise der Umgang mit ERP-Systemen in einer Mehrsystemlandschaft bestehend aus Entwicklungs-, Qualitätssicherungs- und Produktivsystemen sind noch zu lösen.

Für den Einsatz einer Blockchain-Technologie innerhalb des P2P-Prozesses der Daimler AG mit seinen Zulieferern und Wettbewerbern spielen neben den konzeptionellen und technischen Herausforderungen auch die regulatorischen und Compliance-relevanten Anliegen eine wesentliche Rolle. Seit Mai 2018 bildet die Datenschutzgrundverordnung (DSVGO) den gemeinsamen Datenschutzrahmen der Europäischen Union. Artikel 17 der DSGVO beschreibt unter anderem das Recht von betroffenen Personen auf die unverzügliche Löschung personenbezogener Daten (Europäische Union 2016). Die Vereinbarkeit des Rechts angesichts der Unveränderlichkeit und Manipulationssicherheit der Daten auf einer Blockchain ist unklar. Zu diesem Zeitpunkt dürfen für eine DSVGO-konforme Lösung die personenbezogenen Daten nicht direkt auf der Blockchain gespeichert werden. Alternativ können die personenbezogenen Daten auf eine externe Datenbank ausgelagert werden. Anschließend kann eine Verknüpfung und die Referenz bzw. der Hashwert des Datensatzes in der Blockchain gespeichert werden. Durch diesen alternativen Lösungsansatz kann zum einen die Korrektheit und Manipulationssicherheit der Daten und zum anderen die unverzügliche Löschung der personenbezogenen Daten gewährleistet werden. Zusätzlich sind in Deutschland die rechtlichen Voraussetzungen für eine breite Anwendung von Smart Contracts noch nicht geschaffen (Hein et al. 2019). Für einen alltagstauglichen Einsatz von Smart Contracts innerhalb des P2P-Prozess sind zuvor noch einige rechtliche Fragestellungen zu klären (Kaulartz und Heckmann 2016).

Für einen produktiven Einsatz der Blockchain-Technologie innerhalb des P2P-Prozesses müssen in Zukunft noch einige Aufgaben gelöst und Herausforderungen genommen werden. Die Handlungsempfehlungen beinhalten die relevanten Aspekte und offenen Fragestellungen auf dem Weg zur produktiven Einführung der Blockchain-Technologie innerhalb des P2P-Prozesses und sind nachfolgend aufgelistet. Die ermittelten Handlungsempfehlungen sind aus den gesammelten Erfahrungen der durchgeführten Fallstudie abgeleitet und zusammengefasst und sollten in fortführenden Forschungsaktivitäten bearbeitet werden.

- Entwicklung eines Konzepts zur Kollaboration mit Zulieferern und Wettbewerbern für den Aufbau und Betrieb eines gemeinsamen Zuliefernetzwerks auf Basis einer Blockchain-Technologie
- Etablierung von unternehmensübergreifenden Gremien mit Entscheidungs-, Informations-, Beratungs- und Ausführungsaufgaben für die Bereiche Governance, Compliance, Standardisierung, Sicherheit und Datenschutz
- Definition offener Standards für Schnittstellen, Kommunikationsprotokolle und Datenformate innerhalb des Zuliefernetzwerks
- Entwicklung eines rechtskonformen Konzepts zur Vereinbarkeit der Datenschutzgrundverordnung
- Entwicklung eines rechtskonformen Konzepts zur Vereinbarkeit von geltendem Vertragsrecht mittels Smart Contracts
- Konzeptioneller Entwurf zur Vereinbarkeit der Blockchain-Technologie im Umgang mit ERP-Systemen in einer Mehrsystemlandschaft bestehend aus Entwicklungs-, Qualitätssicherungs- und Produktivsystemen

- Entwicklung eines Konzepts mit Maßnahmen zur Sicherstellung des Anwendungsbetriebs der Blockchain-Technologie hinsichtlich Verfügbarkeit, Leistungsfähigkeit, Stabilität und Sicherheit

Trotz der vor einem Produktiveinsatz noch zu lösenden Aufgaben kann folgendes Fazit festgehalten werden: Die Integration einer Blockchain als Single-Source-of-Truth in den P2P-Prozess bietet enorme Verbesserungspotenziale. Durch die moderne Blockchain-Technologie kann der Prozess nachhaltig optimiert werden. Aus diesem Grund ist die Thematik von großer Relevanz für unterschiedlichste Unternehmen innerhalb des Zuliefernetzwerks, auch wenn eine Realisierung des Konzepts durch die Daimler AG und ihre Zulieferer/Dienstleister kurzfristig weder vorgesehen noch realistisch ist. Aufgrund der mangelnden Erfahrungen mit der Blockchain, insbesondere bei der Integration in die bestehende Unternehmenslandschaft wird momentan von einer Umsetzung abgesehen. Diese Arbeit bildet dennoch einen wichtigen Grundstein für weitere Untersuchungen auf diesem Gebiet. In zukünftigen Forschungsaktivitäten können beispielsweise die ermittelten integrativen und technologischen Herausforderungen ausführlicher analysiert und spezifiziert werden. Ebenfalls kann durch eine Erweiterung und Weiterentwicklung des vorgestellten Prototyps das Konzept unter Realbedingungen in Zusammenarbeit ausgewählter Zulieferer getestet und evaluiert werden. Darüber hinaus können die gewonnenen Erkenntnisse im Bereich der Integration von Blockchain in ERP-Systeme auf weitere Anwendungsgebiete wie dem Finanzbereich oder der Industrie 4.0 übertragen werden. Auch in diesen Gebieten bietet die Integration einer Blockchain in ERP-Systeme enorme Potenziale. Momentan handelt es sich bei den meisten realisierten Anwendungen und Prototypen im Blockchain-Bereich um isolierte Insellösungen. Bei der Weiterentwicklung dieser Lösungen wird zukünftig die Frage aufkommen, wie diese in die bestehenden Systemlandschaften der Unternehmen integriert werden können. Insbesondere die Integration einer Blockchain in ein ERP-System ist dabei ein relevanter Aspekt. Die derzeitige Forschung auf diesem Gebiet befindet sich – wie die Literaturanalyse gezeigt hat – zurzeit aber noch am Anfang. Um diese Forschungslücke zu schließen und die fehlenden Erfahrungen aufzubauen, wird das Thema der Integration einer Blockchain in ein ERP-System in Zukunft eine wesentliche Rolle in der Forschung zur Anwendung der Blockchain im Unternehmenskontext, insbesondere im Rahmen von interorganisationalen Informationssystemen und ihrer vielfältigen Gestaltungsmöglichkeiten, einnehmen müssen.

Danksagung Die Autoren danken den Interviewpartnern für ihre Bereitschaft zur Mitwirkung an der Ermittlung der fachlichen und technischen Anforderungen. Ein Dank geht auch an das Unternehmen Daimler AG für die Bereitstellung der IT-Infrastruktur für die Entwicklung eines Software-Prototypen. Des Weiteren danken wir den Mitarbeitern der Abteilung Finance & Controlling Solutions & Corp. Center of Competence BI, die uns während des gesamten Prozesses stark unterstützt haben. Ein besonderer Dank geht dabei an Herrn Felix Rödel für seine Unterstützung und wertvollen Inputs. Vielen Dank!

Literatur

Abulzahab A (2017) Blockchain technology and its implementation within enterprise information systems. Master thesis, Leiden University, Leiden

Andrews C, Broby D, Paul G, Whitfield I (2017) Utilising financial blockchain technologies in advanced manufacturing. Report, University of Strathclyde, Glasgow

Backofen D, Klingenburg P (2017) Vertrauen und Transparenz in Wertschöpfungsketten – Blockchain offenbart großes Potenzial für Industrie 4.0. http://ap-verlag.de/vertrauen-und-transparenz-in-wertschoepfungsketten-blockchain-offenbart-grosses-potenzial-fuer-industrie-4-0/36398/. Zugegriffen am 15.12.2017

Banerjee A (2017) Integrating blockchain with ERP for a transparent supply chain. https://www.infosys.com/Oracle/white-papers/Documents/integrating-blockchain-erp.pdf. Zugegriffen am 10.01.2018

Casino F, Dasaklis TK, Patsakis C (2019) A systematic literature review of blockchain-based applications: current status, classification and open issues. Telematics Inform 36:55–81. https://doi.org/10.1016/j.tele.2018.11.006

Europäische Union (2016) Verordnung (EU) 2016/679 des Europäischen Parlaments und des Rates vom 27. April 2016 zum Schutz natürlicher Personen bei der Verarbeitung personenbezogener Daten, zum freien Datenverkehr und zur Aufhebung der Richtlinie 95/46/EG (Datenschutz-Grundverordnung). EG (Datenschutz-Grundverordnung). Amtsblatt der Europäischen Union 119:1–88

García-Bañuelos L, Ponomarev A, Dumas M, Weber I (2017) Optimized execution of business processes on blockchain. In: International conference on business process management, Springer, Cham, S 130–146

Härer F (2018) Decentralized business process modeling and instance tracking secured by a blockchain. European conference on information systems (ECIS)

Hein C, Wellbrock W, Hein C (2019) Rechtliche Herausforderungen von Blockchain-Anwendungen: Straf-, Datenschutz- und Zivilrecht. Springer Fachmedien, Wiesbaden

Hofmann E, Strewe U, Bosia N (2017) Supply chain finance and blockchain technology: the case of reverse securitisation. Springer, Cham

Huertas J, Liu H, Robinson S (2018) Eximchain: supply chain finance solutions on a secured public, permissioned blockchain hybrid. https://eximchain.com/Whitepaper-Eximchain.pdf. Zugegriffen am 21.04.2018

Hull R (2017) Blockchain: distributed event-based processing in a data-centric world. In: 11th ACM international conference on distributed and event-based systems. https://doi.org/10.1145/3093742.3097982

Kacina J, Harler MC, Rajnic M (2017) The blockchain for business. https://www.sophiatx.com/storage/web/SophiaTX_Whitepaper_v1.9.pdf. Zugegriffen am 31.09.2018

Kaulartz M, Heckmann J (2016) Smart Contracts-Anwendungen der Blockchain-Technologie. Computer und Recht 32(9):618–624. https://doi.org/10.9785/cr-2016-0923

Korpela K, Hallikas J, Dahlberg T (2017) Digital supply chain transformation toward blockchain integration. In: 50th Hawaii international conference on system sciences. https://doi.org/10.24251/HICSS.2017.506

Li Z (2017) A hybrid peer-to-peer framework for supply chain visibility. Master thesis, Purdue University, West Lafayette

Li Z, Wu H, King B et al (2017) On the integration of event-based and transaction-based architectures for supply chains. In: IEEE 37th international conference on distributed computing systems workshops (ICDCSW). https://doi.org/10.1109/ICDCSW.2017.51

Lindman J, Tuunainen VK, Rossi M (2017) Opportunities and risks of blockchain technologies – a research agenda. In: 50th Hawaii international conference on system sciences. https://doi.org/10.24251/HICSS.2017.185

Morabito V (2017) Business innovation through blockchain: the B3 perspective. Springer, Cham

Nakamoto S (2008) Bitcoin: a peer-to-peer electronic cash system. www.bitcoin.org/bitcoin.pdf. Zugegriffen am 20.04.2018

Notheisen B, Hawlitschek F, Weinhardt C (2017) Breaking down the blockchain hype – towards a blockchain market engineering approach. In: 25th European conference on information systems (ECIS)

Peffers K, Tuunanen T, Rothenberger MA, Chatterjee S (2007) A design science research methodology for information systems research. J Manag Inf Syst 24:45–77. https://doi.org/10.2753/MIS0742-1222240302

Petersen M, Hackius N, Kersten W (2016) Blockchains für Produktion und Logistik. ZWF Zeitschrift für wirtschaftlichen Fabrikbetrieb 111(10):626–629. https://doi.org/10.3139/104.111603

SAP SE (2017) Kafka Connectors for SAP. https://github.com/SAP/kafka-connect-sap. Zugegriffen am 16.04.2018

Schlatt V, Schweizer A, Urbach N, Fridgen G (2016) Blockchain: Grundlagen, Anwendungen und Potenziale. In: Projektgruppe Wirtschaftsinformatik des Fraunhofer-Instituts für Angewandte Informationstechnik (FIT). http://publica.fraunhofer.de/documents/N-452387.html. Zugegriffen am 10.11.2017

Schmidt S, Jung M, Schmidt T et al (2017) Unibyte – a unified framework for blockchain based business integration. https://unibyte.io/download/Unibyte_Whitepaper.pdf. Zugegriffen am 10.01.2018

Schulz AA (2017) Analysis of the current state of Industry 4.0 in purchasing: a multiple case study based on the purchasing year cycle. Bachelor Thesis, University of Twente, Enschede

Venable J, Pries-Heje J, Baskerville R (2016) FEDS: a framework for evaluation in design science research. Eur J Inf Syst 24:77–89. https://doi.org/10.1057/ejis.2014.36

Weßel C (2010) Semi-strukturierte Interviews im Software-Engineering: Indikationsstellung, Vorbereitung, Durchführung und Auswertung-Ein Fall-basiertes Tutorium. In: Fähnrich K, Franczyk B (Hrsg) Informatik 2010. Beiträge der 40. Jahrestagung der Gesellschaft für Informatik e.V, Leipzig, S 927–937

Witthaut M, Deeken H, Sprenger P et al (2017) Smart objects and smart finance for supply chain management. Logist J. https://doi.org/10.2195/lj_NotRev_witthaut_en_201710_01

Wu H (2017) A distributed blockchain ledger for supply chain. Dissertation, Purdue University, West Lafayette

Wu H, Li Z, King B et al (2017) A distributed ledger for supply chain physical distribution visibility. Information 8:137. https://doi.org/10.3390/info8040137

Daniel Linke absolvierte sein Masterstudium im Bereich Wirtschaftsinformatik an der Technischen Universität Dresden mit dem Schwerpunkt Anwendungssysteme in Industrie und Handel. Die Abschlussarbeit zum Thema „Integration einer Blockchain in ein ERP-System für den Procure-to-Pay Prozess" wurde in enger Kooperation mit der Daimler AG verfasst. Seit 2018 ist er im Rahmen des Junior Manager Programms bei der Robert-Bosch GmbH angestellt und befasst sich unter anderem mit Themen aus den Bereichen Internet of Things und Artificial Intelligence.

Prof. Dr. Susanne Strahringer hat seit 2007 die Professur für Wirtschaftsinformatik, insb. Informationssysteme in Industrie und Handel an der TU Dresden inne. Davor war sie Lehrstuhlinhaberin an der European Business School und zudem an der TU Darmstadt tätig. Ihre Forschungsinteressen liegen im Bereich der Unternehmenssoftware und -modellierung sowie in IT-Management-Fragestellungen (IT-Outsourcing, neuere IT-Managementkonzepte und -phänomene). Seit 2003 ist sie Herausgeberin der Zeitschrift HMD – Praxis der Wirtschaftsinformatik.

Hyperledger für Supply Chains in der Luftfahrtindustrie

Clemens Wickboldt

Zusammenfassung

Der folgende Beitrag ist eine Erweiterung von Wickboldt und Kliewer (2018a) und verschafft einen Überblick über verschiedene Facetten und Dimensionen des Einsatzes von Hyperledger Fabric in der Supply Chain. Dazu wird anhand einer Fallstudie zur Dokumentation von Werkstattereignissen in der Luftfahrtindustrie auf die Herausforderungen und Erfahrungen eingegangen, die bei der Umsetzung eines Proof-of-Concept gemacht wurden. Der Geschäftsprozess und dessen Herausforderungen werden beschrieben. Weiter wird auf Lessons Learned aus der Konfiguration von Hyperledger Fabric für einen stabilen und performanten Betrieb eingegangen.

Schlüsselwörter

Blockchain · Hyperledger · Smart Contract · Ersatzteile · Luftfahrtindustrie · Werkstattereignisse

---

Überarbeiteter Beitrag basierend auf Wickboldt und Kliewer (2018): Blockchain zur dezentralen Dokumentation von Werkstattereignissen in der Luftfahrtindustrie, HMD – Praxis der Wirtschaftsinformatik Heft 324, 55(6):1297–1310.

C. Wickboldt (✉)
Freie Universität Berlin, Berlin, Deutschland
E-Mail: clemens.wickboldt@fu-berlin.de

© Springer Fachmedien Wiesbaden GmbH, ein Teil von Springer Nature 2020
H.-G. Fill, A. Meier (Hrsg.), *Blockchain*, Edition HMD,
https://doi.org/10.1007/978-3-658-28006-2_10

10.1 Einleitung und Problemumfeld

Innerhalb eines Supply-Chain-Netzwerks wirken sich ungehinderte Informationsflüsse zwischen den Netzwerkteilnehmern insofern positiv auf beide Parteien aus, als dass sie die Betriebskosten senken, die Produktivität steigern und die Verwaltung der Güter erleichtern (Klein und Rai 2009). Weiterhin teilen Allianzpartner nur dann proprietäres Wissen, wenn sie darauf vertrauen können, dass dieses Wissen nicht an die Konkurrenz weitergegeben wird (Dyer und Singh 1998). Es gibt demnach ein Vertrauensproblem, das es zu überwinden gilt, um Informationen ungehindert zu teilen. Digitale Lösungen erhöhen die Geschwindigkeit, in der es möglich ist eine (globale) Lieferkette zu orchestrieren. Diese hohe Geschwindigkeit ist ein zentraler Wettbewerbsvorteil (Bharadwaj et al. 2013).

Ein Beispiel für eine globale Wertschöpfungskette ist die Ersatzteilversorgung in der Luftfahrtindustrie. Diese Wertschöpfungskette ist gekennzeichnet durch eine große Anzahl von unterschiedlichen Teilen, die in einem intransparenten Markt ohne zentrale Handelsplattformen bewegt werden und gleichzeitig gesetzlichen Regelungen unterliegen, um die Sicherheit im Flugbetrieb zu gewährleisten. Der Markt für Flugzeugersatzteile zeichnet sich durch eine hohe Anzahl heterogener Teile mit einem hohen Umschlag pro Tag, hohen Sicherheitsanforderungen an den Umgang mit den Teilen und gleichzeitig einer geringen Zahl von Marktteilnehmern aus. Alleine die britische Royal Airforce betreut rund 685.000 Artikel mit einem Wert von über 2 Mrd. GBP (Eaves und Kingsman 2004). Das größte Verkehrsflugzeug Airbus A380 besteht beispielsweise aus rund 2,5 Millionen Einzelteilen.[1] Die Fluggesellschaften übernehmen die Wartung der Flugzeuge oft nicht selbst, sondern schließen Wartungsverträge mit sogenannten Maintenance Repair and Overhaul (MRO)-Anbietern ab. Die Aufgabe der MRO-Anbieter liegt wiederum darin, eine schnelle, sichere und effiziente Wartung sicherzustellen. Eine Besonderheit stellen dabei sicherheitsrelevante Teile dar. Um diese Teile verwenden zu können, ist eine chronologisch lückenlose Dokumentation ab dem Herstelldatum notwendig.[2] Die derzeit analoge Dokumentation von Werkstattereignissen mit Zertifikaten stößt an ihre Grenzen, wenn einzelne Zertifikate im Verlauf des Teilelebenszyklus verloren gehen. Treten Unregelmäßigkeiten bei der Dokumentation dieser Teile auf, müssen diese aus Sicherheitsgründen verschrottet werden, was für das Unternehmen mit hohen und eigentlich vermeidbaren Verlusten einhergeht. Auch wird die Umwelt durch die damit einhergehende Verschwendung von Ressourcen belastet. Ein Sekundärmarkt ist aufgrund dieser Unsicherheiten nur sehr eingeschränkt vorhanden. Experten von Opremic[3] bestätigen, dass die analoge Dokumentation maßgeblich für diese Unsicherheiten verantwortlich ist. Die Digitalisierung der Prozesse wird bereits in der Branche diskutiert. Aufgrund der Tatsache, dass die Luftfahrtindustrie

---

[1] Airbus Press Office 2017: Facts & Figures, Juni 2017.
[2] Diese Anforderungen ergeben sich durch die jeweiligen Luftfahrtbehörden (z. B. EASA in Europa oder FAA in den USA).
[3] Opremic solutions GmbH ist ein spezialisiertes Softwareentwicklungs- und Beratungsunternehmen in der Luftfahrtindustrie.

Tab. 10.1 Anforderungen zur dezentralen und digitalen Dokumentation von Werkstattereignissen

Code	Kategorie	Beschreibung
A1	Geschwindigkeit	Eine hohe Geschwindigkeit, um den Prozess der Teileverwendung nicht zu behindern.
A2	Zusammenführung	Die Möglichkeit Ereignisse aus verschiedenen Quellen geordnet zusammenzuführen.
A3	Persistenz	Eine persistente Speicherung der Informationen.
A4	Vertrauensfrei (*trust-free*)	Eine fälschungssichere Lösung, die gegebenenfalls ohne Vertrauen funktioniert.
A5	Zutrittsbeschränkt (*permissioned*)	Eine beschränkte Sichtbarkeit, das heißt eine mit Zutrittsberechtigungen versehene Lösung.
A6	Abbildung Geschäftsprozess	Eine Lösung, die in der Lage ist, Regeln des Geschäftsprozesses abzubilden.

zwar global agiert, jedoch regional reguliert wird, existiert keine globale Autorität, die eine zentrale digitale Plattform zur Dokumentation der Werkstattereignisse und Teilehistorie durchsetzen könnte. In diesem Beitrag wird anhand eines Anwendungsfalls in der Luftfahrtindustrie die Funktionsweise der Hyperledger Fabric Blockchain vorgestellt. Um den Herausforderungen der Wertschöpfungskette zu begegnen, werden die folgenden Anforderungen an eine digitale Lösung formuliert (s. Tab. 10.1).

In diesem Beitrag wird dargestellt, inwiefern Charakteristika von verteilten Systemen und Datenbanken helfen können, das Problem der fehlenden zentralen Autorität zu umgehen und eine vertrauenswürdige und sichere Plattform zur Dokumentation von Werkstattereignissen und Teileinformationen, wie z. B. Produktionsdatum und Laufzeiten bereitzustellen. Dazu wird insbesondere auf die jüngsten Entwicklungen im Bereich Blockchain und sogenannten Smart Contracts eingegangen.

Der nächste Abschnitt des Beitrags gibt einen Überblick über Technologien zur Verwaltung von Daten im Supply Chain Kontext. Im dritten Abschnitt wird auf die Charakteristika von Hyperledger Fabric eingegangen und von ähnlichen Systemen abgegrenzt. Ein Transaktionsflussmodell in Hyperledger Fabric wird anhand des Anwendungsfalls dargestellt. Abschn. 10.4 stellt Design-Entscheidungen vor, die eine Einbettung des Transaktionsflussmodells in ein Blockchain-based Certification Systems (BCSS) zur Adressierung der Anforderungen ermöglichen. Der Abschnitt endet mit Lessons Learned aus der Evaluation des Systems. Der Beitrag schließt im fünften Abschnitt mit einem Ausblick über zukünftige Entwicklungen für Blockchain-Systeme in der Supply Chain.

10.2 Technologieübersicht

Zusammenfassend zeigt Tab. 10.2 die Abgrenzung einiger existierender Ansätze. Systeme, die derzeit zur Nachverfolgung von Gütern genutzt werden, z. B. ERP-Systeme, basieren auf zentral bereitgestellten Datenbanken. State Machines lagern die Daten dezentral, jedoch gibt es weiterhin eine zentrale Instanz, die den Datenstand zusammenführt und nach außen kommuniziert. Ob die physische Speicherung

Tab. 10.2 Abgrenzung zentraler und dezentraler Systeme

Ansatz	Dezentral	Trust-free	Kapazität	Permissioned	Konsensfindung
ERP System	⊗	⊗	⊘	⊗	⊗
State-machine replication (Schneider 1990)	⊘	⊗	⊘	⊗	⊗
Bitcoin (Nakamoto 2008)	⊘	⊘	⊗	⊗	Ledger-Ebene
Ethereum (Buterin 2014)	⊘	⊘	⊘	⊗	Ledger-Ebene
Hyperledger Fabric (Androulaki et al. 2018)	⊘	⊘	⊘	⊘	Transaktionsebene

letztlich zentral oder dezentral erfolgt, spielt keine Rolle für die Tatsache, dass die Verwaltung der Daten an zentraler Stelle erfolgen muss. Wie in der Einleitung dargestellt, wurden in der Praxis solche Lösungen bereits verworfen, da keine zentrale Autorität zur Bereitstellung existiert. Mit Bitcoin wurde die Idee der Blockchain umgesetzt. Bitcoin spezialisiert sich auf die Bereitstellung einer Krypto-Währung und bietet keine Kapazität für die Abbildung von Geschäftsprozessen in Smart Contracts. Ethereum bietet die Kapazität der öffentlichen Abbildung von Smart Contracts. Die Konsensfindung findet auf Ledger-Ebene statt, also über die gesamte Kette. Hyperledger Fabric bietet schließlich als modular verwendbares System die Möglichkeit einzelne Stakeholder am Informationsaustausch teilhaben zu lassen. Die Konsensfindung geschieht im Gegensatz zu Bitcoin und Ethereum nicht gleichermaßen über die gesamte Kette von Transaktionen, sondern findet spezifisch pro Transaktion (demnach auf Transaktionsebene) statt, so dass die Charakteristika der jeweiligen Geschäftsbeziehung berücksichtigt werden.

10.3 Lösungsansatz mit Hyperledger Fabric

Nach Hevner et al. (2004) sind Beiträge zur Forschung der Wirtschaftsinformatik dann sinnvoll, wenn sie auf eine Geschäftsanforderung angewandt werden können. In diesem Beitrag wird auf existierende Methoden zurückgegriffen, um gestaltungsorientiert einen digitalen Transaktionsfluss auf Basis einer Hyperledger Fabric Blockchain, eine Lösung für die Spezifika der sicherheitsrelevanten Flugzeugersatzteile, vorzuschlagen und dieses Konzept anschließend in einem Proof of Concept als Blockchain-based Certification System zu validieren.

Blockchain-Systeme lassen sich nach Zheng et al. (2017) hinsichtlich der Zutrittsbeschränkungen einordnen. In einer öffentlichen Blockchain gibt es keine Zutrittsbeschränkungen, jeder kann an der Konsensfindung teilnehmen. Eine private Blockchain agiert in einem zentralisierten Netzwerk, da sie vollständig von Knoten einer einzigen Organisation kontrolliert wird. Eine Konsortium-Blockchain, in der die Konsensfindung über Knoten ausgewählter Organisationen stattfindet, ist teilweise dezentralisiert.

Einen solch begrenzten Kreis von teilnehmenden Organisationen gibt es bei der Verwendung und dem Handel von sicherheitsrelevanten Flugzeugersatzteilen. Gegenwärtig entwickelt Hyperledger (Cachin 2016; Group 2018) Blockchain-Frameworks für Geschäftskonsortien. Ethereum hat ebenfalls Werkzeuge zur Entwicklung von Konsortium-Blockchains bereitgestellt (Ethereum 2017). Umgesetzte Fallbeispiele für das Tracking von Gütern über eine Blockchain sind Everledger und Provenance. Everledger[4] ist ein Projekt zur Nachverfolgung von Diamanten entlang der Wertschöpfungskette auf Basis von Hyperledger. Damit soll nachvollziehbar sichergestellt werden, dass keine sogenannten Blut-Diamanten in den Handel gelangen. Provenance[5] ist ein Unternehmen, das Anwendungen zur Nachverfolgung von Gütern, insbesondere in der Lebensmittelindustrie, auf Basis von Ethereum-Blockchains entwickelt.

Ist ein Konsens gefunden, wird dieser über eine sogenannte aktive Replikation verteilt. Dabei werden die Transaktionen, für die ein Konsens gefunden wurde, nach diesem geordnet und die komplette Kette der Transaktionen (Ledger) gleichermaßen an alle Teilnehmer des Netzwerks (Peers) propagiert. Jeder Peer führt diese Transaktion sequentiell aus. Damit der Stand der Peers konsistent bleibt, muss die Ausführung deterministisch sein, das heißt bei derselben Anwendung und demselben Zustand wird von jedem Peer dieselbe Zustandsaktualisierung erzeugt (van Renesse und Guerraoui 2010). Androulaki et al. (2018) nennen dies Order-Execute-Architektur (s. Abb. 10.1).

Durch diese Architektur entstehen Nachteile, die in einer Lösung für die Spezifika der Dokumentation sicherheitsrelevanter Ersatzteile nicht annehmbar sind. Dazu zählen:

- Die sequenzielle Ausführung aller Transaktionen durch alle Peers schränkt die Performance ein, dies widerspricht Anforderung A1 (Geschwindigkeit).
- Die Tatsache, dass jede Transaktion auf jedem Peer ausgeführt wird, verhindert eine granulare Zugriffsberechtigung der Peers auf einzelne Transaktionen, dies widerspricht Anforderung A5 (Zutritt).
- Das Vertrauensmodell der Transaktionsvalidierung wird durch das Konsensverfahren bestimmt und kann nicht an die Anforderungen des Smart Contracts angepasst werden, dies könnte zu Problemen hinsichtlich Anforderung A6 (Abbildung Geschäftsprozess) führen.
- Die Tatsache, dass Transaktionen deterministisch sind kann ebenfalls in Einschränkungen bei der Umsetzung von Anforderung A6 resultieren.

Abb. 10.1 Ordnen, Ausführen, Aktualisieren; in Anlehnung an Androulaki et al. (2018)

---

[4] https://www.everledger.io.
[5] https://www.provenance.org/whitepaper.

Diese Nachteile werden durch die nachfolgend beschriebene Plattform adressiert. Um einen Beitrag mit messbarem Erfolg zu gewährleisten, wurden gemeinsam mit Experten von Opremic Kennzahlen erarbeitet. Zusätzlich zu den Anforderungen A1–A6 müssen die folgenden Metriken (M) erfüllt sein:

(M1) Verkaufstransaktionen müssen sofort ausgeführt werden, andere sollten innerhalb von 10 Minuten ausgeführt werden. Die Bestätigung von Zyklen pro Stunde ist nur zu bestimmten Zeiten notwendig; die Geschwindigkeit dieser Abfragen ist von untergeordneter Bedeutung.

(M2) Das System muss in der Lage sein, einen Durchsatz von 5 Mio. Transaktionen pro Jahr oder ~10 Transaktionen pro Minute oder ~0,16 Transaktionen pro Sekunde (tps) zu verarbeiten.

10.3.1 Hyperledger Fabric

Hyperledger Fabric ist ein modulares und erweiterbares Open-Source-System zum Bereitstellen und Betreiben von Permissioned Blockchains mit der Möglichkeit der Verwendung verschiedener Konsensfindungsverfahren. Es ist eines der von der Linux Foundation betriebenen Hyperledger-Projekte[6] (Androulaki et al. 2018). Die Geschäftsprozesslogik wird in Form von Smart Contracts über den *Chaincode* als Software implementiert. Es wird zwischen drei verschiedenen Peer-Typen unterschieden:

- Committer: Startet Transaktionen, führt den Ledger und den Status.
- Endorser: Erhält Transaktionsvorschläge, gibt diese auf Basis des Chaincode frei oder lehnt sie ab.
- Orderer: Nimmt freigegebene Transaktionen in die Blockchain auf und ordnet sie.

Die Innovation von Hyperledger Fabric liegt in der Anpassung der Systemarchitektur von Order-Execute zu Execute-Order-Validate. In der Execute-Order-Validate Architektur (s. Abb. 10.2) wird der Transaktionsfluss in vier Schritte aufgeteilt, die auf unterschiedlichen Peers im Netzwerk ausgeführt werden können.

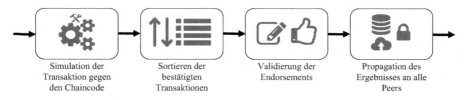

Abb. 10.2 Ausführen, Ordnen, Validieren, Aktualisieren; in Anlehnung an Androulaki et al. (2018)

---

[6] https://www.hyperledger.org/projects.

Zuerst wird die Transaktion vom Committer ausgeführt und vom Endorser auf Basis des Chaincode simuliert. Entspricht die Ausführung der Transaktion theoretisch dem festgelegten Geschäftsprozess, wird die Transaktion vom Endorser freigegeben. Anschließend und unabhängig von der Art der Transaktion erfolgt die Ordnung durch den Orderer auf Basis eines Konsensfindungsverfahrens. Nach der Ordnung wird das Endorsement validiert. Die Besonderheit stellt die Reihenfolge der Schritte dar, weil die Transaktion zunächst ausgeführt und anschließend geordnet und validiert wird. Mittels der Ausführung der Transaktion durch eine Teilmenge der Knoten ist eine parallele Ausführung von verschiedenen Transaktionen möglich. Dadurch, dass die Ordnung und Validierung erst anschließend erfolgt, können Regeln von Untermengen von Peers beachtet und damit beziehungsspezifisch angewandt werden. Durch die Verteilung der Aufgaben sowie der Ausführung der Schritte auf Teilen des Netzes und der sich daraus ergebenen Parallelität wird zudem eine höhere Ausführungsgeschwindigkeit erreicht. Zuletzt wird der valide Stand persistent in die Blockchain geschrieben. Ein *Membership Service Provider* ist verantwortlich für die Zuordnung von Peers zu kryptografischen Identitäten und regelt damit den Zugang zum Netzwerk.

10.3.2 Transaktionsflussmodell am Beispiel in der Luftfahrtindustrie

In diesem Abschnitt wird der Geschäftsprozess des Anwendungsfalls vorgestellt. Anschließend wird auf ein Transaktionsflussmodell eingegangen, das den aus dem Geschäftsprozess resultierenden Herausforderungen begegnet.

Um teure Ausfallzeiten zu vermeiden, sind Fluggesellschaften auf eine reibungslose und sichere Ersatzteilversorgung angewiesen. Teile werden zeitnah gegen lagernden Ersatz ausgetauscht (sog. Pull and Replace). Überschüssige (sog. Surplus-) Teile werden auf Sekundärmärkten gehandelt. Die Teile bewegen sich in einer „Alternative high tech closed loop supply chain" (Blumberg 2004), der neue Teile zugeführt und wertlose Teile zur Verschrottung entnommen werden.[7] Eine besondere Teilegruppe sind sicherheitsrelevante Teile. Diese sind um ein Vielfaches so hoch bewertet wie die restlichen Ersatzteile. Für diese Teilegruppe ist eine lückenlose Dokumentation aller Werkstattereignisse im Lebenszyklus, eine sogenannte Back-to-Birth-Dokumentation, notwendig, um eine reibungslose Funktion des Teils sicherzustellen (nachfolgend B2B-Teile). Abb. 10.3 zeigt die Abschnitte des Teile-Verwendungsprozesses in der Luftfahrtindustrie, die durch eine lückenhafte B2B-Dokumentation betroffen sind (blau hervorgehoben). Zum einen werden B2B-Teile, die Lücken in der Dokumentation aufweisen, aus Sicherheitsgründen verschrottet und stehen für ein Replace nicht mehr zur Verfügung. Zum anderen verzichten einige MRO-Anbieter auf die Beschaffung von B2B-Teilen aus dem Sekundärmarkt, da die Historie im Zweifel nicht nachvollziehbar ist. Sowohl durch

---

[7] Die Zusammenhänge zwischen Teilewert und Verwendung werden ausführlich in Wickboldt und Kliewer (2018b) beschrieben.

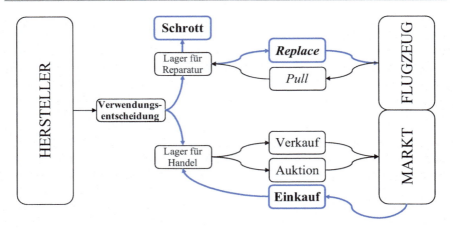

Abb. 10.3 B2B-Teile im Surplus-Verwendungsprozess

die Verschrottung als auch durch das Fehlen der B2B-Teile auf dem Sekundärmarkt entstehen Ineffizienzen, Material wird verschwendet.

Einen Beitrag zur Unsicherheit bei der Dokumentation der Teilehistorie leistet der derzeit analoge Prozess der Verwaltung von Reparaturzertifikaten. Diese Zertifikate werden dezentral erstellt, auf Papier ausgedruckt und anschließend dem Teil beigelegt. Geht eines dieser Zertifikate verloren, ist das Teil wertlos. Zudem beeinflusst die Reputation der Zertifikat-ausstellenden Werkstatt den Wert des Teiles, was Anreize zur Manipulation geben könnte.

Diesen Herausforderungen kann durch den Einsatz einer digitalen Plattform begegnet werden. Die Bereitstellung dieser einheitlichen Plattform an zentraler Stelle erfordert ein großes Maß an Vertrauen der Stakeholder an die Organisation, die alle Daten sammelt, um diese Plattform betreiben zu können. Des Weiteren würde diese zentrale Instanz eine signifikante Macht in der Branche gewinnen, was zu Korruption und Missbrauch beim Umgang mit diesen Daten führen könnte. Nicht zuletzt wäre ein zentral bereitgestelltes System ein sogenannter *Single Point of Failure,* was das Gesamtsystem der Ersatzteilverwendung verwundbar werden lässt. Das nachfolgende dezentrale Blockchain-basierte Transaktionsflussmodell adressiert diese Herausforderungen und die daraus abgeleiteten Anforderungen A1 bis A6.

Nachfolgend wird der Transaktionsfluss im Detail erläutert, darunter die verschiedenen Stakeholder im Netzwerk, die Art und Weise, wie diese Stakeholder Zugriff und Einfluss auf das Netzwerk haben, und wie eingegebene Informationen geordnet, validiert und dem Netzwerk zur Verfügung gestellt werden. Abeyratne und Monfared (2016) haben ein ähnliches Konzept zur Nachverfolgung von Ereignissen in der Herstellung von Pappkartons auf Basis einer Ethereum-Blockchain entwickelt. Allerdings bietet die Ethereum-Blockchain kein Berechtigungssystem. Aus diesem Grund orientiert sich das folgende Transaktionsflussmodell in der Beschreibung zwar am Aufbau der in Abeyratne und Monfared (2016) vorgestellten Architektur, wird jedoch unter Verwendung der Methoden von Hyperledger Fabric erweitert.

Das Teil (T) hat einen Zustand (Z), wird durch eine Werkstatt (W) repariert und erhält anschließend den Zustand (Z'). Der Reparaturvorgang (R) und Z' werden durch ein Zertifikat (C) bescheinigt. C enthält Informationen über T selbst (Herstellungsdatum, Flugstunden, Z) und R (Informationen zu W und Z'). Nach der Reparatur R wird C an die Blockchain angehängt, so dass die Historie der Werkstattereignisse und Zustände für alle berechtigten Stakeholder sichtbar ist. Die Stakeholder können Händler, Regulatoren und Werkstätten sein. Folgende Annahmen werden dabei getroffen:

- Der Client (hier W) ist registriert und hat von einer Zertifizierungsstelle kryptografisches Material zur Unterzeichnung der Transaktion und Authentifizierung in der Blockchain erhalten.
- Die sogenannte *Endorsement Policy* (Richtlinie zur Billigung des Vorgangs) besagt, dass drei Stakeholder, davon mindestens zwei fremde Peers die Transaktion freigeben müssen.
- Der Chaincode enthält Regeln, wie z. B.:
  - W hat Berechtigung für R und kann C ausstellen,
  - T ist nur für bestimmte R geeignet. T muss daher in der passenden W repariert werden,
  - die Historie von T ist mit dessen Parametern konform,
  - alle 1,5 Jahre erfolgt ein C-Check des Flugzeugs; alle 6 Jahre oder nach 30.000 Flugstunden erfolgt ein D-Check.[8]

Ein konzeptioneller Transaktionsfluss[9] für die Hinterlegung des Zertifikats für ein Werkstattereignis besteht aus sechs Schritten und ist in Abb. 10.4 dargestellt. Der Client (W1) hinterlegt zunächst das Zertifikat über ein Web-Frontend in das Backend der App (1). Das Backend bildet über die Peers die Schnittstelle zur Blockchain. Die hinterlegte Dokumentation wird in der App mit der digitalen Signatur von W1 versehen und als Transaction Proposal an die Endorsing Peers weitergeleitet (2). In dem Modell prüfen gemäß Endorsement Policy insgesamt drei Endorsing Peers, vertretend für die Clients W1, W2 und W3, die Transaktion (3). Dabei wird zuerst die Signatur von W1 überprüft. Anschließend wird die Transaktion gegen den aktuellen State unter Berücksichtigung der im Chaincode hinterlegten Regeln simuliert.

Die Simulation ist erfolgreich, wenn das Hinterlegen des neuen Zertifikats mit den Regeln im Chaincode konform ist. Nach erfolgreicher Prüfung gelangen die Ergebnisse des Endorsement, signiert durch den jeweiligen Endorsing Peer, zurück an die App (4a). Die App verteilt die Ergebnisse in die verschiedenen Channel (4b). Die ungeordneten Transaktionen aller Channel werden vom Orderer sortiert und diese Sortierung durch ein Konsensfindungsverfahren legitimiert (5). Die sortierten Trans-

---

[8] Die Vorgänge C-Check und D-Check werden unter anderem hier näher erläutert: https://www.lufthansa-technik.com/de/aircraft-maintenance.

[9] Eine ausführliche Beschreibung des generischen Transaktionsflusses findet sich in der Dokumentation von Hyperledger unter http://hyperledger-fabric.readthedocs.io/en/latest/txflow.html.

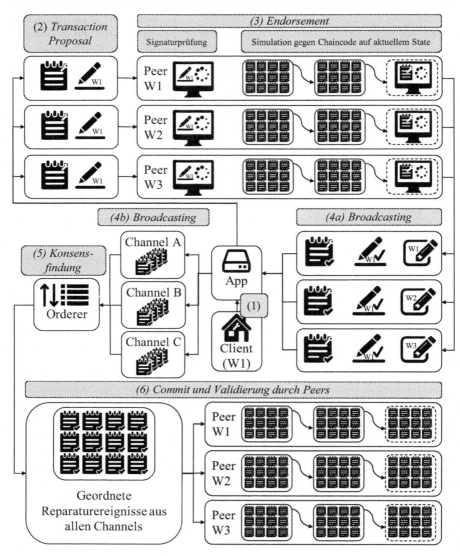

Abb. 10.4 Transaktionsflussmodell für die Dokumentation von Werkstattereignissen in Hyperledger Fabric

aktionen werden über einen Commit an den Ledger angehängt und an die jeweiligen Peers zurückgegeben. Diese validieren den State und aktualisieren ihn lokal (6).

Zusammengefasst wird der Dokumentationsprozess durch die Verwendung von Hyperledger Fabric nicht nur digitalisiert, sondern die Befolgung der Regularien sichergestellt. Das Zertifikat zum Werkstattereignis wird weiterhin dezentral erstellt. Die automatisierte Berücksichtigung des Chaincode nach dem vorgestellten Transaktionsflussmodell trägt dazu bei, dass eventuelle Lücken bei der Überprüfbarkeit der Einhaltung der Regularien automatisch aufgedeckt werden und es so unmöglich ist nicht-regelkonforme Werkstattereignisse zu dokumentieren.

10.4 Blockchain-based Certification Storage System

Zur Validierung des vorgestellten Transaktionsflussmodells wurde das Konzept implementiert. Dieser Abschnitt ist ein Auszug aus Wickboldt und Kliewer (2019) und geht auf Design-Entscheidungen und Parameter zur Anwendungskonfiguration sowie deren Auswirkungen auf die Systemleistung ein. Des Weiteren werden Einzelheiten der Systemarchitektur des BCSS aus verschiedenen Blickwinkeln wiedergegeben. Dazu wird zuerst auf Design-Entscheidungen für den Entwicklungsprozess eingegangen. Anschließend wird auf den Datenfluss und auszugsweise die Datenstruktur, die zur Anlage, Manipulation und dem Auslesen von Daten implementierten Methoden und das Berechtigungskonzept vorgestellt. Der Abschnitt schließt mit einer Evaluation des Systems und Überprüfung inwiefern das System den Anforderungen und Metriken gerecht wird.

10.4.1 Design-Entscheidungen und Anwendungsparameter

Nachfolgend wird der Prozess der Designsuche und Entwicklung (Gregor und Hevner 2013) beschrieben, der zur Entdeckung des Artefaktdesigns führte. Xu et al. (2016), (2017) teilen Design-Entscheidungen für Blockchain-Anwendungen in die Bereiche Blockchain- und Anwendungsdesign. Anhand dieser Einteilung werden in diesem Abschnitt die zur Erfüllung der Anforderungen und Metriken getroffenen Design-Entscheidungen vorgestellt.

Blockchain-Designentscheidungen
Entscheidung 1 – Transaktionsverarbeitungsrate: Wie beschrieben, wird eine Verarbeitungsrate von 0,16 tps vorausgesetzt. Studien zeigen, dass Hyperledger Fabric in der Lage ist zwischen 140 tps und 2250 tps zu erreichen (Thakkar et al. 2018). Somit ist mit der Entscheidung auf Hyperledger Fabric zu setzen theoretisch die Anforderung A1 und Metrik M2 (Transaktionsgeschwindigkeit) erfüllt. M1 (Transaktionspriorisierung) wird bei dieser Entscheidung ebenfalls angesprochen, da eine Priorisierung der Transaktionen bei der Übererfüllung der Geschwindigkeitsanforderung hinfällig ist.

Entscheidung 2 – Konsensusprotokoll: Um A6 (Geschäftsprozess) zu erfüllen wird der Endorsement-Prozess in Hyperledger verwendet. Der Einsatz eines Konsensusmechanismus, wie etwa Proof of Work oder Proof of Stake, welcher in einer öffentlichen Blockchain verwendet wird, ist damit nicht notwendig.

Anwendungs-Designentscheidungen

Entscheidung 1 – Datenstruktur: Die Stammdaten werden Off-Chain gespeichert, alle Daten der Zertifikate werden On-Chain gespeichert, um die Persistenz durch Dezentralisierung zu gewährleisten (A3). Dies gewährleistet eine geringe Datengröße auf der Blockchain, was die Reaktionsfähigkeit der Systeme auf einem hohen Niveau hält.

Entscheidung 2 – Umfang der Blockchain: Eine Konsortium-Blockchain ist erforderlich, um A2 (Zusammenführung) und A4 (Vertrauen) zu erfüllen. Technisch wird diese Design-Entscheidung durch den Einsatz von *Kafka*[10] umgesetzt.

Entscheidung 3 – Einzel-/Mehrfachketten: Zur Vereinfachung des Ketten- und Berechtigungsmanagements wählen wir eine Einzelkettenumgebung. Hyperledger verwaltet die Kommunikation über Kanäle und bildet so eine Blockchain von untergeordneten Bereichen (n Kanäle), um A6 (Geschäftsprozess) zu erfüllen. Zu Beginn wird eine Transaktion pro Block gespeichert, um aufgrund der geringen erwarteten Transaktionshäufigkeit von 0,16 tps keine Time-Outs zu gewährleisten. Die Bündelung mehrerer Transaktionen ist möglich und erhöht die Leistungsfähigkeit des Systems. Detailliert wird darauf in Abschn. 10.4.3 eingegangen.

Entscheidung 4 – Protokollkonfiguration: Das BCSS verwendet Checkpointing, d. h. alle Netzwerkteilnehmer müssen die Transaktionen bis zum Checkpoint als gültig und unwiderruflich akzeptieren. Da alle Netzwerkteilnehmer bekannt sind und der Chaincode für alle gleichermaßen gilt, wird durch die Rückverfolgbarkeit jeder Transaktion Vertrauen geschaffen. Dies entspricht A6 (Geschäftsprozess).

Entscheidung 5 – Genehmigung: Um A5 (permission) zu erfüllen, wird der Zutritt zum BCSS durch einen Authorisierungsdienst beschränkt. In der Certificate Authority (CA) der Blockchain sind Nutzername und Password als Kombinationen hinterlegt. Jedem Nutzer ist eine Nutzerrolle zugeordnet. Hinterlegte Nutzer haben je nach Rolle Zugriff auf das Backend. Beim Login wird die Berechtigung auf der CA geprüft und die entsprechend freigegebenen Funktionen im Frontend dargestellt.

10.4.2 Systemarchitektur

Abb. 10.5 zeigt ein Datenflussdiagramm für die Anlage eines Zertifikats zur Dokumentation eines Werkstattereignisses. Bei der Erstellung des Zertifikats im Frontend wird ein Formular über eine verschlüsselte HTTP-Verbindung an das Java Backend übertragen. An dieser Stelle stehen alle Zertifikatsinformationen im Backend zur Verfügung, wo die Formulardaten dann von einem Controller verarbeitet werden, so dass klar wird, welche Funktion nun aufgerufen wird und welche Daten bei diesem Aufruf weitergegeben werden. Die Anfragen werden dann über gRPC, ein Protokoll für den Aufruf verteilter Systeme, an die Blockchain gesendet. Innerhalb der Hyperledger Fabric Blockchain gelangt das Zertifikat in den Hyperledger Fabric Transaktionsfluss. Das Ergebnis aus dem Transaktionsfluss wird über gRPC aus der Hyperledger Fabric Blockchain abgerufen und vom Java Backend über HTTPS an das Frontend zurückgegeben.

---

[10] https://hyperledger-fabric.readthedocs.io/en/release-1.4/kafka.html.

10 Hyperledger für Supply Chains in der Luftfahrtindustrie

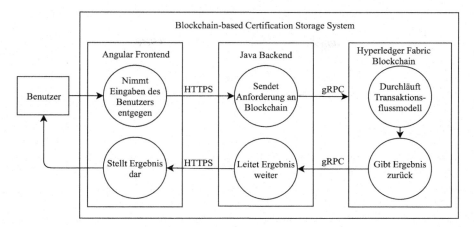

Abb. 10.5 Datenflussdiagramm für Zertifikate im BCSS aus Wickboldt und Kliewer (2019)

Tab. 10.3 Datenstruktur des generischen Zertifikats

Attribut	Datentyp	Beschreibung
TimeStamp	Datum	Zeitstempel bei Erstellung des Datensatzes
DocumentOwner	String	Nutzerkennung des Zertifikaterstellers
DocumentType	String	Zertifikatstyp, z. B. Parts List Report
CertificateId	String	Primärschlüssel für Datensatz bestehend aus PartSerialNumber und dem aktuellen Zeitstempel bei Erstellung des Datensatzes

Tab. 10.4 Datenstruktur eines Parts List Report

Attribut	Datentyp	Beschreibung
PartSerialNumber	String	Einzigartige Kennung eines Flugzeugteils
PartOf	String	PartSerialNumber des übergeordneten Teils einer Komponente
PartNumber	String	Teilespezifische Kennung
PartDescription	String	Freitextbeschreibung des Teils
PartOwner	String	Eigentümer des Teils
PartStatus	String	Wartungszustand des Teils
ConsistsOf	String-Liste	PartSerialNumber des untergeordneten Teils einer Komponente
CyclesSinceNew	Numerisch	Flugzyklen (Start und Landung) des Teils seit Inbetriebnahme
CycleLimit	Numerisch	Planmäßiges Maximum an Flugzyklen
TimeSinceNew	Numerisch	Flugstunden seit Inbetriebnahme
TimeLimit	Numerisch	Planmäßiges Maximum an Flugstunden

Innerhalb des Projekts wurden eine Reihe von verschiedenen Zertifikatstypen identifiziert. Aufgrund dieser Heterogenität bestehen die Datensätze aus einem Zertifikat mit generischen Attributen und einem Freitextfeld, das mit einer JSON-Datenstruktur mit spezifischen Attributen gefüllt ist. Tab. 10.3 zeigt die Datenstruktur des generischen Zertifikats. Tab. 10.4. zeigt die Datenstruktur eines spezifischen

Zertifikats am Beispiel eines Parts List Report, einem Zertifikat, welches Auskunft über den aktuellen Zustand eines Ersatzteils gibt.

Die folgenden in Chaincode implementierten Methoden (beginnend mit einem Kleinbuchstaben) können über das Frontend ausgelöst werden und erwarten Parameter (beginnend mit Großbuchstaben). *createAircraftPart* erstellt ein Bauteilzertifikat, wenn das Flugzeugteil mit der *PartSerialNumber* noch nicht vorhanden ist. *readAircraftPart* erhält eine *PartSerialNumber*. Wenn eine korrekte *PartSerialNumber* übergeben wurde und das Flugzeugteil in der Blockchain existiert, werden die Daten in Form eines JSON-Strings zurückgegeben. *createCertificate* verwendet eine *CertificateId*, den Zertifikats-Eigner und Details zum Zertifikat als Freitextfeld, um ein Zertifikat für das entsprechende Flugzeugteil zu erstellen, falls das Teil existiert. *getCertificateHistoryForAircraftPart* erhält eine *PartSerialNumber*. Die Historie aller Zertifikate, die zu dem referenzierten Flugzeugteil gehören, wird zurückgegeben. Die Informationen werden anhand des *TimeStamp* sortiert und zurückgegeben.

Die Verwendung der Methoden unterliegt einem Berechtigungskonzept, welches ebenfalls im Chaincode hinterlegt ist. Dabei gibt es unter anderem folgende Rollen:

- *Repairman*: Führt Instandsetzungsmaßnahmen durch und hat Schreibzugriff auf einen Reparaturbericht.
- *Trader*: Handelt mit Ersatzteilen und hat Lesezugriff auf einen *Parts List Report* und Schreibzugriff auf eine *Bill of Sale*.
- *Warehouse Employee*: Bewegt Ersatzteile innerhalb eines Lagers und hat Schreibzugriff auf einen *Storage Report*.

In der CA sind die Benutzer mit den jeweiligen Rollen hinterlegt. Bei Login im Frontend wird die jeweilige Autorisierung überprüft und dem Benutzer die entsprechenden Funktionalitäten und Zugriffe dargestellt.

Die Leistung und Sicherheit des BCSS wird von verschiedenen Design-Entscheidungen innerhalb des Hyperledger Fabric Frameworks beeinflusst. Der nachfolgende Abschnitt gibt die Lessons Learned aus der Implementierung und der anschließenden Evaluation wieder.

10.4.3 Evaluation

Der Erfolg der Implementierung wird daran gemessen, inwiefern die eingangs gesetzten Metriken erfüllt werden. Dies gilt vor allem für die Verarbeitungsgeschwindigkeit von Transaktionen. Dazu geht dieser Abschnitt auf die Messungen der implementierten Lösung ein. Die Benchmarks wurden auf einem System mit 2 vCores und 8 GB RAM und einem Serial Attached SCSI Datenträger. Das auf Basis von Hyperledger Fabric implementierte System wurde mit dem Benchmarking-Werkzeug Hyperledger Caliper[11] evaluiert. Getestet wurde zunächst eine Single-Orderer-

---

[11] https://www.hyperledger.org/projects/caliper.

Umgebung mit vier Peers auf einem Host. Ergebnisse umfassen Timeouts, Latenzzeit und Ressourcennutzung.

Der durchschnittliche Durchsatz steigt nicht unbedingt mit einer höheren Transaction Arrival Rate (TAR). In anderen Worten, das System hat Leistungsgrenzen, die es zu ermitteln gilt. Eine Überschreitung dieser Leistungsgrenzen führt zu einem Abbruch von Transaktionen. Insgesamt hat sich gezeigt, dass die Systemleistung entscheidend von den gewählten Blockchain-Parametern abhängt. Lesevorgänge sind im Allgemeinen schneller als Schreibvorgänge. Eine höhere Blockgröße führt zu einem höheren Durchsatz und zu weniger Latenzzeiten, bis die Leistungsgrenzen des Hostsystems erreicht sind. Der wichtigste Faktor für die Systemstabilität ist die TAR, d. h. die Rate, mit der Transaktionen das BCSS erreichen, aber nicht unbedingt die Rate, die das System verarbeiten kann. Wenn diese Rate höher ist als das, was das System leisten kann, erhöhen sich die Timeouts und der Durchsatz sinkt. Daher ist es von großer Bedeutung, das Hostsystem an die Anforderungen des Teilnehmernetzwerks anzupassen.

Die Messungen haben ergeben, dass der getestete Host in der Lage ist, 16 gleichzeitig aktiven Parteien mit einer kurzzeitigen TAR von bis zu 60 tps zu verarbeiten. Die durchschnittliche Verarbeitungsgeschwindigkeit liegt dabei bei 46 tps für Lesevorgänge und 37 tps bei Schreibvorgängen. Das heißt, dass sich die TAR mittelfristig auf diese Grenzen einpendeln muss damit es nicht zu Timeouts kommt. Die dazu benötigte Blockgröße liegt bei 128. Würde bei gleicher TAR eine Blockgröße von 1 verwendet, sinkt die Verarbeitungsgeschwindigkeit auf 6 tps für das Schreiben und 7 tps für das Lesen. Eine Erhöhung der Blockgröße über 128 hinaus ergibt keine Geschwindigkeitsvorteile. Nutzen mehr Teilnehmer das System bricht die Performance aufgrund der kleinen CPU jedoch ein. Dieser kleine Einblick zeigt, wie wichtig ein Austesten des Systems zum Finden der passenden Blockchain-Parameter ist, um die gesetzten Leistungs-Metriken erfüllen zu können. Ein detaillierter Benchmark findet sich in Wickboldt (2019).

Die Benchmarking-Ergebnisse stimmen mit ähnlichen Experimenten überein. Timeouts können beim Einsatz von 4 statt 2 CPU-Kernen reduziert werden (Thakkar et al. 2018). Auch der Durchsatz ist durch die Anzahl der CPU-Kerne beeinflusst. Thakkar et al. (2018) beobachten einen Durchsatz von 32 tps bei 2 Kernen und 848 tps bei 16 Kernen betrachtet. Zur weiteren Skalierung des Systems empfiehlt sich zudem eine Dezentralisierung des Netzwerks, um vor allem den Leistungsgrenzen der Datenträger entgegenzuwirken. Wie in Abschn. 2.4 angesprochen, ist dies über den Einsatz von mehreren Orderer-Nodes, orchestriert durch das Protokoll Kafka möglich. Eine Erweiterung des Systems auf etwa zwei Orderer Nodes, bei Verwendung gleicher Hardware, zeigte in ersten Tests bereits einen gesteigerten Durchsatz bei geringeren Latenzen.

10.5 Schlussfolgerungen

Der in der Einleitung beschriebene derzeitig analoge Prozess zur Dokumentation von Werkstattereignissen birgt die Gefahr von Lücken und Manipulation. Die daraus entstehenden Herausforderungen motivieren zur Entwicklung einer digitalen Lösung zur schnellen (A1), geordneten (A2), persistenten (A3), fälschungssicheren

(A4), mit Zugriffsbeschränkungen versehen (A5) und auf die Regeln des Geschäftsprozesses abgestimmten (A6) Dokumentation.

In Abschn. 10.3.2 dieses Beitrags wurde ein Transaktionsflussmodell zur Speicherung von Zertifikaten für Werkstattereignisse im Laufe des Lebenszyklus eines sicherheitsrelevanten Flugzeugersatzteils vorgestellt. Dieser Beitrag zur Nutzung von Blockchain für den Anwendungsfall der Surplus-Teile-Supply-Chain, kommt dem Aufruf nach „Blockchain applications" in Zheng et al. (2017) und der Verknüpfung von neuen Technologien mit einem Anwendungsfall im Sinne von Glaser (2017) nach. Das entwickelte Artefakt ist der konzeptionelle Transaktionsfluss, der aufzeigt, auf welchem Weg Reparaturzertifikate gespeichert werden sollen, um alle sechs Anforderungen zu erfüllen. Abschn. 10.4 stellt die Systemarchitektur der Implementierung in Hyperledger Fabric unter Berücksichtigung des Transaktionsflussmodells und die zur Adressierung der Anforderungen A1 bis A6 getroffenen Design-Entscheidungen vor. Die Einsatzfähigkeit des Systems wurde über eine Evaluation bewiesen und kommt der Aufforderung nach „Blockchain testing" aus Zheng et al. (2017) nach. Die Ergebnisse zeigen, dass das BCSS bereits unter Verwendung der vergleichsweisen kleinen Hardware die Leistungsanforderungen erfüllt. Derzeit wird an einer Dezentralisierung über mehrere Maschinen gearbeitet. In ersten Tests zeigen sich spürbare Leistungssteigerungen, insbesondere bei einer steigenden Anzahl von Nutzern. Des Weiteren wird durch die Verteilung der Anwendung die Gefahr eines Single Point of Failure eliminiert.

Unvorhersehbarer als die technischen Herausforderungen sind die Gefahren einer unzureichenden Akzeptanz der Anwendung und mangelnden Durchsetzbarkeit des digitalisierten Geschäftsprozesses bei allen Teilnehmern. Bestehende Zielkonflikte in der Branche lassen sich nicht einfach durch die Einführung eines neuen Systems eliminieren. Während MRO-Anbieter an einer langfristigen Verwendung von Teilen, einer Minimierung der Verschrottungsrate und einem sicheren und effizienten Sekundärmarkt interessiert sind, haben Erstausrüster von dem bisher ineffizienten Prozess durch eine höhere Nachfrage nach Neuteilen profitiert. Das Ziel beim Ausrollen des Systems liegt demnach vor allem darin, die Netzwerkteilnehmer davon zu überzeugen, dass die Vorteile der Digitalisierung des Dokumentationsprozesses überwiegen.

Das Modell ließe sich gegebenenfalls auf ähnliche Industrien adaptieren. Denkbar ist die Verwendung unter geringfügiger Anpassung in allen Industrien, die auf eine komplexe und schnelle Versorgung mit sicherheitsrelevanten Ersatzteilen ausgerichtet sind, wie die der Schifffahrt, des Schienenverkehrs oder der Energieerzeugung. Weitere Beiträge zur Wissensbasis können in der Erforschung der Zusammenhänge zwischen den Herausforderungen einzelner Branchen und deren Adressierung durch Blockchain-basierte Verfahren liegen. Ein Beispiel ist das Joint Venture zwischen Maersk und IBM zum Betrieb einer Plattform zur Nachverfolgung von Containern. Zuerst als Prestige-Projekt für Hyperledger Fabric, gerät das Projekt nun ins Stocken, da es Schwierigkeiten gibt alle Reedereien von der Nutzung der Lösung zu überzeugen.[12]

---

[12] https://www.coindesk.com/ibm-blockchain-maersk-shipping-struggling.

Danksagung Der Autor dankt den Experten der Opremic solutions GmbH als spezialisierten Anbieter für Software im Supply Chain Management der Luftfahrtindustrie, die den Forschungsprozess stets durch wertvolle Erkenntnisse und Expertenwissen unterstützt haben.

Literatur

Abeyratne SA, Monfared RP (2016) Blockchain ready manufacturing supply chain using distributed ledger. Int J Res Eng Technol 5(9):1–10. https://doi.org/10.15623/ijret.2016.0509001

Androulaki E, Barger A, Bortnikov V, Cachin C, Christidis K, De Caro A, Enyeart D, Ferris C, Laventman G, Manevich Y (2018) Hyperledger fabric: a distributed operating system for permissioned blockchains. In: Proceedings of the thirteenth EuroSys conference, 2018. ACM, S 30. https://doi.org/10.1145/3190508.3190538

Bharadwaj A, El Sawy OA, Pavlou PA, Venkatraman N (2013) Digital business strategy: toward a next generation of insights. MIS Q 37:471–482

Blumberg DF (2004) Introduction to management of reverse logistics and closed loop supply chain processes. CRC Press. https://doi.org/10.1201/b12427

Buterin V (2014) A next-generation smart contract and decentralized application platform. https://github.com/ethereum/wiki/wiki/White-Paper. Zugegriffen am 25.11.2018

Cachin C (2016) Architecture of the hyperledger blockchain fabric. In: Workshop on distributed cryptocurrencies and consensus ledgers, Chicago/Illinois/USA

Dyer JH, Singh H (1998) The relational view: cooperative strategy and sources of interorganizational competitive advantage. Acad Manag Rev 23(4):660–679

Eaves AHC, Kingsman BG (2004) Forecasting for the ordering and stock-holding of spare parts. J Oper Res Soc 55(4):431–437. https://doi.org/10.1057/palgrave.jors.2601697

Ethereum (2017) Consortium chain development. https://github.com/ethereum/wiki/wiki/Consortium-Chain-Development. Zugegriffen am 21.05.2018

Glaser F (2017) Pervasive decentralisation of digital infrastructures: a framework for blockchain enabled system and use case analysis. In: Proceedings of the 50th Hawaii international conference on system sciences, Hilton Waikoloa Village/Hawaii/USA

Gregor S, Hevner AR (2013) Positioning and presenting design science research for maximum impact. MIS Q 37(2):337–355

Group HAW (2018) Hyperledger architecture. https://www.hyperledger.org/wpcontent/uploads/2018/04/Hyperledger_Arch_WG_Paper_2_SmartContracts.pdf. Zugegriffen am 21.05.2018

Hevner AR, March ST, Park J, Ram S (2004) Design science in information systems research. MIS Q 28(1):75–105. https://doi.org/10.2307/25148625

Klein R, Rai A (2009) Interfirm strategic information flows in logistics supply chain relationships. MIS Q 33:735–762

Nakamoto S (2008) Bitcoin: a peer-to-peer electronic cash system. Whitepaper Bitcoin. https://bitcoin.org/bitcoin.pdf

van Renesse R, Guerraoui R (2010) Replication techniques for availability. In: Charron-Bost B, Pedone F, Schiper A (Hrsg) Replication: theory and practice, Bd 5959. Springer, Berlin/Heidelberg, S 19–40. https://doi.org/10.1007/978-3-642-11294-2

Schneider FB (1990) Implementing fault-tolerant services using the state machine approach: a tutorial. ACM Comput Surv (CSUR) 22(4):299–319. https://doi.org/10.1145/98163.98167

Thakkar P, Nathan S, Vishwanathan B (2018) Performance Benchmarking and Optimizing Hyperledger Fabric Blockchain Platform. arXiv preprint arXiv:180511390

Wickboldt C (2019) Benchmarking a blockchain-based certification storage system. In: Diskussionsbeiträge Fachbereich Wirtschaftswissenschaft, Bd 5, information systems. Freie Universität, Berlin

Wickboldt C, Kliewer N (2018a) Blockchain zur dezentralen Dokumentation von Werkstattereignissen in der Luftfahrtindustrie. HMD Praxis der Wirtschaftsinformatik 1:1–14. http://mkwi2018.leuphana.de/wp-content/uploads/MKWI2018_Band1.pdf

Wickboldt C, Kliewer N (2018b) Value based pricing meets data science: a concept for automated spare part valuation. Lüneburg, MKWI. http://mkwi2018.leuphana.de/wp-content/uploads/MKWI2018_Band1.pdf

Wickboldt C, Kliewer N (2019) Blockchain for workshop event certificats – a proof of concept in the aviation industry. In: Proceedings of the 27th European conference on information systems (ECIS), Stockholm/Schweden, S 1297–1310

Xu X, Pautasso C, Zhu L, Gramoli V, Ponomarev A, Tran AB, Chen S (2016) The blockchain as a software connector. In: 13th working IEEE/IFIP conference on software architecture (WICSA), 2016. IEEE, S 182–191

Xu X, Weber I, Staples M, Zhu L, Bosch J, Bass L, Pautasso C, Rimba P (2017) A taxonomy of blockchain-based systems for architecture design. In: IEEE international conference on software architecture (ICSA), 2017. IEEE, S 243–252

Zheng Z, Xie S, Dai H, Chen X, Wang H (2017) An overview of blockchain technology: architecture, consensus, and future trends. In: Big data (BigData congress), IEEE international congress on, 2017. IEEE, S 557–564. https://doi.org/10.1109/BigDataCongress.2017.85

Dr. Clemens Wickboldt beschäftigt sich gemeinsam mit dem Team der Professur für Wirtschaftsinformatik des Fachbereichs Wirtschaftswissenschaft an der Freien Universität Berlin mit der Evaluation von Methoden aus Data Analytics und Decentralized Ledger Technologies/Blockchain. Gemeinsam mit Partnern aus der Industrie werden damit Informationsasymmetrien und Ineffizienzen in Geschäftsprozessen adressiert. Der Schwerpunkt liegt dabei auf der Entscheidungsunterstützung bei Bewertungs- und Verwendungsentscheidungen für Ersatzteile in der Luftfahrtindustrie. Durch seine Tätigkeit als IT-Berater befindet sich Herr Wickboldt an der Schnittstelle zwischen Wissenschaft und Praxis und stellt dadurch eine hohe Relevanz seiner Forschungsarbeit sicher.

Teil V
Logistik

Wertschöpfungs- und Lieferketten am Beispiel der New Silk Road

11

Steffen C. Eickemeyer, Christoph Lattemann, Tilo Halaszovich und Jan Busch

Zusammenfassung

Fast eine Billion US$ sollen in die von China initiierte New Silk Road Initiative investiert werden. Eine Entwicklungshilfeinitiative in logistische Infrastruktur, die Unternehmen weltweit zu einer Erweiterung der Produktions- und Vertriebsstandorte verhelfen soll. Um die vielfältigen Waren-, Geld- und Informationsströme entlang der entstehenden komplexen Liefernetzwerke effizient abzubilden, bedarf es mehr als der heute etablierten Systeme. Die Blockchain Technologie bietet in diesem Zusammenhang hochinteressante Anwendungsmöglichkeiten und Potenziale, um die mit besagtem Megaprojekt einhergehenden Herausforderungen zu bewältigen. Es bietet sich aufgrund der Fortschritte im Bereich der Industrie 4.0 in den vergangenen Jahren an, den Einsatz der Blockchain Technologie nicht nur in der Logistik, sondern als Basis zur Integration von Liefer- und Wertschöpfungstätigkeiten zu erforschen, um eine holistische Supply Chain, bestehend aus Produktion und Logistik, entlang der New Silk Road zu erschaffen – die New Silk Road 4.0.

Vollständig überarbeiteter und erweiterter Beitrag basierend auf Eickemeyer et al. (2018) Blockchain Technologien für die Sicherung von Material-, Informations- und Geldflüssen in der Logistik – Erfolgsfaktoren für die chinesische „Belt-Road" Initiative, HMD – Praxis der Wirtschaftsinformatik Heft 324, 55(6):1260–1273.

S. C. Eickemeyer (✉) · C. Lattemann · T. Halaszovich
Jacobs University Bremen, Bremen, Deutschland
E-Mail: s.eickemeyer@jacobs-university.de

J. Busch
Leibniz Universität Hannover, Hannover, Deutschland

© Springer Fachmedien Wiesbaden GmbH, ein Teil von Springer Nature 2020
H.-G. Fill, A. Meier (Hrsg.), *Blockchain*, Edition HMD,
https://doi.org/10.1007/978-3-658-28006-2_11

Schlüsselwörter

Supply Chain Management · Industrie 4.0 · Blockchain · Digitalisierung · New Silk Road · Logistik · Wertschöpfungskette

11.1 Einleitung

Für den Aufbau und Erhalt von Wohlstand sowie für wirtschaftliches Wachstum spielen effiziente Logistiksysteme im Rahmen der Globalisierung eine maßgebliche Rolle. Der effiziente Austausch von Waren, Informationen und Zahlungen zwischen eigenen Niederlassungen, Intermediären, Zulieferern und Abnehmern bildet einen wesentlichen Erfolgsfaktor für den Aufbau globaler Wertschöpfungsketten (Önsel Ekici et al. 2016). Die Literatur zeigt, dass die Qualität nationaler Logistiksysteme einen substanziellen Einfluss auf den internationalen Handel hat. Diese Korrelation konnte in den vergangenen Jahren insbesondere für Schwellenländer im asiatischen Raum beobachtet werden (Percoco 2014; Bensassi et al. 2015). Chinas Präsident Xi Jinping enthüllte eine visionäre Politik namens The Belt and Road Initiative (BRI) mit Auslandsinvestitionen, die zum Wiederaufbau von Regionen im Hinblick auf ihre nationale Modernisierung führen (Aybar und Gürel 2018). Allein China investiert in den nächsten fünf Jahren knapp eine Billion US$ in die diese Initiative (The Economic Times 2017). Im Kern stellt die BRI eine Investitions- und Entwicklungshilfe in logistische Infrastruktur dar. In 65 beteiligten Ländern in Asien, Afrika und Europa, von denen der Großteil Schwellenländer darstellt, sollen logistische Netzwerke auf- und ausgebaut werden (Chin und He 2016; Zhang et al. 2018). Für die Schwellenländer sowie dortige Unternehmen verspricht die BRI erhebliche Investitions- und Wachstumsimpulse. An Attraktivität gewinnt dabei vor allem der zentralasiatische Raum, der bislang aufgrund fehlender Zugänge zum Meer wenig in globale Logistik- und Wertschöpfungsaktivitäten eingebunden war (Chin und He 2016; Zhang et al. 2018).

Das bloße Vorhandensein von Transportinfrastruktur wird allerdings nicht automatisch dazu führen, die durch die BRI ermöglichten Wachstumspotentiale zu realisieren. Durch die Einbindung von 65 Staaten in das Netzwerk steigt die Komplexität der Güter-, Informations- und Zahlungsströme immens an. Beispielsweise bedingen unterschiedliche Standards in den Eisenbahnstrecken das wiederholte Umladen von Transportcontainern an unterschiedlichen Grenzen. Daraus ergeben sich Risiken für den Transport. Unterschiedliche Zoll- und Einfuhrbestimmungen der einzelnen Staaten erhöhen zudem den Verwaltungs- und Kontrollaufwand. Nationale Finanzsysteme erhöhen den Zeit- sowie Kostenaufwand und bedingen Ausfallrisiken und Verzögerungen der Zahlungsströme. Entsprechend liefert die BRI zwar einen wichtigen Beitrag zur Infrastruktur, kann aber nicht alleine durch Infrastrukturinvestitionen einen reibungslosen Fluss von Gütern, Informationen und Zahlungsströmen gewährleisten (Kinra 2015).

Des Weiteren verstärken grundsätzliche Anforderungen wie immer kleinere Losgrößen, ein höherer Individualisierungsgrad und schnellere geforderte Lieferzeiten die Herausforderungen, einen effizienten Ablauf in der Logistik zu gewährleisten. In diesem Zuge bieten digitale Lösungen, und insbesondere die Blockchain-Technologie (BCT) enorme Potenziale, die Supply Chains bei diesen komplexen Herausforderungen zu unterstützen und zu optimieren.

Digitale Technologien kommen in der Logistik zwar schon heutzutage zum Einsatz, beispielsweise um Sender und Empfänger Informationen über den aktuellen Aufenthaltsort, Temperatur und Abwicklungsstatus der Sendung zu liefern (Schmid und Brockmann 2006). Der Einsatz solcher digitalen Werkzeuge in der Logistik zielt darauf ab, Effizienz- und Produktivitätssteigerungen, Qualitätsverbesserungen und Steigerungen des Servicelevels zu erreichen (Kille et al. 2018).

Die technischen Möglichkeiten zur Identifikation, Erkennung und Verfolgung von Objekten und Warenströmen haben sich insbesondere in den letzten Jahren enorm verbessert (Kümmerlen 2018). Gleichzeitig sinken die Kosten für den Einsatz entsprechender Technologien, sodass sich kontinuierlich neue Einsatzmöglichkeiten und Anwendungsfelder digitaler Technologien in der Supply Chain ergeben (Bauer et al. 2019). Mittels der BCT kann die Digitalisierung der Logistik eine neue Stufe erreichen.

Im vorliegenden Beitrag überprüfen die Autoren daher, ob die BCT als möglicher Standard zur transparenten und effizienten Abbildung aller Geld-, Informations- und Warenflüsse entlang des BRI Netzwerkes geeignet ist. Hierzu werden im nächsten Kapitel zunächst heute existierende Handlungsfelder in existierenden Supply Chains dargestellt, um die Notwendigkeit zur Integration einer neuen Methode zur Effizienzsteigerung aufzuzeigen. Anschließend wird auf Chancen und Potenziale eingegangen, die mithilfe der BCT im Bereich von Supply Chains gehoben werden können. Folgend wird ein Überblick über bereits etablierte oder geplante lokale BCT Lösungen in der Logistik gegeben. Auf dieser Basis werden Voraussetzungen für den Einsatz der BCT in der internationalen Logistik erarbeitet und mit Hilfe von Experteninterviews diskutiert. Im Anschluss wird aufgezeigt, wie sich der Einsatz der BCT in der Supply Chain mit Anwendungsfeldern der Industrie 4.0 kombinieren lässt. Vor der Zusammenfassung und einem Ausblick auf weitere Forschungsaktivitäten am Ende dieses Beitrags erfolgt eine Auseinandersetzung mit den Risiken und Widerständen im Zusammenhang mit BCT.

11.2 Anwendungen von BCT in der Supply Chain

11.2.1 Aktuelle Herausforderungen

Der Branchenverband Bitkom hat eine Schätzung veröffentlicht, die besagt, dass über 95 % aller unternehmensübergreifenden Prozesse nicht oder kaum digitalisiert sind (Grupp 2018). Das bedeutet, dass Vorgänge wie Auftragsvergabe, Vertragsvereinbarungen und Statusüberwachungen in Supply Chains manuell und somit kostenintensiv und fehleranfällig über Medien wie Fax, Telefon oder E-Mail veranlasst werden. Um der Anforderung nach kurzen Lieferzeiten dennoch gerecht zu werden, werden höhere Lagerbestände vorgehalten. Mittelständische Einzel- und Kleinserienfertiger lagern entsprechend durchschnittlich 20 % ihres Umsatzes in Warenbeständen. Die meisten Stationen in einer Supply Chain werden nicht automatisiert, sondern manuell von Menschen angestoßen. Dies kostet Ressourcen und Zeit. Weiterhin werden immer noch mehr als 60 % der B2B-Transaktionen auf Papierrechnungen abgewickelt. Die BCT könnte diese Vorgänge durchgängig automatisieren. Dezentrale Steuereinheiten können via BCT eigenständig Dispositionsentscheidungen treffen, was ein enormes Potenzial zur Effizienzsteigerung insbesondere im operativen und strategischen Einkauf birgt (Grupp 2018).

Aktuell gibt es in der Logistik eine beträchtliche Menge an unerschlossenem Potenzial, das weitgehend auf die Fragmentierung und den Wettbewerb in der Logistikbranche zurückzuführen ist. So wird beispielsweise geschätzt, dass es allein in den USA über 500.000 einzelne Speditionen gibt (US Special Delivery 2017). Bei einer so großen Anzahl von Stakeholdern, die an einer Supply Chain beteiligt sind, entstehen oft geringe Transparenz, nicht-standardisierte Prozesse, eine Unmenge asynchroner Daten und unterschiedliche eingesetzte Technologien. Viele Teile der Supply Chain sind auch an manuelle Prozesse gebunden, die von den Aufsichtsbehörden vorgeschrieben sind. So sind Unternehmen beispielsweise oft auf manuelle Dateneingabe und papierbasierte Dokumentation angewiesen, um die Zollprozesse einzuhalten. All dies erschwert die Verfolgung der Herkunft der Waren und des Status der Sendungen entlang der Supply Chain, was zu Reibungen im Welthandel führt. Aktuelle Branchenschätzungen deuten darauf hin, dass 10 % aller Frachtrechnungen ungenaue Daten enthalten, was zu Streitigkeiten und vielen anderen Prozessineffizienzen in der Logistikbranche führt. Dieses Problem ist so weit verbreitet, dass die Unternehmensberatung Accenture allein in der Öl- und Energieindustrie erwartet, dass mindestens 5 % der jährlichen Frachtausgaben durch verbesserte Rechnungsgenauigkeit und Reduzierung von Überzahlungen reduziert werden könnten (Heutger 2018).

Die Logistik hinter dem Welthandel ist sehr komplex, da viele Parteien mit oft widersprüchlichen Interessen und Prioritäten sowie verschiedener Systeme zur Sendungsverfolgung einbezogen werden müssen. Entsprechend wird das Heben dieser Effizienzvorteile in der Supply Chain erhebliche Auswirkungen auf die Weltwirtschaft haben. Nach einer Schätzung des Weltwirtschaftsforums könnte der Abbau von Handelsbarrieren in der Lieferkette das globale Bruttoinlandsprodukt (BIP) um fast 5 % und den globalen Handel um 15 % erhöhen (Heutger 2018).

Speziell zur Unterstützung von Supply-Chain Aktivitäten bietet die Digitalisierung mittels BCT enorme Potenziale in Hinsicht auf Wirtschaftlichkeit, Qualität, Transparenz und Zeit.

11.2.2 Chancen und Potenziale

Seit Jahrhunderten bauen Unternehmen sowie teilweise ganze Branchen auf dem einfachen Prinzip des Vertrauens zwischen mehreren Parteien auf. Die BCT macht Vermittler (u. a. Händler und Mittelsmänner) in diesen Beziehungen im Wesentlichen überflüssig, die bisher als Intermediäre fungieren mussten – insbesondere

11 Wertschöpfungs- und Lieferketten am Beispiel der New Silk Road

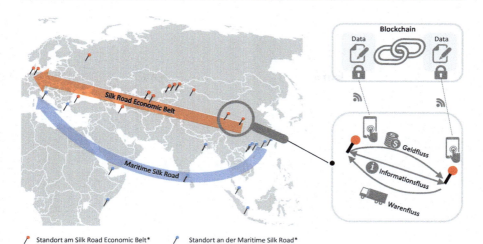

Abb. 11.1 Maximale Transparenz und Effizienz entlang der Silk Road durch die digitale Abbildung aller Geld-, Informations- und Warenflüsse mittels Blockchain Technologie (The diplomat 2017)

Transaktionen überprüfen, aufzeichnen und koordinieren. BCT wird einen großen Einfluss auf die Logistikbranche, insbesondere auf die Supply Chain haben. Goyal bezeichnet Blockchain-Anwendungen in Bezug auf die Supply Chain aufgrund ihres enormen disruptiven Charakters als „Killer-Apps" (Mearian 2018). Der Grund dafür ist, dass globale Supply Chains hochkomplex sind, mit unterschiedlichen Interessengruppen, unterschiedlichen Zielen und vielen Drittanbietern – Herausforderungen, für die sich die BCT sehr gut eignet (Heutger 2018).

Supply Chains beinhaltet im Wesentlichen drei Elemente: Geld-, Informations- und Warenflüsse. Diese Flüsse können parallel und gleichgerichtet oder gegenläufig bzw. aufgrund der Vielzahl an Akteuren auch komplett unterschiedlich verteilt vorliegen (schematisch dargestellt in Abb. 11.1).

Um die drei Flüsse und die damit verbundenen Herausforderungen effizient zu managen, benötigt es eine Technologie, die für alle drei Teilgebiete geeignet ist, und somit ohne weitere Schnittstellen ganzheitlich angewendet werden kann. Blockchain bietet sich als Technologie an, wurde bislang aber noch nicht über derartig viele verschiedenartige Akteure, Landesgrenzen, Währungen oder Verkehrsmittel wie bei der BRI angewendet. Um aufzuzeigen, ob BCT prinzipiell geeignet ist den vielfältigen Anforderungen zu genügen, werden im Folgenden mögliche Potenziale bei der Anwendung der BCT dargestellt (vgl. auch Tab. 11.1).

Zunächst werden die Informationsflüsse betrachtet. Mittels BCT lassen sich nicht nur Daten elektronisch verfügbar machen, sondern auch Zugriffsrechte gezielt steuern. Somit können beispielsweise Logistikdienstleister Zugriff auf andere Teile der Daten erhalten als Kunden oder Hersteller. Dieser Sicherheitsaspekt ist von hoher Bedeutung, da die weltweit beteiligten Unternehmen und Kunden nicht nur die Anforderungen, sondern auch Risiken an dem Gesamtprojekt erhöhen. Für die

Tab. 11.1 Übersicht der Nutzungspotenziale der Anwendungsbereiche (Behrend 2017; Eberle 2018)

	Warenfluss	Informationsfluss	Geldfluss
Ist-Situation	Notwendigkeit der Zusammenarbeit zwischen Transporteuren, Vertriebspartnern, Lieferanten, Intermediären, Drittdienstleistern und Kunden zur Koordination von Angebot und Nachfrage Abstimmung von Transportmengen und -wegen; Vielzahl von Akteuren und Schnittstellen führt zu Ineffizienzen, (bspw. Containergrößen nicht optimal genutzt, No-Show-Kosten, Überbuchungen etc.)	Häufig anfallende, vielfältige, papierbasierte Informationsflüsse in der Supply Chain (bspw. Zollunterlagen, Frachtdokumentationen, Gefahrgutnachweise, Prüfunterlagen, Herkunftsnachweise etc.). Vervielfältigung von Unterlagen durch unterschiedliche Sprachen und Vorschriften in Transitländern und Häfen führt zu lange Prüfverfahren und zusätzlichem Handlingaufwand	Zahlungsprozesse bspw. für Lieferung von Textilien aus Asien für deutsche Kunden involvieren mehrere ressourcenintensive Intermediäre, wie Banken, Clearingstellen und Zentralbanken Abwicklungsprozesse erfolgen aufgrund der Intermediäre und unterschiedlicher Systeme nicht kontinuierlich, sondern zeitverzögert in Buchungsintervallen
Zukünftige Prozesse mit Blockchain	Beteiligte können live auf Daten zugreifen, so können bspw. mehrere Unternehmen Container teilen oder Frachtdienstleister Lieferungen in Hubs kombinieren Gemeinsame Datennutzung ohne Dritte möglich, da Daten innerhalb des Netzwerks synchronisiert und verifizierbar sind Informationsdigitalisierung wird Automatisierung der Supply Chain und Logistikprozesse beschleunigen	Vollständig digitales Dokumentenmanagement von der Sendungsverfolgung, über die Verzollung und die Zahlungsabwicklung bis hin zu Mehrparteien-Vereinbarungen Smart Contracts werden digital im Netzwerk verhandelt sowie geschlossen und ersetzen heutige Vertragsverhandlungen, bspw. für Fracht, Bills of Lading und Bunker-Service sowie für Versicherungen	Jeder Zahlungsprozess kann in Echtzeit ohne Währungsumrechnung bspw. mittels Bitcoins durchgeführt werden Zahlungen mit Smart Payments können automatisiert bspw. zum Zeitpunkt des Wareneingangs beim Kunden (digitales Tracking), sodass in Vietnam in Echtzeit der Geldeingang parallel zum Wareneingang in Deutschland erfolgt
Nutzen	Vernetzung u. a. von Mitbewerbern führt zu höherer Transparenz, Beschleunigung und höherer Effizienz Das Projekt „Hansebloc" strebt eine verstärkte Automatisierung der Supply Chain an und somit Prozesskostenreduzierungen um 5 % (inkl. der Nutzung von BCT) Coda Coffee wird die Transparenz zu Ursprung und Verarbeitung mit „Blockchain-Kaffee" erhöhen	Durch hohe Datensicherheit und Transparenz können Informationen ohne eine Beglaubigungsinstanz wie Notare, Wirtschaftsprüfer, Auditoren oder Zertifizierer dokumentiert werden Tracking von Waren erfolgt digital und Informationen (Zoll-, Frachtpapiere etc.) sind digital im Netzwerk verfügbar, sodass Prüfungen ohne manuellen Handling Aufwand durchführbar sind	Zeit- und Kostennachteile entfallen Das Wechselkursrisiko bei internationalen Transaktionen sinkt aufgrund kürzerer Abwicklungszeiten Sicherheit und Privatsphäre werden gesteigert, da Kunden Transaktionen aktiv initiieren können ohne dabei Details wie beispielsweise Bankdaten bereitzustellen

Transportlogistik sowie die Hersteller bietet die lückenlose Nachverfolgbarkeit u. a. Anwendungsmöglichkeiten im Rahmen von Kundengarantie- und Gewährleistungsansprüchen sowie beim Abstimmen von Rechnungsdaten. Im Rahmen der Blockchain werden Daten(ketten) parallel auf unterschiedlichen Rechnersystemen verwaltet, sodass Fälschungen oder Manipulationen ausgeschlossen werden können. Dazu müssen die relevanten Daten zu sämtlichen Prozessen transparent für alle beteiligten Stakeholder gespeichert werden.

Die transparente Datenspeicherung beinhaltet nicht nur unternehmensinterne (verwendete Ressourcen, Qualitätsnachweise etc.) Materialflussprozesse der Supply Chain, sondern auch unternehmensübergreifende (Verwendungs- und Abrechnungsnachweise) und behördliche Prozessinformationen (bspw. zu ökologischen Aspekten). Unabdingbar ist dabei die Gewährleistung von nicht manipulierbaren Daten sowie der entsprechenden Regulierung der Zugriffsrechte bis zum Kunden, um bspw. Verwendungsnachweise und Garantieansprüchen zu genügen. Aktuell werden unterschiedliche Konzepte erarbeitet, um sichere Verbindungen zwischen den verschiedenen Akteuren und Objekten (bspw. mit Sensorik erfasste Daten) und den dazugehörigen Einträgen in der Blockchain für die gesamte Supply-Chain garantieren zu können (Schütte et al. 2017).

Die BCT kann für alle beteiligten Akteure einer Supply Chain zu einer erheblichen Vereinfachung der Prozesse führen. Die manuelle Eingabe von Daten oder papiergebundene Dokumentationen von Prozessen können entfallen. Das Nachvollziehen von Lieferstatus und Funktionsfähigkeit der Güter wird erleichtert. Mithilfe der BCT wird es möglich, den Fortschritt von Lieferungen nachzuverfolgen, Rechnungen einzusehen und Unterlagen zu vergleichen. Auf diese Weise werden Lieferschwierigkeiten früh erkannt, Betrugsversuche verhindert und somit auch Kosten gespart (Westerheide 2018).

Die BCT kann auch Datentransparenz und Zugang zwischen den relevanten Akteuren der Lieferkette ermöglichen und so eine einzige Quelle der Wahrheit schaffen. Darüber hinaus wird das Vertrauen, das zwischen den Beteiligten für den Informationsaustausch erforderlich ist, durch die intrinsischen Sicherheitsmechanismen der BCT gestärkt (Heutger 2018).

Die BCT kann dazu beitragen, Effizienzeinbußen in der globalen Handelslogistik zu verringern. Sie hat ein enormes Potenzial, die Kosten und den Zeitaufwand für die Handelsdokumentation und die administrative Abwicklung in der Logistik zu optimieren. Ein Beispiel, das diese Komplexität verdeutlicht ist die Schätzung, dass eine einfache Lieferung von Kühlgütern von Ostafrika nach Europa durch fast 30 Personen und Organisationen erfolgen kann, mit mehr als 200 verschiedenen Interaktionen und Kommunikationen zwischen diesen Parteien (IBM 2017a).

Im Hinblick auf die Warenströme stehen vor allem die Logistikdienstleister im Fokus der Supply Chain Aktivitäten. Da die BRI Afrika, Asien und Europa auf Land- und Seewegen verbinden wird, werden verschiedene Transportmittel und Dienstleister involviert. Das Durchqueren einer Vielzahl von Ländern erfordert die Integration und den Abgleich mit verschiedensten Regularien. Smart Contracts sind die Verbindung von Transaktionen mit Programmcode im Rahmen der BCT. Eine hinreichende Standardisierung oder Zertifizierung zum Management von Smart

Contracts im Rahmen von komplexen Supply-Chains existiert noch nicht. Verschiedene Forschungsarbeiten lassen aber erwarten, dass nicht nur diese Standards, sondern vollständige Marktplätze für Smart Contracts in der nahen Zukunft entstehen werden. Damit würden nicht nur hinreichende Vorgaben hinsichtlich Zertifizierung und Prüfung von Transaktionen und Dokumentation der Smart Contracts sichergestellt, sondern auch KMUs der Zugang ermöglicht, die sich keine eigenen kostenintensiven Entwicklungsinvestitionen in diesen Bereichen leisten können. Für die Warenströme impliziert diese Digitalisierung, dass sich Produktionsmittel, Güter und Transportmittel derartig miteinander vernetzen, dass diese ihre Zustände austauschen können, um optimale Entscheidungen selbstständig herbeizuführen. Die verschiedenen Systeme erfordern dazu eine interoperable Nutzung der Blockchain Infrastrukturen. Der gleiche Bedarf gilt für die Integration von Produktionsdaten, Finanztransaktionen, dem Tracking von Gütern und Ressourcen sowie der Qualitätssicherung in die BCT. Entsprechend beschäftigen sich aktuelle Forschungsarbeiten mit diesen Themen (Schütte et al. 2017).

Die BCT erhöht nicht nur die Transparenz und Vorhersehbarkeit der logistischen Abläufe, sondern kann auch den physischen Warenfluss beschleunigen. Die Herkunftsverfolgung von Waren kann verantwortungsvolle und nachhaltige Lieferketten in großem Maßstab ermöglichen und helfen, Produktfälschungen zu bekämpfen (Heutger 2018).

Im Bereich von Geld- und Zahlungsströmen wird die BCT bereits seit mehreren Jahren erfolgreich angewendet (Kaupp und Giera 2018). Im Bereich des Zahlungsverkehrs hat Blockchain das Sicherheitsempfinden von Nutzern deutlich erhöht und das Risiko von Fälschungen effektiv ausgeschlossen. Daher wird Blockchain auch bereits als „The Trust Machine" bezeichnet (Economist 2015). Es ist davon auszugehen, dass sich die BCT für Geldgeschäfte durchsetzen wird – bspw. hat MasterCard ein Patent im Bereich Blockchain angemeldet (Noonan 2018). Die Nutzung von Smart Contracts sowie Smart Payments ermöglicht es, zukünftig auf die Rechnungsstellung sowie auf Intermediäre und Clearing Stellen, wie Banken und Zentralbanken, zu verzichten. Smart Payments können automatisiert ausgelöst werden und sollten separat vom Rechnungsprozess in die BCT integriert werden. Dies ermöglicht die Transaktionen automatisiert, bspw. an die Erfüllung von Service Level Agreements, zu koppeln. Die BCT bietet speziell im Hinblick auf internationale Supply-Chain Transaktionsaktivitäten Potenziale, da die Abwicklung in Echtzeit erfolgen kann, Wechselkursrisiken sinken und Gebühren an Banken und Betrugsrisiken durch bspw. Ausgleichsbuchungen (Transaktionsirreversibilität) entfallen. Durch die Einbindung dieser Informationen in die Blockchain können Eigentumsverhältnisse, Herkunftsnachweise etc. in Echtzeit verifiziert und somit die Integrität von Datensätzen und Dokumenten abgesichert werden. Folglich würden u. a. digitale Signaturen in diesen Bereichen nicht weiter benötigt (Schütte et al. 2017).

Die dargestellten Ausführungen zeigen, dass die gesamte Supply Chain mittels der BCT entbürokratisiert werden kann. Jeder Stakeholder hat die Möglichkeit sich zu jeder Zeit über die aktuelle Situation zu informieren und eine aufwändige und fehleranfällige Dokumentation entfällt. So bietet die BCT das Potenzial, Lieferverzögerungen zu reduzieren, Betrug zu vermeiden und die Kosten für alle an der Lieferkette Beteiligten zu senken (Bauer et al. 2019).

Dieser Vorteil der BCT ist entscheidend, weil die auf diese Weise erzeugte Transparenz und Manipulationssicherheit großes Potenzial haben, um die Komplexität von Unternehmensprozessen zu minimieren und somit die Wirtschaftlichkeit zu verbessern (Gmür und Göbel 2018).

Beim Einsatz einer mit BCT gestalteten Supply Chain kann nicht nur auf Intermediäre verzichtet und somit Kosten gesenkt werden, sondern auch Schnelligkeit (Reduktion von Durchlaufzeiten) und Automatisierungsgrad werden erhöht. Darüber hinaus werden in den Prozessen mehr Transparenz und Nachvollziehbarkeit für sämtliche Akteure erzeugt. Analog prognostiziert Gartner (Gartner 2018), dass BCT bei industriellen Anwendungen bis zum Jahr 2030 einen jährlichen Geschäftswert von mehr als 3 Billionen US-Dollar generieren wird.

Die Kombination von Blockchain in Verbindung mit ERP-Plattformen wird die Reduktion von papiergebundenen Transaktionen ermöglichen und damit den Datenaustausch vereinfachen sowie die Datenintegrität verbessern. Damit werden übergreifend Verwaltungs- und Kontrollaufwände reduziert und parallel ein Instrument zur Bekämpfung von Korruption und Bestechung geschaffen, da Fälschungen oder Manipulationen ausgeschlossen werden können. Bezogen auf die Geldflüsse werden insbesondere Ausfallrisiken und Verzögerungen der Zahlungsströme minimiert.

11.2.3 Etablierte und geplante Anwendungen

Insgesamt existieren für die drei Ströme, Informationen, Waren und Geld, bereits erfolgreiche Praxisbeispiele. In diesem Abschnitt werden einige Pilotprojekte vorgestellt, die zeigen, wie einige Unternehmen die BCT bereits nutzen, um die Abläufe ihrer Supply Chains zu optimieren.

Aktuell hat der Hafen in Rotterdam ein Projekt initiiert, um mittels Blockchain nicht nur Papiere und Verwaltungsaufwand beim Umschlag der Fracht einzusparen, sondern auf diesem Wege auch die Fälschungssicherheit weiter zu erhöhen (Linnhoff-Popien und Widmann 2018).Um die Effizienz in der Seefracht zu steigern, haben Maersk und IBM ein Projekt zur Etablierung eines globalen Blockchainbasierten Systems zur Digitalisierung von Handelsabläufen und einer durchgängigen Sendungsverfolgung gestartet. Das System ermöglicht es jedem Beteiligten in der Lieferkette, den Fortschritt der Waren zu verfolgen und zu verstehen, wo sich ein Container im Transit befindet. Die Beteiligten können auch den Status der Zolldokumente sowie Frachtbriefe und andere Daten einsehen. Die BCT sorgt für einen sicheren Datenaustausch. Die beiden Unternehmen erwarten, dass diese Lösung jährlich Dutzende von Millionen von Schiffscontainern erfasst. Sie hat das Potenzial, Verzögerungen und Betrug deutlich zu reduzieren, was zu Einsparungen in Milliardenhöhe in der Logistikbranche führen könnte (IBM 2017b; Gorter 2017).

Das Emirat Dubai will bis zum Jahr 2020 sämtliche Papier-Dokumente im Güter-Im- und Export durch so genannte „Smart Contracts" auf Blockchain-Basis ersetzen (Gorter 2017). Ähnliche prototypische Testanwendungen gibt es in Asien (Marex 2018).

Die Seefrachtgesellschaft ZIM hat ein Pilotprojekt zur Digitalisierung des Frachtbriefs durchgeführt. Der Frachtbrief ist eines der wichtigsten Dokumente in der Seeschifffahrt und dient als Beleg und Vertrag für die zu versendende Ware. Die auf einem Frachtbrief gespeicherten Informationen sind entscheidend, da sie alle notwendigen Details wie Sendungsbeschreibung, Menge und Ziel sowie die Handhabung und Abrechnung der Ware enthalten. Während der Erprobung eines Blockchain-basierten Systems wurden elektronische Originaldokumente erfolgreich über das dezentrale Netzwerk ausgegeben, übertragen und empfangen. Container, die von China nach Kanada verschifft wurden, wurden problemlos an die Empfänger geliefert. Obwohl sich derartige industrielle Anwendungen noch in der Pilotphase befinden, zeigen sich bereits deutlich die Vorteile der Einführung eines digitalen Frachtbriefes. Dieser könnte Lieferketten bei der Kostensenkung, der fehlerfreien Dokumentation und der schnellen Übertragung von Originaldokumenten erheblich unterstützen (Heutger 2018).

Zusammen mit Partnern hat Wal-Mart einen Blockchain-Test durchgeführt, um die Herkunft und Pflege von Lebensmitteln wie Schweinefleisch aus China und Mangos aus Mexiko zu verfolgen. Zunächst dokumentierte diese Initiative den Hersteller jedes einzelnen spezifizierten Lebensmittelprodukts, so dass Wal-Mart im Falle einer Kontamination problemlos auf jeden Fall reagieren kann. Weiterhin wurden durch den Test Mechanismen geschaffen, um die unsachgemäße Pflege von Lebensmitteln auf dem Weg vom Bauernhof zum Lager zu identifizieren und zu korrigieren. Da beispielsweise Fleischsendungen eine bestimmte Temperatur nicht überschreiten dürfen, wurden bei der Prüfung Temperaturdaten von Sensoren, die an den Lebensmitteln angebracht sind, erfasst und an das Blockchain-basierte System übertragen. Von dort aus informierten automatisierte Qualitätssicherungsprozesse die relevanten Parteien bei suboptimalen Transportbedingungen. Seit der Einführung dieses Tests hat Wal-Mart auch die Gründung einer Blockchain Food Safety Alliance angekündigt, einer umfassenden Partnerschaft zur Anwendung von Tracking, Rückverfolgbarkeit und Sicherheitsvorteilen für Lebensmittelversorgungsketten in China (IBM 2017c).

Der Volkswagen Konzern will die BCT in einem Pilotprojekt gemeinsam mit dem Unternehmen Minespider nutzen, um die Lieferkette von Blei vom Ursprung bis in die Fabrik transparent zu verfolgen. Die entwickelte Lösung basiert auf einer öffentlichen Blockchain, auf dem Lieferanten, Sub-Lieferanten und solche Akteure, die für den Abbau oder das Recycling des Rohstoffs über verschiedene Lieferketten hinweg zugreifen können und somit einen transparenten Informationsaustausch ermöglicht (Volkswagen 2019).

Die Beispiele haben allesamt gemein, dass keiner der Anwendungsfälle alleine ganzheitlich für die drei Ströme spricht. Außerdem beinhaltet keines der Beispiele offene Schnittstellen für die Vielzahl an Akteuren, Nationen und damit einhergehenden Regularien sowie Anforderungen, die für die BRI benötigt werden. Es gibt zwar verschiedene Initiativen, die Blockchain im Zusammenhang mit der BRI betrachten (Casey und Wong 2017), diese Initiativen sind jedoch weder hinreichend praxiserprobt, um für die BRI belastbare Ergebnisse zu belegen noch sind dort die

Anforderungskriterien hinreichend definiert. Entsprechend sollen im Folgenden Anforderungen und Kriterien definiert werden, die die BCT erfüllen muss, um für die BRI effizient nutzbar zu sein.

11.2.4 Weiterführende Anforderungen und Kriterien

Aktuell werden verschiedene Standards für die BCT definiert (u. a. durch Initiativen und Konsortien). Um effizient zu sein und Schnittstellenprobleme zu vermeiden, sollte dies ressortübergreifend und international einheitlich erfolgen. Ebenso ist eine einheitliche Gewährleistung der Rechtssicherheit notwendig. Entsprechend muss eine Kategorisierung von Zugriffsrechten erfolgen. Bestimmte Personengruppen oder Institutionen erhalten Lese- andere Schreibrechte, und für Dritte sind die Datensätze, oder zumindest Teile davon, komplett gesperrt. Den Datensätzen müssen entsprechend Nutzungsbedingungen von den Eigentümern mitgegeben werden, welche die Datensätze anschließend stets mitführen. Eine weitere Herausforderung ist die Absicherung von Datentransferprozessen gegen unerlaubten Zugriff/ Missbrauch. Um zu gewährleisten, dass sämtliche Teilnehmer (Personen, Unternehmen etc.) sowie die verwendeten Softwareschnittstellen bzw. die Zugriffsrechte vertrauenswürdig sind, müssen entsprechend die Hersteller und Nutzer ausnahmslos zertifiziert werden (Schütte et al. 2017).

Im Hinblick auf China und die BRI muss folglich das besondere Zusammenspiel u. a. aus Privatwirtschaft, öffentlichem Sektor und der Politik gewürdigt werden (Kurz 2017). Diese Interdependenzen, speziell für China, werden für die BRI bereits untersucht und diskutiert (Tam 2017).

Eine weitere Anforderung der BRI ist die Lösung des Konflikts zwischen Transparenz und Pseudonymen der BCT. Das Vertrauen von Blockchain fußt u. a. auf der lückenlosen Transparenz sämtlicher Transaktionen. Anderseits werden dabei üblicherweise Pseudonyme genutzt, um den Privacy-Ansprüchen gerecht zu werden. Nicht zuordnungsbare Pseudonyme sind jedoch für die BRI nicht akzeptabel. Entsprechend muss eine Lösung im Rahmen von Datenschutzverordnungen erzeugt werden, die eine hinreichende Dokumentation und Nachvollziehbarkeit zulässt, aber andererseits Einzelnen ein ausreichendes Recht auf Löschung eigener Daten einräumt (Schütte et al. 2017).

Des Weiteren wird es bei der BRI vermutlich nicht dauerhaft eine umfassende, standardisierte Variante der BCT geben. Neue Entwicklungen der BCT werden mit neuen Blockchain Anwendungen einhergehen. Diese müssen integrierte oder über Schnittstellen zur Interoperabilität eingebunden werden. Dafür sind allgemeingültige Standards für jede Schnittstelle vorab zu definieren. Ferner ist eine Blockchain Registry zu implementieren und zu pflegen, um unterschiedliche Aktivitäten sicher in eine gemeinsame Gesamtlösung zu überführen, die interoperable Operationen zulässt und als BCT sowohl für Finanztransaktionen als auch zur Materialverfolgung und zum Informationsaustausch (bspw. Qualitätssicherung) dienen kann (Schütte et al. 2017).

11.3 Explorative Untersuchung zur Nutzung der BCT in der internationalen Logistik

Wie dargestellt, sind Konzepte und die Nutzung der BCT in der lokalen Logistik nicht neu. Die Nutzung der BCT in der internationalen Logistik ist hingegen in konzeptioneller Hinsicht erst in vorläufigen Schritten angedacht und in der Praxis, insbesondere im Kontext der BRI, nicht ansatzweise umgesetzt. Um die Akzeptanz und Bedeutung der Nutzung der BCT für die BRI bei Unternehmen zu analysieren, kann dementsprechend nicht auf Querschnitts- oder auf Langfriststudien verwiesen werden. Um diesem explorativen Charakter der Problemstellung gerecht zu werden, wurden im Frühjahr 2018 drei jeweils ca. einstündige Experteninterviews durchgeführt. Die Experten wurden nach folgenden Kriterien ausgewählt: (1) Sie kommen aus verschiedenen Unternehmen und Unternehmensbereichen; (2) Sie bringen mindestens zwei der folgenden drei Kenntnisse und Erfahrungen mit: Handel mit China und Bezug zu BRI, BCT und internationale Logistik.

Die befragten Experten entstammen einem Convenience Sample. Den Autoren bekannte deutsche, international agierende Unternehmen wurden kontaktiert. Die Experten sind leitende Angestellte aus den Bereichen Produktentwicklung und Logistik in der Metallverarbeitung (Experte 1), Konstruktion China-Deutschland für einen internationalen Elektrogerätehersteller (Experte 2) und globale IT Entwicklung für ein internationales Logistikunternehmen (Experte 3).

Alle drei Experten haben Erfahrungen im Handel oder im Kontakt mit chinesischen Partnerunternehmen. Die Experten 1 und 2 haben aktuelles Wissen zur BRI, für den Experten 3 ist das Thema BRI neu. Tiefere Erfahrungen und Kenntnisse mit der BCT kann nur Experte 3 aufweisen. Dem Logistik-Experten (Experte 1) sind die Funktionen der BCT bekannt, jedoch nicht die zugrunde liegenden Technologien. Dem Experten aus dem Bereich Konstruktion (Experte 2) sind weder Technologie noch Funktionen bekannt. Dem Experten 3 sind die bereits genannten internationalen BCT-Logistik Projekte bekannt.

In den befragten Unternehmen gibt es keine Experten, die ein umfassendes domänenspezifisches Wissen zu den Thema BRI, BCT und internationale Logistik vereinen. Auch gibt es in den befragten Unternehmen keine Arbeitsgruppen, in denen Mitarbeiter aus verschiedenen Bereichen und mit Expertise BRI und BCT zusammenarbeiten. Wohl aber gibt es Arbeitsgruppen und Experten, die sich mit Teilgebieten, wie BCT und internationale Logistik (Experte 3) oder China und Logistik (Experten 1 und 2) beschäftigen.

Die Experten 1 und 3, die mit der BCT vertraut sind, erwarten durch die Einführung der BCT in die internationale Logistik vor allem eine Reduktion der papierbasierten Dokumentation und ein damit einhergehendes effizienteres Dokumentenmanagement. Experte 3 zeigt auf, dass die BCT für einige Unternehmen und für technologisch nicht entwickelte Länder zu einem Technologiesprung führen kann, indem bestehende oder veraltete Technologiestandards übersprungen werden. Dies würde zu einer allgemeinen Verbesserung der Prozesse in der internationalen Logistik beitragen. Der Beitrag der BCT zur Transparenz über die Lieferkette wird nicht einheitlich bewertet, da ein elektronisches Tracing und Tracking bereits als etabliertes Verfahren in der Logistik gesehen wird. Dass BCT einen positiven Beitrag zum Zahlungsverkehr leisten kann, wird eher verneint, da eine internationale, standardisierte Implementierung nicht gesehen wird, weil die Entscheidungen zur Einführung von BCT im Zahlungsverkehr auf nationaler staatlicher Ebene stattfinden und nicht einer unternehmerischen Logik folgen.

Einheitlich von den Experten wird gesehen, dass BCT zur Datensicherheit beitragen kann. Dies wird auch positive Auswirkungen auf die Vermeidung von Plagiaten und Fälschungen, auf Planungssicherheit und auf Informationsasymmetrien im Generellen haben. Experte 1 sieht hierüber hinaus Potenziale im Abbau von Sprachbarrieren.

Die Hauptprobleme der Nutzung von BCT in der internationalen Logistik werden in den mangelnden Praxisanwendungen und Best Practices gesehen und, wie die Interviews zeigen, in deren mangelnden Kenntnis. Die mangelnde Akzeptanz bei Behörden und Unternehmen durch fehlendes Vertrauen wird von zwei der Experten als Hinderungsgrund zur Einführung von BCT in der internationalen Logistik gesehen. Der Schwerpunkt liegt hier vor allem auf der Gewährleistung der Datensicherheit. Weiterhin wird bezweifelt, dass sich internationale, einheitliche Logistikstandards durchsetzen können.

Nach der Frage, welche Bedeutung BCT für die BRI haben wird, kommen die Experten zu unterschiedlichen Ergebnissen. Experte 1 sieht die Technologie als sinnvolle Ergänzung an, Experte 2 kann die Bedeutung nicht genau benennen und Experte 3 ist der Meinung, dass die BCT keine Rolle für den Erfolg der BRI haben wird. Die BCT wird also keineswegs als entscheidender Faktor in der Realisierung von BRI gesehen. Experte 3 argumentiert, dass internationale Logistikstandards nicht von Technologien vorgegeben werden können, sondern von Unternehmen und Institutionen definiert und akzeptiert werden.

Die größten Potenziale der BCT in der BRI werden in der Reduktion der Anzahl von (papiergebundenen) Transaktionen und in der Reduktion von Durchlaufzeiten gesehen. Weiterhin sieht Experte 3 BCT als Instrument zur Bekämpfung von Korruption und Bestechung.

11.4 Diskussion von BCT und Industrie 4.0 in Supply Chains

11.4.1 Integration von BCT und Industrie 4.0

Die BCT basiert auf den Methoden der Objekterfassung, wie beispielsweise Barcodes, weil zu jedem Objekt ein digitaler Zwilling vorhanden sein muss, um in einem Blockchain-basierten Netzwerk abgebildet werden zu können. Die BCT ist somit zwar keine Möglichkeit der Objekterfassung im engeren Sinn, sie bietet aber einen wesentlichen Beitrag zur Verfolgung von Objekten (Bauer et al. 2019). Zur Anwendung der BCT sind demnach Techniken zur Erkennung von Produkten erforderlich, die im Rahmen von Industrie 4.0-Aktivitäten bereits in vielen Unternehmen Einzug gefunden haben. Sogenannte Smart Devices können heutzutage sicher mit Produkten verbunden oder in diese eingebettet werden, um autonom Daten über den Zustand des Artikels aufzuzeichnen und zu übertragen (Heutger 2018).

Durch den Einsatz dieser Technologien in der Supply Chain eröffnen sich auch im Bereich der wertschöpfenden Tätigkeiten interessante Anwendungsfelder. Produzierende Unternehmen können sie nutzen, um Teile eindeutig zu identifizieren, um zu erkennen, wann welches Teil wo bearbeitet wurde oder um eine effiziente Produktion kleiner Losgrößen sicherstellen zu können. Weiterhin können die Technologien der Industrie 4.0 ebenso zur Automatisierung von Machine-to-Machine-Zahlungen verwendet werden. Ein möglicher Anwendungsfall sind verbundene Maschinen, die den Preis auf der Grundlage der durchgeführten Arbeitsschritte verhandeln und ausführen. Das zukünftige Potenzial der BCT im Anwendungsfeld der Supply Chain in Kombination mit den Möglichkeiten der Industrie 4.0 ist zusammenfassend als sehr hoch einzuschätzen. Beispielsweise können Güter zukünftig selbstständig ihren jeweils aktuellen Lieferstatus melden, sodass die Lieferung automatisch geprüft und die Bezahlung angestoßen wird (Heutger 2018).

Die Anwendung von Techniken zur Objekterkennung und -erfassung bildet einerseits die Grundlage zum Einsatz der BCT. Andererseits ergeben sich zusätzliche Handlungsmöglichkeiten durch den gleichzeitigen Einsatz in produzierenden Unternehmen entlang der New Silk Road. Beispielsweise ist es denkbar, dass in China Basiskomponenten hergestellt und diese auf dem Weg nach Europa kundenindividuell entlang der New Silk Road mithilfe der in diesem Abschnitt erwähnten Techniken mit minimalsten oder im besten Fall gar keinem manuellen Steuerungsaufwand veredelt werden. Die Lieferzeiten entlang der Supply Chain könnten auf diese Weise genutzt werden, um den zunehmenden Bedürfnissen nach kundenindividuellen Produkten gerecht zu werden. Entlang der New Silk Road würden dann zusätzlich zu den Logistik-Hubs auch produzierende Unternehmen entstehen. Die BCT würde in diesem Fall nicht ausschließlich als Enabler für eine reibungslose Logistik fungieren, sondern ebenso dazu beitragen, die Wertschöpfung entlang der New Silk Road sicher, transparent und effizient zu gestalten. Durch die Kombination von BCT in der New Silk Road mit Anwendungen aus dem Umfeld der Industrie 4.0 kann in diesem Zusammenhang von einer holistischen Supply Chain oder der New Silk Road 4.0 gesprochen werden.

Weiterhin kann die Blockchain in Bezug auf fehlerhafte Rechnungslegung oder -stellung in Kombination mit den Technologien der Industrie 4.0 in der Logistikbranche zukünftig intelligentere Logistikverträge ermöglichen. So kann beispielsweise eine angeschlossene Palette bei der Lieferung automatisch die Bestätigung und den Lieferzeitpunkt sowie den Zustand der Ware an das Blockchain-basierte System übermitteln. Das System kann dann automatisch die Lieferung verifizieren sowie überprüfen, ob die Ware gemäß den vereinbarten Bedingungen geliefert wurde und korrekte Zahlungen an die entsprechenden Parteien freigeben, was die Effizienz und Integrität deutlich erhöht (Heutger 2018).

11.4.2 Risiken und Widerstände zur BCT

Die größten Risiken für die Einführung der BCT im Rahmen von Supply Chain Projekten können analog zu einer aktuellen Studie von PWC abgeleitet werden. Als die drei Haupthindernisse werden die Unsicherheit in Bezug auf die Regulierung (48 %), mangelndes Vertrauen der Nutzer in System und Prozesse (45 %) sowie die begrenzte Fähigkeit, das Netzwerk mit sämtlichen Akteuren zusammenzuführen (44 %), gesehen (PWC 2018). Speziell die Vielzahl der Akteure erfordert entweder ein sehr komplexes, ganzheitliches System oder offene Schnittstellen für die Vielzahl an Akteuren, Nationen und damit einhergehenden Regularien sowie Anforderungen, die für die BRI benötigt werden. Diese Schnittstellen verstärken die Herausforderung zur Absicherung von Datentransferprozessen gegen unerlaubten Zugriff und Missbrauch. Es ist zu gewährleisten, dass sämtliche Akteure (Personen, Unternehmen etc.) sowie die verwendeten Softwareschnittstellen bzw. die Zugriffsrechte stets vertrauenswürdig/zertifiziert sind. Die Teilnehmer der PWC Studie erwarten, dass China in drei bis fünf Jahren die führende Position in Bezug auf die Entwicklung und Anwendung von BCT einnehmen wird. Für die BRI kann dies einerseits von Vorteil sein, andererseits erhöht es das Risiko, dass speziell China mit seinen Beschränkungen des freien Datentransfers selbst zum Hemmnis der BCT für die BRI wird.

Es gibt noch viele technische und rechtliche Fragestellungen, die es zu lösen gilt. Beispielsweise steigt durch das redundante Speichern von Transaktionen in der Blockchain und die dezentrale Verteilung der Daten die Anzahl der zu verarbeitenden Daten und damit der Bedarf an Speicherkapazitäten und Energie rasant an (Gmür und Göbel 2018).

Nach einer Bitkom-Umfrage aus dem Jahr 2017 hat bis zu diesem Zeitpunkt gerade einmal ein Drittel der Automobilhersteller und -zulieferer von der BCT für den Einsatz in Unternehmen gehört. Themen wie Big Data (96 %), 3D-Druck (92 %) oder das Internet of Things (73 %) sind deutlich besser bekannt. Auf die Frage, was gegen eine Einführung der Blockchain-Technologie spricht wurden die Kosten (60 %), die unklare rechtliche Situation (43 %) und das fehlende Know-how (29 %) benannt (Grupp 2018).

Eine der wesentlichen Herausforderung liegt in den noch fehlenden Industrie- bzw. Branchenstandards der BCT. Heute existieren zwar zahlreiche Pilotprojekte, die an Lösungen arbeiten (Gmür und Göbel 2018). Ein einheitlicher Blockchain-Standard für die Supply Chain existiert jedoch nicht. Insgesamt liegen bislang nur wenig Erfahrungswerte vor, sodass Schwächen und Herausforderungen der BCT wohlmöglich noch weitestgehend unbekannt sind und wenig konkret benannt werden können (Heutger 2018).

11.5 Fazit und Ausblick auf weitere Forschungsaktivitäten

Die Literatur belegt, dass der internationale Handel von der Qualität nationaler logistischer Systeme abhängt (Önsel Ekici et al. 2016). Abgesehen von dem Hype um die Blockchain ist es erforderlich, dass die Logistikbranche neue Technologien nutzen und Wege finden muss, alte Prozesse im digitalen Zeitalter zu überdenken (Heutger 2018).

Logistikprojekte, die die BCT nutzen, versprechen einen Vorteil für die internationale Logistik, insbesondere hinsichtlich grenzüberschreitender Prozesse und Standards. Blockchain Anwendungen müssen integriert oder über Schnittstellen zur Interoperabilität eingebunden werden. Dafür sind allgemeingültige Standards für jede Schnittstelle vorab zu definieren. Prozesse können wohl durch die Einführung von BCT effizienter gestaltet werden, insbesondere auch durch den Abbau von papierbasierten Prozessen, aber die Einführung von internationalen einheitlichen Standards durch BCT wird von den befragten Experten als kritisch betrachtet.

Der aktuellen Einführung der BCT in BRI steht weiterhin entgegen, dass in den Unternehmen kein umfassendes domänenspezifisches Wissen zur BRI und zur BCT vorherrscht.

Die BRI verknüpft eine Vielzahl von Schwellenländern im asiatischen Raum (Percoco 2014; Bensassi et al. 2015). Dies geht einher mit unterentwickelten Technologien und Verfahren. In der Einführung der BCT wird diesbezüglich ein positiver Beitrag darin gesehen, dass Schwellenländern und deren Akteure mit Hilfe der BCT einen Technologiesprung durchführen und damit auf das technologische Niveau entwickelter Länder aufschließen können. Ob jedoch mit der Einführung der BCT die Komplexität der Güter-, Informations- und Zahlungsströme generell reduziert wird ist fraglich. Standards auf verschiedensten Ebenen, wie dem Spurenmaß von Eisenbahnstrecken oder dem Wiegen von Containern werden auf nationaler Ebene bestimmt – auch nach der möglichen Einführung einer BCT.

Die befragten Experten, Praxisprojekte und die Literatur (Schütte et al. 2017) zeigen, dass BCT sehr wohl Transparenz im Transport schaffen und Verwaltungs- und Kontrollaufwand reduzieren kann, insbesondere durch die Digitalisierung von Dokumenten und deren Austausch. BCT kann entsprechend einen Beitrag zur Effizienz von Informations- und Warenflüssen liefern. Die Koordination von Finanzflüssen (Kaupp und Giera 2018) kann aber nach den Experten nicht aus technologischen Innovationen aus der internationalen Logistik getrieben werden. Dies ist jedoch nicht tragisch, da mit zunehmender Akzeptanz der BCT große Unternehmen neue Standards setzen werden und diese nicht zwangsläufig aus der Logistikbranche kommen müssen. So hat beispielsweise der Sportwagenhersteller Porsche eigenständig dafür gesorgt, dass ab April 2019 elf Prozent der Sportwagen per Schienenverkehr entlang der New Silk Road nach China exportiert werden, ohne dass dazu bereits Standards aus der internationalen Logistik bekannt waren. Der Vorteil für Porsche ist dabei, dass die Transportdauer um etwa drei Wochen verkürzt werden kann (Porsche 2019).

Ähnlich wie bei Facebook steigt daher der Wert der Blockchain-Community, wenn sie von einer wachsenden Anzahl relevanter Interessengruppen angenommen wird. Aufgrund der unterschiedlichen digitalen Einsatzbereitschaft und der anfänglichen Anforderung, den gegenseitigen Nutzen einer Blockchain-basierten Zusammenarbeit zu erkennen, wird es jedoch zunächst schwierig sein, ein gemeinsames Engagement der unterschiedlichen Interessengruppen zu erreichen (Heutger 2018).

Somit bedarf es eines kontinuierlichen Aufzeigens der Potenziale und dem Sammeln von konkreten Erfahrungswerten, um die BCT im Anwendungsfeld der Supply Chain zukünftig breiter einzusetzen (Kümmerlen 2018).

Weiterhin ist herauszustellen, dass es mehr Grundlagenforschung in dem Bereich der Integration von BCT in die Supply Chain bedarf. Für Unternehmen der Logistikbranche können dadurch gesteigerte Gewinne und Aufwandsreduzierungen entstehen; gleichzeitig entstehen aber auch neue Herausforderungen. Vor diesem Hintergrund stellt sich die Frage, wie mit der Vielzahl der erhobenen Daten umgegangen wird und an welcher Stelle Big Data-Analysen in der Logistik an ihre Grenzen stoßen werden. In derartigen Analysen sollte der Fokus auf die automatische Datenerhebung und die Nutzbarkeit dieser Daten gelegt werden. Es gilt zu hinterfragen, wie bestehende Datenbestände mit neuen Daten in Beziehung gesetzt werden können und wie diese mithilfe von Algorithmen der Künstlichen Intelligenz genutzt werden können, um zu neuen Erkenntnissen für zukunftsfähige Geschäftsmodelle im Bereich der Supply Chain zu gelangen (Bauer et al. 2019).

Nur wenn die Bereiche der Technik sowie der Organisation um diese Technik herum parallel und synchronisiert betrachtet werden, können anwendungsnahe Lösungen entstehen. Diese können zur Optimierung der Prozesse in der Supply Chain beitragen und die Bedeutung der BCT somit für die Gestaltung der Logistik der New Silk Road erhöhen (Bauer et al. 2019).

Literatur

Aybar S, Gürel M (2018) China's outward foreign direct investment along „belt and road initiative". Florya Chronicles Polit Econ 4:89–105

Bauer M, Bienzeisler B, Rohm M (2019) Track and Trace Technologien im Überblick. Fraunhofer IAO, Stuttgart

Behrend C (2017) Die Blockchain-Bonanza. Deutsche Verkehrs-Zeitung. https://www.dvz.de/rubriken/digitalisierung/detail/news/die-blockchain-bonanza.html. Zugegriffen am 11.12.2017

Bensassi S, Márquez-Ramos L, Martínez-Zarzoso I, Suárez-Burguet C (2015) Relationship between logistics infrastructure and trade: evidence from Spanish regional exports. Transp Res A Policy Pract 72:47–61

Casey M J, Wong P (2017) Global Supply Chains Are About to Get Better, Thanks to Blockchain. https://hbr.org/2017/03/global-supply-chains-are-about-to-get-better-thanks-to-blockchain

Chin H, He W (2016) The belt and road initiative: 65 countries and beyond. Fung Business Intelligence Centre, Kowloon

Eberle P (2018) Blockchain zur Rationalisierung des Supply-Chain-Managements. Concierge. https://coincierge.de/2018/blockchain-zur-rationalisierung-des-supply-chain-managements/. Zugegriffen am 23.04.2018

Economist T (2015) The promise of the blockchain: the trust machine. The Economist. https://www.economist.com/leaders/2015/10/31/the-trust-machine. Zugegriffen am 30.08.2019

Gartner T (2018) Blockchain potential and pitfalls. Gartner Webinars. https://www.gartner.com/webinar/3878710. Zugegriffen am 09.09.2018

Gmür A, Göbel A (2018) Der Teufel steckt im Detail. Deutsche Verkehrs-Zeitung. https://www.dvz.de/rubriken/digitalisierung/detail/news/blockchain-der-teufel-steckt-im-detail.html. Zugegriffen am 30.08.2019

Gorter G-J (2017) Blockchain in der Logistik: Aufbruch ins „Internet der sicheren Transaktionen". BVL Blog. Bundesvereinigung Logistik

Grupp M (2018) Die zukünftige Rolle der Blockchain in der Beschaffungslogistik. Eine Verkettung glücklicher Umstände. Beschaffung aktuell. https://beschaffung-aktuell.industrie.de/einkauf/eine-verkettung-gluecklicher-umstaende/. Zugegriffen am 30.08.2019

Heutger M (2018) Blockchain in logistics. Perspectives on the upcoming impact of blockchain technology and use cases for the logistics industry. https://www.logistics.dhl/content/dam/dhl/global/core/documents/pdf/glo-core-blockchain-trend-report.pdf. Zugegriffen am 19.06.2019

IBM (2017a) Maersk and IBM unveil first industry-wide cross-border supply chain solution on blockchain. https://www-03.ibm.com/press/us/en/pressrelease/51712.wss. Zugegriffen am 20.06.2019

IBM (2017b) Maersk and IBM team to deliver global trade digitization solution for shipping. https://www-03.ibm.com/press/us/en/photo/51717.wss. Zugegriffen am 20.06.2019

IBM (2017c) Walmart, JD.com, IBM and Tsinghua University launch a blockchain food safety alliance in China. https://www-03.ibm.com/press/us/en/pressrelease/53487.wss. Zugegriffen am 20.06.2019

Kaupp F, Giera E (2018) Zahlungsverkehr: vom Überweisungsträger zu Instant Payments. In: Brühl V, Dorschel J (Hrsg) Praxishandbuch Digital Banking. Springer Gabler, Wiesbaden, S 227–258

Kille C, Schmidt T, Stölzle W (2018) Reifegrad und Wertbeitrag entscheiden. Deutsche Verkehrs-Zeitung. https://www.dvz.de/rubriken/logistik/detail/news/reifegrad-und-wertbeitrag-entscheiden.html. Zugegriffen am 30.08.2019

Kinra A (2015) Environmental complexity related information for the assessment of country logistics environments: implications for spatial transaction costs and foreign location attractiveness. J Transp Geogr 43:36–47

Kümmerlen R (2018) Die Krux mit der neuen Technik. Deutsche Verkehrs-Zeitung. https://www.dvz.de/rubriken/meinung/detail/news/die-krux-mit-der-neuen-technik.html. Zugegriffen am 30.08.2019

Kurz HD (2017) Auf der Schwelle zur „Vierten Industriellen Revolution". Springer Wirtschaftsdienst 97(11):785–792

Linnhoff-Popien C, Widmann A (2018) Blockchain – Zum Geleit. Digitale Welt 2:26–28

Marex (2018) Blockchain tested along China's Southern Transport Corridor, The Maritime Executive. https://www.maritime-executive.com/article/blockchain-tested-along-china-s-southern-transport-corridor#gs.eGgcX3A. Zugegriffen am 24.02.2018

Mearian L (2018) Blockchain will be the killer app for supply chain management in 2018.computerworld. https://www.computerworld.com/article/3249252/blockchain-will-be-the-killer-app-for-supply-chain-management-in-2018.html. Zugegriffen am 19.06.2019

Noonan L (2018) MasterCard keeps options open on cryptocurrencies. Financial Times Ltd. https://www.ft.com/content/9afa9f4c-2772-11e8-b27e-cc62a39d57a0. Zugegriffen am 20.06.2019

Önsel Ekici Ş, Kabak Ö, Ülengin F (2016) Linking to compete: logistics and global competitiveness interaction. Transp Policy 48:117–128

Percoco M (2014) Quality of institutions and private participation in transport infrastructure investment: evidence from developing countries. Transp Res A Policy Pract 70:50–58

Porsche (2019) Südchinesische Porsche-Kunden kommen schneller zum Zug. speed-magazin. http://www.speed-magazin.de/cars/news/s%C3%BCdchinesische-porsche-kunden-kommen-schneller-zum-zug_67391.html. Zugegriffen am 30.06.2019

PWC (2018) PwC's global blockchain survey. https://www.pwc.com/gx/en/issues/blockchain/blockchainin-business.html. Zugegriffen am 12.09.2018

Schmid S, Brockmann C (2006) Marktübersicht: Tracking & Tracing Lösungen in der Logistik. PPS Manag 11:52–61

Schütte J, Fridgen G, Prinz W et al (2017) Blockchain und Smart Contracts: Technologien, Forschungsfragen und Anwendungen. Fraunhofer-Gesellschaft, München

Tam B (2017) An investigation of how the adoption of blockchain in the one belt, one road initiative will impact China's economy. https://tambrian.wordpress.com/2017/11/21/an-investigation-of-how-the-adoption-of-blockchain-in-the-one-belt-one-road-initiative-will-impact-chinas-economy/. Zugegriffen am 20.06.2019

The diplomat (2017) Rajoy to attend new Silk Road international forum in May in China. https://thediplomatinspain.com/en/2017/04/rajoy-to-attend-new-silk-road-international-forum-in-may-in-china/. Zugegriffen am 26.06.2019

The Economic Times (2017) China to invest $800 billion in belt and road initiative over next five years. https://economictimes.indiatimes.com/news/international/business/china-to-invest-800-billion-in-belt-and-road-initiative-over-next-five-years/articleshow/58656367.cms. Zugegriffen am 19.06.2019

US Special Delivery (2017) How many trucking companies in the USA? https://www.usspecial.com/how-many-trucking-companies-in-the-usa/. Zugegriffen am 19.06.2019

Volkswagen (2019) Von der Mine bis zur Fabrik: Volkswagen macht mit Blockchain die Lieferkette transparent. https://www.volkswagen-newsroom.com/de/pressemitteilungen/von-der-mine-bis-zur-fabrik-volkswagen-macht-mit-blockchain-die-lieferkette-transparent-4883. Zugegriffen am 20.06.2019

Westerheide C (2018) Transparenz vom Acker bis zum Kunden. Deutsche Verkehrs-Zeitung. http://www.genios.de/fachzeitschriften/artikel/DVZ/20181017/transparenz-vom-acker-bis-zum-kunde/15237045.html. Zugegriffen am 30.08.2019

Zhang W, Alon I, Lattemann C (2018) China's belt and road initiative. Changing the rules of globalization. Palgrave Macmillan, Cham

Prof. Dr.-Ing. Steffen C. Eickemeyer ist seit 2017 Professor of Lean Management an der Jacobs University Bremen. Er promovierte im Bereich Maschinenbau an der Leibniz Universität Hannover und arbeitet parallel bei der Cylad Consulting GmbH. Der Fokus seiner Arbeit liegt auf der Optimierung von Geschäfts- und Wertschöpfungsprozessen in der gesamten Supply Chain. Von der American Society for Quality (ASQ) wurde er zum Certified Lean Six Sigma Black Belt ernannt. Er hat an internationalen Universitäten wie der China University of Petroleum gelehrt und über 40 Publikationen in international renommierten wissenschaftlichen Zeitschriften und auf Konferenzen veröffentlicht.

Prof. Dr. Christoph Lattemann ist Professor für Betriebswirtschaftslehre und Informationsmanagement an der Jacobs University Bremen und Professor für Entrepreneurship an der Universität Agder, Norwegen. Sein Forschungsbereich umspannt die zwei zentralen Trends: Digitale Transformation und Globalisierung. Er ist Gründer und Direktor des Design Thinking Labs (D-Forge) und Direktor des Jacobs Research Center for the Studies of China and Globalization. Seit 2002 hat er an verschiedensten renommierten internationalen Universitäten wie der Harvard University, der Stanford University und der Copenhagen Business School gelehrt und geforscht. Er hat 12 Bücher und über 180 Publikationen in international renommierten, wissenschaftlichen Zeitschriften und auf Konferenzen veröffentlicht.

Prof. Dr. Tilo Halaszovich ist seit 2017 Professor of Global Markets and Firms an der Jacobs University Bremen. Seine Forschungsarbeiten befassen sich insbesondere mit Investitionen in Schwellenländern sowie dem Einfluss von institutionellen und kulturellen Unterschieden auf den wirtschaftlichen Erfolg dieser Investitionen.

Dr.-Ing. Jan Busch promovierte im Bereich Maschinenbau an der Leibniz Universität Hannover. Er arbeitet als Leiter der mechanischen Konstruktion bei einem deutschen Hersteller von Haushalts- und Gewerbegeräten. Von der American Society for Quality (ASQ) wurde er zum Certified Lean Six Sigma Black Belt ernannt.

Blockchain in der maritimen Logistik

12

Robert Stahlbock, Leonard Heilig, Philip Cammin und Stefan Voß

Zusammenfassung

Dieser Artikel beschreibt verschiedene Einsatzmöglichkeiten der Blockchain-Technologie in der maritimen Logistik. Die Zahl der interessierten Akteure in dieser Branche ist in den letzten Jahren stark gestiegen. Neben den gewohnten Spielern am Markt versuchen Startups Nischen zu belegen, indem Konzepte aus den Bereichen künstliche Intelligenz, Automatisierung und Blockchain miteinander verknüpft werden. Wegen der fragmentierten Struktur dieses globalen Marktes ist es allerdings schwer einzuschätzen, wann die notwendigen Voraussetzungen (bspw. Gesetzesänderungen) für den Einsatz von Lösungen, die auf Blockchain-Technologien basieren, geschaffen werden können. Abgesehen von organisatorischen und technischen Aspekten ist ebenfalls entscheidend, wie die unterschiedlichen Akteure auf angebotene Lösungen reagieren, beziehungsweise, unter welchen Bedingungen Akteure in der maritimen Logistik überhaupt willens und fähig sind, Blockchain-Technologie einzusetzen und welche Risiken es gibt, welche Kosten entstehen, und nicht zuletzt auch, welchen Nutzen man realistisch erwarten kann. Der Einsatz großer Blockchain-Netzwerke wird in der Branche für die nächsten Jahre noch nicht als realistisch gesehen, eher in 10 bis 15 Jahren. Möglicherweise wird es auch nur Hybrid-Lösungen geben, denn im Vordergrund stehen sinnvolle Anwendbarkeit und erzielbarer Nutzen, nicht der Einsatz nur wegen der Verfügbarkeit der Technologie.

Überarbeiteter Beitrag basierend auf Stahlbock et al. (2018) Blockchain in der maritimen Logistik, HMD – Praxis der Wirtschaftsinformatik Heft 324, 55(6): 1185–1203.

Die aktualisierten Versionen der Kapitel finden Sie unter
https://doi.org/10.1007/978-3-658-28006-2_12

R. Stahlbock · L. Heilig (✉) · P. Cammin · S. Voß
Institut für Wirtschaftsinformatik – IWI (Institute of Information Systems),
Universität Hamburg, Hamburg, Deutschland
E-Mail: robert.stahlbock@uni-hamburg.de; leonard.heilig@uni-hamburg.de; philip.cammin@uni-hamburg.de; stefan.voss@uni-hamburg.de

© Springer Fachmedien Wiesbaden GmbH, ein Teil von Springer Nature 2020
H.-G. Fill, A. Meier (Hrsg.), *Blockchain*, Edition HMD,
https://doi.org/10.1007/978-3-658-28006-2_12

Schlüsselwörter

Blockchain · Maritime Logistik · Bill of Lading · Smart Contracts · Digitale Transformation

12.1 Einleitung

Blockchain-Technologie wird in der Wirtschaftsinformatik als ökonomischer Meilenstein betrachtet (siehe Deloitte 2019). Es werden Zukunftsszenarien skizziert, in denen die Blockchain für die Nutzer von (neuen) Services nicht direkt sichtbar ist, diese Services im Rahmen der digitalen Transformation mittels Blockchain jedoch grundlegend anders gestaltet werden können. Damit wird das Angebot von neuen Services möglich, die auf einer dezentralen und offenen Architektur aufbauen. Das in der Öffentlichkeit dominierende Thema im Bereich der Blockchain-Technologie im Finanzwesen ist immer noch die Anwendung bei Kryptowährungen wie Bitcoin. In der maritimen Logistik fehlt bislang eine im öffentlichen Interesse stehende Anwendung. Dabei sind in den letzten Jahren Vereinigungen wie die Blockchain in Transport Alliance (BiTA) und zahlreiche Startups entstanden, welche Blockchain-Technologie als essentiellen Bestandteil von Lösungen im Bereich der maritimen Logistik einsetzen. Eine Reihe von Pilotprojekten unter Beteiligung größerer Akteure am Markt (Microsoft, Samsung, Maersk, Hafen von Rotterdam) zeigt zum einen, dass das ToDo auch in der maritimen Logistik ernst genommen wird und unterschiedliche Anwendungsmöglichkeiten ausgetestet werden. Zum anderen macht dieser Umstand deutlich, dass die Anwendbarkeit in der Praxis noch nicht abschließend beurteilt werden kann. Die maritime Logistik betrachtet den Seetransport von Gütern vom Produktionsort zum Verbrauchsort unter Berücksichtigung von Aspekten und Eigenschaften entlang der Wertschöpfungs- und Lieferkette, die unter anderem Einfluss auf die Kosten, Zuverlässigkeit und Wertschöpfung haben. Im Zentrum der maritimen Logistik steht das Konzept der Integration, sei es physisch, ökonomisch/strategisch oder organisatorisch (Panayides 2006).

Blockchain, Distributed-Ledger-Technologie (DLT) und Smart Contracts eröffnen neue Möglichkeiten zur Verbesserung dieser Integrationsformen, indem eine erhöhte Transparenz, Automatisierung, Vollständigkeit und Standardisierung in Bezug auf Informationsflüsse unterstützt werden. Wenngleich ähnliche Ansätze zur Integration gefunden werden können, so gewährleisten die genannten Technologien, dass essentielle Sicherheitsprinzipien in Bezug auf die Authentizität, Validität und Integrität von Transaktionen berücksichtigt werden. Diese Transaktionen beziehen sich nicht nur auf Änderungen an Dokumenten und den Informationsaustausch zwischen beteiligten Akteuren, sondern nunmehr auch auf die Kommunikation von physischen Gegenständen mittels entsprechender Informationstechnologien (IT), intensiv diskutiert im Rahmen von Logistik 4.0, „Cyber-Physical Logistics Systems" und dem Internet der Dinge. Die genannten Potentiale haben zu einer Vielzahl von Anwendungsbeispielen und Projekten im Bereich der maritimen Industrie geführt. Insbesondere für die Etablierung eines elektronischen Konnossements (Bill of Lading, B/L bzw. e-B/L oder eBL) geht ein großes Innovationspotential von der Blockchain aus (siehe z. B. Takahashi 2016; Korpela et al. 2017). Bis dato ist es nicht gelungen, dieses wichtige Frachtdokument vollständig zu digitalisieren, nicht zuletzt aufgrund von rechtlichen Aspekten (Bury 2016). Daher werden fortwährend Papierdokumente in erheblichem Umfang produziert, die zu hohen Kosten, Ineffizienz und Fehleranfälligkeit führen. Führende Schifffahrtsunternehmen wie Mærsk und Evergreen (siehe z. B. Port Technology 2016, 2018b) haben erst kürzlich entsprechende Projekte initiiert. Eingebunden ist diese Entwicklung in die laufende Diskussion zur Digitalisierung papiergebundener Prozesse bis hin zur erweiterten Generierung und Definition neuer Prozesse auf Basis digitaler Innovationen im Rahmen der weiter gefassten digitalen Transformation (siehe z. B. Heilig et al. 2017a).

In diesem Artikel[1] werden zunächst Anwendungsfälle und Nutzungspotentiale von Blockchain in der maritimen Logistik, inbesondere der Containerlogistik, in Kap. 2 aufgezeigt. Als Beispiel für eine bislang misslungene Digitalisierung in den letzten Jahrzehnten liegt der Schwerpunkt dabei auf der B/L. Dazu wird geprüft, welche rechtlichen und organisatorischen Anforderungen an ein elektronisches Pendant gestellt werden und ob Blockchain-Technologie diese Anforderungen erfüllen kann. Desweiteren werden Anwendungsfälle hinsichtlich der Frachtverfolgung und -dokumentation, Nutzungspotentiale von Smart Contracts, sowie Aspekte von Cyber Security betrachtet. Das Kapitel schließt mit den Anwendungsfällen der Bewertung von Geschäftspartnern und kollaborativen Plattformen ab. In Kap. 3 findet eine Beurteilung und Diskussion eines Blockchain-Einsatzes in der maritimen Logistik statt, die auch aktuelle Begebenheiten in der Branche aufgreift. Der Artikel endet mit einem Ausblick in Kap. 4.

12.2 Anwendungsfälle der Blockchain-Technologie in der maritimen Logistik

Die klassische Blockchain, wie sie bspw. für die Kryptowährung „Bitcoin" eingesetzt wird, ist offen. Sie ist „public" und „permissionless". Jeder kann ohne Zugangskontrolle Teil des Blockchain-Netzwerks werden, alle Teilnehmer sind rechtlich gleichgestellt. Der Anwendungskontext der maritimen Logistik ist allerdings anders als der einer Kryptowährung. In vielen Anwendungen muss die Aufnahme von Teilnehmern reguliert werden, so dass nur bestimmte Akteure mit berechtigtem Interesse – üblicherweise die an der Supply Chain Beteiligten – Teil des „privaten" Blockchain-Netzwerks werden dürfen (siehe dazu auch Abschn. 12.3.1). Ferner gibt es entlang der Supply Chain eine Vielzahl an Rollen der Beteiligten, so dass sich auch die Berechtigungen der verschiedenen Benutzer oftmals unterscheiden. Es bietet sich also in erster Linie eine zugangskontrollierte (permissioned) Blockchain an.

In Loop (2016) wird festgestellt, dass sich die traditionelle Supply Chain zu einem ineffizienten System (zurück)entwickelt habe, in dem Beteiligte mit Silo-Denken nicht mehr die Bedürfnisse der Geschäftspartner verstehen. Blockchain-

---

[1] Dieser Artikel stellt eine überarbeitete und erweiterte Fassung aus der HMD No. 324 dar. Ziel war, jüngere Entwicklungen im Bereich der Anwendungsmöglichkeiten von Blockchain in der maritimen Logistik einzubeziehen.

Technologie sei nun eine Infrastruktur für die Supply Chain basierend auf einem Netzwerk für „shared value", welches zum Beispiel Nachvollziehbarkeit, Unveränderlichkeit, Unverfälschtheit und Sicherheit garantiere. Aus verschiedenen Gründen gehört die Transport- und Logistikindustrie zu den bislang am wenigsten digitalisierten Branchen. Unter dem Schlagwort Logistik 4.0 sollen letztlich alle Akteure von Supply Chains durchgängig vernetzt und digitalisiert sein. Mit Einsatz von Blockchain-Technologie als „Katalysator" könnten Prozessautomatisierung erhöht und eine bessere Datenhandhabung erreicht werden, die letztlich deutliche Effizienzgewinne ermöglichen. Analog dazu basiert die Idee, die Blockchain-Technologie in der maritimen Logistik (oder spezieller: in der Container-Logistik) einzusetzen, in der Annahme, dass damit nennenswerte Fortschritte und Verbesserungen in Unternehmen erzielbar sind. Es müssen also Potentiale dafür erkannt werden, die sich aus den Eigenschaften einer Blockchain ergeben. Zu nennen sind dabei verteilte Konsensbildung, Abbildung und Transfer von Werten, Smart Contracts nebst Automatisierung und Irreversibilität sowie Fehlervermeidung. Unklar ist derzeit, ob es bei Blockchain lediglich um einen Hype geht mit überwiegend Visionen, Theorien und Konzepten, oder ob daraus verstärkt auch funktionierende und nutzenbringende Anwendungen werden. Dieses Kapitel beschreibt den derzeitigen Stand der Diskussion.

12.2.1 Bill of Lading

Der Austausch von Informationen in der Seefahrt geschieht in Teilen nach wie vor mit Hilfe von Papierdokumenten und verursacht erhebliche Kosten (Heilig et al. 2017b). Sollen Waren über den Seeweg von einem Sender zu einem Empfänger transportiert werden, sind dabei verschiedene Akteure tätig. Hierzu gehören mindestens ein Befrachter, mit dem ein Transportvertrag geschlossen wird, und ein Verfrachter, der die Waren über den Seeweg transportiert. Daneben sind Banken involviert, welche die Finanzierung des Transportvorhabens abwickeln und verschiedene Verwaltungsinstanzen innerhalb des Hafens wie der Zoll oder die Hafenverwaltung. Eines der wichtigsten Dokumente in der Verschiffung von Waren über den Seeweg ist dabei die B/L. Dieses Dokument enthält Informationen zu verschifften Waren und erfüllt entlang der Transportkette verschiedene Funktionen.

Geregelt durch die Gesetzgebung der Hague Rules, Hague-Visby Rules und der Hamburg Rules erfüllt dieses traditionell in Papierform ausgestellte Dokument im Allgemeinen drei verschiedene Funktionen (Dubovec 2006; Pagnoni und Visconti 2010): (1) Beleg des Erhalts oder Verschiffens von Gütern, (2) Beweis eines abgeschlossenen Frachtvertrags und (3) die Repräsentation des Besitzrechtes der Güter. Letzteres bedeutet, dass die Weitergabe der B/L, z. B. bei Übergabe vom Verfrachter an den Empfänger, einer Übergabe der Güter gleichkommt. Das Eigentum der Waren bleibt dabei je nach Vereinbarung ab oder bis zum Abschluss der Lieferung beim Versender bzw. Empfänger. Der Übergang kann an zusätzliche Bedingungen, wie die Zahlung durch den Empfänger, gebunden sein. Diese Eigenschaft ermöglicht, dass Banken eine Sicherheit für die Finanzierung von Frachtverträgen haben und das Dokument stellvertretend für die Güter handeln kann (Dubovec 2006). Dies bedeutet auch, dass eine Vervielfältigung des Dokuments nur bedingt möglich ist, da die Repräsentation von Wert am Original der B/L hängt. Dieser Umstand kann in der Praxis zu Verzögerungen bei der Abwicklung führen, wenn die Ware bereits am Zielort angekommen ist, zur Freigabe aber noch auf das Eintreffen der B/L gewartet werden muss (Tan et al. 2017).

B/L werden aufgrund der rechtlichen Verbindlichkeit der Originaldokumente nach wie vor in vielen Fällen in Papierform verwendet. Diese Herangehensweise ist aber mit Problemen verbunden. Bury (2016) benennt hierzu unter anderem folgende Schwachpunkte:

- Kosten: Erstellung, Druck und Weitergabe der B/L in Papierform generiert hohe Kosten. Neben der Anschaffung des Papiers für Druck der Dokumente entstehen diese auch durch den Transport der Dokumente an ihren zukünftigen Halter. Der Anteil der Kosten für die Dokumentation liegt dabei bei bis zu 15 %.
- Fehleranfälligkeit: Neben Fehlern bei der Erstellung kann Fehlverhalten bei der Übergabe und Entgegennahme der Dokumente aufgrund der rechtlichen Wirkung des Dokuments schwerwiegende Folgen haben.
- Betrugsrisiko: Papierdokumente lassen sich leicht fälschen. Da der Verfrachter zur Auslieferung der Fracht an den Besitzer einer B/L verpflichtet ist, lässt sich dieser Umstand zum Betrug nutzen.

Über diese Gründe hinaus werden z. B. von Tan et al. (2017) Verzögerungen im Prozess als weitere Schwachstelle angeführt. Die B/L muss vom Empfänger zur Auslösung der Ware am Zielhafen vorgelegt werden. Ist die B/L noch nicht beim Empfänger angekommen, ist das Auslösen nicht möglich. Dies erzeugt Kosten für die Lagerung der Waren im Hafen und kann im Falle von verderblichen Gütern zum Verlust der Ware führen. Verschiedene Initiativen und Lösungen zur Digitalisierung der B/L gibt es seit den 80er Jahren, u. a. SEADOCS, CMI Rules for Electronic Bills of Lading, und Bolero (siehe z. B. Heilig und Voß 2017). Jedoch ist es bisher nicht gelungen, eine Alternative zur traditionellen B/L zu schaffen, die alle Funktionen vollständig ersetzen kann und gleichzeitig den Rückhalt einer kritischen Masse der Akteure sichert. Gründe für das Scheitern der genannten Projekte sind zwar unterschiedlich, jedoch lassen sich Faktoren ableiten, die das Scheitern solcher Lösungen bedingen:

- Rechtliche Unsicherheit: Während zwei der Funktionen problemlos über elektronische Systeme abgebildet werden können (Beleg- und Beweisfunktion), ist die Implementation einer rechtlich abgesicherten, zur B/L gleichwertigen Darstellung eines Dokuments mit Besitzrechten keinem der Systeme gelungen. Alternative Konstrukte wie die Bolero B/L wurden weitestgehend abgelehnt (Dubovec 2006).
- Zentralität: Systeme, die auf einen zentralen Dritten wie eine Registrierungsstelle setzen, sind Vertrauensproblemen und dem Wettbewerb geschuldeter Ablehnung ausgesetzt.
- Mehraufwand bei Akteuren: Das Entstehen von Zusatzkosten durch die Beibehaltung von Papierdokumenten, Mitgliedskosten oder höhere Versicherungskosten führen zur Ablehnung von digitalen Lösungen.

Aufgrund der zentralen Bedeutung für den kommerziellen maritimen Frachttransport und der Beteiligung von diversen Akteuren eignet sich die B/L, um exemplarisch zu skizzieren, wie die Nutzung einer Blockchain vorherrschende Probleme in diesem Bereich lösen kann. Zunächst wird das Problem der Zentralität weitestgehend gelöst, da die Datenhaltung in einer Blockchain dezentralisiert erfolgt und aufgrund der Replikationen nur eine geringe Gefahr besteht, dass Daten gelöscht werden können oder verloren gehen. Letzteres führt auch dazu, dass die Beibehaltung von Papierdokumenten stark reduziert werden kann. An dieser Stelle sollte jedoch eine klare und mittelfristige Strategie folgen, wie eine B/L in Papierform vollständig durch eine digitale Lösung ersetzt werden kann. Dies ist notwendig, um die Akzeptanz seitens der Akteure zu erhöhen und ein Scheitern wie bei vorherigen Lösungsansätzen zu verhindern. Um zu prüfen, wie ein höheres Vertrauen etabliert werden kann, wird die Anwendung einer Blockchain anhand der zuvor genannten zentralen Funktionen der B/L im Folgenden analysiert.

12.2.1.1 Beleg des Erhalts oder Verschiffens von Gütern
Die erste Aufgabe der B/L besteht darin, durch die Ausstellung des Dokuments und Angabe warenbezogener Informationen zu bestätigen, dass die Waren zum Transport übergeben wurden. In diesem Schritt werden auch Informationen zur Menge und äußerlich erkennbarer Qualität der Waren festgehalten. Eine Lösung mit Hilfe einer Blockchain muss also in der Lage sein, die B/L und all ihre Informationen speichern zu können.

12.2.1.2 Beweis eines abgeschlossenen Frachtvertrags
Die zweite Aufgabe der B/L ist die Beweisfunktion für einen geschlossenen Transportvertrag. Bei der Erstellung der B/L wird implizit angenommen, dass bereits ein abgeschlossener Frachtvertrag vorausgegangen ist. Der entscheidende Faktor ist die beidseitige Anerkennung des Dokuments durch die Unterzeichnung der Akteure. Die digitale B/L kann anschließend, genau wie die papierbasierte B/L, als Beweis für einen vorausgegangenen Transportvertrag verwendet werden. Jedoch muss sichergestellt werden, dass einer digitalen B/L die gleiche rechtliche Wirkung zugerechnet werden kann.

12.2.1.3 Repräsentation des Besitzrechtes von Gütern
Nicht zuletzt stellt eine B/L das Besitzrecht von Gütern dar. Vorherige Versuche der Digitalisierung sind insbesondere aufgrund der mangelhaften Umsetzung dieser Funktion gescheitert (Bury 2016). Während sich die Funktionen als Beleg der Warenannahme und Beweis eines Transportvertrages vor allem auf den Inhalt bzw. die B/L an sich beziehen, ist die Funktion als gleichwertige Repräsentation von Gütern eine rechtlich begründete. Diese ermöglicht, dass die Originaldokumente als Wertpapiere, stellvertretend für die Waren, übertragen werden und somit zur Absicherung der Banken in der Finanzierung dienen können (Dubovec 2006).

Wie Takahashi (2016) anführt, gaben 44 % der in einer durch die Vereinten Nationen unter Akteuren der maritimen Logistik durchgeführten Studie an, dass der fehlende gesetzliche Rahmen ein großes Hindernis für die Digitalisierung sei. Mittlerweile gibt es mit den Rotterdam Rules aus dem Jahr 2008 eine Rechtsgrundlage, die auch elektronische Formen von Transportdokumenten legitimiert und als gleichwertige Alternativen zu den Papierdokumenten erlaubt. Um die Gleichbehandlung von Papierdokumenten und Substituten in elektronischer Form zu etablieren, müssen die folgenden Anforderungen eingehalten werden:

- Methoden zum Ausstellen und Übertragen an einen Halter: Im Kontext der Rotterdam Rules beinhalten sowohl die Ausstellung als auch die Übertragbarkeit die Anforderung, exklusiven Zugriff für den jeweiligen Halter und die Einzigartigkeit der Daten sicherzustellen (United Nations 2014). In der digitalen Welt existiert das Attribut der Einzigartigkeit von Dokumenten nicht. In der Vergangenheit wurde dieses Problem dadurch gelöst, dass ein vertrauenswürdiger Dritter die Verwaltung der Daten übernimmt und sicherstellt, dass die Einzigartigkeit gewährleistet wird. Eine Blockchain dagegen ermöglicht es, dass die Einzigartigkeit einer Transaktion gesichert ist, ohne dass eine zentrale Stelle eingreifen muss. Die Daten können an eine Transaktion gebunden werden, deren Token (Komponente zur Identifizierung und Authentifizierung von Nutzern) jeweils nur dem aktuellen Besitzer, gebunden durch seine Adressen (bzw. digitale Signatur), zur Verfügung stehen. Nur dieser aktuelle Besitzer ist in der Lage, die Daten an einen anderen Akteur zu übertragen. Diese Berechtigung kann von jedem beliebigen Teilnehmer des Netzwerkes nachvollziehbar überprüft werden. Eine Blockchain bietet somit Mechanismen, die das Ausstellen und Übertragen im Sinne der Rotterdam Rules erfüllen.
- Sicherstellung der Integrität der Dokumente: Die Integrität der Daten wird in einer Blockchain durch kryptografische Verfahren, speziell durch digitale Signaturen und Hashverfahren, sichergestellt. Gespeicherte Transaktionen können nicht nachträglich geändert werden. Für jedes Dokument ergibt sich somit eine nachvollziehbare Transaktionskette, die jede Änderung dokumentiert. Die Blockchain kann damit als weitaus sicherer als Papierprozesse angesehen werden (Takahashi 2016) und erfüllt die Anforderung im Sinne der Rotterdam Rules.
- Mechanismus zum Nachweis des Besitzes eines Dokuments: Einer der Prozesse, für den die B/L verwendet wird, ist die Entgegennahme der Waren an ihrem Zielort durch den Empfänger. Im papiergestützten Prozess erhält der Empfänger ein Original der B/L und muss dieses vorlegen können, um die Fracht zu erhalten (Bury 2016). Der Empfänger weist durch den Besitz eines Originals nach, dass er zum Empfang der Waren legitimiert ist. Um diesen Prozess auch über ein digitales Medium zu ermöglichen, muss dieses einen Mechanismus besitzen, der es einem Akteur ermöglicht, den Besitz eines Dokuments oder Datensatzes nachzuweisen. Da die Blockchain ein lückenloses Nachvollziehen von Transaktionsketten ermöglicht, kann sichergestellt werden, dass andere Netzwerkteilnehmer unabhängig prüfen können, ob dem jeweiligen Teilnehmer der Besitz übertragen wurde, ähnlich wie bei der Übertragung von Bitcoins im Kontext von Kryptowährungen. Die Transaktionskette bildet alle Transaktionen ab, die eine Übertragung des Dokuments zur Folge hatten und stellt eine eindeutige Zuordnung anhand der Teilnehmeradresse (bzw. Signatur) her. Die Übertragung des Besitzes kann auch (automatisiert) auf Basis eines Smart Contracts (siehe Abschn. 12.2.2) abgewickelt werden.

- Ankunftsbestätigung und Entzug der rechtlichen Wirkung eines Dokuments: Die letzte Anforderung an eine Technologie zur Abwicklung von „Negotiable Electronic Transport Records" im Sinne der Rotterdam Rules behandelt Mechanismen, die sicherstellen, dass Dokumente nach Abschluss des zugehörigen Geschäftsvorfalls ihre rechtliche Wirkung verlieren. Analog zur papierbasierten B/L, die ihre Wirkung als Wertpapier der Waren nach Entgegennahme der Waren durch den Empfänger und Übergabe des Dokuments an den Frachtführer verliert, muss die Blockchain einen gleichwertigen Mechanismus bieten. Dementsprechend muss eine abschließende Transaktion dazu führen, dass der Erhalt unveränderlich bestätigt wird und die Ansprüche an der Ware verfallen. Die Festschreibung einer solchen Mitteilung in der Blockchain, beispielsweise als Smart Contract, könnte als Rechteentzug für zugehörige Dokumente gelten. Zudem könnte der Besitzanspruch durch den Verfall der Schlüsselgültigkeit erfolgen, der vergleichsweise mit dem Verlust des privaten Schlüssels in Bitcoin-Netzwerken gleichzusetzen ist. Jedoch sollten an dieser Stelle weitere Alternativen geprüft werden.

Die Prüfung der Anforderungen an eine Blockchain auf Basis der Rotterdam Rules zeigt, dass diese Technologie für die Verwaltung von Transportdokumenten, sowohl übertragbarer als auch nicht-übertragbarer Form, verwendet werden kann. Die Nutzung einer Blockchain ist jedoch daran gebunden, dass alle teilnehmenden Akteure auf Grundlage der Gesetzgebung von Staaten agieren, die die Rotterdam Rules unterzeichnet und in die nationale Gesetzgebung übernommen haben. Aktuell sind diese Regeln mit 24 Unterzeichnerstaaten und nur 4 Ratifikationen nur in wenigen Staaten gültig. Daneben haben weitere Staaten, wie z. B. Deutschland auf Basis des Gesetzes zur Reform des Seehandelsrechts aus dem Jahr 2013, eigene Rechtsvorschriften mit fachlicher Ähnlichkeit zu den Rotterdam Rules übernommen. So regelt §516 Abs. 2 HGB, dass elektronische Aufzeichnungen der Papierform des Konossements gleichzustellen sind, sofern Authentizität und Integrität gewährleistet werden können. Hiermit lässt sich feststellen, dass sich der rechtliche Rückhalt einer elektronischen B/L, insbesondere auf Basis einer Blockchain, zunehmend kräftigt. Nichtsdestotrotz besteht rechtliche Unsicherheit, solange die Regelungen nur durch wenige Staaten ratifiziert wurden. An dieser Stelle kann auch eine Technologie wie Blockchain keine Abhilfe schaffen. Als weitere Herausforderung ist die Zugriffskontrolle auf die Inhalte der B/L anzuführen. In einer permissioned Blockchain erfolgt die Zugriffskontrolle über eine zentrale, unabhängige Instanz, die zunächst bestimmt werden muss. Diese organisatorische Hürde hat in der Vergangenheit oftmals zur Ablehnung von Ansätzen geführt. Des Weiteren muss sichergestellt werden, dass Inhalte der Dokumente zusätzlich verschlüsselt werden, um die Geheimhaltung von bestimmten Daten zu gewährleisten, ohne jedoch die Überprüfung durch autorisierte Akteure zu blockieren. Festzuhalten ist, dass eine Blockchain technische Eigenschaften zur Digitalisierung der B/L erfüllt und Schwachstellen vorheriger Ansätze nicht mehr aufweist, es aber weiterhin organisatorische Hürden gibt, die auf globaler Ebene gelöst werden müssen.

12.2.2 Smart Contracts

Die B/L ist nicht der einzige vielversprechende Anwendungsfall für den Einsatz von Blockchain-Technologie. Smart Contracts als computergesteuerte Transaktionsprotokolle, die Vertragsfolgen bei Eintreffen von Vertragsbedingungen sicher und autonom ausführen und in einer Blockchain protokollieren, bieten zahlreiche Möglichkeiten. Smart Contracts können an unterschiedlichen Punkten in der Logistikkette Rechtsgeschäfte automatisiert durchführen.

Ein Beispiel ist, bei der Hafenankunft eines Containerschiffs einerseits weitere Akteure durch Smart Contracts automatisiert mit dem Entladen zu beauftragen und andererseits Akteure über dieses Ereignis zu benachrichtigen, damit diese ihre Aufgaben innerhalb der Logistikkette (automatisiert) mit größerer Sicherheit einplanen können. Auch die automatische Bezahlung der Ware kann über Smart Contracts realisiert werden (Wang et al. 2019), was Strafzahlungen wegen zu später Zahlung vermeiden kann.

Davon losgelöst können Strafzahlungen automatisch beglichen werden, beispielsweise im Falle von Verfehlung eines im Vertrag festgelegten Zielkorridors für Temperaturen (oder auch Luftfeuchtigkeit) im elektronisch überwachten (Kühl-) Container (siehe z. B. Schütte et al. 2017; Heilig und Voß 2018). In diesem Kontext ist es möglich in einem Smart Contract vorsorgliche Maßnahmen, wie die Bestellung von vordefinierten Schadensexperten, festzulegen (siehe Furrer 2017).

Abb. 12.1 zeigt das Prinzip eines Smart Contracts, der Bestandteil einer Blockchain wird. Entscheidend sind Unveränderlichkeit von Bedingungen und deren Eintrittsfolgen, die automatisch ausgelöst und (unwiderruflich) ausgeführt werden. Hierbei sei angemerkt, dass eine Vertragsleistung trotz Automatisierung oder automatisierten Anstoßes nachträglich in Frage gestellt werden kann. Werden vormals von Menschen durchgeführte logistische Vertragsleistungen nun digitalisiert, müs-

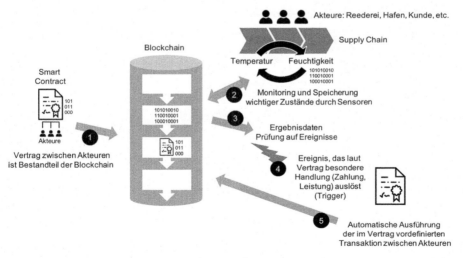

Abb. 12.1 Beispiel für einen Smart Contract mit Überwachung von Temperatur- und Feuchtigkeit in einem Container

sen in den Entwicklungsprozess Logistiker, Juristen und Programmierer eingebunden werden (siehe Furrer 2017).

Die Praxistauglichkeit von Implementierungen im Bereich Smart Contracts hängt weiterhin davon ab, ob alle rechtlichen Rahmenbedingungen korrekt erfasst und erfüllt werden. Ein Beispiel hierfür stellt die Implementierung des Akkreditivs als Smart Contract dar (siehe Jabbar und Bjørn 2018). Die Akkreditivbank zahlt den vertraglich festgelegten Preis mit dem Wechsel des Besitzers der B/L. Allerdings unterliegen die Handelsgeschäfte der Akkreditivbank regulatorischen Anforderungen, beispielsweise nicht an Geldwäschegeschäften teilzunehmen, was für die Implementierung des Smart Contracts berücksichtigt werden muss.

Ein weiterer wichtiger Punkt für die Zukunftsfähigkeit von Smart Contracts ist die eingesetzte Programmiersprache und die Frage, ob diese spezielle Anforderungen im Kontext von Smart Contracts erfüllt. So argumentiert Hull, dass Fachexperten zukünftig an der Entwicklung und Wartung von Smart Contracts beteiligt werden (Hull 2017). Fehlerhafte Smart Contracts, welche einmal in der Blockchain gespeichert sind, können erheblichen wirtschaftlichen Schaden erzeugen und können aufgrund der Unveränderlichkeit der Blockchain schwer wieder behoben werden (Coblenz 2017). Einige domänenspezifische Programmiersprachen für die Entwicklung von Smart Contracts sind beispielsweise Obsidian (Coblenz 2017), DAML (DAML 2019) und Solidity (Solidity 2019).

Einfache Anwendungen für Transportnetzwerke lassen sich bereits auf Basis von Open-Source-Lösungen umsetzen. Ergänzend zum vorangegangenen Beispiel von Temperatur- und Feuchtigkeitsmonitoring in einem Container werden Komponenten einer Beispielanwendung, die mit Hilfe von Hyperledger und node-red umgesetzt wurden, in Abb. 12.2 dargestellt. Messdaten werden als Transaktion in die Blockchain aufgenommen und können, z. B. in einem Dashboard, visualisiert und überwacht wer-

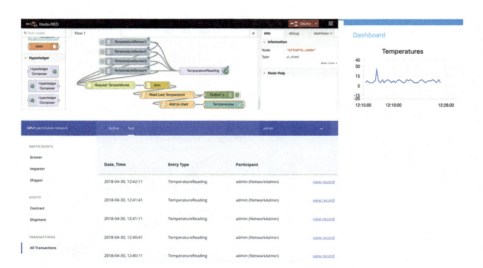

Abb. 12.2 Beispielanwendung für die Überwachung von Temperatur- und Feuchtigkeit in einem Container auf Basis von Hyperledger und node-red

den. Über- oder Unterschreitungen von Schwellwerten können einem bestimmten Akteur unmittelbar zugeordnet werden und führen dazu, dass eine Strafzahlung in einer festgelegten Höhe automatisch zwischen den Akteuren durchgeführt wird.

12.2.3 Container Tracking

Ein Anwendungsfall, der in der Branche propagiert wird, ist die Registrierung und Nachverfolgung von Containern. Das dänische Startup-Unternehmen „Blockshipping" (siehe https://www.blockshipping.io) verfolgt die Idee einer „Global Shared Container Platform", die auf Basis einer Blockchain ein Register von Containernummern, -details und -standort (in Echtzeit) beinhalten soll. Erklärtes Ziel des Unternehmens ist es, in vier bis fünf Jahren 60% Marktanteil zu erlangen, was bei einer globalen Gesamtcontainerzahl von 27 Mio. etwa 16 Mio. registrierten und nachzuverfolgenden Containern entspricht. Das Einsparpotential für die Kunden wird mit „mindestens 5,7 Mrd. USD pro Jahr" angegeben. Es soll sich daraus ergeben, dass Reeder verstärkt auf einen gemeinsam genutzten Containerpool („Grey Boxes") umstellen und teure Leercontainertransporte, Stehzeiten und andere ineffiziente Prozessschritte in der Transportkette reduziert werden. Voraussetzung ist, dass jeder Container Elektronik zur Nachverfolgung in sich trägt. In Hinblick auf die Umweltverträglichkeit wird angegeben, dass sich damit ein CO_2 Einsparpotential von „mindestens 4,6 Mio. Tonnen pro Jahr" ergibt (Ludvigsen 2018).

12.2.4 Transparente Waren- und Frachtdeklaration und -dokumentation (Tracing)

Ein Anwendungsfall zur Frachtdokumentation ist die schnellere, manipulationssicherere und effizientere Dokumentation zur Verfolgung von Waren. Ein Beispiel ergibt sich im Kontext von Obst- und Gemüsefracht, so dass alle Beteiligten der Lieferkette Vertrauen in die Einhaltung von gesundheitsrelevanten Aspekten, aber auch in Siegel wie „Bio" oder „Fair Trade" haben können. Allgemein kann die Herkunft von Produkten und Dienstleistungen besser nachvollzogen werden, was auch die Verbreitung von Produktfälschungen erschweren dürfte. Insbesondere in der Pharma- und Lebensmittelindustrie ist es wichtig, den Verbraucher vor verdorbener Ware und vor Fälschungen zu schützen und bei Handelsklassifikationen Herstellungsnachweise zu liefern. Die Nutzungen von Produktionsanlagen und Lagern sind verfolgbar. Damit können Produktions- und Garantie-/Gewährleistungsbedingungen für Produkte sicher dokumentiert werden. Ein weiteres Beispiel ist in der Ersatzteilversorgung zu sehen mit Schutz vor Beschaffung auf durch vom Hersteller nicht autorisierten Wegen („Grauware").

Ein Beispiel für solche Dokumentation ist ein Projekt zwischen der Antwerpener Port Authority und dem Antwerpener Startup-Unternehmen „T-Mining" (siehe z. B. Christiaan Sluijs 2017; Port Technology 2018c). Dabei geht es insbesondere um Automatisierung und Digitalisierung des Flusses von Herkunftsdokumenten und Pflanzengesundheitszeugnissen. Der Pilot-Anwendungsfall zielt darauf ab,

Früchte von Neuseeland nach Belgien auf dem Seeweg zu transportieren und dabei digitale, blockchain-basierte Pflanzengesundheitszeugnisse einzusetzen. Vor Freigabe der Fracht für den Import nach Belgien werden die benötigten digitalen Zertifikate, nach erfolgreicher Frachtprüfung vor dem Export, an die zuständigen belgischen Ämter zur Prüfung versendet und dort validiert. Der Vorteil liegt in der Einsparung von Zeit und Geld gegenüber der üblichen Nutzung von analoger, papiergebundener Kurierpost. Jeder Beteiligte hat sofort benötigte, aktuellste Informationen, so dass Arbeitsschritte schneller erfolgen können. Die Blockchain-Technologie garantiert dabei die Authentizität der digitalen Dokumente und ist auch zentrale Vertrauens- und Wahrheitsinstanz („Single Point of Truth").

12.2.5 Cyber Security

Unter Fachleuten wird davon ausgegangen, dass derzeit die meisten Containerhäfen nennenswerte bis gravierende Schwachstellen im Bereich der IT-Sicherheit haben. Hintergrund dafür ist, dass das Bewusstsein für Cyber Security in der Branche der Seeverkehrswirtschaft derzeit sehr niedrig bis nicht vorhanden ist. Aktuelle Regularien und Strategien betrachten im Wesentlichen nur physische Aspekte der Sicherheit, die aber künftig dringend um Aspekte der Cyber Security ergänzt werden müssten (siehe dazu z. B. BIMCO 2017).

Nicht nur für die (maritime) Logistik ist besorgniserregend, dass die IT-Infrastruktur, auf der letztlich Digitalisierung aufbaut, technisch verwundbar ist, beispielsweise durch Hacker-Attacken, durch die Daten manipuliert (z. B. für Schmuggel) oder Systeme blockiert werden. Es wird berichtet, dass eine einzelne Attacke bei Mærsk im Juni 2017 bis zu 300 Millionen US-Dollar Schaden verursacht hat. Mærsk gab an, künftig weitere verschiedene Abwehrmaßnahmen zu treffen. Es ist davon auszugehen, dass mit Einsatz von Blockchain-Technologie der Angriff erfolgreich abgewehrt worden wäre. Allgemein wird ihr Einsatz derzeit als sicherere, robuste Alternative angesehen, da es keine zentrale Einheit gibt, die angegriffen werden und damit aussetzen oder versagen kann und damit das Funktionieren eines Gesamtsystems blockiert. Tatsächlich ist eine Blockchain aber nicht systemimmanent sicher gegen alle Bedrohungen. Inwieweit der Einsatz von Blockchain-Technologie letztlich mehr Sicherheit bringt, bleibt abzuwarten. Notwendig sind ein realistischer Blick und passende Managementmaßnahmen bezüglich Sicherheit und Risiken, möglicherweise erst recht bei Einsatz der neuen Blockchain-Technologie, die, falsch verstanden und eingesetzt, Entscheidungsträger in falscher Sicherheit wiegen könnten.

Gegenwärtig mangelt es noch an breiter Forschung bezüglich des Managements von speziellen Blockchain-Risiken. Anwender sollten sich der Risiken bewusst sein, um angemessen mit ihnen umgehen zu können. Als Orientierung bieten sich in dem Zusammenhang z. B. der ISO 31000 Standard und das CORAS-Framework als Operationalisierung des ISO 31000 Risikoanalyse-Prozesses an (siehe z. B. Refsdal et al. 2015). Derzeit existieren noch nur heterogene Definitionen und Informationen zur DLT/Blockchain-Technologie, da der blockchain-spezifische ISO/TC 307 Standard („Blockchain and Distributed Ledger Technologies") noch nicht verfügbar ist.

Möglicherweise hilft eine Standardisierung auch bei der Risikobegrenzung und zur weiteren Verbreitung des Einsatzes von Blockchains.

12.2.6 Bewertung von Geschäftspartnern

Der global agierende Logistikdienstleister DB Schenker hat mit der chinesischen VeChain Foundation und mittels dessen VeChainThor Plattform, welche auf der Blockchain-Technologie basiert, ein Lieferantenbewertungssystem im Rahmen des Lieferantenmanagements bezüglich des chinesischen Markts erprobt (Port Technology 2018a; DB Schenker 2018). Das System könnte sich zu einer Plattform entwickeln, die von vielen Logistikdienstleistern, insbesondere von Spediteuren, genutzt wird. DB Schenker gibt dabei explizit an, dass die Plattform auch für im Wettbewerb stehende Unternehmen zur Verfügung steht. Voraussetzung für die Teilnahme ist zum einen das Teilen von Daten und zum anderen die Entrichtung einer Gebühr für die Nutzung der Plattform (VivaTech 2019). Im Bereich der „letzten Meile" ergeben sich durch den Einsatz solcher Plattformen Verbesserungspotentiale (siehe Kauschke et al. 2019). Beispielsweise könnte aufgrund der bereitgestellten Daten eine effizientere Tourenplanung erfolgen. Die Beantwortung von Fragen wie „Ist eine bestimmte Spedition in einem bestimmten Liefergebiet zuverlässig?" und „Wird ein Routenpunkt bereits von einem Wettbewerber bedient und können wir dessen Verkehrsträger nutzen?" könnte mittels einer solchen Plattform in Zukunft möglich sein. Die Grundidee ist sicherlich übertragbar auf Seetransporte. Sie dürfte, unabhängig von Verkehrsträgern, generalisierbar sein.

12.2.7 Kollaborative Plattformen

Kollaborative Plattformen wie Slync orchestrieren Daten unterschiedlicher Akteure aus unterschiedlichen Quellen und Formaten wie z. B. Excel Tabellen, E-Mails, Instant Messaging, B/L, EDI-Feeds und PDF-Dokumenten (Papageorgiou 2018). Slync soll Systeme, Informationen und Akteure von Supply Chains miteinander verbinden mit dem Ziel, aufgetretene logistische Probleme zu erkennnen, zu bewerten und geeignete Maßnahmen (auch automatisiert) zur Lösung zu treffen (Slync 2019). Des Weiteren soll eine Vorhersage von Problemen möglich sein.

Diese Funktionalitäten fußen auf verschiedenen Technologien wie künstlicher Intelligenz, Automatisierung und Blockchain. Folgendes abgeleitete Beispiel (siehe Hampstead 2019) soll die Orchestrierung und den Einsatz dieser Technologien veranschaulichen: Ein Importeur erhält über eine E-Mail die Nachricht, dass seine Fracht während des Seetransports beschädigt wurde. Die Plattform hat Zugriff auf die Nachricht und kann mittels künstlicher Intelligenz eine Zuordnung zu B/L und Logistikpartnern herstellen. Die Partner haben sich aufgrund der Sicherheitsmechanismen von Blockchain (siehe Abschn. 12.2.2) auf vorkonfigurierte Regeln geeinigt, deren Eintrittsfolgen nun automatisch ausgeführt werden. In diesem Beispiel stellt eine Regel sicher, dass bei kritischer Fracht umgehend eine neue Bestellung und Versendung der gleichen Fracht angestoßen wird.

Dieses Beispiel setzt natürlich den Willen der an der Supply Chain beteiligten Akteure zum Beitritt in die Blockchain und dem Teilen der benötigten Daten voraus. Der Plattformbetreiber Slync stellt dabei in der Praxis fest, dass die Kooperationsbereitschaft bei vielen Akteuren noch nicht vorhanden ist (Prevost 2018). Welche Aspekte eines Blockchain-Einsatzes von Akteuren und beispielsweise Plattformanbietern bedacht werden, wird im folgenden Abschnitt dargestellt.

12.3 Beurteilung eines Blockchain-Einsatzes in der maritimen Logistik

Eigene Befragungen unter Akteuren in der Containerlogistik haben die Aktualität des Themas unterstrichen, auch wenn Details aus Vertraulichkeitsgründen nicht mitgeteilt wurden. Akteure beschäftigen sich damit mehr oder weniger intensiv, die Technologie ist grundsätzlich bekannt, aber man ist noch weit von einem Testeinsatz entfernt, erst recht von einem breiteren Einsatz und einer größeren Integration im Arbeitsalltag. Erste Pilotprojekte wie von Mærsk/IBM oder im Antwerpener Hafen deuten prinzipielle Eignung der Technologie an, so dass man mit produktiven Tests und Erfolgen mit operativem Ausrollen in absehbarer Zeit rechnen könnte. Dies dürfte vor allem zunächst bei großen Reedereien zum Tragen kommen. Die Branche sieht hier eine nicht unerhebliche Veränderung in der Dokumentation und den Abläufen innerhalb der Schifffahrt auf sich zukommen. Es ist ferner festzustellen, dass auch bei noch größeren Akteuren das Thema nicht auf der Tagesordnung steht, da diese überwiegend von anderen, als drängender angesehenen Themen beherrscht wird.

Die Blockchain-Technologie ist eine junge Technologie, die sich noch nicht über Jahre in breitem Praxiseinsatz bewähren konnte. Die bisherigen Kenntnisse über Risiken und Schwachstellen der Blockchain sind deshalb noch gering. Problematisch könnte z. B. schon die Integration einer Blockchain in bewährte Supply Chain Systeme sein. Die Herausforderung, eine neue Technologie in die Logistikprozesse zu integrieren, sollte nicht unterschätzt werden. Dabei spielen sowohl technische als auch fachliche und organisatorische Aspekte eine Rolle. Auch spielt die Skalierbarkeit eine große Rolle, die mit als größte Einschränkung einer Blockchain angesehen wird, so dass sich auch im Hinblick auf Leistungssteigerung Diskussions- und Forschungsbedarf ergibt (Mougayar 2011). Im Kontext der Containerverkehrswirtschaft ist Skalierbarkeit ein wichtiger Baustein, da die Anzahl an zu validierenden Transaktionen erheblich sein kann und ein reibungsloser und effizienter Ablauf der Prozesse garantiert werden sollte. Je nach Wirtschaftslage oder Tageszeit kann diese Anzahl zudem stark variieren. Skalierbarkeit kann durch Validierungs-/Konsensmechanismen eingeschränkt werden.

Der Fortschritt bis hin zu globalen blockchain-basierten Lösungen in näherer Zukunft dürfte vom Lösen obiger Probleme, aber auch einiger weiterer zentraler Konfliktfelder abhängen. Die dazu gehörenden, im folgenden diskutierten Aspekte sind:

- Konkurrenzdenken vs. offene Struktur einer Blockchain
- vorhandene vs. benötigte IT-Infrastruktur
- Kosten der Einführung vs. Kosteneinsparung bei Nutzung

- Größe des Netzwerks vs. Latenz/Speicherung
- Skepsis gegenüber neuer Technologie vs. Dringlichkeit der Einführung neuer Technologie

12.3.1 Konkurrenzdenken vs. offene Struktur einer Blockchain

Der Sektor der Seeverkehrswirtschaft, insbesondere der der Containerlogistik, ist durch starkes Konkurrenzdenken der beteiligten Akteure geprägt. Gerade in der derzeitigen Wirtschaftslage mit geringen Margen und unklaren Perspektiven sind Marktanteile beispielsweise unter Reedern oder Spediteuren stark umkämpft; es herrschen viel Wettstreit und Rivalität vor. Ein auf einer offenen Blockchain basierendes Netzwerk hat einen grundsätzlich entgegenstehenden Ansatz, nämlich offene Strukturen mit voller Transparenz für alle Mitglieder des Netzwerks. Durch den hohen Grad an Transparenz können Informationen unerwünscht offengelegt werden, und es könnten Wettbewerbsvorteile verschwinden, wenn alle Parteien in einem gemeinsamen Netzwerk agieren. Möglicherweise wird die Konkurrenz sogar noch relativ gestärkt, wenn sie vorher vergleichsweise technisch oder organisatorisch schlecht aufgestellt war. Auf der anderen Seite verspricht ein gemeinsames Netzwerk auch einen Aufschwung in Form von Kosteneinsparungen und Effizienzsteigerungen. Dreh- und Angelpunkt für das Funktionieren ist aber die Bereitschaft aller, sich der Konkurrenz gegenüber zu öffnen und zusammen statt gegeneinander zu arbeiten.

Ein Argument für Blockchain in dem Zusammenhang könnte sein, dass eine private zugangskontrollierte Blockchain gerade unter dem Gesichtspunkt des Datenschutzes vorteilhaft ist, da Konkurrenten einerseits in einer gemeinsamen Plattform arbeiten können, andererseits aber ihre Transaktionsdetails nicht der Konkurrenz offenbaren müssen. Doch dem entgegenzuhalten sind Fragen, wer die Aufnahmeregeln für das Netzwerk setzt und damit letztlich über Teilnehmer entscheidet, wer die Software wartet und wer die Macht zur Transaktionsvalidierung besitzt.

Die Idee einer offenen Struktur dürfte im Hinblick auf Wettbewerbs- und Kartellrecht diskussionswürdig sein. Kollaboration gilt als künftig eher noch mehr in den Vordergrund rückendes Handlungsmodell. Es dürfte unter Blockchain-Gesichtspunkten auch neu zu bewerten sein; aber eine Öffnung mit Preisgabe wichtigen Marktwissens wird von Branchenbeteiligten aus Sorge und Angst vor Vorteilsverlusten als Hürde angesehen.

12.3.2 Vorhandene vs. benötigte IT-Infrastruktur

Ein weiterer wichtiger Aspekt, der einen zeitnahen Einsatz umfassender Blockchain-Technologie in der Seeverkehrslogistik hemmen könnte, ergibt sich aus der Diskrepanz zwischen bestehender IT-Infrastruktur und Vernetzung der Akteure und der für eine Blockchain-Lösung benötigten IT-Infrastruktur. Es kann insbesondere für die Validierung von Blöcken und damit von Transaktionen in offenen Blockchains eine enorme Rechenleistung erforderlich werden, was jedoch nur zum Teil für private und zugangskontrollierte Blockchains zutrifft. Außerdem ist die Transparenz innerhalb eines Blockchain-Netzwerks von stabilem Internetzugang mit hoher Bandbreite abhängig, damit Live-Daten zuverlässig abgerufen werden können. Ein Blockchain-Netzwerk lohnt sich nur, wenn möglichst viele Glieder einer Supply Chain Teil des Netzwerks sind. Im globalen Seeverkehr muss die Internetleistung also auch global gesehen werden. Die durchschnittliche Downloadgeschwindigkeit in Afrika liegt bei etwa fünf Megabit pro Sekunden, in weiten Teilen unter 2,5 Megabit pro Sekunde. Der Großteil der europäischen Länder und die USA haben eine etwa um den Faktor 10 bessere Verbindungsleistung. In Europa soll ab 2020 die neueste Mobilfunkgeneration ‚5G' ausgerollt werden, wodurch eine Datenrate von bis zu 10 Gigabits pro Sekunde ermöglicht werden soll.

Mærsk und IBM haben im Bewusstsein unterschiedlicher IT-Leistungsfähigkeit in verschiedenen Ländern/Kontinenten für ihr Pilotprojekt Rotterdam und Newark gewählt, also moderne Häfen mit gut ausgebauter (IT-)Infrastruktur, auch mit der Begründung der Handelsrouten und Zoll-Integration. Nicht alle Länder sind jetzt schon bereit, und die Anzahl der Akteure, die bei einem Containertransport beteiligt sind, macht Lösungen erheblich komplizierter. Auch bei als zeitgemäß angesehener IT-Struktur dürften Schwierigkeiten jeweils im Detail liegen, zumal genaue Anforderungen im Praxiseinsatz, insbesondere bei großem und globalem Einsatz, noch nicht bekannt oder erprobt sind (siehe z. B. Groenfeldt 2017).

12.3.3 Kosten der Einführung vs. Kosteneinsparung bei Nutzung

Ein sehr großer Treiber, wenn nicht sogar der größte, für die Einführung von Blockchain-Lösungen in der Seeverkehrswirtschaft sind die enormen Kostensenkungen, die die Akteure einer Supply Chain durch Reduktion von Intermediären erwarten. Neben der Senkung von Kommunikationskosten ist auch eine erhebliche Senkung von Transaktionskosten in Form von (gesparten) Gebühren zu nennen, die bei der herkömmlichen Abwicklung des Gütertransports anfallen (Übergang von B/L auf e-B/L). Überschlägige Berechnungen gehen z. B. davon aus, dass mit Blockchain und Smart Contracts die gesamte Finanzierung eines Warentransports über eine einzige Bank abgewickelt werden könnte, wodurch eine Transaktionskostensenkung um 10 bis 30 Prozent geschätzt wird (unabhängig von Zahlungsabwicklungen, z. B. über blockchain-basierte Geldmittel wie beispielsweise Bitcoin; siehe z. B. IBM/Maersk 2017).

Zunächst müssten jedoch Investitionen getätigt werden, nicht nur für Studien und Test, sondern letztlich für Implementierung und Integration. Die entstehenden Einführungskosten müssen sich dann möglichst zügig amortisieren. Bei innovativen Technologien ist das Risiko einer Fehlinvestition höher als bei etablierten. Da zahlreiche Akteure am Logistikmarkt tendenziell unterkapitalisiert sind, ist eine derartige Investition schwer zu verkraften, sofern es nicht Subventionen gibt. Problematisch ist derzeit, dass es so gut wie keine Erfahrungswerte gibt, was finanzschwächere Unternehmen erst recht abschreckt, nur mit Hoffnung statt mit Erfahrung in den Bereich zu investieren. Die großen Akteure, wie z. B. Mærsk, könnten die Einführungsinvestitionen noch am ehesten tragen, und nicht zuletzt sind sie es, die Pilotprojekte initiieren. Aus Anwendungssicht ist es allerdings notwendig, dass viele Akteure Mitglieder im Netzwerk sind, damit das Potential einer Blockchain-Lösung gut ausgeschöpft werden kann. Wesentlichen Einfluss dürften die gemachten Erfahrungen aus den Pilotprojekten haben. Ein Hemmnis für eine rasche Einführung der Blockchain-Technologie könnte der Teufelskreis zwischen notwendigen Investitionen, die unterlassen werden, und Kosteneinsparungen, die nur bei größerer Skalierung und Teilnehmerzahl deutlich genug ausfallen, liegen. Ohne Investitionen gibt es kein Kostensenkungspotential, und ohne die Erwartung darauf unterbleiben Investitionen, so dass die notwendige kritische Masse nicht erreicht wird (Groenfeldt 2017).

Zu berücksichtigen ist auch, dass die Nutzung von Blockchains auf der einen Seite zwar Kostensenkungen verspricht, aber der Betrieb einer Blockchain auch Kosten verursacht (Rechenleistung, Server). Primär dürften sich Blockchains daher zunächst vor allem für reglementierte Märkte eignen und für Märkte mit besonders teuren oder gefährlichen Gütern, bei denen sichere Dokumentation besonders wünschenswert oder sogar zwingend ist. Mit günstigeren Blockchain-Transaktionen könnten dann auch weitere Märkte, die z. B. preissensitiver sind und daher keine Blockchain-Kosten über den Preis tragen können, erschlossen und weniger kritische blockchain-basierte Tracing-Systeme angewendet werden.

12.3.4 Größe des Netzwerks vs. Latenz/Speicherung

Einerseits ist das Ziel, ein möglichst großes, globales Blockchain-Netzwerk mit allen Akteuren im Verbund zu errichten, um insgesamt Vorteile zu erreichen. Doch mit steigender Anzahl von Akteuren und dementsprechend auch von Transaktionen können Probleme in Bezug auf den benötigten Speicherplatz entstehen, was wiederum die Kommunikation innerhalb des Netzwerks hemmen würde. Verglichen mit anderen Netzwerken ist die permissionless Blockchain hinsichtlich der Latenz schwach, eine permissioned Blockchain weist hier bessere Werte auf, verarbeitet Transaktionen also mit weniger Verzögerung. Für die maritime Logistik ist verzögerungsarme Verarbeitung wichtig, damit Handelstransaktionen schnell validiert und performant durchgeführt werden.

12.3.5 Skepsis gegenüber neuer Technologie vs. Dringlichkeit der Einführung neuer Technologie

Die Skepsis gegenüber der Blockchain-Technologie wird unter anderem durch die nötigen Investitionsbeträge genährt, aber auch dadurch, dass bei neuer Technologie noch keine Erfahrungen vorliegen und somit Unsicherheit herrscht. Andererseits ist gerade die Containerverkehrswirtschaft unter gewissem Zugzwang, da sich die Branche mit ihren Akteuren seit Jahren in einer schwierigen wirtschaftlichen Lage befindet. Reedereien befinden sich in der schwersten Krise seit etwa 145 Jahren. Viele Schiffe fahren nicht rentabel. Sie erwirtschaften nicht ihre Betriebskosten, so dass sie keine Deckungsbeiträge erzeugen. In letzter Zeit haben Reedereien versucht, durch Zusammenschlüsse Synergieeffekte und damit Kostensenkungen zu realisieren und wirtschaftlicher zu agieren. Als jüngste Beispiele sind zu nennen:

- Die drei großen japanischen Containerreedereien Nippon Yusen Kaisha (NYK), Mitsui OSK Lines (MOL) und Kawasaki Kisen Kaisha (K-Lines) ab April 2018
- Hapag-Lloyd übernahm CSAV und UASC
- Mærsk übernahm Hamburg Süd; damit ist Taiwan derzeit das einzige Land mit Sitz von mehr als einer großen Reederei

Außer Zusammenschlüssen gibt es Insolvenzen. So haben beispielsweise die Großreederei Hanjin und die Rickmers Gruppe Insolvenz angemeldet. Infolgedessen könnte die Blockchain-Technologie verstärkt von Interesse sein, zumal Umsatzsteigerungen bei derzeitiger Wirtschaftslage weder durch Mengen- noch durch Preissteigerungen einfach zu generieren sind. Die durch Blockchain-Technologie mittel- und langfristig zu erwartenden Kostensenkungen sind in dieser Situation besonders bedeutend, um Wirtschaftlichkeit zu erreichen und sicherzustellen, letztlich womöglich auch die Überlebensfähigkeit der Akteure. Es ist auch denkbar, dass durch die Kostensenkungen Transporte noch günstiger werden und damit überproportional mehr Handel und Transporte ausgelöst werden, was zu einem Aufschwung in der Transportlogistik führen könnte. Dem entgegen steht die Fortentwicklung der 3D-Drucktechnik (Additive Manufacturing), die einen Teil globaler Produktions- und Logistikstrukturen erheblich verändern und Transporte teilweise auch überflüssig machen dürfte, sowie teilweise auch Transporte durch Drohnen, die die Transportwege und -mengen verändern (siehe z. B. Weller et al. 2015; Ben-Ner und Siemsen 2017).

Weitere Skepsis entsteht durch das Wegfallen einer zentralen Institution und damit einer Kontakt- und Verantwortlichkeitsstelle. Das Vertrauen muss in die Technologie gelegt werden, was sich in diesem eher konservativen Wirtschaftssektor als schwierig erweisen könnte. Auch ergeben sich rechtliche Fragen wie beispielsweise zum Datenschutz. Mögliche zukünftige Regelungen und Gesetze, die die Blockchain unmittelbar betreffen, könnte ein Blockchain-Netzwerk erheblich ineffizienter oder sogar unbrauchbar machen. Dies steigert ebenfalls die Skepsis und schmälert die Investitionsbereitschaft der Unternehmen entlang der Supply Chain, die für sich keine unmittelbaren Vorteile sehen. Einigkeit herrscht bei der Meinung, dass Digitalisierung nicht nur eine Anforderung seitens Produzenten und Auftraggebern der Logistikbranche ist, sondern auch eine Voraussetzung für das Fortbestehen der Transportbranche in derzeitigem Ausmaß. Die Logistik-Landschaft steht mit ziemlicher Sicherheit vor sehr starken Veränderungen durch zum Beispiel 3D-Druck. Nur die Akteure, die die fortschreitende Digitalisierung mitgestalten und beherrschen und ihre Chancen zu nutzen wissen, werden auf längere Sicht ökonomisch überleben können.

12.4 Ausblick

In dieser Arbeit wurden Einsatzmöglichkeiten der Blockchain-Technologie in der maritimen Logistik vorgestellt. Dabei wurde auch versucht, einzuschätzen, wie realistisch ein zeitnaher Einsatz einer Blockchain-Lösung in dieser Branche ist. Erkenntnis ist, dass es hier Konflikte gibt, deren Lösungen komplex und langwierig sein können und die daher einem zeitnahen Blockchain-Einsatz im Wege stehen. So sind z. B. bestehende Strukturen in der Branche mit den Voraussetzungen für ein Blockchain-Netzwerk nicht ohne weiteres zu vereinbaren. Starkes Konkurrenzdenken steht offener Netzwerk-Struktur entgegen. Wettbewerber müssten sich öffnen, damit Synergien entstehen. Andererseits könnte gerade eine Blockchain-Lösung wegen ihres charakteristischen Aufbaus die Sicherheit und das Vertrauen zwischen den Nutzern innerhalb des Netzwerks gewährleisten. Der Schritt zum Umdenken muss von (strategisch, langfristig denkenden) Akteuren selbst kommen, entgegen der Sorge vor Verlust von Wettbewerbsvorteilen. Ein weiteres Hindernis sind die derzeitigen IT-Strukturen, die in der Breite in der Branche nicht den Anforderungen an eine problemlose Blockchain-Integration entsprechen. Implementation, Einführung, Management, Re-Organisation sind zunächst kostenintensiv. Allerdings müssen sich die Akteure der Branche sowieso um Cyber Security und Effizienzverbesserungen kümmern. Darüber hinaus liegt möglicherweise ein Henne-Ei-Problem vor, da auch für ein Blockchain-Netzwerk der Netzwerkeffekt gilt: das Netzwerk wird umso größeren Nutzen für die Mitglieder entfalten, je mehr Akteure Teil des Netzwerks sind. Es ist zu erwarten, dass zunächst die finanzstarken und marktmächtigen Akteure beginnen, Blockchain-Lösungen umzusetzen (siehe auch Mærsk/IBM), wobei Start-ups auch eine Rolle in diesem neuen Segment spielen werden.

Die Entwicklung dürfte davon abhängen, wie sich Pilotprojekte bewähren. Nach derzeitigem Stand ist eher davon auszugehen, dass Blockchain-Lösungen als Hybride in Verbindung mit aktuell verwendeten Lösungen eingesetzt werden. Solche Hybrid-Varianten können schon kurzfristig (wenn auch nicht flächendeckend) zum Einsatz kommen. Reine Blockchain-Lösungen könnten sich dann aus Hybrid-Lösungen entwickeln. Der Einsatz reiner und großer Blockchain-Netzwerke ist in den nächsten Jahren noch nicht realistisch. In der Branche wird von etwa 10 bis 15 Jahren gesprochen. Abzuwarten ist, ob Blockchain-Technologie dann noch die Aufmerksamkeit genießt wie derzeit. Vielleicht bleiben die Akteure bei gut funktionierenden Hybrid-Lösungen. Maßgeblich hierfür dürfte auch sein, ob sich in der genannten Zeitspanne andere neue Technologien in den Vordergrund stellen, die noch besser für die Branche und die Lösung ihrer Probleme geeignet sind.

Danksagung Dank geht an Jonas-Alexander Benz, der unterstützend zum Thema Bill of Lading gearbeitet hat.

Literatur

Ben-Ner A, Siemsen E (2017) Decentralization and localization of production: the organizational and economic consequences of additive manufacturing (3D printing). Calif Manag Rev 59(2):5–23

BIMCO (2017) The guidelines on cyber security onboard ships. The Baltic and International Maritime Council et al (Hrsg). https://www.bimco.org/products/publications/free/cyber-security. Zugegriffen am 22.06.2018

Bury DA (2016) Electronic bills of lading: a never-ending story. Tulane Maritime Law J 41:197–238

Christiaan Sluijs (2017) Antwerp start-up T-Mining develops Blockchain solution for safe, efficient container release. https://www.portofantwerp.com/en/news/antwerp-fkorpelstart-t-mining-develops-blockchain-solution-safe-efficient-container-release. Veröffentlicht am 28.07.2017. Zugegriffen am 30.08.2018

Coblenz M (2017) Obsidian: a safer blockchain programming language. In: Sebastián U, Alessandro O, Martin PR (Hrsg) Proceedings of the 39th International Conference on Software Engineering, ICSE 2017, Buenos Aires, Argentina, 20–28 Mai 2017 – Companion Volume. IEEE Computer Society, S 97–99. https://doi.org/10.1109/ICSE-C.2017.150

DAML (2019) DAML programming language features. https://daml.com/features/. Zugegriffen am 04.09.2019

DB Schenker (2018) DB Schenker and VeChain pioneer in the use of blockchain for the logistics industry. https://www.dbschenker.com/cn-en/about/press/corporate-news/db-schenker-and-vechain-pioneer-in-the-use-of-blockchain-for-the-logistics-industry-533240. Veröffentlicht am 12.06.2019. Zugegriffen am 18.06.2019

Deloitte (2019) Was sind die Chancen und Risiken der Blockchain? https://www2.deloitte.com/de/de/pages/innovation/contents/Blockchain-Game-Changer.html. Zugegriffen am 11.07.2019

Dubovec M (2006) The problems and possibilities for using electronic bills of lading as collateral. Ariz J Int Comp Law 23:437–466

Furrer A (2017) Der Einsatz der Blockchain in der Logistik. Jusletter (4). https://www.seerecht.de/wp-content/uploads/dvis-vortag-20180412-prof-dr-furrer-jusletter-einsatz-blockchain-logistik.pdf. Zugegriffen am 28.08.2019

Groenfeldt T (2017) IBM And Maersk Apply Blockchain To Container Shipping. https://www.forbes.com/sites/tomgroenfeldt/2017/03/05/ibm-and-maersk-apply-blockchain-to-container-shipping/#626d7e573f05. Veröffentlicht am 05.03.2017. Zugegriffen am 30.06.2018

Hampstead JP (2019) Slync's Logistics Orchestration: where data and action meet. https://www.freightwaves.com/news/slyncs-logistics-orchestration-where-data-and-action-meet?utm_content=94642428&utm_medium=social&utm_source=linkedin&hss_channel=lcp-11046286, Zugegriffen am 02.07.2019

Heilig L, Voß S (2017) Information systems in seaports: a categorization and overview. Inf Technol Manag 18(3):179–201

Heilig L, Voß S (2018) The intelligent supply chain: from vision to reality. Port Technol 78:80–82

Heilig L, Lalla-Ruiz E, Voß S (2017a) Digital transformation in maritime ports: analysis and a game theoretic framework. Netnomics Econ Res Electron Netw 18:227–254

Heilig L, Schwarze S, Voß S (2017b) An analysis of digital transformation in the history and future of modern ports. In: Proceedings of the 50th Hawaii International Conference on System Sciences. IEEE, Piscataway, S 1341–1350

Hull R (2017) Blockchain: Distributed Event-based Processing in a Data-Centric World: Extended Abstract. In: Proceedings of the 11th ACM International Conference on Distributed and Event-based Systems, DEBS 2017, Barcelona, Spain, 19–23 Juni 2017. ACM, S 2–4. https://doi.org/10.1145/3093742.3097982

IBM/Maersk (2017) Maersk and IBM Unveil First Industry-Wide Cross-Border Supply Chain Solution on Blockchain. https://www-03.ibm.com/press/us/en/pressrelease/51712.wss. Veröffentlicht am 05.03.2017. Zugegriffen am 30.06.2018

Jabbar K, Bjørn P (2018) Permeability, interoperability, and velocity. ACM Trans Soc Comput 1(3):1–22. https://doi.org/10.1145/3288800

Kauschke P, Baumeister D, Kletzel J, Tipping A (2019) Transportation and logistics trends 2019. https://www.pwc.com/gx/en/ceo-survey/2019/Theme-assets/reports/pwc_2019_t-l.pdf. Zugegriffen am 12.07.2019

Korpela K, Hallikas J, Dahlberg T (2017) Digital Supply Chain Transformation toward Blockchain Integration. In: Proceedings of the 50th Hawaii International Conference on System Sciences. IEEE, Piscataway, S 4182–4191

Loop P (2016) Blockchain: The next evolution of supply chains. http://www.mhlnews.com/global-supply-chain/blockchain-next-evolution-supply-chains. Zugegriffen am 22.06.2018

Ludvigsen P (2018) The GSCP ICO white paper by Blockshipping. https://blockshipio.wpengine. com/wp-content/uploads/2018/02/Blockshipping_GSCP_ICO_White_Paper_public.pdf. Zugegriffen am 28.06.2019

Mougayar W (2011) The Business blockchain: promise, practice, and application of the next internet technology. John Wiley & Sons, Hoboken

Pagnoni A, Visconti A (2010) Secure electronic bills of lading: blind counts and digital signatures. Electron Commer Res 10(3–4):363–388

Panayides PM (2006) Maritime logistics and global supply chains: towards a research agenda. Marit Econ Logist 8(1):3–18

Papageorgiou N (2018) Betting on supply chain digitisation: why It's your competitive advantage? https://www.supplychaindigital.com/technology/betting-supply-chain-digitisation-why-its-your-competitive-advantage. Veröffentlicht am 29.12.2018. Zugegriffen am 01.06.2019

Port Technology (2016) Maersk and Blockchain Join Forces. https://www.porttechnology.org/news/maersk_and_blockchain_join_forces. veröffentlicht am 13 Oct 2016. Zugegriffen am 16.03.2018

Port Technology (2018a) DB Schenker partners for blockchain supplier evaluation. https://www.porttechnology.org/news/dbschenker_partners_for_blockchain_supplier_evaluation. Veröffentlicht am 13.06.2018. Zugegriffen am 30.06.2018

Port Technology (2018b) Evergreen to digitize bills of lading. https://www.porttechnology.org/news/maersk_and_blockchain_join_forces. veröffentlicht am 01 March 2018. Zugegriffen am 16.03.2018

Port Technology (2018c) Port of antwerp applies blockchain to cargo documentation. https://www.porttechnology.org/news/port_of_antwerp_applies_blockchain_to_cargo_documentation. Veröffentlicht am 18.06.2018. Zugegriffen am 23.06.2018

Prevost C (2018) Slync logistics orchestration. https://www.freightwaves.com/news/startups/blockchain/cooperation-one-of-the-challenges-for-slync-and-the-transparency-chain. Veröffentlicht am 16.05.2018. Zugegriffen am 29.06.2019

Refsdal A, Solhaug B, Stolen K (2015) Cyber-risk management. Springer, Cham

Schütte J, Fridgen G, Prinz W, Rose T, Urbach N, Hoeren T, Guggenberger N, Welzel C, Holly S, Schulte A, Sprenger P, Schwede C, Weimert B, Otto B, Dalheimer M, Wenzel M, Kreutzer M, Fritz M, Leiner U, Nouak A (2017) Blockchain und Smart Contracts: Technologien, Forschungsfragen und Anwendungen, Prinz W, Schulte AT (Hrsg) https://www.fraunhofer.de/content/dam/zv/de/forschung/artikel/2017/Fraunhofer-Positionspapier_Blockchain-und-Smart-Contracts_v151.pdf. Zugegriffen am 22.06.2018

Slync (2019) Slync Logistics Orchestration. https://www.slync.io/lo. Zugegriffen am 07.07.2019

Solidity (2019) Solidity 0.5.12 documentation. https://solidity.readthedocs.io/en/develop/index.html. Zugegriffen am 03.09.2019

Takahashi K (2016) Blockchain technology and electronic bills of lading. J Int Maritime Law 22:202–211

Tan J, Starr L, Wu C (2017) Electronic bills of lading: Sharing expertise, UK P&I Club (Hrsg). https://www.ukpandi.com/fileadmin/uploads/uk-pi/Documents/2017/Legal_Briefing_e_bill_of_Lading_WEB.pdf. Zugegriffen am 30.06.2018

United Nations (2014) United Nations convention on contracts for the international carriage of goods wholly or partly by sea, United Nation Commission on International Trade Law (Hrsg). http://www.uncitral.org/pdf/english/texts/transport/rotterdam_rules/Rotterdam-Rules-E.pdf. Zugegriffen am 30.06.2018

VivaTech (2019) (Interview) Sunny Lu (VeChain) and Dieter Sellner (DB Schenker) from VivaTech 2019. https://www.youtube.com/watch?v=79wrlmERbK4. veröffentlicht am 18 May 2019. Zugegriffen am 02.07.2019

Wang Y, Han JH, Beynon-Davies P (2019) Understanding blockchain technology for future supply chains: a systematic literature review and research agenda. Supply Chain Manag Int J 24(1):62–84. https://doi.org/10.1108/SCM-03-2018-0148

Weller C, Kleer R, Piller FT (2015) Economic implications of 3D printing: market structure models in light of additive manufacturing revisited. Int J Prod Econ 164:43–56

Dr. Robert Stahlbock ist Dozent am Institut für Wirtschaftsinformatik der Universität Hamburg. Seit 2003 lehrt er außerdem an der FOM Hochschule für Oekonomie und Management. Er ist Diplom-Kaufmann und promovierte an der Universität Hamburg. Seine Forschungsinteressen konzentrieren sich auf betriebswirtschaftliche Entscheidungsunterstützung und Fragen der maritimen Logistik und anderer Branchen sowie auf Operations Research, Informationssysteme, Business Intelligence und Data Science. Er ist Autor von Forschungsstudien, die in international renommierten Fachzeitschriften, Konferenzbeiträgen und Buchkapiteln veröffentlicht wurden. Er ist zudem Gastherausgeber von Büchern, Gutachter für internationale Fachzeitschriften sowie Mitglied in Programmkomitees von Konferenzen. Seit 2006 ist er General Chair der jährlichen Internationalen Konferenz für Data Science (DMIN/ICDATA). Darüber hinaus berät er Unternehmen in verschiedenen Branchen und Projekten.

Dr. Leonard Heilig ist wissenschaftlicher Mitarbeiter und Dozent am Institut für Wirtschaftsinformatik der Universität Hamburg. Er hat einen M.Sc. in Wirtschaftsinformatik und eine Promotion an der Universität Hamburg absolviert. Sein aktuelles Forschungsinteresse liegt auf den Gebieten Cloud Computing, kombinatorische Optimierung und Data Science mit Anwendungen in der maritimen Industrie. Er verbrachte einige Zeit an der University of St Andrews (Schottland, UK) und am Cloud Computing and Distributed Systems (CLOUDS) Lab an der University of Melbourne, Australien. Er ist zudem Gastherausgeber und Gutachter für mehrere internationale Zeitschriften und Konferenzen. Darüber hinaus ist er als Berater für Unternehmen in verschiedenen Branchen und Projekten tätig.

Philip Cammin ist wissenschaftlicher Mitarbeiter am Institut für Wirtschaftsinformatik der Universität Hamburg. Er hat einen M.Sc. in Wirtschaftsinformatik (Universität Rostock). Seine aktuellen Forschungsinteressen liegen im Bereich Enterprise Architecture Management und digitaler Transformation. Praktische Erfahrungen sammelte er in Unternehmen der Automobilindustrie und in der IT-Beratung.

Prof. Dr. Stefan Voß ist Professor und Direktor des Instituts für Wirtschaftsinformatik an der Universität Hamburg. Er ist Dekan der Fakultät für Betriebswirtschaft. Zuvor war er von 1995 bis 2002 ordentlicher Professor und Leiter des Fachgebiets Allgemeine Betriebswirtschaftslehre, Wirtschaftsinformatik und Informationsmanagement an der Technischen Universität Braunschweig (Deutschland). Er studierte Mathematik (Diplom) und Wirtschaftswissenschaften an der Universität Hamburg. Er promovierte und habilitierte an der Technischen Universität Darmstadt. Seine aktuellen Forschungsinteressen liegen in quantitativen/informationstechnischen Ansätzen für Supply Chain Management und Logistik einschließlich des öffentlichen Nahverkehrs und der Telekommunikation. Er ist Autor und Mitautor von rund 500 Artikeln in verschiedenen Publikationsorganen. Stefan Voß ist Mitglied des Redaktionsausschusses einiger Zeitschriften, unter anderem als Herausgeber von Netnomics und Herausgeber von Public Transport. Er organisiert regelmäßig Workshops und Konferenzen. Darüber hinaus berät er mehrere Unternehmen.

Teil VI
Energie

Transformation oder Disruption im Energiemarkt?

13

Bernd Teufel, Anton Sentic, Tim Niemer und Kristina Hojcková

Zusammenfassung

Mit der verstärkten Nutzung erneuerbarer Energie durchläuft der Strommarkt als wichtigster Energiemarkt eine einschneidende Transformation, die sich nicht nur mit dem Begriff Dezentralisierung beschreiben läßt. Vielmehr ist diese Transformation charakterisiert durch ein vielfältiges Wechselspiel bestehender und neuer Technologien aus dem Energiebereich, der Automatisierungstechnik, der Informations- und Kommunikationstechnologie sowie bestehenden und neuen Akteuren. Die Blockchain-Technologie hat das Potenzial, die Dynamik dieser Transformation zu intensivieren. Im Rahmen dieses Beitrages wird daher die Applikabilität der Blockchain-Technologie im Energiebereich dargestellt; die Transformation im Energiesystem aufgezeigt, u. a. wie durch Blockchain die gegenwärtige Konfiguration des Energiesystems beeinflusst wird, insbesondere durch Barrieren sowie dominante Systemakteure; ein Überblick über Blockchain-Projekte im Energie-Bereich gegeben und dieser durch Fallstudien zu europäischen und internationalen Projekten vertieft sowie die Chancen und Risiken der Blockchain-Technologie diskutiert. Es werden dabei unterschiedliche Blickpunkte aus der Innovationsforschung sowie dem IT-Bereich verwendet, um die Komplexität des beschriebenen Themas zutreffender abbilden zu können und darüber hinaus die Notwendigkeit von intersektoralen, systemübergreifenden

---

Vollständig überarbeiteter und erweiterter Beitrag basierend auf Teufel et al. (2020) Blockchain im dezentralisierten Strommarkt, in: Fill und Meier (Hrsg.,2020) Blockchain – Grundlagen, Anwendungsoptionen und kritische Bewertung, IT Kompakt, Springer Vieweg, Wiesbaden, 2020.

B. Teufel (✉) · A. Sentic · T. Niemer
University of Fribourg, Fribourg, Schweiz
E-Mail: bernd.teufel@unifr.ch

K. Hojcková
Chalmers University, Göteborg, Schweden

© Springer Fachmedien Wiesbaden GmbH, ein Teil von Springer Nature 2020
H.-G. Fill, A. Meier (Hrsg.), *Blockchain*, Edition HMD,
https://doi.org/10.1007/978-3-658-28006-2_13

Ansätzen und Lösungswegen für die zukünftigen Herausforderungen des Energiemarkts zu unterstreichen.

Schlüsselwörter

Blockchain-Energiemanagement · Systemwandel · Transitionsforschung · Dezentrale Energiesysteme · Blockchain-Energieprojekte

13.1 Wandel im Energiemarkt

Bereits in der letzten Dekade des 20. Jahrhunderts haben sich Anzeichen einer Wende im Energiebereich in Deutschland abgezeichnet. So trat zum 1. Januar 1991 das deutsche Stromeinspeisegesetz in Kraft, mit dem Ziel eine vergütete Abnahme von Strom, welcher aus erneuerbaren Ressourcen (Wasser, Wind, Sonne, etc.) erzeugt wurde, zu gewähren. Ab 2000 folgte das Erneuerbare-Energien-Gesetz (EEG), welches stetig angepasst wurde. Jedoch erst der Nuklearunfall von Fukoshima in Japan im Frühjahr 2011 brachte im Energiesektor den entscheidenden Einschnitt, insbesondere durch ein Umdenken in der Politik. Der Klimawandel, Fukoshima, ein wachsendes Bewusstsein für Energiefragen in weiten Teilen der Welt, gepaart mit einer breiten und kostengünstigen Verfügbarkeit von Sensoren, Informations- und Kommunikationstechnologien sowie Technologien zur Nutzung erneuerbarer Energiequellen, führten und führen zu einem nachhaltigen Wandel im Verhältnis zwischen Energie und Gesellschaft (Teufel und Teufel 2019).

Der politische Entschluss zur Energiewende hat große Herausforderungen sowohl aus politischer und gesellschaftlicher als auch aus technischer und transformatorischer Sicht mit sich gebracht und den Energiemarkt entsprechend stark beeinflusst. Der Fortschritt und die technologischen Entwicklungen in den Bereichen Netzwerke und Sensoren sowie Informations- und Kommunikationstechnologie gaben der Energiewende einen weiteren Schub. Der Wandel im Energiemarkt ist damit nicht nur durch politische Randbedingungen (Liberalisierung und Deregulierung) gekennzeichnet, sondern eben auch durch die sogenannte Digitalisierung. Der Wandel im Strommarkt als wichtigstem Bereich im Energiemarkt charakterisiert sich durch die Fortentwicklung des klassischen Stromnetzes zum sogenannten Smart Grid sowie durch die effizienten Möglichkeiten zur dezentralen Energieerzeugung. Damit sind wiederum neue Strukturen, Relationen und Modelle möglich: Energie-Prosumenten, Energiegemeinschaften, Crowd Energy, Stromhandel auf unterschiedlichsten Ebenen sind die Stichworte.

13.1.1 Das Stromnetz

Die Stromerzeugung begann im neunzehnten Jahrhundert, als die ersten Stromerzeugungsanlagen errichtet wurden. Strom war nur lokal in kleinen dezentralen Netzen verfügbar. Die weitere Entwicklung brachte im 20. Jahrhundert große Verteilnetze und große zentrale Kraftwerke. Der Sammelbegriff Stromnetz bezeichnet ein elektrisches Netzwerk bestehend aus elektrischen Leitungen, Schaltwerken und Transformatoren sowie den angeschlossenen Erzeugern und Verbrauchern. Das Merkmal dieser klassischen komplexen Systeme ist der unidirektionale Energiefluss über große Distanzen. Zur Verringerung der Verluste erfolgt der Transport auf unterschiedlichen Spannungsebenen. In der DACH-Region beispielsweise liegt folgende Struktur vor: Das Übertragungsnetz (Höchstspannung 380/220 kV), überregionale Verteilnetze (Hochspannung 110 kV), regionale Verteilnetze (Mittelspannung 10–30 kV) sowie lokale Verteilnetze (Niederspannung 0,4 kV). Diese Netzebenen sind durch drei Transformationsebenen verbunden (Abb. 13.1).

Das System ist darauf ausgelegt, elektrische Energie zuverlässig und wirtschaftlich zu transportieren und damit die Versorgungssicherheit zu gewährleisten. Die ständige technologische Weiterentwicklung ermöglicht die heute selbstverständlich gewordene hohe Zuverlässigkeit. Bei allem technischen Fortschritt im klassischen Stromnetz bleibt jedoch das physikalische Prinzip der Balance zwischen Verbrauch und Produktion erhalten, da das Stromnetz so gut wie keine strukturelle Möglichkeit zur Energiespeicherung bietet (Monti und Ponci 2015). Dies ist eine ständige Herausforderung für die Netzbetreiber. Auch in Zukunft bleibt das Prinzip der Balance bestehen, jedoch können intelligente Steuersysteme zusammen mit effizienten Speichertechniken die Bereitstellung von Regelenergie und netzstabilisierender Maßnahmen unterstützen.

Im Hinblick auf die zukünftigen nationalen und globalen Herausforderungen des 21. Jahrhunderts ist eine Transformation der aktuellen Stromnetze abzusehen,

Abb. 13.1 Netzebenen und Stromfluss angelehnt an VKU 2015

wobei jedoch unterschiedliche Ausgangszustände als möglich erachtet werden (Hojčková et al. 2018): ein supra-nationales oder sogar globales Supernetz (Supergrid), welches sehr große, zentralisierte Energieerzeuger mit großflächigen Transportnetzen koppelt; ein dezentralisiertes, prosumentenorientiertes Off-Grid-Netzwerk bei welchem Energietransfers nur lokal oder gar nicht stattfinden, da die Prosumenten als Selbstversorger agieren sowie ein dezentralisiertes, lokal und regional verbundenes Smart-Grid-System, bei dem Prosumenten mit Hilfe von innovativen Kommunikations-, Energiespeicher- und Energiezählertechnologien Energie lokal generieren und basierend auf Bedarfsprognosen transportieren.

13.1.2 Smart Grid

Die internationalen Bestrebungen in Sachen Klimawandel und Reduktion von CO_2 Emissionen, ein gesteigertes Bewusstsein für Umwelt und nachhaltigen Ressourceneinsatz in der breiten Bevölkerung, wie auch Innovationen in der Energietechnik haben gravierende Auswirkungen auf das Energiesystem. Erneuerbare Energieträger werden verstärkt im Energiesystem integriert und Maßnahmen zur Steigerung der Effizienz und zur Reduktion des Verbrauchs (Stichwort Demand Response) finden vermehrt Akzeptanz und gelten als Schlüssel für einen Erfolg der Energiewende. Dies bedeutet eine beachtenswerte Dezentralisierung sowie ein durchgängiger Einsatz von Sensoren und Informations- und Kommunikationstechnologie und resultiert im sogenannten Smart Grid.

In Anlehnung an Gharavi und Ghafurian (2011) wird ein Smart Grid definiert als ein elektrisches System, welches Informationen, bidirektionale, cybersichere Kommunikationstechnologien und intelligente Software-Applikationen über das gesamte Spektrum des Energiesystems in integraler Weise nutzt, von der Erzeugung über die Speicherung bis zu den Endpunkten des Stromverbrauchs. Durch diese Entwicklung werden die bisher starren Wertschöpfungsstrukturen in dynamische Wertschöpfungsnetzwerke überführt, es findet ein Paradigmenwechsel in der Energieversorgung von „To-You" zu „With-You" (Teufel und Teufel 2014) statt. Dabei ist es bedeutend zu verstehen, dass der Übergang vom konventionellen Stromnetz zum Smart Grid nicht nur eine technologische Innovation ist, sondern einhergeht mit einem organisatorisch-politischen, sozioökonomischen Wandel.

Digitalisierung und Liberalisierung verändern das sozio-technische System „Strommarkt" und bringen zahlreiche neue Transaktionen (nicht nur im ökonomischen Sinne, sondern auch Ereignisse, Steuersignale, allgemein digitale Datensätze) unter den Akteuren und den Subsystemen mit sich. Voraussetzung ist freilich die sichere, effiziente und nachvollziehbare Durchführung dieser Transaktionen. Die Blockchain-Technologie kann dazu maßgeblich beitragen. Anwendungsszenarien sind u. a.

- die Bereitstellung von Regelenergie und netzstabilisierende Maßnahmen;
- Stromhandel auf Makro- und Mesoebene sowie Nachbarschafts- und Mieterstrommodelle;

- Zertifizierung und Herkunftsnachweis für regenerative Energiequellen (Art, Ort und Zeit der Energieerzeugung);
- Steuerung des Energieverbrauchsverhaltens vernetzter intelligenter Geräte (Internet of Things) in Echtzeit (Laststeuerung);
- Automatisierung des Abrechnungsprozesses, inklusive Abführung und/oder Vergütung von Umlagen, Gebühren etc., auch Sektor übergreifend;
- Transparente Bereitstellung verlässlicher Daten aus dem Energiesektor, beispielsweise Verbrauchsstatistiken oder Statistiken zur Energieerzeugung aus erneuerbaren Quellen (Wind, Sonne, etc.);
- Asset-Management bei Verteilnetzbetreibern und Versorgungsunternehmen.

Die Blockchain-Technologie bedeutet verteilte Konsensbildung direkt zwischen den Akteuren (ohne zusätzliche Intermediäre) und die Abbildung von Werten und Rechten (Transparenz von Herkunft und Besitz); sie ermöglicht Smart Contracts zum Beispiel für Kooperation und Leistungsabrechnung autonomer Systeme, und sie steht für Nachvollziehbarkeit und Irreversibilität (Prinz und Schulte 2017). Diese Disposition ist die perfekte, zielführende Basis für den Smart Grid Ausbau und damit für das Zusammenspiel der unterschiedlichen Akteure im organisatorisch wie räumlich dezentralisierten Strommarkt.

13.1.3 Dezentrale Energieerzeugung: Prosumenten und Crowd Energy

Für jedermann verfügbare Technologie wie Fotovoltaik-Anlagen und Heimenergiespeicher sind die offensichtlichen Merkmale der Dezentralisierung im Energiebereich. Der Verbraucher elektrischer Energie ist nicht mehr nur von einem Energieversorgungsunternehmen abhängig, sondern kann auch selbst als Energieerzeuger sowie ggfs. als Anbieter von Speicherkapazität auftreten. Das damit verbundene Konzept des Energie-Prosumenten wird bei der Weiterentwicklung von Energiesystemen bezüglich Dezentralisierung und Heterogenität, aber auch Stabilität und Sicherheit eine wichtige Rolle spielen (Hojčková et al. 2018).

Ein Energie-Prosument ist ein Akteur, der seine eigene Energie produziert, speichert und verbraucht, aber auch gegebenenfalls vorhandene Überschüsse austauscht bzw. handelt. Dies bedeutet nicht unbedingt, dass der Prosument autark ist. Er ist weiterhin in das „öffentliche" Stromnetz integriert und kann so ein Energiedefizit aus dem Netz ausgleichen und umgekehrt einen Überschuss an selbst produzierter Energie in das Netz abgeben. Die Stärke des Konzepts wird besonders deutlich, wenn sich einzelne Prosumenten zu Prosumenten-Gemeinschaften, d. h. zu einer Crowd zusammenschließen. Crowd Energy bezeichnet die Kooperation von Prosumenten und die Bündelung ihrer Ressourcen mit Hilfe von Informations- und Kommunikationstechnologie (Teufel und Teufel 2014).

Prosumenten in einer Crowd verbrauchen ihre erzeugte Energie primär selbst und sind Akteur im Energie-Mikrohandel, indem Sie überschüssig produzierte, aber auch zusätzlich benötigte Energie mit anderen Prosumenten der Crowd handeln; sie sind damit idealtypisch für Blockchain-Applikationen bzw. Plattformen. Anzumerken ist, dass der Energieaustausch in solchen Kooperationen nicht unbedingt streng auf monetären Ansätzen basiert. Vielmehr zeigt sich, dass verantwortungsvolles Handeln in der Gemeinschaft im Sinne von Effizienz und Versorgungssicherheit wichtige Merkmale sind.

Das von Teufel und Teufel (2014) vorgestellte Konzept kann auch als „Dezentrale Autonome Organisation" interpretiert werden: Ein dezentrales Netzwerk von autonomen Agenten, welchem eine ergebnisoptimale Funktionsweise zugrunde liegt (Duivestein et al. 2015). Dies bedeutet, dass z. B. PV-Anlagen und Speicher direkt (Peer-to-peer, P2P) Energietransaktionen mit im Netz vorhandenen Verbrauchern (z. B. Ladestationen für E-Mobilität) durchführen können.

Für Crowd-Systeme, egal welcher Ausprägung, ist die Blockchain-Technologie die ideale Basis: Smart Contracts, Nachverfolgbarkeit und Eigentumsnachweis (Provenance), Identitätsmanagement (Prosumenten und Maschinen), kleinvolumige Transaktionen. Die prinzipielle Funktionsweise für eine Blockchain-Plattform in einem Crowd-System ist in Abb. 13.2 dargestellt.

13.2 Blockchain Applikabilität im Energiebereich

Wie eingangs aufgezeigt befindet sich der Energiemarkt und im speziellen der Strommarkt in einer Transformationsphase, basierend auf politisch-regulatorischen Maßnahmen wie auch auf technologischen Entwicklungen. Der dezentralisierte Strommarkt ist unter anderem durch eine Vielzahl von Handelnden und Prozessen mit entsprechenden Transaktionen gekennzeichnet. Sicherheit und

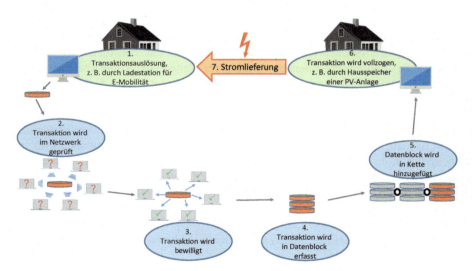

Abb. 13.2 Prinzipielle Funktionsweise Blockchain für Crowd-Systeme, angelehnt an Zehn der, 2017

Vertrauenswürdigkeit sind zentrale Elemente für das Funktionieren des Marktes; dies wird klassisch durch die Rolle von Intermediären gewährleistet. Für die Applikabilität der Blockchain-Technologie im Energiebereich muss also die Bereitstellung von Sicherheit und Vertrauen gegeben sein.

Mit der Blockchain-Technologie kann ein verteiltes Geschäftsbuch (Datenbank als distributed ledger) realisiert werden. Das Hauptmerkmal liegt dabei auf dem Begriff verteilt: Die Datenhaltung erfolgt nicht einzig zentral, sondern gleichzeitig bei allen Akteuren/Knoten im Blockchain Netz, womit auch die Integrität der Daten nicht nur durch eine Instanz gegeben ist. Dies bedeutet aber auch, dass alle Knoten sich bezüglich der Gültigkeit der Daten respektive der diese enthaltenden Blöcke einigen müssen. Das hierzu notwendige Vorgehen wird als Konsens-Mechanismus bezeichnet und ist außerordentlich komplex. Es basiert auf nachvollziehbaren und verifizierbaren Regeln. So validierte Blöcke werden mittels kryptographischer Hashfunktion verkettet. Alle Akteure im Blockchain Netz können die Blöcke jederzeit einsehen und nachverfolgen, aber nicht nachträglich verändern, was zur Transparenz in diesem Ecosystem beiträgt. Um dennoch die Integrität von Daten und Akteuren zu gewährleisten kommt ein asymmetrisches Kryptosystem zur Anwendung.

Diese, zugegebenermaßen sehr verkürzte, Darstellung der Blockchain-Technologie (für Details sei auf die anderen Artikel in diesem Buch verwiesen) zeigt, dass weitgehende Manipulationssicherheit und damit Vertrauen zwischen sich fremden Akteuren (Nutzern) geschaffen werden kann, dies ohne zusätzliche Intermediäre (eine eingehende Sicherheitsbetrachtung würde den Rahmen dieser Arbeit sprengen, aber auch hier gilt, dass ein technisches System keine Hundertprozentsicherheit bieten kann). Zudem wird Transparenz ohne Identitätsoffenlegung gewährleistet. Damit kann diese Technologie die Basis sein für vielfältige Applikationen im Energiebereich. Diese Einschätzung wird noch verstärkt, wenn ein weiteres wichtiges Merkmal berücksichtigt wird: Das Konzept eines „computergestützten Transaktionsprotokolls, welches die Bedingungen eines Vertrages ausführt" (Szabo 1994), welches als Smart Contract bezeichnet wird. Die den Smart Contract darstellende Programmlogik wird im Konsensnetzwerk ausgeführt, womit eine Einigung über das Ergebnis der Ausführung erzielt und in der Blockchain abgelegt wird (Delmolino et al. 2016). Die Ausführung eines Smart Contract wird durch externe Trigger (Transaktionen, Nachrichten, Ereignisse) veranlasst. Wie Daten kann auch eine Programmlogik, wenn sie mal in der Blockchain verankert sind, nicht mehr nachträglich verändert werden. Anzumerken ist, dass es sich bei Smart Contracts nicht um Verträge im zivilrechtlichen Sinne handelt (zumindest im europäischen Rechtsraum).

Zusammengefasst kann festgehalten werden, dass die Blockchain-Technologie mittels des Konsens-Mechanismus im Netzwerk Einigkeit über Transaktionen in der verteilten Datenbank schafft. Manipulationssicherheit, Vertrauen und Transparenz sind ohne Intermediär gegeben. Zusätzlich besteht durch Smart Contracts ein enormes Automatisierungspotenzial für Geschäftsprozesse und Abläufe wie sie in der Energiewirtschaft, insbesondere der P2P Energiewirtschaft, zu finden sind. Die Wahl des Modells ist jedoch entscheidend. Dies betrifft den Konsens-Mechanismus wie auch den Zugang zum Netzwerk (unpermissioned – permissioned) und den Zugriff auf die Daten (public – private) (BSI 2018).

Öffentliche (public) Blockchains, welche Proof-of-Work als Konsens-Mechanismus nutzen sind aus Effizienz- und Umweltaspekten (Ressourcenbedarf) im Energiebereich nicht akzeptabel. Insbesondere wenn Prozesse und Konzepte wie z. B. verteiltes Demand Response Management betrachtet werden, bieten sich private Blockchain-Netzwerke an, die durch ein Unternehmen, eine Organisation oder ein Konsortium gestartet werden. Der Zugang zum Netzwerk erfolgt auf Einladung (permissioned), um die Qualität der Teilnehmerstruktur beispielsweise im Sinne einer möglichen Leistungserbringung sicherzustellen. Dadurch wird kontrolliert, wer am Netzwerk teilnehmen darf, wobei der Mechanismus des Zugangs variieren kann: z. B. könnten bestehende Teilnehmer über zukünftige Marktteilnehmer entscheiden oder eine Regulierungsbehörde könnte Lizenzen für die Teilnahme vergeben. In der Arbeit von Pop et al. (2018) wird beispielsweise ein auf Blockchain und Smart Contracts basiertes verteiltes Smart Grid Demand Response Management diskutiert und mittels einem Simulationsprototypen auf der Ethereum-Plattform validiert (vgl. Abb. 13.3).

Die aufgezeigten Charakteristika der Blockchain-Technologie zusammen mit der Verfügbarkeit von Smart Contracts auf Plattformen wie Ethereum beantwortet die Frage nach der Applikabilität im Energiebereich eindeutig positiv. Die Dezentralisierung des Energiemarktes sowie entsprechende P2P-Applikationen ohne Intermediäre können hierdurch stimuliert werden. Die Münchener Forschungsstelle für Energiewirtschaft hat mit über 160 Energie-Expertinnen und Experten aus dem operativen und strategischen Bereich eine Studie zum Potenzial dieser Technologie im Energiebereich durchgeführt (Bogensperger et al. 2018). Die energiewirtschaftliche Wertschöpfungskette wurde umfassend analysiert und über 90 Anwendungsfälle der Blockchain-Technologie konnten identifiziert werden, die sich in verschiedene Kategorien gruppieren lassen (vgl. Abb. 13.4).

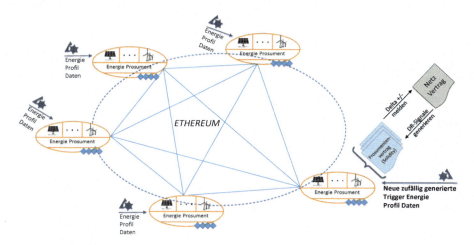

Abb. 13.3 Simulationsmodel Energie-Prosumenten und Demand Response (DR) Management mit Blockchain und Smart Contracts, in Anlehnung an (Pop et al. 2018)

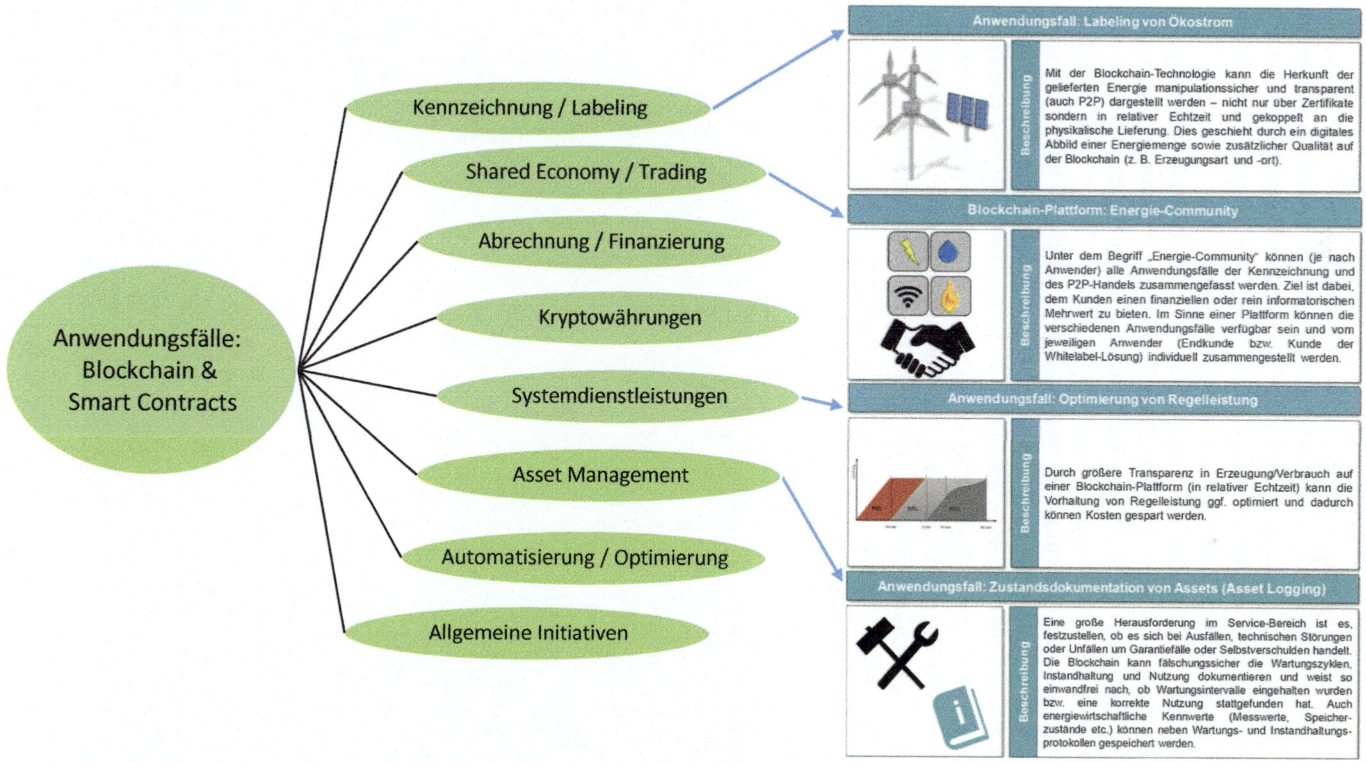

13 Transformation oder Disruption im Energiemarkt?

| Anwendungsfall: Labeling von Ökostrom | Beschreibung | Mit der Blockchain-Technologie kann die Herkunft der gelieferten Energie manipulationssicher und transparent (auch P2P) dargestellt werden – nicht nur über Zertifikate sondern in relativer Echtzeit und gekoppelt an die physikalische Lieferung. Dies geschieht durch ein digitales Abbild einer Energiemenge sowie zusätzlicher Qualität auf der Blockchain (z. B. Erzeugungsart und -ort). |

| Blockchain-Plattform: Energie-Community | Beschreibung | Unter dem Begriff „Energie-Community" können (je nach Anwender) alle Anwendungsfälle der Kennzeichnung und des P2P-Handels zusammengefasst werden. Ziel ist dabei, dem Kunden einen finanziellen oder rein informatorischen Mehrwert zu bieten. Im Sinne einer Plattform können die verschiedenen Anwendungsfälle verfügbar sein und vom jeweiligen Anwender (Endkunde bzw. Kunde der Whitelabel-Lösung) individuell zusammengestellt werden. |

| Anwendungsfall: Optimierung von Regelleistung | Beschreibung | Durch größere Transparenz in Erzeugung/Verbrauch auf einer Blockchain-Plattform (in relativer Echtzeit) kann die Vorhaltung von Regelleistung ggf. optimiert und dadurch können Kosten gespart werden. |

| Anwendungsfall: Zustandsdokumentation von Assets (Asset Logging) | Beschreibung | Eine große Herausforderung im Service-Bereich ist es, festzustellen, ob es sich bei Ausfällen, technischen Störungen oder Unfällen um Garantiefälle oder Selbstverschulden handelt. Die Blockchain kann fälschungssicher die Wartungszyklen, Instandhaltung und Nutzung dokumentieren und weist so einwandfrei nach, ob Wartungsintervalle eingehalten wurden bzw. eine korrekte Nutzung stattgefunden hat. Auch energiewirtschaftliche Kenndaten (Messwerte, Speicherzustände etc.) können neben Wartungs- und Instandhaltungsprotokollen gespeichert werden. |

Anwendungsfälle: Blockchain & Smart Contracts
- Kennzeichnung / Labeling
- Shared Economy / Trading
- Abrechnung / Finanzierung
- Kryptowährungen
- Systemdienstleistungen
- Asset Management
- Automatisierung / Optimierung
- Allgemeine Initiativen

Abb. 13.4 Kategorien und Beispiele für Anwendungsfälle der Blockchain-Technologie und Smart Contracts im Energiebereich, in Anlehnung an (Bogensperger et al. 2018)

Diese Kategorien und Anwendungsfälle der Studie von Bogensperger et al. (2018) decken sich weitgehend mit der Arbeit von Andoni et al. 2019. Hier wurde ein systematischer Überblick über Blockchain-Aktivitäten und Initiativen im Energiesektor erarbeitet. Die Studie bewertet 140 Blockchain-Forschungsprojekte und Start-ups und zeigt neben der Verteilung der Anwendungsfälle auch die Verteilung von Plattformen und Konsens-Mechanismen (vgl. Abb. 13.5).

Als Fazit aus den Studien von Bogensperger et al. (2018) und Andoni et al. (2019) zeigt sich, dass sich die Blockchain-Technologie mit Smart Contracts für Anwendungsfälle eignet, die durch viele Akteure mit gemeinsamer Datenbasis gekennzeichnet sind. Smart Contracts sind sowohl für den Peer-to-peer Handel wie auch für viele Automatisierungsfälle notwendig, weshalb im Energiebereich die Ethereum Plattform starke Verbreitung findet. Die manipulationssichere Dokumentation und Zugriffe auf Prozesse erlauben die Automatisierung und Optimierung von Abläufen zwischen einer Vielzahl an Akteuren. Voraussetzung ist jedoch die Digitalisierung im Energiebereich, d. h. das Vorhandensein von Smart Metern, der Einsatz von Sensoren und Informations- und Kommunikationstechnologie auf der Basis einer entsprechenden Breitbandversorgung (5G), sowie vor allem auch eine entsprechende Standardisierung.

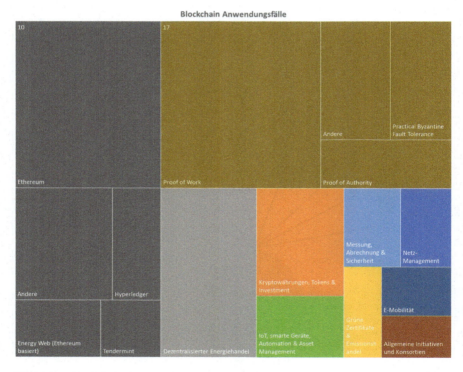

Abb. 13.5 Blockchain Anwendungsfälle im Energiebereich: Kategorisierung nach genutzten Plattformen, genutzten Konsens-Mechanismen sowie nach Aktivitäten (in Anlehnung an Andoni et al. 2019)

13.3 Einführung von Blockchain im Energiebereich – Herausforderungen auf der Systemebene

Das heutige Energiesystem basiert, global betrachtet, primär auf einem zentralisierten Paradigma, d. h. eine relativ geringe Anzahl von Produzenten (Kraftwerken) versorgt mittels transnationaler, nationaler und lokaler Transmissionsnetzwerke eine große Anzahl an Konsumenten/Konsumentinnen (Hojčková et al. 2018). Ein solches Energiesystem bzw. Energiesysteme stellen keinen fruchtbaren Boden für die Diffusion von Blockchain-basierten Technologien dar, da Energiekonsumentinnen und -Konsumenten als mehr oder weniger passive Nutzer/Nutzerinnen betrachtet werden und der Transfer von Energie (Strom) bzw. Zahlungsmitteln (Geld) so gut wie immer monodirektionaler Natur ist – Energieversorger transferieren Strom an Haushalte, welche basierend auf der verbrauchten Strommenge einen äquivalenten Geldbetrag an die Versorger überweisen. Bedingt durch andauernde, globale Herausforderungen, vordergründig den Klimawandel sowie Bevölkerungswachstum und (Verteilungs-)Gerechtigkeitsfragen stehen zentralisierte Energiesysteme zunehmend unter Druck (Parag und Sovacool 2016; Hojčková et al. 2018), wodurch Systemtransformationen gefordert und angeregt werden. Diese Transformationsprozesse bzw. Transitionen sowie die folgenden tief greifenden Änderungen der Energiesysteme bis hin zum Paradigmenwechsel stellen für Blockchain-basierte Energiesysteme eine Gelegenheit dar, durch Entwicklung und Diffusion zu einem Hauptbestandteil der Energiesysteme der Zukunft zu werden.

(Hojčková et al. 2018) diskutieren drei mögliche zukünftige Energiesystemformen: transnationale, vielleicht sogar transkontinentale Supernetze „Supergrid", intelligente sektorübergreifende Smart Grids sowie ein vollkommen distribuiertes System in welchem Energienutzer und -nutzerinnen semiautark bzw. autark agieren und vom Netz abgekoppelt sind („No Grid"). Falls diese drei Szenarien als Ausgangspunkt genommen werden, ist das für Blockchain-basierte Energiesysteme vielversprechendste Szenario eine Transformation in Richtung Smart Grids, wobei auch eine „No Grid"-Zukunft ein gewisses Potenzial für lokalisierte, nachbarschaftsbasierte Systeme beherbergt.

Transitionen in Energiesystemen können sowohl im lokalen Kontext, als auch auf breiterer Ebene (national, transnational) stattfinden, erste Experimente erfolgen jedoch zumeist in lokalen Kontexten (Mengelkamp et al. 2017) in Form von (geförderten) Pilotprojekten, Reallaboren, Living Labs und ähnlichen Konstrukten (Schäpke et al. 2017; von Wirth et al. 2019). Demzufolge wird auch die Implementierung von Blockchain im Energiesektor vorerst auf dieser Ebene stattfinden, was man in der Praxis auch am Beispiel der unterschiedlichen, im nächsten Kapitel vorgestellten Fallstudien beobachten kann.

Im Kontext der gegenwärtigen Energiesysteme können Blockchain-Technologien als innovative Newcomer angesehen werden, die größtenteils nicht Teil existierender Energie-Regime[1] sind und in relativ kleinen, geschützten Nischen entwickelt

---

[1] Der Begriff „sozio-technisches (ST) Regime" wird in der Transitionsforschung benutzt, um die schriftlichen Regelwerke und Verhaltensmuster zu beschreiben, welche von Akteuren innerhalb

und implementiert werden (Geels 2005). Während etablierte Regimeakteure in gewissen Fällen an der Entwicklung beteiligt sind bzw. sogar den Ausbau geschützter Nischen unterstützen (Hojčková et al. 2019), steht eine Mehrzahl von Regimeakteuren Blockchain abwartend bis hin zu antagonistisch gegenüber. Dies manifestiert sich in Form von (System-) Selektionsmechanismen bzw. Barrieren (Smith und Raven 2012), welche durch das System selbst sowie durch dominante Systemakteure (Energieunternehmen, Netzbetreiber, politische Akteure) generiert werden. Diese Barrieren werden in Form von etablierten Industriestrukturen, dominanten Technologien und Infrastrukturen, der existierenden Wissensbasis, öffentlicher Politik und der Anwendung politischer Macht, Märkten und Nutzerverhalten sowie der kulturellen Bedeutung existierender Systeme manifestiert. In Folge werden die Barrieren aus dem Blickwinkel von Blockchain-Energiesystementwicklern näher diskutiert sowie mögliche Ansätze zu ihrer Überwindung vorgestellt.

Sowohl etablierte Industriestrukturen als auch dominante Technologien und Infrastrukturen stellen primär in der Hinsicht eine Barriere dar, dass sie auf ein zentralisiertes bzw. teilzentralisiertes Energiesystem ausgelegt sind sowie historisch betrachtet im Rahmen eines solchen Systems entwickelt wurden. Stromnetze, welche auf monodirektionalen Stromtransfer ausgelegt sind, sind oft nur schwer in der Lage adäquate Anbindungen für kleine, distribuierte Energieproduzenten zu gewährleisten. Der Aufbau paralleler Strukturen scheitert oft an rechtlichen Anforderungen (Sentić et al. 2018) oder an hohen Startinvestitionskosten. Etablierte dominante Systemakteure, zum Beispiel die „Big Six" Energieversorger in Großbritannien oder die „Big Four" in Deutschland, setzen Investitionen eine bestimmte Projektgröße (meistens ausgedrückt durch die Produktionskapazität) voraus, welche von vielen kleinen, lokalen Netzwerken nicht erreicht wird. Unterstützung durch lokale Akteure wie zum Beispiel Gemeinden oder Bürgerzusammenschlüsse ist oft begrenzt im Ausmaß und Umfang, und unterliegt im ersteren Fall auch politischen Entwicklungen (Seyfang et al. 2013; Geels 2014). Eine Möglichkeit für Blockchain-Proponenten, diese Barrieren zu umgehen, besteht in der starken Orientierung an Informationstechnologie (IT) von Blockchain-Energiesystemen, welche es Unternehmen aus dem IT-Sektor ermöglicht als Quereinsteiger mit dem nötigen Know-How und Innovationswillen in Energiemärkte einzusteigen und unterstützende Mechanismen und Maßnahmen von außerhalb des Energiesektors zu nutzen (Erlinghagen und Markard 2012).

Die bestehende Wissensbasis über die Nutzung von Blockchain-Technologien wird zum einen durch die Implementierung von Experimenten und Pilotprojekten, und zum anderen durch Wissenstransfer aus anderen Sektoren, vordergründing IT und dem Finanzsektor erweitert. Dieses, oft auf der lokalen Ebene erworbene Wissen wird in Folge auf transnationaler Ebene in zentralen Netzwerken wie zum Beispiel der Global Smart Grid Federation (GSGF) oder dem International Smart Grid

---

eines sozio-technischen Systems erschaffen, verändert und befolgt werden. Ein ST-Regime unterscheidet sich von einem ST-System unter anderem durch seine Immaterialität: es besteht primär aus immateriellen Institutionen und Regelwerken, während ein System auch Akteure, Technologien und unterstützende Infrastrukturen umfasst.

Action Network (ISGAN) gesammelt und durch lokale Akteure in unterschiedliche geografische, soziale, wirtschaftliche und politische Anwendungskontexte transferiert, welche von High-Tech-Netzwerken in Südaustralien bis hin zur Off-Grid-Nutzung von Blockchain in Dörfern in Bangladesch reichen (Hojčková et al. 2018, 2019). Ein Teil dieses Wissens wird auch von Nischen in etablierte Energiesysteme transferiert, wodurch das Interesse von Systemakteuren geweckt werden kann (Smith 2007), welche das erworbene Wissen in die eigenen Aktivitäten anbinden und sich im Idealfall aktiv am Ausbau von Blockchain-Pilotprojekten beteiligen (Hojčková et al. 2019).

Politische Akteure, sowie die Einflussnahme von Systemakteuren auf politische Prozesse können die Einführung von Blockchain-Technologien sowohl direkt wie indirekt unterstützen (Hojčková et al. 2019) als auch behindern (Geels 2014). Ebenso können im Rahmen eines politischen Wandels ursprünglich unterstützende Prozesse abgebrochen werden oder sogar in das Gegenteil umschlagen (Mengelkamp et al. 2017; Hojčková et al. 2018). Da vielerorts auch die politischen beziehungsweise rechtlichen Grundlagen für Energiehandel mittels Blockchain-Mechanismen noch nicht existieren, ist die Unterstützung durch politische Akteure oft unabdinglich, um erste Proto-Märkte zu erschaffen (Hojčková et al. 2019).

Märkte für Blockchain-Energie existieren sowohl in industriellen und postindustriellen Ländern als auch in Entwicklungsländern, jedoch sind die einzelnen lokalen Kontexte und typischen Nutzerprofile durchaus unterschiedlich. Während potenzielle Nutzer/Nutzerinnen in (post-)industriellen Ländern Blockchain- bzw. dezentralisierte Energienetzwerke im Rahmen von Umwelt-, Nachhaltigkeits- und Transparenzinitiativen unterstützen, bieten solche Netzwerke in Entwicklungsländern eine Möglichkeit, Netzwerk- und Handelsstrukturen in Gegenden aufzubauen, in welchen vorgängig gar kein Netz existierte. Bezogen auf den Einfluss des Energiesystems auf den Markt kann aus dem Blickwinkel der Transitionsforschung argumentiert werden, dass eine Implementierung von Blockchain-basierten Energiesystemen entweder einen liberalisierten Energiemarkt (Hojčková et al. 2019) oder aber schwache bzw. gar nicht existierende ST-Regimes (Verbong et al. 2010) beziehungsweise Energiesysteme voraussetzt. Ein existierender, aber nicht liberalisierter bzw. geschlossener Energiemarkt kann eine kritische Barriere darstellen, da kleine Energieerzeuger vom Markt ausgeschlossen werden bzw. Konsumenten mit Produktionsmöglichkeiten ihre überschüssige Energie nicht handeln können (Sentić et al. 2018; Hojčková et al. 2019). Wahrgenommene Barrieren auf der Nutzerebene fokussieren sich einerseits auf die Anforderung der Nutzer-Proaktivität, da in den meisten Blockchain-Netzwerken ein gewisser Einsatz von Seiten der Prosumenten/Prosumentinnen erforderlich ist (reichend von einer einmaligen Installation der notwendigen IT-Komponenten bis hin zu einer täglichen aktiven Teilnahme am Energiemarkt). Anderseits erhöht sich die Komplexität eines Prosumenten-basierten Energiemarktes, welches nochmals die Proaktivitätsanforderung stärkt (Parag und Sovacool 2016). Eine mögliche Lösung dieser Herausforderung könnte in der Teil- oder Vollautomatisierung der genutzten Systeme und insbesondere Schnittstellen gefunden werden, sowie in der Auslagerung der Verwaltung dieser Märkte an dritte Akteure, möglicherweise „Neueinsteiger" aus anderen Sektoren (Erlinghagen und Markard 2012).

Bezogen auf die kulturelle Bedeutung von existierenden Energiesystemen lassen sich keine eindeutigen Barrieren feststellen, jedoch könnten Erfahrungen der Öffentlichkeit mit Blockchain im Kontext von Kryptowährungen potenziell negative Assoziationen herstellen. Die gesamtgesellschaftliche Einstellung zu jeder möglichen Konfiguration des zukünftigen Energiesystems kann im Rahmen der Anforderungen bzw. Herausforderungen des Energietrillemas betrachtet werden: die gleichzeitige Erfüllung von Sicherheit, Kostengünstigkeit und Umweltfreundlichkeit (World Energy Council 2015). Die Perspektive der Energiesicherheit kann sowohl positiv als auch negativ wahrgenommen werden: der höheren Resilienz von Blockchain-basierten Systemen wird eine erhöhte IT-Integration in Haushalten gegenübergestellt. Die Anforderung der Umweltfreundlichkeit würde durch erhöhte Nutzung von erneuerbaren Energien (Biomasse, Sonnenenergie durch Solarthermik und Fotovoltaik) erfüllt werden, jedoch könnten diese positiven Effekte bei einer weiten Ausbreitung von Blockchain-basierten Systemen durch einen erhöhten Energieverbrauch des Blockchain-Systems teilweise negiert werden. Während die Anforderung der Kostengünstigkeit in den frühen Implementationsphasen aufgrund fehlender Skaleneffekte kaum erfüllt werden kann, würde sie in weiterer Folge primär von der Organisations- und Geschäftsmodellform der Blockchain-Systeme abhängen (Parag und Sovacool 2016)

13.4 Überblick Blockchain-Projekte im Energie-Bereich

Die gesamtgesellschaftliche Einstellung zu bzw. Einschätzung einer möglichen Blockchain-basierten Ausprägung des zukünftigen Energiesystems wird auch durch Erfolg oder Misserfolg von Pilotprojekten sowie die Expertise von Experten bestimmt. So sieht die Deutsche Energieagentur in der Blockchain-Technologie ein großes Potenzial einerseits für Effizienzsteigerung bei bestehenden Energieprozessen und andererseits bei der Durchdringung des Energiemarktes mit digitalen Applikationen, die Einbindung dezentraler Energieerzeugung und P2P-Handel sind die Stichworte (Burger et al. 2016). Diese Einschätzung spiegelt sich weltweit in unzähligen (Energie-)Projekten mit Fokus auf Blockchain-Technologie wieder, aber auch in der Anzahl von Start-Ups, branchenfremden Einsteigern im Energiemarkt oder Kooperationen mit Global Playern wie Vattenfall, Siemens oder Bosch (von Perfall und Utescher-Dabitz 2018). Bei allen Projekten in diesem Bereich stehen selbst nach erfolgreicher Testphase noch viele Hürden auf dem Weg zur tatsächlichen und flächendeckenden Anwendung. Neben den (noch) teils sehr hohen Kosten für Equipment und Installation war es bisher kaum einem Land möglich, die rechtlichen Rahmenbedingungen zum Einsatz von Blockchain-Technologie abschließend zu definieren (Hein et al. 2019).

Die folgende nicht abschließende Übersicht in Tab. 13.1 soll einen Überblick laufender Projekte vermitteln.

Tab. 13.1 Übersicht Blockchain-basierte Projekte

Projekt	Beschreibung
LUtricity, Ludwigshafen, Deutschland	Die Technischen Werke Ludwigshafen (TWL) arbeiten gemeinsam mit der Energy Web Foundation (EWF) und Pricewaterhouse Coopers (PWC) an einem Feldversuch zur Erprobung von dezentralen Energienetzen mit Steuerung durch Smart Contracts. Hierfür wird mit einer Gruppe bestehend aus Konsumenten, Prosumenten und industriellen Stromabnehmern ein P2P Netzwerk simuliert, innerhalb welchem Strom ver- bzw. ersteigert werden kann. An diesem Netzwerk sind für eine bessere Lastensteuerung neben den Akteuren auch ein 9 MW Energiespeicher und eine Photovoltaikanlage angeschlossen. Ziel des Projektes ist es einen ausgeglichenen, sich selbstversorgenden Markt zu schaffen. Um das zu erreichen wurde ein Mechanismus geschaffen der selbstständig ein Marktausgleich zwischen Angebot und Nachfrage herbeiführen soll. Sollte dieser Binnenmarkt nicht mehr geregelt werden können, wird Strom mit Hilfe des Energiespeichers ab- oder zugeführt, falls auch die gespeicherte Energie erschöpft sein sollte und ein Versorgungsengpass droht kann Strom aus dem regionalen Stromnetz bezogen werden (PWC 2018).
BloGPV, Hannover, Deutschland	Das Forschungskonsortium BloGPV (u. a. DFKI und TU Berlin) hat es sich zum Ziel gesetzt, kleinere Hausspeicheranlagen zu einem virtuellen Großspeicher, welcher eine intelligente Laststeuerung und eine hohe Eigenversorgung ermöglicht, als sicherer Blockchain-basierter Speicherverbund zusammen zu schließen. Untersuchungsgegenstand sind neben Haltbarkeit und den Wirkungsgrad von Lithium-Ionen Energiespeichern auch das Nutzerverhalten. In einem hauptsächlich von Solar- und Windenergie gespeisten Microgrid stellen effiziente und leistungsstarke Energiespeicher zur Überbrückung von Phasen geringer Energieerzeugung eine der größten Herausforderungen dar. (https://blogpv.net/)
ZF Car eWallet, Berlin, Deutschland	Gemeinsam mit IBM und UBS arbeitet das aus dem Technologiekonzern ZF ausgegliederte Start-up Unternehmen an einer Blockchain-basierten Transaktionsplattform für Mobility Services. Unter anderem sollen Ladegebühren für Elektrofahrzeuge automatisch abgerechnet werden, aber auch andere Services, wie z. B. Park- und Mautgebühren, werden abgedeckt (https://car-ewallet.de/). Um dies zu ermöglichen wird der Wagen mit einem von ZF in Kooperation mit NVIDIA entwickelten System ausgerüstet, welches aufgrund seiner hohen Rechenleistung neben der teils sehr aufwendigen Verarbeitung von Blockchain-Transaktionen in der Lage sein soll, Fahrzeugen mit entsprechender Sensorik autonomes Fahren zu ermöglichen (ZF Press Release 2019).
Vernetzte Heimspeicher, Bayreuth und Wildpoldsried, Deutschland	Die Sonnen GmbH hat als Hersteller intelligenter Speicher eine Strom-Sharing Plattform (sonnenCommunity) aufgebaut und hat 2017, zusammen mit TenneT und IBM ein Pilotprojekt gestartet, welches auf der Basis der Blockchain-Technologie dezentrale Heimspeicher für Energiedienstleistungen (z. B. Redispatch-Maßnahmen) vernetzt. Der Netzbetreiber (TenneT) erhält hier vom Batterienetzwerk (sonnen) Informationen, wieviel Kapazität die Heimspeicher für Redispatch-Maßnahmen bereitstellen können. Wird das Angebot angenommen, werden Speicher mit überschüssiger Energie in einer Region geladen, in der beispielsweise zu viel Windstrom generiert wird. Um das Gleichgewicht zu halten, entladen parallel andere Heimspeicher die gleiche Menge Energie in einer Region, in der es einen Bedarf gibt. Dieser Prozess wird in Echtzeit in einer Blockchain dokumentiert, indem die die Meßwerte der teilnehmenden Heimspeicher in die Hyperledger-Blockchain übertragen werden (Tennet 2019).

(Fortsetzung)

Tab. 13.1 (Fortsetzung)

Projekt	Beschreibung
NRGCoin, Brüssel, Belgien	Die Vrije Universiteit Brüssel forscht gemeinsam mit Sensing & Control Systems S.L. an einer Blockchain basierten Währung für Prosumenten, den NRGCoin. Jeder Coin hat den Gegenwert von 1 kWh, je nach Strombedarf steigt (fällt) der Preis für „grünen Strom". Ziel des Projektes ist es mittels Smart Contracts die Balance zwischen Angebot und Nachfrage zu sichern, Anreize zum Kauf von lokal erzeugter Energie zu schaffen und Prosumenten unabhängiger von politischen Einflüssen auf die Strompreisgestaltung zu machen (Mihaylov et al. 2016).
Pylon Network Benicarlo, Spanien	Das Projekt schafft eine Blockchain basierte neutrale Verbraucherplattform. Prosumenten und Konsumenten erhalten mittels App nicht nur vollumfänglichen Zugriff auf ihre Daten, sondern auch die Möglichkeit, ihren eigenen Strom Mix und dessen Anbieter zusammenzustellen. Im Kern der technischen Umsetzung steht ein eigens entwickeltes Smart Meter, welches die Daten der Kunden erfasst. Die gesamten Verbrauchsdaten werden in „Pylon Token" gespeichert auf welche Stromanbieter nur mit Erlaubnis des Kunden Zugriff erhalten. Die Energieerzeuger hingegen geben allen Kunden Zugriff auf ihre Token, wodurch eine lückenlose Nachverfolgung des Stroms möglich ist. Um den gewünschten Strom Mix beziehen zu können wurde ein digitaler Marktplatz geschaffen auf welchem mit „Pylon Coins" Strom gekauft werden kann. In Zukunft sollen stündliche Preisänderungen eingeführt werden, um so die Verbraucher zum Umdenken zu motivieren und die Differenz zwischen verbrauchtem und erzeugtem Strom möglichst gering zu halten.
Electrify.Asia Singapore, Singapore	Das Energietechnologieunternehmen Electrify.Asia entwickelt Transaktions-Plattformen, die den Zugang zu erneuerbarer Energie demokratisieren sollen. „Marketplace" und „Synergy" sind die beiden Hauptplattformen, wobei der Marktplatz Unternehmen und Haushalte bei der Energiebeschaffung und dem Angebotsvergleich einer Vielzahl von Energiehändlern unterstützt. Synergy dagegen ist eine P2P Energiehandelsplattform, die den Handel mit Energie aus dezentralen Energieressourcen an Verbraucher über ein stadtweites Energienetz ermöglicht. Die beiden Plattformen sind Etherium-basiert und verwenden den sog. „ELEC-Token" sowie Smart Contracts für den Energiehandel. Zusätzlich hat das Unternehmen den sog. „PowerPod" als Mess- und Kommunikationssystem entwickelt, um Daten über eine große Bandbreite sowohl von Energieerzeugern als auch von Verbrauchern zu erfassen und zu sammeln. (https://www.electrify.asia/)
Wanxiang Innova City, Hangzhou, China	Die Wanxiang-Gruppe (chinesischer Automobilzulieferer) hat von der Stadt Hangzhou den Zuschlag erhalten, bis 2024 einen neuen Industriepark und Smart City als „Living Lab" zu entwickeln, um zukunftsweisende Technologien zu realisieren und erproben (Dossani et al. 2017). Es ist der weltweit erste ganzheitliche Ansatz zum Erproben möglicher Lösungen für eine Smart City. Die Blockchain-Technologie soll eine Schlüsselrolle bei der Projektumsetzung spielen. Dazu ging Wanxiang eine Kooperation mit der Blockchain-basierten Technologieplattform PlatOn ein. Im Fokus stehen unter anderem Mobilitätsaspekte wie z. B. die Überwachung autonomer Fahrsysteme oder die Nachverfolgung der Lebenszyklen elektrischer Fahrzeuge, insbesondere der Batterien. Interessant dürften aber auch die Aktivitäten des Tochterunternehmens Shanghai Wanxiang Blockchain Inc. mit Fokus auf Blockchain-as-a-Service (BaaS) im Rahmen dieses Projektes sein.

(Fortsetzung)

Tab. 13.1 (Fortsetzung)

Projekt	Beschreibung
Energía Abierta, Santiago de Chile, Chile	Energía Abierta ist eine Initiative der Nationalen Energiekommission des chilenischen Energieministeriums, die aus einem multifunktionalen Internetportal besteht, welches entwickelt wurde, um auf ein breites Spektrum von energiewirtschaftlichen Belangen zu reagieren. Im Mittelpunkt stehen der Abbau von Informationsasymmetrien, die Erhöhung der Transparenz und die Förderung der Öffentlichkeitsbeteiligung durch innovative Lösungen. Öffentliche Informationen sind ein wichtiger Entscheidungsfaktor sowohl im privaten Bereich wie auch in der Wirtschaft. Die Blockchain-Technologie wird hier als digitaler Notar eingesetzt, um zu gewährleisten, dass Information, die über das Open Data Portal zur Verfügung gestellt wird, nicht verändert oder modifiziert wurde. Durch die von der Blockchain-Technologie unterstützten „Certificate of Trust" ist es möglich, den Portaldaten mehr Glaubwürdigkeit zu verleihen. (http://energiaabierta.cl/?lang=en)
Quartierstrom, Walenstadt, Schweiz	Im Sinne des Crowd Energy Ansatzes soll Strom lokal produziert und genutzt werden. Blockchain basierte Transaktionen sind die Basis. Siehe nachfolgende Fallstudie.
Brooklyn Microgrid, New York, USA	Das Brooklyn Microgrid ist ebenfalls ein prosumentenbasiertes Mikro-Stromnetz im New Yorker Stadtteil Brooklyn. Siehe nachfolgende Fallstudie.
White Gum Valley, Fremantle, Australien	Beim White Gum Valley Project (WGV) handelt es sich um ein lokales Peer-to-Peer Mikro-Energienetzwerk. Siehe nachfolgende Fallstudie.

Zur weiteren Vertiefung wird auf die Arbeiten von Goranovic et al. (2017) und Andoni et al. (2019) verwiesen. Goranovic et al. (2017) haben in ihrem Übersichtsartikel weitere Projekte aufgelistet und auch einen technischen Vergleich (Blockchain Typ, Konsensmechanismus, Open Source, etc.) aufgezeigt. In der Studie von Andoni et al. (2019) werden über 140 Blockchain-Forschungsprojekte und Initiativen von Unternehmen und Forschungseinrichtungen diskutiert.

13.5 Fallstudien

Im Folgenden werden drei Microgrid aus der Schweiz, den Vereinigten Staaten sowie Australien vorgestellt.

13.5.1 Brooklyn Microgrid, New York, Vereinigte Staaten

Das Brooklyn Microgrid ist ein prosumentenbasiertes Mikro-Stromnetz im New Yorker Stadtteil Brooklyn, welches im Jahr 2016 von der Start-Up Firma Lo3 Energy gegründet wurde (Hojčková et al. 2019). Das Netz wurde als Antwort auf die geringe Resilienz des existierenden, konventionellen Stromnetzes gegenüber extremen Wetterphänomenen wie zum Beispiel dem Hurrikan Sandy, welcher 2012 Schäden im gesamten New Yorker Stadtgebiet verursachte, konzipiert, und stellt darüber hinaus eine Netzarchitektur zur Verfügung, welche besser auf erneuerbare Energiegeneration sowie auf Konsumenten mit Produktionsmöglichkeiten (Prosumenten) eingestellt ist (Mengelkamp et al. 2017). Rund 600 Netzteilnehmer haben die Möglichkeit, in einem virtuellen, auf dem „Tendermint" Blockchain-Protokoll basierenden Markt elektrische Energie zu handeln, welche in Folge durch ein physisches Mikronetzwerk, welches parallel zur existierenden Strominfrastruktur aufgebaut wurde, zwischen den einzelnen Nutzern transferiert wird (Mengelkamp et al. 2017; Hojčková et al. 2019). Die parallele Infrastruktur ermöglicht es dem Microgrid auch, im Notfall im „Inselmodus", d. h. abgekoppelt vom städtischen Stromnetz zu agieren. Die Teilnahme am Netzwerk ist im Moment für Nutzer/ Nutzerinnen kostenfrei, setzt jedoch die Nutzung einer App sowie im Fall von Prosumenten die Installation eines Smart-Meters voraus, welcher das TransActiveGrid Blockchain-Protokoll benutzt (Brooklyn Microgrid 2019a). Nach einer ersten Testphase im Jahr 2016 (Hojčková et al. 2019) wird im Frühjahr 2019 ein simulierter Energiemarkt eingeführt, welcher es Teilnehmern und Teilnehmerinnen ermöglicht ohne monetäre Transaktionen die Funktionen des Marktes auszuprobieren, gefolgt von der Einführung des komplett funktionalen Energiemarkts Mitte 2019 (Brooklyn Microgrid 2019b).

Am Anfang der dem Netzwerk zugrunde liegenden Konzeptentwicklung war die Gesetzeslage durchaus positiv – Erkenntnisse über die Anfälligkeit des New Yorker Energiesystems bei Extremereignissen wie den oben genannten Hurrikan Sandy sowie das allgemein hohe Alter der vorhandenen Infrastruktur wurden in einen öffentlichen Plan, den Reforming the Energy Vision (REV)-Plan eingebunden; die Planstrategie sah darüber hinaus eine Förderung der Entwicklung von lokalen Microgrids im Rahmen einer wettbewerbsähnlichen Ausschreibung vor (Hojčková et al. 2019). Trotz dieses vielversprechenden Anfanges war die Entwicklung und Implementierung des Brooklyn Microgrid bald durch vielfältige Barrieren eingeschränkt: der REV-Plan sah eine Förderung nur für Projekte vor, welche durch existierende Energieunternehmen („Utilities") durchgeführt wurden. Der Handel von Strom zwischen einzelnen Prosumenten war legal nicht möglich, sofern diese nicht als Energieverkäufer registriert waren, ebenso war die Abwicklung von Energietransaktionen mittels Krypowährungen aufgrund fehlender rechtlicher Rahmenbedingungen nicht möglich. Zuletzt erhielten Prosumenten starke Anreize, überschüssigen Strom direkt an die Netzbetreiber zu verkaufen, was auch die einzige legale Form des Stromverkaufts darstellte (Hojčková et al. 2019).

Die Organisationsform des Brooklyn Microgrid entspricht einem dezentralisierten, prosumentenbasierten Mikronetzwerk mit einem zentralen Akteur (Lo3 Energy), welcher die Netzverwaltung unterstützt sowie als zentrale Anlaufstelle für Teilnehmer und Teilnehmerinnen zur Verfügung steht. Das Netzwerk ist räumlich abgegrenzt und umfaßt mehrere Nachbarschaften im New Yorker Stadtteil Brooklyn (Borough Hall, Park Slope, Bay Ridge und Gowanus). Durch seine Organisationsform unterscheidet sich das Netzwerk stark von den existierenden Energieversorgern, was zu Behinderungen in unterschiedlichen Dimensionen, so zum Beispiel bei der öffentlichen Legitimierung, bei der technischen Implementation (insbesondere bei der Installation von Batterien und bei der Berechnung von zulässigen Maximalgrößen für Solardächer) sowie bei den rechtlichen Rahmenbedingungen für stromproduzierende Haushalte führte.

13.5.2 White Gum Valley development project, Fremantle, Australien

Beim White Gum Valley Project (WGV) handelt es sich um ein lokales P2P Mikro-Energienetzwerk, welches als Kooperation zwischen einer regional ansässigen Universität, der Curtin University, einer Baufirma, LandCorp, dem Stromnetzbetreiber Western Power sowie der lokalen und städtischen Verwaltung aufgebaut wurde. Das Projekt wird primär als Pilotstudie bzw. als Living Lab angesehen, und soll die Möglichkeiten von lokalen P2P-Stromnetzwerken in nachhaltigen, zukunftsorientierten Nachbarschaften aufzeigen und austesten. Technisch ist das System auf einer Kombination von gemeinsam genutzten Fotovoltaik-Paneelen und Batterien basiert, wobei der Fokus des Systems im Lauf seiner Entwicklung von der gemeinsamen Nutzung von Energie hin zum P2P-Handel innerhalb von Gebäuden überging (Hojčková et al. 2019).

Durch den Pilotstudien-Charakter des Projekts wurden die Auswirkungen eines im Grunde antagonistischen regulatorischen Umfelds abgeschwächt, da das Projekt in seiner ersten Phase rein auf mehrere Testgebäude ausgerichtet blieb (Hojčková et al. 2019), wobei der Stromhandel rein innerhalb der einzelnen Gebäude beziehungsweise zwischen den Einwohnern der Gebäude stattfand (Curtin University 2018). Die erste Ausweitung des Projekts auf Stromhandel zwischen den einzelnen Gebäuden mit Nutzung der existierenden Infrastruktur zeigte jedoch erste Probleme auf, da selbst Testversuche eine Kooperation von Seiten des lokalen Netzbetreibers Western Power sowie des Energieversorgers Synergy in Form einer Deregulierung des Marktes voraussetzten. Diese wurde in Folge auch durch Sondergenehmigungen erreicht, was eine Ausweitung des Projekts möglich machte, jedoch auch nur auf das WGV-Projekt beschränkt blieb. Eine breitere und systematische Weiterentwicklung des P2P-Energiemarktes würde jedoch eine umfassendere Deregulierung voraussetzen, welche derzeit noch nicht gegeben ist (Hojčková et al. 2019).

Bezogen auf die Organisationsform handelt es sich beim White Gum Valley-Projekt in seiner Originalform um ein räumlich abgegrenztes, „behind the meter" Mikronetzwerk, in welchem Energie zwischen den einzelnen Einwohnern eines Mehrfamilienhauses mittels Blockchain-Technologie gehandelt wird (Vorrath 2016). Bezogen auf die Infrastruktur erfolgt der Stromhandel über die gebäudeinterne Infrastruktur, womit die Nutzung des existierenden Stromnetzwerks nicht erforderlich ist; eine Ausweitung des Projekts auf Energiehandel zwischen mehreren Gebäuden brachte wie im vorherigen Absatz beschrieben regulatorische und organisatorische Barrieren zum Vorschein (Hojčková et al. 2019). Zuletzt ist noch anzumerken, dass das Projekt als Test beziehungsweise Demonstrationsprojekt entwickelt wurde; der nächste Schritt der Projektpartner war eine Ausweitung des

Konzepts auf ein räumlich weniger begrenztes P2P-Netzwerk von 40 Nutzern im Raum Fremantle, welches testweise im Jahr 2018 im Rahmen des RENeW-Nexus Projekts in Betrieb genommen wurde (Power Ledger 2018).

13.5.3 Quartierstrom, Walenstadt, Schweiz

Das im Januar 2019 gestartete Blockchain basierte Microgrid Projekt, wird unter anderem von der ETH Zürich, Bosch, BFE (Bundesamt für Energie) und dem Wasser- und Elektrizitätswerk Walenstadt getragen. Das Projekt verfolgt einen ganzheitlichen Ansatz und versucht neben den technischen Rahmenbedingungen auch das Verhalten der Nutzer sowie mögliche rechtliche Konzeptionen zu analysieren. So analysieren die Projektpartner unter anderem, welche Art von Blockchain (unpermissioned – permissioned, public – private) sich für einen lokalen Strommarkt eignet und welche Konsens-Algorithmen aus Energiegesichtspunkten sinnvoll erscheinen (vergl. https://quartier-strom.ch/index.php/blockchain-und-technik/). Insgesamt besteht dieses Microgrid aus 28 Prosumenten und 9 Konsumenten mit einem jährlichen Gesamtstromverbrauch von ca. 250.000 kWh. Um die erwartete Leistung der Solaranlagen von 300.000 kWh trotz der Volatilität der Erzeugung (vgl. Abb. 13.6) optimal nutzen zu können, werden neben Stromspeichern auch Elektrofahrzeuge genutzt, um überschüssigen Strom zu speichern und bei Bedarf abzurufen.

Die Validierung des erzeugten (verbrauchten) Stroms basiert auf dezentraler Blockchain-Technologie welche mittels Konsensus-Mechanismus Energie-Transaktionen freigibt. Im konkreten Fall bedeutet dies, dass ein Prosument seinen gewünschten Strompreis ausschreibt. Hierbei muß dieser entscheiden, ob er den Einspeisetarif des ansässigen Schweizer Energieversorgers (4 ct kW/h) unter- oder überbieten möchte. Auf den so festgesetzten Preis wird dann eine Nutzungsgebühr des Netzbetreibers aufgeschlagen (6 ct kW/h). Die Konsumenten setzten ihren maximalen Tarif fest und ein Matching-Algorithmus führt den Anbieter mit dem günstigsten Angebot (inkl. Netznutzungsgebühr) und den Abnehmer mit der höchsten Zahlungsbereitschaft zusammen. Der Preis entspricht dem Mittelwert der beiden Beträge. Somit werden diejenigen Teilnehmenden belohnt, deren Verhalten dem

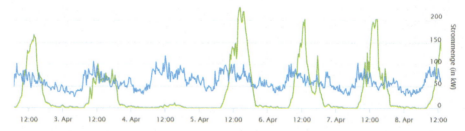

Abb. 13.6 Stromerzeugung (grün) und Stromverbrauch (blau) des Quartiers, gut erkennbar die Volatilität des aus erneuerbaren Energiequellen gewonnen Stroms und die damit einhergehende Notwendigkeit von Energiespeichern (https://quartier-strom.ch/index.php/live-daten/)

lokalen Strommarkt am dienlichsten ist. Um die Einkünfte zu optimieren, müssen Prosumenten daher beobachten, wie sich Angebot und Nachfrage entwickeln.

Bisher läuft das Projekt den Erwartungen entsprechend. Die installierten Smart-Meter und der simulierte Markt laufen stabil. Insbesondere wird von Seite der teilnehmenden Verhaltensforscher hervorgehoben, dass viele Teilnehmer sich sehr aktiv mit dem bereitgestellten Portal auseinandersetzten und einige sogar neue Solarpanels und Energiespeicher angeschafft haben. Im Februar 2019 konnte im Durchschnitt 30 % des Eigenbedarfs an Strom gedeckt werden, zu Hochzeiten waren es bis zu 50 %. Der im Quartier erzeugte Strom wurde im Februar zu 18 % an den lokalen Energieversorger verkauft, der Großteil blieb also innerhalb des Microgrids. Die Teilnehmer sind bis jetzt von den Vorteilen des Projektes überzeugt und setzten sich eine Fortführung über den vorerst für Ende 2019 festgesetzten Abschluß des Projektes ein (Quartierstrom 2019).

13.6 Chancen und Risiken für Blockchain im Energiesektor – eine Zusammenfassung

Die Blockchain-Technologie ist derzeit im Mainstream und weist durchaus einen disruptiven Charakter auf. Doch es bleibt die Frage, wie nachhaltig der Einfluß auf die verschiedenen Branchen sein wird. Schon im Aufrütteln des Finanzmarktes hat sich gezeigt, wie schwer die Einschätzung der Entwicklung ist und wie viele Hürden sich erst im Verlauf zeigen. Bisherige Pilotprojekte zeigen, dass der Einsatz von Blockchain-Technologie im Energiemarkt Sinn macht, insbesondere im Hinblick auf Prosumenten und Microgrid Applikationen. Doch trotz aller Euphorie, diese Technik löst allein keines der bestehenden Probleme. Um Smart Grids betreiben zu können, bedarf es des kostenintensiven Umbaus von Infrastruktur, um beispielsweise Prosumenten einbinden zu können. Dies bedeutet den Aufbau eines Netzwerks mit Speicherstationen, Solar- oder Windkraftanlagen sowie Smart Metern, welche mit Zugang zu einem autarken Datennetzwerk ausgestattet sein müssen.

Neben technischen Herausforderungen, die es zu lösen gilt, stellen rechtlich-regulatorische Fragen die gegenwärtig größten Hemmnisse für Blockchain Applikationen dar. Dies sind Fragen, die das Vertragsrecht, das Energierecht allgemein, aber auch Datenschutz/Datenhoheit betreffen. In Tab. 13.2 sind einige Vor- und Nachteile aufgezeigt.

Aus dieser nicht abschließenden Übersicht läßt sich ableiten, dass auf der Vorteilsseite berechtigte positive Eigenschaften für einen dezentralisierten Strommarkt zu finden sind. Als Risiko muss das gesamte Thema Cybersicherheit angeführt werden, aber auch die noch nicht angepasste rechtliche Situation. Energie- und Infrastrukturänderungskosten sind ebenfalls in die Risikobetrachtung mit einzubeziehen, während der Risikofaktor Energieverbrauch der Blockchain-Technologie mit zunehmender Weiterentwicklung der Technologie, insbesondere in Hinsicht auf Innovationen im Bereich Konsens-Algorithmen sich abschwächen dürfte.

Tab. 13.2 Blockchain – Vor- und Nachteile

Vorteile	Nachteile
- Die Unveränderlichkeit der Daten ist (weitgehend) gewährleistet.	- Stromkosten – jede Transaktion verbraucht Rechenleistung und somit Energie.
- Integrität der Daten – diese sind bei allen Nodes im Netzwerk identisch.	- Haftungsfragen und Verbraucherrechte sind bis jetzt ungeklärt.
- Identität – jeder Wert läßt sich einem Teilnehmer zuordnen.	- Der Datenschutz, insbesondere im Rahmen der DSGVO ist bis jetzt ungeklärt.
- Keine Vermittler – dank Smart Contracts bedarf es keiner Intermediäre.	- Das klassische Energienetz wird um die „unsichere" Komponente IT erweitert (Stichwort Cybersicherheit).
- Konnektivität – durch neue Standards zur Datenspeicherung ist es möglich Funktionen verschiedenster Anbieter zu verbinden.	- Bei Attacken auf DNS Server ist ggfs. der Zugriff auf die Nodes der Blockchain gestört.
- Für Prosumenten ist diese Technik ein einfacher Zugang zum Energiemarkt.	- Kommen Angreifer in Besitz von 51 % der Nodes einer Blockchain, können diese Änderungen vornehmen (51 % Attacken).
- Analyse – Verbraucher können ihren Stromverbrauch leichter und qualitativ besser analysieren und bewerten.	- Post-Quantum-Kryptografie wird in Blockchain Systemen bislang allenfalls aus Sicht der Forschung diskutiert.
- Der anhaltende Hype um Blockchain-Technologie fördert die Forschung im Bereich des dezentralen Energiemarktes.	- Kommt es zu einem Ausfall des Peer-to-peer Netzwerkes ist die Versorgungssicherheit gefährdet.

13.7 Ausblick

Bezogen auf die zukünftige Entwicklung von Energiesystemen können Blockchain-Technologien durchaus eine wichtige Rolle einnehmen, jedoch ist deren Bedeutung von der Entwicklungsrichtung der Energieindustrie und damit des Systems abhängig, welche zum jetzigen Zeitpunkt noch offen ist und unterschiedliche Endszenarien, von zentralisierten „Supergrids" bis zu lokal-regionalen semiautonomen Netzen umfaßt. Dabei stehen den vielfältigen Vorteilen von Blockchain auch zwei zentrale Herausforderungen in Form von hohen Energiekosten und noch ungeklärten Sicherheitsrisiken gegenüber, welche von Blockchain-Proponenten angesprochen und gelöst werden müssen, bevor eine breitere Diffusion der Technologie stattfinden kann. Ein möglicher Lösungsansatz für diese Herausforderungen kann der Eintritt von externen Akteuren wie zum Beispiel IT-Firmen und Service-Providern in den Energiemarkt sein, womit ein Wissenstransfer zum Thema Blockchain-Technologien in den Energiesektor stattfinden würde (Erlinghagen und Markard 2012) und neue Lösungsansätze sowie „Out-of-Scope"-Lösungen ermöglicht würden.

Erste Experimente und Pilotprojekte mit Blockchain-Technologie dienen sowohl als Testbett, als auch als Arenen, in denen die Vorteile der Technologie in der Praxis bewiesen werden und Herausforderungen angesprochen werden können. Erfahrungen und gesammeltes Wissen aus diesen Arenen fließen in die weitere globale Entwicklung von Blockchain-Energietechnologien ein, erfüllen eine Vorzeigefunktion in Form von „Best Practices" beziehungsweise „Erfolgsgeschichten" und sorgen so für eine breitere gesellschaftliche und politische Legitimierung der Technologien.

Die Blockchain-Technologie hat das Potenzial im transformierten Strom- und Energiemarkt die Basis für progressive, leistungsstarke Applikationen und Plattformen darzustellen. Voraussetzung für einen Durchbruch sind allerdings Antworten auf Fragen im rechtlich-regulatorischen Bereich, wie auch bzgl. Cybersicherheit. Rückblickend auf die diesem Artikel zugrunde liegende Frage, lässt sich diese noch nicht vollkommen beantworten; Forschung und Praxis weisen jedoch zunehmend darauf hin, dass Blockchain und vor allem Dezentralisierung in jedem möglichen Szenario eine nicht unbedeutende Rolle spielen werden.

Danksagung Diese Arbeit wurde vom Kanton Freiburg, Schweiz, im Rahmen des Projekts „smart living lab" an der Universität Freiburg unterstützt. Die Autoren danken den Mitgliedern des iimt Crowd Energy Teams für fruchtbare Diskussionen.

Literatur

Andoni M, Robu V, Flynn D, Abram S, Geach D, Jenkins D, McCallum P, Peacock A (2019) Blockchain technology in the energy sector: a systematic review of challenges and opportunities. Renew Sust Energ Rev 100:143–174. https://doi.org/10.1016/j.rser.2018.10.014

Bogensperger A, Zeiselmair A, Hinterstocker M, Dufter C (2018) Die Blockchain-Technologie – Chance zur Transformation der Energieversorgung? – Berichtsteil Anwendungsfälle. Forschungsstelle für Energiewirtschaft e. V., München. https://www.ffe.de/attachments/article/846/Blockchain_Teilbericht_UseCases.pdf. Zugegriffen am 05.05.2019

Brooklyn Microgrid (2019a) Brooklyn Microgrid 101. https://www.brooklyn.energy/bmg-101. Zugegriffen am 28.05.2019

Brooklyn Microgrid (2019b) Brooklyn Microgrid FAQs. https://www.brooklyn.energy/faqs. Zugegriffen am 28.05.2019

BSI – Bundesamt für Sicherheit in der Informationstechnik (2018) Blockchain sicher gestalten – Eckpunkte des BSI, Version 2.0. https://www.bsi.bund.de/SharedDocs/Downloads/DE/BSI/Krypto/Blockchain_Eckpunktepapier.pdf?__blob=publicationFile&v=3. Zugegriffen am 05.05.2019

Burger C, Kuhlmann A, Richard P, Weinmann J (2016) Blockchain in the energy transition a survey among decision-makers in the German energy industry. Deutsche Energie Agentur, Berlin. https://www.dena.de/fileadmin/dena/Dokumente/Meldungen/dena_ESMT_Studie_blockchain_englisch.pdf. Zugegriffen am 27.06.2019

Curtin University (2018) The carbon positive living lab: White Gum Valley. Curtin University. https://news.curtin.edu.au/stories/carbon-positive-living-lab-white-gum-valley/. Zugegriffen am 29.05.2019

Delmolino K, Arnett M, Kosba A, Miller A, Shi E (2016) Step by step towards creating a safe smart contract: lessons and insights from a cryptocurrency lab. In: Clark J, Meiklejohn S, Ryan PYA, Wallach D, Brenner M, Rohloff K (Hrsg) Financial cryptography and data security. Springer, S 79–94. https://doi.org/10.1007/978-3-662-53357-4

Dossani R, Graf M, Han E (2017) Wanxiang innovation energy fusion city: recommendations for developing an innovation cluster. RAND Corporation, Santa Monica

Duivestein S, van Doorn M, van Manen T, Bloem J, van Ommeren E (2015) Design to disrupt. Blockchain: cryptoplatform for a frictionless economy. https://www.ict-books.com/topics/vint-report-d2d3-en-info. Zugegriffen am 06.01.2019

Erlinghagen S, Markard J (2012) Smart grids and the transformation of the electricity sector: ICT firms as potential catalysts for sectoral change. Energy Policy 51:895–906. https://doi.org/10.1016/j.enpol.2012.09.045

Geels FW (2005) Processes and patterns in transitions and system innovations: refining the co-evolutionary multi-level perspective. Technol Forecast Soc Chang 72:681–696. https://doi.org/10.1016/j.techfore.2004.08.014

Geels FW (2014) Regime resistance against low-carbon transitions: introducing politics and power into the multi-level perspective. Theory Cult Soc 31:21–40. https://doi.org/10.1177/0263276414531627

Gharavi H, Ghafurian R (2011) Smart grid: the electric energy system of the future. Proc IEEE 99(6):917–921

Goranovic A, Meisel M, Fotiadis L, Wilker S, Treytl A, Sauter T (2017) Blockchain applications in microgrids – an overview of current projects and concepts. In: Proceedings of IECON 2017 – 43rd annual conference of the IEEE industrial electronics society, Beijing, China. https://doi.org/10.1109/IECON.2017.8217069

Hein C, Wellbrock W, Hein C (2019) Rechtliche Herausforderungen von Blockchain-Anwendungen. Springer Gabler, Wiesbaden. https://doi.org/10.1007/978-3-658-24931-1

Hojčková K, Sandén B, Ahlborg H (2018) Three electricity futures: monitoring the emergence of alternative system architectures. Futures 98:72–89. https://doi.org/10.1016/j.futures.2017.12.004

Hojčková K, Ahlborg H, Morrison GM, Sandén B (2019) Entrepreneurial use of contexts in technological innovation systems: the case of blockchain based peer-to-peer electricity trading. Under revision in Research Policy. Elsevier, Amsterdam

Mengelkamp E, Gärttner J, Rock K, Kessler S, Orsini L, Weinhardt C (2017) Designing microgrid energy markets – a case study: The Brooklyn Microgrid. Appl Energy 210:870–880. https://doi.org/10.1016/j.apenergy.2017.06.054

Mihaylov M, Razo-Zapata I, Rădulescu R, Nowé A (2016) Boosting the renewable energy economy with NRGcoin. In: Proceedings of 4th international conference on ICT for sustainability (ICT4S), Amsterdam, The Netherlands

Monti A, Ponci F (2015) Electric power systems. In: Kyriakides E, Polycarpou M (Hrsg) Intelligent monitoring, control, and security of critical infrastructure systems, Studies in computational intelligence 565. Springer-Verlag, Heidelberg. https://doi.org/10.1007/978-3-662-44160-2_2

Parag Y, Sovacool BK (2016) Electricity market design for the prosumer era. Nat Energy 1:16032. https://doi.org/10.1038/nenergy.2016.32

von Perfall A, Utescher-Dabitz T (2018) Blockchain Radar – Energie & Mobilität. PricewaterhouseCoopers und Bundesverband der Energie- und Wasserwirtschaft e. V. (Hrsg) https://www.pwc.de/de/energiewirtschaft/digitalisierung-in-der-energiewirtschaft/blockchain-in-der-energiewirtschaft.html. Zugegriffen am 06.01.2019

Pop C, Cioara T, Antal M, Anghel I, Salomie I, Bertoncini M (2018) Blockchain based decentralized management of demand response programs in smart energy grids. Sensors 18:1. https://doi.org/10.3390/s18010162

Power Ledger (2018) Fremantle residents participating in world-first trial, trading solar energy peer-to-peer and …. medium. https://medium.com/power-ledger/fremantle-residents-participating-in-world-first-trial-trading-solar-energy-peer-to-peer-and-955b81d438c1. Zugegriffen am 29.05.2019

Prinz W, Schulte A (2017) Blockchain-Technologien, Forschungsfragen und Anwendungen. Fraunhofer Positionspapier, Sankt Augustin

PWC (2018) Feldversuch: Dezentrale Laststeuerung von Strom mittels Blockchain, Stand 19.04.2018. https://www.pwc.de/de/energiewirtschaft/pwc-gestaltet-die-zukunft-der-energie/feldversuch-dezentrale-laststeuerung-von-strom-mittels-blockchain.html. Zugegriffen am 01.04.2019

Quartierstrom (2019) Fortsetzung erwünscht. https://quartier-strom.ch/index.php/2019/06/06/fortsetzung-erwuenscht/. Zugegriffen am 01.04.2019

Schäpke N, Stelzer F, Bergmann M, Singer-Brodowski M, Wanner M, Caniglia G, Lang DJ (2017) Reallabore im Kontext transformativer Forschung. Ansatzpunkte zur Konzeption und Einbettung in den internationalen Forschungsstand. IETSR discussion papers in transdisciplinary sustainability research, no. 1, Leuphana Universität Lüneburg, Institut für Ethik und Transdisziplinäre Nachhaltigkeitsforschung

Sentić A, Coles A-M, Piterou A (2018) The story of a „Cinderella" technology: barriers to and lessons learned from the history and present state of CHP in the UK. In: Presented at the 9th international sustainability transitions conference (IST9), The University of Manchester, Manchester, United Kingdom

Seyfang G, Park JJ, Smith A (2013) A thousand flowers blooming? An examination of community energy in the UK. Energy Policy 61:977–989. https://doi.org/10.1016/j.enpol.2013.06.030

Smith A (2007) Translating sustainabilities between green niches and socio-technical regimes. Tech Anal Strat Manag 19:427–450. https://doi.org/10.1080/09537320701403334

Smith A, Raven R (2012) What is protective space? Reconsidering niches in transitions to sustainability. Res Policy 41:1025–1036. https://doi.org/10.1016/j.respol.2011.12.012

Szabo N (1994) Smart contracts. http://www.fon.hum.uva.nl/rob/Courses/InformationInSpeech/CDROM/Literature/LOTwinterschool2006/szabo.best.vwh.net/smart.contracts.html. Zugegriffen am 05.05.2019

Tennet (2019) Blockchain-Pilot zeigt Potenzial von dezentralen Heimspeichern für das Energiesystem von morgen. https://www.tennet.eu/de/news/news/blockchain-pilot-zeigt-potenzial-von-dezentralen-heimspeichern-fuer-das-energiesystem-von-morgen-1/. Zugegriffen am 27.06.2019

Teufel S, Teufel B (2014) The crowd energy concept. J ElectronSci Technol 13(3):1–6

Teufel S, Teufel B (2019) The positive momentum of crowds for the implementation of smart environments. In: Proceedings international conference on social sciences and management, Beijing, China

Verbong G, Christiaens W, Raven R, Balkema A (2010) Strategic niche management in an unstable regime: biomass gasification in India. Environ Sci Policy 13:272–281. https://doi.org/10.1016/j.envsci.2010.01.004

VKU Verband kommunaler Unternehmen (2015). https://www.vku.de/presse/grafiken-und-statistiken/energiewirtschaft/. Zugegriffen am 06.01.2019

Vorrath S (2016) Peer-to-peer solar trading kicks off at WA housing development. One Step Off The Grid. https://onestepoffthegrid.com.au/peer-peer-solar-trading-kicks-off-wa-housing-development/. Zugegriffen am 29.05.2019

von Wirth T, Fuenfschilling L, Frantzeskaki N, Coenen L (2019) Impacts of urban living labs on sustainability transitions: mechanisms and strategies for systemic change through experimentation. Eur Plan Stud 27:229–257. https://doi.org/10.1080/09654313.2018.1504895

World Energy Council (2015) World Energy Trilemma: priority actions on climate change and how to balance the trilemma. World Energy Council, London

Zehnder S (2017) Blockchain – ein Hype? Energeia – Mag Bundesamts Energ BfE 3:8–9

ZF Press Release (2019) AI-capable Supercomputer ZF ProAI:Maximum Computing Power and Flexibility. https://news.cision.com/zf/r/ai-capable-supercomputer-zf-proai-maximum-computing-power-and-flexibility,c2713127. Zugegriffen am 27.06.2019

Dr. Bernd Teufel studierte Informatik an der Universität Karlsruhe, Deutschland und promovierte am Departement Informatik der ETH Zürich 1989. Er war Dozent am Department of Computer Science der University of Wollongong, Australien, und wissenschaftlicher Berater bei der Commonwealth Scientific and Industrial Research Organization (CSIRO), Sydney, bevor er ein IT-Unternehmen in Deutschland gründete. Nach mehreren Fusionen verließ er das Unternehmen 2008 und gründete 2009 eine Beratungsagentur, die sich hauptsächlich auf unabhängiges Research-Mentoring konzentriert. In dieser Funktion wirkt er auch am international institute of management in technology (iimt) der Universität Fribourg. Seine Forschungsinteressen umfassen IKT- und Cybersicherheitsmanagement, Management von Energiesystemen und innovative Smart Living-Ansätze.

Dr. Anton Sentic ist Senior Researcher am international institute of management in technology (iimt) der Universität Fribourg und arbeitet primär in den Bereichen Transitions- und Transformationsforschung, insbesondere bezogen auf die Rolle von Living Labs, sowie Innovation im Energiebereich. Sein akademischer Werdegang führte nach einem Studium der Umweltsystemwissenschaften an der Karl-Franzens-Universität Graz nach London, wo er an der University of Greenwich mit einer Transitions-Studie über Kraft-Wärme-Kopplung-Technologien im britischen Energiesektor promovierte. Neben den oben genannten Hauptthemen umfassen seine Forschungsinteressen auch Wiederverwendung von Materialien und den Aufbau sowie das Management von Innovationssystemen in unterschiedlichen Kontexten.

Tim Niemer studierte „Computer Engineering" an der Technischen Hochschule Köln, bevor er nach Fribourg, Schweiz, zog, um ein Studium in „Computer Science" zu beginnen. Im Fokus seiner Arbeit und Forschung stehen verschiedene Projekte rund um die Themen Smart Grid und Asset Management für Stromnetzbetreiber.

Kristina Hojcková studierte an der Matej Bel Universität, Banska Bystrica, Slowakei, sowie an der Universität Göteborg, Schweden, und hat 2015 mit einem Master in „Global Studies" abgeschlossen. Derzeit ist sie Doktorandin an der Chalmers University of Technology in Göteborg, Schweden, mit Fokus auf der soziotechnischen Analyse des Transitionsprozesses im Elektrizitätssektor.

P2P-Energiehandel

14

Stefan Wunderlich, David Saive, René Kessler, Marlon Beykirch, Lars Kölpin, Gerrit Schumann und Jorge Marx Gómez

Zusammenfassung

Die Energiebranche befindet sich in einem signifikanten Veränderungsprozess. Angesichts des starken Wachstums verteilter, dezentraler Energieressourcen experimentieren Regierungen, Versorger und weitere Stakeholder mit neuen Lösungen, um das Elektrizitätsnetz effizienter zu gestalten. Nach Jahren, in denen die Energiewende vorrangig mit dem Ausbau erneuerbarer Energie assoziiert wurde, rücken zunehmend systemische Fragen in den Vordergrund, insbesondere zur Integration neuer Akteure in den Markt. Dezentrale Erzeugerstrukturen führen im Rahmen der Energiewende zu neuen Anforderungen und erfordern Anpassungen des markt- und netzseitigen Energiesystems. Fehlende Informationen über exakt prognostizierte Lasten und Energieerzeugung erschweren die Einhaltung der Netzstabilität. Sogenannte Microgrids gelten als eine Möglichkeit zur Lösung der Energieprobleme der Zukunft. Dezentralen Peer-to-Peer-Ansätzen wird Lösungspotenzial hinsichtlich der neuen Anforderungen im Energiemarkt prophezeit. Die vorliegende Arbeit untersucht, ob dezentraler Energiehandel mithilfe eines alternativen Peer-to-Peer-Ansatzes realisiert werden kann. Dabei steht die Frage im Mittelpunkt, ob die markt- und netzseitigen Komponenten des Energiemarktes innerhalb einer dezentralen Anwendung abgebildet werden können.

Schlüsselwörter

Dezentraler Energiemarkt · Blockchain · Chord · P2P · Energieprognosen

---

Vollständig überarbeiteter und erweiterter Beitrag basierend auf Wunderlich et al. (2018) Dezentraler Energiehandel mit der Blockchain – Hit or Miss? HMD – Praxis der Wirtschaftsinformatik Heft 324, 55(6): 1204–1219.

S. Wunderlich (✉) · D. Saive · R. Kessler · M. Beykirch · L. Kölpin · G. Schumann · J. M. Gómez
Universität Oldenburg, Oldenburg, Deutschland
E-Mail: stefan.wunderlich@uni-oldenburg.de

14.1 Motivation

Die heutige Energiewirtschaft befindet sich durch technologische und sozioökonomische Entwicklungen in einem weitreichenden Veränderungsprozess. Die existierende Netzinfrastruktur ist, getrieben durch die tätigen Akteure, durch eine starke Zentralisierung geprägt. Dabei ist eine klare Rollen- und Aufgabenteilung in Produzenten, Netzbetreibern und Konsumenten erkennbar. Zu erwarten ist in der Zukunft eine Transformation hin zu einem dezentralen Energiemarkt (Imbault et al. 2017). Begründet werden kann die bereits in Teilen beginnende Transformation durch verschiedene Faktoren.

Bis in die späten 1990er-Jahre hatten Energieproduzenten eine Monopolstellung inne. Konsumenten waren strikt an die Produzenten gebunden und bezogen von ihnen die benötigte Energie. Erst durch die Liberalisierung des Energiemarktes hat sich diese Konsumenten-Produzenten-Beziehung verändert. Konsumenten hatten dadurch die Möglichkeit den Energielieferanten frei zu wählen, wodurch auch der Wettbewerb verschärft werden und die Monopolstellung aufgeweicht werden konnte. Gleichzeitig führte dies aber auch zu neuen Anforderungen an den Markt und dessen Infrastruktur: Transparenz, Austauschbarkeit und Standardisierung wurden notwendig. Die Feststellung der Bedarfe wurde dabei über historische Verbrauchsdaten definiert. Kurzfristige Abweichungen, beispielsweise Peaks, wurden durch Netzfrequenzmessungen erkannt und notwendige Maßnahmen eingeleitet, um diese auszugleichen (Merz 2016). Trotz dieser Veränderungen ist der zentralisierte Markt immer noch stark von Intermediären abhängig (Wunderlich et al. 2018).

Die Verabschiedung des Kyoto-Protokolls, des Pariser Abkommens und der Sustainability Development Goals führten auf internationaler Ebene zu einer höheren Relevanz des Themas Nachhaltigkeit (Kyoto 1997; Dröge 2015; Kaumanns et al. 2016). Auf nationaler Ebene konnte durch das 2014 in Berlin verabschiedete Erneuerbare-Energien-Gesetz (EEG) ein weiterer Anreiz geschaffen werden den Wandel hin zu regenerativen Energien zu forcieren (EEG 2014). Durch das EEG konnte der Ausbau von PV-Anlagen mithilfe von Subventionierungen massiv gefördert werden, was dazu führte, dass der Anteil von erneuerbaren Energien in den letzten 15 Jahren um den Faktor 15 erhöht werden konnte und nun einen Anteil von über 30 % der Energieproduktion stellt (Zentrum für Sonnenenergie- und Wasserstoff Forschung Baden Württemberg 2017). Bis 2050 wird davon ausgegangen, dass dieser Anteil sogar auf bis zu 60 % steigen könnte (Maubach 2014). Neben den gesetzlichen Förderungen stellen sich auch gesellschaftliche Effekte ein. So wird Nachhaltigkeit von der Allgemeinheit, auch in der Wirtschaft, als ein wichtiges Thema angesehen (Biesalski und Company 2016; ATKearney 2015). Das Bundesministerium für Umwelt, Naturschutz, Bau und Reaktorsicherheit stellte in einer Studie fest, dass 75 % der befragten Personen Nachhaltigkeit für die größte Herausforderung der nächsten Jahre halten (BMUB 2016). Deutlich wird dieser Trend auch an den Marktentwicklungen sogenannter grüner Produkte. Besonders positiv sind die Entwicklungen in den Konsumbereichen „Wohnen" (Energie wird hierzu gezählt), „Mobilität" und „Ernährung". Im Kontext dieser Arbeit sticht insbesondere der gemessene Marktanteil von Ökostromtarifen heraus. Während dieser im

Jahr 2010 noch bei unter 5 % lag, konnte fünf Jahre später schon eine Vervierfachung festgestellt werden mit weiterhin steigender Tendenz (Steinemann et al. 2017). Insgesamt lässt sich aus den aufgeführten Aspekten schließen, dass die Energiewende neben der internationalen und nationalen Gesetzgebung eben auch maßgeblich von der Gesellschaft getrieben wird.

Einhergehend mit der Energiewende stößt aber auch die aktuelle Netzinfrastruktur an ihre Grenzen. Zwar werden Geräte, wie z. B. Haushaltsgeräte, sparsamer, allerdings nimmt die Menge der Verbraucher zu, was insgesamt zu höheren Verbräuchen führt. Die heutige Netzinfrastruktur ist daher kaum noch in der Lage die nötigen Kapazitäten für Leistungsspitzen sicherzustellen und weist zudem Nachteile bei der Performanz auf (Nehai und Guerard 2017; Carley 2009). Der heutige Stand der Informations- und Kommunikationstechnologie bietet die Möglichkeit für neue Steuermechanismen und Geschäftsmodelle, die die Umsetzung des dezentralen Energiehandels realisierbar machen (Wunderlich et al. 2018). In der Branche werden hohe Erwartungen an die Dezentralisierung des Marktes gesteckt. Gleichzeitig wird diese aber auch disruptiv auf die Branche wirken und neue Herausforderungen werden ersichtlich (Basden und Cottrell 2017; Hecker et al. 2015). So werden sich durch den Verzicht auf Intermediäre das Marktdesign und dessen Infrastruktur, aber auch die vertretenen Rollen und Akteure grundlegend neu ordnen (Beykirch et al. 2018; Imbault et al. 2017). Die Anforderungen, die an den zentralisierten Markt gelten, werden aber weiterhin Relevanz besitzen (Imbault et al. 2017).

Dezentralisierung allein löst allerdings noch nicht die Probleme der Überlastung und der Performance der Infrastruktur. Die Hauptgründe für Verluste in der Energieversorgung ist die zurückgelegte Strecke auf dem Transportweg sowie die Umspannung von einer Netzspannungsebene in eine höhere Spannungsebene (Konashevych 2016). Zusätzlich zu der Dezentralisierung muss daher die Lokalität der Stromproduktion und des -verbrauchs gefördert werden, woraus Effizienzsteigerungen für die Netzbetreiber resultieren (Nehai und Guerard 2017; Basden und Cottrell 2017). Photovoltaikanlagen und Energiespeichersysteme sind schon jetzt häufig verfügbar und werden in naher Zukunft standardmäßig verfügbar sein (Beykirch et al. 2018). Kritischer ist der flächendeckende Rollout von Smart Metern zu betrachten, da diese die Grundlage dafür stellen, Verbräuche und Bedarfe zu ermitteln (Prause 2010) sowie für Erzeugungs- und Verbrauchsprognosen notwendig sind.

14.2 Ausgangssituation

Zur Realisierung des dezentralen Energiehandels wird in der bestehenden Literatur und in Pilotprojekten in der Regel die Blockchain als zugrunde liegende Technologie genutzt (Basden und Cottrell 2017). Die Umsetzung mithilfe einer Blockchain bringt verschiedene Nutzungsszenarien mit sich. Mögliche Use Cases erstrecken sich von der reinen Bezahlung der Energie durch digitale Token, über den Handel von Ökostromzertifikaten bis hin zu der Abwicklung aller operativen und finanziellen Transaktionen über die Blockchain (Sanseverino et al. 2017; Imbault et al. 2017). Auch neue Geschäftsmodelle wie Fernwartungen von Photovoltaikanlagen über die Erfassung und Auswertung von Leistungskennzahlen sind denkbar (Imbault et al. 2017). Die Realisierung mit einer Blockchain setzt voraus, dass die verwendete Ledger-Technologie die Fähigkeit besitzt, Smart Contracts abzubilden und ausführbar zu machen. Über diese Art der Contracts können automatisiert regelbasierte Entscheidungen getroffen werden, ohne, dass der Nutzer mit dem System in Interaktion treten muss. So wäre es möglich, über einen implementierten Smart Contract eine definierte Menge an Energie zu einem festgelegten Preis zu kaufen, sobald ein Angebot auf dem Markt diese Kriterien erfüllt.

Um Energie über eine Blockchain zu handeln muss die technische Infrastruktur geschaffen werden. Jeder Teilnehmer des Blockchain-Netzwerkes benötigt einen Node, also einen Klienten, der für den Nutzer eigene Bedarfe erfasst und prognostiziert sowie mit anderen Klienten im selbigen Netzwerk handelt (Basden und Cottrell 2017). In diesem Punkt kann eines der Probleme des dezentralen Energiehandels deutlich gemacht werden. Durch den dezentralen Energiehandel, so die Meinung von Experten, soll die Möglichkeit geschaffen werden, autark und ohne Intermediäre Energie zu handeln. Aber auch dann ist immer ein zentraler Netzbetreiber notwendig, der festlegt, welcher Personenkreis im jeweiligen Blockchain-Netzwerk partizipieren und Energie handeln darf. Darüber hinaus ist immer eine Initialisierung eines solchen Projektes notwendig. Auch die Schaffung der Infrastruktur muss dabei beachtet werden. Ein Totalverzicht auf zentrale Steuereinheiten und Intermediäre ist daher nicht realistisch (Konashevych 2016).

Neben der Schaffung der nötigen technischen Infrastruktur muss auch die Umstrukturierung des heutigen Energiemarktes betrachtet werden (Imbault et al. 2017). Die Hauptgründe für Verluste und Ineffizienz im aktuellen Energiehandel ist die Länge der Übertragungsstrecken sowie die Umspannung von selbsterzeugter Energie (Niedrigspannungsnetz) in höhere Spannungsnetze (Konashevych 2016). Ein völlig dezentraler Energiehandel, in der jeder Marktteilnehmer mit jedem anderen Marktteilnehmer handeln kann, ist daher nicht zielführend. Vielmehr muss eine Entwicklung in Richtung Microgrids vollzogen werden. Microgrids sind Netze bzw. Teilnetze, in denen Energieerzeuger und -verbraucher autark versorgt werden können. In diesen Grids könnte der beschriebene Ansatz großen Nutzen versprechen. Eine Stadt oder ein Gebiet könnte in eine Vielzahl von Microgrids unterteilt werden (Nehai und Guerard 2017). Da aber auch dann genügend Kapazitäten für schwankende Bedarfe notwendig sind, ist nur eine hybride Lösung mit Microgrids und großen Energieversorgern realistisch (Basden und Cottrell 2017). Im Idealfall würden die Microgrids so zusammengesetzt werden, dass die Versorgungsrisiken durch Diversifizierung der Risiken ausgeglichen werden. So könnten in einem Microgrid Prosumenten partizipieren, die auf verschiedenen Wegen Energie erzeugen. Tagsüber könnte über Photovoltaikanlagen Energie erzeugt und von den Teilnehmern verbraucht werden, während dies in der Nacht über Wasser- oder Windanlagen geschieht (Konashevych 2016).

Ziel sollte es dabei sein, dass bevorzugt lokale Energie verbraucht wird und nur dann auf Energie von großen Erzeugern, in einem dezentralen Markt als Versicherer anzusehen, zurückgegriffen wird, wenn der Bedarf lokal nicht gedeckt werden kann (Nehai und Guerard 2017). Durch die Dynamisierung der Netznutzungsentgelte könnte in der Zukunft ein weiterer Anreiz geschaffen werden, verstärkt Microgrids in die Energieversorgung einzubinden (Merz 2016).

So ist die technische Umsetzung für den Energiehandel in einem solchen Microgrid grundsätzlich möglich. In Hinblick auf die Blockchain-Technologie, die dabei verwendet werden können, wurden mehrere Probleme festgestellt. Ethereum, die in (Wunderlich et al. 2018) verwendete Blockchain-Technologie, erlaubt in den Smart Contracts nur primitive Datentypen. Dies erschwert die Verarbeitung großer Datenmengen innerhalb der Smart Contracts (z. B. für Bedarfsprognosen oder Erzeugungsprognosen). Die Aufteilung der Datenmengen in mehrere kleine Transaktionen erhöhte folglich die Anzahl der Transaktionen. Dies wiederum führte durch die verwendete Konformatitätsprüfung (Proof of Work) zu Performanceproblemen. Daher ist, sofern eine Blockchain-Technologie genutzt werden soll, eher auf das Proof-of-Stake oder Proof-of-Authority-Verfahren zurückzugreifen (Nehai und Guerard 2017). Außerdem müssen Transaktionen effizient abgewickelt werden können. Insgesamt ist die Blockchain aufgrund der Rechenleistung nicht für die Ausführung von komplexen Algorithmen geeignet. So werden bspw. prognosebasierte Ansätze (unter Zuhilfenahme von Data Mining-Verfahren) sehr ineffizient, da die Berechnung von Vorhersagemodellen sehr rechenintensiv sein kann. Grundsätzlich ist die Reaktionszeit und Performance von heutigen, zentralen Brokersystemen stets höher, als Peer-to-Peer (P2P)-Ansätze wie die Blockchain (Merz 2016). Fraglich ist allerdings, ob diese Leistungsvorteile überhaupt einen Mehrwert bieten, da der Energiehandel in einer viertelstündlichen Taktung erfolgt. Weiterhin besitzen klassische P2P-Verfahren das Potenzial, die Performanceschwächen aktueller Blockchain-Implementierungen weitgehend zu eliminieren. Weiterhin besitzen aktuelle Blockchain-Implementierungen die Eigenschaft, dass Daten nicht löschbar sind. Gemäß der EU-Datenschutzgrundverordnung (DSGVO) müssen Daten auf Anfrage gelöscht werden können. Die Artikel 16 bis 18 der DSGVO beschreiben die Voraussetzungen unter denen der Kunde oder die betroffene Person eine Berichtigung, Löschung oder Einschränkung einer Verarbeitung seiner personenbezogenen Daten verlangen kann. Aus Art. 17 DSGVO, der das „Recht auf Vergessenwerden beschreibt", geht u. a. hervor, dass die zwingende Notwendigkeit einer Löschung der Daten besteht, sobald der Zweck der Verarbeitung erfüllt ist (Europäische Union 2016). Weiterführende regulatorische Anforderungen werden im folgenden Abschn. 14.3 ausführlich dargestellt.

14.3 Regulatorischer Rahmen

Die technische Umsetzbarkeit von P2P-Energiehandel allein genügt noch nicht, um ein tragfähiges Digitalisierungsmodell zu entwerfen. Wenn der regulatorische Rahmen durch die eingesetzte Technologie verletzt wird, kann das Vorhaben so nicht umgesetzt werden. Es müssen daher stets die Anforderungen des Rechts bei der Konzeption mitgedacht werden. Dabei genügt es nicht, nur auf die naheliegenden regulatorischen Anforderungen der spezifischen Domäne einzugehen. Vielmehr muss eine umfassende, alle Rechtsbereiche abdeckende juristische Bewertung der

Technologie vorgenommen werden. Der folgende Abschnitt dient daher dazu, einen Überblick darüber zu geben, welche Rechtsbereiche durch den Einsatz P2P-basierter Systeme berührt werden.

14.3.1 Energiewirtschaftsrecht

Begonnen wird mit dem nächstliegenden Rechtsgebiet, dem Energiewirtschaftsrecht. Soll ein P2P-Energiehandelssystem implementiert werden, müssen die Anforderungen der §§ 5, 41 EnWG und §§ 19 ff. EEG berücksichtigt werden.

Die Prosumer des Netzwerks versorgen die jeweils anderen Mitglieder des Netzwerks mit Strom. Dadurch werden sie zum Energieversorgungsunternehmen i. S. d. § 5 S. 1 EnWG (Overkamp und Schings 2019). Damit verbunden sind erhebliche regulatorische Anforderungen. Am wenigsten problematisch ist dabei noch die Anzeige der Tätigkeit als Energieversorgungsunternehmen bei der BNetzA i. S. d. § 5 S. 1 EnWG. Größere Herausforderungen bergen die Anforderungen an die Zuverlässigkeit der personellen, technischen und wirtschaftlichen Leistungsfähigkeit des Prosumers gem. § 5 S. 4 EnWG. Es steht im Ermessen der BNetzA, den Betrieb zu untersagen, wenn die Zuverlässigkeit des Energieversorgungsunternehmens nicht mehr gewährleistet ist.

Daneben treten die Anforderungen aus der Stromnetzzugangsverordnung. Gem. § 4 Abs. 1 S. 1 StromNZV sind in einer Regelzone sog. Bilanzkreise zu bilden. Solche Bilanzkreise bestehen gem. § 4 Abs. 1 S.2 StromNZV aus mindestens einer Einspeise- und Entnahmestelle. Für jeden Bilanzkreis muss gem. § 4 Abs. 2 S. 1 StromNZV ein Bilanzkreisverantwortlicher zu benennen. Dieser ist gem. § 4 Abs. 2 S. 2 StromNZV ist verantwortlich für eine ausgeglichene Bilanz zwischen Einspeisungen und Entnahmen in einem Bilanzkreis in jeder Viertelstunde und übernimmt als Schnittstelle zwischen Netznutzern und Betreibern von Übertragungsnetzen die wirtschaftliche Verantwortung für Abweichungen zwischen Einspeisungen und Entnahmen eines Bilanzkreises. Dabei muss berücksichtigt werden, dass gem. § 4 Abs. 3 S. 1 StromNZV jede Einspeise- oder Entnahmestelle einem Bilanzkreis zugeordnet werden muss. Dadurch wird der Betrieb von P2P-Stromversorgungsnetzen erheblich beeinträchtigt. Jeder Prosumer im Netzwerk muss einem Bilanzkreis zugeordnet werden. Aus der Zuordnung allein erwachsen noch keine größeren Hürden. Allerdings müssen die Prosumer eines Bilanzkreises sich auf einen Bilanzverantwortlichen verständigen. Dieser übernimmt dann die wirtschaftliche Verantwortung für diesen Bilanzkreis. Der Verantwortliche muss u. a. die bilanzielle Abwicklung der Stromlieferung und stellt durch Zukauf von Strommengen sicher, dass das P2P-Netz stets mit ausreichend Strom beliefert wird, insbesondere wenn die Anlagen der Prosumer keinen eigenen Strom produzieren (Buchmüller 2018). Es ist äußerst zweifelhaft, ob diese Aufgaben von den Prosumern überhaupt bewältigt werden können. Daher wird bei der bisherigen Konzeption von P2P-Stromnetzwerken vorgeschlagen, den kommunalen Stromversorger als Verantwortlichen zu benennen (Buchmüller 2018; Overkamp und Schings 2019). Dadurch würde jedoch der Selbstversorger-Gedanke des Netzwerks erheblich konterkariert.

Eine Alternative hierfür könnten jedoch der Zusammenschluss des Netzwerks als Genossenschaft bieten. Gem. § 1 GenG ist der Zweck einer Genossenschaft darauf gerichtet, den Erwerb oder die Wirtschaft ihrer Mitglieder oder deren soziale oder kulturelle Belange durch gemeinschaftlichen Geschäftsbetrieb zu fördern. Die Prosumer des jeweiligen Netzwerks könnten eine Genossenschaft zum Zwecke der lokalen Energieversorgung der Genossenschaftsmitglieder untereinander gründen. Die Genossenschaft ist gem. § 17 GenG selbst eine juristische Person und könnte in dieser Form die Bilanzkreisverantwortlichkeit übernehmen. Dadurch würde ein vollständig selbstverwalteter Bilanzkreis entstehen. Einschränkend muss jedoch darauf hingewiesen werden, dass hierdurch nur die formellen Anforderungen erfüllt würden. Die Genossenschaft müsste dafür sorgen, entsprechende Personen zu beschäftigen, welche die erforderliche Sachkenntnis im Energiesektor mit sich bringen, um die Verantwortlichkeit mit Leben zu füllen.

Als letzte energiemarktspezifische Anforderung sei noch § 41 EnWG genannt. Als verbraucher- und wettbewerbsschützende Norm (Heinlein und Weitenberg 2019) bestimmt § 41 EnWG nennt spezifische Anforderungen an die Ausgestaltung der Energielieferungsverträge. Sie müssen insbesondere einfach verständlich sein und alle in § 41 Abs. 1 S. 2 EnWG aufgeführten Informationen enthalten. Der eingesetzte smart contract zum Handel im Netzwerk muss diesen Anforderungen zwingend genügen (Köhler und Müller-Boysen 2018).

14.3.2 Zivilrecht

Damit ist sogleich der Bogen zu den allgemeinen Anforderungen des Zivilrechts gespannt. § 41 EnWG ergänzt insoweit nur die grundsätzlichen Anforderungen an den Vertragsschluss mit Verbrauchern (Heinlein und Weitenberg 2019). Der Vertragsschluss über das Internet oder sonstiger digitaler Kommunikationswege ist grundsätzlich möglich. Die zum Vertragsschluss erforderlichen Willenserklärungen Angebot und Annahme können in jeder erdenklichen Form abgeben werden, soweit keine speziellen Formvorschriften greifen. Damit ist es grundsätzlich möglich, auch Blockchains oder vergleichbare P2P-Systeme für den Vertragsschluss einzusetzen.

Allerdings birgt die Irreversibilität des Blockchain-Datensatzes gewisse Herausforderungen, die bei der Implementierung berücksichtigt werden müssen. Das Zivilrecht enthält eine Vielzahl von Rechtsbehelfen, die eine Rückabwicklung von Verträgen zur Folge haben. So besteht zum Beispiel die Möglichkeit bei Vorliegen eines Anfechtungsgrund seine Willenserklärung und damit den geschlossenen Vertrag über die Energielieferung anzufechten. Die Anfechtung führt gem. § 142 BGB zu einer Nichtigkeit des Vertragsverhältnisses *ex tunc*, also von Anfang an. Daneben ist es möglich, einen geschlossenen Vertrag zu widerrufen oder davon zurückzutreten. Der Rücktritt bzw. der Widerruf hat dann die Nichtigkeit *ex nunc*, also von dem Zeitpunkt der Erklärung an, zur Folge. Für die Umsetzung auf der Blockchain ist es nicht notwendig, die gesamte Transaktionshistorie im Falle der zivilrechtlichen Rückabwicklung zu löschen. Es genügt, wenn eine Art Löschungsvermerk in die Blockchain mit aufgenommen wird, aus der hervorgeht, dass die genannte Transaktion nicht mehr aktuell ist.

14.3.3 Datenschutzrecht

Das Datenschutzrecht geht hier weiter. Werden im P2P-System personenbezogenen Daten verarbeitet, hat das Subjekt der Datenverarbeitung bestimmte Rechte. So kann es beispielsweise die Löschung der personenbezogenen Daten gem. Art. 17 DSGVO verlangen, wenn der Zweck der Datenverarbeitung entfallen ist. Löschen meint Vernichtung des Datums. Daher müssten aus datenschutzrechtlicher Perspektive personenbezogene Daten vollständig aus dem gesamten Blockchain-Datensatz von allen Teilnehmern entfernt werden. Dies könnte technisch durch sog. *redactable Blockchains* umgesetzt werden (Ateniese et al. 2017). Es gibt jedoch am Markt zum jetzigen Zeitpunkt keine Produkte, die *redactable Blockchains* implementieren.

Adressat der datenschutzrechtlichen Pflichten ist der Verantwortliche i. S. d. Art. 4 Nr. 7 DSGVO. Verantwortlich ist, wer über die Zwecke und Mittel der Datenverarbeitung entscheidet. In P2P-Netzwerken besteht eine dynamische und relative Verantwortlichkeitsstruktur. Das bedeutet, dass die datenschutzrechtliche Verantwortlichkeit innerhalb des Netzwerks stets wechselt. Über die Zwecke und Mittel der Datenverarbeitung innerhalb des P2P-Systems kann nur diejenige Person entscheiden, deren Teilnehmer eine Transaktion absendet. Alle anderen Teilnehmer können diese Transaktion aufgrund des Konsensmechanismus im nachgelagerten Prozess validieren. Ansonsten besteht keine Einwirkungsmöglichkeit auf den Zweck und die Mittel der Transaktion. Da innerhalb des Netzwerks alle Teilnehmers Transaktionen vornehmen können, wechselt die datenschutzrechtliche Verantwortlichkeit ständig. Jeder Teilnehmer ist für die Transaktion verantwortlich, die sie selbst ausgelöst hat. Alle anderen Teilnehmer werden als Auftragsverarbeiter i. S. d. Art. 4 Nr. 8 DSGVO für die jeweils auslösende Teilnehmer tätig.

Um dem Anwendungsbereich der DSGVO zu entkommen, könnte von vornherein darauf verzichtet werden, personenbezogene Daten in die Blockchain einzutragen. Nach dem weiten Verständnis des Art. 4 Nr. 1 DSGVO sind personenbezogene Daten auch solche, die einen Rückschluss auf die dahinterliegende Person zulassen. Daher fallen auch die *public keys* natürlicher Personen, die Teil eines Blockchain-Netzwerks sind, unter den Begriff des personenbezogenen Datums. Daher werden in jeder Blockchain, in der natürliche Personen beteiligt sind, personenbezogene Daten verarbeitet. Damit die Datenverarbeitung rechtmäßig ist, bedarf es eines Rechtfertigungsgrundes i. S. d. Art. 6 Abs. 1 UAbs. 1 DSGVO. Gem. Art. 6 Abs. 1 UAbs. 1 lit. b) DSGVO ist die Verarbeitung dann rechtmäßig, wenn sie der Erfüllung eines Vertrags dient. Voraussetzung ist jedoch, dass die Datenverarbeitung in dem spezifischen Vertragsverhältnis zwischen den Parteien erfolgt. Für den P2P-Energiehandel bedeutete dies, dass die Datenverarbeitung nur im Rahmen von Einspeiser und Entnehmer der bestimmten Energiemenge gerechtfertigt wäre. Alle anderen Teilnehmer sind nicht Vertragspartner des spezifischen Energiehandels und hätten daher kein rechtlich ausreichendes Interesse an der Datenverarbeitung. An dieser Stelle kann jedoch der Gedanke der Energiegenossenschaft wieder herangezogen werden. Würden alle Teilnehmer des Netzwerks gemeinsam eine Genossenschaft bilden, würde die Erfüllung der Genossenschaftsvertrag, also die Satzung der Genossenschaft die Datenverarbeitung rechtfertigen.

14.4 Peer-to-Peer-System

Um die rechtlichen Rahmenbedingungen zu erfüllen und die nach wie vor vorhandenen technischen und rechtlichen Limitierungen der Blockchain-Technologie zu umgehen wurde ein Prototyp auf Basis der P2P-Technologie *Chord* entwickelt. Mithilfe dieser Technologie ist es möglich, ein Microgrid technisch abzubilden, ohne dabei die Nachteile der Blockchain-Technologie zu haben.

Ein P2P-Netzwerk ist eine verteilte Netzwerk- und Systemarchitektur, in der verschiedene Rechner untereinander zu einem Netzwerk verbunden sind. Dabei sind alle Teilnehmer gleichberechtigt. Ein solches P2P Netzwerk lässt sich komplett selbstorganisiert umsetzen, somit ist die Implementierung einer zentralen Instanz nicht notwendig (Schollmeier 2001). P2P-Netze wurden in der Vergangenheit im Kontext heterogener Anwendungsfälle erfolgreich eingesetzt, wie bspw. Filesharing-Netze (z. B. BitTorrent). P2P-Netze haben sich folglich als resistent und skalierbar erwiesen und stellen daher einen vielversprechenden Ansatz für weiterführende Anwendungsfälle, wie u. a. dezentrale Energienetze dar. Jeder einzelne im P2P-Netz registrierte Rechner, wird nachfolgend als Teilnehmer bezeichnet.

Der in (Beykirch et al. 2018) vorgestellte Ansatz eines hybriden Marktes, zeigte das Problem auf, dass eine zentrale Instanz, ein Marktbetreiber, nach wie vor zur Steuerung des Energiemarktes benötigt wird. Dieser wäre für das Skalieren und Betreiben des zugrunde liegenden Energienetzes zuständig, ein technologisch bedingter Kompromiss zur Echtzeit-Realisation der Transaktionen. Eine technologische und strukturelle Diversifikation findet nicht vollends statt, denn wie beim etablierten, zentralen Energiemarkt existiert eine zentrale Vertrauensinstanz. Die Aufgaben des Marktbetreibers stehen für ein Problem, welches dezentral gelöst werden muss, um das Gesamtsystem unter dem Aspekt der Dezentralität zu vervollkommnen und hinsichtlich des Vertrauensdefizits und ausbleibender Transparenz zu kultivieren.

14.4.1 Technische Konzeption

Um ein Microgrid auf Informationsebene als P2P-Netzwerk abbilden zu können, müssen einige Grundvoraussetzungen erfüllt sein. So müssen die Teilnehmer eindeutig referenzierbar und folglich auch effizient suchbar sein. Darüber hinaus ist es erforderlich, dass die Suche und das Finden von Teilnehmern mit vertretbarem zeitlichen Aufwand zu bewerkstelligen ist. In einem P2P-Netzwerk ist es möglich, dass jeder Teilnehmer eine eindeutige Referenz (z. B. IP-Adresse) auf jeden anderen registrierten Teilnehmer besitzt. Dies ermöglicht schnelle Zugriffsoperationen, liegt aber in einer Speicherkomplexität von $O(n^2)$ und skaliert deshalb quadratisch zur Anzahl der Teilnehmer. Bei wachsenden Teilnehmerzahlen sinkt folglich die Effizienz der Zugriffe bei gleichzeitig wachsendem Speicherbedarf. Performanceeinbußen sind die Konsequenz. Ein klassischer P2P-Ansatz kann somit nicht gewählt werden.

Chord ist ein verteiltes Suchprotokoll für P2P-Systeme, das Schlüssel auf Knoten abbildet. Dabei passt es sich effizient an Strukturveränderungen, wie das Ausfallen oder Hinzukommen von Knoten an und sichert die Funktionalität auch während dieser Anpassung. Kein Knoten eines *Chord-Ringes* enthält Referenzen auf sämtliche weitere Knoten, sondern jeweils lediglich Vorgänger und Nachfolger (Stoica et al. 2003). Um diese Komplexität zu verringern, wurde eine Erweiterung des Chord-Algorithmus als Basis des Systems implementiert. Der Leitgedanke dabei ist, dass beliebige Bit-Anordnungen eines Speichers, mittels eines Hash-Verfahrens wie beispielsweise dem SHA-256 (kurz für Secure Hash Algorithm 256), in einen gemeinsamen Schlüsselraum übersetzt werden können. Es ergibt sich somit unter anderem die Möglichkeit, dass Adressen von Computern und eindeutige Schlüssel von Dateien miteinander verglichen werden können – eine Grundvoraussetzung der binären Suche. Dies ist erforderlich, da Transaktionsdaten in diesem System mittels des gleichen Suchverfahrens effizient auffindbar sein müssen. Notwendig ist zudem, dass es sich um ein konsistentes Hashverfahren handelt. Dies bedeutet, dass es zu ähnlichen Eingaben also stark verschiedene und gleichverteilte Ausgaben gibt, um die Objekte verteilt im Netzwerk speichern zu können. Diese Eigenschaften gelten für den SHA-2-Algorithmus (Secure Hash Standard – SHS 2012). Es ist anzumerken, dass die maximale Anzahl von Elementen für den SHA-2-Algorithmus bei 2^m-1 liegt, wobei m die Anzahl der Bits darstellt. Im Falle von SHA-256 liegt der Adressraum somit bei $2^{256}-1$ möglichen Speicheradressen. Dies ist für den Prototyp ein hinreichend großer Adressraum.

Aufgrund dieser Grundvoraussetzungen werden die IP-Adressen der einzelnen Teilnehmer mithilfe des SHA-256 Algorithmus gehasht. Der Hash bildet somit dein eindeutiger Identifier eines jeden Teilnehmers des Systems. Dieser erzeugt einen 256 Bit langen Wert als Ausgabe. Handelt es sich um den ersten Teilnehmer des Netzwerkes, so wird dieser als Genesis des Systems bezeichnet. Jeder weitere Teilnehmer muss, um dem Netzwerk beizutreten, eine Anfrage an einen beliebigen Teilnehmer des Netzwerkes stellen. Um neuen Teilnehmern eine Möglichkeit zur Anfrage zu bieten, gibt es öffentliche Knoten, die die Erreichbarkeit des Systems sicherstellen und Teilnehmer authentisieren. Das Gesamtsystem aller Teilnehmer muss die Struktur des geordneten Ringes zu jeder Zeit gewährleisten. Somit müssen alle gehashten IP-Adressen in aufsteigender Reihenfolge sortiert sein, wobei jeder Knoten Referenzen auf eine beliebige, aber konstante Anzahl an direkt nachfolgenden Knoten und direkt vorliegenden Knoten besitzt. Ein Sonderfall ist der erste oder auch letzte Knoten des Ringes. Der letzte Knoten muss nicht den nächst höheren Nachfolger, sondern den kleinsten Vorgänger – also den ersten Knoten – referenzieren. Der erste Knoten muss nicht den kleineren Vorgänger, sondern den höchsten Nachfolger, also den letzten Knoten referenzieren, um einen Ring zu bilden. Durch diese Struktur liegt die Speicherkomplexität der Knoten in $O(1)$.

Um die binäre Suche und damit ein effizientes Auffinden einzelner Teilnehmer und korrespondierender Transaktionsdaten zu ermöglichen ist es zusätzlich notwendig, dass jeder Knoten im System eine weitere Speicherstruktur, die sogenannte *Fingertabelle*, vorhält. Um dies zu veranschaulichen findet sich in der Abb. 14.1 beispielhaft eine Übersicht der bekannten Knoten, die ein einzelner Knoten vorhält. Jeder Knoten enthält eine *Fingertabelle* mit maximal i Knoten, wobei gilt, dass $1 \leq i \leq m$. Im Beispiel eines Ringes basierend auf den SHA-256 Algorithmus also

14 P2P-Energiehandel

Beispielhafte Darstellung eines Chordrings mit m = 4

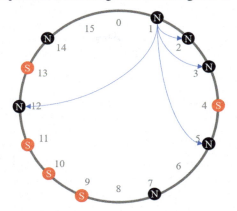

Fingertabelle des Knoten N(1)

i	Finger
1	N(2)
2	N(3)
3	N(5)
4	N(9)

Abb. 14.1 Chord-Ring mit Fingertabelle eines Elements

$1 \leq i \leq 256$. Dazu berechnet sich die *Fingertabelle* mittels der Formel $n + 2^{i-1}$ mod 2^m bei der n die Zahl der jeweils gehashten IP-Adresse entspricht. Weiterhin stellt i ein Element der Iteration von 1 bis m dar, während m für die Anzahl der verwendeten Bits steht.

Die Marktkonzeption setzt auf der Arbeit von Wunderlich et al. (2018) auf und übernimmt dessen Definition der Rollen der Marktakteure, als auch die Prognosebasis der Transaktionen als faktischer Handel von *Energiefutures*. Es existieren drei wesentliche Marktakteure: der Verkäufer, der Käufer und der Versicherer des Energiemarktes. Prosumenten (Teilnehmer, die sowohl Energie erzeugen als auch Energie verbrauchen) agieren in diesem Modell als Verkäufer, sofern diese eine positive prognostizierte Energiebilanz im folgenden Zeitslot (es gibt insgesamt 96 15-minütige Zeitslots, entspricht 24 Stunden) aufweisen, also einen Energieüberschuss produzieren. Ist die Bilanz hingegen negativ, so agiert er wie ein reiner Konsument, also wie ein Käufer. Da das Angebot zumeist geringer ausfällt als die benötigte Energie, handelt es sich um einen Verkäufermarkt. Ein Transaktionszirkel innerhalb des in dieser Arbeit thematisierten Marktmodells, ist eine wiederkehrende Iteration von Aussendungen zu bestimmten Zeitslots innerhalb eines Bilanzkreises, die alle 15 Minuten stattfindet. Um den Transaktionsverlauf zu erläutern, werden zunächst einige Begriffe definiert.

- **Vorausgesagte Produktion:** Die vorausgesagte Produktion, im Kontext der Transaktion nur Produktion, ist die vorausgesagte Produktion, die von der lokalen *R-Instanz* berechnet wurde.
- **Tatsächliche Produktion:** Die tatsächliche Produktion ist die Produktion, welche tatsächlich zu einem Zeitslot t hergestellt wurde. Diese kann von der prognostizierten Produktion abweichen.

- **Vorausgesagter Konsum:** Der vorausgesagte Konsum, im Kontext der Transaktion nur Konsum, ist der prognostizierte Konsum, der von der lokalen *R-Instanz* berechnet wurde.
- **Tatsächlicher Konsum:** Der tatsächliche Konsum ist der Konsum, welcher tatsächlich zu einem Zeitslot t stattfand. Dieser kann vom prognostizierten Konsum abweichen.

Wie zuvor beschrieben findet eine Handelsiteration alle 15 Minuten statt. Zunächst bestimmen alle Haushalte anhand heterogener Echtzeit- und historischer Daten, ob diese hinreichend Energie zum Verkauf herstellen können, lediglich der eigene Bedarf gedeckt werden kann oder sogar eine negative Bilanz vorliegt und somit Energie zugekauft werden muss. Es wird also zunächst mithilfe von Data MiningVerfahren prognostiziert, ob ein Überschuss produziert wird. Weiterhin wird prognostiziert, welche Mengen produziert und konsumiert werden, um anhand der Differenz die zu kaufende Energie zu ermitteln oder das Verkaufsangebot zu erstellen. Alle Haushalte, die einen Überschuss produzieren, senden zunächst ein Angebot mit allen relevanten Stamm- und Bewegungsdaten wie Preis p, Energiequelle q, Datum d, Zeitslot t, Menge m, sowie der IP-Adresse x des Produzenten. Formal kann dies als Tupel $P(p,q,d,t,m,x)$ beschrieben werden. Diese Tupel werden nachfolgend als Energiepaket bzw. kurz als Paket P bezeichnet und stellen handelbare Entitäten innerhalb des P2P-Netzwerkes dar. Diese Pakete werden wie in Listing 1 angegeben in das *JSON*-Format (JavaScript Object Notation) serialisiert. Der Vorteil des *JSON*-Formates ist, dass es de-facto Standard für Datenaustauschformate darstellt und auch komplexe Datentypen wie bspw. Arrays kapseln kann.

Pakete werden in der Ringstruktur stets an den jeweiligen Nachfolger weitergeleitet. Dieser entscheidet anhand der im Tupel vorhandenen Daten, ob er das Paket (ggfs. teilweise) erwirbt oder erneut weiterleitet. Diese Folge wird solange durchgeführt, bis das Paket im Ring vollständig abverkauft wurde und zum Produzenten zurückgeliefert wird. Um sicherzustellen, dass die einzelnen Teilnehmer keine invaliden oder unzulässigen Modifikationen ausführen, wie bspw. ein überkapazitärer Kauf, das Annullieren bestehender Käufe oder die ausbleibende Weiterleitung des Paketes, können weitere Sicherheitsmaßnahmen in Betracht gezogen werden. Eine mögliche Lösung ist, dass nicht nur der direkte Nachfolgerknoten, sondern auch der übernächste Knoten das Paket weitergeleitet bekommt. Der Teilnehmer muss zwangsläufig das Paket an den nächsten Teilnehmer weiterleiten, da jeder Teilnehmer eine Referenz auf seinen Vorgänger besitzt und somit die Herkunft des Paketes verifizieren kann und dem Ring zuwiderhandelnde Weiterleitungen abgelehnt werden können. Damit kann der nächste Knoten nicht übersprungen werden. Diese Eigenschaft lässt sich ausnutzen, indem der übernächste Knoten des Weiterleitenden eine schreibgeschützte Kopie des Paketes erhält, und diese mit dem tatsächlich erhaltenen Paket vergleicht. Sämtliche ungültige durch den Vorgänger ausgeführte Modifikationen lassen sich somit durch einen Abgleich mit der weitergeleiteten, schreibgeschützten Kopie erkennen. Außerdem kann dieser validierende Knoten eine Zeitüberschreitung festlegen, um ein *Steckenbleiben* des Paketes zu vermeiden. Ist ein Paket vollständig aufgekauft, so wird dieses direkt an den Anbieter zurückgesendet, ohne den Ring weiter zu durchlaufen. Damit liegt die Komplexität im Worst Case in der Komplexitätsklasse $O(n)$.

Um einen Handel zu vollziehen, kann ein Anbieter das Paket bei einem Konsumenten zum Verkauf anbieten und den Handel auf dem Transaktions-Ring von dort aus initialisieren. Kommt ein Angebot zum Anbieter zurück, ohne komplett aufgekauft worden zu sein, so bietet der Anbieter das Paket als ein *resell*-Paket erneut an. Dieses enthält ein modifiziertes Attribut, wie beispielsweise einen gesenkten Preis, um einen eventuellen Verkauf an eine versichernde Entität wie bspw. einen Energiespeicher zu vollziehen. Dies kann notwendig sein, falls im zugrunde liegenden Microgrid ein Überschuss produziert wurde. Kann ein Angebot trotz *resell* nicht vollständig verkauft werden, so muss der Überschuss an den Versicherer verkauft werden, welcher schlechtere Konditionen anbietet als die anderen Teilnehmer des Marktes. Alternativ kann ein weiterer Ad-hoc Marktzirkel, ein Inter-Bilanzkreis-Handelskreis, erstellt werden, bei dem die jeweiligen Überschüsse untereinander nochmals gehandelt werden können. Diese Art des Ad-Hoc Marktes wird zunächst nicht betrachtet. Andersherum gilt, dass Konsumenten, die ihren Bedarf aufgrund von zu hoher Einschränkungen nicht vollständig decken können, die benötigte Energie vom Versicherer kaufen müssen. Eine Preisbildung lässt sich deshalb anhand von verschiedenen Faktoren realisieren. So kann der Versicherer einen Standardpreis festlegen, der unterboten werden muss, um einen Anreiz zu schaffen. Weiterhin können die Teilnehmer den Preis senken, indem diese keinen Strom kaufen und dadurch eine *resell* Runde provozieren. Außerdem können Teilnehmer durch intelligentes Kaufen und Speichern den Strom zu guten Konditionen kaufen und gewinnbringend verkaufen. In einem solchen System kann auch ein Bilanzkreisverantwortlicher problemlos abgebildet werden, da er, wie andere Teilnehmer auch, faktisch als Prosumer auftreten kann und somit Teilnehmer des Handelsnetzwerkes wäre.

14.4.2 Entwicklungssystem

In diesem Abschnitt wird die Implementierung der jeweiligen Teilnehmersysteme beschrieben. Dabei wird insbesondere auf die einzelnen Komponenten und deren Funktion eingegangen. Zur Implementierung wurden JavaScript und die *NodeJS*-Umgebung verwendet, dies stellt jedoch kein ausschlagendes Kriterium dar, weshalb eine nicht-prototypische Implementierung mit einer JVM-Sprache oder einer kompilierbaren Sprache umgesetzt werden kann. Die *NodeJS*-Laufzeitumgebung wurde gewählt, da diese Technologie ein Ökosystem besitzt, das viele Bibliotheken enthält, welche eine gute Integration zwischen dem entwickelnden Serversystem und der Webapplikation, die eine Übersicht über den Prototyp geben soll, vereinfacht. Als Beispiele seien hier die Bibliotheken *socket.io* in Verbindung mit der Bibliothek *ReactJS*, sowie *express* angeführt. Dazu wurde *nginx* als Webserver verwendet, um den JavaScript-Client an anfragende Browser auszuliefern. Als Datenbank für das Gesamtsystem wurde die Open Source Datenbank *PostgreSQL* ausgewählt, da diese vollständig quelloffen vorliegt und als State of the Art gilt.

Über eine serielle Schnittstelle werden dabei die Verbrauchs- und Erzeugungsdaten aus dem Smartmeter ausgelesen und abgespeichert. Da Datenbestände im Laufe der Zeit verändert werden müssen und alte Daten migriert werden sollen, wurde außerdem mit der Software *flyway* eine automatisierte Datenmigration durchgeführt. Dies hat den Vorteil, dass Änderungen an der Datenbank in Form eines SQL-Skriptes in das Versionskontrollsystem eingecheckt und auf allen Systemen ausgerollt werden können. Um Prognosen zu erstellen, ist auf jedem Teilnehmersystem außerdem eine *R-Instanz (RServer)* aktiv, die eine lokale HTTP-Schnittstelle und die die Verbrauchs- und Erzeugungsprognose anbietet. Weiterhin sind Schnittstellen zum jeweiligen Vorgänger (Predecessor) und Nachfolger (Successor) vorgehalten. Zuletzt wurden *docker* und *docker-compose* zur Virtualisierung der Applikationen verwendet (Abb. 14.2).

Zur Umsetzung des Systems wurden die Einplatinencomputer *Rock64* des Herstellers *Pine64* in einem LAN miteinander vernetzt. Gegenüber herkömmlichen Einplatinencomputern wie z. B. *Raspberry Pi* bieten diese Kleinstrechner eine etwas bessere CPU-Performance und deutlich mehr Hauptspeicher (insgesamt 4 GB). Die bessere Hardwareperformance wird insbesondere für die Berechnung der Vorhersagemodelle mittels *R* benötigt. Auf diesen Rechnern ist die Linux-Distribution *Debian* installiert, die mit *docker* kompatibel ist. Mittels *docker-compose* wurde ein automatisiertes Ausrollen des gesamten benötigten Softwarestacks für ein einzelnes Teilnehmersystem umgesetzt. Es ergibt sich somit, dass aufwendige und komplexe Installationsanleitungen und -routinen auf vielen Systemen entfallen, da diese mittels sogenannten *docker*-Containern automatisiert erstellt werden können. Dazu bietet das *Dockerhub* vorkonfigurierte *Docker Images* an, bei denen keine weiteren Anpassungen notwendig sind. Die einzelnen *Dockerfiles* lassen sich dann mittels *docker-compose* zum Gesamtsystem komponieren.

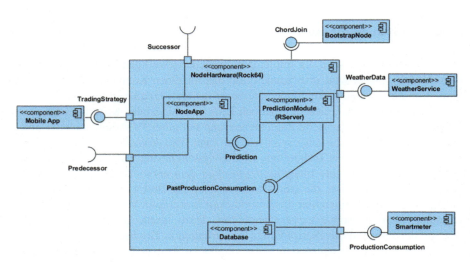

Abb. 14.2 Komponentendiagramm des Entwicklungssystems

Um das Gesamtsystem hochzufahren muss der Endanwender ein Shell-Kommando *docker-compose up* ausführen, dieser initiiert somit automatisiert das konfigurierte System, ohne das zurzeit operierende manuell verändern zu müssen. Dieser Aspekt der Automatisierung wurde hinzukommend ausgenutzt, indem auf jedem Teilnehmersystem eine weitere Software ausgeführt wird, die eine Deployment-Schnittstelle zum Aktualisieren der Applikation anbietet. Im Kern bietet diese eine HTTP-Schnittstelle an, die beispielsweise über eine GET-Anfrage auf der Ressource erreichbar ist. Ruft ein beliebiger HTTP-Client diese auf, so wird nun durch die Schnittstelle intern der *git pull; docker-compose down; docker-compose up – build* Befehl auf dem Server ausgeführt, der das alte System ausschaltet, das neu heruntergeladene System updatet und anschließend wieder startet. Damit nicht jedes einzelne Teilnehmersystem manuell durch die Schnittstelle aktualisiert werden muss, gibt es einen weiteren Computer, den *Pi-Accumulator* der alle Schnittstellen der *Rock64* gespeichert vorhält, da sich die einzelnen Systeme beim Systemstart bei dem *Pi-Accumulator* registrieren. Dieser besitzt wiederum eine Schnittstelle, um alle Systeme neuzustarten. Ebendiese Schnittstelle wird als *git*-Hook im vorhandenen *Gitlab*-System registriert, und somit werden alle Änderungen des Codes auf allen Systemen gleichzeitig ausgeliefert, um den Entwicklungs- und Deployment-Prozess zu beschleunigen. Dieses Verfahren gestaltet auch Wartungsprozesse sehr effizient.

14.5 Erzeugungs- und Verbrauchsprognosen

Im vorangegangenen Abschnitt wurde dargestellt, wie der P2P-Energiehandel durch ein Chord-Netzwerk realisiert werden kann. Bei diesem Verfahren wird mit Erzeugungs- und Verbrauchsprognosen gearbeitet, die von den Teilnehmern des Handelsnetzwerks als *Energiefutures* gehandelt werden. Dieser Abschnitt beleuchtet, wie die zugrundliegenden Prognosen im Rahmen der Forschungsarbeit erstellt wurden. Dabei wurden sämtliche Prognosen mithilfe der Statistiksprache *R* erstellt. Im derzeitigen, stark zentralisierten Markt werden Energieverbräuche mithilfe von Standardlastprofilen vorhergesagt. Dabei werden die einzelnen Haushalte nicht differenziert betrachtet, sondern zusammengelegt und gemittelt, um so eine im Durchschnitt möglichst geringe Abweichung zu erhalten. Diese Abweichung wird dann am Ende des Jahres, nach dem Ablesen des Zählerstandes, durch Ausgleichszahlungen korrigiert (Bundesverband der Energie- und Wasserwirtschaft 2017). Durch individuelle und haushaltsscharfe Prognosen besteht die Chance, die Prognosegenauigkeit gegenüber Standardlastprofilen weiter zu erhöhen und somit eine bessere Steuerbarkeit des Microgrids zu ermöglichen.

Durch den Einsatz statistischer Analyseverfahren lassen sich Muster und Auffälligkeiten innerhalb von Datenstrukturen erkennen. Mithilfe prädikativer Verfahren und Methoden des maschinellen Lernens können Algorithmen entwickelt werden, die von bestehenden Parameter Kombinationen innerhalb bereits existierender Energiedaten lernen und so den zukünftigen Energieverbrauch vorhersagen können (Deutsche Bundesstiftung Umwelt 2013). Durch den Einsatz von Smart Metern und folglich digitaler Erfassung von Daten, werden diese Analyseverfahren ermöglicht. Der hierdurch ermöglichte präzise Einkauf von Energiepaketen verringert sowohl die Kosten für den Endverbraucher als auch die Belastung der Umwelt durch die Reduktion überschüssiger Energieerzeugung.

Dafür notwendig ist ein kontinuierliches Erfassen der Verbrauchs- und Erzeugungsdaten in Kombination mit zu entwickelnden Prognosemodellen. Die Verbreitung von intelligenten Stromzählern ist bisher zwar noch sehr gering, doch langfristig gesehen ist die deutschlandweite Ausrollung sehr wahrscheinlich (Aichele und Doleski 2013). So lassen sich präzise historische Daten ermitteln, mit deren Hilfe durch einen lernenden Algorithmus möglichst genaue Prognosen berechnet werden können. Diese Möglichkeit besteht bei aktuell eingesetzten, analogen Stromzählern nicht (Aichele 2012). Die Herausforderung besteht besonders darin, für jeden Haushalt individuelle Prognosen zu berechnen und das schon nach wenigen Tagen, in denen das Modell antrainiert wurde. Das bedeutet, dass selbst dann Prognosen erstellt werden sollen, wenn erst wenige historische Daten vorhanden sind.

Eine Herausforderung stellt hierbei insbesondere das Zusammenspiel der Datengrundlage mit der zugrunde liegenden Prognosealgorithmik dar (Abb. 14.3). Die Genauigkeit einer Prognose korreliert in der Regel mit der Menge und der Qualität der zugrunde liegenden der Daten. Ziel muss es dennoch sein, schon nach wenigen Tagen mit der zur Verfügung stehenden Datengrundlage zufriedenstellende Prognosen zu erreichen.

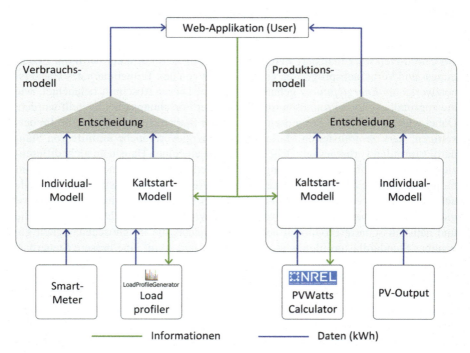

Abb. 14.3 Aufbau des Prediction Moduls

Grundsätzlich wird bei der Vorhersage von Werten im Kontext des hier beschriebenen Prototyps zwischen einem so genannten Kaltstart- und einem Individualmodell unterschieden. Diese Trennung entstand aus dem übergeordneten Ziel, jedem Haushalt Prognosen zu ermöglichen, die auf dessen individuellen Eigenschaften und historischen Daten beruhen. Würde ein Haushalt in einem möglichen Operativszenario erstmalig an dem hier konzipierten dezentralen Energiehandel teilnehmen wollen, so würden die Modelle zunächst über einen bestimmten Zeitraum mit haushaltseigenen Daten versorgt werden müssen, bevor sie eine tatsächlich individuelle Vorhersage generieren könnten. Dieser Zeitraum kann zwar variieren, wäre aber zumindest beim Produktionsmodell mindestens ein Jahr, da alle Wetterlagen in Zusammenspiel mit der jeweiligen Fotovoltaik (PV)-Anlage berücksichtigt werden müssten. Da eine derart lange Vorlaufzeit bis zur eigentlichen Teilnahme im Handelsnetzwerk nicht sinnvoll erscheint, wird ein sogenanntes Kaltstartmodell verwendet. Das Kaltstartmodell erlaubt den verzögerungsfreien Einstieg des Haushalts in das Handelsnetzwerk. Die entwickelte Architektur sieht vor, dass das Kaltstartmodell so lange vom Haushalt verwendet wird, bis ausreichend haushaltsindividuelle Daten gesammelt wurden und die Prognose des dann eingreifenden Individualmodells die bessere Qualität vorweist. Um diesen Wechsel auslösen zu können, werden bereits ab dem ersten Tag der Datensammlung parallel zu den Prognosen des Kaltstartmodells individuelle Prognosen erstellt, welche stetig mit denen des Kaltstartmodells verglichen werden. Sobald die Prognose des Individualmodells über ein ausreichend langes Zeitfenster hinweg die bessere Qualität vorweist, wird der Wechsel eingeleitet und das Kaltstartmodell somit abgelöst. Genauso wie die grundsätzliche Trennung der Verfahrensansätze zwischen Verbrauchs- und Produktionsmodell werden auch die jeweiligen Kaltstartmodelle beider Bereiche unterschiedlich umgesetzt. Verbrauchs- und Erzeugungsmodell werden in den nachfolgenden Abschnitten individuell beleuchtet.

14.5.1 Verbrauchsmodell

Die Datengrundlage des Verbrauchsmodells basiert auf den Daten des sogenannten „Load-Profile-Generator".[1] Dieser erstellt auf Grundlage der individuellen Haushaltsstruktur ein Lastprofil, welches rückwirkend für ein Jahr Stromverbrauchsdaten beinhaltet. Um ein möglichst spezifisches Lastprofil zu generieren, werden unterschiedliche Attribute miteinbezogen. Neben der Anzahl an Kindern und Erwachsenen, nebst der Information ob diese berufstätig sind oder nicht, ist auch die Auswahl des Standortes erforderlich, da ebenfalls auf die lokalen Wetterdaten des Deutschen Wetterdienstes (DWD) zurückgegriffen wird. Aufgrund dieser Eckdaten stellt der „Load-Profile-Generator" den typischen Tagesablauf dieses Haushaltes nach und simuliert dabei die tagtägliche Nutzung der unter-

---

[1] https://www.loadprofilegenerator.de.

schiedlichen Verbraucher wie Fernseher, Kühlschrank etc. Dieses Lastprofil wird als Ausgangspunkt verwendet, um das klassische Problem des Kaltstarts bei Vorhersagemodellen abzuschwächen.

Bei der Verbrauchsprognose bilden die historischen Verbrauchsdaten der jeweiligen Haushalte ein weiteres Fundament für die Präzision der Vorhersagemodelle. Dabei hat sich gezeigt, dass die Verwendung von Prognoseverfahren notwendig ist, die Saisonalitäten abbilden können. Je nach Größe des Trainingszeitraumes des Prognosemodells sind Saisonalitäten wie die eines Tages, einer Woche, eines Monats oder sogar eines Jahres zu berücksichtigen. Diese können mittels geeigneter Zeitreihenanalyseverfahren abgebildet werden. Erst durch die Erkennung saisonaler Gewohnheiten ist es möglich, die nötige Präzision für den Energieeinkauf zu gewährleisten. Je nach Haushaltscharakter stellt die Erkennung saisonaler Muster eine besondere Schwierigkeit dar. Auf der einen Seite ist bei Familien mit geregeltem Tagesablauf, der zwangsläufig einer gewissen Routine unterliegt, die Erkennung eines Musters durchaus möglich. Auf der anderen Seite kann beispielsweise das Leben zweier Studierender in einer Wohngemeinschaft aufgrund ihrer flexiblen Lebensweise einer gewissen Willkür unterliegen und erschwert damit das Bilden eines exakten Prognosemodells. Zudem stellt die hohe Granularität von 96 Energiepaketen (ein Energiepaket besteht aus Preis p, Energiequelle q, Datum d, Zeitslot t, Menge m, sowie der IP-Adresse x des Produzenten) pro Tag ein grundsätzliches Problem dar, da so willkürliche und somit unvorhersehbare kurzfristige Verbrauchsspitzen entstehen können. Dieser Willkür könnte unter anderem durch die Eliminierung dieser Verbrauchsspitzen entgegengewirkt werden, indem die Haushaltsbewohner direkt in die Prognoseerstellung miteinbezogen werden.

Zur Vorbereitung der Rohdaten für die Modellierung werden die Daten zunächst gefiltert und sogenannte Subsets gebildet. Diese Subsets umfassen unterschiedliche Trainings- und Validierungszeiträume. Dabei wurde zwischen Zeiträumen von einem Tag, einer Woche, vier Wochen und einem Jahr unterschieden. Anhand dieser Unterscheidung kann nach der Erstellung der Prognosemodelle erkannt werden, welcher Zeitraum optimal zum Anlernen ist. Weiterhin müssen für einige Modellierungsverfahren bestimmte Voraussetzungen erfüllt werden. Bestimmte Spalten müssen teilweise in dem für das Modell passenden Datenformat vorliegen, um vom Verfahren verwendet werden zu können. Für einige Modelle ist es zudem notwendig, dass sogenannte Zeitreihenobjekte erstellt werden, um die große Datenbasis verarbeiten zu können. Zur Prognose wurden verschiedene Verfahren verwendet, die diese Anforderungen grundsätzlich erfüllen, vor allem wurde dabei auf Verfahren der Zeitreihenvorhersage und neuronale Netze zurückgegriffen. Die verwendeten Verfahren sind *Double Seasonal Holt-Winters*, *Random Forest für Zeitreihen* und *Long Short-Term Memory (LSTM)*. Nachfolgend werden die Ergebnisse für LSTM näher erläutert, da diese die beste Performance im Rahmen der Modellierung erzielt haben (Abb. 14.4).

Long Short-Term Memory ist eine spezifische Architektur der sogenannten Recurrent Neural Networks (RNNs), welche entworfen wurde, um zeitliche Sequenzen und ihre weitreichenden Abhängigkeiten genauer als herkömmliche RNNs zu modellieren (Sak et al. 2014). Die LSTM-Architektur bietet die Möglichkeit voran-

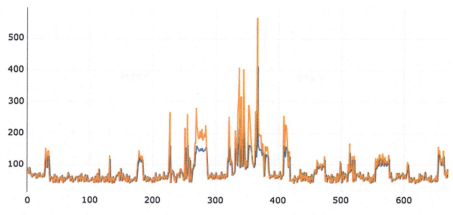

Abb. 14.4 Prediction mit LSTM

Tab. 14.1 Ausschnitt aus den Trainingsdaten

std	sun	temperature	consumption
00:00	0	12,33	30
00:15	0	12,38	30
	0	12,36	30
...	...	...	...
07:45	0,075	14,57	212
08:00	0,150	15,04	348
08:15	0,210	15,36	252

gegangene Sequenzen zu merken und aufgrund dieser abgespeicherten Sequenzen Prognosen zu treffen. Aus diesem Grund ist LSTM von allen getesteten Verfahren am besten dafür geeignet das schwer kalkulierbare und teilweise willkürliche Verhalten der Bewohner des zu analysierenden Haushaltes abzubilden. Die folgende Darstellung zeigt eine mittels LSTM erstellte Prognose.

Die verwendeten Verfahren werden anhand unterschiedlicher statistischer Leistungsmaße beurteilt. Dabei wird zusätzlich zu den vorgestellten Verfahren ein einfaches History-Verfahren zum Vergleich herangezogen. Das bedeutet, dass stets als Vorhersage für den nächsten Zeitschlitz der Wert des vorherigen genutzt wird. Die verschiedenen Verfahren wurden anhand der Leistungsmaße MSE (Mean Squared Error), RMSE (Root Mean Squared Error) und MAE (Mean Absolute Error) beurteilt (Tab. 14.1).

Die Tab. 14.2 setzt die gerade vorgestellten Messgrößen mit den genutzten Verfahren in Bezug. Dabei unterscheidet sich das LSTM-Verfahren in eine Prognose mit externen Wetterdaten und eine Prognose ohne diese Daten.

Es wird deutlich, dass das LSTM das beste Verfahren für hochaufgelöste Verbrauchsprognosen darstellt. Dabei ist der Einfluss von externen Wetterdaten zwar nicht besonders hoch, erhöht aber dennoch die Prognosegüte minimal. Weiterhin lässt sich schließen, dass sich Energieverbrauchsprognosen nicht sinnvoll mit

Tab. 14.2 Gegenüberstellung der Leistungsmaße

Verfahren	MSE	RMSE	MAE
DSHW	11160,184	105,642	83,830
Random Forest	7568,693	88,926	59,881
LSTM ohne Wetter	1641,104	40,511	21,203
LSTM mit Wetter	1589,861	39,873	20,424

Zeitenreihenanalyseverfahren modellieren lassen, da diese zu wenig das individuelle Verhalten einzelner Haushaltsbewohner berücksichtigen. Daher liegt es auf der Hand, dass LSTM an dieser Stelle so gute Ergebnisse liefert, da es als neuronales Netz kurzfristige Schwankungen deutlich besser erkennen kann als klassische Zeitreihenverfahren. Nachteilig ist, dass LSTM als RNN natürlich kein leichtgewichtiges Verfahren ist, das auf Hardware wie bspw. Einplatinencomputern zur Anwendung kommen kann. Die Implikation wäre folglich, dass entsprechende Hardware bei Prosumern des Microgrids zur Verfügung stehen muss, um zuverlässige Prognosen zu erhalten.

Eine Herausforderung bei der Modellierung des Verbrauchsmodells war der Umgang mit der hohen Frequenz der Verbrauchsdaten und ihrer Unvorhersehbarkeit. Zwar liegt dem Verbrauch auf den gesamten Tag betrachtet eine Saisonalität zugrunde, allerdings ist diese durch die feine Granularität von 96 Zeitabschnitten pro Tag und der Willkür der Bewohner der Haushalte nicht gänzlich in einer Vorhersage abzubilden, da hier im Gegensatz zum Produktionsmodell kein naturgegebener Zusammenhang zwischen Umwelt und Prognosewert besteht.

14.5.2 Produktionsmodell

Wo im Rahmen des Verbrauchsmodells der Kaltstart mithilfe eines Load-Profilers adressiert wird, welcher auf haushaltsbezogenen Angaben arbeitet, so wird für den Kaltstart des Produktionsmodells ein Dienst genutzt, welcher neben Angaben zum Standort vor allem die Merkmale der PV-Anlage berücksichtigt. Konkret handelt es sich dabei um den amerikanischen Dienst „PVWatts Calculator"[2] eines nationalen Labors des US-Departments für Energieeffizienz und erneuerbare Energien „NREL", welches wiederum von der Allicance for Sustainable Energy LLC betrieben wird. NRELs PVWatts Calculator ermöglicht es, die Energieproduktion und Energiekosten von netzgekoppelten Fotovoltaik-Systemen auf der ganzen Welt zu schätzen. Basis der Schätzungen bilden einerseits die Angaben zum Standort des Systems sowie grundlegende Konstruktionsparameter der PV-Anlage. Die standortbezogenen Daten – angegeben durch Adresse, Postleitzahl oder Koordinaten – verwendet PVWatts zur automatischen Identifizierung von Solarressourcendaten, welche am oder nahe dem Standort des Systems verfügbar sind.

---

[2] https://pvwatts.nrel.gov.

Das Produktionsmodell dient zur haushaltsscharfen Prognose der Stromproduktion durch eine Fotovoltaik-Anlage. Hierbei spielen heterogene Einflussfaktoren eine Rolle. Dazu zählen unter anderem die Sonnenstrahlung, die diffuse Strahlung sowie der Bedeckungsgrad des Himmels durch Wolken. Für das Produktionsmodell kommen Ansätze des überwachten maschinellen Lernens zum Einsatz. Diese Verfahrenstrennung ist wichtig, da der Zeitverlauf der Produktionswerte zwar ebenfalls eine Saisonalität aufweisen kann, diese aber nicht durch das menschliche Verhalten beeinflusst wird. Vielmehr ist hier das Ziel, aus der Kombination der relevanten Wetter-Faktoren mit den bisherigen Produktionswerten neue Klassifikationsregeln abzuleiten, welche dann einen voraussichtlichen Produktionswert für einen betrachteten Zeitpunkt berechnen können. Da nicht jede PV-Anlage exakt gleichermaßen Strom erzeugt, werden dabei auch hier – ähnlich wie beim Verbrauchsmodell – die haushaltsindividuellen historischen Daten für die Erstellung der Prognosen miteinbezogen. So besteht die Möglichkeit, jedem Haushalt zu gewährleisten, dass künftig prognostizierte Werte ausschließlich auf Basis der eigenen Produktionserfahrungen in Abhängigkeit mit der jeweiligen Wetterlage gebildet werden.

Für die Korrelationsanalyse herangezogen werden zunächst die Sonnenscheindauer (sun) sowie der Bedeckungsgrad des Himmels (cloudiness). Jedem dieser zwei Wetterfaktoren ist innerhalb eines eigenen Datensatzes der entsprechende Messzeitpunkt, sowie die Stations-ID zugewiesen. Die Zeitpunkte der sun-Messungen liegen dabei in einem zehnminütigen Abstand zueinander und geben den Prozentanteil der Sonnenminuten, gemessen an der gesamten Stunde an. Die Zeitpunkte der cloudiness-Messungen hingegen liegen in einem einstündigen Abstand zueinander und geben den Grad der Bedeckung mittels eines Skalenwertes zwischen 1 und 8 an, wobei 1 für einen vollständig freien und 8 für einen maximalbedeckten Himmel steht. Die Stations-ID wiederum verweist auf die jeweilige Station, durch dessen Messinstrumente die Werte generiert worden sind. Eine separate Auflistung aller Stations-IDs gibt darüber hinaus mittels Geo-Koordinaten eine genaue Auskunft über den Standort der Stationen. Um die Einflussfaktoren so präzise wie möglich zu halten, bestand im Rahmen dieser Untersuchung der Anspruch, dem jeweiligen Haushalt stets die nächstliegende Wetterstation zuzuweisen.

Im Rahmen des Produktionsmodells wurde auf unterschiedliche Ansätze der Modellbildung zurückgegriffen. Zu diesen zählen die Verfahren *Random Forest* und *Neuronales Netz*, die jeweils durch die R-Packages *cforest* und *neuralnet* implementiert werden. Damit das Modell möglichst alle Ausprägungen der Wetterfaktoren sowie deren Einflüsse auf die Produktion des Stroms erlernen kann, ist es notwendig, dass der Trainingszeitraum mindestens ein ganzes Jahr beträgt. Nur so kann sichergestellt werden, dass jede Jahreszeit mit ihren charakteristischen Wetterbedingungen aufgenommen und beim Trainieren des Modells berücksichtigt wird. Unter Verwendung der deutschen Haushaltsdaten mit jeweils 96 Messzeitpunkten pro Tag ergibt sich für den Trainingsdatensatz somit ein Umfang von insgesamt 35.040 Zeilen. Im Gegensatz zur finalen Architektur, in der alle 15 Minuten eine Prognose für den nächsten Timeslot abgegeben werden soll, war es im Rahmen dieser Modellierungsphase zudem das Ziel, auch größere Zukunftszeiträume zu prognostizieren. Demnach sollte nicht nur der Produktionswert der nächsten 15 Minuten bewertet werden, sondern auch, ob das Modell die Zyklen und Produktionsschwankungen des jeweiligen Tages möglichst präzise erlernt. Es hat sich auch im Verlauf der Modellbildung gezeigt, dass sich die Aufnahme der *cloudiness*-Messungen in der Nacht – trotz ihres vergleichsweisen geringeren Einflusses – negativ auf das Ergebnis ausgewirkt. Aus diesem Grund wird für den in diesem Modellierungslauf beschriebenen Datensatz die *cloudiness* in der Nacht auf null gesetzt und erst zum Sonnenaufgang wieder hinzugezogen (siehe Tab. 14.3) Die im Modell berücksichtigten Spalten sind *std*, *sun*, *cloudiness*, *temperature* und *production*.

Der Testdatensatz beinhaltet die gleichen Attribute wie der Trainingsdatensatz. Einzig die Produktionsspalte enthält ausschließlich null-Werte, da diese das vorherzusagende Ergebnisfeld darstellt. In dieser Modellierungsiteration erstreckt sich der Testdatensatz über einen Zeitraum von 24 Stunden (96 Zeilen). Der Modellbildungsprozess von cforest kann durch die Justierung von verschiedenen Parametern beeinflusst werden. Zu diesen zählen u. a. die folgenden Hyperparameter, welche sich mittels cforest-control individuell einstellen lassen:

- Mtry: Anzahl der zufällig gewählten Variablen
- Ntree: Anzahl der Bäume
- Mincriterion: Mindesttiefe der Bäume

Da jedes der im Trainingsdatensatz befindlichen Attribute während des Modell-*Fittings* verwendet werden soll, wird *mtry* auf den Wert 5 gesetzt. Die Anzahl der zu generierenden Bäume (*ntree*) wird zudem auf 500 festgelegt.

Um die Modellgüte auf technischer Seite beurteilen zu können, wird im Kontext der Prognose meist auf etablierte Leistungsmaße aus der Statistik zurückgegriffen. Dass der RMSE in denselben Einheiten liegt, wie das Zielmerkmal selbst, kann für eine individuelle Modell-Bewertung sehr attraktiv sein. Allerdings reicht diese Art von Maßnahme allein nicht aus, um beurteilen zu können, ob ein Modell auch genaue Vorhersagen treffen kann, ohne tiefe Kenntnisse einer Domäne zu haben.

Ein für solche Zwecke geeignetes bereichsunabhängiges Maß wird durch den R^2-Koeffizienten repräsentiert. Dieser vergleicht die Leistung eines Modells in einem Testset mit der Leistung eines imaginären Modells, das immer die Durchschnittswerte aus dem Testset vorhersagt (Kelleher et al. 2015).

Tab. 14.3 Ausschnitt aus den Trainingsdaten

std	sun	cloudiness	temperature	production
00:00	0	null	12,33	0
00:15	0	null	12,38	0
	0	null	12,36	0
…	…	…	…	…
07:45	0,075	6	14,57	1
08:00	0,150	4	15,04	12
08:15	0,210	4	15,36	45

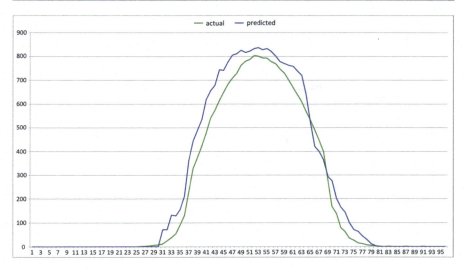

Abb. 14.5 Random Forest-Prediction des Testdatensatzes

- RMSE: 108,1082373
- R^2: 0,7642152

Neben der Betrachtung der mathematischen Leistungsmaße wird im Folgenden auch eine grafische Ansicht der Tageswerte dargestellt. Unter Abb. 14.5 sind dazu mit blau gefärbter *Verlaufslinie* die 96 vorhergesagten Produktionswerte des Testdatensatzes aufgeführt. Die grüngefärbte Linie zeigt die tatsächlichen Produktionswerte des Haushaltes.

Obwohl eine derartige Darstellung stark an eine Zeitreihe erinnert, als eine schlichte Gegenüberstellung von vorhergesagten und tatsächlichen Werten, wird sie an dieser Stelle ganz bewusst gewählt, um den Zusammenhang der einzelnen Produktionswerte über den Tag hinweg zu verdeutlichen.

Es ist gut sichtbar, dass der Werte- „Einstieg" morgens sowie das „Abklingen" abends noch nicht optimal, sondern zum Teil sprunghaft verläuft. Das heißt es werden teilweise Werte vorhergesagt, die um diese Uhrzeit noch nicht bzw. nicht mehr erzeugt werden können. Diesem Phänomen sollte im Vorfeld durch die Integration der Std- und Temperatur-Spalte vorgebeugt werden. Tatsächlich hat eine separate Modellierungsiteration – ohne die Std-Spalte – einen noch gröberen Verlauf am Tagesanfang bzw. -ende gezeigt und somit die Notwendigkeit dieser Maßnahme bestätigt.

Um diesem Problem allerdings noch weiter entgegenzuwirken, wurde an dieser Stelle als eine weitere Spalte die sogenannte *Previous Production* (prev-prod) ergänzt (Tab. 14.4). Dabei handelt es sich um den Produktionswert der letzten Viertelstunde, also des letzten möglichen Messpunktes. Da der Smart-Meter zu jeder Viertelstunde den vergangenen Produktionswert in die Datenbank schreiben kann und auch das Produktionsmodell in einem möglichen operativen Szenario zu jeder Viertelstunde eine Prognose erstellen soll, ist ein so kurzfristiger „Blick in die Vergangenheit" problemlos

Tab. 14.4 Ausschnitt aus dem Trainingsdatensatz mit Previous Production

std	sun	cloudiness	temperature	production	prev-prod
00:00	0	null	12,33	0	0
00:15	0	null	12,38	0	0
	0	null	12,36	0	0
...	...	...	...	...	...
07:45	0,075	6	14,57	1	0
08:00	0,150	4	15,04	12	1
08:15	0,210	4	15,36	45	12

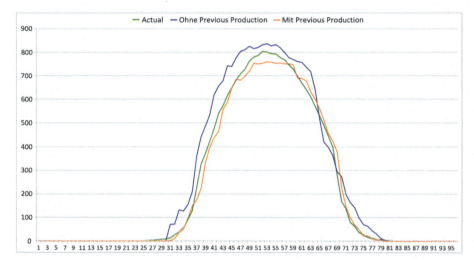

Abb. 14.6 Random Forest-Prediction des Testdatensatzes mit Previous Production

realisierbar. Abgesehen von der neuen Spalte *prev-prod* wird nun in einer neuen Iteration unter sonst gleichen Bedingungen und Parametereinstellungen das Modell erneut trainiert.

Die Abweichung zwischen dem Werteverlauf der vorhergesagten Produktionswerte (orangene Linie) und dem Verlauf der tatsächlichen Produktionswerte (grüne Linie) fällt nun deutlich geringer aus (Abb. 14.6). Das Prognosemodell berücksichtigt jetzt neben den Wettereinflüssen und der Tageszeit auch die letzte Produktionsmessung. Durch diese zusätzliche Information verringert sich wie erwartet die Chance, dass Produktionswerte vorhergesagt werden, welche zu stark bzw. in einem ungewöhnlich hohen Maß von dem vorherig gemessenen tatsächlichen Produktionswert abweichen.

Die beiden technischen Qualitätsmaße sind unterschiedlich zu interpretieren. Wo eine hohe Prognosequalität durch einen möglichst geringen RMSE vorliegt, so ist dies bei R^2 wiederum dann gegeben, wenn dessen Wert möglichst groß, maximal aber 1,0 ist. Demnach liegt der Modellierungsansatz mithilfe des cforest-Packages im Rahmen der RMSE-Bewertung deutlich vor den restlichen beiden Verfahren.

Tab. 14.5 Gegenüberstellung der Leistungsmaße der Verfahren

Verfahren	RSME	R^2
Random Forest	44,75381	0,9691041
Neuronales Netz	57,73315	0,9873792

Bewertet man hingegen die R^2-Werte isoliert, so schneidet das neuronale Netz mit dem besten Ergebnis ab (Tab. 14.5).

Da sich die Evaluationsphase allerdings neben der technischen Genauigkeit und Allgemeingültigkeit der Modelle ebenfalls mit der Tauglichkeit hinsichtlich des Einsatzzweckes befasst, müssen für eine valide Bewertung die Randbedingungen des Use Cases berücksichtigt werden. Beispielsweise wird in der abgeschlossenen Prototyp-Architektur (siehe Abb. 14.2) zu jeder vollen 24. Stunde um 00:00 Uhr das Modell erneut auf Basis des gewachsenen Datenbestandes trainiert. Dieser Prozess findet auf einem handelsüblichen Einplatinencomputer statt und sollte im operativen Betrieb die Hardware nicht übermäßig stark in Anspruch nehmen und zudem eine gewisse Zeitdauer nicht überschreiten. Das Neuronale Netz scheidet aus diesem Grund trotz der 1,88-prozentigen Überlegenheit des R^2-Wertes gegenüber dem cforest-Ansatz aus. Darüber hinauswiegt der deutlich geringere RMSE-Wert der cforest-Modellierung den geringfügigen Rückstand des R^2-Wertes zum Neuronalen Netz wieder auf. Da die Kalman-Filter-Modellierung bereits aus technischer Leistungsbewertung die schlechteren Ergebnisse vorwies, ist die Wahl für die endgültige Implementierung des Prototyps auf den cforest-Ansatz gefallen.

14.6 Fazit

Bisherige Ansätze und Projekte konnten zeigen, dass die Blockchain-Technologie grundsätzlich zur Dezentralisierung des Energiemarktes beitragen kann. Verschiedene Arbeiten konnten jedoch technische Limitierungen aufzeigen. Gleichermaßen konnten aber auch Mehrwerte dieser Technologie deutlich gemacht werden. Insbesondere der P2P-Ansatz stellt eine Grundlage zu dezentralen Interaktionen der heterogenen Marktteilnehmer dar. So lässt sich effizientes Flexibilitätenmanagement innerhalb der Microgrids zielführend abbilden.

In der vorliegenden Arbeit konnte gezeigt werden, wie ein dezentrales Microgrid anhand eines P2P-Netzes mittels Chord-Algorithmus umgesetzt werden kann. Der Fokus lag dabei auf der notwendigen technischen IKT-Infrastruktur. Die Implementierung mittels Chord bietet zahlreiche Mehrwerte gegenüber den zahlreichen in der Literatur benannten Blockchain-Ansätzen und entwickelten Proofs of Concept. Dabei ist insbesondere die effiziente Datenbewirtschaftung hervorzuheben, da die lokale, permanente Datenspeicherung auf Basis einer relationalen Datenbanktechnologie erfolgt. Gegenüber Blockchain-Implementierungen sind somit enorme Effizienzzuwächse in Kontext der Datenverarbeitung möglich. Gleichzeitig bleiben die Mehrwerte des dezentralen P2P-Ansatzes erhalten, nämlich dass ein Intermediär, der den Energiemarkt betreibt und damit eine Plattform für Angebot und Nachfrage schafft, nicht erforderlich ist.

Im Verlauf des analytischen Vorgehens sind an unterschiedlichen Stellen neben neuen Erkenntnissen auch Herausforderungen aufgedeckt worden. So stellte sich beispielsweise die Erhebung ausreichend granularer externer Daten als besondere Schwierigkeit dar. Die zu diesem Zweck verwendete Datenbasis des DWD-Servers enthielt nur eine sehr geringe Anzahl an Wetterstationen, die in einer annehmbaren Entfernung zu den jeweiligen Haushalten standen. Jene Wetterstationen, die in ausreichend geringer Distanz zum betrachteten Haushalt vorkamen, enthielten wiederum häufig ausschließlich die Attribute, die von geringerem Interesse für die Modellbildung waren. Die Attribute hingegen, die einen voraussichtlich positiven Einfluss auf die Modellierung vermuten ließen, überschnitten sich zum großen Teil nicht mit dem Zeitraum der Haushaltsdaten. Somit bleibt festzuhalten, dass trotz der relativ geringen Menge an Basisdaten und der noch ausbaufähigen Verfügbarkeit geeigneter externer Wetterdaten, durch Ableitung und Einsatz neuer Felder ein qualitatives Prognoseergebnis generiert werden konnte. Dieses kann aber durch Hinzunahme weiterer Datenquellen sicherlich weiter optimiert werden.

Da es keine zentrale Instanz gibt, anhand derer abgefragt werden kann, wie viel Produktion und Konsum insgesamt im jeweiligen Microgrid verfügbar ist, bleibt als offene Frage zu klären, woran erkannt werden kann, ob das gesamte Angebot eines Chord-Ringes aufgebraucht wurde und die Teilnehmer entsprechend die Energie vom Versicherer beziehen müssen. Denkbar sind Fehlerszenarien, in denen kein Prosument mehr Energie anbieten kann, es werden somit keine Pakete mehr weitergeleitet und die Handelsiteration endet, ohne dass die Konsumenten von der Notwendigkeit eines Nachkaufes beim Versicherer informiert werden können. Ferner liegt der Worst Case einer Handelsiteration in der Komplexitätsklasse $O(n)$. Dies ist nach aktuellem Forschungsstand und Bedingungen (ein Angebot muss immer n Teilnehmer erreichen können) jedoch nicht weiter zu optimieren, ohne die Reichweite des Angebots negativ zu beeinflussen. Zuletzt muss der Umgang mit der Differenz der prognostizierten und der tatsächlichen Werte weiterführend untersucht werden und entsprechende Pönale und deren Umlage auf das Teilnehmernetz definiert werden.

Acknowledgements Diese Forschungsarbeit ist im Rahmen einer Industriekooperation mit der FA *thepeaklab*. GmbH und Co. KG entstanden. Die Autoren bedanken sich herzlich bei CEO Jens Läkamp für die Unterstützung dieser Forschungsaktivitäten.

Literatur

Aichele C (2012) Smart energy. In: Smart energy. Vieweg + Teubner, Wiesbaden, S 1–20

Aichele C, Doleski OD (2013) Einführung in den Smart Meter Rollout. In: Smart meter rollout. Springer Vieweg, Wiesbaden, S 3–42

Ateniese G, Magri B, Venturi D, Andrade E (2017) Redactable blockchains – rewriting history in bitcoin and friends. In: 2017 IEEE European symposium on security and privacy (EuroS&P), IEEE, Paris, France, S 111–126

ATKearney (2015) Mehr Mut zu entschlossener Umsetzung und Führung – Nachhaltigkeit in Unternehmen in Deutschland. A.T. Kearney, Illinois

Basden J, Cottrell M (2017) How utilities are using blockchain to modernize the grid. Harvard Business Review, Harvard

Beykirch M, Hilmer C, Schumann G, Kölpin L, Wübbe C, Mönning M, Yalcin G, Lang K, Dam T-H, Kathmann J, Tanimaz T, Twiehaus N, Wunderlich S (2018) Architektur eines dezentralen, prognosebasierten Energiehandelsmodells. Tagungsband der 10. BUIS-Tage in Oldenburg 2018

Biesalski und Company (2016) Sustainability value score 2016

Bundesministerium für Umwelt, Naturschutz, Bau und Reaktorsicherheit (2016) Klimaschutzbericht 2016. Zum Aktionsprogramm Klimaschutz 2020 der Bundesregierung. https://www.bmu.de/fileadmin/Daten_BMU/Pools/Broschueren/klimaschutzbericht_2016_bf.pdf

Buchmüller C (2018) Plattformökonomie und Blockchain-Technologie – Neue Impulse für die Peer-to-Peer-Lieferung von Ökostrom? EWeRK 2018:117–120

Bundesverband der Energie- und Wasserwirtschaft e.V. (2017) Standardlastprofile Strom. https://www.bdew.de/energie/standardlastprofile-strom/. Zugegriffen am 19.06.2019

Carley S (2009) Distributed generation: an empirical analysis of primary motivators. Energy Policy 37:1648–1659

Deutsche Bundesstiftung Umwelt (2013) Internationale Sommerakademie. In: St. Marienthal (Hrsg) Energiewende zwischen Klimaschutz und Atomausstieg – Lösungen in die Umsetzung tragen: 18. Internationale Sommerakademie St. Marienthal. Schmidt, Berlin

Dröge S (2015) Das Pariser Abkommen 2015: Weichenstellung für das Klimaregime Stiftung Wissenschaft und Politik, Berlin

Erneuerbare-Energien-Gesetz (2014) Gesetz für den Ausbau erneuerbarer Energien. Bundesrepublik Deutschland

Europäische Union (2016) Richtlinie (EU) 2016/680 des Europäischen Parlaments und des Rates vom 27. April 2016 zum Schutz natürlicher Personen bei der Verarbeitung personenbezogener Daten durch die zuständigen Behörden zum Zwecke der Verhütung, Ermittlung, Aufdeckung oder Verfolgung von Straftaten oder der Strafvollstreckung sowie zum freien Datenverkehr und zur Aufhebung des Rahmenbeschlusses 2008/977/JI des Rates, ABL. L 119/89 vom 4. Mai 2016

Hecker W, Carsten L, Müller A (2015) Zukunftsorientierte Unternehmenssteuerung in der Energiewirtschaft. Springer Gabler, Wiesbaden

Heinlein BC, Weitenberg M (2019) In: Danner/Theobald, Energierecht, 99. EL 2019, § 41 EnWG, Rn. 3–4

Imbault F, Swiatek M, de Beaufort R, Plana R (2017) The green blockchain: managing decentralized energy production and consumption. In: IEEE international conference on environment electrical engineering and IEEE industrial and commercial power systems Europe, Milan, S 1–5

Kaumanns SC, Blumers M, Junglewitz G (2016) Sustainable Development Goals – Indikatoren für die Agenda 2030 für nachhaltige Entwicklung. Statistisches Bundesamt, Wiesbaden

Kelleher JD, Mac Namee B, D'arcy A (2015) Fundamentals of machine learning for predictive data analytics: algorithms, worked examples, and case studies. MIT Press, Cambridge

Köhler M, Müller-Boysen I (2018) Blockchain und smart contracts – Energieversorgung ohne Energieversorger? ZNER 2018(3):203–209

Konashevych OI (2016) Advantages and current issues of blockchain use in microgrids https://pdfs.semanticscholar.org/4742/ee3e72c54247f4f184897e13fbb34c4193ce.pdf Verlag: ISSN 0204–3572. Electronic Modeling. 2016[1]. V. 38. 2

Kyoto Protocol (1997) United Nations framework convention on climate change, Kyoto 19.Jg

Maubach K-D (2014) Energiewende – Wege zu einer bezahlbaren Energieversorgung. Springer VS, Wiesbaden

Merz M (2016) Einsatzpotenziale der Blockchain im Energiehandel. Erschienen. In: Burgwinkel D (Hrsg) Blockchain Technologie – Einführung für Business und IT-Manager. de Gruyter, Berlin

Nehai Z, Guerard G (2017) Integration of the blockchain in a smart grid model. CYSENI 2017, Kaunas (Lithuania), S III-127 – III-134

Overkamp P, Schings C (2019) Blockchain im Strom- und Verkehrssektor. EnWZ 2019. https://beck-online.beck.de/Dokument?vpath=bibdata%2Fzeits%2FENWZ%2F2019%2Fcont%2FENWZ.2019.3.1.htm

Prause D (2010) Smart-Meter Datenübertragung mit COFDM-Systemen: Eine Analyse für den Frequenzbereich gemäß EN 50065. Diplomica, Hamburg

Sak H, Senior A, Beaufays F (2014) Long short-term memory recurrent neural network architectures for large scale acoustic modeling. In Fifteenth annual conference of the international speech communication association

Sanseverino E, Di Silvestre M, Gallo P (2017) The blockchain in microgrids for transacting energy and attributing losses. In: 2017 IEEE international conference on internet of things and IEEE green computing and communications and IEEE cyber, physical and social computing and IEEE smart data

Schollmeier R (2001) A definition of peer-to-peer networking for the classification of peer-to-peer architectures and applications. In: Proceedings first international conference on peer-to-peer computing, Linkoping, S 101–102

Secure Hash Standard – SHS (2012) Federal information processing standards publication 180–4. CreateSpace Independent Publishing Platform, USA

Steinemann M, Schwegler R, Spescha G (2017) Grüne Produkte in Deutschland 2017 – Marktbeobachtungen für die Umweltpolitik. Umweltbundesamt, Dessau-Roßlau

Stoica I, Morris R, Liben-Nowell D, Karger DR, Kaashoek MF, Dabek F, Balakrishnan H (2003) Chord: a scalable peer-to-peer lookup protocol for internet applications. IEEE/ACM Trans Netw 11(1):17–32

Wunderlich S, Loose AC, Nachtigall N, Sandau A, Bruns K, Marx Gómez J (2018) Energiemarkt mit Blockchain-Technologie: Ein Marktmodell unter Berücksichtigung bestehender Netzkomponenten und Marktakteure. MKWI 2018, S 1259–1270. http://mkwi2018.leuphana.de/wp-content/uploads/MKWI_262.pdf

Zentrum für Sonnenenergie- und Wasserstoff-Forschung Baden-Württemberg (2017) Entwicklung der erneuerbaren Energien in Deutschland in den ersten drei Quartalen 2017: Quartalsbericht der Arbeitsgruppe Erneuerbare Energien-Statistik (AGEE-Stat)

Stefan Wunderlich ist Wirtschaftsinformatiker und wissenschaftlicher Mitarbeiter am Lehrstuhl von Prof. Dr.-Ing. Jorge Marx Gómez an der Carl von Ossietzky Universität Oldenburg. Er forscht zurzeit insbesondere an Einsatzgebieten der Blockchain-Technologie. Die Schwerpunkte dabei liegen im Energiebereich sowie in der Logistik. Sein aktuelles Projekt befasst sich mit der Digitalisierung von Traditionspapieren durch Blockchain-Technologie. Stefan Wunderlich lehrt außerdem zu den Themen E-Business, E-Commerce und Mobile Commerce.

David Saive ist Jurist und wissenschaftlicher Mitarbeiter von Prof. Dr. Prof. h.c. Jürgen Taeger an der Universität Oldenburg. Sein Forschungsschwerpunkt liegt auf der Digitalisierung im Maritimen Recht und den Einsatzmöglichkeiten der Blockchain-Technologie. Im Rahmen des Forschungsprojekts HAPTIK (www.haptik.io) setzt er sich mit den rechtlichen Anforderungen blockchainbasierte Seefrachtdokumente und Warenwertpapiere auseinander. Nach seinem ersten juristischen Staatsexamen in Hamburg im Jahr 2016 arbeitete er in einer auf das Seerecht spezialisierten Kanzlei in Bremen, bevor er an die Universität Oldenburg wechselte.

René Kessler sammelte schon während des Studiums der Wirtschaftsinformatik durch universitäre Projekte und Abschlussarbeiten Erfahrungen in den Themenfeldern Augmented Reality, ERP-Systeme und User Experience-Design. Kooperationspartner waren hierbei unter anderem die Deutsche Post DHL Group, Ubimax GmbH und die abat AG. Seit 2017 ist er als wissenschaftlicher Mitarbeiter bei Prof. Dr.-Ing. Jorge Marx Gómez in verschiedenen Industriekooperationen tätig und forscht im Bereich der angewandten KI.

Marlon Beykirch ist Masterstudent der Informatik an der Carl von Ossietzky Universität Oldenburg. In eigenen Projekten sowie im beruflichen Umfeld beschäftigt er sich mit verteilten Systemen. Seinen Schwerpunkt legt er auf die Entwicklung und Architektur moderner Web-Anwendungen im Java-Umfeld. Dabei ist er immer auf der Suche nach innovativen Technologien und spannenden Softwarelösungen, um dabei wertvolle Erfahrungen sammeln zu können. Aktuell beschäftigt er sich insbesondere mit Themen des maschinellen Lernens und Cloud-Computing.

Lars Kölpin ist als Softwareberater tätig und legt seine Schwerpunkte auf die Entwicklung verteilter Systeme. Im Fokus steht dabei die Entwicklung von Client-Server-Architekturen mit dem Augenmerk auf Single-Page-Webapplications in Verbindung mit Cloud Computing. Er konnte einige praktische Erfahrung in großen Softwareprojekten sammeln und versucht diese gezielt in neue Projekte miteinzubringen.

Gerrit Schumann ist Masterstudent der Wirtschaftsinformatik an der Carl von Ossietzky Universität Oldenburg. In Studium und Praxis legt er seinen fachlichen Schwerpunkt auf Themen des maschinellen Lernens und der künstlichen Intelligenz. Aktuell beschäftigt er sich vor allem mit Themen des Process Minings im industriellen Kontext.

Prof. Dr.-Ing. Jorge Marx Gómez ist seit 2006 Inhaber der Lehrstuhls Wirtschaftsinformatik/ Very Large Business Applications an der Carl von Ossietzky Universität Oldenburg. Seine Forschungsschwerpunkte liegen im Bereich betrieblicher Umweltinformationssysteme und großer, industrieller Anwendungssysteme. In den letzten Jahren rücken Themen mit Bezug zu Unternehmensdaten, wie bspw. maschinelles Lernen und Blockchain-Anwendungen immer weiter in den Vordergrund, sodass diese Themen nunmehr ebenfalls zu seinen Schwerpunkten zählen.

Teil VII

Wirtschaft & Gesellschaft

Sicherung des intellektuellen Kapitals mit Knowledge Blockchains

15

Hans-Georg Fill und Felix Härer

Zusammenfassung

Der Dokumentation und Externalisierung von Unternehmenswissen in Modellen kommt heute nicht nur aus organisationalen Gründen hohe Bedeutung zu. Die Absicherung der Integrität von Informationen und die verbindliche Zuordnung zu einzelnen Akteuren sind wesentlich für die Teilnahme an der digitalen Transformation über die eigenen Unternehmensgrenzen hinaus – zur Sicherung des intellektuellen Kapitals und zur Erfüllung von Dokumentationspflichten. Dieses Kapitel beschreibt ein Knowledge-Blockchain-Konzept, mit dem strukturiert in Unternehmensmodellen erfasstes Wissen durch digitale Signaturen und Integritätssicherung in der verteilten Umgebung einer Organisation abgesichert werden kann. Anhand eines Compliance-Beispiels wird thematisiert, wie Wissen mit dieser Permissioned Blockchain über die Zeit nachverfolgbar wird, verbindlich einzelnen Akteuren zugeordnet werden kann, mit Zugriffsrechten und Delegationsmechanismen erweiterbar ist und wie ein Nachweis der Existenz von Wissen zu führen ist. Das Fazit fasst die Anwendung des Konzepts vor dem Hintergrund unterschiedlicher Verteilungstechnologien zusammen.

Schlüsselwörter

Intellektuelles Kapital · Compliance · Wissensmanagement · Konzeptuelle Modellierung · Permissioned Blockchain

---

Vollständig neuer Original-Beitrag

H.-G. Fill (✉) · F. Härer
University of Fribourg, Fribourg, Schweiz
E-Mail: hans-georg.fill@unifr.ch

© Springer Fachmedien Wiesbaden GmbH, ein Teil von Springer Nature 2020
H.-G. Fill, A. Meier (Hrsg.), *Blockchain*, Edition HMD,
https://doi.org/10.1007/978-3-658-28006-2_15

15.1 Dokumentation von Informationen und Wissen in Modellen

Wissen und Information stellen zentrale Ressourcen für jede Unternehmenstätigkeit dar. Diese Erkenntnis spiegelt sich nicht nur in den entsprechenden ökonomischen Theorien wider (Nemetz 2006; Mirowski und Nik-Khah 2017), sondern ist ebenso zentraler Bestandteil der Methoden der Wirtschaftsinformatik, die sich mit der Dokumentation und Verarbeitung von Wissen und Informationen beschäftigen (Mertens et al. 2012). In diesem Zusammenhang stellt die sogenannte konzeptuelle Modellierung eine jener Methoden dar, die es nicht nur ermöglicht, Wissen in Form von zumeist visuellen Modellen abzubilden sondern dieses auch in eine maschinenverarbeitbare Form überzuführen (Mylopoulos 1992; Bork und Fill 2014). Bekannte Formen davon sind die Erstellung von Datenmodellen und deren Überführung in Datenbanksysteme vgl. z. B. (Glässner et al. 2017), die Abbildung von industriellen Prozessen zur Steuerung von Produktionsflüssen und deren Simulation (Bork et al. 2018) oder die Modellierung von semantischen Regeln und deren Überführung in ausführbaren Code (Pittl und Fill 2019).

Die Umsetzung derartiger Ansätze erfolgt mit Hilfe von Modellierungswerkzeugen, die entsprechende grafische Modelleditoren als auch die Persistierung der Modelle, z. B. in einer Datenbank vornehmen. Mit der Verfügbarkeit von Blockchain- bzw. Distributed Ledger Technologien eröffnen sich neue Möglichkeiten, die Evolution von Modellen über die Zeit zu verfolgen, Akteure zuzuordnen, die die Modelle und die darin befindlichen Elemente erstellt haben, Berechtigungen an Akteure zur Erstellung oder Modifikation von Modellen festzulegen und die Existenz von Wissen und Information zu bestimmten Zeitpunkten zu beweisen.

Im Folgenden wird ein Ansatz zur Realisierung einer solchen Verknüpfung von Modellen als Form der Wissensrepräsentation und Blockchain-Technologien beschrieben, der zuvor in (Fill und Härer 2018) erstmalig präsentiert wurde. Dieser wird als sogenannte „Knowledge Blockchain" bezeichnet und bezieht sich auf die Ablage von Wissen in Form von konzeptuellen Modellen in einer Blockchain. Die Modelle werden dabei in Form eines Hash-Baums in einer Blockchain hinterlegt. Transaktionen finden in Form von Änderungen an den Modellen statt und müssen einem Mining-Protokoll entsprechen, das die Zulässigkeit der Transaktionen überprüft – siehe Abb. 15.1. In Kap. 2 diskutieren wir die Architektur von Knowledge Blockchains, danach erfolgt die Anwendung in einem Fallbeispiel zu Compliance Management in Kap. 3 und ein Fazit und Ausblick auf zukünftige Entwicklungen in Kap. 4.

15.2 Architektur einer Knowledge Blockchain

Mit der nachfolgend beschriebenen Architektur soll ein System für eine sichere, verbindliche und unveränderliche Dokumentation von Unternehmenswissen etabliert werden. Aus fachlicher und aus technischer Sicht ergeben sich grundlegende Anforderungen an die Architektur, welche die modellbasierte Ausrichtung und die Blockchain als Basis zur Implementierung motivieren.

15 Sicherung des intellektuellen Kapitals mit Knowledge Blockchains

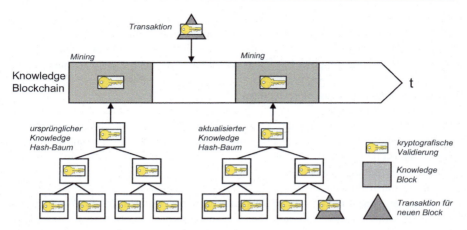

Abb. 15.1 Konzept der Knowledge-Blockchain

Modellbasierte Ausrichtung des Ansatzes

Fachlich soll das System das Wissen einer Diskurswelt in einer geeigneten Repräsentationsform erfassen. Dabei kennt die Erfassung von Wissen in der betrieblichen Realität unterschiedliche Formen (Maier 2007; Negash und Gray 2008), die sich durch ihren Strukturierungsgrad und ihr Abstraktionsniveau unterscheiden. Hierzu zählen:

(1) Unstrukturierte Daten und Dateien beliebiger Art.
(2) Semistrukturierte Informationen in Form von operativen Geschäftsdokumenten oder Transaktionen, die beispielsweise Teil von Workflow-Management-Systemen sind.
(3) Strukturierte Informationen und Wissen, z. B. in Form von konzeptuellen Modellen. Hier stehen gegenüber operativen Daten vorwiegend Daten zur Abbildung von Unternehmensarchitekturen, Prozessen oder Datenmodellen im Vordergrund.

Interessanterweise existieren gerade für die verteilte Verwaltung von Unternehmensdaten, insbesondere für unstrukturierte und semistrukturierte, bereits Ansätze und Software-Implementierungen. Beispielsweise verteilte Datenbank- und Dateisysteme in Storage Area Networks (1) oder ERP-Systeme in Verbindung mit Workflow- und Process-Engines (2), jeweils ggf. in Kombination mit Signaturverfahren zur Absicherung der Verbindlichkeit. Bislang nicht im Vordergrund steht die Verteilung von strukturierter Information und Wissen (3), wobei die Verarbeitung und das Auffinden von Wissen sehr aktuelle Themen sind (Denzler 2019).

Unternehmenswissen in Form von konzeptuellen Modellen spiegelt die betriebliche Realität wider, indem einzelne reale Konzepte auf domänenspezifische Elemente einer Modellierungssprache abgebildet werden (Karagiannis et al. 2016; Sinz 2019). Gerade weil Unternehmenswissen in Modellen meist keine operativen Transaktionen betrifft, sondern die operative und die strategische Planung über mehrere

Abteilungen, Divisionen oder Unternehmen hinweg, muss die Verteilung und Nachvollziehbarkeit dieses Wissens gesichert sein und unterstützt werden (Bollinger und Smith 2001). Die Architektur baut daher aus fachlicher Sicht darauf auf, Unternehmenswissen in konzeptuellen Modellen zu erfassen, verteilen und zu speichern.

Technische Ausrichtung des Ansatzes
Technisch soll die Datenstruktur Blockchain zusammen mit einem Modellierungstool für deren Speicherung und Verwaltung per Mining-Protokoll herangezogen werden. Damit sollen die technischen Merkmale einer sicheren, verbindlichen und unveränderlichen Speicherung von Daten in einer Blockchain auf die fachliche Ebene von Modellen übertragen werden.

Die Datenstruktur und das Mining-Protokoll orientieren sich an der Architektur bestehender Blockchain-Systeme (Nakamoto 2008; Buterin 2013; Wood 2014). Das elementare Artefakt, das mit dieser Datenstruktur verwaltet wird, ist hier im Unterschied zu Dateien oder semistrukturierten Repräsentationsformen das konzeptuelle Modell. Fachliche Regeln für die Verwaltung und den Aufbau der Datenstruktur, in Form von zulässigen Operationen und Berechtigungen, definiert das Mining-Protokoll. Das Protokoll wird in gleicher Weise von sämtlichen Teilnehmern ausgeführt und liefert zusammen mit dem unveränderlich erfassten Datenbestand einen Nachweis über die korrekte Ausführung des Protokolls.

Dies setzt die Erweiterung der Funktionalität eines Modellierungswerkzeugs voraus, das u. U. bereits einen Mehrbenutzerzugang oder Modell-Repositorien beinhaltet, aber nicht auf die verteilte Verwaltung in einer Blockchain ausgerichtet ist. Existierende Blockchain-basierte Lösungen für Modelle werden vor allem für transaktionale und operative Daten diskutiert, z. B. für die Ausführung von BPMN-Modellen anhand von Smart Contracts (Weber et al. 2016; Tran et al. 2018) und für deren versionierte Verwaltung (Härer 2018). Die Business Process Model and Notation (BPMN) ist eine standarisierte Modellierungssprache (Object Management Group 2014) für Geschäftsprozesse, mit der ausführbare Workflows spezifiziert werden können.

Dieser Ansatz (Fill und Härer 2018) fokussiert auf die Verteilung von Unternehmenswissen in einer spezialisierten permissioned Blockchain, die von einer Festlegung des Teilnehmerkreises und der Definition von Zugriffsrechten ausgeht. Die Implementierung des Ansatzes erweitert die Metamodellierungsplattform ADOxx[1] (Fill und Karagiannis 2013) um die Datenstruktur und die Funktionen des Mining-Protokolls.

15.2.1 Abbildung von Modellen in Blockchains

Die Erfassung expliziten Wissens in semi-formalen oder formalen Modellen (Bork und Fill 2014) setzt voraus, dass die Sprache der Modellierung in ihrer Syntax bekannt und wohldefiniert ist. Metamodellierungswerkzeuge wie ADOxx sehen die Definition von Metamodellen vor und erlauben deren Erweiterung.

---

[1] Siehe auch https://www.adoxx.org/.

Die Speicherung von Modellen in einer Blockchain kann zur Unterstützung beliebiger Modellierungssprachen auf Basis des Meta-Metamodells des Modellierungstools definiert werden. Die Blockchain und das Mining-Protokoll unterstützen die Speicherung und Verarbeitung von Modellen auf Basis des „ADOxx Meta²" Modells (Fill und Karagiannis 2013).

Zur Unterstützung einer spezifischen Modellierungssprache wird das in Abb. 15.2 dargestellte Extensionsmodell herangezogen, dessen Klassen um die Syntaxelemente der Sprache erweitert werden. Damit stehen für die Modelltypen, Klassen und Relationsklassen des ADOxx-Metamodells eine Reihe von Attributen zur Verfügung.

Universally Unique Identifiers (UUIDs) identifizieren Modelltypen, Klassen und Relationsklassen global eindeutig und erlauben deren Nachverfolgbarkeit.

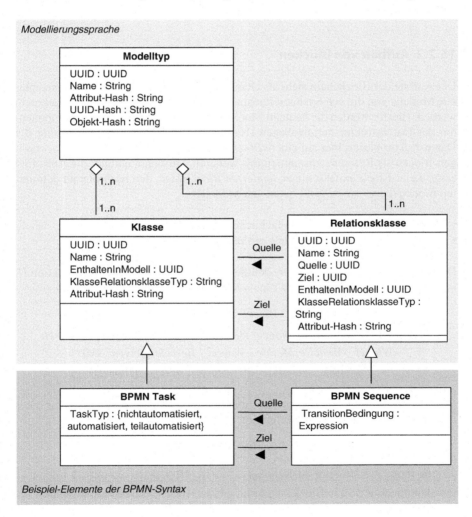

Abb. 15.2 Extensionsmodell am Beispiel einer Erweiterung durch BPMN

Die Zuordnung von UUIDs erfordert aufgrund einer zufälligen und lokalen Vergabe keine Kommunikation mit anderen Software-Instanzen. Jedes Syntaxelement eines Modells, z. B. BPMN Task sowie Sequence Flow als Relation von zwei Tasks, ist global identifizierbar und anhand des Attributs *enthaltenInModell* einer Modell-UUID zugeordnet. Die in Relation stehenden Klassen definieren sich durch die Attribute *Quelle* und *Ziel*. Das Attribut *Attribut-Hash* enthält einen zur Integritätssicherung verwendeten Hash-Wert, hier SHA-256 (NIST 2015), der sich durch die Konkatenation der Attribute bestimmt. Ein Nachweis der Integrität wird später durch Merkle-Bäume (Merkle 1988) geführt, deren Blattknoten je Klasse, Relationsklasse und Modell paarweise die UUID und die Konkatenation der Attributwerte speichern. Dieser Zusammenhang ist in Abb. 15.3 dargestellt.

15.2.2 Aufbau von Blöcken

Der Aufbau der Blockchain sieht als elementare Komponente für Blöcke konzeptuelle Modelle vor, die von Systemteilnehmern in Form einer Transaktion eingebracht werden. Hierfür werden die heute in Blockchain-Systemen verbreiteten Komponenten der Datenstruktur herangezogen (Härer und Fill 2019a). Die Verkettung der Datenstruktur basiert hier auf einem *Block-Header*, der den Hash-Wert des vorherigen Blocks als Referenz zusammen mit weiteren Attributen enthält, die Abb. 15.4 zeigt. Jeder Block umfasst einen *signierten Block-Hash*, den nachfolgend definierten *Block-Header* sowie zwei Arten von Modellen:

- Modelle der Domäne: 1 bis n fachliche Modelle
- Berechtigungsmodell: 1 Modell zur Verwaltung von Berechtigungen

Der Block-Hash *H(Block-Header)* definiert sich als Output einer Hash-Funktion *H*, in welche die Konkatenation des Tupels *Block-Header* eingeht:

$$Block - Header$$
$$= (Voriger\_Block - Hash | Nonce | Header - Signatur | Zeitstempel | Merkle$$
$$- Wurzel\_Modelle | Merkle - Wurzel\_Berechtigungen | XML$$
$$- Daten\_Modelle | XML - Daten\_Berechtigungen)$$

Der ADOxx-Prototyp verwendet für *H* die Funktion SHA-256. Die Signatur eines Blocks wird durch eine Signaturfunktion

$$Block - Signatur = Signatur(Block - Hash, Private - Key)$$

erstellt, in die der private Schlüssel einer vorab per Berechtigungsmodell festgelegten Identität eingeht. Ein Block ist hiermit einem Miner verbindlich zuordenbar. Die Zuordnung kann durch den zugehörigen öffentlichen Schlüssel von jedem System-

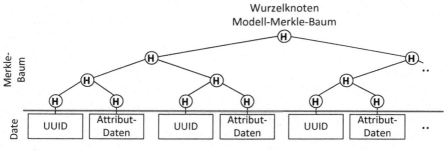

Abb. 15.3 Merkle-Baum für konzeptuelle Modelle

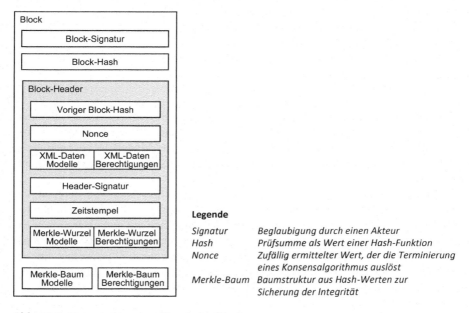

Abb. 15.4 Datenstruktur eines Knowledge-Blocks

teilnehmer überprüft werden. Die Signatur des Block-Headers ordnet die zu speichernden Modelle verbindlich ihrem Autor zu. Hiermit wird überprüft, ob dieser hinsichtlich des Berechtigungsmodells des vorhergehenden Blocks berechtigt ist, die in den Modellen des neuen Blocks vorgenommenen Änderungen durchzuführen. Die Erstellung der Signaturen basiert auf asymmetrischer Kryptografie. ADOxx wurde hierfür um ein auf OpenSSL basiertes Verfahren der Elliptic Curve Cryptography (Koblitz 1987) erweitert, welches die standardisierte Kurve secp256k1 (Certicom Research 2010) heranzieht.

Für zukünftige Erweiterungen und den Einsatz als öffentliche Blockchain enthält das Tupel *Block-Header* weiterhin einen *Nonce*-Wert (Nakamoto 2008; Narayanan et al. 2016). Mit dessen Veränderung nimmt der *Block-Hash* pseudo-zufällig einen neuen Wert an. In einer öffentlichen Blockchain erfolgt die Auswahl des Miners per Zufall, indem alle Teilnehmer den *Nonce*-Wert fortlaufend verändern, bis der Funktionswert ein definiertes Kriterium erfüllt; beispielsweise, dass er in einem definierten Wertebereich liegt.

Zur Erfassung von Modellen werden diese in der im vorhergehenden Abschnitt diskutierten Struktur in zwei Merkle-Bäume sowie als XML-Daten innerhalb des Block-Headers aufgenommen. Die XML-Daten enthalten zusätzliche Metadaten wie etwa Positionsdaten, die nicht Teil der Konkatenation der Attribute von Klassen, Relationsklassen und Modelltypen sind. Das XML kann entfallen, sofern keine Metadaten erforderlich sind.

Die Transparenz einer Blockchain ist insbesondere für öffentliche Modelle sinnvoll. Zur Unterstützung der Speicherung von nicht-öffentlichen Modellen ist eine Abtrennung der Merkle-Bäume von den Daten der Blöcke vorgesehen. Die Integrität der Block-Kette wird hierdurch nicht verletzt, allerdings ist eine separate Verteilung der Modelle erforderlich.

15.2.3 Mining-Protokoll

Das Mining-Protokoll legt Regeln fest, die von allen Systemteilnehmern gleichermaßen für die Anfügung von Blöcken angewendet werden. Im Kontext der Wissensrepräsentation anhand von Modellen definiert das Modell fachliche Regeln, die über das Anfügen von Blöcken in Abhängigkeit des Berechtigungsmodells entscheiden.

Das Berechtigungsmodell unterscheidet prinzipiell drei Arten von Berechtigungen. Für jeden Systemteilnehmer, identifiziert durch einen öffentlichen Schlüssel, sind 1 bis n Berechtigungen bekannt. Diese beziehen sich mit den Operationen *Erstellen* und *Löschen* auf Modelltypen oder Modellelemente, oder als *Transfer* auf eine Übertragung einer Berechtigung zwischen Teilnehmern. *Transfer* gibt eine referenzierte Berechtigung an den innerhalb des Attributs *Identität* hinterlegten öffentlichen Schlüssel weiter. Dies ist zulässig, sofern der Boole'sche Wert *Delegation* zutrifft.

Das Berechtigungsmodell wird anhand von UUID-Kennungen und Attribut-Hash-Werten nach dem in Kap. 15.2.1 beschriebenen Verfahren als Merkle-Baum erfasst und gemäß Kap. 15.2.2 als Teil des Blocks gespeichert.

Das Anfügen eines neuen Blocks folgt den in Abb. 15.5 dargestellten Regeln. Die Validierung eines Blocks umfasst zunächst die Überprüfung der Identität des Transaktionsabsenders, dessen Signatur zusammen mit dem öffentlichen Schlüssel des vorhergehenden Berechtigungsmodells gültig sein muss. Die anschließenden Entscheidungsknoten beziehen sich auf die Überprüfung der Berechtigungen der Typen *Erstellen*, *Löschen* und *Transfer*. Nach einer erfolgreichen Überprüfung der Berechtigungen folgt die Anfügung des Zeitstempels, die Bestimmung der Nonce im Falle eines öffentlichen Systems und die Konstruktion des Block-Headers. Der Block wird schließlich signiert und verteilt.

15 Sicherung des intellektuellen Kapitals mit Knowledge Blockchains

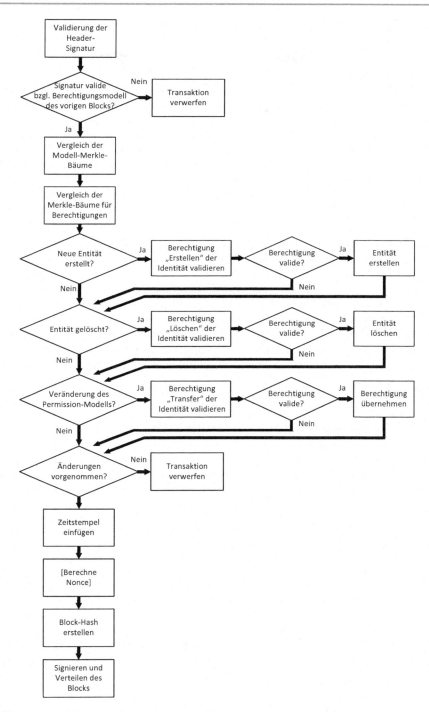

Abb. 15.5 Fachliche Regeln des Mining-Verfahrens

15.3 Anwendung des Konzepts anhand eines Compliance-Beispiels

Compliance-Richtlinien erfordern häufig die Dokumentation und den Nachweis von spezifischen Aktivitäten als Bestandteil von Geschäftsprozessen (Fill et al. 2007; Gericke et al. 2009). Regulatorische Vorgaben von gesetzlicher Seite sind häufig international oder national standardisiert, wie beispielsweise zur Geldwäscheprävention in der Finanzindustrie. Zusätzlich können intra- oder intraorganisationale Richtlinien bestehen. Eine Blockchain kann zur Dokumentation der Erfüllung von Compliance-Anforderungen eingesetzt werden, deren Integrität und Verbindlichkeit öffentlich oder nicht-öffentlich nachweisbar ist.

Das nachfolgend betrachtete Beispiel zieht hierfür einen Referenzprozess zur Geldwäscheprävention heran, der für die nicht-öffentliche Ausführung durch Banken bestimmt ist. In diesem Umfeld besteht von Seiten der Regulierungsbehörden die Anforderung, die Erfüllung spezifischer Richtlinien unter Angabe ihrer jeweiligen Implementierung in Bankprozessen zu dokumentieren. Der CIP-Referenzprozess (Timm et al. 2016) schlägt in diesem Kontext ein einheitliches Vorgehen unter Bezugnahme auf AML[2]-Richtlinien der Bundesanstalt für Finanzdienstleistungsaufsicht (BaFin), der Financial Action Task Force (FATF) und der Wolfsberg Group vor. Das Modell ist in der Sprache Business Process Modeling and Notation (BPMN) 2.0 definiert. Für die Implementierung des Referenzprozesses wird der in Abb. 15.6 gezeigte Ausschnitt des BPMN-Modells durch eine Bank übernommen. Aus diesem Beispiel ergeben sich eine Reihe von Anwendungen.

15.3.1 Nachverfolgung von Wissen über die Zeit

Die Dokumentation zur Erfüllung von Compliance-Anforderungen kann im Zeitverlauf unveränderlich gespeichert werden. Dabei geht es um die Frage, *wann welche* Änderungen an einem zu dokumentierenden Prozess vorgenommen wurden.

Das Modell geht in den in Abb. 15.7 dargestellten Block 47fe7 […] ein und wird entsprechend der Strukturorganisation der Bank verteilt. Die Abbildung zeigt die Implementierung des Ansatzes im ADOxx-Modellierungswerkzeug.

Die Implementierung ist beispielhaft für die Sprache BPMN in einem entsprechenden Metamodell definiert und wird technisch mit AdoScript-Erweiterungen und einer C++-DLL zur Berechnung von Hash-Werten sowie für Signaturoperationen erweitert. Die weitere Darstellung der Nachverfolgung ist innerhalb des Werkzeugs durchführbar.

Das initiale Modell wird anschließend in Block 09b08 […] um eine Aufgabe zur Aktualisierung von AML-Listen erweitert, die Abb. 15.8 darstellt. AML-Listen enthalten Identifikatoren für Konten oder Personen, die beispielsweise bekannte Betrugsfälle (Financial Fraud List) oder finanziell exponierte Personen umfassen

---

[2] Anti Money Laundering.

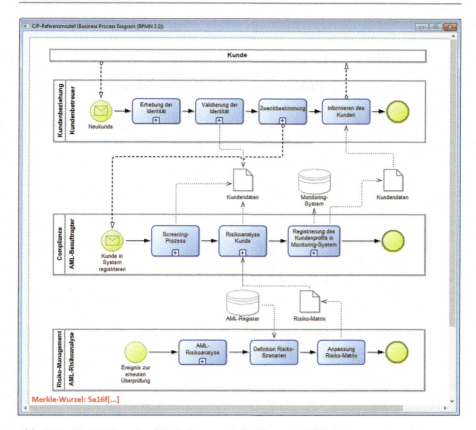

Abb. 15.6 Nachbildung des CIP-Referenzmodells (Timm et al. 2016)

(Financially Exposed Persons List). Durch eine Überprüfung von Hash-Werten und Signaturen ist nun die Nachverfolgung von beispielsweise dieser Aufgabe anhand ihrer UUID möglich. Inhaltlich veränderte Aufgaben sind aufgrund ihrer Attributänderungen durch einen gegenüber dem vorhergehenden Block abweichenden Attribut-Hash identifizierbar. Dies führt zu einem modifizierten Blattknoten des Merkle-Baumes für Modelle, und damit zu einem neuen Wurzelknoten des Baumes, der die Veränderung anzeigt. Hinzukommende oder gelöschte Aufgaben führen zu neu erstellten bzw. gelöschten UUID-Werten, die sich ebenso über einen veränderten Wurzelknoten des Merkle-Baumes identifizieren. Die Nachverfolgung ist mit diesem Verfahren auf der Ebene von Modell-Elementen, Beziehungen und Modellen möglich. Der Nachweis des Bestehens dieser Entitäten in einem Block schließt die zugehörigen Attributwerte ein. Die Zeitstempel einzelner Blöcke sind hiervon unabhängig und hinsichtlich der Ordnungsrelation und einer per Mining-Verfahren festgelegten Maximalabweichung überprüfbar. Davon abhängig ist die Genauigkeit der Zeitstempel, die je nach Verteilungsgrad in der Größenordnung von Minuten oder Stunden liegt (Nakamoto 2008; Wood 2014).

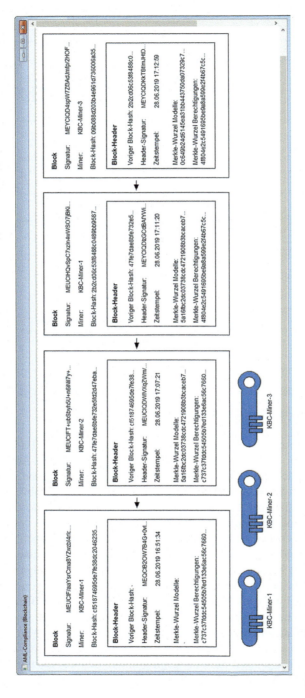

Abb. 15.7 Blockchain-Implementierung

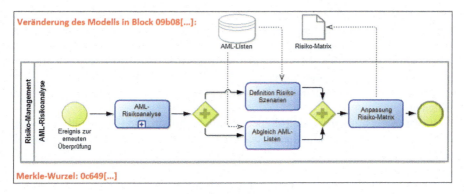

Abb. 15.8 Einfügen von Modellelementen in Block 09b08 [...]

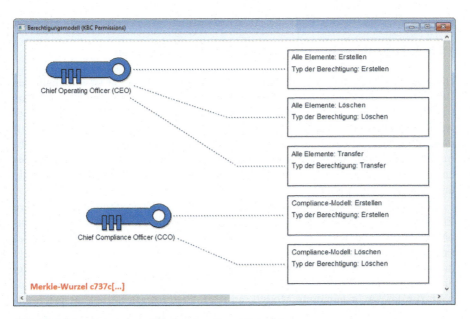

Abb. 15.9 Berechtigungsmodell des Compliance-Beispiels

15.3.2 Verbindlichkeit und Zuordenbarkeit zu Akteuren

Eine verbindliche Zuordnung von Prozessmodellen zu denjenigen Akteuren, die diese erstellt oder verändert haben, wird durch die hinterlegten Signaturen gewährleistet. *Wer* eine Änderung an einem compliance-kritischen Modell vorgenommen hat, wird damit nachvollziehbar.

Das in der vorhergehenden Abbildung gezeigte Beispiel erfordert zunächst die Definition von Identitäten, die als Teil des Berechtigungsmodells in Block cf518 [...] hinterlegt werden. Abb. 15.9 zeigt die Identitäten des Modells als *Chief Operating*

Officer (CEO) und *Chief Compliance Officer (CCO)* sowie unterschiedliche Berechtigungen, die Gegenstand des nachfolgenden Abschnitts sind. Diese Identitäten besitzen initial die Verfügungsgewalt über die Gestaltung compliance-kritischer Prozesse. Mit der Definition der Identitäten wird für diese jeweils lokal ein Schlüsselpaar eines öffentlichen und privaten Schlüssels generiert. In das Attribut *ÖffentlicherSchlüssel* findet der für andere Systemteilnehmer öffentlich einsehbare Schlüssel Eingang.

In das Berechtigungsmodell fließen sämtliche öffentlichen Schlüssel ein. Nach der zuvor dargestellten Veränderung des Prozesses lässt sich beispielsweise in Block 09b08 [...] nachweisen, dass die Prozessmodelle mit der Signatur des öffentlichen Schlüssels durch Akteur *AML-Beauftragter* signiert sind.

An dieser Stelle kann der Ansatz durch Multi-Signatur-Verfahren erweitert werden, die eine definierte Mindestzahl an Signaturen aus einer vorgegebenen Menge autorisierter Akteure erfordern.

15.3.3 Zugriffsrechte und Delegationsmechanismen

Die Autorisierung zulässiger Operationen und deren Delegation ist innerhalb des Berechtigungsmodells hinterlegt. Die Vergabe von Zugriffsrechten und deren Übertragung auf andere Akteure trifft eine Aussage darüber, für wen die Anwendung welcher Operationen zulässig ist. Die Ausführung des Mining-Verfahrens überprüft diese Berechtigung lokal bei jedem Systemteilnehmer. Schlägt die lokale Ausführung des Verfahrens unter Bezugnahme auf das Berechtigungsmodell fehl, wird der entsprechende Block verworfen. Andernfalls sind die darin enthaltenen Modelle und Berechtigungen gültig.

Mit diesem Ansatz kann eine Vergabe von Zugriffsrechten über mehrere Ebenen hinweg realisiert werden. Unter der Annahme einer typischen Aufbauorganisation unterliegt die Verantwortung über die Compliance mehreren hierarchisch untergliederten Stellen. Wie bereits in Abb. 15.9 dargestellt, obliegt die Verantwortung des Gesamtmodells initial *CEO* und *CCO*. Abb. 15.10 zeigt die Übertragung der Berechtigung zur Erstellung von Modellelementen, spezifisch für das zuvor genannte Modell, an *AML-Beauftragter*. Dies entspricht einer Autorisierung von *AML-Beauftragter* zur Durchführung zukünftiger Veränderungen im Sinne von Abb. 15.8, die mit dem Eingang in einen neuen Block Gültigkeit erlangen.

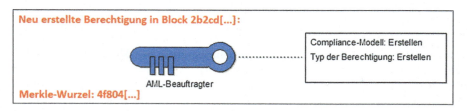

Abb. 15.10 Delegation einer Berechtigung zur Erstellung von Elementen

15.3.4 Nachweis der Existenz von Wissen

Die Umsetzung einer Compliance-Richtlinie kann in öffentlichen oder nicht-öffentlichen Prozessen erfolgen, beispielsweise aufgrund von gesetzlichen sowie unternehmensinternen Richtlinien. Dabei ist der Nachweis der Dokumentation zur Einhaltung einer Richtlinie in beiden Fällen häufig gegenüber Parteien zu erbringen, die normalerweise keine Einsicht in die Geschäftsvorfälle und Geschäftsprozesse besitzen. Mit einem solchen Nachweis wird der Frage nachgegangen, ob vorgegebene Syntaxelemente in einem Modell enthalten sind. Das Erfordernis einer „Trusted Third Party", die einen solchen Nachweis klassischerweise führt, entfällt mit dem Einsatz einer Blockchain teilweise.

Dies begründet sich in erster Linie durch die Öffentlichkeit des Mining-Verfahrens und der Blockchain, welche die Nachvollziehbarkeit der Korrektheit nach außen hin ermöglicht. Auch in Fällen, in denen eine Offenlegung von Prozessen und Aktivitäten nicht möglich ist, kann die Integrität der Datenstruktur und die korrekte Ausführung des Mining-Verfahrens nachgewiesen werden. Zudem erlauben Zero Knowledge Proofs Aussagen über nicht-offenliegende Prozessaktivitäten.

Ein Beispiel ist die Dokumentation der regelmäßigen Aktualisierung von Datenbanken mit aktuellen Daten aus AML-Listen, wie beispielsweise Financial Fraud List oder Financially Exposed Persons List. Die in Abb. 15.8 vereinfacht unter dem Titel „Abgleich AML-Listen" zusammengefasste Aufgabe kann den Abgleich mit einer beliebigen Anzahl von Attributen angeben. Die Attribute können den Abgleich detailliert spezifizieren und ggf. technische Parameter wie API-Adressen und Zugriffslogs beinhalten. Diese Aufgabe kann als Bestandteil des Prozesses anhand ihrer Attribute und ihrer UUID dokumentiert werden. Wird der Merkle-Baum des Prozessmodells anschließend abgetrennt, bleibt (1.) die Aufgabe weiterhin durch ihre UUID identifizierbar, (2.) Veränderungen der Aufgabe sind nach außen hin durch eine Veränderung des Attribut-Hash-Wertes ohne Kenntnis des Modells sichtbar und (3.) die Existenz der Aufgabe ist weiterhin als Bestandteil der Dokumentation nachweisbar.

Der Nachweis wird durch den Aufbau des Merkle-Baumes geführt. Abb. 15.11 zeigt ein Beispiel eines Nachweises für die genannte Aufgabe. Das hier vorliegende Modell führt zu einem Merkle-Baum aus sieben Ebenen. Die für den Nachweis a priori bekannten Daten umfassen die UUID sowie einen Hash-Wert je Ebene, ohne weitere Information über die damit abgesicherten Informationen.

Eine weitere Möglichkeit des Nachweises ohne Offenlegung besteht dann, wenn sämtliche Attribute und Beziehungen der aus Compliance-Anforderungen hervorgehenden Aufgaben extern bekannt sind. Werden beispielsweise die von der BaFin festgelegten Richtlinien nicht textuell, sondern als eine Menge von BPMN Tasks, Gateways und Sequence Flows definiert, so kann ein Nachweis über deren Existenz in Modellen erfolgen, die mit Ausnahme der vorgegebenen Elemente und Beziehungen nicht-öffentlich sind.

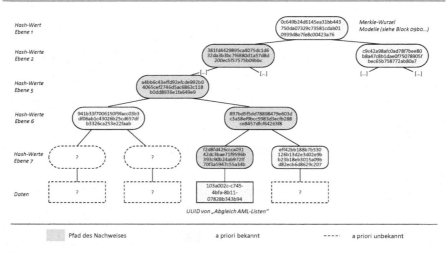

Abb. 15.11 Beispiel eines Existenznachweises

15.4 Fazit: Integrität und Verbindlichkeit ohne zentrale Koordination

Die Datenstruktur einer Blockchain kann insbesondere die Integrität gespeicherter Daten und deren Verbindlichkeit nachweisen. Darüber hinaus besteht durch den verteilten Einsatz von Mining-Verfahren die Möglichkeit, die Validierung eines Nachweises nicht unter der Kontrolle einer einzelnen Partei durchzuführen, sondern nach definierten Regeln des zuvor vereinbarten Verfahrens. Die öffentliche Nachprüfbarkeit der Integrität und Verbindlichkeit der Datenstruktur sowie auch der Korrektheit der Ausführung des Mining-Verfahrens sind die Kernkomponenten, die eine unveränderliche Dokumentation und Absicherung von Unternehmenswissen ermöglichen. Eine verteilte Anwendung des Ansatzes kann die Auditierung extern bekannter Compliance-Anforderungen unterstützen. In einigen Fällen kann dies ohne die Offenlegung von internen Prozessen geschehen, soweit diese von der Dokumentation in konzeptuellen Modellen erfasst wird. Nicht erübrigt sich jedoch die Notwendigkeit der Überprüfung der operativen Einhaltung von Compliance-Anforderungen, die in hohem Maße nichtautomatisiert ist.

Die Verteilung von Unternehmensmodellen muss dabei nicht notwendigerweise durch eine Blockchain erfolgen. Die genannten Kernkomponenten sind auch dann anwendbar, wenn Unternehmensmodelle über andere Technologien dezentral verteilt werden. Dies ist insbesondere aufgrund der in öffentlichen Blockchains stark limitierten Blockgröße relevant (Kim et al. 2018). Der Aufbau von Blöcken folgt daher einer modularen Struktur, die eine Speicherung von Modellen außerhalb des Block-Headers ohne Einschränkung der Integritätsprüfung zulässt. Dezentrale Verteilungstechnologien können an dieser Stelle ansetzen und konzeptuelle Modelle unabhängig von der Blockchain verteilen. Notwendige Erweiterungen des Ansatzes betreffen die Zuordenbarkeit von Modellen zu Blöcken durch UUID-Werte, die

Überprüfung der Integrität und Verbindlichkeit durch die bestehenden Hash- und Signatur-Verfahren sowie eine optionale Verschlüsselung nicht-öffentlicher Modelle auf Basis der innerhalb des Berechtigungsmodells hinterlegten Schlüssel. Für eine Integration mit einer bestehenden öffentlichen Blockchain ist die Attestierung von Signatur- und Hash-Werten erforderlich, die beispielsweise in einem Smart Contract hinterlegt werden (Härer und Fill 2019b).

Die Verteilungstechnologien betreffend, versprechen neben Client-Server-Verfahren, die Dateien von zentralen Servern verteilen, vor allem Peer-to-Peer-Verfahren Vorteile bei der dezentralen Verteilung von Modellen und anderen Daten in Form von Dateien. Die Klasse der Peer-to-Peer-Verfahren erfordert keine Unterscheidung zwischen Servern und Clients; sie sieht die Speicherung und Anforderung von Modellen für alle Teilnehmer des Systems vor. Etablierte Verfahren wie das Torrent-Protokoll unterstützen dabei bereits die inhaltsbasierte Anforderung einer Datei, die durch eine Anfrage unter Angabe des Hash-Wertes der Datei an das Netzwerk gestellt wird (Guo et al. 2007). Darauf aufbauend stellen das IPFS-Protokoll (Tenorio-Fornés et al. 2018) und das Swarm-Protokoll (Swarm 2019) weitere Adressierungsmöglichkeiten und eine darauf aufbauende Verlinkung von Dateien bereit. Die Adressierung ist im Unterschied zum Konzept der URL nicht an den Ort der Ressource gebunden, sondern an einen dezentral auffindbaren Inhalt. Damit kann zusammen mit einer redundanten Speicherung über mehrere Systemteilnehmer hinweg ein dezentrales Web etabliert werden, das nicht von einzelnen Server-Systemen abhängt. Die Speicherung der minimal notwendigen Informationen zur Gewährleistung der Integrität und Verbindlichkeit in Blockchains bei gleichzeitiger Verteilung von Daten über Protokolle wie IPFS und Swarm ist Gegenstand aktueller Forschung und Entwicklung.

Die Hinterlegung von Informationen in Knowledge Blockchains könnte zudem nicht nur im Bereich der klassischen Unternehmensmodellierung von Bedeutung sein. Beispielsweise kann durch die Abbildung von Ontologien in Form von Modellen der Ansatz direkt auf semantische Wissensrepräsentationen angewendet werden (Fill 2019). Damit wird es möglich, Informationen, die heute massgeblich für die praktische Anwendung von künstlicher Intelligenz sind (van Harmelen und ten Teije 2019), nachverfolgbar und dezentral verfügbar zu machen und so potenziell das Vertrauen in diese Informationen und daraus resultierende Anwendungen zu stärken.

Literatur

Bollinger AS, Smith RD (2001) Managing organizational knowledge as a strategic asset. J Knowl Manag 5:8–18. https://doi.org/10.1108/13673270110384365
Bork D, Fill H-G (2014) Formal aspects of enterprise modeling methods: a comparison framework. In: 47th Hawaii international conference on system sciences (HICSS-47), Waikoloa, HI, S 3400–3409
Bork D, Fill H-G, Karagiannis D, Utz W (2018) Simulation of multi-stage industrial business processes using metamodelling building blocks with ADOxx: enterprise modelling and information systems architectures. Int J Concept Model 13:333–344. https://doi.org/10.18417/emisa.si.hcm.25

Buterin V (2013) Ethereum: the ultimate smart contract and decentralized application platform. http://web.archive.org/web/20131228111141/http://vbuterin.com/ethereum.html. Zugegriffen am 28.06.2019

Certicom Research (2010) SEC 2: recommended elliptic curve domain parameters, version 2.0. Mississauga. https://www.secg.org/sec2-v2.pdf. Zugegriffen am 28.06.2019

Denzler A (2019) Granular knowledge cube: an expert finder system for knowledge carriers. Springer International Publishing, Cham

Fill H-G (2019) Applying the concept of knowledge blockchains to ontologies. In: Proceedings of the AAAI 2019 spring symposium on combining machine learning with knowledge engineering (AAAI-MAKE 2019), Stanford University, Palo Alto, CA

Fill H-G, Härer F (2018) Knowledge blockchains: applying blockchain technologies to enterprise modeling. In: 51st Hawaii international conference on system sciences (HICSS-51). Waikoloa, HI, S 4045–4054

Fill H-G, Karagiannis D (2013) On the conceptualisation of modelling methods using the ADOxx meta modelling platform: enterprise modelling and information systems architectures. Int J Concept Model 8:4–25. https://doi.org/10.18417/emisa.8.1.1

Fill H-G, Gericke A, Karagiannis D, Winter R (2007) Modellierung für Integrated Enterprise Balancing. Wirtschaftsinformatik 49:419–429

Gericke A, Fill H-G, Karagiannis D, Winter R (2009) Situational method engineering for governance, risk and compliance information systems. In: Proceedings of the 4th international conference on design science research in information systems and technology (DESRIST), ACM, Malvern, Pennsylvania

Glässner TM, Heumann F, Keßler L et al (2017) Experiences from the implementation of a structured-entity-relationship modeling method in a student project. In: 1st international workshop on practicing open enterprise modeling within OMiLAB (PrOse 2017) co-located with 10th IFIP WG 8.1 working conference on the practice of enterprise modelling (PoEM 2017), CEUR proceedings 1999, Leuven, Belgium

Guo L, Chen S, Xiao Z et al (2007) A performance study of BitTorrent-like peer-to-peer systems. IEEE J Sel Area Comm 25:155–169. https://doi.org/10.1109/JSAC.2007.070116

Härer F (2018) Decentralized business process modeling and instance tracking secured by a blockchain. In: Proceedings of the 26th European conference on information systems (ECIS 2018), Portsmouth, United Kingdom

Härer F, Fill H-G (2019a) A comparison of approaches for visualizing blockchains and smart contracts. Jusletter IT Weblaw. ISSN 1664-848X 21.02.2019. https://doi.org/10.5281/zenodo.2585575

Härer F, Fill H-G (2019b) Decentralized attestation of conceptual models using the Ethereum blockchain. In: 21st IEEE international conference on business informatics (CBI 2019), Moscow, Russia

van Harmelen F, ten Teije A (2019) A boxology of design patterns for hybrid learning and reasoning systems. J Web Eng 18:97–124. https://doi.org/10.13052/jwe1540-9589.18133

Karagiannis D, Mayr HC, Mylopoulos J (Hrsg) (2016) Domain-specific conceptual modeling. Springer, Berlin/Heidelberg

Kim S, Kwon Y, Cho S (2018) A survey of scalability solutions on blockchain. In: 2018 international conference on information and communication technology convergence (ICTC), Jeju Island, Korea

Koblitz N (1987) Elliptic curve cryptosystems. Math Comput 48:203–209

Maier R (2007) Knowledge management systems: information and communication technologies for knowledge management, 3. Aufl. Springer, Berlin/Heidelberg

Merkle RC (1988) A digital signature based on a conventional encryption function. In: A conference on the theory and applications of cryptographic techniques on advances in cryptology, Springer, London, UK, S 69–378

Mertens P, Bodendorf F, König W et al (2012) Grundzüge der Wirtschaftsinformatik, 11. Aufl. Springer, Berlin

Mirowski P, Nik-Khah E (2017) The knowledge we have lost in information – the history of information in modern economics. Oxford University Press, New York

Mylopoulos J (1992) Conceptual modelling and telos. In: Loucopoulos P, Zicari R (Hrsg) Conceptual modelling, databases and case: an integrated view of information systems development. Wiley, New York, S 49–68

Nakamoto S (2008) Bitcoin: a peer-to-peer electronic cash system. https://bitcoin.org/bitcoin.pdf. Zugegriffen am 28.06.2019

Narayanan A, Bonneau J, Felten E et al (2016) Bitcoin and cryptocurrency technologies. Princeton University Press, Princeton

Negash S, Gray P (2008) Business intelligence. In: Burstein F, W. Holsapple C (Hrsg) Handbook on decision support systems 2: variations. Springer, Berlin/Heidelberg, S 175–193

Nemetz M (2006) A meta-model for intellectual capital reporting. In: Reimer U, Karagiannis D (Hrsg) Practical aspects of knowledge management. Springer, Berlin/Heidelberg, S 213–223

NIST (2015) Secure Hash Standard (SHS). U.S. Department of Commerce. https://doi.org/10.6028/NIST.FIPS.180-4

Object Management Group (2014) Business Process Model and Notation (BPMN), version 2.0.2. http://www.omg.org/spec/BPMN/2.0.2. Zugegriffen am 14.08.2019

Pittl B, Fill H-G (2019) A visual modeling approach for the semantic web rule language. Semantic Web:1–29. https://doi.org/10.3233/SW-180340

Sinz EJ (2019) On the evolution of methods for conceptual information systems modeling. In: The art of structuring: bridging the gap between information systems research and practice. Springer International Publishing, Cham, S 137–144

Swarm (2019) Swarm 0.4 documentation. In: Ethereum Swarm repository. https://swarm-guide.readthedocs.io/en/latest/. Zugegriffen am 28.06.2019

Tenorio-Fornés A, Hassan S, Pavón J (2018) Open peer-to-peer systems over blockchain and IPFS: an agent oriented framework. In: Proceedings of the 1st workshop on cryptocurrencies and blockchains for distributed systems – CryBlock'18, Munich, Germany, S 19–24

Timm F, Zasada A, Thiede F (2016) Building a reference model for anti-money laundering in the financial sector. In: Proceedings of the 18th conference on learning, knowledge, data, analytics, Potsdam, Germany, S 10

Tran AB, Lu Q, Weber I (2018) Lorikeet: a model-driven engineering tool for blockchain-based business process execution and asset management. In: 16th international conference on business process management (BPM 2018), Sydney, Australia

Weber I, Xu X, Riveret R et al (2016) Untrusted business process monitoring and execution using blockchain. In: 14th international conference on business process management (BPM 2016), Rio de Janeiro, Brazil

Wood G (2014) Ethereum: a secure decentralised generalised transaction ledger. https://ethereum.github.io/yellowpaper/paper.pdf. Zugegriffen am 28.06.2019

Prof. Dr. Hans-Georg Fill ist ordentlicher Professor und Inhaber des Lehrstuhls für Digitalisierung und Informationssysteme am Departement für Informatik der Universität Fribourg, Schweiz. Nach seiner Promotion und Habilitation in Wirtschaftsinformatik an der Universität Wien und Auslandsaufenthalten u. a. an der Stanford University, USA, dem Karlsruher Institut für Technologie, Deutschland und der Ecole Nationale Supérieure des Mines in St. Etienne, Frankreich vertrat er Lehrstühle an der Universität Wien und der Otto-Friedrich-Universität Bamberg, bevor er 2018 einen Ruf in die Schweiz erhielt. Seine Forschungsgebiete umfassen Metamodellierung, Digitalisierung, Blockchains und Smart Contracts sowie Visualisierung.

Dr. Felix Härer ist Oberassistent am Lehrstuhl für Digitalisierung und Informationssysteme am Departement für Informatik der Universität Fribourg, Schweiz. Wirtschaftsinformatik studierte er an der Universität Bamberg, während einer Entwicklertätigkeit bei Siemens Healthcare. Lehre und Forschung beginnen für ihn in 2014 am Lehrstuhl für Systementwicklung und Datenbankanwendung in Bamberg. Seither beschäftigen ihn dezentrale Blockchains neben Themen der Modellierung, Software-Entwicklung und Datenbanken.

Blockchain-Voting für MyPolitics und OurPolitics

16

Andreas Meier

Zusammenfassung

E-Voting kann mit Blockchain-Technologien realisiert werden. Im Kapitel werden zuerst Anforderungen an ein elektronisches Wahlsystem erläutert, nämlich Gleichheit, Berechtigung, One Man One Vote, Authentifikation, Schutz der Privatsphäre, Gerechtigkeit sowie Verifizierbarkeit und Vollständigkeit. Nach der Diskussion von Sicherheitsaspekten wird eine Klassifikation der auf Blockchain-Technologie basierenden eVoting-Systeme vorgenommen, wie die Nutzung von Kryptowährungen, Smart Contracts oder die Blockchain als Ballot Box. Das Fallbeispiel BroncoVote und ein Protokoll für die Verwendung von blinden Signaturen zeigen im Detail, wie E-Voting-Systeme auf Blockchain-Basis realisiert werden. Ein Vorschlag zum Fuzzy Voting und zur Spannungsbreite zwischen anonymem Wahlverhalten (MyVote) und öffentlichem Abstimmungsverhalten (OurVote) erläutern Entwicklungsoptionen einer digitalen Gesellschaft für die Zukunft. Eine Diskussion von Chancen und Risiken rundet das Kapitel ab.

Schlüsselwörter

E-Voting · Blockchain · Privatsphäre · Blinde Signatur · BroncoVote · Fuzzy Voting · eDemocracy · Sicherheit

---

Vollständig neuer Original-Beitrag.

A. Meier (✉)
University of Fribourg, Fribourg, Schweiz
E-Mail: andreas.meier@unifr.ch

© Springer Fachmedien Wiesbaden GmbH, ein Teil von Springer Nature 2020
H.-G. Fill, A. Meier (Hrsg.), *Blockchain*, Edition HMD,
https://doi.org/10.1007/978-3-658-28006-2_16

16.1 Anforderung an ein elektronisches Wahlsystem

Unter dem Begriff der politischen Partizipation werden verschiedene Formen der einflussnehmenden Beteiligung von Bürgerinnen und Bürgern verstanden (Meier und Teran 2019). Dazu zählen Informationsaustausch und Kommunikation über Sachthemen und Programme, Gestaltung politischer Inhalte und Entscheidungsprozesse oder Beteiligung an Abstimmungen über Sachthemen sowie Mitwirkung an Wahlen für politische Mandatsträger.

Für die Nutzung eines elektronischen Wahlsystems resp. für E-Voting werden die folgenden Grundsätze immer wieder hervorgehoben (siehe Schweizerische Verordnung der Bundeskanzlei über die elektronische Stimmabgabe vom 13. Dezember 2013 unter VEIeS 2018; Hardwick et al. 2018; Delaune et al. 2010):

- Gleichheit (Equality): Eine Gewichtung der Stimmen ist nicht zuläßig, d. h., es gilt Wahlgleichheit für Alle.
- Berechtigung (Eligibility): Nur stimmberechtigte Personen können an elektronischen Wahlen teilnehmen.
- Keine Wiederverwertung (No Reusability): Wähler können nicht mehrfach ihre Stimme abgeben. Jeder berechtige Wähler hat genau eine Stimme (One Man One Vote).
- Echtheit (Authentifikation): Die Identität des Wählers lässt sich eindeutig überprüfen.
- Schutz der Privatsphäre (Privacy): Die Privatsphäre und damit auch das Stimmgeheimnis bleiben geschützt.
- Gerechtigkeit (Fairness): Es dürfen keine vorzeitigen Teilergebnisse publiziert werden, um weitere Stimmabgaben nicht zu beeinflussen.
- Verifizierbarkeit (Verifiability) und Vollständigkeit (Completeness): Die Korrektheit des Stimmergebnisses kann individuell wie universell überprüft werden. Durch individuelle Überprüfbarkeit kann ein Bürger verifizieren, dass seine Stimme gezählt wurde. Universelle Verifizierbarkeit bedeutet das Kontrollverfahren und die Bestätigung, dass der Ausgang der Abstimmung der Summe aller gültigen Stimmen entspricht.

Neben diesen Grundsätzen werden weitere Forderungen gestellt, so z. B. den Schutz der Informationen für die Stimmberechtigten vor Manipulationen oder den Schutz der persönlichen Informationen über die Stimmberechtigten.

Eine oft gestellte Forderung betrifft die Option der Verzeihung (Forgiveness) resp. die Möglichkeit, seine Stimmabgabe korrigieren zu können. Damit möchte man ermöglichen, dass bei Zwang oder Nötigung ein Stimmberechtigter seine unter Druck entstandene Stimmabgabe korrigieren kann.

16.2 Sicherheit elektronischer Wahlen

Neben rechtlichen Grundlagen kommt der technischen Sicherheit bei elektronischen Wahlen und Abstimmungen große Bedeutung zu. Ein korrektes Wahlergebnis kann nur dann erzielt werden, wenn die E-Voting-Systeme sauber entworfen, implementiert und gegen Attacken unterschiedlicher Art abgesichert sind und laufend überwacht werden. Dabei ist wichtig, sowohl den Datenschutz wie die Datensicherheit zu gewähren.

Unter Datenschutz (engl. data protection) versteht man den Schutz der Daten vor unbefugtem Zugriff und Gebrauch. Schutzmaßnahmen sind Verfahren zur eindeutigen Identifizierung und Authentifikation von Personen, zum Erteilen von Benutzerberechtigungen für bestimmte Datenzugriffe, aber auch kryptografische Methoden zur diskreten Speicherung oder Weitergabe von Informationen.

Im Gegensatz zum Datenschutz fallen unter den Begriff Datensicherung oder Datensicherheit (engl. data security) technische und softwaregestützte Maßnahmen zum Schutz der Daten vor Verfälschung, Zerstörung oder Verlust. Differenzierte Datensicherungsverfahren sind für die Speicherung und Nutzung von Datenbeständen entwickelt worden; insbesondere existieren Verfahren für die Wiederherstellung von Datenbanken nach einem Fehlerfall (sog. Recovery und Restart; z. B. in Meier und Kaufmann 2019).

Im Folgenden beschränken wir uns auf einen kurzen Überblick über die wichtigsten kryptografischen Verfahren klassischer und/oder Blockchain-basierter E-Voting-Systeme, die primär dem Schutz der Privatsphäre, der Authentifikation der Wähler sowie der Verifizierbarkeit und Vollständigkeit dienen (vgl. Anforderungen an elektronische Wahlsysteme in Abschn. 16.1):

- Homomorphe Kryptografie
- Zero-Knowledge Proof
- Mix-Net
- Blinde Signaturen oder
- Blockchain

Homomorphe Verschlüsselungsverfahren erlauben die Verarbeitung von verschlüsselten Daten (hier Stimmabgaben), ohne den Inhalt der Daten im Klartext zu kennen (vgl. additive resp. multiplikative homomorphe Kryptografie in Craig 2009). Sie liefern dasselbe Ergebnis, wie wenn die dazu notwendigen Additionen zur Summe der gültigen Stimmen im Klartext ausgeführt worden wären. Homomorphe Verfahren sind beispielsweise wichtig bei der Nutzung von Cloud-Technologien. Werden verschlüsselte Daten in einer Cloud abgelegt, so können sie jederzeit analysiert oder verarbeitet werden, ohne sie zu entschlüsseln.

Ein Zero-Knowledge Proof ist ein Verfahren, mit dem die beweisführende Partei (Prover) einer anderen Partei (Verifizierer) nachweisen kann, dass eine bestimmte Aussage wahr ist, ohne weitere Informationen zu übermitteln, ausser dass die Aussage tatsächlich wahr ist (Beutelspacher et al. 2015). Beim E-Voting bedeutet dies, dass das Beweisverfahren dem Verifizierer erlaubt, den Wahrheitsgehalt der

Stimmabgabe zu überprüfen, ohne den Inhalt zu kennen (vgl. Abschn. 16.3 über E-Voting-Systeme). Damit kann das Stimmgeheimnis (Forderung der Privacy) bei elektronischen Wahlen und Abstimmungen jederzeit gewahrt bleiben.

David Chaum hat für E-Mail-Systeme 1981 eine Technik vorgeschlagen, die auf der Public-Key-Infrastruktur basiert und verbirgt, mit wem ein Netzteilnehmer kommuniziert und wie der Inhalt der Kommunikation lautet (Chaum 1981). Trotz ungesicherter Kommunikationsnetze erfordert diese Technik kein Trust Center als vertrauenswürdige Autorität. Die Technik ist unter dem Begriff Mix-Netze bekannt geworden und findet bei E-Voting-Systemen mit Mix-Servern Verwendung, um die Verbindungen zum Wähler zu kappen. Mix-Netze mischen und verschlüsseln die Stimmzettel, damit sie anders aussehen als zuvor. Die Richtigkeit des Ergebnisses kann anhand von Zero-Knowledge Proofs verifiziert werden, bei denen jede Autorität das Ergebnis nach dem Mischen veröffentlicht. Solange es mindestens einen ehrlichen Mix-Server gibt, ist die Anonymität des Wählers gewährleistet.

David Chaum entwickelte die blinden Signaturen, um elektronisches Geld zu realisieren (Chaum 1982). Blinde Signaturen können aber auch bei elektronischen Abstimmungen und Wahlen Anwendung finden. Eine Signatur nennt man blind, wenn der Unterzeichner eines Stimmzettels den Inhalt des Stimmzettels nicht sieht, diesen aber mit seiner digitalen Signatur versieht und demnach blind signiert. In Abschn. 16.5 wird ein E-Voting-System mit blinden Signaturen im Detail vorgestellt und diskutiert, basierend auf der Forschungsarbeit von Liu und Wang (2017).

Die Blockchain ist ein verteiltes Peer-to-Peer-Netzwerk von Hauptbüchern, wobei die einzelnen Datenblöcke miteinander verkettet sind (Bashir 2017; Berentsen und Schär 2017; Meier und Stormer 2018). Um die Integrität und Sicherheit in der Blockchain zu gewährleisten, werden Schlüsselpaare bestehend aus einem privaten und einem öffentlichen Schlüssel der Public-Key-Infrastruktur verwendet. Im verteilten Netz kann jeder Rechnerknoten nicht nur einzelne Blöcke samt Block Header, Hashbaum und Transaktionsdaten durchforsten, sondern in der ganzen Blockkette rückwärts blättern und zum Beispiel alle an das System übertragenen Transaktionsdaten (Inhalte) konsultieren. Wird ein E-Voting-System also mit der Blockchain-Technologie realisiert, können sowohl die Wähler wie ihre Stimmabgaben eingesehen werden (vgl. Forderung der Verifizierbarkeit und Vollständigkeit). Allerdings sind Blockchain-basierte E-Voting-Systeme entwickelt worden, die auch die Forderung der Anonymität und den Schutz der Privatsphäre respektieren (siehe Abschn. 16.3 über Klassifikation Blockchain-basierter E-Voting-Systeme).

Nach unserer Auffassung wird die Diskussion in der Öffentlichkeit zu wenig geführt, ob ein elektronisches Wahlsystem geheim oder offen realisiert werden soll. In Abschn. 16.7 plädieren wir, sowohl Optionen der Urnendemokratie (unter MyPolitics) wie der Versammlungsdemokratie (OurPolitics) oder gar Abstufungen zwischen beiden Ansätzen zu prüfen und der Öffentlichkeit zur Verfügung zu stellen (Meier et al. 2018; Kaskina 2018).

16.3 Klassifikation Blockchain-basierter E-Voting-Systeme

In ihrem Forschungspapier ‚Platform-independent Secure Blockchain-Based Voting System' (Yu et al. 2018) klassifizieren die Autoren E-Voting-Systeme aufgrund eines hervorstechenden Merkmals in drei Kategorien:

- Kryptowährung: Ein E-Voting-System kann mit der Hilfe einer auf Blockchain-basierten Kryptowährung vorangetrieben werden. Zhao und Chan (2015) schlagen das System Bitcoin vor, wobei Zufallszahlen für das Unkenntlichmachen der Stimmabgaben verwendet und mit Zero-Knowledge-Proof-Verfahren (Beutelspacher et al. 2015) verteilt werden. Dabei wird zwischen den beiden Parteien einer Transaktion (hier Wahl oder Stimmabgabe), d. h. zwischen dem Prüfer (Prover) und dem Verifizierer (Verifier), ein Beweisverfahren angewendet, das dem Verifizierer erlaubt, den Wahrheitsgehalt der Stimmabgabe zu überprüfen, ohne den Inhalt der Stimmabgabe zu kennen. Der Verifizierer hat also ‚Zero Knowledge' über die konkrete Stimmabgabe, der Prüfer kann jedoch beweisen, dass er über einen korrekt ausgefüllten Stimmzettel verfügt, den Inhalt seiner Stimmabgabe jedoch nicht preisgeben wird. Mit dem Zero-Knowledge-Proof-Verfahren wird demnach das Stimmgeheimnis geschützt (siehe Forderung Privacy). Tarasov und Tewari (2017) gehen einen Schritt weiter und verwenden anstelle von Bitcoins die Erweiterung Zcash. Zcash ist ein dezentrales E-Payment-System basierend auf Blockchain, das Anonymität bei Zahlungstransaktionen unterstützt. Im Gegensatz zu Bitcoin verwendet Zcash als Konsensalgorithmus nicht den Proof-of-Work-Ansatz, sondern das Zero-Knowledge-Proof-Verfahren.
- Smart Contracts: Für die Realisierung eines E-Voting-Systems können Smart Contracts verwendet werden. Smart Contracts sind Protokolle basierend auf der Blockchain, die schriftliche Vereinbarungen (Verträge) abbilden und die Abwicklung und Überprüfung der Vertragsklauseln vornehmen. McCorry et al. (2017) schlagen ein E-Voting-System für Boardroom Voting vor, basierend auf Blockchain-basierten Smart Contracts. Das System ist allerdings beschränkt auf Ja-/Nein-Antworten, und die Menge der Wähler ist aufgrund des Leistungsvermögens dieser Lösung eingeschränkt.
- Ballot Box: Hier wird die Blockchain als Wahlurne, d. h. verteiltes Buchhaltungssystem für Wahlen, verwendet. Erste produktive Systeme wie TIVI.io oder FollowMyVote.com sind mit diesem Ansatz entstanden. Das System TIVI aus Tallin, Estland verwendet zur Verifikation der Wählerschaft Selfies, wobei ein hinterlegtes Bild mit dem Selfie durch ein biometrisches Verfahren abgeglichen wird. Erste praktische Wahlen sind mit TIVI erfolgreich durchgeführt worden. FollowMyVote verlangt vom Wähler eine Webcam und eine vom eGoverment ausgestellte Identifikation, um an einer elektronischen Wahl teilhaben zu können. Mit einer Blockchain lässt sich nach der Registrierung eine elektronische Wahl durchführen. Eine weitere Option besteht darin, blinde Signaturen für eine elektronische Wahl zu verwenden, wie sie von Liu und Wang (2017) vorgeschlagen wird.

Um E-Voting-Varianten mit Blockchain-Technologie im Detail zu illustrieren, wird im nächsten Abschn. 16.4 das Wahlsystem BroncoVote und im übernächsten Abschn. 16.5 ein Protokoll mit blinden Signaturen vorgestellt.

16.4 Fallbeispiel BroncoVote

Das E-Voting-System BroncoVote ist ein universitäres Abstimmungssystem, das auf Smart Contracts einer privaten Blockchain basiert (Dagher et al. 2018). Im Gegensatz zu einer öffentlichen Blockchain können bei BroncoVote demnach nur Teilnehmer einer Universität dieses E-Voting-System nutzen. Smart Contracts erzeugen Ereignisse, die es den Verträgen ermöglichen, untereinander und mit den Universitätsangehörigen zu interagieren. Als Smart-Contracts-Umgebung wurde Ethereum gewählt, ein bekanntes Open-Source-System mit der internen Kryptowährung Ether als Zahlungsmittel für die Abwicklung der Transaktionen (Buterin 2013).

Die Anwender von BroncoVote können Umfragen oder Wahlen durchführen und bestimmen, wer daran teilnehmen darf. Der Schutz der Privatsphäre ist gewährleistet, da die gültigen Stimmen mit einem homomorphen Kryptosystem (Paillier 1999) verwaltet werden.

Die folgenden Rollen werden für BroncoVote vergeben:

- Administrator: Er ist verantwortlich für das Aufsetzen der beiden Smart Contracts ‚Registrar Contract' und ‚Creator Contract' (vgl. Abb. 16.1).
- Creator: Der Creator ist ein Student oder Universitätsangehöriger, der die Erlaubnis zur Erstellung eines Voting Contracts besitzt (Ballot Creation).
- Voter: Die Wähler können sich mit ihrer gültigen Studenten-ID resp. ihrer gültigen Universitätsangehörigen-ID samt E-Mail-Adresse registrieren, um an einer bestimmten Wahl (Ballot ID) teilzunehmen.

In Abb. 16.1 ist der Vorgang zur Erstellung eines Wahlzettels durch den Creator aufgezeigt:

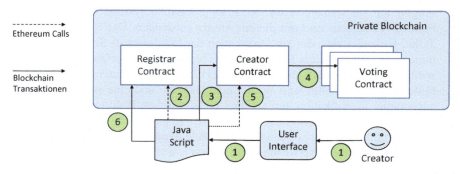

Abb. 16.1 Erstellen eines Wahlzettels in BroncoVote, angelehnt an Dagher et al. (2018)

(1) Der Creator eines Stimmzettels gibt seine Wahlinformation in der Benutzeroberfläche ein und diese Information wird an JavaScript weitergeleitet.
(2) JavaScript sendet einen Ethereum Call an den Registrierungsvertrag (Registrar Contract), um die Information des Creators zu überprüfen.
(3) Wenn der Creator die Überprüfung besteht, wird eine Transaktion an den Creator Contract gesendet, um einen Abstimmungsvertrag zu beantragen.
(4) Der Creator Contract sendet eine Transaktion zur Erstellung eines neuen Wahlvertrags (Voting Contract).
(5) JavaScript sendet einen Ethereum Call an den Creator Contract, um die neue Adresse des Wahlvertrags abzurufen.
(6) JavaScript sendet eine Transaktion an den Registrar Contract mit der ID des Stimmzettels und der Vertragsadresse, um die Wahl zu registrieren.

Nachdem der Wähler einen Stimmzettel (Ballot ID) angefordert hat, basierend auf dem entsprechenden Voting Contract, kann er abstimmen (siehe Abb. 16.2):

(1) Der Voter gibt seine Stimme im User Interface basierend auf seiner E-Mail-Adresse ab; diese wird zum JavaScript weitergeleitet.
(2) JavaScript sendet einen Ethereum Call an den Registrar Contract, um den Wähler zu verifizieren.
(3) Falls der Wähler die Überprüfung des Registrar Contracts erfolgreich übersteht, schickt JavaScript einen Ethereum Call zum Voting Contract, um den Status des Wählers im Voting Contract sowie die Abstimmungszeitlimite zu prüfen.
(4) Übersteht der Wähler die Prüfung des Voting Contracts, wird seine Stimme via Encryption Call auf dem Server verschlüsselt.
(5) JavaScript sendet einen weiteren Ethereum Call an den Voting Contract, um den aktuellen verschlüsselten Abstimmungszähler zu erhalten.
(6) JavaScript schickt den verschlüsselten Abstimmungszähler zusammen mit der verschlüsselten Stimmabgabe zum Server mit der Hilfe eines Encryption Calls.
(7) Zudem schickt JavaScript eine Transaktion an den VotingContract, um den neuen Abstimmungszähler zu registrieren.

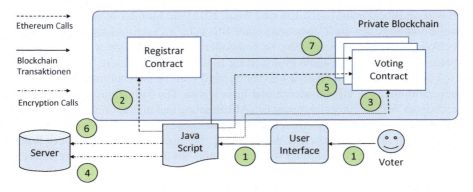

Abb. 16.2 Abgabe einer Stimme eines Wählers im BroncoVote-System, angelehnt an Dagher et al. (2018)

Das Wahlsystem BroncoVote, basierend auf der Blockchain-Technologie, erfüllt dank der Nutzung von Smart Contracts und der homomorphen Kryptografie die oft gestellte Forderung nach geheimer Abstimmung (Privacy). Eine weitere Option zur Geheimhaltung der Wähler und Stimmabgaben besteht beim Verwenden blinder Signaturen.

16.5 E-Voting-Protokoll mit blinden Signaturen

Die Blockchain ist ein verteiltes Buchhaltungssystem, bei dem jederzeit der Inhalt der einzelnen Blöcke konsultiert werden kann. Soll dieses System nun für elektronische Wahlen genutzt werden, stellt sich die Frage, wie Stimmabgaben geheim gehalten werden. Eine Möglichkeit besteht darin, blinde Signaturen zu verwenden.

Blinde Signaturen wurden 1982 von David Chaum an der International Cryptology Conference in Santa Barbara, CA vorgestellt (Chaum 1982), um elektronische Münzen anonym verwenden zu können. Die Echtheit solcher Münzen wird durch blinde Signaturen des dahinterstehenden Bankinstituts garantiert, wobei die Bank auch die Umwandlung von echten Münzen in elektronische und umgekehrt vornimmt. Damit können Kunden ihre elektronischen Münzen anonym verwenden (vgl. das elektronische Zahlungssystem eCash, das in der Zwischenzeit stillgelegt wurde).

David Chaum hat für die Verwendung blinder Signaturen allerdings auch das E-Voting als sinnvoll erachtet, um die Echtheit der Wähler (Authentizität) wie deren Anonymität bei der Stimmabgabe zu garantieren. Allgemein können blinde Signaturen dazu benutzt werden, um digitale Unterschriften für Daten (Dokumente, Stimmzettel, Zahlungen etc.) zu erzeugen, ohne dass der Lieferant digitaler Signaturen diese Daten einsehen kann.

David Chaum erläutert das Verfahren der blinden Signaturen durch folgende Analogie: Der zu signierende Wahlzettel wird in ein Couvert mit Blaupause gesteckt und der Wahlorganisator unterschreibt dieses Couvert blind, d. h. ohne dessen Inhalt zu kennen. Die Signatur drückt sich dank der Blaupause auf den Wahlzettel durch und der Wähler kann den blind signierten Wahlzettel anonym in die Urne werfen.

Yi Liu und Qi Wang haben in ihrem Forschungspapier ‚An E-Voting Protocol Based on Blockchain' (siehe Liu und Wang 2017) die Idee der blinden Signaturen aufgenommen, um die Transparenz einer Blockchain-Datenstruktur mit der Möglichkeit anonymer Stimmabgabe zu kombinieren. Im Folgenden wir das von den beiden Forschern vorgestellte Protokoll für E-Voting kurz erläutert.

Für ein Blockchain-basiertes E-Voting sind drei Teilnehmergruppen vorgesehen: Stimmbürger, Organisatoren und Inspektoren. Die Stimmbürger sind die berechtigten Wähler einer elektronischen Abstimmung und müssen sich entsprechend bei den Organisatoren registrieren. Die Organisatoren führen die Wahl durch und verifizieren den elektronischen Wahlvorgang. Sie publizieren am Ende der Wahl auch die Resultate. Inspektoren werden ernannt, um die Macht der Organisatoren einzuschränken. Inspektoren interagieren mit den Stimmbürgern; u. a. vergeben sie blinde Signaturen. Zudem haben sie Zugriff auf die Blockchain und können unterschiedliche Audits durchführen.

Betrachten wir ein kleines Beispiel in Abb. 16.3: Der Einfachheit halber beschränken wir uns auf eine Wählerin Alice und nehmen an, dass nur ein Organisator (Bob) und nur eine Inspektorin (Carol) beteiligt sind. Nach einer erfolgreichen Registrierung von Alice beim Organisator Bob kann Alice ihre digitale Stimme in zwei Phasen abgeben: In der ersten Phase holt sie zwei blinde Signaturen ein, je eine vom Organisator Bob (Fall 1a in Abb. 16.3) und je eine von der Inspektorin Carol (Fall 1b).

Konkret sieht die digitale Stimmabgabe für Alice wie folgt aus: Alice füllt den Stimmzettel aus, indem sie den gewünschten Wahlcode drückt und damit den VoteString V generiert. Ein VoteString V besteht aus den drei Teilen Wahlcode (ChoiceCode: x Bits), Nullerkette (ZeroString: y Bits, wobei alle Bits = 0) und Zufallskette (RandomString: z Bits). Die Nullerkette wird zur Wohlgeformtheit des Wahlzettels gebraucht (well-formed VoteString); die Zufallskette wird benötigt, um die unterschiedlichen Stimmabgaben aller Wähler mit demselben Wahlcode zu unterscheiden.

Nehmen wir als kleines Beispiel eine Stimmabgabe für ein politisches Programm, bei dem der Wähler Ja (ChoiceCode = ‚10'), Nein (ChoiceCode = ‚01') oder Enthaltung (ChoiceCode = ‚00') eingeben kann. Bei der Wahl von mehreren politischen Mandatsträgern müsste ein entsprechender ChoiceCode für alle Wahloptionen vorgesehen werden.

Nachdem Alice den VoteString V erstellt hat, generiert der Computer von Alice einen Hash-Wert für V, d. h. hash(V). Zudem wird die Berechnungsfunktion C (calculation function) für die Erstellung blinder Signaturen durchgeführt und Alice schickt C_{Alice}(hash(V)) verschlüsselt zu Bob, indem sie den öffentlichen Schlüssel von Bob verwendet (siehe asymmetrische Kryptografie in Meier und Stormer 2012).

Der Organisator Bob prüft die Nachricht von Alice mit verifyVoter(Alice) und signiert C_{Alice}(hash(V)) mit seiner Unterzeichnungsfunktion S (signing function),

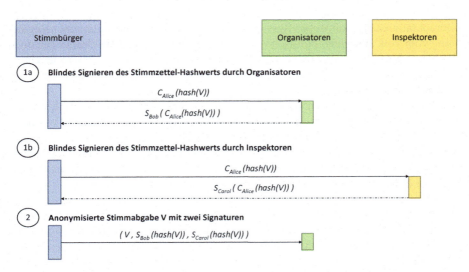

Abb. 16.3 E-Voting-Protokoll mit blinden Signaturen, angelehnt an Liu und Wang (2017)

falls Alice als Wählerin registriert ist. Danach schickt er $S_{Bob}(C_{Alice}(hash(V)))$ an Alice zurück, natürlich verschlüsselt mit dem öffentlichen Schlüssel von Alice.

Alice holt nun die blinde Unterschrift von der Inspektorin Carol auf analoge Art und Weise ein (siehe Fall 1b in Abb. 16.3). Sie verfügt danach über die beiden blinden Unterschriften, je eine vom Organisator Bob und je eine von der Inspektorin Carol.

Die Stimmabgabe von Alice kann anonym erfolgen, indem Alice die beiden Signaturen $S_{Bob}(hash(V))$ und $S_{Carol}(hash(V))$ extrahiert und die beiden Signaturen zusammen mit dem Original ihres Stimmzettels einreicht. Für die Extraktion muss sie lediglich die inverse Berechnungsfunktion für blinde Signaturen C^{-1} anwenden, d. h. $S_{Bob}(hash(V)) = C^{-1}{}_{Alice}(S_{Bob}(C_{Alice}(hash(V))))$ resp. $S_{Carol}(hash(V)) = C^{-1}{}_{Alice}(S_{Carol}(C_{Alice}(hash(V))))$.

Die hier aufgeführten Schritte wie das Einholen von Signaturen oder das anonyme Abstimmen werden in der Blockchain abgelegt. Manipulationen an digitalen Stimmzetteln werden damit verhindert. Die Stärke des vorgestellten Protokolls von Liu und Wang (2017) liegt darin, dass die Verwaltung der digitalen Stimmzettel mit der Blockchain-Technologie für Transparenz sorgt. Mit anderen Worten können jederzeit die Wähler verifizieren, ob ihre Stimmen gezählt wurden (individuelle Verifizierbarkeit). Zudem kann das endgültige Stimmresultat, das vom Organisator berechnet und publiziert wurde, z. B. von der Inspektorin Carol überprüft werden (universelle Verifizierbarkeit). Weitere Audits lassen sich bei Bedarf durchführen.

Neben der Offenheit einer Blockchain ermöglichen die blinden Signaturen, dass die Wähler ihre Stimmen anonym abgeben können (siehe Forderung der Privacy). Mit anderen Worten kann niemand eine Verbindung zwischen einem Stimmzettel und einem Wähler rekonstruieren und die Wählerschaft bleibt geschützt.

16.6 Überwindung politischer Krisen durch Fuzzy Voting

Demokratie ist ein politisches System, in dem Macht und Legitimität einer Regierung vom Volk ausgehen. Politische Entscheidungen werden in Abstimmungen und Wahlen getroffen. In direktdemokratischen Demokratien trifft das Volk seine eigenen Entscheidungen, während in repräsentativen Demokratien die Bürger Vertreter wählen, die Macht ausüben.

Politische Krisen zeigen sich am stärksten, wenn bei politischen Wahlen oder Abstimmungen knappe Entscheidungen getroffen werden. Nach solchen Entscheidungen wird das Volk in zwei Lager geteilt: Gewinner und Verlierer. Dies ist bei allen politischen Entscheidungen der Fall, aber bei knappen Entscheidungen geben wenige Stimmen den Ausschlag, wer der Gewinner und wer der Verlierer ist.

Drei Beispiele sollen diese Problematik kurz aufzeigen:

- Bei den US-Präsidentschaftswahlen vom Jahr 2000 standen sich der Republikaner George W. Bush und der Demokrat Al Gore gegenüber. Die Wahl war so knapp, dass es einen Monat dauerte, bis das Ergebnis feststand. Al Gore erreichte mehr Volksstimmen (50.999.897 insgesamt) als Bush (50.456.002 Stimmen), aber George W. Bush gewann mehr Wahlmännerstimmen und wurde zum Präsidenten gewählt.

- In der Schweiz wurde 2014 die Volksinitiative ‚Gegen Masseneinwanderung' zur Abstimmung gebracht. Diese Initiative weist den Gesetzgeber an, die Einwanderung von Ausländern in die Schweiz durch jährliche Quoten zu begrenzen. Mit einer Beteiligung von 56,57 % erreichte die Initiative eine Volksmehrheit von 50,3 % und eine Mehrheit der Kantone (eine Volksinitiative wird angenommen, wenn die Mehrheit der Stimmberechtigten wie die Mehrheit der Kantone sie genehmigt). Bei dieser Abstimmung gaben 19.302 Stimmen (0,6 %) den Ausschlag zur Annahme der Initiative, davon 1.463.854 Stimmen für Ja und 1.444.552 für Nein.
- Bei der Brexit-Abstimmung von 2016 haben die Bürger Großbritanniens darüber abgestimmt, ob ihr Land in der Europäischen Union bleiben soll oder nicht. Die Beteiligung betrug 72,2 %. Der Rückzug des Vereinigten Königreichs aus der EU wurde von 51,9 % der Wähler unterstützt, d. h. von etwa 17,4 Millionen oder 37,4 % der wahlberechtigten Wähler. 48,1 % stimmten für den Verbleib in der EU. Interessant sind auch die Ergebnisse in den jeweiligen Regionen: Unter den Brexit-Anhängern stimmte England mit 53,3 % für den Rücktritt und 46,7 % für den Verbleib, während Wales mit 52,5 % für den Rücktritt und 47,5 % für den Verbleib stimmte. Unter den EU-Befürwortern stimmte Nordirland mit 44,2 % für den Brexit und 55,8 % dagegen, während Schottland mit 38 % für den Brexit und 62 % dagegen stimmte.

Was sagen uns diese drei Beispiele? Bei politischen Wahlen oder Abstimmungen ist es oft so, dass die Wahl der politischen Vertreter knapp ausfallen kann oder dass die Befürworter und Gegner eines politischen Programms beinahe im Gleichgewicht sind. In diesen Fällen gibt es einen Graben in der Bevölkerung und das Vertrauen in demokratische Prozesse kann darunter leiden.

Was könnte man besser machen? Enge Entscheidungen führen zu einer polarisierenden Gesellschaft, die sich in gegensätzliche Lager mit gegensätzlichen Ansichten teilt. Die Ursachen für eine solche Entwicklung liegen unserer Meinung nach im demokratischen Wahlsystem selbst, da es auf einer Dichotomie basiert. Als Wahloption gibt es nur Ja oder Nein, Dafür oder Dagegen, Richtig oder Falsch. Mit anderen Worten: eine komplexe Welt voller Differenzierungen wird in Schwarzweißbilder gepresst. Wozu?

Unserer Meinung nach sollte das dichotome Wahlsystem durch ein differenziertes Wahlsystem ersetzt werden. Eine Option ist die Fuzzy-Logik von Lotfi Zadeh (1965), die unendlich viele Wahrheitswerte zwischen wahr und falsch erlaubt. Mit anderen Worten, die Fuzzy-Logik erlaubt Grautöne und überwindet die Dichotomie. Zusätzlich zur Option ‚entweder oder' ermöglicht die Fuzzy-Logik auch die Option ‚sowohl als auch'.

Die Fuzzy-Logik ist dem menschlichen Denken, Sprechen, Verhalten und Handeln näher als die klassische Logik, die nur zwischen richtig und falsch unterscheidet. Der Forscher Paulo Côrte-Real brachte diesen Konflikt 2007 in einem wissenschaftlichen Papier mit dem Titel ‚Fuzzy voters, crisp votes' zum Ausdruck (Côrte-Real 2007). Damit meinte er, dass Menschen mit differenzierten Bewertungen zu einer scharfen Wahl oder zu einer scharfen Abstimmung verdammt sind. Er nannte die jeweiligen Abstimmungssysteme Binary Choice Voting Systems und plädierte für Fuzzy Voting.

Ein fiktives und einfaches Beispiel ist in Abb. 16.4 dargestellt. Insgesamt 21 Bürger stimmen über ein politisches Projekt ab. Im ersten Fall von Crisp Voting zählen wir 11 Stimmen für Black und 10 Stimmen für White; das Projekt wird mit 52,4 % abgelehnt. Im zweiten Fall einer unscharfen Abstimmung (Fuzzy Voting) sind 4 Bürger für Black, 7 für White und 6 für Fifty-Fifty, d. h. zur Hälfte für White und zur Hälfte für Black. Zudem sind 4 Wähler für White mit 75 % und für Black mit 25 % (0,75 für White und 0,25 für Black). Als Endergebnis erhalten wir für White eine Zustimmung von 61,9 %.

Warum ändert sich das Abstimmungsverhalten von der Ablehnung (Crisp Voting mit 52,4 % für Black) zur Zustimmung (Fuzzy Voting mit 61,9 % für White)? Eine mögliche Erklärung liegt darin, dass viele Bürger grundsätzlich für ein Projekt sind (,Etwas sollte verbessert werden!'), wenn auch mit Vorbehalten. Daher befürwortet die Mehrheit der Wähler, die Schwarz-Weiß-Klischees vermeiden wollen, zur teilweisen Annahme der politischen Initiative, obwohl sie gleichzeitig auch Verbesserungen anstreben. Wenn es sich bei einer Abstimmung um eine Konsultativabstimmung handelt, könnten im Nachgang eine Reihe von Mängeln behoben werden, falls die Kommentare von Befürwortern (100 % für White), Gegnern (100 % für Black) und Grautonwählern (zu einem bestimmten Grad für White, zu einem bestimmten Grad für Black) analysiert würden.

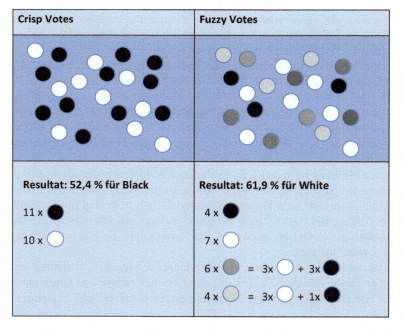

Abb. 16.4 Unterschiede zwischen scharfem und unscharfem Abstimmungsverhalten, basierend auf Ladner und Meier (2014)

Frage: Sollten wir nicht unserer Demokratie Sorge tragen und beispielsweise die Abstimmung mit Grautönen oder andere Alternativen zulassen und damit Erfahrungen sammeln?

16.7 Spannungsfeld zwischen MyPolitics und OurPolitics

Bei der Nutzung der Blockchain-Technologie für elektronische Wahlen wird immer wieder betont, wie wichtig die Anforderung des Stimmgeheimnisses für die Wähler ist. Allerdings stellt sich im Zeitalter der Digitalisierung die Frage, ob nicht differenziertere Wege bezüglich offener und geheimer Wahl beschritten werden sollten. Wichtig scheint uns jedenfalls, dass der Bürger selbst entscheiden kann, ob er geheim oder offen abstimmen möchte. Eventuell werden gar differenzierte Optionen mit der Hilfe eines Filters angeboten, um den Kreis derjenigen Nutzer zu bestimmen, die auf Teile des eigenen Profils sowie auf Teile des eigenen Stimmverhaltens zugreifen dürfen (Kaskina 2018; Meier et al. 2018).

Ladner und Meier (2014) schlagen für die digitale Gesellschaft vor, das demokratische Zusammenleben in einer Gemeinschaft neu zu erfinden. Sie plädieren für zwei sich ergänzende Optionen für die Bürgerinnen und Bürger: MyPolitics und OurPolitics. MyPolitics geht von den persönlichen und individuellen Partizipationsrechten aus, wobei OurPolitics die kollektiven und deliberativen Teilnahmemöglichkeiten betrifft (vgl. Abb. 16.5).

Bürgerinnen und Bürger, die regelmäßig elektronische Abstimmungen oder Wahlen durchführen, können auf dem eGovernment-Portal eine gesicherte Umgebung zu MyPolitics ablegen. In MyPolitics können sie ihre politischen Präferenzen resp. ihr politisches Profil aufgrund eines ausgefüllten Fragebogens deponieren. Daneben können sie eine persönliche politische Agenda aufstellen und sich festlegen, welche politischen Programme sie verfolgen und welche sie gar aktiv

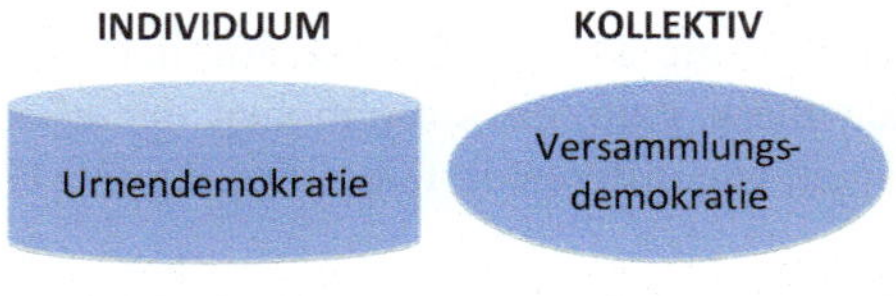

	INDIVIDUUM	KOLLEKTIV
	Urnendemokratie	Versammlungsdemokratie

Stimmabgabe	geheim	offen
Zeitliche Verteilung der Stimmabgabe	sukzessive	simultan
Räumliche Verteilung der Stimmabgabe	dezentral	zentral
Relation zwischen Akteuren	Distanz	Kopräsenz

Abb. 16.5 Urnendemokratie versus Versammlungsdemokratie angelehnt an Ladner und Meier (2014)

mitgestalten möchten. Sie kommentieren aktuelle Abstimmungen und Wahlen und legen ihre Stimmabgaben in MyPolitics ab. Eventuell öffnen Sie mit der Hilfe des Privacy Setting Frameworks (Kaskina 2018) ihr politisches Tagebuch oder Teile davon gegenüber einzelnen Familienmitgliedern, Freunden oder Mitgliedern unterschiedlicher Interessensgruppen. Dadurch entstehen Political Communities of Interest.

Möchten sich eCitizens stärker für politische Anliegen engagieren, wählen Sie die Option OurPolitics. Sie hinterlegen ihr politisches Profil halb offen oder offen, wobei sie jederzeit Änderungen oder Ergänzungen vornehmen können. Dank der Offenlegung ihres politischen Profils können sich die eCitizens auf der Webplattform treffen, indem sie Empfehlungssysteme nutzen, die ähnlich gelagerte Profile aufzeigen und entsprechend interessierte Bürgerinnen und Bürger zusammenführen. Damit ergeben sich im besten Fall Political Communities of Practice. Vernetzte Bürgergruppen mit ähnlichen politischen Präferenzen entwickeln gemeinsame Initiativen, investieren Zeit und Wissen und versuchen, ihren Lebensraum aktiv zu gestalten.

Die beiden Optionen MyPolitics und OurPolitics verkörpern zwei unterschiedliche Erwartungen an das gute Funktionieren einer Demokratie (siehe Abb. 16.5). Die Option MyPolitics steht für Möglichkeiten der Urnendemokratie. Dabei entspricht die politische Partizipation einem individuellen Akt, bei dem die Stimme geheim an der Urne abgegeben wird. Die Anhänger von OurPolitics bevorzugen die Versammlungsdemokratie; hier wird der offenen Stimmabgabe im kollektiven und interaktiven Prozess nachgelebt. Beide Optionen, MyPolitics wie OurPolitics, haben ihre Vor- und Nachteile (vgl. Schaub 2014). Wichtig bei der Nutzung elektronischer Plattformen ist, dass der eCitizen seine Präferenz wählen kann und nicht vom Staat aufgefordert wird, geheim oder offen abzustimmen.

Dank elektronischer Plattformen und Partizipationsoptionen können fließende Übergänge zwischen MyPolitics und OurPolitics realisiert werden. Der eCitizen allein bestimmt, ob er seine Stimme geheim abgibt oder diese gemäß dem Privacy Setting Framework einzelnen Individuen oder Gruppen (Familie, Freunde, Partei, Arbeitskreis, Interessengruppe etc.) zur Verfügung stellt und kommentiert. Damit ergibt sich ein Spektrum von Handlungsoptionen zwischen der Urnen- und der Versammlungsdemokratie. Politbeobachter, Journalisten, Historiker oder Medienschaffende können diese Partizipationsoptionen der eSociety jederzeit auswerten und damit aufzeigen, wie differenziert sich eine digitale Gesellschaft weiterentwickelt.

16.8 Chancen und Risiken

Die Vorteile bei der Nutzung von Blockchain-Technologien für E-Voting liegen auf der Hand: Es gibt keine zentrale Instanz (Regierungs- oder Verwaltungsstelle), die das elektronische Wahlverfahren kontrollieren und im Extremfall manipulieren kann. Jeder Citizen, der an der Wahl teilnimmt, kann hingegen verifizieren, ob seine Stimme gezählt wurde (Forderung der Verifizierbarkeit). Zudem haben alle Beteiligten Zugriff auf das Stimmergebnis (Forderung der Vollständigkeit).

Der Vorteil, dass ein verteiltes Buchhaltungssystem für Wahlen mit einem entsprechenden Konsensalgorithmus Manipulationen verhindert, kann nicht hoch genug eingeschätzt werden. Vor allem in Staaten, deren Regierungen zu Korruption tendieren, ist ein unverfälschtes Wahlergebnis ein großes Plus.

Was die Anonymität der Wähler betrifft, so kann diese entweder mit Zero-Knowledge-Proof-Verfahren oder mit blinden Signaturen gewährleistet werden. Allerdings wäre für digitale Gesellschaften das Bereitstellen von Wahlplattformen innovativ, welche das ganze Spektrum zwischen einer anonymen Urnenwahl (MyPolitics) und einer offenen Versammlungswahl (OurPolitics) mit diversen Abstufungen anbieten würde. Selbstverständlich könnte jeder Citizen selbst bestimmen, wie weit und an wen er den Inhalt seines Stimmzettels offenlegen möchte.

Eine weitere Option zur Verbesserung der demokratischen Grundrechte könnte darin bestehen, den Stimmenden nicht nur Ja (Wert 1) und Nein (Wert 0) zu offerieren, sondern das ganze Wahlspektrum zwischen 0 und 1. Eine Möglichkeit dazu wäre die Einführung von Fuzzy Voting (Ladner und Meier 2014; Portmann und Meier 2019), bei dem jeder Bürger den Grad seiner Annahme oder Ablehnung eines politischen Programms oder eines Mandatsträgers selbst bestimmen kann.

Erinnern wir uns an knappe Entscheidungen, die die Bevölkerung in zwei Lager dividiert und oft für Jahre hinaus lähmt. Nach unserer Auffassung würden unscharfe Stimmoptionen diese Problematik entschärfen, da meistens nur ein Teil der Bevölkerung in schwarz-weiss denkt und handelt. Ein E-Voting-System, basierend auf Blockchain-Technologie und Fuzzy Voting, wäre prüfenswert.

Blockchain-Technologien bergen auch Risiken, gerade bei der Nutzung von E-Voting. Viele Bürgerinnen und Bürger fragen sich, ob man Datenstrukturen (Kette von Blöcken) und Algorithmen (Konsensfindung) vertrauen kann. Abhängigkeit von Technologie war immer schon eine Bedrohung, obwohl unsere Wirtschaft ohne zuverlässige Informations- und Kommunikationssysteme schon heute nicht mehr überlebensfähig ist.

Von einigen Sicherheitsspezialisten und Forschern im Kryptobereich wird hinterfragt, ob die Blockchain-Technologie das E-Voting vorwärts bringen kann, da viele Fragen der Sicherheit, Anonymität, Gleichheit, Privatsphäre etc. (siehe Anforderungen in Abschn. 16.1) oft mit herkömmlichen Methoden abgedeckt werden und die Blockchain letztlich nur als verteilter Speicher für die Stimmabgaben genutzt wird (siehe z. B. Nasser et al. 2018).

Mit E-Voting basierend auf Blockchain stehen wir jedenfalls am Anfang. Erste produktiv nutzbare Systeme sind entwickelt, erste Blockchain-basierte Wahlen durchgeführt worden und doch gibt es noch weiteres Verbesserungspotenzial. Eines bleibt jedoch unumstritten: So wie sich Gesellschaften aufgrund des technologischen Fortschritts stetig weiterentwickeln, sollten auch demokratische Verfahren hinterfragt und bei Bedarf mit Innovationen angereichert werden.

Danksagung Für die kritische Würdigung meines Kapitels möchte ich mich bei Hans-Georg Fill von der Universität Fribourg sowie bei Rolf Hänni von der Berner Fachhochschule herzlich bedanken.

Literatur

Bashir I (2017) Mastering blockchain – deeper insights into decentralization, cryptography, bitcoin, and popular blockchain frameworks. Packt Publishing, Birmingham

Berentsen A, Schär F (2017) Bitcoin, blockchain und kryptoassets. Books on Demand, Norderstedt

Beutelspacher A, Schwenk J, Wolfenstetter K-D (2015) Moderne Verfahren der Kryptographie – von RSA zu Zero Knowledge. Springer, Heidelberg

Buterin V (2013) Ethereum white paper – a next generation smart contrat & decentralized application platform. ethereum.org; http://blockchainlab.com/pdf/Ethereum_white_paper-a_next_generation_smart_contract_and_decentralized_application_platform-vitalik-buterin.pdf. Zugegriffen am 24.06.2019

Chaum DL (1981) Untraceable electronic mail, return addresses, and digital pseudonyms. Commun ACM 24(2):84–88

Chaum DL (1982) Blind signatures for untraceable payments. In: Chaum D, Rivest RL, Sherman AT (Hrsg) Advances in cryptology. Proceedings of the international conference. CRYPTO'82, Santa Barbara, CA, USA, August 23–25, 1982. Plenum Press, New York, S 199–203

Côrte-Real P (2007) Fuzzy Voters, crisp votes. Inter Game Theor Rev 9(1):67–86

Craig G (2009, September) A fully homomorphic encryption scheme. PhD Thesis, Stanford University, Pao Alto

Dagher GG, Marella PB, Milojkovic M, Mohler J (2018) BroncoVote – secure voting system using Ethereum's blockchain. In: Proceedings of the 4th international conference on information systems security and privacy, ICISSP 2018, Funchal, Madeira, Portugal, January 22–24, 2018, S 96–107

Delaune S, Kremer S, Ryan M (2010) Verifying privacy-type properties of electronic voting protocols. In: Chaum D, Jakobsson M, Rivest FL, Ryan PA, Benaloh J (Hrsg) Towards trust-worthy elections – new directions in electronic voting. Springer, Berlin, S 274–288

Hardwick FS, Gioulis A, Akram RN, Markantonakis K (2018) E-voting with blockchain – an E-voting protocol with decentralisation and voter privacy. In: 2018 IEEE international conference on internet of things, IEEE green computing and communications, IEEE cyber, physical and social computing, and IEEE smart data; July 30 till August 3, 2018, Halifax, NS, Canada. Https://Arxiv.Org/Abs/1805.10258. Zugegriffen am 04.02.2019

Kaskina A (2018, September) A fuzzy-based user privacy framework and recommender system – case of a platform for political participation. PhD Thesis, Faculty of Science, University of Fribourg

Ladner A, Meier A (2014) Digitale politische Partizipation – Spannungsfeld zwischen MyPolitics und OurPolitics. HMD Zeitschrift der Wirtschaftsinformatik, Jahrg. 51, Heft 6, Dezember 2014. Springer, Heidelberg, S 867–882

Liu Y, Wang Q (2017) An E-voting protocol based on blockchain. IACR cryptology ePrint archive. https://eprint.iacr.org/2017/1043.pdf. Zugegriffen am 04.02.2019

McCorry P, Shahandashti SF, Hao F (2017) A smart contract for boardroom voting with maximum voter privacy. https://www.researchgate.net/publication/317843497_A_Smart_Contract_for_Boardroom_Voting_with_Maximum_Voter_Privacy. Zugegriffen am 04.02.2019

Meier A, Kaufmann M (2019) SQL- & NoSQL-databases: models, languages, consistency options and architectures for big data management. Springer, Heidelberg

Meier A, Stormer H (2012) eBusiness & eCommerce – Management der digitalen Wertschöpfungskette. Springer, Heidelberg

Meier A, Stormer H (2018) Blockchain = distributed ledger + consensus. In: Kaufmann M, Meier A (Hrsg) Blockchain. HMD Praxis der Wirtschaftsinformatik, Jhrg. 55, Heft 6, Dezember 2018. Springer, Heidelberg, S 1139–1154

Meier A, Teran L (2019) eDemocracy & eGovernment – stages of a democratic knowledge society. Springer, Heidelberg

Meier A, Kaskina A, Teran L (2018) Politische partizipation – eSociety anders gedacht. HMD Praxis der Wirtschaftsinformatik, Jahrg. 55, Heft 3, Juni 2018. Springer, Heidelberg, S 614–626

Nasser Y, Okoye C, Clark J, Ryan PYA (2018) Blockchain and voting – somewhere between hype and panacea (a position paper). https://www.semanticscholar.org/paper/Blockchains-and-Voting-%3A-Somewhere-between-hype-and-Nasser-Okoye/397f569d89af9c35f5f-a67c738e2f705bb328368. Zugegriffen am 04.08.2019

Paillier P (1999) Public-key cryptosystems based on composite degree residuosity classes. In: International conference on the theory and application of cryptographic techniques, Prague, Czech Republic, May 2–6, 1999, Lecture notes in computer science, Bd 1592. Springer, Berlin, S 223–238

Portmann E, Meier A (2019) Fuzzy Leadership – Trilogie Teil I: Von den Wurzeln der Fuzzy-Logik bis zu smarten Gesellschaften. essential. Springer Vieweg, Wiesbaden

Schaub H-P (2014) Landsgemeinde oder Urne – was ist demokratischer? Ein Vergleich der demokratischen Qualitäten von Urnen- und Versammlungsdemokratien in den Schweizer Kantonen. Dissertation der Universität Bern

Tarasov P, Tewari H (2017) The future of E-voting. IADIS Int J Comput Sci Inform Syst 12(2):148–165

VEIeS (2018, Juli) Verordnung der Bundeskanzlei über die elektronische Stimmabgabe vom 13. Dezember 2013. Stand 1. https://www.admin.ch/opc/de/classified-compilation/20132343/index.html. Zugegriffen am 05.08.2019

Yu B, Liu J, Sakzad A, Nepal S, Steinfeld R, Rimba P, Au MH (2018) Platform-independet secure blockchain-based voting system. https://eprint.iacr.org/2018/657.pdf. Zugegriffen am 04.02.2019

Zadeh LA (1965) Fuzzy sets. Inform Control 8:338–353

Zhao Z, Chan THH (2015) How to vote privately using bitcoin. In: Proceedings of the international conference on information and communications security. Springer, Heidelberg, S 82–96

Prof. em. Dr. sc. techn. ETH Andreas Meier war von 1999 bis 2018 Professor für Wirtschaftsinformatik an der wirtschafts- und sozialwissenschaftlichen Fakultät der Universität Fribourg, Schweiz. Seine Forschungsgebiete sind eBusiness, eGovernment und Informationsmanagement. Nach Musikstudien in Wien diplomierte er in Mathematik an der ETH in Zürich, wo er später doktorierte und habilitierte. Er forschte am IBM Research Lab in Kalifornien/USA, war Systemingenieur bei der IBM Schweiz, Direktor bei der Großbank UBS und Geschäftsleitungsmitglied bei der CSS Versicherung.

Disruptives Publizieren mit der Blogchain

17

Clemens H. Cap und Benjamin Leiding

Zusammenfassung

Wir stellen ein neues Konzept für das wissenschaftliche Publikationswesen vor. Unsere Vision ist im Kontext eines dreistufigen Phasenmodells digitaler Disruption von Geschäftsprozessen angesiedelt. Die erste Phase besteht dabei aus Technologie ohne Prozessanpassung. Die zweite Phase umfasst eine Prozessanpassung unter der Kontrolle von Intermediären und führt zu unerwünschter aber schwer vermeidbarer Zentralisierung. Die dritte Phase durchbricht schließlich die Vormachtstellung intermediärer Institutionen und nutzt dazu die disruptiven Möglichkeiten der Blockchain-Technologie.

Die Anwendung dieser Technologie erlaubt eine Veränderung der Geschäftsprozesse bestehender Zeitschriften, macht die Rolle des Verlags als Intermediär überflüssig und verspricht eine Lösung des Problems der Kostenexplosion in der wissenschaftlichen Literaturversorgung. Wir stellen Ergebnisse einer theoretischen Machbarkeitsstudie vor, präsentieren eine erste Implementierung als Proof-of-Concept und diskutieren weitere mögliche Realisierungsformen unseres Ansatzes.

Vollständig überarbeiteter und erweiterter Beitrag basierend auf Cap und Leiding (2018) Blogchain – Disruptives Publizieren auf der Blockchain, HMD – Praxis der Wirtschaftsinformatik Heft 324 55(6): 1326–1340.

C. H. Cap (✉)
Universität Rostock, Rockstock, Deutschland
E-Mail: clemens.cap@uni-rostock.de

B. Leiding
Universität Göttingen, Göttingen, Deutschland

Schlüsselwörter

Wissenschaftliche Zeitschriften · Digitales Publizieren · Geschäftsmodelle für die Blockchain · Anwendungen der Blockchain-Technologie · Digitale Disruption

17.1 Einleitung

Das Publikationssystem befindet sich in einer Krise. Man kann die Gründe ganz abstrakt in soziologischer Kritik am Wissenschaftssystem suchen. So schildern Stölting und Schimank (2001) den Streit zwischen der Bewahrung etablierter, bewährter Strukturen und dem Druck, die Trägheit von Entscheidungsmechanismen und Personalstrukturen zu durchbrechen. Man kann auch die weithin geführte Diskussion über die Replikationskrise aufgreifen. Bestehen Zusammenhänge zwischen einem immer weiter wachsenden, primär quantitativen Publikationsdruck und einer Bevorzugung spektakulär vermarktbarer Resultate? Vergessen wir die in vielen Bereichen so wichtige Wiederholung von Experimenten, wenn diese nicht kurzfristig und sicher Veröffentlichungen in Zeitschriften mit hohem *impact factor* versprechen? Das Problem erscheint dringend und auch die DFG denkt über Zusammenhänge mit quantitativ parametrisierenden Steuerungs-, Bewertungs- und Gratifikationssystemen nach (Hartig 2017).

Das Publikationswesen ist ferner durch ökonomische Verwerfungen und finanzielle Auseinandersetzungen beachtlicher Größenordnung geprägt. Auf der einen Seite sind die Kosten im wissenschaftlichen Verlagswesen durch die Digitalisierung in den letzten 10 Jahren dramatisch gesunken. Die Aufgaben des Editierens und Setzens werden im Zeitalter von Word und LaTeX durch die Autoren selber übernommen, die Begutachtung erfolgt durch Personen, die durch ihre Position im Wissenschaftssystem bereits finanziert sind und für die Begutachtung typischerweise keine Honorare bekommen und die Koordination schließlich wird durch die Workflow-Komponenten automatisierter Einreichsysteme erledigt. Die noch verbleibenden Kosten der Fertigung und Versendung sind durch das Internet de facto auf null gefallen.

Kosten wissenschaftlicher Publikation – eine Überschlagsrechnung

Pro Terabyte und Monat langsamen Archivspeicher:	4 Dollar
Pro Terabyte und Monat Plattenspeicher:	Zwischen 25 und 45 Dollar
Pro Terabyte Datentransfer:	Zwischen 2 und 20 Dollar

Die Datenmenge aller in der US Library of Congress in Printform gelagerten Publikationen beträgt nach Schätzungen im Internet zwischen 15 und 5000 Terabyte, wobei über die Zählweise gestritten werden kann (Johnston 2012). Wesentlich ist uns hier die Veranschaulichung der Größenordnung. Wenige durchschnittliche Monatseinkommen eines europäischen Haushalts reichen aus, um *sämtliche* Wissensbestände der weltweit größten Bibliothek einen Monat lang zu speichern oder einmal vollständig durch das Internet zu übertragen

Auf der anderen Seite sind die Preise für den Leser in astronomische Höhen gestiegen. Diese Preiserhöhungen lassen sich ökonomisch nicht rechtfertigen. So befinden sich die Umsatzrenditen von Wissenschaftsverlagen in der Größenordnung von 30 bis 40 %,[1] während im Vergleich die deutsche Metall-und Elektroindustrie fast durchwegs unter 4 % bleibt,[2] die Baubranche bei 6 % und der Handel bei 3 %.[3]

Die Einführung des Open Access Konzepts hat zwar zunächst grundlegende Impulse versprochen, jedoch keine Lösung gebracht. Jeder Wissenschaftler kennt die dramatische Zunahme von *predatory publishers*, bei denen neu gegründete und oftmals dubiose Institutionen die Autoren verfolgen, um sie zu einer Einreichung überarbeiteter Papiere zu bemühen, deren Begutachtungssystem wenig selektiert und deren Geschäftsmodell sich auf *open access publication charges* stützt. Zugleich haben diese Zahlungsströme eine beachtenswerte und selten durch die Dienstleistung gerechtfertigte Höhe (siehe Abb. 17.1). Nach Untersuchungen der Open APC Initiative der Universität Bielefeld beträgt der Median an Open Access Publication Charges bei deutschen Universitäten über 50.000 Publikationen gerechnet 1759 Euro, wobei es Ausreißer bis hin zu 25.000 Euro gibt. Damit kann der Meinung entgegengetreten werden, dass das Open Access Prinzip bereits eine Lösung der hier beschriebenen Publikationskrise und der entsprechenden ökonomischen Verzerrungen darstellt. Visualisierung des Datenbestands von Mai 2018 im Rahmen der Arbeiten von (Grabinsky 2018).

Mit der Bereitschaft der Förderinstitutionen, vermehrt auf Open Access Publikationswege Wert zu legen und die *page charges* im Rahmen ihrer finanziellen Unterstützung zu übernehmen, wird ein wettbewerbsarmer Markt geschaffen und ein fatales Signal für weitere Qualitätskontrolle gesetzt. Der Autor bewirbt sich nicht mehr um die eigentlich gar nicht mehr so knappe Ressource „Publikationsseite", sondern er wird zahlender Auftraggeber der Verlage. Damit erhält er eine andere Rolle; zugleich verfügt er über die besten Argumente, zusätzlich erforderliche Mittel einzuwerben, was angesichts der durch Digitalisierung immer weiter fallender Kosten für Administration und Dissemination paradox erscheint. Es bleibt daher zu befürchten, dass die ohnehin schon (zu) hohe Zahl an Publikationen weiter steigen wird, sich die Gedankentiefe pro Publikation weiter verdünnt und die Chance zur sinnvollen Rezeption aller facheinschlägigen Veröffentlichungen für den einzelnen Forscher ebenso noch weiter sinkt. Das nutzt der Wissenschaft als Sozialsystem, dürfte aber das Kernanliegen der Wissenschaften beeinträchtigen.

Digitalisierung hat bekanntlich bei einer ganzen Reihe von Branchen zu massiven disruptiven Veränderungen geführt. Wir werden in Abschn. 17.2 ein mögliches strukturelles Modell für solche Veränderungen vorstellen und argumentieren, weshalb gerade die Blockchain-Technologie ein wesentlicher Treiber der nächsten

---

[1] https://www.timeshighereducation.com/blog/it-time-nationalise-academic-publishers und https://oa2020-de.org/blog/2018/03/06/oa-statt-verstaatlichung-Wissenschaftsverlage/.

[2] https://de.statista.com/statistik/daten/studie/153677/umfrage/ertragslage-der-metall%2D%2Dund-elektroindustrie-in-deutschland-seit-1997/.

[3] https://www.kfw.de/PDF/Download-Center/Konzernthemen/Research/PDF-Dokumente-KfW-Mittelstandspanel/KfW-Mittelstandspanel-2016.pdf.

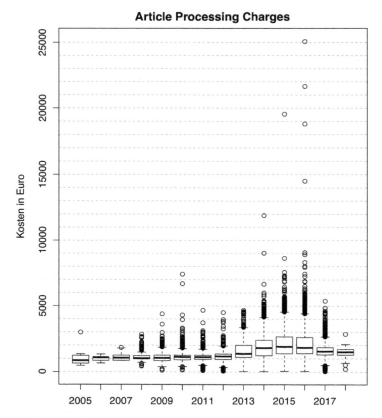

Abb. 17.1 Publikationskosten im Open Access Modell nach Untersuchungen der Open APC Initiative

Phase der Disruption nach diesem Modell sein kann. Anschließend arbeiten wir in Abschn. 17.3 heraus, welche Aspekte bei wissenschaftlichen Publikationen wesensprägend und daher unverzichtbar sind und welche sich allein durch die ökonomischen Zwänge sich verändernder Technologien begründen. In Abschn. 17.4 stellen wir die „Blogchain" als jenes Modell wissenschaftlichen Publizierens vor, das sich aus dieser Anforderungsanalyse in Abschn. 17.3 unter Nutzung der Blockchain als Technologie ergibt. Wir schließen in den Abschn. 17.5 und 17.6 mit der Vorstellung aktueller Umsetzungsversuche und einem Vergleich zu ähnlichen Ansätzen.

17.2 Die 3 Phasen digitaler Disruption

Digitalisierung hat zu einer Veränderung vieler Geschäftsabläufe geführt. Wir stellen diese in ein Modell aus drei Phasen, um die jeweiligen Treiber der Entwicklung zu illustrieren. Ziel ist dabei nicht eine Beschreibung, welche die geschehenen

Veränderungen in Branchen im Nachhinein analysiert und methodisch durch empirische Auswertung validiert; Ziel ist jedoch eine Modellierung, welche die gerade geschehenden Veränderungen zu verstehen versucht, um ihnen für die Zukunft eine Richtung und visionäre Gestaltungskraft zu verleihen. Unser Narrativ der drei Phasen stellt dabei nur eine mögliche Sichtweise auf digitale Disruption dar. Andere Perspektiven sind denkbar, doch die gewählte Form eignet sich besonders gut zur Erläuterung der Motivation unserer Idee.

17.2.1 Phase 1: Erkenntnis-Phase

Phase 1, die wir als Erkenntnis-Phase bezeichnen wollen, ist von der Beobachtung geprägt, dass die neuen technischen Möglichkeiten der Informations- und Kommunikations-Technologie bestimmte, uns wohlbekannte Prozesse beschleunigen und effizienter machen können. In der Folge werden diese Beschleunigungen auch eingesetzt.

In der Kommunikation wird beispielsweise Email genutzt und im Unterricht die Verteilung von Lehrmaterialien über PDF. Die neueren Unterstützungsformen der Technologie sind aber noch nicht bekannt, noch nicht implementiert oder noch nicht gesellschaftlich etabliert. Die über Email weit hinausgehenden Metaphern von Lebenslinien oder Status-Meldungen, wie wir sie heute von Facebook oder Twitter her kennen, sind noch nicht erfunden, auch die vielfältigen digitalen Lehrformen sind noch nicht angedacht. Das Ende der Phase 1 wird eingeläutet, sobald die technologische Unterstützung bisheriger Geschäftsprozesse so gut erfolgt, dass deren Grenzen deutlich werden.

17.2.2 Phase 2: Prozessbildungs-Phase

In Phase 2, die wir Prozessbildungs-Phase oder Phase der Intermediäre nennen, verändern Ideengeber die bestehenden Abläufe so, dass sie besser mit der neuen Technologie zusammenspielen.

Wir betrachten als Beispiel wieder die Kommunikation von Personen mit anderen Personen, Gruppen und Unternehmen. Die dem Brief nachgebildete Email wird durch neue Metaphern ergänzt, die keine Entsprechung oder Vorbilder in klassischen Technologien haben. Es entstehen soziale Netze (Facebook, Google+), Kurznachrichten- und Status-Dienste (Twitter), Kooperationsplattformen (GoogleDocs, Etherpad, Overleaf) und andere. Diese neuen Formen spezialisieren sich schließlich immer weiter in Portale, welche die Prozesse ganz bestimmter Lebenslagen und Bedürfnisse analysiert haben und optimal unterstützen wollen. Charakteristische Beispiele sind hier Uber, AirBnB, Tinder, Slack oder Github.

Die entstehenden Lösungen skalieren und werden weltweit angeboten. Da sie grundsätzlich leicht zu kopieren sind, behaupten sie sich gegen Konkurrenz meistens durch Lock-In-artige Mechanismen und ihre Monopolstellung, die sich aus der Rolle als *enabling intermediaries* ergibt. Netzwerk-ökonomisch machen mehrere

Facebooks, Ubers, AirBnBs oder Tinders auch wenig Sinn, denn das Ziel ist die *one stop platform* auf der sich eben alle Freunde, Fahrgelegenheiten, Übernachtungsmöglichkeiten oder Flirtpartner finden und kontaktieren lassen sollten.

In den meisten Branchen befinden wir uns derzeit in der Phase 2 und entdecken gerade die dieser Phase innewohnenden Probleme: Lösen die Intermediäre ihre Aufgabe gut, so generieren sie aufgrund ihrer Machtposition rasch enorme Profite, ganz ähnlich wie die Wissenschaftsverlage. Sie dominieren den Markt durch ihre Kenntnis unserer Daten, Profile und Präferenzen und verursachen damit Fragen nach Datenschutz und Privatheit. Sie verwenden diese Kenntnis zur weiteren Steigerung eigener Profite und können sich dabei dieser Daten und der aus ihnen abgeleiteten Profilen und Verhaltensanalysen bedienen. Die aktuellen Debatten über den Missbrauch von Persönlichkeitsprofilen auf Facebook durch die Firma Cambridge Analytica und die möglichen Folgen für den amerikanischen Wahlausgang 2016 finden sich in den Schlagzeilen der Tagesnachrichten.

Für die später folgende Anwendung dieses Modells ist es wichtig, von der jeweiligen Rolle der Intermediäre etwas zu abstrahieren, denn die genauere Bedeutung variiert hier sehr stark. So sind die Funktionen als *content gatekeeper* in sozialen Netzen, bei Zwischenhändlern und Vermittlungs-plattformen (Uber, AirBnB) und bei Wissenschaftsverlagen bei genauerer Betrachtung unterschiedlich. Insbesondere tritt bei Verlagen zusätzlich noch die Funktion der Vermittlung von Begutachtungen und der Verrechnung von Reputation hinzu.

17.2.3 Brauchen wir Intermediäre?

Die Frage liegt daher nahe, ob die gesellschaftliche Machtposition der Intermediäre gerechtfertigt ist, ob sie reguliert werden kann und muss, und ob andere, dezentrale Organisationsformen ihre Aufgabe übernehmen können.

Technisch ist diese Frage seit langem beantwortet. Friendica, Diaspora, Identica, Libertree, Mastodon, Movim, Twister und Galaxy2 sind nur einige der dezentralen digitalen sozialen Netze, die als Alternative zur Nutzung bereitstehen und die meisten beschriebenen Nachteile durch ihre Architektur zu vermeiden suchen. Der geringe Bekanntheitsgrad und die noch geringere Verwendung dieser Systeme lässt aber andere Probleme vermuten. Hier sollen insbesondere zwei Bereiche genannt werden: Wertschöpfung und Vertrauen.

Das Problem Wertschöpfung bedeutet, dass es diesen dezentralen Systemen an Anreizen für die skalierbare Bereitstellung der Dienstleistung in hohem Komfortgrad mangelt. Betrieb, Beratung, Fehlersuche und Weiterentwicklung der meisten dieser Systeme geschieht ohne stabile Geldflüsse und reduziert sich daher oft auf freiwillige Beiträge von Enthusiasten. Damit fehlen die Mittel für eine Bekanntmachung, für das Marketing und Branding, für systematische Benutzerstudien, für das Übersetzen in viele Fremdsprachen und etliche andere Formen des *Un-Nerding*, damit diese Dienste den Mainstream erreichen.

Das Problem Vertrauen bedeutet, dass es diesen Systemen an stabilen Mechanismen zum Aufstellen und Einhalten von Community-Standards mangelt. Das

Problem ist vielschichtig und tief liegend, es wurde aus mehreren Blickwinkeln bereits erfolglos in Angriff genommen. Wir beschreiben einige Ansätze.

Aus algorithmischer Perspektive benötigt das Aufstellen und Einhalten von Community-Standards die Programmierung verteilter Konsensus-Algorithmen, um im Konfliktfall die unterschiedlichen Sichtweisen der einzelnen Teilnehmer einer gemeinsamen Abstimmung zuzuführen. Solche Verfahren sind in der Informatik zwar bekannt, sie führen aber auf verschiedene Probleme (Shen et al. 2009). Viele Ansätze haben quadratische Kommunikations-Komplexität und sind daher für größere Knotenzahlen nicht praktikabel. Zusätzlich lassen sich nach dem Brewerschen CAP-Theorem von den drei wünschenswerten Anforderungen CAP (C = Konsistenz, A = Verfügbarkeit, P = Überstehen von Netz-Partitionen) maximal zwei realisieren (Brewer 2000; Gilbert und Lynch 2002). Eine technische Lösung scheint also – vorerst – zu entfallen.

Die fehlende technische Lösung könnte durch organisatorische Maßnahmen gewährleistet werden. In der politischen Theorie wie in der Praxis mancher Informatik-Großprojekte ist das Modell des *benevolent dictator* bekannt, einer wohlwollenden aber mit diktatorischen Vollmachten ausgestatteten Integrationsfigur, welche den erwünschten Konsens im Interesse aller herbeiführt. Das Konzept scheint in manchen Bereichen erfolgreich, wie man etwa am Beispiel von Linus Torvalds beim Linux-Projekt sehen kann. Es ist aber fraglich, ob der Ansatz generell funktionieren kann, wie etwa die Geschehnisse um Cambridge Analytica und die bisherigen Reaktionen von Facebook und Marc Zuckerberg dazu zeigen.

17.2.4 Phase 3: Demokratisierungs-Phase

Die Blockchain-Technologie hat mit ihrer ersten Anwendung, dem Bitcoin, eindrücklich bewiesen, dass sie beide Problembereiche praktisch lösen kann. Auch wenn in der noch sehr jungen Technologie der *crypto currencies* viele offene Probleme bestehen, so können zwei Beobachtungen festgehalten werden, die Lösungen für die Probleme aus Abschn. 17.2.3 anbieten. Erstens erlaubt die Blockchain eine dezentrale Verrechnung entstandener Wertschöpfung in Form von Crypto-Token; diese können gänzlich ohne zentrale Instanzen oder Intermediäre gebildet und direkt, Peer-to-Peer ausgetauscht werden. Zweitens erfolgt das Aufstellen und Überprüfen von Community-Standards durch die Mehrheit der Betreiber von Blockchain-Knoten. Diese Mehrheit wird dabei zuverlässig und manipulationssicher gebildet und gewichtet, wobei die jeweiligen Blockchain Varianten nach Hash-leistung (*proof-of-work*), Einsatz (*proof-of-stake*) oder externer Autorisierung (*proof-of-authority*, private Blockchain) unterscheiden.[4] Für die praktische Gewähr, dass die Blockchain-Technologie diese beiden Probleme tatsächlich stabil löst, ist kann als empirisches Argument die Marktkapitalisierung der Kryptowährungen

---

[4] Vergleiche https://hackernoon.com/beginners-guide-what-s-the-difference-between-proof-of-work-proof-of-stake-proof-of-burn-and-74c42df591ca.

von über 250 Milliarden Euro genannt werden,[5] ist sie doch eine relativ hohe *bounty* oder ein hoher *stake* für ihre Fähigkeiten.

Wir stehen derzeit jedoch noch am Beginn dieser Entwicklung. Der Bitcoin zeigt mit über 1500 anderen Währungen, wie man sich ein dezentrales Währungssystem ohne Notenbanken vorstellen könnte. Man mag das Konzept einer Welt belächeln, in dem die Nationalbanken durch Millionen dezentraler Mining-Knoten ersetzt werden, doch es gibt einen wichtigen Fingerzeig, wie spannende Entwicklungen aussehen könnten. Auf ähnliche Weise könnte man von einem dezentralen Uber, Tinder oder AirBnB träumen: Eine dezentrale Suchmaschine schwingt sich nach Peer-to-Peer-Art von Knoten zu Knoten und findet Partner für Autofahrten, Flirts oder Übernachtungen. Die Regeln des Handelns, die sich die Teilnehmer und Communities in freier Übereinkunft und ohne regulierende Intermediäre mit Eigeninteressen selber geben, werden durch Smart Contracts beschrieben und durch die Blockchain gewährleistet. Es ist zwar völlig unklar, welchen Anklang diese Nerd-Träume von einer Blockchain-Gesellschaft in unserer Gesellschaft haben werden, die technologischen Bausteine für ihre Umsetzung stehen jedoch bereit.

In die Demokratisierungs-Phase sind grundsätzlich auch andere Peer-to-Peer Technologien einzuordnen. Diese führen aber meist zu praktischen Problemen. Zu nennen sind beispielsweise unfaire Nutzungsformen (etwa das sogenannte *free loading*), die Übernutzung geteilter Ressourcen (also die *tragedy of the commons*) oder Sybil-Attacken. Letztere führen durch die massive Erstellung gefälschter digitaler Identitäten zu einem nicht repräsentativen Bild von der Gemeinschaft. Die Blockchain-Technologie nimmt derzeit eine Sonderstellung ein, da sie viele dieser Probleme zu lösen verspricht und das bei Kryptowährungen praktisch erfolgreich unter Beweis stellt.

17.3 Wissenschaftliche Begutachtung und Publikation

Die wissenschaftliche Arbeitsweise ist maßgeblich durch die Aufstellung von Gedankengebäuden (Thesen) geprägt, die anschließend einer kritischen Bewertung unterworfen werden. Es hängt nun von der spezifischen Disziplin ab, ob diese Bewertung durch ein Experiment oder eine Beobachtung erfolgt (Naturwissenschaften), durch kritisches Nachdenken (Logik, Mathematik, Philosophie), durch Umfragen oder Statistiken (Sozial-, Politik- und Wirtschaftswissenschaften), durch gesellschaftlich wahrgenommene Nützlichkeit (Ingenieurwissenschaften) oder durch komplexere Kombinationen (wie etwa in der Medizin oder in manchen Geistes- und Kulturwissenschaften). Allen Wissenschaften gemeinsam scheint das Bedürfnis nach Diskurs und gelegentlich auch der Wunsch nach Konsens unter den beteiligten Fachleuten.

Dieses Verständnis wissenschaftlicher Tätigkeit führt direkt zu den eigentlichen Anforderungen an das Begutachtungs- und Publikationswesen. Wir verstehen diese im weiteren Sinne, nämlich als den Prozess der Kommunikation und Kollaboration von Wissenschaftlern. Die traditionelle Reduktion des Begriffs der Publikation auf

---

[5] Das ist der Wert, der nach https://coinmarketcap.com/all/views/all/ allen dort erfassten Kryptowährungen auf dem Markt nach Stand Juni 2018 größenordnungsmäßig zukommt.

die weltweite Bekanntmachung von Thesen durch Versand gedruckten Papiers erscheint im Zeitalter der Digitalisierung nicht mehr angebracht, die Verengung von Kollaboration auf Konferenzbesuche oder gar nur auf Begutachtung und Feedback dürfte ähnlich artifiziell sein.

Getrennt zu betrachten sind jene wissenschaftsfremden, störenden Artefakte, die durch eine Überbetonung der Bewertung von Wissenschaft durch reine Maßzahlen entstanden sind. Wir kritisieren hier jene Fehlentwicklungen wie die Evaluation anhand formaler, meist inhaltsleerer Parameter, wie Publikationszahlen, Impakt-Punkten oder h-Indizes, die erfahrungsgemäß zu einem *gaming* des Systems führen, in Form von Zitationskartellen, Salamischeibenpublikationen (Hochtreiben der reinen Anzahl der Veröffentlichungen durch das Aufteilen einer Idee in eine immer größere Zahl von Beiträgen aus *least publishable units*) und andere Formen von Wettbewerb um knappe Ressourcen. Es besteht die Hoffnung, dass diese Fehlentwicklungen im Sozialsystem Wissenschaft durch eine Anpassung des Publikationswesens zumindest langfristig eine Chance auf Korrektur erhalten.

Zunächst sollten die folgenden Aspekte genannt werden:

1. **Dokumentation:** Wissenschaftliche Ergebnisse sollen schriftlich festgehalten werden, um die Wiederholbarkeit von Experimenten und die Nachvollziehbarkeit von Denkprozessen zu gewährleisten.
2. **Kommunikation:** Wissenschaftliche Ergebnisse sollen weiträumig verbreitet werden, um Rückmeldungen, Ergänzungen und Anmerkungen zu ermöglichen. Die gewonnene Diversität im Erkenntnis- und Diskursprozeß soll Irrtümer vermeiden und Modellgrenzen aufzeigen.
3. **Reputation:** Ideen sollen nachvollziehbar mit ihren Autoren verbunden sein. Wissenschaftliche Leistung soll abrechenbar bleiben, um Karrieren und damit Spezialisierungen zu ermöglichen. Personen, die mehrfach erfolgreich Ideen geschaffen oder bewertet haben, würden auch in Zukunft erfolgreich sein und wären daher weiter mit Verantwortung zu betrauen, so lautet zumindest die nachvollziehbare Hoffnung der Reputationsbuchhalter.
4. **Moderation:** Die Bewertung der Ergebnisse soll als Filter und Aufmerksamkeitsmoderator dienen, damit die entstehende Flut an Gedanken und Vorschlägen rezipierbar bleibt, und über eine Kategorisierung Suchvorgänge erleichtern. Ein wichtiger Nebeneffekt ist die Qualitätssteigerung, da hierbei im Idealfall wertvolle Hinweise zur Optimierung des Textes entstehen.

Eine weitere Analyse kann Differenzierung in der Motivation erfordern.

Wir können **wissenschaftsinhärente Gründe** identifizieren und meinen damit alle jene Aspekte, die für den Vorgang der Gewinnung, Beschreibung und Verbesserung von Erkenntnis zentral erscheinen: Dokumentation und Kommunikation. In ihnen erblicken wir jene Elemente, die im Sinne unseres Disruptions-Modells wesentlich für den Prozess von Wissenschaft sind und daher digital abgebildet werden müssen. Sie stellen die notwendige Form des Begriffes von Publikation nach erfolgreicher digitaler Transformation dar. Darüber hinaus gibt es weitere Motivationen, von denen manche notwendig und andere überflüssig, ja hinderlich sein dürften.

Als zweiten Bereich halten wir **soziale Aspekte** fest. Die Frage der Reputation *sollte* für *reine* wissenschaftliche Erkenntnis keine Rolle spielen; sie tut es doch, was nichts über Erkenntnis aber viel über das soziale System besagt, in dem wir Wissenschaft organisieren. Hier besteht eine große Chance in der Auftrennung von Vorgängen. Die vor-digitale Begutachtung erfolgt einmalig, vor der Veröffentlichung, als limitierter Vorgang, in dem viele problematische Aspekte eine Rolle spielen: Wer begutachtet? Aus welcher Motivation? In welchen offengelegten oder verdeckten Interessenskonflikten? Der meist nur wenige Male durchlaufene Vorgang spricht ein endgültiges Verdikt über die Veröffentlichung. Die digitalisierte Form ist flexibler und kann von diesen Einschränkungen befreit werden, wie wir weiter unten erläutern.

Der dritte Bereich betrifft **ökonomische Aspekte** knapper Ressourcen.

Bis Ende des 20. Jahrhunderts war die knappe Ressource der Aufwand der Verlegens, nämlich die Kosten der Übertragung eines *Manu*skripts im eigentlichen Sinne in die gesetzte Druckform, des Druckvorgangs und der weltweiten Verteilung gefertigter Exemplare. Da diese Kosten beträchtlich waren, musste eine Vorbegutachtung stattfinden. Wissenschaftsverlage organisierten diese Vorbegutachtung und übernahmen das unternehmerische Risiko, das sich aus der (kostspieligen) Publikation von Ideen ergab, die sich wissenschaftlich möglicherweise nicht durchsetzen konnten und daher auch nicht entsprechend nachgefragt wurden.

Mit der Digitalisierung fertigen die meisten Autoren ihre Manuskripte in der endgültigen Form selber an; Fertigung und Verteilung sind fast kostenlos geworden. Dadurch fällt das unternehmerische Risiko und damit das Geschäftsmodell der Wissenschaftsverlage ersatzlos weg, denn die akademische Gepflogenheit des Peer-Reviewing lässt sich nicht mehr als Vorab-Kontrolle mit Blick auf Publikationskosten rechtfertigen. Die knappe Ressource ist die Zeit des rezipierenden Wissenschaftlers geworden, der Hinweise benötigt, welche Texte lesenswert sind. Die Entwicklung wird durch die steigende Bedeutung der Veröffentlichung als Leistungsnachweis für den Wissenschaftler verschärft: Weil das Zählen von Publikationen einfacher ist als die Bewertung erfolgreicher Problemlösung, die zudem gerade bei Grundlagenwissenschaften erst sehr lange nach der ursprünglichen Idee sichtbar wird, steigt der Anteil an *write-only* Publikationen, die weniger wegen der Resultate und mehr für die Zeile in Jahresbericht und Lebenslauf geschrieben werden. Arbeiten, die wirklich gelesen und zitiert werden wollen, sollten daher schon spektakuläre Einsichten versprechen. Im Ergebnis finden sich die von Websites bekannten Strategien des *click bait* in den Titeln und Zusammenfassungen von Veröffentlichungen wieder. Reproduzierbarkeit, ein Grundpfeiler wissenschaftlicher Tätigkeit, beginnt zu verkümmern, da Reproduktion kaum Aufmerksamkeit erhält.

17.4 Blogchain als wissenschaftliche Publikationsform

In diesem Abschnitt stellen wir die „Blogchain" als neue wissenschaftliche Publikationsform vor. Die Bezeichnung versteht sich als Wortspiel zur besseren Vermarktung und als Hinweis auf Technologie und Intention. Zentrale Wortbestandteile sind „Blog" und „Blockchain". Mit dem Blog teilt unser Vorschlag das Konzept der offenen, selbstverantworteten, dezentralen und kommentierfähigen Publikationsform, die Blockchain wird zur Absicherung gegen Manipulation durch die Systembetreiber und zur zuverlässigen Verrechnung von Reputation genutzt. Dabei nutzen wir neben der Grundform der Blockchain auch weiterentwickelte Formen mit Smart Contracts, deren technische Möglichkeiten wir hier voraussetzen und dazu auf die einschlägige Literatur verweisen: (Nakamoto 2009; Buterin 2018; Wood 2018).

Grundsätzlich ist unser Vorschlag zunächst als ein Metamodell oder Template gedacht. Es umfasst nicht den einen durchgeplanten und sozial etablierten Geschäftsprozess. Reputation wird nicht auf vorbestimmte Weise auf, beispielsweise, Autoren-Token und Gutachter-Token abgebildet, vielleicht sogar noch mit festgelegtem Wechselkurs. Wir sehen auch keine neuen, spezifischen Metriken, Indizes, Alt-Metriken oder *research scores* vor. Wir stellen jedoch ein Konzept vor, auf dem viele neue Publikationsformen aufsetzen können. Diese ermöglichen schließlich einen Markt neuer Publikationsinstrumente, aus denen sich dann in gegenseitiger Konkurrenz gerade jene Parameter und Gewichte oder strukturelle Mechanismen ausbilden, zu deren Festlegung heute die Erfahrung noch fehlt.

Die wesentlichste Änderung betrifft den zeitlichen Ablauf in der Begutachtung und Versionierung einer Arbeit: Im Peer Reviewing wird die *Vorbegutachtung* zur Reduktion des Kostenrisikos durch eine *Nachbegutachtung* zur Verrechnung von Reputation ersetzt. Dieser Vorschlag greift tief in das Selbstverständnis des wissenschaftlichen Publikationsprozesses ein und muss auch angesichts der aktuellen Debatte über unseriöse Veröffentlichungen mit Augenmaß umgesetzt werden. Wir glauben, dass die veränderte ökonomische Situation allein schon einen hohen Veränderungsdruck in dieser Richtung erzeugen wird. Ein Dokument wird, nach knapper Vorbegutachtung, welche nur die Funktion einer Art Spam-Schutz übernimmt, in der „Blogchain" veröffentlicht und dort mit dem Tag „draft" versehen. In weiteren Tags und Schlüsselwörtern deutet der Autor den Qualitätsanspruch an, den er mit dem Dokument in der vorliegenden Form geltend machen möchte (etwa: Idee, studentische Arbeit, Promotion, A-Journal Fachbeitrag) und die Art seines Beitrags (etwa: Übersicht, didaktische Ausarbeitung, Kommentar, originärer Beitrag). Bewertungen der Arbeit erfolgen *nach* ihrer Veröffentlichung. Sie können sich aus offiziellen Begutachtungen ergeben, welche die berufenen Gutachter einer Zeitschrift zu diesem Beitrag abgeben, aus Bewertungen von Prüfern in Master- und Promotionsverfahren, aus Kommentaren von Lesern, aus Zitierungen der Arbeit in anderen Arbeiten oder nur aus Lesezugriffen. Für letztere stelle man sich vor, dass die Dokumente in Vollversion nur über das „Blogchain"-Portal zugänglich sind und alle Lesezugriffe gezählt werden. Ein Dokument erwirbt sich also *nach* seiner Veröffentlichung zunehmend einen höheren Qualitätsausweis durch die Rückmeldungen der Gutachter und Leser. Zugleich kann der Autor sein Dokument überarbeiten, Rückmeldungen aufgreifen und neue Versionen in die „Blogchain" einstellen. Die „Blogchain" verwaltet dabei die Dokumente, Rückmeldungen und Kommentare und sichert sie gegen Manipulationen ab. Autoren, Gutachter und Leser können dabei nach Authentisierung namentlich auftreten, aber auch unter wechselnden Pseudonymen agieren. Die einzelnen Akte der Publikation, Begutachtung, Kommentierung, Überarbeitung von Manuskripten usw. werden dabei mit dem Namen bzw. dem jeweils benutzten Pseudonym auf der Blockchain verbunden. Ein Pseudonym ist dabei ein Paar aus einem privaten und einem öffentlichen Schlüssel eines asymmetrischen Krypto-Systems. Eigentümer eines Pseudonyms ist, wer die Verfügungsgewalt über den privaten Schlüssel nachweisen kann. Im Ergebnis kann jeder Teilnehmer am System alle Interaktionen mit dem System nachweisen und beispielsweise die Autorenschaft eines bestimmten Papiers oder Gutachtens nachweisen. Das auf diesem Metamodell aufsetzende konkrete digitale Journal kann damit weiterhin seinen etablierten Ablauf beibehalten und die gewünschten Phasen der doppelt-blinden Begutachtung sowie eine schrittweise Aufhebung der Anonymität. Der Verlag, der sich seine Rolle als Buchhalter der Reputation teuer bezahlen lässt, wird in dieser Rolle überflüssig, da die Blockchain die Beweissicherung übernimmt.

In dieser neuen Publikationsform können auch andere Prinzipien des Verlagswesens umgestaltet werden. Die Bedeutung einer Zeitschrift lag bisher in ihrer Rolle als Auslieferungs-, Abrechnungs- und Copyright-Einheit mit einheitlichem Qualitätsstandard. Der informierten Leserschaft ist klar, was sie bei einem Exemplar von „Theoretical Computer Science" oder „Nature" zu erwarten hat. Zugleich war das Heft auch Grundlage von Urheberrecht und damit Abrechnung: Ein Beitrag erschien eben nur in „Nature", wollte man ihn lesen, so musste man diesen Beitrag kaufen oder ein Abonnement der Zeitschrift vorhalten. Mit dem Wegfall der physikalischen Auslieferung werden auch die Abrechnungs- und Urheberrechts-Aspekte obsolet. Die einzige verbleibende Rolle einer Zeitschrift für den Leser ist damit jene eines Aufmerksamkeitsmoderators, der über die erwarteten Inhalte, Formen und Qualitätsstandards wirkt: Man liest „Nature", weil man in der Zielgruppe dieser Marke ist, man publiziert in „Nature", weil man diese Zielgruppe erreichen will und seine Fähigkeiten als Autor dieser Qualitätsklasse dokumentieren möchte. Weil die bisherigen Gründe für Exklusivität, insbesondere die ökonomischen und urheberrechtlichen Aspekte, wegfallen, gibt es auch keine Notwendigkeit mehr, dass jeder Beitrag in höchstens einer Zeitschrift abgedruckt wird – von Wiederabdrucken besonders relevanter Artikel einmal abgesehen. Im Gegenteil: Zeitschriften verstehen sich gleichsam als Leitseite für bestimmte Inhalte und Qualitäten und können, wie Internet Link-Listen, einen besonders guten Artikel aufnehmen. Damit kann eine Publikation in mehreren Journalen erscheinen und dadurch besondere Attraktivität und Qualität dokumentieren.

Ein auf dieser Basis organisiertes Publikationswesen generiert zunächst keine Einkünfte und verfügt damit für die geringen, aber gleichwohl vorhandenen Kosten über keinen Deckungsbeitrag. Folgt man unserer obigen Argumentation über digitale Disruption, so ist unserem Vorschlag damit dasselbe Nischendasein bestimmt, wie den dezentralen sozialen Netzwerken. Um dieses zu vermeiden und die notwendigen Geldmittel für Organisation und Weiterentwicklung bereit zu stellen, aber auch um weiteren Mehrwert zu generieren, ist für jeden Teilnehmer ein kleiner Mitgliedsbeitrag an der „Blogchain" vorgesehen. Für diesen erwerben sich die Nutzer das Recht zur Teilnahme an der Kooperationsplattform und eine Stellung als Stake-Holder. Anders als bei Wissenschaftsportalen wie researchgate.net oder academia.edu sind ihre Profile und ihre Aufmerksamkeit nicht mehr das Produkt, das von den Portalen nach einem unklaren Geschäftsmodell vermarktet wird, sondern sie sind die Auftraggeber eines von ihnen genutzten Dienstes. Aus dem langfristen Kommunikationsmodell (Einreichung – Begutachtung – Publikation – Kommentierung) wird damit ein flexibles Modell mit geringer Latenz, das sogar tägliche Rückmeldungen, Begutachtungen und Revisionen gestattet. Wissenschaftsblogs oder wissenschaftliche Q & A Sites[6] nutzen dieses Format schon lange, die dort eingespeisten Ideen gehen jedoch der Reputationsbuchhaltung einer akademischen Karriere verloren.

17.5 Wege zur Umsetzung

Um die Vorteile unseres Ansatzes zu nutzen, sind verschiedene Maßnahmen und Anpassungen erforderlich. Wir beschreiben zunächst die technische Umsetzung im engeren Sinne im Rahmen erster Experimente, diskutieren damit verbundene Fragen von Prozessabläufen und gehen schließlich auf mögliche Veränderungen in der Publikationslandschaft ein.

17.5.1 Praktische Umsetzung

Für die technische Umsetzung werden drei wesentliche Bausteine benötigt: (1) Ressourcen für die dauerhafte und zuverlässige Speicherung der Beiträge, (2) Benutzerschnittstellen und Portale zur Abwicklung der Speicherung in Upload und Download sowie zur Suche und schließlich (3) eine Instanz zur Manipulationssicherung durch die jeweiligen Systembetreiber und zur authentischen Verbindung aller Beiträge, Gutachten und Kommentare mit den ausführenden pseudonymen oder namentlich identifizierten Benutzern auf Basis einer Blockchain.

Die Speicher und Benutzerschnittstellen können von Universitätsbibliotheken bereitgestellt werden, so wie es heute für die digitalen Formen klassischer Medien bereits vielfach und erfolgreich geschieht. Diese Systeme können durch Knoten unter der Verantwortung einzelner Wissenschaftler oder Institute erweitert werden. Eine Auslagerung an kommerzielle Dienstleister, welche für die entsprechenden Aufgaben dann nach marktkonformen Kriterien entlohnt werden, ist ebenso denkbar. Auch in der Bitcoin- oder in der Ethereum-Blockchain arbeiten Mining Pools, Unternehmen und individuelle Miner zu gleichen und marktüblichen Bedingungen.

Zur Absicherung gegen Manipulation durch die einzelnen Betreiber wird die Blockchain-Technologie eingesetzt. Dazu haben wir in (Grabinsky 2018) verschiedene architekturelle Möglichkeiten untersucht. So können die Publikationen und Kommentare etwa vollständig in der Ethereum-Blockchain abgelegt werden; die Speicheranforderungen der entsprechenden, in Solidity geschriebenen Smart Contracts, sind jedoch so hoch, dass die Blockchain Fees die derzeit üblichen Open Access Seitenkosten übersteigen dürften. Sinnvoller erscheint daher die Speicherung in einem separaten Dienst, der gegen Manipulationen durch die Ablage von kryptographischen Hash-Werten auf der Blockchain abgesichert wird. Diesen Weg

---
[6] Etwa die Familie der Stack Exchange Websites.

gehen etwa auch die Blockchain-basierten Speicherdienste des Interplanetary File Systems (IPFS, siehe ipfs.io). Es ist aber ebenso denkbar, dass für die Realisierung eines verteilten Speicherdienstes ein eigener Kryptotoken verwendet wird, der zugleich als Währung zur Bezahlung der Mitwirkenden an diesem Dienst genutzt werden kann. Diesen Weg beschreitet etwa das Startup Filecoin (siehe filecoin.io).

Als Proof-of-Concept für unsere Idee hat (Buschendorf 2018) mit ihrem System *FakeChair*[7] eine Software zur Verwaltung von Konferenzbeiträgen nach dem Vorbild von *EasyChair* implementiert. Der Funktionsumfang ist minimal: Es können Tagungen angelegt werden, Autoren und Gutachter hinzugefügt werden; Autoren können Papiere hochladen und Gutachter können Bewertungen abgeben; publizierte Beiträge können von jedem gelesen werden. Kommentare und andere Formulareingaben werden als Json-Objekte erfasst und über die web3 JavaScript Blockchain-API und das MetaMask Browser-Plugin an die Ethereum-Blockchain weitergereicht. Größere Dateien werden im IPFS gespeichert und durch Hash-Referenzen an den entsprechenden Smart Contract auf der Blockchain angebunden. (Acosta 2019) beschreibt den Lebenslauf eines Dokuments über die verschiedenen Ereignisse hinweg (etwa: Erstellung, Upload, Review, Update, formale Veröffentlichung usw.) und sichert die entsprechenden Zustandsübergänge durch Blockchain-Einträge ab. Dabei sollen die relevanten Ereignisse stets zusammen mit entsprechender kryptographischer Beglaubigung öffentlich aus der Blockkette rekonstruierbar sein. Weitere Schritte zur Realisierung unserer Konzepte sind in Vorbereitung.

17.5.2 Veränderungen von Prozessabläufen und Akzeptanz der Lösung

Grundsätzlich drängen sich zunächst zwei Ansätze auf: Man kann den bestehenden Arbeitsablauf einer etablierten Zeitschrift heranziehen, ihn als Geschäftsprozess formal modellieren und auf einer entsprechenden Engine mit Blockchain-Anbindung implementieren. Ebenso kann man sich Gedanken machen, wie Abläufe in einer neuen Publikationswelt aussehen könnten und diese mit derselben Methodik umsetzen. Wir vermuten, dass beide Ansätze wenig erfolgreich sein werden, da das akademische Publikationswesen wesentlich weniger änderungsfreudig sein dürfte als junge Menschen, die bei der Partnersuche von Email auf Facebook auf Snapchat auf Tinder durchwechseln, wenn ihnen die jeweils neue Kommunikationsform für das aktuelle Ziel gerade vielversprechender erscheint.

Die erfolgreichste Strategie dürfte daher darin bestehen, für sämtliche möglichen Zustände aller denkbaren Publikationsformen, also von Blogs mit Kommentaren bis hin zu formalisierten Veröffentlichungen, öffentlich einsehbare Zertifizierungen auf der Blockchain anzubieten, so, dass Interessenten aller Art entsprechende Nachweise

---

[7] Source Code verfügbar auf dem Github Repository FabiolaBusch/fakechair. Der Demonstrator unter der URL http://fakechair.fabiolabuschendorf.de/ setzt die Installation der Blockchain Browser-Extension MetaMask voraus.

beibringen können. Die wichtigste noch offene Frage betrifft Anreizstrukturen, damit schließlich diesen kryptographisch abgesicherten Zertifikaten im akademischen Gebrauch ähnlicher Wert beigemessen wird wie heute dem Zitat, der DOI oder dem traditionellen Gutachten. Es ist denkbar, dass diese Aufgabe von den Universitätsbibliotheken von Morgen übernommen wird, die damit zu den Registraren und Notaren akademischer Qualifikationen werden.

17.5.3 Perspektiven für das Publikationswesen

Wissenschaft ist eine relativ alte menschliche Tätigkeit, deren Beginn bei den babylonischen Vermessern, den ägyptischen Astronomen oder den griechischen Geometern gesehen werden kann. Das Publikationswesen und in ihm die uns geläufige Kultur des Reviewing hingegen sind sehr jung. Erst im 17. Jahrhundert begann die Tradition der *pre publication reviews*. Bis Mitte des 20. Jahrhunderts wurde sie von kleinen Herausgebergremien persönlich verantwortet. Erst seit relativ kurzer Zeit sind größere Gutachtergremien üblich, die durch *double blinding* und oftmals intransparente Weitergabe an abhängige Mitarbeiter oder Doktoranden immer weniger nachvollziehbar werden, bei gleichzeitigem Bemühen um immer mehr Transparenz und politische Korrektheit, die durch Offenlegung aller möglichen und denkbaren Interessenskonflikten angeblich helfen soll.

Noch 1950 beschwerte sich Albert Einstein über die Weitergabe eines seiner Manuskripte vor der Publikation an einen „anonymen Experten", da er diese nicht autorisiert habe. Die Anekdote ist publikationsgeschichtlich insofern bemerkenswert, als die Kritik der Gutachter es Einstein schließlich ermöglichte, Fehler in seiner ursprünglichen Fassung zu beheben (Kennefick 2005).

Man darf festhalten, dass die heutige Vorgehensweise im Publikationswesen weder unveränderlich noch immun gegen Kritik ist. Im Gegenteil: Man sollte fragen, ob sie eher ein Ausdruck menschlicher Gier und Unvollkommenheit ist und daher einen unvollkommenen Versuch darstellt, eine Balance in das schwierige Spannungsfeld von Interessenskonflikten, Eitelkeiten, Wissenschaftshörigkeit und -missbrauch sowie vieler weiterer erkenntnisfremder Kräfte zu bringen.

Wir erwarten, dass digitale Techniken neue Impulse für die Verbreitung von Erkenntnis und für die Bewertung wissenschaftlicher Tätigkeit setzen werden. Die Effekte von Suchmaschinen, die Problematik von *fake news* und *alternative facts* sowie die Rolle der Wikipedia in der Verbreitung wissenschaftlicher Erkenntnisse sowie schwer ausrottbarer Irrtümer sind bekannt; sie liegen in den inhärenten Problemen der Filtermechanismen dieser Massenmedien begründet und haben ideologische, machtpolitische und ökonomische Gründe, die hier nicht weiter diskutiert werden. Es sind aber auch für die „eigentlichen", nicht populär verbrämten Wissenschaften Konsequenzen abzusehen. Wir diskutieren hier zwei mögliche Effekte.

Die Technologie der Blockchain ermöglicht die totale Abrechnungsgesellschaft als eine Lebensform, in der jede Handlung digitalisiert, dokumentiert und algorithmisch bewertet wird. (Cap 2019) beschreibt die daraus entstehenden Konflikte. Die Blogchain als Publikationsform könnte also zu einer Wissenschaftswelt führen, in der noch mehr als heute Wert auf Nachweis und Abrechnung, Buchhaltung, Bürokratie und angebliche Verteilungsgerechtigkeit gelegt wird. Diese Entwicklung würden wir bedauern.

Andererseits aber könnten auch mehr Chancen für den Gedankenaustausch entstehen, da dieser nun schneller und weltweit stattfinden kann, weniger strikt getaktet und mit besserer Zuordnung der Ideen zu ihren Urhebern. Diese Entwicklung würden wir begrüßen und ihre Perspektive ist Motor unserer Überlegungen.

17.6 Bewertung, vergleichbare Ansätze und Ausblick

Wir haben ein Metamodell als alternatives Vorgehen für wissenschaftliches Publizieren vorgestellt. Als Mehrwert ergibt sich daraus zunächst eine deutliche Kostensenkung der derzeit hochpreislichen Zeitschriftenversorgung in den Wissenschaften. Wir hoffen, dass auf Basis unserer Vision auch jenseits der Diskussionen über Preiserhöhungen, Boykotte[8] und weitere Aspekte[9] tragfähige Formen der Literaturversorgung von Wissenschaftlern für Wissenschaftler aufgebaut werden können.

Neben dem ökonomischen Mehrwert erlaubt unser Modell viele weitere Vorteile. Die Bindung von Ideen an ihre Autoren erlaubt eine frühzeitige Publikation und Diskussion ohne Gefahr des Verlusts der Urheberschaft. Dynamische Weiterentwicklung der Dokumente nach und während der Begutachtung flexibilisiert das Reviewing und gewährleistet die Verrechnung wissenschaftlicher Reputation. Die Natur unseres Vorschlags als Metamodell ermöglicht die exakte Beibehaltung bisherige traditioneller Abläufe, macht aber zentrale Instanzen überflüssig. Diese Eigenschaft erscheint uns angesichts der eher konservativen Sichtweise in den Wissenschaften, die Bewährtes bewahren möchte, sinnvoll. Sie gestattet aber auch den schrittweisen Umbruch bis hin zu radikalen Neuerungen. Vorstellbar wären etwa die kontinuierliche öffentliche Dokumentation einer Forschungsidee und ihre Begleitung durch Kommentare und Gutachten, die von den ersten Anfängen schrittweise zu ersten Ergebnissen bis hin zur fertigen Doktorarbeit führt und deren Beiträge als lebenslaufwirksame Publikationen und schließlich als angenommene Doktorarbeit zählen, da parallel zur Weiterentwicklung der Arbeit auch entsprechende Begutachtungen eingespeist werden. Der Informatiker würde hier von einem laufenden *update* von Veröffentlichungen sprechen, wie es von Programmen her gut bekannt ist; entsprechende Versionsverwaltung würde gleichwohl stabile und nachvollziehbare Zitierbarkeit sicherstellen. Schließlich könnte auch die Anzahl von Publikationen wieder sinken, wenn neue Gedanken über *updates* eingebaut werden können und nicht immer komplette Veröffentlichungen erfordern. Der Grad an öffentlicher Einsehbarkeit und Anonymität kann dabei jeweils gesteuert werden. Wesentlich für unseren

---

[8] Siehe etwa: The Cost of Knowledge, http://thecostofknowledge.com.

[9] Siehe etwa: Jon Tennant: Elsevier are corrupting open science in Europe. The Guardian, 29. Juni 2018. https://www.theguardian.com/science/political-science/2018/jun/29/elsevier-are-corrupting-open-science-in-europe.

Vorschlag ist die nachvollziehbare Authentisierung der einzelnen Schritte und ihre Absicherung gegen Manipulation.

Es bestehen ähnlich Ansätze und Überlegungen im Umfeld von Blockchain-basierten Initial Coin Offerings sowie bei wissenschaftlichen Fachgesellschaften. So beschreibt (Spearpoint 2017) die Idee des R-coin, mit dem sich die Beteiligung an Gutachten und Arbeiten messen lässt und der die Rolle einer neuen Altmetric übernehmen kann. Das Modell erscheint uns zu eingeschränkt, da es die Monetarisierung einzelner Aktivitäten in den Vordergrund stellt und daher ein „*Gaming*" des Systems erlaubt, wie es bei traditionellen Forschungsmetriken und Zitationskartellen weithin bekannt ist. Das Portal Steemit verfolgt ähnliche Ziele, schiebt aber die monetäre Seite noch stärker in den Vordergrund; es dürfte sich daher stärker für kommerziell orientierte Publikationen eignen, da es auch auf käuflich erwerbbare Rechte in der Plattform abstellt.

Für unsere Idee hat Grabinsky (2018) die grundsätzlichen theoretischen Möglichkeiten zur Realisierung aufzeigt und FakeChair von Buschendorf (2018) die praktische Machbarkeit längs einer der vielen möglichen Implementierungsstrategien nachgewiesen. Wir wollen nun praktische Erfahrungen sammeln und insbesondere die Frage untersuchen, wie das soziale System aus Autoren und Gutachtern auf unser Konzept reagiert. Neben einigen Erweiterungen der Implementierung, speziell im Bereich der Benutzerführung, müssen dazu noch Unterstützungs-Strukturen (backoffice) implementiert werden.

Die wesentliche Herausforderung besteht in der Reaktion der unterschiedlichen Wissenschafts- und Begutachtungskulturen der verschiedenen Fachdisziplinen. Unser Vorschlag umfasst ganz bewusst nur ein Metamodell. Damit fehlen ihm wichtige Elemente eines konkreten Publikationsorgans, das seinen Kunden detailliert ausgearbeitete Abläufe anbieten muss und die in der Disziplin etablierten Gebräuche reflektieren sollte. Die Bandbreite reicht von der Anzahl und Ausführlichkeit der Begutachtungen bis hin zum „Wechselkurs" zwischen den „Reputationspunkten" für die Autoren, Gutachter und Kommentatoren. Der nächste Schritt muss also aus einem aufwendigen Experimentieren bestehen, in dem zunächst auch Raum für ein Scheitern und Chance für ein kontrolliertes Nachjustieren der spezifischen Parameter besteht. Wir hoffen, dass wir dazu Gelegenheit und Unterstützung finden.

Literatur

Acosta LH (2019) A modular implementation of a decentralized academic peer-review platform. Universität Göttingen, Master-Arbeit, derzeit in Erstellung

Brewer E (2000) Towards robust distributed systems. Keynote at ACM PODC 2000. http://www.eecs.berkeley.edu/~brewer/cs262b-2004/PODC-keynote.pdf. Zugegriffen am 18.07.2018

Buschendorf F (2018) Implementation of a peer-reviewing platform on the blockchain. Universität Göttingen, Bachelor Arbeit, Juni 2018

Buterin V (2018) Ethereum whitepaper: a next-generation smart contract and decentralized application platform. Github.com/ethereum

Cap C (2019) Grenzen der blockchain. Inform Spektrum 2019 42(3):191–196

Gilbert S, Lynch N (2002) Brewer's conjecture and the feasibility of consistent, available, partition-tolerant web services. ACM SIGACT News 33(2):51–59

Grabinsky M (2018) Konzeption einer dezentralisierten App mittels distributed ledger Technologien zur Veröffentlichung und Verwaltung von wissenschaftlichen Ergebnissen. Universität Rostock, Master-Arbeit, Oktober 2018

Hartig K (2017) Replizierbarkeit von Forschungsergebnissen. Eine Stellungnahme der Deutschen Forschungsgemeinschaft. DFG, Bonn

Johnston L (2012, April 25). A „library of congress" worth of data: it's all in how you define it [webpage]. //blogs.loc.gov/thesignal/2012/04/a-library-of-congress-worth-of-data-its-all-in-how-you-define-it/. Zugegriffen am 18.07.2018

Kennefick D (2005) Einstein versus the Physical Review. Phys Today 58(9). https://doi.org/10.1063/1.2117822

Nakamoto S (Pseudonym) (2009) Bitcoin: a peer-to-peer electronic cash system. Working Paper. http://bitcoin.org/bitcoin.pdf

Shen X, Yu H, Buford J, Akon M (Hrsg) (2009) Handbook of peer-to-peer networking. Springer, New York

Spearpoint M (2017) A proposed currency system for academic peer review payments using the blockchain technology. Publications 5(3):19. MDPI

Stölting E, Schimank U (Hrsg) (2001) Die Krise der Universitäten. Springer Fachmedien, Wiesbaden

Wood G (2018) Ethereum Yellowpaper: Ethereum: A Secure Decentralized Generalized Transaction Ledger – Byzantium Version (June 2018). Ethereum.github.io

Prof. Dr. Clemens H. Cap hat 1982–1986 in Innsbruck Mathematik, Informatik und Physik studiert. Nach seiner Promotion in Mathematik 1989 war er Postdoktorand und habilitierte am Institut für Informatik an der Universität Zürich, wo er 1992–1997 auch Assistenzprofessor war. 1994 vertrat er eine Professur an der Universität Mannheim. Seit 1997 ist er Professor für Informations- und Kommunikationsdienste an der Universität Rostock und seit 2004 Titularprofessor an der Universität Zürich. Er hält regelmäßig Sommerschulen und Vorlesungen im Baltikum. Seine fachlichen Interessen umfassen unter anderem verteilte und vernetzte Systeme und Anwendungen, Systemsicherheit sowie gesellschaftliche Auswirkungen der Informatik.

Benjamin Leiding ist wissenschaftlicher Mitarbeiter und Doktorand an der Georg-August-Universität Göttingen. Er erhielt seinen Bachelorabschluss in Informatik im Jahr 2015 von der Universität Rostock und seinen Masterabschluss in Internet Technologies and Information Systems im Jahr 2017 von der Universität Göttingen. Seine Forschungsschwerpunkte umfassen Transaktionen, Interaktionen und Kollaborationen der Machine-to-Everything (M2X) Economy, blockchain-basierte dezentrale Identitätslösungen, sowie die Entwicklung von Architekturen dezentraler Anwendungen auf Blockchain-Basis.

Erratum zu: Blockchain in der maritimen Logistik

Erratum zu: Kapitel 12 in: H.-G. Fill, A. Meier (Hrsg.),
***Blockchain*, Edition HMD,**
https://doi.org/10.1007/978-3-658-28006-2_12

Die Originalversion des Buches wurde versehentlich ohne die Autorenangaben am Ende von Kapitel 12 veröffentlicht. Das Kapitel wurde nun korrigiert, sodass die Autorenangaben der 4 Autoren nun enthalten sind.

Dr. Robert Stahlbock ist Dozent am Institut für Wirtschaftsinformatik der Universität Hamburg. Seit 2003 lehrt er außerdem an der FOM Hochschule für Oekonomie und Management. Er ist Diplom-Kaufmann und promovierte an der Universität Hamburg. Seine Forschungsinteressen konzentrieren sich auf betriebswirtschaftliche Entscheidungsunterstützung und Fragen der maritimen Logistik und anderer Branchen sowie auf Operations Research, Informationssysteme, Business Intelligence und Data Science. Er ist Autor von Forschungsstudien, die in international renommierten Fachzeitschriften, Konferenzbeiträgen und Buchkapiteln veröffentlicht wurden. Er ist zudem Gastherausgeber von Büchern, Gutachter für internationale Fachzeitschriften sowie Mitglied in Programmkomitees von Konferenzen. Seit 2006 ist er General Chair der jährlichen Internationalen Konferenz für Data Science (DMIN/ICDATA). Darüber hinaus berät er Unternehmen in verschiedenen Branchen und Projekten.

Dr. Leonard Heilig ist wissenschaftlicher Mitarbeiter und Dozent am Institut für Wirtschaftsinformatik der Universität Hamburg. Er hat einen M.Sc. in Wirtschaftsinformatik und eine Promotion an der Universität Hamburg absolviert. Sein aktuelles Forschungsinteresse liegt auf den Gebieten Cloud Computing, kombinatorische Optimierung und Data Science mit Anwendungen in der maritimen

---

Die aktualisierten Versionen der Kapitel finden Sie unter
https://doi.org/10.1007/978-3-658-28006-2_12

© Springer Fachmedien Wiesbaden GmbH, ein Teil von Springer Nature 2020
H.-G. Fill, A. Meier (Hrsg.), *Blockchain*, Edition HMD,
https://doi.org/10.1007/978-3-658-28006-2_18

Industrie. Er verbrachte einige Zeit an der University of St Andrews (Schottland, UK) und am Cloud Computing and Distributed Systems (CLOUDS) Lab an der University of Melbourne, Australien. Er ist zudem Gastherausgeber und Gutachter für mehrere internationale Zeitschriften und Konferenzen. Darüber hinaus ist er als Berater für Unternehmen in verschiedenen Branchen und Projekten tätig.

Philip Cammin ist wissenschaftlicher Mitarbeiter am Institut für Wirtschaftsinformatik der Universität Hamburg. Er hat einen M.Sc. in Wirtschaftsinformatik (Universität Rostock). Seine aktuellen Forschungsinteressen liegen im Bereich Enterprise Architecture Management und digitaler Transformation. Praktische Erfahrungen sammelte er in Unternehmen der Automobilindustrie und in der IT-Beratung.

Prof. Dr. Stefan Voß ist Professor und Direktor des Instituts für Wirtschaftsinformatik an der Universität Hamburg. Er ist Dekan der Fakultät für Betriebswirtschaft. Zuvor war er von 1995 bis 2002 ordentlicher Professor und Leiter des Fachgebiets Allgemeine Betriebswirtschaftslehre, Wirtschaftsinformatik und Informationsmanagement an der Technischen Universität Braunschweig (Deutschland). Er studierte Mathematik (Diplom) und Wirtschaftswissenschaften an der Universität Hamburg. Er promovierte und habilitierte an der Technischen Universität Darmstadt. Seine aktuellen Forschungsinteressen liegen in quantitativen/informationstechnischen Ansätzen für Supply Chain Management und Logistik einschließlich des öffentlichen Nahverkehrs und der Telekommunikation. Er ist Autor und Mitautor von rund 500 Artikeln in verschiedenen Publikationsorganen. Stefan Voß ist Mitglied des Redaktionsausschusses einiger Zeitschriften, unter anderem als Herausgeber von Netnomics und Herausgeber von Public Transport. Er organisiert regelmäßig Workshops und Konferenzen. Darüber hinaus berät er mehrere Unternehmen.

Glossar

Asymmetrische Verschlüsselung Die asymmetrische Verschlüsselung basiert auf der Verwendung von privaten und öffentlichen Schlüsseln zur Codierung und Dekodierung von Nachrichten resp. zur Unterzeichnung von Nachrichten mit digitalen Signaturen.

Authentifizierung Die Authentifizierung prüft die Echtheit der an einer elektronischen Plattform angeschlossenen Teilnehmenden mit digitalen Signaturen.

Big Data Big Data sind umfangreiche Datenbestände im Tera- bis Zettabyte-Bereich (Volume), mit einer Vielfalt von strukturierten, semi-strukturierten resp. unstrukturierten Datentypen (Variety) sowie mit hoher Geschwindigkeit bei der Erzeugung und Verarbeitung von Data Streams (Velocity).

Blinde Signatur Eine blinde Signatur ist eine digitale Signatur, bei welcher der Inhalt der Nachricht (z. B. Stimmabgabe) geheim bleibt, die Nachricht selbst jedoch im Verfahren einer Blaupause unterzeichnet wird.

Block Ein Block einer Blockchain besteht aus einem Kopf (Block Header) mit verschiedenen Teilelementen und einem Hash-Baum (Merkle Tree) mit den Transaktionsdaten in den Blättern.

Blockchain Eine Blockchain oder Kette von Blöcken ist die grundlegende Datenstruktur für ein verteiltes Register von Transaktionsdaten (Distributed Ledger), welches über Peer-to-Peer-Netzwerke und Konsensalgorithmen ohne zentrale Kontrollinstanz auskommt.

Coin Eine Coin ist eine digitale Münze (Geldeinheit) einer elektronischen Währung (z. B. Kryptowährung).

Digitale Signatur Die digitale Signatur basiert auf einer asymmetrischen Verschlüsselung mit privaten und öffentlichen Schlüsseln und dient als elektronisches Siegel (codierter Hash-Wert), um Nachrichten, Dokumente oder Verträge elektronisch zu unterzeichnen.

Digitale Transformation Unter digitaler Transformation versteht man den Veränderungsprozess, der auf digitalen Geschäftsmodellen und digitalen Wertschöpfungsketten beruht und mit Hilfe von Informations- und Kommunikationstechnologien vorangetrieben wird.

Disruption Unter Disruption versteht man einen Veränderungsprozess, bei dem herkömmliche Geschäftsmodelle oder gar (Teil-)Märkte zerschlagen und neu formiert werden.

Distributed Ledger Ein distributed Ledger ist ein verteiltes Konto- oder Transaktionsbuch, bei dem dezentral beliebig viele gleichwertige Kopien in unterschiedlichen Knoten eines Peer-to-Peer-Netzes gehalten werden (siehe Blockchain). Transaktionsdaten werden jeweils im Konsensverfahren in allen Knoten nachgeführt.

E-Voting Elektronische Abstimmungen oder Wahlen können mit einer auf Kryptowährung basierten Blockchain, mit Smart Contracts oder mit einer Ballot Box (verteilte Wahlurne) realisiert werden.

FinTech Finanz-Technologie oder abgekürzt FinTech ist ein Sammelbegriff für informations- und kommunikationstechnische Innovationen im Finanzmarkt.

Hash-Wert Ein Hash-Wert oder Streuwert ist eine Zahl fester Länge, der von einer mathematischen Funktion resp. durch einen Algorithmus berechnet wird. Ein Hash-Algorithmus generiert für jede Nachricht resp. für jedes Dokument einen Wert fixer Länge, als Surrogat für die Eingabedaten.

Identitätsmanagement Ein Identitätsmanagement mit Hilfe einer Blockchain hat den Vorteil, dass pro Teilnehmendem nur noch eine einzige digitale Identität verwaltet und vom verteilten Register systemtechnisch ohne zentrale Instanz kontrolliert wird.

Initial Coin Offering Ein Initial Coin Offering oder ICO dient dem Fundraising durch die Herausgabe von Kryptowährungen.

Intermediär Intermediäre oder Infomediäre sind Drittanbieter im elektronischen Markt, die Aufgaben aus Wertschöpfungsketten übernehmen und eigenständig anbieten.

Konsensalgorithmus Algorithmen zur Ermittlung eines Konsenses unter den Knoten eines Peer-to-Peer-Netzwerkes funktionieren typischerweise mit der Methode Proof-of-Stake (Vermögensnachweis) oder Proof-of-Work (Arbeitsnachweis).

Kryptografisches Puzzle Ein kryptografisches Puzzle dient dazu, eine Zufallsauswahl unter eine Menge von Knoten einer Blockchain durchzuführen, ohne dass eine zentrale Instanz erforderlich ist. Dazu wird von allen Teilnehmenden unabhängig versucht, einen Hashwert in einem bestimmten Zielbereich zu erzeugen. Derjenige Knoten, der als erster eine Lösung gefunden hat, wird ausgewählt.

Kryptowährung Kryptowährung oder Kryptogeld sind digitale Zahlungsmittel, die mit Hilfe einer Blockchain und den zugrundeliegenden kryptografischen Verfahren abgesichert sind und keiner zentralen Kontrolle (Bank, Aufsicht) unterliegen.

Merkle Tree Ein Merkle Tree oder Hash-Baum ist ein Binärbaum, bei dem die Blätter die Nachrichten, Dokumente oder Transaktionsdaten enthalten. Die Knoten werden erzeugt, indem man aus den Teilbäumen Hash-Werte generiert und kombiniert. Der Wurzelknoten (Merkle Root) ist ebenfalls ein kombinierter Hash-Wert, der alle darunter liegenden Werte in einem einzigen Wert zusammenfasst.

Peer-to-Peer-Netzwerk In einem Peer-to-Peer-Netzwerk oder P2P-Netzwerk sind alle Rechnerknoten gleichberechtigt und können sowohl Dienste anbieten oder beanspruchen.

Private Blockchain/Permissioned Blockchain Wenn der Zugang zu eine Blockchain auf einen bestimmten Teilnehmerkreis eingeschränkt wird, spricht man von privaten oder permissioned Blockchains, vereinzelt auch von Konsortium-Blockchains. Es können dann gezielt Berechtigungen an einzelne Teilnehmende zum Lesen und Schreiben von Daten auf die Blockchain vergeben werden bzw. eigene Kanäle (Channels) zur Übermittlung vertraulicher Informationen eingerichtet werden.

Proof-of-Stake Beim Proof-of-Stake oder PoS wird ein Konsens erzielt, um den Erzeuger des nächsten Blocks zu gewinnen. Dabei gelangt eine gewichtete Zufallsauswahl zur Anwendung, wobei die Gewichte aus Vermögenswerten (Stake) ermittelt werden.

Proof-of-Work Unter Proof-of-Work oder PoW versteht man die Lösung eines kryptografischen Puzzles, um einen Konsens unter den Knoten eines Peer-to-Peer-Netzes mit der Hilfe eines Arbeitsnachweises in Form von durchgeführten Berechnungen von Hash-Werten bewerkstelligen zu können.

Public-Key-Infrastruktur Unter Public-Key-Infrastruktur versteht man den Aufbau und Betrieb von Zertifizierungsstellen (Trust Centers), die private und öffentliche Schlüssel generieren und signieren, um die Zuordnung von öffentlichen Schlüsseln zu natürlichen Personen und Organisationen in Zertifikaten bescheinigen.

Smart Contract Smart Contracts sind Algorithmen, die dezentral auf einer Blockchain ausgeführt werden. Sie ermöglichen die transparente Durchführung von Transaktionen auf einer Blockchain und die Speicherung und Verarbeitung von beliebigen Informationen.

Smart Grid Intelligente Stromnetze oder Smart Grids steuern Erzeugung, Speicherung, Übertragung und Verbrauch elektrischer Energie eventuell mit der Hilfe von Blockchain-Technologien.

Supply Chain Management Unter Supply Chain Management fasst man die Planung und Steuerung der Material- und Informationsflüsse entlang der gesamten Wertschöpfungskette zusammen.

Token Ein Token ist eine digitale Einheit, um den Wert oder die Existenz von materiellen und immateriellen Gütern sowie von beliebigen Objekten zu repräsentieren. Beispielsweise lassen sich damit Anteile an Unternehmen, Besitzverhältnisse an Immobilien, Nutzungsrechte von Dokumenten oder digitale Identitätsnachweise nachbilden. Tokens können durch Smart Contracts abgebildet werden.

Verschlüsselung Unter Verschlüsselung oder Kryptografie versteht man Verfahren, die mit Hilfe von symmetrischen oder asymmetrischen Schlüsselpaaren Texte und Dokumente chiffrieren und dechiffrieren lassen. Bei der asymmetrischen Verschlüsselung gibt es einen öffentlichen und einen privaten Schlüssel.

Zero-Knowledge Proof Bei einem Zero-Knowledge-Verfahren wird zwischen dem Prüfer (Prover) und dem Verifizierer (Verifier) einer Transaktion ein Beweisverfahren angewendet, das dem Verifizierer erlaubt, den Wahrheitsgehalt der Transaktionsdaten zu überprüfen, ohne den Inhalt zu kennen.

Stichwortverzeichnis

A
Aggregator 119
Algorithmus 40, 43, 49, 54
Architekturmodell 181. 185
artificial intelligence 54
Auswahlprozess 27
Auswahlverfahren 27
Automatisierung 235, 236, 238, 243, 246, 248

B
Ballot Box 341
Bankensektor 136
Bedarfsprognose 289
Bedrohungseinschätzung 117
Begutachtung 356
Bewertung von Anwendungsfällen 28
Big Data 373
Bill of Lading 236–243, 247, 248, 251
Bitcoin 50, 51, 58, 67, 68, 80, 81
Block 373
Blockchain 39, 41, 42, 48–58, 112, 116, 136, 285, 287–289, 291–293, 309
 Anwendungsszenarien 262
 Definition 373
 private 374
 Vor- und Nachteile 280
Blockchain-ERP-Integration 176
Blogchain 364
BloGPV 273
Brooklyn Microgrid 275
Business Process Modeling and Notation (BPMN) 326

C
CAP-Theorem 361
Cardano 69, 81
Car eWallet 273

Chance 138
Chord 285, 293, 295, 299, 309, 310
Coin 373
Compliance 154, 326
 by Design 156
Computerprotokoll 50
Container 237, 238, 243–246, 248–250, 252
Crowd Energy 263
Crowdfunding 123
Crowdlending 123
Custom Tokens 66–69, 71–75, 80
Cyber Security 237, 246, 253

D
DAO (Dezentrale autonome Organisation) 52, 53
Datenbank, Blockchain-basierte dezentrale 88
Datenschutzgrundverordnung 190
Demokratie 346, 349, 350
Design Science Research 175
Digitalisierung 237, 239–241, 243, 246, 253, 356
Disruption, digitale 366
Disruptor 118
Dokumentationspflicht 150
DSGVO (Datenschutzgrundverordnung) 190

E
Eignungsprüfung 28
Electrify.Asia 274
Energía Abierta 275
Energiemarkt 285, 286, 293, 309
Energie-Prosument 263
Energiequelle, erneuerbare 260
Energie-Regime 269
Energiesystemform, zukünftige 269
Energietrillema 272

Enterprise Resource Planning
(ERP) 100
Entscheidungskriterium 23
Entscheidungsmodell 23
EOS 69, 81
ERP-System 179, 181, 185, 187
Erzeugungsprognose 289
Ethereum 67–71, 73, 80, 81
Ethereum-Blockchain 163
E-Voting 337, 341, 344, 350, 374

F
Fakturierung 161
Finanzdienstleister 112
Finanzdienstleistung 114
Finanzierung 116
Finanzsektor 136
FinTech 112
Fuzzy Voting 337, 346, 348, 351

G
Geldwäsche 57
Geschäftsmodell 136
Geschäftsprozess 359
GoBD 96, 157

H
Handlungsempfehlung 141
Hash-Wert 374
Heimspeicher, vernetzter 273
Herausforderung 138
Hyperleder 70
Hyperledger 244, 245
    Fabric 101, 186, 187

I
Identitätsmanagement 374
Informationssystem,
    interorganisationales 174
Initial Coin Offering (ICO) 374
Innovation 115
    disruptive 115
    inkrementelle 115
Innovationsobjekt 115
Intercompany-Contracts 87, 92, 94, 96
Intercompany-Vertrag 88, 89, 90, 93, 95, 96, 104
Intermediär 359
Internet der Dinge 236
IPFS (Interplanetary File System) 333

K
Kapital, intellektuelles 317
Know-Your-Customer 138
Konsensalgorithmus 374
Konsensmechanismus 163
Konsensus-Algorithmus 361
Konsortium-Blockchain 374
Konzeption des Anwendungssystems 32
Konzernumlage 89, 90
Kryptografie, homomorphe 339
Kryptowährung 50, 51, 57, 58, 116, 341, 374
Künstlichen Intelligenz (KI) 166

L
Leistungserbringung 89
Leistungsnachweis 89
Leistungsverrechnung 93, 94, 97, 100, 101
Leistungsverrechnungsprozess 93
Leistungsverwendung 89
Logistik 238, 243, 246, 248, 251–253
    4.0 236, 238
    maritime 235–238, 241, 248, 252, 253
LUtricity 273

M
Merkle-Baum 331
Merkle Tree 374
Metamodell 320
Modellierung, konzeptuelle 318

N
NEO 69, 81
Nische, geschützte 270
Nonce 324
NRGCoin 274

O
One Man One Vote 338
Open Access 367
Oracles 74, 77, 79, 82, 83

P
P2P 285, 289–293, 296, 299, 309
Peer-to-Peer 333
Peer-to-Peer-Netzwerk 96, 100
Permissioned Blockchain 320, 374
Plankostenverrechnungen 93
Plattform 41–48, 54, 59
    kollaborative 247

Stichwortverzeichnis

Plattformunternehmen 44, 45, 48
Privatsphäre 337, 338, 340, 342
Procure-to-Pay-Prozess 178, 179, 186
Projektbewertung 33
   Herausforderungen 34
   Vorteile 34
Projektsteuerung 71, 75, 80, 81
proof-of-authority 361
proof-of-stake 361, 375
proof-of-work 361, 375
Prozess
   der Gaskapazitätsvergabe 29
   digitalisierter 87, 88
   intraorganisationaler 88
Prozess-Compliance 156
Public-Key-Infrastruktur 340
Puzzle, kryptografisches 374
Pylon Network 274

Q
Quartierstrom 275, 278
Quorum 70, 79

R
Rechnungserstellung 161
regulatory sandbox 55. *Siehe auch* Sandkasten
Robo Advice 124

S
Sandkasten 56
Schlüsselung 89
Selektionsmechanismus 270
Service-Level-Agreements 93–95, 98
Sicherheit 3, 337, 339
Signatur 322
   blinde 337, 340, 341, 344, 345, 373
   digitale 373
Single-Source-of-Truth 174, 181, 182, 188, 189
single version of the truth 89
Skalierbarkeit 103
Skriptsprache 91, 104
Smart
   Contract 48, 50–55, 57, 66–76, 78–83, 87, 88, 91, 92, 96–98, 100, 103–105, 138, 158,181, 185, 236–238, 242–244, 251, 265, 341, 342, 375
   Grid 262, 375
Social Trading 124

Softwarekonnektor 185, 183, 188
Standardisierung 139
Startup 235, 236, 244, 246, 253
Steuerbereich 151
Steuer-Compliance 154
Substance-over-Form 95
Supply Chain 237, 238, 247, 248, 250, 253
Supply-Chain-Management 174
Swarm 333
Systemakteur, dominanter 270
Systemtransformation 269

T
Token 52–54, 375
tragedy of the commons 362
Transformation, digitale 39, 40, 41
Transitionsforschung 271

U
Umlageverfahren 93
Umsatzsteuer 151
Umsatzsteuer-Identifikationsnummer 160
Unternehmenskultur 46, 54, 59
Unveränderlichkeit der Daten 89, 96, 103, 105
Use Cases 144
Utility Settlement Coin (USC) 128

V
Verifizierbarkeit 338
Vermögensmanagement 116
Verrechnungspreis 87, 88, 90, 95
Verschlüsselung, asymmetrische 373
Vertragsphase 91
Vorgehensmodell 142
Vorteil des Blockchain-Einsatzes 31

W
Wanxiang Innova City 274
Waves 68, 69, 71, 78, 80, 81
Wertpapier 57, 58
White Gum Valley 275, 277
Wissensmanagement 317

Z
Zahlungsdienstleisterichtlinie 114
Zahlungsverkehr 116
Zero-Knowledge 339, 341, 351
   Proof 331, 375

}essentials{

HMD Best Paper Award – *essentials* mit ausgezeichnetem Inhalt
Mit dem »HMD Best Paper Award« werden alljährlich die drei besten Beiträge eines Jahrgangs der Zeitschrift »HMD – Praxis der Wirtschaftsinformatik« gewürdigt. Die prämierten Beiträge sind nun als *essentials* verfügbar!

HMD Best Paper Award 2017

M. Adelmeyer, Ch. Petrick, F. Teuteberg
IT-Risikomanagement von Cloud-Services in Kritischen Infrastrukturen
erscheint 2018

B. Spottke
Digital Customer Experience Management der Plattform Steam *(Arbeitstitel)*
erscheint 2018

S. Rohmann, M. Schumann
Best Practices für die Mitarbeiter-Partizipation in der Produktentwicklung *(Arbeitstitel)*
erscheint 2018

HMD Best Paper Award 2016

Ch. Brandes, M. Heller
Qualitätsmanagement in agilen IT-Projekten – quo vadis?
ISBN print 978-3-658-18084-3; ISBN eBook 978-3-658-18085-0

H. Schröder, A. Müller
IT-Organisation in der digitalen Transformation
ISBN print 978-3-658-18644-9; ISBN eBook 978-3-658-18645-6

M. Böck, F. Köbler, E. Anderl, L. Le
Social Media-Analyse – Mehr als nur eine Wordcloud?
ISBN print 978-3-658-19801-5; ISBN eBook 978-3-658-19802-2

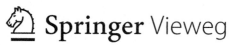

Änderungen vorbehalten. Stand Mai 2018. Erhältlich im Buchhandel oder beim Verlag.
Abraham-Lincoln-Str. 46 . 65189 Wiesbaden . www.springer.com/essentials

}essentials{

HMD Best Paper Award 2015

M. M. Herterich, F. Uebernickel, W. Brenner
Industrielle Dienstleistungen 4.0
ISBN print 978-3-658-13910-0; ISBN eBook 978-3-658-13911-7

P. Lotz
E-Commerce und Datenschutzrecht im Konflikt
ISBN print 978-3-658-14160-8; ISBN eBook 978-3-658-14161-5

S. Schacht, A. Reindl, S. Morana, A. Mädche
Projektwissen spielend einfach managen mit der ProjectWorld
ISBN print 978-3-658-14853-9; ISBN eBook 978-3-658-14854-6

HMD Best Paper Award 2014

T. Walter
Bring your own Device
ISBN print 978-3-658-11590-6; ISBN eBook 978-3-658-11591-3

S. Wachter, T. Zaelke
Systemkonsolidierung und Datenmigration
ISBN print 978-3-658-11405-3; ISBN eBook 978-3-658-11406-0

A. Györy, G. Seeser, A. Cleven, F. Uebernickel, W. Brenner
Projektübergreifendes Applikationsmanagement
ISBN print 978-3-658-12328-4; ISBN eBook 978-3-658-12329-1

HMD Best Paper Award 2013

A. Wiedenhofer
Flexibilitätspotenziale heben
ISBN print 978-3-658-06710-6; ISBN eBook 978-3-658-06711-3

N. Pelz, A. Helferich, G. Herzwurm
Wertschöpfungsnetzwerke dt. Cloud-Anbieter
ISBN print 978-3-658-07010-6; ISBN eBook 978-3-658-07011-3

G. Disterer, C. Kleiner
Mobile Endgeräte im Unternehmen
ISBN print 978-3-658-07023-6; ISBN eBook 978-3-658-07024-3

Änderungen vorbehalten. Stand Mai 2018. Erhältlich im Buchhandel oder beim Verlag.
Abraham-Lincoln-Str. 46 . 65189 Wiesbaden . www.springer.com/essentials

Edition HMD – Aktuelle Titel der Reihe

J. Hofmann (Hrsg.)
Arbeit 4.0 – Digitalisierung, IT und Arbeit
IT als Treiber der digitalen Transformation
2018, X, 198 S. 40 Abb., 29 Abb.
in Farbe. Book + eBook. Geb.
€ (D) 50,00 | € (A) 51,19 | *sFr 50,50
ISBN 978-3-658-21358-9

- Aktuelle und spannende Fachbeiträge zur Arbeitswelt der Zukunft
- Diskutiert Arbeitsgestaltung und Qualifizierung im Zeitalter der Digitalisierung
- Liefert differenzierte Einblicke zu IT-Einsatz und Wirkung in verschiedenen Branchen

S. Reinheimer (Hrsg.)
Cloud Computing
Die Infrastruktur der Digitalisierung
2018, XVI, 216 S. 39 Abb.
Book + eBook. Geb.
€ (D) 59,99 | € (A) 61,42 | *sFr 60,50
ISBN 978-3-658-20966-7
€ 46,99 | *sFr 48,00
ISBN 978-3-658-20967-4 (eBook)

- Von hochkarätigen Cloud-Computing-Kennern aus Wissenschaft und Praxis geschrieben
- Sehr praxisorientierte Ausrichtung des Buches
- Behandelt dringliche Fragestellungen sowie auftretende Unsicherheiten
- Gibt Anregungen und Einblicke in betriebliche Lösungen

M. Knoll, S. Strahringer (Hrsg.)
IT-GRC-Management – Governance, Risk und Compliance
Grundlagen und Anwendungen
2017, XV, 234 S. 40 Abb.,
22 Abb. in Farbe. Book + eBook. Geb.
€ (D) 59,99 | € (A) 61,42 | *sFr 60,50
ISBN 978-3-658-20058-9
€ 46,99 | *sFr 48,00
ISBN 978-3-658-20059-6 (eBook)

- Gibt einen umfassenden Überblick zu IT-Governance, IT-Risikomanagement und IT-Compliance
- Stellt relevante Forschungsergebnisse vor
- Zeigt die aktuelle Diskussion anhand praxisorientierter Fragestellungen

S. Reinheimer (Hrsg.)
Industrie 4.0
Herausforderungen, Konzepte und Praxisbeispiele
2017, XVI, 176 S. 39 Abb.,
10 Abb. in Farbe. Book + eBook. Geb.
€ (D) 51,11 | € (A) 52,32 | *sFr 51,50
ISBN 978-3-658-18164-2
€ 39,99 | *sFr 41,00
ISBN 978-3-658-18165-9 (eBook)

- Sammlung hochwertiger Beiträge, die das Hype-Thema Industrie 4.0 von verschiedenen Blickpunkten beleuchtet
- Beiträge aus Wissenschaft und Praxis

€ (D) sind gebundene Ladenpreise in Deutschland und enthalten 7 % für Printprodukte bzw. 19 % MwSt. für elektronische Produkte. € (A) sind gebundene Ladenpreise in Österreich und enthalten 10 % für Printprodukte bzw. 20 % MwSt. für elektronische Produkte. Die mit * gekennzeichneten Preise sind unverbindliche Preisempfehlungen und enthalten die landesübliche MwSt. Preisänderungen und Irrtümer vorbehalten.

Jetzt bestellen auf springer-vieweg.de oder in Ihrer Buchhandlung   Part of **SPRINGER NATURE**

springer-vieweg.de

HMD – Praxis der Wirtschaftsinformatik

Die Zeitschrift HMD liefert IT-Fach- und Führungskräften Lösungsideen für ihre aktuellen Herausforderungen, zeigt ihnen Umsetzungsmöglichkeiten auf und informiert sie über Neues in der Wirtschaftsinformatik (WI). WI-Studierende, -Forschende und -Lehrende erfahren, welche Themen in der Praxis ihres Faches Herausforderungen darstellen und aktuell in der Forschung diskutiert werden.

HMD-Beiträge basieren auf einem Transfer wissenschaftlicher Erkenntnisse in die Praxis der Wirtschaftsinformatik. Umfassendere Themenbereiche werden in HMD-Heften aus verschiedenen Blickwinkeln betrachtet, so dass in jedem Heft sowohl Wissenschaftler als auch Praktiker zu einem aktuellen Schwerpunktthema zu Wort kommen.

Verlag und Herausgeber haben sich zum Ziel gesetzt, die Qualität von HMD-Heften und -Beiträgen stetig weiter zu verbessern. Hierfür wird jeder Beitrag nach Einreichung anonym begutachtet (Blindgutachten).

Mit dem »HMD Best Paper Award« werden alljährlich die drei besten Beiträge eines Jahrgangs gewürdigt.

springer.com/hmd

Part of **SPRINGER NATURE**

Ihr Bonus als Käufer dieses Buches

Als Käufer dieses Buches können Sie kostenlos das eBook zum Buch nutzen. Sie können es dauerhaft in Ihrem persönlichen, digitalen Bücherregal auf **springer.com** speichern oder auf Ihren PC/Tablet/eReader downloaden.

Gehen Sie bitte wie folgt vor:
1. Gehen Sie zu **springer.com/shop** und suchen Sie das vorliegende Buch (am schnellsten über die Eingabe der eISBN).
2. Legen Sie es in den Warenkorb und klicken Sie dann auf: **zum Einkaufswagen/zur Kasse.**
3. Geben Sie den untenstehenden Coupon ein. In der Bestellübersicht wird damit das eBook mit 0 Euro ausgewiesen, ist also kostenlos für Sie.
4. Gehen Sie weiter **zur Kasse** und schließen den Vorgang ab.
5. Sie können das eBook nun downloaden und auf einem Gerät Ihrer Wahl lesen. Das eBook bleibt dauerhaft in Ihrem digitalen Bücherregal gespeichert.

EBOOK INSIDE

eISBN	978-3-658-28006-2
Ihr persönlicher Coupon	a8sycFWQW7bPJGs

Sollte der Coupon fehlen oder nicht funktionieren, senden Sie uns bitte eine E-Mail mit dem Betreff: **eBook inside** an **customerservice@springer.com**.